KB240620

중국정치의 이해

China's Political System:
Modernization and Tradition, 11th edition

June Teufel Dreyer 지음

김재관 옮김

명인문화사

중국정치의 이해

제1쇄 펴낸 날 2026년 1월 20일

지은이 June Teufel Dreyer
옮긴이 김재관
펴낸이 박선영
주 간 김계동
디자인 전수연
교 정 서윤정

펴낸곳 명인문화사
등 록 제2005-77호(2005.11.10)
주 소 서울시 송파구 백제고분로 36가길 15 미주빌딩 202호
이메일 myunginbooks@hanmail.net
전 화 02)416-3059
팩 스 02)417-3095

I S B N 979-11-6193-162-3
가 격 33,000원

ⓒ 명인문화사

China's Political System: Modernization and Tradition, 11th edition

by June Teufel Dreyer

간략목차

1장	•	서론	1
2장	•	중국의 전통	37
3장	•	개혁가들, 군벌, 공산주의자들	72
4장	•	마오쩌둥 집권기 중국정치: 1949~1976년	117
5장	•	덩샤오핑과 그의 후계자들: 1976~2012년	159
6장	•	시진핑 시대	209
7장	•	경제의 정치학	231
8장	•	범죄와 처벌	277
9장	•	군의 역할	315
10장	•	교육	352
11장	•	삶의 질 이슈: 건강, 인구, 환경	386
12장	•	순응과 저항: 예술, 미디어, 사회적 통제	419
13장	•	소수민족과 국가통합	453
14장	•	외교정책	502
15장	•	결론	546

세부목차

저자서문 • xii

역자서문 • xvi

1장 서론 • 1

현대화와 중국문명 • 1

중국정치 분석이론 • 12

중화인민공화국 초기의 이론적 분석 • 16

문화대혁명이 낳은 이론들 • 24

마오쩌둥 이후의 분석이론 • 32

2장 중국의 전통 • 37

기본 특성 • 37

전통 중국의 통치 구조 • 46

과거제도 • 52

문학과 예술 • 53

전통 중국에서 법의 역할 • 54

군대 • 57

이민족(오랑캐)문제 • 58

중국역사에 대한 해석 • 60

산업화에 대한 시사점 • 64

3장 개혁가들, 군벌, 공산주의자들 • 72

새로운 침략 • 72

양무운동 • 74

개혁과 혁명 • 79

개혁파 • 80

반동파 • 82

혁명파 • 83

제1차 세계대전과 그 이후 • 86

국민당 • 88

중국공산당의 집권 과정 • 93

4장 마오쩌둥 집권기 중국정치: 1949~1976년 • 117

권력의 공고화: 1949~1955년 • 117

권력기관의 설립 • 123

백화제방 시기: 1956~1957년 • 131

대약진운동과 그 여파: 1958~1961년 • 134

사회주의 교육운동: 1962~1966년 • 143

문화대혁명: 1966~1976년 • 146

5장 덩샤오핑과 그의 후계자들: 1976~2012년 • 159

공백기: 1976~1978년 • 159

덩샤오핑의 부상 • 164

마오쩌둥의 유산 • 168

정치적 재편과 정책조정 • 169

1989년 톈안먼시위 • 184

제3세대: 장쩌민 시대의 중국 • 191

'삼개대표'이론 • 194

시민단체 • 195

중앙정부와 지방정부 간 관계 변화 • 196

제4세대 지도부 • 202

6장 시진핑 시대 · 209

제18차 당대회를 앞둔 정치적 드라마 · 209

시진핑의 권력 장악 · 213

저항, 그리고 후퇴 · 216

제19차 당대회 · 221

당대회 이후 · 225

7장 경제의 정치학 · 231

서론 · 231

초기 시기: 1949~1950년 · 233

농업의 사회주의적 개조: 1949~1978년 · 234

마오주의 시대의 산업정책 · 241

마오주의 경제정책 평가 · 243

덩샤오핑의 경제정책 · 245

농업개혁 · 246

민간 부문 · 250

국유기업의 책임 강화 · 251

가격체계개혁 · 252

개혁의 개혁 · 256

덩샤오핑의 후계자들이 직면한 새로운 문제들 · 261

미래에 대한 우려 · 266

8장 범죄와 처벌 · 277

사회적 모델과 법률적 모델의 불완전한 공존: 1949~1953년 · 279

법제적 질서의 부상: 1954~1957년 · 280

사회적 모델의 부활: 1957~1965년 · 283

사회적 모델의 만연: 1966~1976년 · 284

마오쩌둥 이후의 법과 정의: 법률적 모델로의 복귀 · 287

새로운 법체계 · 288

법제도의 발전 · 291

재판 절차 · 292

조정 • 294

신방 • 297

노동교양 • 298

형벌제도 • 299

시진핑 집권기의 법적 발전 • 308

9장 군의 역할 • 315

당과 군대 • 315

마오주의 모델 평가 • 319

한국전쟁이 중국 인민해방군에 미친 영향 • 320

전문주의에 대한 반발 • 323

전문성의 회복 • 331

6·4 톈안먼사건이 중국 인민해방군에 미친 영향 • 338

덩샤오핑 이후의 군대 • 341

시진핑의 개혁 • 345

10장 교육 • 352

체계 구축 • 352

평등주의 확대와 전문가주의로의 회귀 • 356

이념성의 재강조: 문화대혁명 • 357

평등주의자 대 전문가: 조화를 향한 탐색 • 362

학문적 탁월성의 추구 • 364

최근 동향 • 382

11장 삶의 질 이슈: 건강, 인구, 환경 • 386

건강 • 386

인구학 • 397

환경 • 409

12장 순응과 저항: 예술, 미디어, 사회적 통제 · 419

중국의 예술가와 사회 · 419

당, 예술, 사회적 저항 · 421

1949년 이후의 통제기제 · 423

억압과 반발 · 426

문화와 문화대혁명 · 429

덩샤오핑 시대의 예술 · 432

정신 오염 반대운동 · 437

다가오는 대립 · 438

톈안먼시위와 그 여파 · 440

표현, 억압, 사회통제 · 442

13장 소수민족과 국가통합 · 453

중국의 소수민족 · 453

공산주의 이념 속의 민족문제 · 461

소수민족정책의 실제 적용 · 462

마오쩌둥 사후 소수민족정책 · 477

개혁이 초래한 문제 · 478

외부 요인 · 482

탄압의 강화 · 483

실질적 자치라는 해결책 · 493

현행 체제 폐지라는 해결 방안 · 497

14장 외교정책 · 502

외교정책의 결정 요인 · 502

역량 · 507

목표 · 509

외교정책의 수립 · 509

중국의 대외관계: 개관 · 512

글로벌 강대국 정치: 1969년~현재 · 524

15장 결론 • 546
미래 • 564

찾아보기 • 569
저자소개 • 575
역자소개 • 576

도해목차

도표

2.1 고도 균형함정   68

4.1 중국공산당 조직구조   125

4.2 중화인민공화국 정부 조직구조   126

6.1 시진핑 집권기 당 기율검사위에서 징계된 당원 및 기타인들   228

7.1 시진핑 집권 이래 중국의 GDP 성장률   262

7.2 GDP 대비 중국의 부채비율   272

8.1 중국 인민법원 조직 구조   291

9.1 중국군 조직 구조   347

9.2 중국 공식 국방예산 변화, 2012~2021년   349

10.1 선정된 한자, 간체자 형태, 병음 표기   355

11.1 연도별 출생아 수   407

11.2 도시화 비율 증가, 1978~2021년   408

13.1 중국 국가민족사무위원회   467

14.1 외교부 조직   511

표

2.1 중국왕조 연대표 41

5.1 중공 12~18기 기간 정치국 및 정치국 상무위원회 규모 변화 203

6.1 중공 12~20기 기간 정치국 및 정치국 상무위원회 규모 변화 212

6.2 제18기 중앙정치국 상무위원 명단 212

6.3 제19기 중앙정치국 상무위원 명단 224

6.4 제20기 중앙정치국 상무위원 명단 228

13.1 민족별 중국 인구 센서스 통계, 1953~2010년 454

지도

0.1 중국정치지도 xxii

2.1A 상 왕조기의 청동기의 중국 모습(약 BC 1523~BC 1028년) 39

2.1B 명왕조(1368~1644년) 39

3.1 국민당의 북벌 91

3.2 대장정 루트 104

13.1 중국의 소수민족 458

2021년 7월, 중국공산당은 창당 100주년을 맞아 이를 성대하게 기념했다. 시진핑 당 총서기는 베이징 톈안먼광장에서 7만 명의 군중 앞에서 연설하며, 중국이 외세에 의해 괴롭힘을 당하던 시대는 영원히 끝났으며, 어떠한 위선적인 설교도 "14억 인민이 단련한 강철 장벽과 충돌하게 될 것"이라고 선언했다. 지도부는 이미 다음 주요 기념일인 중화인민공화국 창립 100주년을 대비하기 시작했다. 중국의 애국자들은 자부심을 가질 만했다. 창당 초기 몇 안 되는 당원으로 시작한 공산당은 이제 거의 1억 명에 달하는 당원을 보유하게 되었다. 1949년 가난하고 전쟁으로 피폐해진 나라였던 중국은 이제 세계 제2의 경제대국(일부 기준에 따르면 세계 1위)이 되었으며, 강력한 군사력을 갖춘 세계 주요 강대국으로 확고히 자리 잡았다.

그러나 이러한 성과를 위협할 수 있는 심각한 문제들도 산적해 있었다. 국내적으로는 공산주의 이념이 사실상 쇠퇴하였고, 중국공산당은 많은 중국 국민들의 눈에 정당성을 상실했다. 경제성장 속도가 둔화되면서 향후 성장의 한계에 대한 불확실성이 커졌다. 보고된 경제 성장률의 신뢰성에도 의문이 제기되었다. 국내총생산이 증가한다고 해서 반드시 생산성이 향상되는 것은 아니었다. 더욱이, 경제성장과 함께 소득 불평등이 심화되고 사회적 불안이 증가했다. 경제 및 정치 시스템 전반에 걸쳐 부패가 만연했다. 많은 도시지역에서는 대기오염이 심각했고, 수질오염도 악화되었다.

대부분의 사람들은 증가하는 번영의 혜택을 누리는 데 대체로 만족하는 듯했지만, 농민, 노동자, 소수민족 등 일부 집단은 현 체제에 대한 불만을 강하게 표출했다. 반체제 인사들은 종종 헌법이 보장하는 권리를 침해하는 재판을 통해 가혹한 처벌을 받았다. 더 나은 법률이 제정되었으나 그것들이 항상 집행된 것은 아니었다. 노동자와 농민의 권리를 대변하며 권력을 장악한 공산당이 이제는 그들을 외면하는 듯했다. "인민을 위해 봉사하라"는 구호는 여전히 존재했지만, 당과 정부 지도자들은 오히려 인민을 두려워하는 모습이었다. 인공지능(AI) 기술을 활용한 감시 체계가 조지 오웰의 시대에는 상상조차 할 수 없을 정도로 강화되었다.

대외적으로는 외국 국가들이 중국에 대한 경제적 종속을 우려하였고, 외부의 위협이 없는 상황에서도 방위 예산이 급격히 증가하는 것에 대한 의구심을 표출했다. 또한 중국이 남중국해와 동중국해의 분쟁지역에서 영향력을 확대하려는 시도에 반발했다. 중국발 사이버 첩보활동이 밝혀지면서 이에 대한 국제적 항의도 거세졌다. 중국의 팽창주의에 맞서기 위한 초기 단계의 연합이 형성되는 듯 보였으며, 이는 적대적인 세력들에 의해 포위될 수 있다는 베이징의 우려를 다시 불러일으켰다. 초기에는 경제적 다원주의가 정치적 다원주의로 이어져 결국 자유민주주의로 발전할 것이라는 가정이 있었으나, 외국 전문가들은 점차 이 가정이 틀릴 수도 있음을 깨닫기 시작했다. 오히려 일부 영역에서는 중국의 체제가 점점 더 억압적으로 변해 갔다. 더 나아가 국가가 경제에 대한 통제를 더욱 강화했다.

과거의 성과가 앞으로도 지속될 수 있을지에 대한 논쟁이 중국 연구자들 사이에서 활발히 이루어지고 있다. 현재의 문제들이 더 강력한 국가로 성장하는 과정에서 겪는 성장통에 불과할 수도 있고, 반대로 현 체제의 붕괴를 예고하는 신호일 수도 있다. 혹은 중국이 중진국 함정(middle-income trap)에 빠질 가능성도 존재한다.

『중국정치의 이해』 초판은 중국 공산주의 정부가 비교적 최근에 집권했음에도 불구하고, 고대 문명이 산업화된 사회주의 국가, 나아가 권위주의적 준사회주의 국가로 전환되는 과정을 이해하려는 개인적인 문제의식에서 출발했다.

내 목표는 중국의 정치 체제를 설명하고 분석하는 것이며, 그 중심에는 중국의 독자적인 전통 문화와 서구에서 발전한 산업화 및 현대화 모델을 조화시키려는 역대 지도부의 노력이 자리 잡고 있다. 19세기의 표어인 "중체서용(中體西用, 중국의 학문은 본체로, 서양의 학문은 실용으로)"은 전통과 현대라는 두 축을 병행해야 한다는 마오쩌둥의 "두 다리로 걷기(兩条腿走路)" 주장과 일맥상통한다. 또한, 이는 덩샤오핑의 '중국특색의 사회주의' 및 부와 권력을 추구하는 시진핑의 '중국몽(中國夢)'과도 연결된다. 지난 반세기 동안 이러한 주제들은 중국정치에서 중요한 위치를 차지해 왔다. 중국 지도부는 혁명적 이념에서 보다 실용적인 통치로 초점을 전환했고, 사회주의 계획경제에서 준시장 기반의 체제로 전환함에 따라, 공산주의적 유산을 어느 정도까지 유지해야 할지 고민해왔다. 전통적 요소들이 현대화와 세계화의 흐름 속에서 공존하고 있다.

『중국정치의 이해』는 정치학과 역사학을 전공하는 고학년 학부생을 주요 대상으로 하며, 중국에 대해 더 깊이 이해하고자 하는 일반 독자들도 고려하였다. 독자들이 이 책을 즐겁게 읽기를 바라며, 학문적 용어 사용을 최소화하였다.

구성 및 특징

이 책은 중국정치와 역사를 분석하는 다양한 접근 방식을 개괄한 후, 전통 중국체제와 그 붕괴, 공산주의의 부상을 간략히 소개한다. 이후 공산주의 시대의 주요 특징과 사건을 상세히 다룬다. 1949년 이후 정치가 중국사회의 거의 모든 분야에 영향을 미쳤기 때문에, 경제, 법제, 군대, 문학, 예술, 언론 등 다양한 영역에서 정치가 미친 영향을 분석하는 것이 책의 주요 구조를 이루고 있다. 전체 장 수는 평균적인 학기 구성에 맞춰 주당 한 장씩, 총 15개의 장으로 구성했으며, 특정 주제(예: 이데올로기, 인권, 여성의 역할)는 별도의 장으로 다루지 않고 관련 장에서 부분적으로 다룬다. 마지막 장에서는 중국 공산주의체제의 성과와 한계를 평가하고, 향후 가능한 시나리오를 제시한다. 또한 각 장의 끝에는 추가 읽을거리(5권 이내)를 제공하였다.

역자서문

우선 준 토이펠 드레이어 교수의 『중국정치의 이해』(2024) 신간의 번역을 연말에 마무리 짓고 출판을 보게 되어 무척 기쁘다. 역자는 이미 13년 전에 중국정치와 관련된 2권의 번역서를 낸 바 있다. 그 하나가 케네스 리버설 저, 『거버닝 차이나』(심산출판사, 2013)이고, 나머지 하나가 로드릭 맥파쿼 편저인 『중국 현대정치사』(푸른길, 2012)였다. 전자 영문 원본은 2004년에 나온 책이고, 후자 영문 원본은 2011년에 나온 책이어서 그 이후 엄청난 변화를 보인 중국정치를 포함한 중국사회 이모저모의 변화상을 소개하는데 많은 제한이 따를 수밖에 없었다. 특히 2012년 말 집권한 시진핑 시대는 그 이전 지도자인 장쩌민, 후진타오 시대와는 비교할 수 없을 정도로 가히 혁명적인 변화를 시도해왔다는 점에서 시진핑 시대를 제대로 소개하는 책자의 보급이 절실했다. 역자가 대학에서 시진핑 시대가 빠진 위 두 권의 번역서를 통해 21세기 중국정치를 강의하는 과정에서 새 책의 보급이 절실하다 느끼고 있던 차에 명인문화사 박선영 대표의 출판 제의를 받았다. 사실 번역 작업이 학술연구 성과로 크게 인정받지 못하는 데다 많은 시간을 할애해야 하는 번거로운 일이기에 선뜻 응할 연구자들은 별로 없다. 하지만 역자는 예전에도 그랬듯이 학생들을 위한 교재가 필요하다는 일념으로 이 책 번역 작업에 임했다.

주지하다시피 중국정치를 다룸에 있어 부닥치는 난관은 한두 가지가 아니다. 마치 블랙박스와 같은 중국 최고 지도부 내부의 의사 결정 과정과 그 정치 관련 내용들은 파악하기가 쉽지 않다. 정보의 비대칭성과 접근의 한계로 말미암아 중국정치를 객관적으로 이해한다는 것, 또 어떻게 이해하는 것이 바람직한 것인지는 연구자에 따라 시각의 편차가 있을 수 있다. 중국정치와 관련하여 중국 내부의 연구자와 외부 연구자들의 경우 전혀 다른 시각에서 접근하는 차이점을 보인다. 그에 따라 그 연구 결과에 대한 책임은 오롯이 그 연구자의 몫이다.

중국정부와 내부 연구자들이 늘 주장하듯이 중국의 정치체제는 서양의 정치체제의 특징인 정치적 자유주의 및 다원주의에 기반한 다당제와 삼권분립에 기초할 수 없고, 전혀 다른 발전의 경로를 걸을 수밖에 없다고 강조되곤 한다. 그러므로 서양중심주의 정치발전 패러다임으로 중국의 정치제도와 발전을 분석 평가하고 비판하는 것은 다소 무리가 따른다 할 것이다. 근대화론에서 보는 것처럼 대체로 서구의 정치학자들은 자신들의 정치발전 경로가 이상적이고 보편적이라고 믿기 때문에 이를 정당화하고 발전의 원형으로 삼고자 한다. 중국의 정치제도의 특수성과 독자성은 서양의 정치발전 보편성 속에 가려지고 축소되어 버린다. 그 결과 마치 '프로크루스테스의 침대'처럼 서구적인 가치와 발전 패러다임으로 중국의 정치체제와 정치개혁 시도들을 재단하고 폄훼하기 일쑤이다. 서구학자들의 눈에 중국특색의 발전경로와 민주주의 시도와 성과들은 한낱 중국공산당의 정치체제의 정당화를 위한 정치적 수사 이상의 의미를 찾기 힘들고, '가짜 민주주의(sham democracy)'로 비칠 뿐이다. '미국 예외주의(American Exceptionalism)'를 인정하는 것과는 대조적으로 '중국 예외주의'와 중국특색의 발전 경로는 너무나 이질적이어서 인정하려 들지 않는다. 중국공산당이 중국의 특수한 정치적 상황, 즉 국정(國情)을 내세워 중국의 사회주의 민주와 발전을 정당화한다고 본다.

여기서 중국의 국정이란 아래와 같은 것들이다. 주지하다시피 세계에서 가장 많은 인구와 불균등한 다민족 통일 국가로 이뤄진 사회, 현대화 과정에서 드러난 양극화의 모순(지역 간·도농 간·계층 간·민족 간 모순)이 극에 달해 집단 시위가 빈발하는 사회, 소수민족 분리독립 운동이 상존하는 사회, 사회주의와 자본주의의 모순적 결합에 따라 체제 정체성의 위기에 직면한 사회, 중앙과 지방의 갈등이 현존하는 사회이기에 이런 일련의 혼란스러운 국정 상황 때문에 언제든지 터질 것 같은 소위 '활화산' 같은 사회로 비치기도 한다.

그런데 개혁개방 시작되던 1978년 무렵 1인당 GDP가 고작 156달러에 불과하던 중국이 2024년 기준 약 1만 3,000달러 수준, 구매력 평가(PPP) 기준으로는 훨씬 높은 2만 4,000달러에 이르렀다. 또한 2025년 말에 무역수지흑자가 세계 최초로 1조 달러를 돌파한 세계 최대 무역대국, 경제대국으로 발돋움했다. 혼란스러운 국정 상황 속에서 가히 혁명적인 성과를 거두고 있다. 불안정한 사회체제 속에서 전례 없는 기적을 낳으며 안정적으로 체제를 유지 관리해 온 중국공산당의 거버넌스를 과연 어떻게 평가할 것인가? 14억 인구, 1억 공산당원, 1조 달러 무역흑자 달성, 1,000억 달러 매출(2024년)로 미국 테슬라(977억 달러)를 넘어선 BYD 전기자동차 회사가 굴러다니는 중국! 4,000만의 첨단 기술 관련 '공정지식(process knowledge)'을 가진 중국 산업노동자들의 활약에 힘입어 세계 최대 공장으로서 글로벌 가치사슬의 중심에 우뚝 선 중국은 이제 전 세계가 주목하는 국가가 되었다. 이런 경이적인 기록이 시진핑 시대에 달성되었다. 시 주석은 중화민족의 위대한 부흥을 선도하고 있는 것이다.

무엇보다 2012년 시진핑 시대가 개막되면서 중국의 제1차 혁명인 마오쩌둥 시대, 제2차 혁명인 덩샤오핑 시대와 비견될 수 있을 정도 제

3차 혁명시대가 진행되고 있다는 평가가 나오고 있다. 지난 13여 년간 중국정치의 중심에는 한 사람이 있었다. 바로 시진핑이다. 2012년 중국공산당 최고 지도자 자리에 오른 이래, 시진핑은 누구고 감히 도전할 수 없을 정도로 무소불위의 강력한 절대적 카리스마적 지도자로 군림하고 있다. 그는 반부패 투쟁을 통한 광범위한 숙청을 단행해 오로지 시진핑을 영도핵심으로 지지 옹호하는 공산당 엘리트 집단으로 재편했다. 한편으로 시민사회와 반대파를 억누르고, 군대마저 개편·현대화시켰으며, 다른 한편으로 혁신적 첨단산업과 인재 육성으로 국가의 부흥을 이끌었다. 그리하여 시진핑 시대는 중국과 세계와의 관계까지 바꿔놓았다. 무엇보다 2018년 이후 시작된 미중 전략경쟁, 첨단기술경쟁이 '장기전'으로 확대됨에 따라 국제사회는 시진핑 시대의 중국의 글로벌 역할과 기술혁신에 크게 주목하고 있다. 헌법 개정과 당장 수정을 통해 집단지도체제를 허물면서 개인 독재화 경향이 노골화되고 있다는 외부의 탈권위주의적인 비판적 지적에도 불구하고, 시 주석 집권기에 체제 안정과 지속적인 혁신적 경제성장으로 중화민족의 위대한 부흥을 이루고 있다는 내부 평가도 만만치 않다. 요컨대 미중 전략경쟁 시대에는 오히려 강력한 지도자가 필요하다는 중국 내부의 공감대 역시 존재하고 있다. 이처럼 중국은 미국과는 전혀 다른 '중국식 현대화'의 길을 걸으며 금세기 중엽에 중화민족의 위대한 부흥과 사회주의 현대화 대국을 달성하겠다는 의지를 밝히고 있다.

그러나 역자가 보기에 시진핑의 3연임 개인 독재화 경향은 작금의 중국의 사회주의 체제가 전체주의와 유사한 개인 우상화가 진행되어 체제의 탄력성과 혁신성을 가로막고 있다. 시 주석의 집권기의 '국진민퇴(國進民退)' 정책과 함께 몇 년 전 제로 코로나 방역정책의 실패라는 두 가지 사례는 그 단적인 예이다. 이 때문에 절대권력에 대한 견제와 균형이 사라진 개인 독재화 경향이 과연 21세기 중국 마르크스주의의 발전상인지 의구심이 든다. '탄력적 권위주의' 체제하에서 효율성을 극대화해서 국가의 부는 크게 발전할 수 있을지 모른다. 그러나 노동의 소외가 극복되고 자유로운 인민의 결사 공동체로서의 사회주의, 그리고 경제적 풍요 속에서도 인민들의 자유가 보장되는 그런 '자유적 사회주의'가 중국에서 실현될 수 없고, 단지 신기루에 그친다면 이것이 진정한 정치발전이라고 볼 수 있을 것인가? 생산력주의 일변도로 미국을 추월해 세계 제1의 경제대국이 된다고 한들 다원주의와 개인의 자유가 보장되는 자유로운 사회주의가 실현될 수 없다면, 그것이 21세기 사회주의의 진정한 발전이라고 볼 수 없을 것이다.

그럼에도 불구하고 비교정치학적 맥락에서 볼 때, 서구중심적 근대화론과 정치발전론에 따라 세계 역사상 미증유의 기적을 낳은 중국특색의 시장사회주의 실험과 특히 시진핑 신시대 중국특색의 사회주의 체제를 분석하는 것은 한계가 있을 수밖에 없다. 따라서 내재적 접근법을 통해 시진핑 신시대 중국사회 현실, 중국특색적 현대성을 있는 그대로 연구 분석할 필요성도 제기된다.

이 책은 비록 서구중심적 시각이 있기는 하지만 가장 최근까지의 중국의 다양한 변화상을 담고 있다는 점에서 아주 유의미하고 통찰력 있는 연구성과라 할 수 있다. 또한 이 책은 2012년 이래 시진핑 신시대를 포함한 현대 중국정치의 역사적 변화 과정, 경제발전, 군대의 역할, 범죄와 처벌, 교육문제, 건강·인구·환경문제를 포함한 중국인의 삶의 질 문제, 예술·미디어·사회통제 시스템, 소수민족과 국가통합, 외교정책 등 실로 방대한 내용을 담고 있다는 점에서 다른 중국정치 관련 연구서에 비해 비교우위를 갖는다.

트럼프 2.0 시대의 탈세계화 미국 우선주의와 보호무역주의가 횡행하고 있고, 특히 우크라이나 전쟁 이래 미·중·러 강대국 중심의 권력정치가 부활하고 있는 가운데 세계는 다극화·무질서의 시대에 접어들면서 약소국들은 각자도생의 길을 모색하고 있다. 게다가 북한이 적대적 두 국가론을 외치고 있는 상황에서 한중관계가 그 어느 때보다 중대한 시기에 접어들었다. 2016년 사드배치 이래 한중관계가 경색되었다가 이재명정부 집권과 더불어 해빙기를 맞아 마침내 고대하던 시 주석의 방한이 2025년 연말에 이뤄졌고 2026년 초에 이 대통령의 방중이 있을 예정이다. 바야흐로 한중관계가 다시금 회복되어 동북아 안정과 발전에 기여할 수 있는 것으로 기대된다. 이런 중요한 시기에 이 책이 출간되어 역자로서는 기쁘기 그지없다. 이 책이 나오기까지 번역 작업을 제안하시고 믿고 맡기신 명인문화사 박선영 대표와 투박한 원고에 검토 작업을 해주신 전수연 편집 디자이너, 기타 윤문 작업에 함께 하신 서윤정 씨께 감사드린다.

2026년 1월

역자 김재관

러시아
아크몰라
카자흐스탄
타슈켄트
비슈케크
두샨베
키르기스스탄
타지키스탄
신장 위구르족
자치구
헤이룽장성
훗카이도
울란바토르
몽골
내몽골
지린성
동해
북한
평양
서울
일본
도쿄
베이징
톈진
허베이성
산둥성
한국
오사카
닝샤후이족
자치구
산시성
중국
칭하이성
간쑤성
허난성
장쑤성
이슬라마바드
티벳
라싸
쓰촨성
허베이성
안후이성
상하이
저장성
동중국해
뉴델리
네팔
팀부
후난성
장시성
푸젠성
카트만두
부탄
구이저우성
타이페이
태평양
다카
윈난성
광시좡족
자치구
광둥성
대만
인도
방글라데시
하노이
홍콩
미얀마
라오스
하이퐁
양곤
비엔티안
태국
베트남
마닐라
필리핀
벵골 만
방콕
캄보디아
프놈펜
호찌민시
(사이공)
남중국해
0　　300　　600　　900 MILES
0　　300　　600　　900 KILOMETERS

1장

서론

현대화와 중국문명

세계에서 가장 오래된 연속 문명의 상속자로서 중국인들은 그들의 업적에 대해 충분히 자부심을 가질 만하다. 문자의 초기 창제, 비단 직조와 습식 벼 재배의 정교한 기술 개발, 나침반과 화약의 발명은 이러한 업적 중 가장 뛰어난 몇 가지에 불과하다. 따라서 중국인들이 스스로를 '중국(中國, Zhongguo)', 즉 그 주변부에 덜 발달한 인류 집단이 존재하는 천하의 중심으로 인식하며 안정감을 느낀 것은 당연한 일이었다.

따라서 16세기부터 무역을 원하고 종교적 신념을 전파하려 했던 서양인들의 도착은 제국의 평화와 조화에 대한 반갑지 않은 침입으로 여겨졌다. 중국정부는 무지한 오랑캐들이 천조(天朝)의 안녕에 크게 기여할 수 없으며 심지어 진정한 해를 끼칠 수도 있다는 것이 분명했기 때문에 서양의 제안을 단호하게 거부했다. 하지만 서양인들은 끈질기게 버텼다. 그들은 1839~1842년 아편전쟁을 시작으로 일련의 무력 대결에서 비교적 쉽게 중국인들을 물리칠 수 있었다.

이는 이전까지 자신만만했던 중국 엘리트들에게 하나의 문제를 제기했다. 미적 가치를 측정하는 보편적으로 인정되는 기준이 없었기 때문에 다른 나라의 문화를 열등한 것으로 거부하기는 쉬웠다. 그러나 군사적 우월성은 전장에서 판가름될 수 있으며, 이 분야에서 중국은 명백히 뒤처져 있음이 드러났다. 계속되는 군사적 열세는 제국의 존속은 물론, 그들의 존중받는 문화의 생존까지 위태롭게 했다. 따라서 중국정부는 서양의 침입을 더 이상 두려워할 필요가 없을 정도로 국방력을 강화하는 것이 매우 중요한 과제가 되었다.

많은 사람들이 생각해낸 해결책 중 하나는 중국이 오랑캐의 군사 기밀을 배워 적에게 사용해야 한다는 것이었습니다. 이 해결책은 지극히 합리적으로 보였을 뿐만 아니라 중국 최초의 군사 전략가인 손자의 권위를 내세워 합리화될 수 있었고, 실제로 그렇게 되었다. 기원전 4세기에 손자는 "적을 알고 나를 알면 백 번 싸워도 위태롭지 않다"고 조언했다. 그러나 동시에 이 교훈은 많은 지식인들의 마음 속에 근본적인 딜레마를 불러일으켰다. 다른 문명을 차용하면서 자기 문명의 우월성에 대한 믿음을 유지할 수 있을까? 그렇다면 자신의 문화를 잃기 전에 얼마나 많은 것을 빌릴 수 있을까? '중국다움'이라 부를 수 있는 그 본질은 과연 무엇인가? 제국을 오랑캐에게 바칠 위험을 무릅쓰고 자신의 문화를 지키느냐, 아니면 오랑캐로부터 제국을 구하기 위해 자신의 문화를 희생하느냐의 냉혹한 선택 앞에서, 과연 어떤 결정을 내려야 할까?

이러한 문제들과 그와 관련된 여러 질문들은 중국의 가장 뛰어난 지성인들 사이에서 열띤 논쟁을 불러일으켰다. 처음에는 대부분의 사람들이 군사 기술만을 차용하는 것은 허용될 만하다고 여겼다. 이러한 유형의 모방은 전례가 없는 일이 아니었다. 과거에도 중국은 여러 차례 외부 세력의 전쟁 방식을 모방한 적이 있었다. 말이 끄는 전차를 사용하는 대신 말을 타고 싸우는 전투 방식은 북방의 유목민들로부터 들어온 것이었다. 그보다 다소 후대에는, 기마병이 말을 탄 채 뒤를 돌아 활을 쏠

수 있게 한 등자 또한 투르크 침략자들로부터 도입되었다. 그럼에도 불구하고 이 영역에서조차 외래 문물의 수용은 매우 제한적이었다.

그러나 서양의 군사 기술은 더 정교했다. 이러한 기술을 습득하려면 무엇보다도 공장과 주조소의 설립, 대규모 원자재 조달 체계의 구축 등, 그동안 시도된 적이 없던 대대적인 기반이 필요했다. 결국 이러한 방식을 채택하는 것이 바람직하다는 주장은 정당화되었으며, 이는 19세기 후반에 등장한 '중체서용(中體西用)', 곧 "본질은 중국적으로, 실용은 서양적으로"라는 슬로건에 잘 나타나 있다. 안타깝게도 이러한 '중체서용' 이념을 실천하는 데는 몇 가지 어려움이 있었다. 예를 들어 공장제도의 확립은 사회 조직에 근본적인 변화를 수반했다. 이동 가능한 노동력, 전문화된 생산 등이 필요했기 때문에 유교적 가족제도, 교육과정, 그리고 그 밖의 여러 사회제도들에 커다란 변화를 요구했다. 그러나 나중에 밝혀졌듯, 서양의 학문에도 그 나름의 본질이 있었다.

19세기 말, 새로운 세대는 초기 중국 사상가들이 문명의 본질이라고 여겼던 유교 전통의 여러 측면을 거부하기 시작했다. 전통 관습의 파괴자이자 기독인 의사였던 쑨원(孫文)은 중국문화의 특성과 양립할 수 있는 방식으로 중국을 강화하고 현대화하려고 노력했다. 쑨원이 유교를 대신해 제시한 철학, 보다 정확히 말하면 이념은, 민족·민주·민생의 세 가지 원칙으로 이루어진 삼민주의(三民主義)였다. 그는 링컨(Abraham Lincoln)의 "국민의, 국민에 의한, 국민을 위한 정부"에서 영감을 받았다고 명시적으로 밝혔다.

청 제국은 1911년에 전복되었는데, 이는 혁명가들의 노력뿐만 아니라 스스로의 무능함의 희생물이기도 했다. 그러나 쑨원은 자신이 창당한 국민당(또는 중국국민당)이 집권하기 전에 세상을 떠났다. 그의 뒤를 이어 국민당 총통이 된 장제스(蔣介石)는 여러 군벌로부터 중앙정부의 통제권을 탈환하는 데 성공했고, 곧바로 유교의 많은 요소들을 다시 정부의 공식 이념으로 복원했다. 그럼에도 불구하고 중국은 서양의 열강들과 일본에 비해 여전히 가난하고 약했다. 수십 년이 채 지나지 않아, 국민당 정부는 무너졌다. 이는 정부 내부의 취약함, 일본과의 피비린내 나는 소모전, 그리고 공산당의 봉기가 복합적으로 작용한 결과였다.

중국의 여러 지식인들이 자국의 문제를 해결할 방안으로 공산주의에 매력을 느낀 이유 중 하나는 공산주의가 역사 발전 과정에서 자연적으로 발생하는 과학적이고 문화적으로 중립적인 과정이라고 주장했기 때문이다. 즉, 공산주의를 채택하는 것은 서양에서 무언가를 차용하는 것으로 이해될 필요가 없었다. 공산주의의 창시자인 마르크스(Karl Marx)가 서양인이며, 그의 이론이 서양의 경험을 바탕으로 했고, 심지어 아시아의 역사는 "잠들어 있다"고 믿었다는 사실은 의도적으로 외면되었다. 이 지식인들에게 볼셰비키가 러시아에서 권력을 장악한 것은 공산주의가 중국에서도 적용될 수 있음을 보여주는 사례로 여겨졌다. 볼셰비키의 성공은 공산주의 혁명이 고도로 산업화된 사회에서 먼저 일어날 것이라는 마르크스의 주장을 뒤집었고, 그렇다면 중국에서도 공산주의가 일어날 수 있을지도 모른다는 생각을 하게 했다. 그럼에도 불구하고 중국과 같이 농민층이 압도적으로 많은 사회에서 산업 노동자들에게 호소하는 이념을 적용하려면 마르크스주의에 대한 근본적인 재작업이 필요했다.

마오쩌둥(毛澤東)은 공산주의가 문화적으로 중립적인 이론이라 하더라도, 그것이 작동하는 사회의 문화적 현실과 조화를 이루어야 한다는 사실을 잘 알고 있었다. 1938년 초, 그는 다음과 같이 선언했다.

공산주의자는 마르크스주의 국제주의자이지만, 마르크스주의가 적용되기 위해서는 민족적 형태를 취해야 한다. 추상적인 마르크스주의는 존재하지 않으며, 존재하는 것은 오직 구체적인 마르크스주의뿐이다. 우리가 구체적인 마르크스주의라고 부르는 것은 민족적 형태를 취한 마르크스주의, 즉, 절대적 형태로 적용된 이론이 아니라, 중국의 현실적 조건과 구체적인 투쟁 속에서 구현된 마르크스주의를 말한다.

이후 마오쩌둥은 "과거는 현재를 위해 봉사하게 하고, 외래의 것은 중국을 위해 봉사하게 하라"고 선언했다.

마오쩌둥이 중국의 문화적 맥락을 다루는 방식에는 관료 문화, 즉 고급문화에 대한 신랄한 공격과 대중문화, 즉 하층문화에 대한 찬양이 포함되었다. '관(官)'이라는 말은 혐오의 대상이 되었고, 중화인민공화국의 관료들은 '간부(干部, ganbu)'라는 새로운 이름으로 불리게 되었다. 역사는 일반 민중의 공헌을 강조하기 위해 수정되었다. 따라서 베이징 인근 명나라 황릉 앞의 한 표지판에는 거기에 묻힌 황제의 위엄보다는 무덤 건설에 얼마나 많은 대중이 수고했는지에 초점을 맞췄다. 또한 종이 공예와 같은 민속 예술은 칭찬과 격려를 받았고, 화려한 비단 자수나 금박에 그려진 섬세한 그림 등 상류층과 관련된 예술 양식은 비판을 받았다. 그러나 고급문화와 대중문화의 구분이 명확하지 않았고, 후진적인 사고와 관습이 상류층에만 국한된 것도 아니었다. 따라서 중국의 과거 가운데 현재에 부합하는 요소를 선택하는 것은 쉽지 않았다. 무엇을 남기고 무엇을 버릴 것인가를 두고 날카로운 논쟁이 이어졌으며, 당의 공식 입장에도 여러 차례 변화가 있었다.

외래의 것을 중국에 적용하는 데 있어 마르크스는 별다른 도움이 되지 못했다. 그는 주로 이론가였기 때문에 자신의 이론을 국가의 일상적 운영에 어떻게 적용할 수 있는지에 대한 구체적인 제안은 거의 없었다. 이 분야의 지침을 얻기 위해 중국 공산주의자들은 최초의 공산주의 국가이자 수십 년 동안 유일한 공산주의 국가였던, 지금은 사라진 소련의 사례를 살펴봤다. 중국이 받아들인 것은 소련 지도자들의 세계관과, 그들이 인식한 소련의 필요에 의해 영향을 받은 레닌주의적·스탈린주의적 마르크스주의 해석이었다. 중화인민공화국 건국 초기에도 마오쩌둥과 다른 지도자들은 소련의 경험을 맹목적으로 모방하는 것을 경계하고 중국 현실에 맞게 조정할 것을 촉구했다. 그러나 당시 소련은 중국의 유일한 중요한 동맹국이자 원조 제공국이었기 때문에 소련 모델을 면밀히 모방하는 것은 거의 불가피한 일이었다.

상대적으로 인구가 적고 자본집약적인 소련의 경험이 인구 밀도가 높고 노동집약적인 중국에 미칠 한계에 대한 깨달음은 1958년 대약진운동이 추진된 중요한 이유 중 하나였다. 소련식 모델과 결별한 대담한 사회경제적 시도는 중국의 풍부한 노동력과 약초 요법 및 침술 치료와 같은 특정한 전통 기술을 활용하여 중국을 현대화하려는 시도였다. 대중의 문화는 훨씬 더 많은 찬사를 받았으며, 과거에는 가치 있는 유산으로 여겨지던 일부 요소는 이제 서둘러 폐기되었다. 대약진운동의 메시지는 근본적으로 급진적 평등주의였다. "능력에 따라 일하고, 필요에 따라 분배받는다"는 마르크스의 공산주의 정의를 구현하려고 했다. 그러나 근로 의욕을 높일 유인이 부족했던 탓에, 많은 사람들이 일을 덜 하면서도 살아갈 방법을 찾아냈다. 이러한 이유들로 인해 생산 수준은 떨어졌고, 거의 즉시 국가는 더 깊은 빈곤과 쇠퇴 속으로 빠져들었다. 생산량은 공산주의 정부 초기 수준으로 떨어졌지만, 그 생산물을 나누어야 할 인구는 훨씬 더 많아졌다. 수백만 명이 굶주림이나 영양실조로 사망했다. 중국식 근대화를 실현하려 했던 이번 시도는 참혹한 실패로 끝났다.

1962년, 대약진운동의 잘못된 조치 중 상당수가 철회되거나 수정된 후 중국은 대약진운동 이전의 생산 수준을 회복했다. 그러나 생산 수준 회복과 함께 마오쩌둥이 대약진운동을 시작하게 만든 여러 현상들 역시 다시 나타났다. 즉, 소득 격차의 확대, 관료들의 부패와 사적 이익 추구, 경제적 이유로 맺어진 결혼, 전통적인 미신 행위, 도박 등이 그것이었다. 이 중 마지막 세 가지는 분명 전통문화의 일부이긴 했으나, "과거를 현재에 복무하게 한다"는 원칙 아래에서는 분명 용납할 수 없는 일이었다.

1966년 마오쩌둥은 소련·서방·전통의 영향력을 제거하기 위한 또 하나의 대규모 운동인 프롤레타리아 문화대혁명을 일으켰다. 문화대혁명의 급진주의자들은 외래의 영향과 퇴폐적인 전통 사조를 모두 제거하려는 열의에 사로잡혀 몇 가지 기이한 타협을 해야 했다. 예를 들어, '퇴폐적' 주제를 제거하기 위해 중국 전통 오페라를 전면적으로 개편하고, 전통 악기 사용을 금지한 결과, 공연은 피아노 반주에 맞춰 이루어지는 기묘한 형태가 되어버렸다. 이것이 퇴폐적인 서양 문화 요소를 제거하는 데 어떻게 부합하느냐는 질문에 마오쩌둥의 부인 장칭(江靑)는 "우리는 피아노를 해방시켰다"라고 대답했다.

문화대혁명의 메시지는 대약진운동과 마찬가지로 평등주의적이고 강하게 반위계적이었지만, 그 정도는 훨씬 더 심했다. 남들보다 옷을 더 잘 입거나 더 잘 먹는 사람들은 서양의 부르주아 자유주의나 소련의 수정주의의 독소에 감염된 자로 여겨졌다. 그 결과 많은 사람들이 잔인한 공격의 표적이 되었다. 일부 지역에서는 정상적인 업무 활동이 심각하게 중단되었지만 전반적인 생산에 미친 영향은 대약진운동 때만큼 크지는 않았다. 그러나 사회적, 정치적 문제는 훨씬 심각했다. 문화대혁명의 폭력성은 1968년 말에 완화되었지만, 그 정책들 중 상당수는 이후 몇 년간 계속 유지되었다.

1976년 마오쩌둥의 사망은 간접적으로 덩샤오핑(鄧小平)의 집권과 마오쩌둥이 주도한 급진적 정책 다수에 대한 폐기로 이어졌다. 덩샤오핑의 2세대 지도부는 계급투쟁과 사회변혁을 중시하던 마오쩌둥이 노선을 버리고, 사회 전체의 번영을 추구하는 방향으로 전환했다. 그의 실용주의적이고 반이념적인 성향은 문화대혁명 당시 그가 숙청된 원인이 되었다. 덩샤오핑은 즉시 자신의 최우선 과제는 중국 현대화이며, 그 방법은 '실사구시(實事求是)'에 기초하여 진행할 것이라고 발표했다. 그가 말하는 현대화는 주로 산업화와 국민의 생활 수준 향상을 의미하는 것으로 보였다. 그는 의사결정 과정에서 개인의 자유와 다원주의의 확대 필요성을 명시적으로 인정했지만, 그것은 자유 그 자체의 가치를 신념으로 받아들였기 때문이라기보다, 사람들에게 더 열심히 일할 유인을 제공하기 위해 필요한 조치로 여겼던 것으로 보였다. 마찬가지로 덩샤오핑은 서방에서 민주화의 필수 요소 중 하나로 간주되는 법치주의의 도입을 지지한다고 발표했다. 그러나 그의 주장은 시민적 자유주의라기보다는 생산 체제가 원활히 돌아가기 전에, 개인 간과 기업 간의 분쟁을 해결하기 위해 법적제도가 필요하다고 믿었기 때문이었다. 덩샤오핑에게 있어 현대화란 자본주의 국가의 맹목적 모방이 아니라 '중국특색의 사회주의'를 구축하는 과정으로 이해되어야 했다.

중국특색의 사회주의에 대한 정확한 정의는 한 번도 제시된 적이 없다. 덩샤오핑은 사회주의를 포기할 생각이 없다고 밝히면서도, 부를 상속받거나 투기적 활동이나 개인적 인맥을 통해 얻는 것이 아니라 자신의 근면과 노력으로 부유해지는 것이라면 부의 축적은 허용될 수 있다고 분명히 말했다. 또한 그는 모든 사람이 동시에 부자가 될 필요는 없다고 덧붙였다. 덩샤오핑은 지난 150여 년 동안 수많은 중국 지도자들과 마찬가지로 19세기 개혁가들의 공통된 구호였던 부국강병을 실현하려 했다. 그는 중국의 현실에 부합하는 방식으로 서구 국가들과 대등하거나 그들을 능가하는 중국을 만들고자 했다. 19세기 개혁가들과 달리 덩샤오핑은 동서양의 장점을 선택적으로 취해야 한다고 주장하지 않았다. 그러나 서방에 대한 개방정책을 포함한 그의 정책에는 선진 과학기술과 장비를 도입하고, 중국 학생들을 해외로 보내 이러한 장비를 생산하고 개선할 수 있는 능력을 습득하는 것이 포함되었다. 번영하고 경제적으로 현대화된 중국이라는 덩샤오핑의 최종 목표는 마오쩌둥과 크게 다르지 않았지만 두 사람은 중요한 면에서 차이를 보였다. 평등과 번영 중 하나를 선택해야 하는 상황에서 마오쩌둥은 평등을 덩샤오핑은 번영을 우선시하는 경향이 있었다.

덩샤오핑 치하에서 이윤 추구의 동기가 회복되었다. 공장들은 중앙정부에 납부해야 하는 일정 금액을 초과한 수익을 스스로 보유할 수 있게 되었고, 농민들도 정부에 납부해야 하는 일정 할당량을 넘어서는 생산물은 자유시장에 내다 팔 수 있게 되었다. 이러한 기회가 주어지면서 불과 몇 년 전만 해도 상상할 수 없었던 정도로 많은 사람들이 번영을 누렸다. 상점에 더 다양한 소비재가 등장했고, 국민총생산은 급속한 성장의 시기를 맞이했다. 하지만 동시에, 다른 사람들은 그 흐름에서 뒤처지게 되었다. 일부 사람들은 농사를 서툴게 짓거나 일에 성의가 없어서 뒤처지기도 했다. 하지만 더 많은 경우, 그들은 자신의 능력으로는 어쩔 수 없는 환경적 요인들 때문에 새롭게 주어진 기회를 살리지 못했다. 열악한 토지를 소유하거나 종자와 비료를 충분히 확보할 수 없었던 농부들은 아무리 열심히 일해도 오히려 더 가난해졌다. 또한 정부의 투자정책은 투자 자본이 빠른 시일 내에 수익을 낼 수 있을 것이라는 합리적인 판단에 따라 연해지역을 우대했다. 그러나 동시에 이러한 정책은 광범위하고 경제적으로 더 취약한 중국 내륙 지역 주민들을 소외시켰다.

새로운 정책은 또한 인플레이션 압력을 발생시켜 고정된 수입으로 살아가는 사람들에게 불리하게 작용했다. 이들에는 많은 수의 국가 공무원들, 학생들, 그리고 노인들이 포함되었다. 사업가와 농부들은 생활비 상승에 맞춰 가격을 올릴 수 있었지만, 고정 수입에 의존하는 계층은 그럴 수 없었다. 새로운 체제 하에서 번영을 누리는 사람들은 그렇지 못한 사람들의 부러움을 샀고, 이른바 중국인들이 '홍안병(紅眼病)'이라 부르는 현상이 더욱 두드러지게 나타났다. 덩샤오핑은 일부 사람들이 다른 사람들보다 먼저 부유해지는 것을 허용해야 한다고 판단했을 때, 결국 다른 누군가는 더 가난해질 수 있음을 묵인한 셈이었다. 중국 전체의 효율성과 번영을 위해 수익성이 없는 공장과 기업은 파산이 허용될 예정이었다. 그는 전 국민 고용 보장제도는 더 이상 유지될 수 없다고 선언했다. 이른바 '철밥통'은 깨질 수밖에 없었다. 예상대로, 사람들은 자신들의 안전망이 사라질지도 모른다는 불안감에 휩싸였다.

처음에는 이러한 우려들이 조심스럽고 개인적인 방식으로 제기되었다. 그러나 시간이 지나면서 시민들은 덩샤오핑이 경제적 활력을 높이기 위해 불가피하다고 본 표현의 자유 완화 조치를 적극적으로 이용하기 시작했다. 신문 편집자에게 보내는 투고문이나 학술지 기사, 심지어 시위 행진도 더 흔해졌다. 증가하는 시민 무질서를 우려한 덩샤오핑은 초기의 자유화 약속에서 물러서는 듯한 태도를 보였고, 중국이 발전을 지속하기 위해서는 위로부터의 강력한 지도력이 필요하다는 뜻의 '신권위주의'이론을 제시했다. 1989년 톈안먼(天安門)시위에 대한 중국정부의 잔인한 진압으로 인한 충격과 공포 속에 일부 가리워진 것은 중국 국민 다수가 덩샤오핑의 '중국식 사회주의 건설 계획'의 주요 요소들에 불만을 품고 있다는 메시지였다. 기존 체제의 문제점에 대해서는 광범위한 공감대가 형성되었지만, 그것을 대신할 새로운 체제에 대한 합의는 거의 이루어지지 않았다.

1989년 시위 이후, 정부는 국민들의 불만을 해소하기 위해 여러 차례 경제정책을 조정하는 한편, 그 불만을 자유롭게 표현할 수 있는 권리를 제한했다. 또한 외국의 부르주아 자유주의에 현혹된 소수의 반혁명 세력이 불안을 야기했다고 비난했다. 그 후 권력 분립, 견제와 균형 이론, 인권과 같은 서양의 개념이 중국에는 부적절하다는 인식을 심어 주기 위한 대대적인 선전 활동을 벌였다. 많은 중국인들은 정부의 주장에 동의하지 않았으며, 중국이 이러한 서구적 개념을 받아들일 때에만 비로소 강대국으로 성장할 수 있다고 보았다. 지난 150년 동안 중국은 많은 변화를 겪었지만, 이러한 논쟁은 19세기 당시의 논조와 내용이 놀라울 정도로 유사했다. 중체서용(中體西用) 논쟁이 제기되었다. 경제발전을 가능하게 하는 근본적인 자유(체) 없이는, 서양의 경제발전(용)이라는 실질적 성과를 이룰 수 없다는 것이다.

그러나 더 큰 자유에 대한 열망과 함께 자본주의가 가져온 것으로 여겨지는 물질주의 문화에 대한 깊은 불안감이 공존했다. 어떤 사람들은 서양에서 유래한 종교를 포함한 종교에 의지하여 위안을 얻었다. 또 다른 사람들은 지침을 얻기 위해 중국의 과거로 눈을 돌렸다. 서양 상업주의의 대안으로 불교와 유교에 대한 관심이 다시 높아졌다. 근대화의 동력으로서 마르크스주의의 한계를 인식한 일부 지식인들은 중국혁명에 중국 고유의 요소를 접목할 방법을 찾기 위해 과거를 탐색하기 시작했다. 이러한 발전이 진행되면서 장쩌민(江澤民)은 경제개혁을 추진하기로 결정했다. 그러나 여러 가지 이유로, 그중 일부는 장쩌민이 통제할 수 없는 국제적인 요인이었기 때문에 이러한 개혁은 실행하기 어려웠다. 장쩌민의 후계자인 후진타오(胡錦濤) 역시 별다른 성과를 내지 못했으며, 그 뒤를 이은 현 지도자 시진핑(習近平) 또한 마찬가지로 개혁의 진전을 이루기 어려웠다. 마오주의에 대한 향수를 지닌 사람들부터 대중 직접 선거를 지지하는 사람들에 이르기까지 불협화음으로 가득 찬 조언이 쏟아지고 있다.

마르크스주의의 정당성이 사라지면서 일부 사람들은 중국혁명의 중국적 특성을 더욱 강조해야 한다고 생각하게 되었다. 하지만 중국혁명은 중국의 봉건 문화를 파괴하는 것을 목표로 했기 때문에 그 중국적 특성을 어떻게 달성할 수 있을지는 불분명하다. 지지자들은 만약 그 방법을 찾지 못한다면 중국의 가치 체계는 마른 강바닥이나 줄기 없는 나무처럼 불안정한 토대 위에 세워질 것이라고 주장한다. 시진핑 주석이 최근 중국 전통문화와 마르크스주의를 통합하여 중국적 특색을 지닌 혼합형 사회주의를 만들겠다고 선언하는 등 중국 현실에 부합하는 방식으로 현대화를 이룰 수 있는 해법을 모색하는 움직임이 계속되고 있다.

이 책은 중국적 맥락에서 근대화를 이루기 위한 노력들을 살펴본다. 물론 근대성을 어떻게 정의할 것인가에 대해서는 다양한 의견이 존재한다. 이러한 근대화이론들 중 몇 가지와 그것이 중국 사례에 미치는 함의는 이후 장에서 상세히 논의된다. 간단히 말해, 일부 사람들은 대화의 궁극적 목표, 예를 들어 운명에 대한 통제, 개인의 자율성, 그리고 물질적 재화의 획득에 초점을 맞춘다. 반면, 지금까지의 중국공산당 지도자들은 근대화를 산업화 수준의 제고와 생활수준의 향상이라는 보다 좁은 관점으로 정의해왔다. 세 번째 부류는 이에 더해, 농업의 상업화,

도시화의 진전, 대중 문해율 및 교육 수준의 향상, 대중적 커뮤니케이션의 발달, 그리고 능력에 기반한 승진 등의 요소를 포함하는 더 포괄적인 정의를 선호한다. 사람들이 자신의 운명에 스스로 영향을 미칠 수 있다는 새로운 인식을 갖게 되면, 더 큰 정치적 권한을 요구하게 될 것이며, 근대화된 체제는 이러한 요구를 수용하게 될 것이다. 저자는 이러한 넓은 정의를 채택했는데, 이는 농업의 상업화, 도시화, 대중 문해와 대중적 커뮤니케이션, 그리고 능력주의적 제도 없이는 산업화와 생활수준의 향상을 실질적으로 달성하기 어렵다고 믿기 때문이다.

중국정치 분석이론

최근 몇 년 동안 해외 분석가들이 접근할 수 있는 정보의 범위가 크게 확대되었으나, 여전히 밝혀지지 않은 부분이 많다. 중국에서 정보 유통이 제한적인 특성은 정치적 의사결정 분석에 어려움을 초래해 왔다. 일반적으로 정치체제를 분석할 때, 분석가들은 사회를 하나의 환경으로 간주하는 모델을 사용한다. 해당 환경에 속한 개인들은 다양한 방식으로 환경의 영향을 받고 이에 따라 반응한다. 그들은 해결되기를 바라는 우려나 불만을 가질 수 있으며, 이를 효과적으로 표출하는 한 가지 방법은 이익집단의 형성을 통해 이러한 요구를 통합하는 것이다. 이러한 요구는 '투입(inputs)'이라 불리며, 정부에 전달된다. 정부는 이 요구를 '산출(outputs)'로 '전환'하는 역할을 한다. 입법부는 법률을 제정하고, 행정부는 이를 집행하며, 사법부는 법률의 시행 과정에서 발생하는 분쟁을 해결한다. 이러한 산출물은 '피드백 회로(feedback loop)'를 통해 사회적 환경에 영향을 미친다. 이는 또 다른 '투입'을 발생시킬 수 있다. 예를 들어, 특정 국가의 많은 사람들이 의료비에 불만을 품게 되면, 이를 대표하는 이익집단이 의회에 로비하거나 '투입'을 제공한다. 의회는 이러한 요구를 새로운 보건의료 규정으로 전환한다. 이는 의료 환경을 변화시키며, 때로는 새로운 문제와 불만을 초래하기도 한다. 이러한 불만의 '피드백(feedback)'은 정부가 새로운 요구를 집약하도록 만들며, 그 결과 법률이 다시 수정될 수 있다.

이러한 분석 틀을 중국정치에 적용하려는 시도는 특히 마오쩌둥 시대에는 매우 불만족스러운 결과를 가져온다. 우선, 이익집단을 식별하는 것이 어렵다. 일반적으로 노동자, 농민, 의사, 노인, 소수민족 등 우리가 익숙한 사회에서 볼 수 있는 이익집단들과 유사하다고 가정할 수 있다. 그러나 중국공산당 정부는 중화인민공화국 건립 직후 여성, 노동자, 농민, 작가, 의사 등과 같은 집단을 대상으로 한 '대중 조직'을 설립했다. 이 조직들은 중국공산당(CCP)의 목표를 지지하도록 엄격히 통제되며, 자체 구성원의 이익을 대변하기보다는 공산당의 의제를 지원하는 역할을 한다. 예를 들어, 중국의학협회는 의료비 인상을 요구하지 않으며, 노동조합은 노동시간 단축이나 더 나은 연금 계획을 요구하기보다 국가의 번영을 위해 성실히 일할 것을 회원들에게 촉구한다. 따라서 이러한 조직들은 이익집단으로서 제대로 기능하지 못했다.

위에서 설명한 모델의 다른 부분을 중국정치에 적용하려 할 때도 유사한 어려움이 발생한다. 중국의 당과 정부 구조는 상세히 묘사할 수 있다 (4장에서 논의함). 그러나 정책결정이 어떠한 과정을 통해 이루어지는지는 여전히 불분명하다. 정치국 회의는 의례적인 경우를 제외하고는 텔레비전으로 방송되지 않으며, 정치국 구성원들도 회의 과정에서 드러난 의견 차이에 대해 공개적으로 언급하지 않는다. 고령의 지도자나 이미 사망한 지도자의 회고록이 가끔 출판되기도 하지만, 예외적으로 가택연금 중 비밀리에 녹음된 전 중국 국가주석 자오쯔양(趙紫陽)의 기록과 그와 대립 관계에 있던 전 총리 리펑(李鵬)의 상반된 견해를 제외하면, 이런 회고록은 의심스러울 정도로 비현실적이고 과거를 다루더라도 현재 당 노선을 철저히 따르고 있다. 그렇다면, 사회의 어느 부문에 얼마나 많은 예산과 관심이 배분할지를 누가 결정하는가? 더 구체적인 정보가 부족한 상황에서 해외 분석가들은 종종 "당이 결정했다"는 식의 모호한 표현에 의존한다. 하지만 중국공산당은 2022년 기준 약 1억 명의 당원을 보유한 거대한 조직으로, 당 자체가 실제로 어떤 결정을 내리는 것은 아니다. 또 다른 분석가들은 마치 국가 지도자가 모든 결정을 내리는 것처럼 서술하기도 한다. 예를 들어, "시진핑이 중앙정부 구조를 재설계하려 한다"와 같은 표현이다. 그러나 중국은 매일 해결해야 할 수많은 문제를 가진 거대한 국가로, 어떤 한 개인이 이 모든 결정을 내릴 수는 없다. 여기서 '당'과 '시진핑'이라는 표현은 일반적인 의미에서 이해될 수는 있지만, 실제 의사결정 과정에는 훨씬 더 많은 요소가 포함되어 있다는 사실을 깨닫지 못한다면 오해를 불러일으킬 수 있다.

중국정치의 내부 작동 방식에 대해 많은 것을 알지 못하기 때문에 사람들은 이용 가능한 정보에 근거해 합리적 추정을 해야 했다. 특히 공산주의 체제의 초기처럼 확실한 정보가 지금보다 훨씬 희소했던 시기에는 분석가들이 국경절 열병식이나 다른 의례적 행사에서 촬영된 사진을 살펴 누가 누구 옆에 서 있는지, 누가 빠졌는지를 통해 결론을 유추했다. 이러한 방식은 특정 인물이 지도부 중심에서 더 멀리 떨어진 위치에 서게 되거나 아예 행사에 불참한 경우, 그가 실각했거나 숙청되었음을 암시하곤 했다. 예를 들어, 좌익 성향을 가진 인물들이 오랫동안 보이지 않는다면 분석가들은 이를 국가에서 중도정책이 실행될 가능성과 연관지어 예상하곤 했다.

그러나 이는 드문 일이었다. 더 흔한 경우는, 이른바 '차이나 워처(China-watchers)'라 불리는 중국 관찰자들이 특정 정책과 관련 있다고 생각한 인물이 한두 달 정도 공개 석상에서 모습을 보이지 않을 경우, 그는 숙청된 것으로 추정하는 것이었다. 반면, 중국 지도자들 중 다수가 고령이라는 점을 감안하면 자연사했을 가능성도 있었다. 하지만 이러한 가설에도 함정이 있었는데, 사망한 것으로 추정되던 인물이 건강한 모습으로 갑자기 다시 등장하는 경우가 있었다. 이는 그 인물이 단지 치명적이지 않은 질병에서 회복 중이었거나, 베이징의 건강에 좋지 않은 환경을 잠시 떠나 있었거나, 지방에서 비공개 조사를 진행했을 가능성을 의미했다. 가끔 분석가들은 중국 내부에서 흘러나온 소문으로 자신들의 추측을 뒷받침할 수 있었으나, 이 또한 신뢰할 수 없는 경우가 많았다. 자국의 언론을 신뢰하지 않는 국가들에서 흔히 볼 수 있듯, 중국에도 활발하고 생생한 소문 네트워크가 형성되어 있었지만, 그 정보는 종종 사실이 아닌 것으로 드러났다. 예를 들어, 당시 80대였던 덩샤오핑은 1980년대에 최소 세 차례 사망했다는 신뢰할 수 없는 보도가 나왔으며, 한 번은 자신이 이끌던 군부에 의해 무혈 '쿠데타'를 당했다는 소문도 있었다. 그는 결국 1997년에 자연사했다.

덩샤오핑이 중국과 외부 세계 간의 교류를 확대하도록 허용한 시기부터, 이용 가능한 정보원은 더 많아졌다. 일부 외국인은 중국의 기록보관소와 기타 자료에 접근할 수 있게 되었으며, 기자들과 학자들은 의견 교환에 적극적인 전문가 및 정보통 인사들과의 네트워크를 형성할 수 있었다. 중국 언론 자체도 이제는 다양한 의견을 내고 있지만, 이는 여전히 신중하게 이루어지며 공식적인 제재의 위험을 감수해야 하는 상황이다.

과거에 정보가 부족했던 시기와 현재 다양한 정보원이 존재하는 시대 모두, 중국에 대한 견해는 다양했다. 기본 가정이 다르다면, 아무리 논리가 완벽하고 사실이 명확하더라도 사람들은 서로 다른 결론에 도달하기 쉽다. 이러한 기본 전제의 차이가 바로 '차이나 워처'들 사이의 많은 의견 불일치를 낳은 주요한 이유가 되었다. 또한 분석가들은 중국정치를 바라보는 관점에서도 차이를 보인다. 예를 들어, 일부는 경제개발에 더 중점을 두는 반면, 다른 이들은 인권문제를 더 중요하게 여긴다. 결국, 중국 공산정권에 대한 분석은 세 가지 시기로 나뉜다. 첫 번째는 공산 정부 초기 몇 년 동안 발전한 이론들, 두 번째는 문화대혁명에서 비롯된 이론들, 세 번째는 덩샤오핑의 개혁에 의해 형성된 이론들이다.

중화인민공화국 초기의 이론적 분석

초기에 중국정치 분석의 주요 패러다임은 전체주의 모델이었다. 강력한 지도자(마오쩌둥)가 이끄는 단일 정당(중국공산당)이 국민들에게 자신들의 이념(공산주의)을 강요하며, 국민들은 여기에 절대적이고 변함없는 충성을 바친다는 내용이다. 가족, 직능 단체, 종교와 같이 시민과 국가를 매개하는 조직들은 약화되거나, 흡수되거나, 파괴되었다. 이러한 정책의 목적은 개인을 지배 정당과 그 이념의 영향을 제외한 모든 외부 영향으로부터 고립시키는 데 있었다. 결정은 근본적으로 조화로운 당 엘리트 집단 내에서 합의적으로 이루어진다고 여겨졌으며, 이 집단은 마오쩌둥에 의해 지배되었다. 엘리트 내 의견 차이는 특정 문제에 대한 대응에서 비롯된 것으로 간주되었으며, 다른 어떤 힘에 의해 동기 부여된 것은 아니라고 보았다.

이 견해의 한 변형으로 '세대론' 학파는 공동의 개인적, 정치적 경험에 기반한 공유된 관점이 있다고 주장했다. 여기서 세대는 연대기적 나이가 아니라 개인이 공산당에 입당한 시점을 기준으로 정의되었다. 세대론 분석가들은 중국공산당 초기를 12개의 시기로 나누었으며, 각 시기는 국민당(KMT)의 공산당 탄압 시도나 일본과의 전쟁 발발 등과 같은 위기로 특징지어졌다. 이러한 위기 시기에 당에 입당한 이들은 위기에 대응한 것으로 간주되었으며, 따라서 특정한 정치적 전망을 형성했을 것으로 보았다. 이를 통해 특정 시기에 당에 입당한 사람들이 지도부에서 어떤 위치를 차지했는지를 분석하면, 그들의 정책적 관심과 성향을 예측할 수 있었다.

예를 들어, 공산당에 가장 먼저 입당한 1세대와 2세대 구성원들은 거의 대부분 양쯔강 중류 지역 출신으로, 농민 배경을 가지고 있었으며,

정규 교육을 거의 받지 못했고, 중국 외부로의 여행 경험도 없었다. 따라서 이들은 외세에 대해 배타적이고, 외국이 중국에 대해 아무리 우호적인 의도를 보이더라도 그들과 밀접한 관계를 맺는 데 부정적인 성향, 즉 외국인 혐오적 성향을 가지고 있을 것으로 여겨졌다. 이러한 세대의 정치적 초점은 지방이나 지역적 이슈에 맞추어졌을 가능성이 크다. 군사적으로는, 게릴라나 지역 민병대를 활용한 소규모 비정규 전술을 활용한 국내 방어 전략을 선호했을 것이다.

반면, 제3세대와 제4세대는 당과 군대 사이, 그리고 당과 군 내부에서의 분업화와 전문화가 증가하던 시기에 당에 합류했다. 1931년 11월 이후 당은 군사 장교를 훈련하는 특수 학교를 운영하기 시작했으며, 게릴라 전술보다는 군사 기술에 더 중점을 두게 되었다. 이 시기에 공산당에 가입한 이들은 1세대와 2세대에 비해 보다 다양한 지역 출신으로, 대체로 대체로 교육 수준이 높고 중국 외부를 여행한 경험도 많았다. 세대론 분석가들은 이들을 지역보다 국가적 차원에 더 초점을 맞춘 세대로 보았다. 이들은 타 지역 출신의 사람들에 대해 덜 경계했으며, 보다 국제적이고 다른 나라와의 동맹에 더 개방적인 성향을 가졌을 가능성이 높다. 따라서 지도부가 1·2세대에서 3·4세대로 전환되면, 전문적 분업화와 국제주의적 정책이 강조되는 변화가 나타날 것으로 보았다. 1950년대 중소 관계가 밀접하던 시기에 중국공산당에 입당하여 소련에서 유학한 이들은 친소적인 관점을 지녔을 가능성이 크다. 미국이 중국 학생들에게 유학 기회를 제공한 중요한 이유 중 하나는, 이들이 중국으로 돌아가 미국과 그 자유주의적 가치를 긍정적으로 평가하게 되고, 장차 중국의 지도자가 되었을 때 미중 관계에 기여할 것이라는 기대 때문이었다.

전반적으로 이와 같은 분석 방식에는 타당한 측면이 많았다. 1세대와 2세대는 실제로 3세대와 4세대에 비해 더 내향적인 경향을 보인다. 다만, 당의 초창기에는 당원 동원이 지역 중심의 과제였고, 그 외 선택지가 거의 없었다는 점을 감안하면, 이들을 내향적 성향으로 단정 짓는 것은 무리가 있다는 반론도 가능하다. 이후 당이 '항일 저항'이라는 명분을 내세우는 것이 지지자를 끌어들이는 데 유용한 방식이 되었는데, 이는 중국공산당 입당 시기에 의해 형성된 고정된 사고방식의 결과라기보다는, 주어진 기회에 대한 대응으로 해석될 수 있다.

또한 1세대 중국공산당 통치 엘리트 중 일부 주요 인물들은 외국인에 대한 배타적이고 의심 많은 태도를 가진 것으로 보였지만, 그렇지 않은 인물도 있었다. 예를 들어, 마오쩌둥은 교육을 많이 받지 못했고, 양쯔강 중류 지역 출신으로 해외 경험도 거의 없어 외부 세계를 신뢰하지 않고 중국의 국내 문제에만 집착했다는 평가를 받는다. 그러나 이러한 성향이 그가 1950년에 소련과 동맹을 체결하거나 1960년대 말에 미국과의 관계 개선을 시도하는 것을 막지는 않았다. 결국 이러한 행보는 특정한 사고방식보다는 당시의 상황과 여건에 따른 선택으로 보아야 할 것이다. 더욱이, 1세대 지도자들 가운데 또 다른 주요 인물인 저우언라이(周恩来)는 대단히 국제적인 감각을 가진 인물이었다. 각 세대에 속한 사람들의 배경과 경험이 서로 다르기 때문에 세대 내에서도 완전한 의견의 일치를 기대하기는 어렵다. 한편, 완고한 소수 의견이 다수의 생각을 변화시킬 때도 있으며, 변화하는 환경 역시 정치적 인식을 바꿀 수 있다. 예를 들어, 몇 년 동안 소련에서 유학한 리펑 전 중국 총리는 일부 면에서 친러적 인물로 보일 수도 있다. 그러나 특정 국가에서의 유학 경험이 항상 그 국가에 대한 호감으로 이어지는 것은 아니다. 유학 중에 친한 친구를 사귈 수도 있지만, 동시에 그 나라의 정치·경제체제를 직접 경험한 결과 모방할 가치가 없다고 판단했을 수도 있다. 따라서 특정 세대 그룹이 고위직을 얼마나 점유하고 있는지를 기준으로 하는 분석 방식은 자칫 오도될 수 있다.

이후 세대론적 분석은 여전히 적용되지만, 마오쩌둥 이후로는 특정 지도층 그룹이 권력을 행사한 시기로 정의하게 되었다. 따라서 마오쩌둥 시기의 지도부는 1세대, 덩샤오핑이 최고 지도자였던 시기는 2세대, 장쩌민과 그의 측근 그룹은 3세대, 후진타오는 4세대, 시진핑은 5세대 지도부로 간주된다. 이들 사이에 의견 차이가 있을 수 있다는 점은 인정되지만, 여전히 공통된 사고방식을 공유하고 있다는 전제가 깔려 있다. 예를 들어, 1989년 톈안먼사건 이후 등장한 지도부에 대한 외신들의 평가는 공식적으로 공개된 여덟 명의 팔순 원로들, 즉 '8명의 신선'이라는 의미의 일명 '팔선(八仙)'으로 불린 인물들의 사진에 초점을 맞췄다. 이들은 반대 의견을 억압하고 경제를 통제할 필요성에 대해 공통된 견해를 가진 것으로 보였다. 당시 분석가들은 이 '팔선'이 모두 정치 무대에서 사라지기 전까지 의미 있는 정치적 의미 있는 정치적 변화는 기대하기 어렵다고 예측했다. 그러나 이들 '불사의 존재'들이 사망한 뒤에도 기대했던 정치적 변화는 실현되지 않았으며, 더 잘 교육받고 외부 세계를 더 많이 접한 3세대, 4세대, 5세대 지도부가 등장한 이후에도 그러한 변화는 나타나지 않았다. 분석가들조차 이제는 이런 변화가 언제 일어날지, 아니면 과연 일어나기는 할지에 대해서도 확신하지 못하고 있다.

또 다른 분석이론으로는 '전략적 상호작용 학파'가 있다. 중국정치의 핵심 동인을 중국이 강대국 지위를 추구하는 투쟁에 있다고 보았다. 이 학파의 분석가들은 19세기 외세에 의한 중국의 굴욕, 즉 강제로 체결된 불평등 조약과 영토 할양 등이 오늘날까지도 중요한 영향을 미친다고 보았다. 따라서, 이 학파는 (다소 강한 가정이기는 하지만) 현재 중국의 주요 목표가 과거의 굴욕을 지우거나 최소한 보상하려는 것이라고 가정한다. 이에 따라 중국의 행동은 강대국들로부터 존경 — 심지어는 두려움을 동반한 존중 — 을 얻기 위한 시도로 설명될 수 있다.

이 학파는 19세기 굴욕이라는 역사적 조건에서 출발하긴 하지만, 특정한 문화적-역사적 요인은 실제 분석 체계에서 거의 고려되지 않는다. 이들은 중국을 국제체제 내의 이성적 행위자로 보며, 목표에 대한 합리적인 판단과 이를 달성하기 위한 선택지 및 비용을 평가할 수 있는 존재로 간주한다. 또한 중국은 광범위한 지리적 제약을 안고 있기 때문에, 이는 공산주의든 자본주의든, 혹은 어떠한 성향의 이념을 지닌 정부라 하더라도 피할 수 없는 조건으로 간주된다. 즉, 이 학파는 중국이 최소한의 비용으로 최대한의 정치적-군사적 지위를 확보하려는 국가로 단순화하여 이해한다. 암묵적으로 이 학파의 주요 분석 과제 중 하나는 특정 시점에서 중국이 누구를 '주적'으로 간주하는지를 식별하는 것이다.

이 분석 체계의 상당 부분은 특별히 반박할 여지가 없다. 중국공산당 창립 초기 구성원 중 다수는 조국이 외세에 의해 겪은 굴욕을 깊이 느꼈고, 외압을 견딜 수 있는 중국을 건설하려는 의지를 가지고 있었다. 이러한 인식은 최근까지도 완전히 사라진 것은 아니다. 예를 들어, 아편전쟁 150주년을 기념하는 일련의 회의들이 열렸는데, 공교롭게도 혹은 아마도 의도적으로 톈안먼사건 1주년과 같은 날에 개최되었다. 이 행사에서 연설자들은 서양 제국주의를 비난하며 당시 중국이 굴욕을 겪은 것은 공산당이 아직 창당되지 않았기 때문이라고 주장했다. 한 정치국 위원은 아편전쟁의 의의는 제국주의에 맞서고 애국하는 것이 외국에서 중국에 유익한 것을 배우는 것과 모순되지 않는다는 점을 보여준다고 말했다. 비슷하게, 제2차 세계대전 당시 중국의 대일본 승리 70주년을 기념하는 성대한 행사에서도 연설자들은 승리의 주요 공로를 중국공산당에 돌리는 한편, 미국이 수행한 역할은 외면했다.

그러나 중국정치를 분석하는 데 전략적 상호작용이론을 적용하는 데에는 몇 가지 문제가 있다. 첫째, 이 이론은 이데올로기와 문화를 배제한다. 이 관점에서는 모든 정부가 국제관계에서 성공을 거두기 위해, 자국의 영토적 요건에 따라 주어진 선택지를 냉정하고 계산적으로 저울질하며 동일하게 행동한다고 가정한다. 그러나 정부가 어떤 대응을 합리적이라고 인식하는 데에는 문화와 이데올로기가 영향을 줄 수 있다는 점은 무시된다. 예를 들어, 체면 손상에 대한 문화적으로 형성된 민감성은 중국정부로 하여금 핀란드나 페루정부의 시각에서는 비합리적으로 보일 수 있는 방식으로 대응하게 만들 수 있다.

둘째, 전략적 상호작용 학파의 또 다른 개념적 문제는 국가가 일종의 '집단적 인격'을 가진 것으로 간주한다는 점이다. '중국이' 특정 행동을 취하거나 특정 감정을 가진다고 표현하는 것은 편리할 수 있지만, 이는 중국을 단일체로 묘사하는 오류를 범할 위험이 있다. 어떤 정책을 선호하는 집단과 다른 선택지를 지지하는 집단이 공존할 수 있다는 가능성을 간과하게 만든다. 예를 들어, 1960년대 말 마오쩌둥이 미국과의 관계 개선을 계획했을 때, 이에 대해 상당한 저항이 있었다는 많은 증거가 있다. 당시 여러 고위 관료들은 자본주의와의 관계를 맺는 것에 강력히 반대했으며, 소련이 결점이 많다고 해도 최소한 사회주의 국가라는 점에서 미국보다 전략적 파트너로서 더 적합하다고 주장했다. 만약 미국의 정책입안자들이 전략적 상호작용이론에 따라, 중국이라는 국가가 미국과의 협력에 확고히 기울어 있다고 보거나, 최근의 공세적인 '전랑외교(戰狼外交)'에 대해 내부적인 합의가 이루어져 있다고 가정한다면, 이는 심각한 오해를 불러올 수 있다.

전략적 상호작용 학파에 대한 세 번째 비판은 외교정책에 지나치게 큰 비중을 둔다는 점이다. 세계 다른 나라의 시민들과 마찬가지로, 일반적인 중국 국민 대부분은 유엔에서 자국이 적절한 존중을 받는지 여부보다 임금, 의료 서비스, 자녀의 교육 기회 등 일상적인 문제에 더 관심을 갖는 경향이 있다. 또한 중국 지도부는 중국 지도부 역시 수많은 국내 문제에 직면해 있으며, 이는 외교문제만을 ─ 혹은 외교문제를 중심으로만 ─ 다루는 것을 어렵게 만든다.

그럼에도 불구하고 중국 엘리트 계층은 여전히 자국이 세계에서 차지해야 할 정당한 위치를 유지하고 강화하는 데 깊은 관심을 두고 있다. 예를 들어, 2000년 올림픽 개최지로 베이징이 선정되지 않았을 때 표출된 분노와 중국이 세계무역기구(WTO)의 창립 회원국이 되는 데

정부가 큰 의미를 부여한 것에서도 드러난다 (베이징은 이후 2008년 올림픽 개최지로 선정되었고, 중국은 2001년 WTO에 정식 가입했다). 외세로 인해 조국이 겪은 굴욕을 가장 절실히 느꼈던 세대는 이제 세상을 떠났고, 중국은 이미 강대국들의 존중을 얻는 데 성공했다. 그럼에도 불구하고 중국 지도부는 '굴욕의 세기'를 상기시키는 것이 강력한 애국 감정을 불러일으켜 강경한 외교정책에 대한 국민의 지지를 얻는 데 효과적이라는 점을 발견했다.

이 시기에 널리 논의되었으며 오늘날에도 여전히 일부 지지자를 보유한 또 다른 이론은 '중국은 결국 중국이다 학파(The China-is-China-is-China School)'라고 불린다. 이 이론은 공산주의 중국의 경제 구조, 심리적 사고방식, 관료적 절차가 본질적으로 제국 시대의 중국과 동일하다고 가정한다. 최고 지도자는 황제와 유사한 역할을 수행하며, 그의 권한은 여러 면에서 무제한적일 수 있지만, 동시에 동료 혁명 원로나 이후의 정치국 상임위원들, 즉 귀족과 같은 역할을 하는 사람들에 의해 제약을 받는다. 여기에 더해, 독자적인 정치적 의제를 가진 아내와 이전의 관료제를 대체한 현재의 관료체제 역시 그의 권한을 제한하는 요소로 작용한다. 유교와 공산주의 간의 유사성이 발견되기도 하지만, 이 학파의 지지자들은 대체로 이데올로기를 부차적인 요소로 간주한다. 이들에 따르면, 모든 중국정부는 결국 전통의 힘과 인구과밀, 경작지 부족, 수자원 통제문제 같은 구조적 현실로 인해 비슷한 방식으로 행동하게 된다는 것이다.

이 분석 방식은 충분히 타당성을 지닌다. 수 세기에 걸쳐 형성된 사고방식은 혁명으로 쉽게 지워지지 않으며, 적은 양의 경작지를 방대한 인구에게 그들이 받아들일 수 있는 방식으로 분배할 수 있는 방법 또한 그리 많지 않다. 마오쩌둥의 개인 주치의는 그가 전략을 준비할 때 마르크스보다는 중국 역사서를 더 많이 참고했다고 전했다. 주치의는 마오쩌둥과 함께한 시간을 '마오의 황실 생활'이라고 표현하며, 그가 스스로를 황제라 부르는 경우도 있었다고 언급했다. 마오쩌둥 사후 권력을 잡으려 했던 그의 부인은 자신을 당대의 여제인 측천무후(則天武后)의 현대적 화신으로 인식하며 측천무후의 의복을 주문 제작하기도 했다.

엘리트 계층이 아닌 중국 시민들 또한 과거와의 유사성을 찾는 경향이 있다. 일반 민중들은 장칭이 황후의 복장을 주문했다는 사실을 알지 못했지만, 그녀를 과거 왕조의 야심 찬 황후들과 자주 비교했다. 그녀가 실각한 후에는 그녀를 화려한 자수 예복, 복잡한 머리 장식, 긴 손톱을 가진 과거 황족으로 묘사한 만화가 자주 등장했다. 그러나 덩샤오핑이 황제로 불리는 경우가 드물었으며, 그러한 경우에도 대개는 은유적인 의미로 사용된 경우가 많았다. 장쩌민과 후진타오는 황제와 같은 이미지와 전혀 연결되지 않았다. 하지만 시진핑의 훨씬 강력한 리더십과 점차 부각되는 개인 숭배는 과거 황제와의 비교를 불러일으키고 있다.

그렇게 만들어진 정책들에 관해서는, 그 정책이 전통에 기반한 것인지 공산주의 이념에 따른 것인지 명확히 구분하는 것이 항상 가능한 것은 아니다. 예를 들어, 일반 대중의 번영과 복지는 공자와 마르크스 모두에게 중요한 개념이었다. 이 학파의 문제점은 제국 시대의 중국과 현대 중국 사이에 유사점이 존재하긴 하지만, 양자가 동일한 것은 아니라는 데 있다. 이러한 유사성을 지나치게 경직되게 받아들이면 오히려 잘못된 해석을 초래할 수 있다. 공자와 마르크스 사이에는 공통점뿐만 아니라 중요한 차이점도 있다. 공자에게는 농민이 제국의 중추였지만, 마르크스는 '농촌의 무지'에 대해 언급했다. 유교 철학은 '대동(大同)'의 이상을 추구하였으며, 이는 점차적으로 내려가는 위계 질서 속에서 황제를 정점으로 하여 인간관계를 올바르게 정비함으로써 실현될 수 있다고 보았다. 그 질서의 각 구성원은 아래 사람들에게 모범이 되어야 했다. 반면, 마르크스는 평등주의를 옹호했다. 공자는 생산 수단의 소유권이나 진보의 개념에 대해 관심이 없었으나, 마르크스에게는 생산 수단의 소유가 사회적, 정치적, 경제적 지배의 핵심이었다. 또한 마르크스의 이상 사회는 아래로부터의 폭력적 혁명을 통해 달성될 수 있다고 보았다. 또 하나의 차이점으로, 전통 중국과 달리 현대 중국, 즉 중화인민공화국 지도부는 적어도 명목상 국가 주권이라는 개념을 수용한다는 점이 있다. 이러한 과거와 현재의 중국 간 중요한 차이점을 고려하지 않으면 분석의 유용성은 크게 제한될 수밖에 없다.

문화대혁명이 낳은 이론들

위에서 설명된 모델들에 내재된 기본적으로 조화로운 엘리트 집단이라는 대한 관점은 1960년대 중반 문화대혁명의 발발로 인해 무효화되었다. 강력한 공산주의 국가를 건설하기 위해 단결했다고 여겨졌던 지도자들이 서로 언어적, 물리적 갈등을 벌이자 외국 분석가들은 자신들의 이론을 재평가하기 시작했다. 이 시점에서 '파벌이론'이 신뢰를 얻었으며, 네이선(Andrew Nathan)의 고전적 설명에 따르면, 이러한 파벌은 후원주의적(clientelist) 관계에 기반을 둔다. 이는 본질적으로 물품과 호의의 지속적인 교환을 통해 형성되며, 파벌 구성원들 간에는 비록 문서화되지 않았더라도 널리 이해되고 있는 권리와 의무가 존재하는 관계가 만들어진다.

파벌은 정치 체제에서 경쟁 파벌을 제거할 만큼의 충분한 권력을 구축할 수 없다고 여겨지며, 따라서 그렇게 하려는 동기도 거의 없는 것으로 간주된다. 파벌의 가장 중요한 관심사는 자신의 권력 기반을 보호하면서 다른 파벌의 권력 확대를 견제하는 것이다. 오늘의 적이 내일의 동맹이 될 수 있기 때문에, 파벌 간의 동맹은 안정적일 수 없다. 따라서 파벌들이 다른 파벌과 동맹을 맺을 때, 이념적 합의를 가장 중요한 조건으로 삼는 것은 사실상 불가능하다. 권력과 영향력을 얻기 위한 투쟁이 끊임없이 진행되며, 이를 위해 파벌은 최근까지도 갈등을 겪었던 이들과도 종종 협력해야만 한다.

네이선은 문화대혁명 이전의 중국이 파벌 모델에 가까웠다고 보지만, 자료 부족으로 인해 각 파벌의 지도자를 명확히 식별하는 것은 불가능하다고 인정한다. 그는 마오쩌둥이 문화대혁명을 발동한 것이 파벌주의의 규칙을 깨뜨린 것이라고 해석한다. 그가 학생들, 이른바 홍위병(Red Guards)에게 다른 파벌을 제거하도록 촉구함으로써 엘리트 외부에서 새로운 권력원을 동원했다. 기존 파벌 엘리트들은 마오쩌둥의 당 외 공격에 저항하며 홍위병을 해체하고, 정권 초기 15년 동안 유지되던 파벌 간 경쟁체제로 돌아가려 했다. 결국, 그들은 성공을 거두었다. 1967년 9월에 이루어진 네 번째 홍위병 동원이 실패한 이후, 홍위병을 이용해 당 지도부 내의 파벌을 숙청하는 시도는 더 이상 가능하지 않게 되었다.

네이선은 자신의 모델이 인간 행동을 형성하는 여러 제약 가운데 오직 조직적 제약만을 고려하고, 이념적·문화적 제약은 간과하고 있다고 지적하며 비판한다. 또한 자료가 부족하기 때문에 이 모델이 조직적 관점 내에서조차 타당한지 여부를 명확히 판단하기 어렵다. 또한 이 모델은 사람들이 왜 파벌 구조를 채택하는지, 이를 얼마나 오래 유지하는지, 그리고 왜 상호 갈등을 지속하는지에 대해서도 설명하지 못한다.

네이선의 이론에서 파생된 변형 모델인 '중앙-지역 학파(central-regional school)' 역시 중국정치 분석에서 개인적 유대와 충성심을 강조한다. 이 학파는 제국체제라는 통합적 권력과 중앙정부의 치밀한 위계질서에도 불구하고, 중국은 오랜 지역주의(localism)의 전통이 존재해왔다고 지적한다. 수도는 멀리 떨어져 있었고, 통신 수단은 열악했으며, 관료의 수가 적고, 지역 곳곳에 충분히 파견되지 못했다. 일반적으로 사람들이 문화적으로 소속감을 느낀 대상은 중국 전체가 아니라, 중요도 순으로 자신의 마을, 가문, 그리고 성(省)이었다. 중국 음식점 단골이라면 이미 알겠지만, 중국의 여러 성은 독특한 요리 스타일을 가지고 있다. 또한 각 지방은 매우 다른 예술적 양식과 음악 전통을 보유하고 있다. 방언 역시, 경우에 따라 서로 인접한 지역 사이에서도 상호 이해가 어려울 정도로 큰 차이를 보일 수 있다. 가장 대표적인 예는 푸젠성의 '민난어(閩南語)'와 '민베이어(閩北)'일 것이다.

중국문화에는 개인적 충성심이라는 강한 요소도 포함되어 있다. 사람들은 상급자와의 관계에서 직위보다는 개인적인 정서적 유대에 기반해 관계를 형성한다. 그에 따라, 상급자는 부하 직원에게 심리적 안정감을 제공하고, 단순한 직장 내 역할을 넘어 멘토로서의 역할까지 수행한다. 예를 들어, 상급자는 부하가 배우자를 찾을 수 있도록 돕거나 직장과 무관한 분쟁을 해결하는 중재자의 역할을 할 수도 있다.

중앙-지역 학파의 이론가들은 초기 중국공산군, 즉 인민해방군(PLA)을 이러한 충성심이 발전하는 틀로 보았다. 공산당이 권력을 장악하는 과정에서 다섯 개의 야전군(전방 군구)이 발전했다. 중국공산당의 권력 장악 과정은 농촌지역을 기반으로 진행되었고, 일본군과 국민당군이 여러 인접 지역을 점령하고 있었기에, 야전군 간의 의사소통은 간헐적으로 이루어졌다. 이에 따라 야전군은 서로 상대적으로 독립적으로 발전했으며, 교류는 거의 없었다. 서로 다른 야전군 간 인원 이동도 거의 없었다.

1949년 공산당이 승리한 이후 몇 년 동안 중국은 행정적 목적으로 6개의 지역으로 나뉘어 관리되었다. 각 지역은 특정 야전군의 영향 아래 놓였으며, 일부 야전군은 두 개 이상의 지역을 통제했다. 인사 이동이 발생할 때, 사람들은 종종 집단 단위로 다른 야전군으로 이동했으며, 이를 통해 기존의 충성 네트워크가 유지되었다. '야전군 가설'은 중국의 정치적 행위를 다섯 개 주요 이해집단 간의 세력균형으로 설명하며, 중앙 엘리트는 본질적으로 권력의 중재자로서 활동한다고 본다.

이 이론 역시 과거 정치적 행동을 설명하는 데 어느 정도 타당성이 있는 것으로 보인다. 문화대혁명 시기 린뱌오(林彪)가 권력을 장악하는 동안 제4 야전군 소속 인사들이 다른 야전군에 비해 불균형적으로 많은 승진 기회를 얻었다. 린뱌오가 권력에서 물러난 이후, 그와 함께 승진했던 인사들 다수가 숙청되었으며, 다른 야전군 소속 인사들의 승진 비율이 증가했다. 문화대혁명 이전에 존재했던 야전군 간의 권력 균형은 1971년 린뱌오 사망 이후 본질적으로 복원되었다. 중앙-지역 학파 이론가들은 이 일련의 사건을 제4야전군이 권력 균형을 깨고 군사-정치적 위계를 독점하려는 시도로 해석한다. 다른 야전군은 이를 자신의 영역에 대한 공격으로 간주하고 저항하기 위해 연합했으며, 결국 린뱌오를 축출하고 권력 균형을 재건하는 데 성공했다.

그러나 야전군 가설을 뒷받침하는 통계적 증거는 초기에는 명확해 보일 수 있지만, 실질적으로는 한계가 있었다. PLA 사령관과 정치위원 중 다수의 야전군 소속을 알 수 없으며, 소속이 밝혀진 이들 중 약 15%가 둘 이상의 야전군에서 복무한 경력이 있어, 이들을 어떻게 분류해야 할지도 명확하지 않다. 간헐적으로 발생한 장교들의 타 야전군지역(영역)으로의 전출 역시, 군사지역 간 권력 균형을 의도적으로 맞추기 위한 조치라기보다는 무작위 인사 배치로 더 쉽게 설명될 수 있다.

린뱌오 실각 이후 제4 야전군 고위 장교들에 대한 숙청이 진행되었으나, 여전히 많은 제4야전군 소속 인사들이 중요한 직책을 유지했다. 또한 린뱌오와 함께 숙청된 이들 중 일부는 다른 야전군 출신이기도 했다. 숙청이 중앙의 고위급 인사들부터 시작된 점은 마오쩌둥과 다른 지도자들이 지역보다는 중앙정부 차원의 군부 인사들의 충성도에 더 큰 관심을 두고 있었음을 시사한다. 그러나 이러한 분석이 문화대혁명 시기의 사건들을 설명하는 데는 유효할 수 있으나, 21세기에도 야전군 네트워크가 충성도 예측의 신뢰할 만한 기준으로 남아 있을 것이라는 보장은 없다. 1930년대 중국공산당이 권력을 잡던 시기에 형성된 인적 유대는 1950년대 이후 출생한 장교들에게까지 강하게 작용하지는 않는 것으로 보인다.

중앙-지역 분석을 군사 영역 너머로 확장하며, 한국의 학자 정재호는 중앙 지도부가 지속적으로 원심적 경향, 즉 중앙으로부터 이탈하려는 흐름을 억제하기 위해 분투해 왔다고 보았다. 이는 대륙 규모의 국

가에 단일 시간대를 적용한 사례에서도 드러나듯, 강한 중앙 통제를 상
징적으로 보여주는 조치로 해석된다. 마오쩌둥 사망 이후, 이러한 조치
중 상당수는 '맹목적 명령주의'로 비판받아 폐지되었지만, 지도부는 여
전히 수직적 통제와 지역적 다양성 허용 사이에서 적절한 균형을 찾으
려고 했다. 정재호는 베이징이 통치권을 가지고 있는 것은 사실이지만,
지역들은 이를 선택적으로 수용한다라고 결론지었다. 중앙정부는 다양
한 요구와 열망을 가진 지역 파벌들 간의 조정자 역할을 수행해야 했다.

또 다른 파벌 분석이론인 '정치문화 학파(the political-cultural
school)'는 중국정치의 핵심 쟁점이 서양의 기술을 수용하면서도 자국
의 문화 전통을 파괴하지 않기 위한 투쟁에 있다고 본다. 이 문제는 모
든 개발도상국이 직면한 공통의 문제, 즉 현대화와 산업화를 이루는 과
정에서 서구화되지 않고 문화적 정체성을 잃지 않는 방법에 관한 것이
다. 그러나 이 문제는 중국이 자국 문화에 대해 유난히 강한 자부심을
가지고 있기 때문에, 특히 더 민감하고 고통스럽게 받아들여진다. 이
분석틀을 따르는 학자들은 중국 내부가 서구의 요소를 얼마나 수용하
거나 거부할 것인가를 놓고 심각하게 분열되어 있다고 본다. 이들 집단
간에는 갈등이 존재하며, 정치-문화 분석가들은 이러한 갈등이 중국의
정치적 행위 중 상당 부분, 어쩌면 대부분을 설명해준다고 본다.

이러한 분석 관점은 일정 부분 타당성을 지닌다. 지난 수십 년간 중
국공산당 언론을 간단히 검토해보아도, 정확히 이와 같은 방식으로 양
진영 간 투쟁이 이분법적으로 나뉘어 언급되는 사례를 발견할 수 있다.
예를 들어, 예컨대, '두 진영 간의 투쟁'이라는 표현은 반복적으로 등장
하는데, 이는 '반혁명분자 대 사회주의자', '마오이스트 대 수정주의자'
등의 대립 구도로 나타난다. 1990년대 초반, 서방 국가들이 '평화적 진
화(和平演變, peaceful evolution)'를 통해 중국을 전복하려는 음모를
꾸미고 있다는 이념적 비판이 있었다. 당시, 일부 서구화된 인사들이
음모에 넘어갔다는 비난을 받았고, 지나치게 서구적이라는 평가를 받

은 인사들 중에는 몇몇 극작가들도 포함되었다. 이들은 중국문화를 버리고 서양 문화로 대체해야 한다고 주장했다. 이를 다룬 논란의 여지가 있었던 다큐멘터리 작품들 가운데 하나가 〈하상(河殤, *River Elergy*)〉인데, 12장에서 더 자세히 다뤄진다.

과거 분석가들은 이러한 논쟁을 '홍색(red) 대 전문가(expert)'의 갈등으로 설명하곤 했다. 여기서 '홍색'은 이데올로기를 엄격히 고수하는 이들을, '전문가'는 서구의 기술을 상당 부분 수용하려는 기술관료들을 상징한다. 그러나 마르크스주의의 영향이 약해지면서 '홍'이라는 용어는 사라졌고, 논쟁의 초점은 다시 19세기의 딜레마, 즉 외국으로부터 무엇을 받아들이고 중국 전통에서 무엇을 보존할 것인가 하는 문제로 되돌아갔다. 오늘날 '중국특색의 사회주의'를 정의하는 방식에서 볼 수 있듯, '홍'은 전통주의로 대체되었지만, 이 기본적 이분법은 여전히 존재한다.

정치문화 학파에 따라 중국정치를 개념화하는 데는 하나의 어려움이 있다. 개별 인물을 어떤 집단에 분류해야 할지를 판단하기 어려운 경우가 많기 때문이다. 이는 부분적으로는 자료의 부족 때문이며, 부분적으로는 중국 매체에 의해 특정 집단에 속한 것으로 분류된 인물이 얼마 지나지 않아 다른 집단으로 옮겨지는 일이 발생하기 때문이다. 때로는 상황 변화로 인해 그 인물의 입장이 바뀌기도 하고, 또 어떤 경우에는 당의 노선이 바뀌어 결과적으로 해당 인물이 논쟁에서 반대편에 서게 되기도 한다. 예를 들어, 문화대혁명 시기 린뱌오 국방부 장관은 마오쩌둥 사상의 학습 운동을 주도하며 좌파 지도자로 칭송받았고, '마오 주석의 가장 가까운 전우'로 불렸다. 실제로, 1969년 헌법에서는 린뱌오를 마오쩌둥의 후계자로 지명하기도 했다. 그러나 1971년, 린뱌오가 마오쩌둥을 암살하려 했다는 혐의가 제기되면서, 그는 중국의 대표적인 우익 인사로 지목되었다. 이러한 극단적인 입장 전환에 대해 질문받았을 때, 언론은 린뱌오가 '겉으로는 좌파였으나 본질적으로는 우파'였다고 설명했다. 이후, 당의 노선이 반좌파로 전환되었을 때, 린뱌오는 다시 좌파로 분류되었다. 린뱌오의 사례는 매우 극적인 예일 뿐, 비슷한 일이 빈번히 발생했다. 중요한 점은 사람들에게 '좌파'나 '우파', 또는 '보수'와 '급진'이라는 꼬리표를 붙이는 것이 그들의 행동 양식이나 정치적 신념을 의미 있는 방식으로 설명하는 데 한계가 있다는 것이다. 이는 정치-문화 학파가 분석 도구로서 갖는 유용성을 분명히 제한한다.

또 다른 유형의 파벌 분석 방법론은 '관료정치 학파(the bureaucratic politics school)'이다. 이 접근법을 지지하는 학자들에게 핵심 질문은, 중국공산당 내 어떤 조직이 사회정치적 변화의 방향과 범위에 결정적인 힘을 발휘하는지를 식별하는 것이다. 그것은 특정 부처일 수도 있고, 군의 일부이거나, 당 조직 내의 특정 부문일 수도 있다. 이 분석의 기본 전제는 중국의 정치적 행위는 예산, 지위, 권력을 둘러싼 조직 간 협상의 결과라는 것이다.

이러한 현상은 정보가 더 많이 공개된 다른 국가들에서도 관찰되는 것이며, 중국에서도 이와 같은 경쟁이 존재할 가능성이 높다. 그러나 문제는 현재 우리가 가진 정보로는 이 관료적 협상의 주요 인물과 그들이 무엇을 놓고 경쟁하는지를 명확히 파악하기 어렵다는 점이다. 부처 간 관할권 갈등에 대한 일부 증거가 존재하기는 한다. 예를 들어, 1980년대 중반 범죄에 대한 대대적인 단속은 신설된 국가안전부와 기존 공안기관 사이에서 범죄 대응 주도권을 두고 벌어진 '세력 다툼'의 결과라는 소문이 돌았다. 그러나 이러한 사례들은 분석적 체계라기보다는 모호한 단서에 가깝다. 각 조직과 부처에 할당된 예산의 상대적 비율을 장기적으로 검토할 수 있다면 유용할 것이다. 그러나 이를 뒷받침할 필수적인 자료가 부족하기 때문에 관료정치 학파 역시 분석 도구로서의 유용성이 제한적이다.

'궁정정치 학파(The palace politics school)'는 중국 지도부 내 최고 권력의 계승문제에 거의 전적으로 초점을 맞춘다. 이 접근법은 계승자가 되거나 최소한 계승 순위에 더 가까이 자리하려는 여러 인물들 사이에서 끊임없는 권력 투쟁이 존재한다고 가정한다. 학파의 지지자들은 이러한 투쟁이 정책갈등이나 관료주의 내 대립, 혹은 지역적 이해관계나 세대 간 대립에 근거한 것이라기보다는, 인물 중심의 권력 다툼으로 이해한다. 여기서 주요 행위자는 집단이 아닌 개별 인물들이지만, 이들은 파벌을 형성하고 충성하는 사람들의 도움으로 자신의 입지를 강화해 나간다고 본다.

중화인민공화국은 설립된 지 비교적 짧은 기간 동안 여러 차례의 권력 투쟁을 겪어왔다. 린뱌오 사건에서 알 수 있듯, 그 중 일부는 극적인 양상을 띠기도 했다. 더 최근에는 2013년, 지도부 계승 후보로 여겨졌던 보시라이(薄熙來)가 중대한 추문으로 인해 갑작스럽게 권좌에서 제거되기도 했다 (6장 참조).

앞서 논의된 다른 학파들과 달리, 궁정정치의 상호작용은 비교적 쉽게 식별할 수 있다. 최고 권력의 계승을 준비하는 과정은 주목을 받지 않고서는 사실상 불가능하기 때문이다. 그러나 안타깝게도 중국정치에서 의사결정을 이해하는 데 유용한 정보를 얻는 것은 거의 불가능하다. 특히 인사 승진 과정의 구체적 방식에 대한 정보는 알기 어렵다. 심지어 권력구조의 최상층부에 대해서조차, 소수 몇몇 인물을 제외하면 그들의 충성 대상이나 관계망조차 제대로 알려져 있지 않다. 권력구조가 아래로 내려갈수록 상황은 더 불투명해진다. 심지어 당 노선에 동조하지 않거나 강한 권력 기반 없이 생존한 사례도 종종 발견된다. 대표적인 예는 저우언라이 전 총리이다. 그는 여러 해 동안 마오쩌둥이 선호한 정책방향과 다른 입장을 취했음에도 숙청되지 않았으며, 1976년 사망할 때까지 국가 행정에 적극적으로 관여했다.

하지만 누군가 권력 계승에서 성공적으로 자리 잡았다 해도, 실제로 최고 지도자가 되리라는 보장은 없다. 예컨대, 린뱌오는 1971년 계승자 자리에서 제거되었고, 화궈펑(華國鋒)은 1976년, 후야오방(胡耀邦)

은 1987년, 자오쯔양(趙紫陽)은 1989년에 각각 권좌에서 물러났다. 한편, 2002년 열린 제16차 당대회에서 당 총서기로 공식 계승에 성공했던 후진타오는 자신의 위치가 얼마나 위험한지 깊이 인식하고 있었다. 그는 언론 인터뷰를 피했고, 철저히 신중하며 눈에 띄지 않는 행보를 보였다. 또한 자신이 다른 야심 있는 인물들의 표적이 될 수 있다는 점을 알고 있었기에, 그의 드문 공개 발언은 당시 그의 상급자였던 장쩌민에 대한 강력한 지지를 표명하는 내용이었다. 그럼에도 불구하고, 일부 중국인들은 장쩌민이 상하이방(上海帮)을 결성하여 후진타오의 권력을 제한하거나 심지어 빼앗으려 했다고 믿었다. 결론적으로, 누군가 궁정정치에서 성공적인 행동을 했다는 사실만으로는 다음 지도자가 누구일지 정확히 예측하는 것은 불가능하다.

마오쩌둥 이후의 분석이론

1970년대 후반 덩샤오핑의 집권은 극단적이고 노골적인 파벌 투쟁의 양상을 감소시켰다. 갈등의 완화는 그가 정치 및 경제구조에 중대한 변화를 도입한 것과 함께 이루어졌다. 외국 학자들은 중국에 더 많은 접근이 허용되었고, 정보원도 크게 늘어났다. 이러한 요인들이 결합되면서, 중국정치를 분석하는 기존 이론에 대한 재검토가 이루어졌다. 당이 시장경제를 지향하고 이념적 경직성에서 벗어나면서, 학자들은 '다원주의' 패러다임을 제안하기 시작했다.

이 이론의 지지자들은 전체주의 국가가 확립되면 테러와 대중 동원의 필요성이 감소한다고 본다. 그 결과, 정치적 경쟁이 시작되지만, 이는 매우 제한적으로 설정된 정치적 통제 안에서 이루어진다. 개인들의 고립화는 일시적인 현상에 불과하며, 사회적 집단은 공산 정부 이전의 집단과는 꼭 같지 않더라도 새롭게 등장하여 공통의 이익을 추구한다. 이러한 활동이 자유민주주의체제에서의 이익집단 활동과 같은 방식으로 조직되지는 않더라도, 집단 정체성과 이해관계를 바탕으로 이루어 진다는 점은 동일하다. 전체주의체제가 이러한 다원적 경쟁을 더 많이 허용할수록, 집단 정치가 관료 조직 전반에 영향을 미치며, 전체주의 체제는 점차 자유주의 체제에 가까워질 가능성이 커진다. 궁극적으로는 양 체제 간의 수렴이 일어날 수도 있다.

다원주의 패러다임 지지자들은 중국에서 '시민사회'가 등장하고 있 다는 증거를 인용한다. 시민들은 당, 정부, 그리고 개별 지도자들에 대 한 불만을 자유롭게 표출하고 있다. 이들은 일반적으로 당과 정부에 충 성하는 편이지만, 자신들의 구성원들의 요구에 부합하는 변화를 요구 하며 협회나 집단을 결성하고 있다. 이러한 발전을 가능하게 하는 핵심 요소로는 경제발전, 특히 경제의 분권화가 꼽힌다. 스스로 경제적 결정 을 내리는 데 익숙해진 사람들은 곧 정치적, 사회적 선택권도 요구하기 시작하는데, 이는 경제적 선택과 밀접히 연결되어 있기 때문이다.

최근 몇 년 동안, 중국 시민들은 더 공개적으로 자신들의 의견을 펼 쳐왔다. 학생, 노동자, 농민과 같은 집단은 때때로 정부정책에 반대하 여 시위를 벌이기도 했다. 특히 1989년 봄, 톈안먼광장에서 이루어진 집단적 동원과 배치가 그 예다. 그러나 이러한 시위에 대한 정부의 잔 혹한 진압이 보여주듯, 시민의 적극적인 주장이나 참여가 반드시 민주 주의로 이어지는 것은 아니다. 소련 공산주의 붕괴 이후의 정치 상황은 권위주의의 자연스러운 후속 단계로 민주주의가 도래할 것이라는 낙관 론을 뒷받침하지 못했다.

다원주의 패러다임 지지자들은 1989년 시위 진압과 같은 사건을 자 유주의와 시민사회로 나아가는 불가역적인 행진 속에서의 일시적인 좌 절에 불과하다고 보지만, 다른 분석가들은 그러한 진화가 이루어질 가능 성을 낮게 보는 사회 내부의 근본적인 차이를 강조한다. 월더(Andrew Walder)가 제시한 공산주의 '신전통주의(communist neo-traditional-ism)'이론은, 공산주의 사회가 모든 수준에서의 경쟁과 갈등이 특징적이며 사람들이 자신들의 이익을 추구할 수 있는 다양한 수단을 선택할 수 있다는 점에서 다원주의와 의견을 같이한다. 동시에, 이 이론은 전체주의 모델의 두 가지 주요 특징의 타당성을 확인한다. 첫째, 공산주의 특유의 제도가 조직적 통제를 가능하게 한다는 점을 인정한다. 둘째, 이러한 조직 형태가 독특한 방식으로 집단 형성과 정치적 행동 양식을 규정한다고 주장한다.

그러나 기존 정부와 이데올로기에 대한 대안의 부재와 공포에 의해 저항이 억제된다고 보는 전체주의의 관점과 달리, 신전통주의는 순응에 대한 보상 요소에 주목한다. 월더는 정치적 충성심이 체계적으로 보상받는다고 지적한다. 경력 기회, 희소한 자원의 우선적 배분, 그리고 공산주의 사회의 관료들만이 제공할 수 있는 여러 특혜들이 이에 포함된다. 또한 당의 이념 집행은 의도치 않았지만 중요한 결과를 초래하는데, 바로 후견인-피보호인 관계(patron-client net-works)로 이루어진 고도로 제도화된 네트워크를 만든다. 이러한 네트워크는 당에 충성하고 활동적인 당원들로 구성되며, 이들은 당에 대한 지지를 경력상의 특혜와 기타 보상과 교환한다. 이에 따라 사회적 고립은 실용적인 개인적 관계의 형성으로 대체된다. 이러한 관계를 통해 개인들은 공식 규정을 우회하여 저위급 관료들이 통제하는 승인, 주택, 기타 공공 및 민간 재화를 얻는다.

신전통주의는 정치·사회적 힘의 '실체'가 집단적인 힘이라는 다원주의 관점을 반대한다. 신전통주의에서 핵심 구조적 개념은 사회적 네트워크이지 집단이 아니다. 신전통주의자들은 수렴이론을 거부하며, 중국 공산주의의 진화가 제도화된 후견주의를 특징으로 한 역사적 권위 체계를 만들어낼 것이라고 주장한다. 이 권위체계는 시민들이 사회적 제도와 지도자에 대한 의존을 특징으로 하는 신전통주의적 권위구조이다. 리버설(Kenneth Lieberthal)은 이 분석을 한 단계 더 발전시켜, '분절된 권위주의'의 모델을 설명한다. 이 모델에서는 최고 지도자들과 관료들 사이의 오랜 협상 과정을 통한 정책결정이 이루어진다고 본다. 특히, 지방에서 이러한 현상이 두드러진다. 중앙 당국은 인사 임명, 군대, 주요 경제 자원에 대한 통제를 통해 도시와 지방의 정책결정과 행정운영에 영향을 미칠 수 있다. 그러나 경제의 분권화는 이러한 하위 행정 단위들에도 중앙 권력에 저항할 수 있는 일정한 능력을 부여했다. 따라서 분석의 초점은 중앙과 지방 간의 관계에 맞춰져야 한다.

최근에는 이러한 이론들이 중국 분석에 적합한지 의문을 제기하며, 중국 예외주의로 알려진 주장을 펼치는 학자들이 등장했다. 이들은 주로 서구 사회를 위해 개발된 패러다임을 중국에 적용하려는 시도가 '방법론적 전체주의'에 불과하다고 주장한다. 이들은 중국의 정치란 중국 문화라는 고유한 참조 틀 밖에서는 이해될 수 없다고 본다. 중국문화는 국가-사회관계와 중앙-지방관계에서 서구와는 다른 형태를 지니고 있기 때문이다. 이에 대해 예외주의에 비판적인 시각을 가진 이들은, 중국이 결코 특별한 사례는 아니라고 주장한다. 모든 사회는 저마다의 특수성을 가지고 있지만, 비교정치이론의 논리는 모든 사회에 적용될 수 있다고 본다. 이는 가치 중립적인 과학적 연구 방법으로, 일반적인 패턴과 규칙성을 탐구하고 설명하는 데 목적이 있기 때문이다. 비판자들은 공산당-국가가 예외주의이론을 옹호하는 이유가, 실질적으로는 당 노선을 정당화하려는 시도라고 의심한다. 지배 집단은 서구식 민주주의가 중국에는 맞지 않으며, 중국은 유교적 가치 체계라는 매우 다른 전통을 지니고 있다고 주장한다. 따라서 이들은 국가의 혼란을 막기 위해 중국공산당과 같은 강력한 권위주의적 리더십이 필요하다는 논리를 정당화하려는 분명한 이해관계를 갖고 있다.

결론

앞서 살펴본 바와 같이, 논의된 각 이론은 중국 지도부가 운영되는 공식적·비공식적 규칙, 의견 차이를 조율하는 방식, 특정 목표를 달성하기 위해 자원을 동원하는 방법, 승자가 얻는 이익과 패자에게 가해지는 제재를 설명하려 한다. 이러한 이론들은 역사, 문화, 이념, 개인 간 권력 투쟁, 조직이론, 국내외 정책요인의 우위 등 다양한 요소에 초점을 두며 서로 다른 강조점을 갖는다. 어떤 이론들은 특정 시점에 더 적절해 보이지만, 1949년 이후 전체 시기를 정확히 예측한 이론은 없다. 각 이론은 나름의 타당성이 있지만, 그 중 어느 것도 완벽하지 않다. 단일 모형만으로는 중국 엘리트 정치 행태를 충분히 설명할 수 없으며, 특정 이론 하나에만 근거한 분석에 대해서는 회의적인 시각을 가질 필요가 있다. 비록 완벽한 분석 방법은 없지만, 다양한 이론들이 공통적으로 중심에 두는 여러 요소들은 중국정치를 이해할 때 유용한 변수 목록을 제공한다. 국가와 사회 간의 상대적 균형, 중앙정부와 하위 기관 간의 균형, 지도자의 가정 배경, 교육 수준, 해외 경험, 당 입당 시기, 특정 지역이나 부처에서의 근무 이력, 특정 인물과의 장기적 관계 등과 같은 지표들은 정치 분석과 본질적으로 불완전한 예측 작업에 유용한 자료를 제공한다.

추가 읽을거리

Jae Ho Chung, *Centrifugal Empire: Central-Local Relations in China* (New York: Columbia University Press, 2016).

Sujian Guo, ed., *Political Science and Chinese Political Studies: The State of the Field* (Berlin: Springer, 2013).

Zhenhua Su, Hui Zhao, and Jingkai He, "Authoritarianism and Contestation," *Journal of Democracy* (January 2013), pp. 26–40.

Andrew J. Walder, *Communist Neo-traditionalism: Work and Authority in Chinese Industry* (Berkeley: University of California Press, 1986).

Fengshi Wu, "Collective Identity and Civil Society Development: The Left, Right, and Neutral among Social Activists in China," *Taiwan Journal of Democracy*, Vol. 8, No. 2 (December 2012), pp. 25–50.

2장

중국의 전통

중국 근대화론자들이 직면한 문제를 이해하려면, 그들이 극복하고자 하는 전통에 대한 기본적인 이해가 필요하다. 1949년 이후 지도층의 많은 인사들은 제국 시대 중국에 대한 생생한 기억을 가지고 있었다. 그들이 세상을 떠난 후에도, 제국을 직접 경험하지 못한 사람들조차도 그 유산과 마주해야 했다. 한 장 전체를 할애해도, 수십 권의 책을 써도 중국문명의 풍부함과 복잡성을 온전히 담아내기는 어렵다. 따라서 여기서는 현대 중국을 공부하는 학생들이 당시 지도부가 어떤 역사적 맥락 속에서 활동했는지를 보다 잘 이해할 수 있도록 몇 가지 중요한 점만을 간략히 개괄하고자 한다.

기본 특성

첫째, 중국은 '조직화된 인간 집단이 가장 이른 시기에 정착한 지역 중 하나'였다. 중국 북부 황허강 유역의 춥고 건조한 토양에서 고고학자들은 신석기 시대의 유골, 도구, 토기 등을 발견했다. 현재 중국으로 알려진 나머지 지역은 훗날 '오랑캐'로 불리게 된 집단들이 거주하고 있었다. 그러나 소규모 중심 집단은 점차 확장되어 오늘날 중국의 대략적인 지리적 범위와 유사한 지역을 지배하게 된다. 이주 과정은 일반적으로 경작이 가능한 강 유역을 따라 남쪽으로 진행되었으며, 상대적으로 척박한 북쪽으로는 이동하지 않았다. 기존 거주민들은 새로운 세력에 흡수되거나, 상대적으로 비옥하지 않은 지역으로 밀려나게 되었다.

이것은 중국인, 혹은 그들이 스스로를 부를 때 사용하는 표현인 '한족'이 인접한 다른 민족들과 어떻게 구별되는지를 묻는 질문으로 이어진다. 한족의 특징 중 하나는 '습식 벼농사'와 '양잠'에 필요한 정교한 농업 기술을 보유하고 있었다는 점이다. 역설적으로, 현저한 기후 변화로 인해 이들 기술이 최초로 개발된 지역에서는 이제 더 이상 해당 농업 방식을 실행할 수 없다. 또한 한족은 비교적 이른 시기에 정교한 문자체계를 발전시켰다. 중국 문자는 '세계에서 가장 오랫동안 지속적으로 사용된 문자 체계'일 가능성이 높다. 이집트 상형문자는 기원전 3000년경에 등장했지만, 서기 3세기 무렵 일반적인 사용이 중단되었으며, 6세기에는 완전히 사라졌다.

중국문명에 관한 기록은 비교적 잘 보존되어 있다. '역사와 연대기(年代記)에 대한 이른 시기부터의 지속적인 관심' 역시 한족을 주변 민족과 구별 짓는 요소였다. 예를 들어, 인도 또한 매우 발전된 문명을 이루었지만, 상대적으로 연대 기록에 대한 관심은 적었다. 초기 중국역사 중 일부는 전설로 여겨졌으나, 우연한 발견을 통해 신화로 간주되던 왕조 중 적어도 하나인 상(商) 왕조가 실제로 존재했다는 사실이 확인되었다 (지도 2.1). 1920년대, 몇몇 서양인이 중국 북부의 한 전통 약재상에서 중국 문자가 새겨진 뼈를 판매하고 있는 것을 발견했다. 비록 문자의 형태는 약간 이상했지만, 현대 중국 문자와 여전히 유사성을 띠고 있었다. 이들은 호기심에 해당 뼈를 구입하여 연구하기 시작했고, 광범위한 조사와 검증 끝에 해당 문자가 기원전 약 1500년, 즉 상 왕조

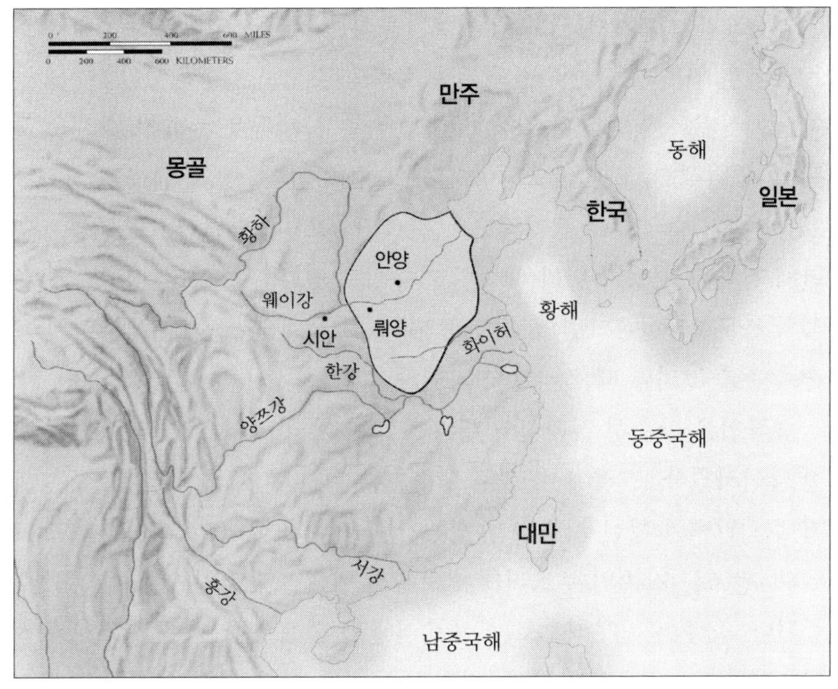

지도 2.1B   명왕조(1368~1644년)

주: 상 왕조 시기와 대비되는 중화제국의 거대한 확장 (지도 2.1a 참조).

시대에 해당함이 확인되었다. 반면, 그보다 더 이른 시기의 왕조인 하(夏) 왕조의 존재가 실제로 입증될 가능성은 낮아 보인다.

중국의 연대기는 놀라울 정도로 정확한 것으로 입증되었다. 예를 들어, 중국 기록에 언급된 일식과 혜성 관측 사례들을 수학적 계산을 통해 실제 발생 시점과 비교하여 검증할 수 있었다. 할리 혜성은 기원전 240년부터 중국에서 정기적으로 관측되었으며, 기원전 611년과 467년에 기록된 혜성이 할리 혜성일 가능성도 있다. 기원전 444년까지 중국의 천문학자들은 1년의 길이를 $365\frac{1}{4}$ 일로 계산했는데, 이는 당시 기술 수준을 고려할 때 놀라운 성과였다.

중국인은 단순히 정확한 기록자에 그치지 않고, 정교한 역사이론 또한 발전시켰다. 그것이 바로 왕조 순환론이다. 이 이론에 따르면, 먼 과거에는 완벽한 황금 시대가 존재했지만, 이후의 역사는 순환한다고 보았다. 왕조는 기존의 부조리를 바로잡기 위해 도덕적인 인물에 의해 수립된다. 군주는 기본적으로 백성이 본받을 수 있도록 덕을 갖춘 모범적인 모습을 보이며 통치한다. 따라서 통치에 가장 적합한 사람은 가장 도덕적인 사람이라고 여겨진다. 초기에 몇몇 황제들은 이 모범을 따르며 열심히 노력한다. 그러나 시간이 지나면서 쇠퇴가 시작되는데, 황제들은 점점 향락을 즐기고 덕을 잃기 시작한다.

왕조 내에서의 복원이나 중도 수정이 가능하기는 하지만, 결국 통치자의 도덕성이 다시 저하되면서 왕조는 더욱 쇠퇴한다. 혜성 출현, 곤충 떼의 습격, 가뭄과 홍수, 이민족의 침입 등은 쇠망의 징조로 여겨졌다. 불공정한 통치를 받는 백성들은 반란을 일으키며, 황제의 도덕적 자질이 충분히 저하되었다고 여겨질 때, 가장 도덕적인 인물로 여겨지는 사람이 반란을 주도하여 성공할 것이다. 그렇게 새로운 왕조가 탄생하게 된다.

불행히도, 중국에서도 다른 나라들과 마찬가지로, 이론의 존재는 현실 인식에 영향을 미친다. 이 경우, 역사이론이 역사를 서술하는 하나

오제(五帝)(신화상)	
하(夏)(신화상)	약 BC 1994~BC 1523년
상(商)또는 은(殷)	약 BC 1523~BC 1028년
주(周)	약 BC 1027~BC 256년
진(秦)	BC 221~BC 207년
서한(西漢) 또는 전한(前漢)	BC 202년~AD 9년
신(新)	9~23년
동한(東漢) 또는 후한(後漢)	25~220년
삼국(三國)	220~265년
촉(蜀): 221~263년, 위(魏), 220~256년, 오(吳): 222~280년	
서진(西晉)	265~317년
동진(東晉)	317~420년
전송(前宋)	420~479년
남제(南齊)	479~502년
양(梁)	502~557년
진(陣)	557~589년
북위(北魏)	386~535년
동위(東魏)	534~550년
서위(西魏)	535~556년
북제(北齊)	550~577년
북주(北周)	557~581년
수(隋)	590~618년
당(唐)	618~907년
오대십국(五代十國)	907~960년
후량(後梁): 907~923년, 후당(後唐): 923~936년,	
후진(後晉): 936~947년, 후한(後漢): 947~950년,	
후주(後周): 951~960년	
요(遼)	907~1125년
북송(北宋)	960~1126년
서하(西夏)	990~1227년
남송(南宋)	1127~1279년
금(金)	1115~1234년
원(元)	1260~1368년
명(明)	1368~1644년
청(淸)	1644~1911년

의 틀이 되었으며, 그 결과 왕조의 마지막 황제는 항상 부도덕한 인물로 묘사되었다. 또한 짧고 잔혹하지만 효율적인 왕조는 이후 보다 길고 자비로운 왕조로 대체될 것이라는 믿음도 있었다. 왕조는 중국역사에서 기본 단위가 되었고, 대부분의 왕조들은 해당 왕조만을 다룬 공식 역사서를 따로 갖고 있었다. 이 역사서에는 행정 조직, 주요 인물, 사건 등이 세밀하게 기록되었다. 이러한 왕조사(王朝史)는 최소 24종이 존재하며, 이는 학자들이 어디까지 포함할지를 선택하는 기준에 따라 다를 수 있다. 이러한 역사서는 일반적으로 후속 왕조의 관료 지식인들에 의해 편찬되었다 (표 2.1 중국왕조 참조).

'철학' 역시 중국 전통에서 중요한 요소였다. 기원전 500년에서 300년 사이에는 다양한 사상들이 활발히 논쟁을 벌이는 제자백가(諸子百家)의 시대가 있었다. 여기서 '백가(百家)'라는 표현은 문자 그대로 100개의 학파를 의미하는 것이 아니라, 십진법을 사용해 온 중국문화의 특성을 고려할 때, 단순히 '많은 수'를 의미하는 상징적인 표현이다. 이 개념은 2000년 후 마오쩌둥(毛澤東)에 의해 다시 활용되었다. 그는 사람들이 정부의 이상적인 형태에 대해 자유롭게 의견을 표현하도록 하기 위해 "백화제방(百花齊放), 백가쟁명(百家爭鳴)" 즉, "백 가지 꽃이 피어나고, 백 가지 사상이 서로 다투게 하라"는 구호를 내세운 바 있다.

이들 사상 중 하나는 오늘날 공자(Confucius)의 서양식 이름을 따서 '유교(Confucianism)'라고 불린다. 공자가 제시한 질서 있는 사회를 위한 처방은 위계적 관계의 중요성에 대한 강조가 포함되었다. 즉, 자식은 부모에게, 아내는 남편에게, 신하는 군주에게 복종해야 한다는 것이었다. 왕국은 확대된 가족으로 간주되었으며, 황제는 백성의 아버지와 같은 존재였다. 유교에서 이상적인 통치자는 성군(聖君)으로 높은 도덕성을 지닌 인물이었다. 그의 모범적인 행동이 백성들을 감화시켜 그들을 선도할 것이라 믿었다. 공자가 이상적으로 여긴 가족 형태는 여러 세대가 한 지붕 아래 함께 살며 공통된 조상에게 예를 표하는 것이었다.

공자는 이러한 제례를 포함한 여러 의식을 매우 중요하게 여겼기 때문에, 일부 외국인들은 유교를 다소 오해하여 조상 숭배로 간주하기도 했다. 공자는 또한 농업을 강하게 지지하고 상업을 부정적으로 보았다. 그는 상인을 농민의 노동을 착취하는 존재로 여겼다. 또한 그는 '친소유별(親疏有別)'이라는 개념을 주장했으며, 이는 가족 중 가까운 사람에게 더 깊은 애정을 쏟고, 먼 친척일수록 상대적으로 덜 돌보는 것이 당연하다고 여기는 생각이다. 법에 대한 공자의 개념도 위계적이었으며, 사회적 계층에 따라 서로 다른 규칙이 적용되어야 한다고 보았다.

또 다른 학파는 '묵가(墨家)'로, 창시자인 묵자(墨子)의 이름을 따서 명명되었다. 묵가의 사상은 보다 평등주의적인 관점을 가졌으며, 현대 민주주의 지지자들과 유사한 입장을 취하는 경우가 많았다. 그들은 모든 것을 모든 사람에게 유용한지 여부로 평가하는 국가 조직을 구상했다. 묵가 학파는 침략 전쟁에 강력히 반대했으나, 방어 전쟁에서는 뛰어난 전술과 숙련된 전사들을 배출했다. 또한 모든 사람이 단순하고 절제된 삶을 살아야 한다고 주장했다. 묵가의 핵심 교리는 '겸애(兼愛)', 즉 모든 인간을 동등하게 사랑해야 한다는 것이었다. 이는 유교의 '친소유별'과는 뚜렷이 대조되는 개념이었다. 또한 묵가는 법이 모든 사람에게 평등하게 적용되어야 한다고 믿었다. 묵자는 권력의 책임이 가장 유능한 사람들에게 주어져야 하며, 이들이 대중의 바람에 따라 행동할 것이라 기대했다. 그러나 체제를 어떻게 실현할 것인지에 대한 구체적인 방법은 제시하지 않았다. 묵자는 당대에 크게 존경받았으며, 그의 가르침은 공자의 사상만큼이나 영향력이 컸다. 그러나 묵가 학파는 서기 1세기경에 소멸된 것으로 보인다.

세 번째 사상인 도가(道家)는 오늘날까지도 많은 신봉자들이 여전히 믿고 있듯이, 잘 다스려진 사회는 '도(道)'와 조화를 이루는 것이 질서 있는 사회의 필수 요소라고 믿었다. 도가는 자연이 모든 것을 결정하며, 삶을 올바르게 살아가는 길은 자연에 반하는 어떤 행동도 하지 않는 것이라고 주장했다. 권력과 물질적 부를 추구하는 것은 피해야 할 것이며, 여행조차도 권장되지 않았다. 도를 깨닫는 열쇠는 외부가 아니라 자기 자신 안에 있다는 것이다. 어느 도가 사상가에 따르면, 이상적인 삶이란 자신이 사는 마을에 앉아 이웃 마을에서 들려오는 개 짖는 소리를 들으면서도, 그 마을에는 결코 가보지 않는 것이다. 도가는 매우 정적인 특성을 지니며, 명상을 통해 도를 찾는 것을 중요시했다. 도가의 유명한 격언 중 하나는 '최상의 행동은 무위(無爲)'라는 말이다. 즉, 도가 사상에 따르면 이상적인 통치자는 아무것도 하지 않음으로써 모든 것을 이루게 된다고 보았다.

'법가(法家)'들은, 그 중심 사상가로서 뛰어난 상앙(商鞅)을 내세우며, 질서 정연한 국가란 명확하게 공표된 법률에 의존해야 하며, 국가가 범죄자의 신분에 관계없이 법을 엄격하게 집행해야 한다고 주장했다. 그들은 도시의 법률을 성문 밖에 게시하여 들어오는 모든 사람이 적절한 행동 기준을 인식할 수 있도록 할 것을 제안했다. 공자가 군주가 모범이 되어 백성들이 자발적으로 바른 행동을 하도록 유도해야 한다고 본 것과 달리, 법가들은 사람들이 스스로 선을 행할 것이라고 기대하지 않았다. 대신, 군주는 상과 벌을 통해 백성들이 잘못을 저지르지 않도록 해야 한다고 보았다. 이러한 법가 사상은 진(秦)나라(BC 221~BC 207년)의 통치 원칙이 되었다. 중국의 전통적인 역사 인식에서 진 왕조는 부정적으로 평가되지만, 이후 2,000년 동안 유지된 중국의 행정 조직과 형법체계는 기본적으로 법가 사상에서 유래했다.

명가(名家)라고 불리는 '변론학파' 절대적 개념과 상대적 개념의 차이에 대해 열띤 논쟁을 벌였다. 중국은 철학에 대한 깊은 관심에도 불구하고 서양처럼 논리체계를 발전시키지는 못했으며, 현재 사용되는 '논리(邏輯, luoji)'라는 단어조차 서양에서 차용한 것이다. 하지만 명가 학파는 논리 체계를 확립하려는 시도를 했으며, 대표적인 사상가인 공손룡(公孫龍)의 『백마론(白馬論)』에서 이러한 시도가 드러난다. 그의 주요 주장 중 하나는 "백마는 말이 아니다"라는 명제인데, 이는 '백(白)'이라는 형용사가 붙음으로써 '말(馬)'이라는 보편 개념이 특정한 의미로 제한된다는 인식을 보여준다. 명가 학자들은 명칭이 올바르게 정의되어야만 비로소 올바른 정치 체계와 법률이 마련될 수 있다고 믿었다.

'음양(陰陽)이론'은 중국에 하나의 우주론을 제공했다. 본래 '햇빛'을 의미했던 '양(陽)'은 점차 남성성, 능동성, 더위, 밝음, 건조함, 단단함 등의 개념을 대표하게 되었고, 이에 반해 '음(陰)'은 달, 여성성, 수동성, 추위, 어둠, 습기, 부드러움과 연관되었다. 이 두 가지 근본적인 원리의 상호작용이 우주의 모든 현상을 생성한다고 여겨졌다. 음과 양은 서로 보완하는 관계로, 어느 한 극에 도달하면 반대 원리가 작용하기 시작한다. 마치 한낮의 태양이 점차 저물어 밤이 찾아오는 것처럼, 가장 큰 성공 속에는 이미 몰락의 씨앗이 내재해 있다는 것이다. 음양의 상징적 도식은 오늘날 대한민국 국기에도 그려져 있다. 음양 사상을 연구한 이들은 이른바 팔괘(八卦)라고 불리는 여덟 개의 괘상을 해석함으로써 미래를 점치는 데 관심을 가졌다. 이 팔괘는 세 개의 연속된 선 또는 끊어진 선의 조합으로 이루어져 있다. 또한 특정한 음식을 '뜨거운 것'과 '차가운 것'으로 분류하여 건강을 유지하는 식이요법을 개발하기도 했다. 음양 사상은 1960년대 미국에서 잠시 유행하기도 했다.

지리점(地理占)의 다양한 형태를 수용한 민간 신앙들이 제자백가 시대에 번성하였다. 그중 하나의 인기 있는 믿음은 바람(風)과 물(水)의 정령, 즉 '풍수'를 달래지 않으면 재앙이 닥칠 것이라는 것이었다. 이를 막기 위해 무당을 불러 건물이나 무덤을 지을 최적의 터를 결정함으로써 이를 의뢰한 사람들에게 불운이 닥치지 않도록 하였다.

'불교'는 제자백가의 일부로 간주되지는 않는데, 이는 불교가 중국에 비교적 늦은 서기 2세기에 전래되었기 때문이다. 그러나 불교도 다른 사상들과 마찬가지로 사회적·사상적 영향력을 놓고 경쟁했기 때문에 함께 고려하는 것이 적절하다. 다른 제자백가 사상들과 달리 불교는 중국 토착 사상이 아니라 인도에서 기원하였다. 다양한 불교 종파가 존재하지만, 이들은 인간의 고통이 사물의 본질에 대한 개인의 무지에서 비롯된다는 점에서 대체로 의견을 같이한다. 이러한 무지로 인해 생에 대한 집착과 갈망이 생겨나며, 이는 인간을 삶과 죽음의 영원한 윤회에 묶어 놓는다. 깨달음을 통해 해탈, 즉 '열반'에 이를 수 있으며, 열반을 향한 추구는 불교의 핵심 요소이다.

결국 유교는 경쟁자들을 제치고 국가 철학으로 자리 잡게 되었다. 그러나 그 과정에서 유교는 다른 사상들로부터 본질적인 영향을 받았다. 예를 들어, 음양 사상은 유교에 흡수되었으며, 불교와 도교의 요소는 송대(960~1279년)에 등장한 성리학에 뚜렷하게 반영되었다. 또한 풍수 역시 유교에 포함되었다. 유교는 다른 철학들의 요소를 차용했을 뿐만 아니라 배타적인 사상이 아니었다. 한 사람이 유학자로서 학문을 닦으면서도 도가적 명상을 실천하거나 불교 신자로서 수행을 병행할 수도 있었다. 그러나 이러한 기본적인 관용이 모든 종교에 적용된 것은 아니었으며, 이 점은 후에 더 자세히 다루어질 것이다.

유교가 일반적인 의미에서 종교가 아니라는 점을 기억하는 것이 중요하다. 유교는 국가 통치술과 인간 관계의 올바른 질서를 중시하며, 초자연적 존재나 내세(來世)에 대해 관심을 두지 않는다. 하늘에 대한 언급은 한 번 등장하는데, 공자의 제자 중 한 명이 하늘은 백성이 듣는 대로 듣고, 백성이 보는 대로 본다고 말한 대목이다. 따라서 유교에서 공자는 신으로 숭배되는 것이 아니라 위대한 스승으로 존경받는다.

전통 중국의 통치 구조

통치술과 윤리에 대한 논쟁 속에서 형성된 전통 중국의 통치 구조는 중앙집권화의 정도와 행정문제에 대한 세심한 접근이라는 점에서 인상적이었다. 그 정점에는 황제가 있었으며, 이론적으로는 절대적인 권력을 행사했다. 그러나 실제로 황제의 의사 결정 권한은 전통의 힘, 유교적 교육, 조정 내 권력 구조 등 여러 요인에 의해 제약을 받았다.

황실 내 권력 구조에는 황후와 그녀의 일가가 포함되었으며, 그들은 가족 구성원이 중요한 직책을 맡거나 재정적으로 이익이 되는 자리를 차지하도록 하려고 했다. 경우에 따라 제위를 차지하려는 시도도 있었다. 또한 많은 후궁들이 존재했으며, 이들 역시 황제의 총애를 얻어 자신과 가족의 지위를 향상시키려 했다. 황제의 후사를 낳는 것은 궁정 내에서 자신의 지위를 높이는 효과적인 방법이었으나, 이는 황후 및 다른 후궁들과의 관계에서 갈등을 야기하기도 했다. 궁중 내부에는 보통 많은 환관들이 존재했다. 황제의 아들이 진정한 황제의 혈통임을 보장하기 위해 여성들이 거주하는 궁궐 영역에는 거세된 남성만이 출입할 수 있었다. 환관들은 궁중의 여성들과 달리 상당한 자유로운 이동이 가능했기 때문에, 이들은 서로의 이익을 위해 협력하는 경우도 있었다. 환관은 궁중 여성에게 출세에 필요한 중요한 정보를 제공하고, 그녀가 성공하면 물질적·사회적 보상을 받았다. 환관들은 때때로 황태자를 방탕한 생활로 유도하여 다른 궁녀의 아들이 황태자로 지명될 기회를 만들기도 했다. 또한 자신이 모시는 궁녀의 경쟁자나 그녀의 아들에게 독약을 먹여 제거하는 일도 벌어졌다.

제국의 관료제는 매우 정교한 위계 구조를 갖추고 있었으며, 과거 시험을 통과한 사람들로 구성되었다. 14세기 이후, 관료제의 정점에는 이른바 육부(六部)가 있었으며, 이는 현대 관료제의 부처(部處)에 해당한다. 이들의 행정적 관할권도 현대적 개념과 유사하다. 이부(吏部)는 과거 시험을 통과한 사람들에게 관직을 부여했고, 호부(戶部)는 세금을 징수했으며, 예부(禮部)는 과거 시험, 국가 행사, 국립 학교를 감독했다. 병부(兵部)는 별도의 무과(武科) 시험을 통과한 사람들 중에서 군 장교를 임명했고, 형부(刑部)는 사법제도를 담당했으며, 공부(工部)는 건설, 관개시설, 그리고 '광산과 습지의 생산물' ― 주로 정부가 독점한 소금 — 을 관리했다.

제7의 기관인 도찰원(都察院)은 중국 특유의 제도로서, 다른 정부 기관들은 물론 황제까지 비판하는 역할을 맡았다. 지위에 따른 면책 특권이 주어지지 않았기 때문에, 매우 큰 용기가 요구되었다. 어떤 도찰관들은 황제의 분노를 사서 태형을 당해 목숨을 잃었으며, 어떤 경우에는 황제가 직접 비단 끈이나 생아편 덩어리를 하사하기도 했다. 이는 자결하라는 황제의 암묵적인 뜻을 전하는 것이었다. 그럼에도 불구하고 많은 도찰관들이 이러한 위험을 감수했다는 사실은 그들 개인뿐 아니라 그들을 길러낸 제도의 가치와 정신을 잘 보여준다.

지방정부 또한 체계적으로 조직되어 있었다. 중앙정부 아래에는 성(省)이 존재했다. 18세기까지 중국 본토에는 18개의 성이 있었으며, 이후 변경 지역의 행정구역이 새롭게 조정되면서 성의 수가 증가했다. 성은 다시 부(府)로 나뉘었고, 부는 현(縣), 향(鄕), 그리고 촌(村) 혹은 리(里)로 세분되었다. 제국 관료제가 실질적으로 통제할 수 있었던 가장 하위 행정 단위는 보통 현(縣)이었다. 청(淸) 왕조(1644년) 시기에 이르러, 하나의 현에는 수십만 명의 인구가 거주하기도 했다. 이처럼 광범위한 지역에 흩어져 있는 수십만 명의 주민을, 도로는 부족하고 상태도 열악하며, 현대적인 통신 수단도 없는 상황에서 관리하는 일은 극히 어려운 일이었다. 현령(縣令)은 보좌관들을 두었지만, 그 수는 관할 지역을 실제로 운영하기에는 턱없이 부족했다. 따라서 현령은 유력한 지역 인사들과 조직의 협력을 필요로 했다.

즉, 현령은 제국 관료제에 속하지 않는 지방 권력 구조를 감독함으로써 간접적으로 통치했다. 그는 일반적으로 소극적으로 직무를 수행하며, 절대적으로 필요하다고 판단될 때만 개입하는 경향이 있었다. 만약 행정관이 상황이 충분히 중요하다고 판단하면, 여러 가지 조치를 취할 수 있었다. 이러한 조치는 비공식적인 조언 제공부터 질서를 유지하거나 제국의 명령을 강제 집행하기 위해 군대를 동원하는 것까지 다양했

다. 현령이 의존한 지역의 유력 인사들은 일반적으로 '신사(紳士)' 계층
에 속했다. 이들은 일정한 부와 사회적 교양을 갖춘 사람들이었다. 일
부는 부유한 집안 출신으로 자녀에게 교육을 제공하여 과거 시험에 합
격할 수 있도록 했으며, 일부는 원래 가난한 집안이었으나 총명한 자식
이 과거에 합격하여 관료가 되고 가문을 부유하게 만든 경우도 있었다.
또한 마을마다 존재하는 원로들의 비공식적 위계질서 역시 행정관이
협력하고 함께 일해야 하는 또 다른 집단이었다.

또한 지역 행정을 돕는 또 다른 조직으로 '보갑제(保甲制)'가 있었다.
유교적 전통에 따라 각 가정의 가장은 가족 구성원의 행동에 대한 책임
을 지고 있었다. 당시 가족은 대체로 대가족으로 구성되었기 때문에 이
러한 책임은 상당히 무거운 것이었다. 100가구가 모여 '갑(甲)'을 이루
고, 그중 한 명이 갑장(甲長)으로 지정되었으며, 10개의 갑이 모여 '보
(保)'를 이루고 다시 보장(保長)이 지정되었다. 위계 구조 속에서 각자
는 자신의 하급자의 행실에 대해 상급자에게 책임을 지는 체계였다. 만
약 책임을 다하지 않으면 처벌을 받을 수 있었지만, 그들의 노고에 대
한 보수는 따로 지급되지 않았다. 이러한 비공식적 상호 감시 체계는
항상 효과적으로 작동한 것은 아니었다. 하급자의 행동에 대해 처벌받
을 가능성이 있다면, 기본적으로 두 가지 선택지가 존재했다. 첫째, 문
제를 일으킬 가능성이 있는 사람들을 철저히 감시하고 통제하는 것. 둘
째, 문제를 일으킨 이들의 행동을 은폐하는 것이다. 대부분의 경우, 후
자의 선택이 전자보다 더 쉬운 경우가 많았다.

비밀 결사체 또한 은폐를 특징으로 삼았다. 이들은 삼합회, 황건적,
백련교, 의화단 등과 같은 화려한 명칭을 가지고 있었다. 조직의 구성
원들은 주문 낭송, 춤, 동물 제례 등의 신비로운 의례를 포함한 복잡한
입회식을 거쳤다. 그들은 스스로를 '로빈 후드' 같은 존재로 묘사했지
만, 실제로는 마피아와 유사한 보호비 운영을 통해 자금을 조달하는 경
우가 많았다. 이들은 자신들이 달가워하지 않는 중앙 권력의 개입에 저

항하는 데 능숙했으며, 특히 세금 인상과 같은 정책에 반발했다. 특정 지역에 국한되지 않고 다른 현(縣)이나 성(省)에도 지부를 두는 경우가 많았다. 만약 황실의 정책이나 실정에 분노할 경우에는, 대규모 반란을 일으키기도 했다. 이들 비밀 결사는 여러 왕조를 전복시키는 데 중요한 역할을 했다.

도적단은 유사한 방식으로 운영되었으며, 여행자들을 습격하거나 상인과 농민들에게 보호비를 요구했다. 이들의 규모가 커질수록 더욱 눈에 띄게 되었고, 때때로 지방 관리들은 이들을 처리하기 위해 무력을 사용할 수밖에 없었다. 그러나 제국 관리들에게는 추격에 대한 원칙이 없었고, 이를 실행할 만한 실질적인 동기도 없었다. 한 지방 관리의 관할 구역에서 쫓겨난 산적들은 단순히 다른 관리의 문제로 떠넘겨질 뿐이었다. 이 때문에 도적단은 여러 가지 이점이 있는 행정 경계지역을 거점으로 삼는 것을 선호했다. 첫째, 접경지역은 현청과 지방 관리의 거처에서 멀리 떨어져 있었다. 둘째, 이 지역의 도로망은 드문 경우가 많거나 아예 존재하지 않아, 도적단이 지형을 잘 알고 있는 점에서 유리했다. 셋째, 관군의 추격이 너무 가까워질 경우, 도적들은 신속하게 다른 행정 구역으로 도망칠 수 있었다. 비밀 결사와 도적단의 삶은 매우 모험적이었으며, 이 때문에 이들은 통속 소설 작가들의 단골 소재가 되었다. 마오쩌둥은 젊은 시절 이러한 소설을 열렬히 읽었으며, 이후 중국정부를 전복하는 과정에서 일부 도적단의 전술을 활용하기도 했다.

한편, 광대한 지역을 제한된 자원으로 통치해야 하는 상황에서 현령은 비공식적인 권력구조와 타협하여 자신의 관할 지역이 상부에 평화롭고 번영하는 곳처럼 보이도록 노력했다. 유교 철학에 따르면, 평화와 번영이 부족하다는 것은 관리가 도덕적인 모범을 보이지 못하고 있다는 것을 의미했으며, 이는 곧 해임의 위험으로 이어질 수 있었다. 상급 관료들도 이러한 문제를 완전히 인식하지 못한 것은 아니었지만, 그들 역시 상부에 보고해야 할 책임이 있었다. 현령과 지역 권력구조 간의 유착을 줄이기 위해 여러 장치가 도입되었는데, 그중 하나가 정기적인 인사 이동이었다. 또 다른 방법은 '향피제(鄕避制)'로, 이는 지방 관리가 자신의 출신 지역에 부임하는 것을 금지하여 가족을 돌보아야 한다는 유교적 의무로 인해 공정한 판단이 흐려지는 것을 방지하려는 목적이었다. 그러나 이러한 조치에도 불구하고 지역 권력구조는 중앙정부의 지시를 우회하거나 수정하는 경우가 빈번했다. 제국은 너무 광대했고, 관료 조직의 규모는 턱없이 작았기 때문에 모든 명령을 철저하게 집행하는 것이 불가능했다. 이를 반영하듯, 중국에는 다음과 같은 속담이 전해진다. "하늘은 높고, 황제는 멀리 있다."

결과적으로 형성된 지방정부의 체계는 매우 비공식적이었지만, 권력구조가 엄격한 권위와 지위의 규범에 의해 통제되었기 때문에 민주적이라고 할 수는 없었다. 또한 이는 진정한 분권화라고 할 수도 없었는데, 모든 지방 권한은 상위 권력의 승인을 필요로 했기 때문이다. 또한 진정한 지방 자치라고도 볼 수 없었는데, 상위 정부가 원하면 언제든 개입할 수 있었기 때문이다. 아마도 가장 정확한 표현은, 중국 전통의 기초적인 지방 정부가 행정적 효율성과 보수주의적 이유로 운영상의 합의에 따라 기능했다는 것이다. 지방 당국이 자신의 지역을 효과적으로 통제하고 황제의 요구 사항을 위반하지 않는 한 자율성을 부여받았다. 따라서 향신(鄕紳)과 기타 부유층, 대규모 씨족 집단, 상인 및 장인 조합, 심지어 비밀 결사조차도 자신들의 부하 및 조직 구성원들에 대한 강력한 영향력을 행사할 수 있었다. 어쩌면 그들은 지방관에게까지 영향을 미칠 수 있었을지도 모른다. 그러나 그들의 권력은 지방 관료의 권력에 직접 도전하는 수준까지는 미치지 못했으며, 이 지점에서 상위 정부가 개입하여 그 도전에 대응해야 했다.

비록 지방 수준에서는 관료 조직이 거의 존재하지 않는 수준이었지만, 중앙정부는 매우 비대하였다. 수도에는 많은 관리들이 있었지만, 그들 중 대부분은 지방의 실정에 대해 잘 알지 못했다. 이로 인해 관료 조직은 민중과 동떨어지는 경향이 있었으며, 이는 훗날 중국공산당이 상당한 노력을 기울여 해결하려 했던 문제였다. 전 세계의 관료 조직과 마찬가지로, 중국의 관료제 역시 경직된 성향을 보였으며, 이는 사회를 정체시키는 효과를 초래했다. 중국의 경우, 이러한 경직성을 초래한 주요 요인 중 하나는 과거제도였다.

과거제도

당나라(618~907년) 시대부터 중국의 관료는 경쟁적인 과거 시험을 통해 선발되었다. 응시자들은 유교의 경전을 얼마나 잘 암기했으며, 그 속에 담긴 윤리적 가르침을 얼마나 내면화했는지를 평가받았다. 시험은 여러 단계의 난이도로 구성되었으며, 주요 도시들에는 이를 위한 시험 전용 건물이 마련되어 있었고, 그 안에는 개별 칸막이로 나뉜 시험 공간들이 줄지어 설치되어 있었다. 응시자는 자신의 음식을 가져와야 했으며, 시험 기간은 최대 3일에 이르기도 했다. 그들에게는 경전의 한 구절과 표준 붓, 그리고 먹이 제공되었으며, 칸막이가 봉인된 상태에서 주어진 구절에 대해 최상의 문장력으로 여덟 가지 항목(소위 '팔고문') 에 따라 논술문을 작성해야 했다. 부정행위를 막기 위해 시험관이 엄격히 감독했으며, 응시자의 필체가 시험관의 판단에 영향을 미치지 않도록 답안지는 제출 전에 다른 사람에 의해 필사되었다. 시험을 통과한 응시자는 중국 인구의 1%도 안 될 정도로 극소수였으며, 합격자는 엄청난 명예를 얻었다.

　과거제도에는 여러 가지 장점이 있었다. 첫째, 이 제도는 유교적 윤리를 철저히 내면화한 유능한 관리들을 배출했다. 둘째, 불합격자를 포함한 모든 사람들에게 제국 운영에 중요한 역할을 하는 정통적인 신념 체계를 제공했다. 셋째, 이 제도는 재산, 출신, 무력, 왕의 변덕이 아니라 널리 인정된 도덕적 원칙에 기반하여 능력을 보상함으로써 야심 있는 사람들, 특히 평민들에게 사회적 신분 상승의 기회를 제공했다.

그러나 과거 시험에는 단점도 존재했으며, 이 제도를 통해 성공한 고위 관리들조차 그 문제점을 인식하고 있었다. 송나라(960~1279년)의 한 정치가는 천문학, 고대 및 현대 법률, 정치경제학의 원칙을 시험 과목에 포함시켜야 한다고 강력히 주장했다. 그는 과도한 암기와 대구(對句) 작문에 치중하는 것을 비판했다. 이후 '팔고문(八股文)'이라는 용어는 경직되고 진부하며 틀에 박힌, 그리고 실용성이 없는 글을 의미하게 되었다. 또한 과거제도가 제공한 평등성은 완전하지 않았다. 가난한 아이들이 교육을 받을 수 있는 여러 경로가 존재했지만, 부유한 집안의 자녀들은 더 나은 교사와 학습 환경을 가질 가능성이 높았다. 여성은 시험 응시 자격조차 없었다. 그럼에도 불구하고 과거제도의 도입은 주목할 만한 업적이었다. 특히 당나라 시기에 유럽의 여러 정치체제가 어떻게 운영되었는지를 고려하면 더욱 그렇다. 비록 완벽하지는 않았지만, 과거제도는 오랜 기간 중국사회에 중요한 역할을 수행했다.

문학과 예술

중국은 다양하고 정교한 예술 문화를 꽃피웠으며, 그 가치는 국경을 넘어 전 세계적으로 인정받았다. 중국 예술품의 흔적이 로마 제국의 여러 지역에서 발견되었다. 이후 중국 도자기는 인도네시아로 수출되기 시작했다. 18세기와 19세기에는 유럽과 미국에서 시누아즈리(Chinoiserie), 즉 중국풍 양식 열풍이 불었다. 또한 전통적인 중국 문학은 외설적인 이야기에서부터 내면적 성찰에 이르는 다양한 주제를 다룬 뛰어난 소설들을 다수 배출했다.

흥미롭게도, 중국에는 문학과 예술을 통한 저항의 전통이 존재하지 않았다. 중세 유럽에서 사회적 신분 차별을 날카롭게 비판한 『농부 피어스의 꿈(*The Vision of Piers Plowman*)』이나, 기성 종교의 부패를 풍자한 보쉬(Hieronymus Bosch)의 회화와 같은 작품은 중국에서는 찾아볼 수 없다. 미학은 사실상 학자-관료 계급이 독점했으며, 그들은 기본적으로 취미로서 그림을 그리고 시를 썼다.

생계를 위해 그림을 그리는 사람들은 사회적으로 낮게 평가받았다. 즉, 중국 문화에서는 전문성보다 교양과 취미로서의 예술이 우위에 있었던 결과였다. 『논어』에 따르면 공자는 "군자는 그릇이 아니다(君子不器)", 즉 ― '군자는 그릇처럼 하나의 역할에만 쓰이는 도구가 아니라, 모든 일을 두루 파악하여 종합적으로 판단하는 전인적(全人的) 도량을 갖춘 품격 높은 인물' ― 이 되어야 한다고 말했다. 흥미로운 점은, 중국에서 구어체 희곡이 가장 크게 발전한 시기가 원나라(1260~1368년)였다는 사실이다. 당시 몽골 지배자들은 78년 동안 과거 시험을 중단했으며, 이로 인해 지식인들은 사회적 위신이 떨어지고 자존심이 상한 것을 보상받기 위해 연극에 몰두하게 되었다. 문학이 항의를 위한 수단으로 사용된 사례도 있지만, 일반적으로 중국의 엘리트 계층은 기존의 정치적 통로 ― 즉, 황제에게 구두나 서면으로 항의하는 방식 ― 를 통해 불만을 표출했다. 한편, 하층민들은 반란을 통해 그들의 불만을 표출하는 것이 일반적이었다.

전통 중국에서 법의 역할

공자의 가르침은 전통 중국의 법률체계에도 영향을 미쳤다. 앞서 언급했듯이, 공자는 모든 사람에게 동일하게 적용되는 통일된 법전의 필요성을 믿지 않았다. 군자는 올바른 도덕적 '원칙(禮)'을 스스로 인식하고 따를 것으로 간주되었으며, 교육받지 못한 사람들만이 '형벌(法)'을 필요로 한다고 여겨졌다. 여기서 중요한 점은, 군자의 기준이 태생이 아니라 교육에 기반을 둔다는 것이다. 또한 공자는 세상의 차이가 본질적으로 존재하는 것으로 보았으며, 이러한 차이들이 조화를 이루며 작동할 때만이 공정한 사회 질서, 즉 '대동(大同)'이 실현될 수 있다고 보았다.

이처럼 법이 절대적인 기준이 아니라 신분에 따라 상대적으로 적용된다는 개념은 서양인의 관점에서 다소 이상하게 보일 수 있는 법률 규정을 만들어냈다. 예를 들어, 가마를 탈 때 가마를 들 수 있는 인원의 수가 법으로 정해졌으며, 착용할 수 있는 장신구의 양과 무늬까지도 규제되었다. 그러나 이러한 법률이 완벽하게 집행된 적은 없었고, 또한 높은 지위의 관리라 할지라도 처벌을 완전히 면제받는 것은 아니었다. 때때로, 고위 관리들이 사형당하는 경우도 있었는데, 이는 그들의 행동이 너무 지나칠 경우 더 이상 군자로 간주될 수 없다고 판단되었기 때문일 가능성이 있다. 보다 일반적으로, 황제의 신임을 잃은 관리들은 제국의 변방으로 좌천되었다. 이는 형식적으로는 관직을 유지하는 것이었으나, 사실상 유배와 다름없었다. 앞서 언급했듯이, 관리에게 자결을 암시하는 방법도 있었으며 대부분의 경우 자결을 택했다.

가족을 중시하는 유교적 가치관은 법률 체계에도 깊이 반영되었다. 가족 구성원에 대한 범죄는 외부인에 대한 범죄보다 훨씬 무겁게 처벌되었으며, 특히 부친 살해는 가장 극악한 범죄로 간주되었다. 국가를 가족의 확대판으로 보고, 황제를 백성의 아버지 역할을 한다는 개념은 여러 면에서 합리적이고 효과적인 통치 방식이었다. 그러나 이 개념은 몇 가지 문제를 초래하기도 했다. 공자는 가족에 대한 충성과 황제에 대한 충성이 충돌할 경우 어떻게 해야 하는지 명확히 설명하지 않았다. 이상적으로는 부모의 뜻이 공적 의무와 충돌해서는 안 되지만, 실제 역사에서는 이러한 갈등이 자주 발생했다. 이를 해결하기 위해 다양한 방법이 도입되었다. 대표적인 예로, 관리가 자신의 출신 지역에서 관직을 맡지 못하도록 한 향피제가 있었다. 또한 공자의 가르침에 따라 부모가 사망하면 긴 애도 기간을 가질 수 있도록 법적으로 보장되었는데, 예를 들어 부친이 사망한 경우 관리들은 1년간 상복을 입고 특정 음식만 섭취하며, 정성스러운 장례식을 준비해야 했다.

그러나 이러한 법전이 존재했음에도 불구하고, 대부분의 사안은 법정으로 가지 않았다. 서양 법체계에서 말하는 불법행위(tort) ― 피해자에게 배상 청구권이 생기게 되는 불법 행위 ― 개념이 없었으며, 법적 소송을 제기하려면 반드시 범죄 혐의를 제기해야만 했다. 부모는 자녀를 훈육하고 처벌할 권한이 있었으며, 가족 내 분쟁은 각자의 친족 내 신분과 지위에 따라 해결되었다.

가족이나 가문 내에서 분쟁을 해결해야 한다는 개념뿐만 아니라, 분쟁을 법정에 가져가지 않는 또 다른 중요한 이유가 있었다. 법적 절차를 밟는 것은 비용이 많이 들고 위험한 일이었기 때문이다. 뇌물은 사건을 유리하게 만들기 위한 일반적인 관행으로 여겨졌다. 종종 현령이 판사 역할을 했는데, 설령 그가 철저히 청렴한 사람이라 하더라도 사건을 올바르게 처리하도록 하려면 그의 여러 하급 관리들에게 뇌물을 지급해야 했다. 현령은 처리해야 할 다른 많은 업무가 있었기 때문이다. 이러한 뇌물 관행은 '사례비'로 불리며, 모든 행정 단계에서 존재했다. 당시 관료들은 충분한 봉급을 받지 못했으며, 자신의 가족을 부양해야 한다는 점이 이해되었기 때문에, 지나치게 과도하지 않는 한 이를 부패로 간주하지 않았다.

보다 고차원의 법체계에 있어서는, 황제 권력이 행사되는 데 아무런 제약이 없었다. 정부는 필요에 따라 법을 제정하고, 시행하고, 심판하고, 억압할 수 있었다. 통치계층은 공정하고 책임감 있는 통치를 해야 할 '도덕적' 의무가 있었지만, 이를 강제할 헌법적 혹은 법적 안전장치는 존재하지 않았다. 법 집행은 기본적으로 두 가지 요소에 의존했다. 첫째는 관료 선발 과정으로, 이는 도덕적으로 탁월한 인물만을 등용해야 한다는 원칙을 기반으로 했다. 둘째는 관료 조직 내의 감독체계였다. 이는 결국 자율 규제의 형태를 띠었다. 즉, 관료들은 자신들의 동료 중 직무를 제대로 수행하지 않는 자를 제거하는 데 동의해야 했다.

전통적인 정치체제는 본질적으로 절대적인 권력을 축적하고 행사할 자유를 가졌지만, 그 권한이 실제로 최대한 활용된 적은 거의 없었다는 점은 긍정적으로 평가할 만하다. 헌법적 틀이 없는 상황에서도 정교한 견제와 균형의 체계가 발전했다. 그러나 이 체계는 인권 보호를 위한 것이 아니라, 황실 내에서 특정 관료 집단이 다른 집단을 완전히 제거하는 것을 방지하는 데 목적이 있었다. 이러한 비공식적인 견제와 균형은 법이 아니라 관습에 의해 정당성을 부여받았다. 이러한 구조가 개인이 권력을 장악하는 것을 완전히 막지는 못했지만, 그 가능성을 상당히 어렵게 만들었다.

최고위층 지도자들은 엄격한 도덕적 규범을 준수해야 한다는 기대를 받았지만, 평화가 유지되는 한 지방이나 말단에서 벌어지는 일들에 대해서는 비교적 무관심한 태도를 보였다. 유교적 윤리를 보급하기 위해 대중 강연, 의식 행사, 효 교육, 연장자와 상급자에 대한 존경, 평화롭고 근면한 생활 태도, 법 준수 등의 가르침을 전파하는 학교를 후원하는 등의 노력을 기울였다. 그러나 이러한 노력이나 그에 따른 성과도 그다지 인상적이지 않았다. 광대한 농촌지역에서 사람들은 기존 정부에 대해 특별히 충성하지도 않았으며, 그렇다고 적극적으로 반대하지도 않았다. 그들은 단지 자신의 일상적인 생계문제에만 관심을 가질 뿐이었다.

군대

기원전 500년경, 중국은 세계에서 가장 위대한 군사 전략가 중 한 명인 손자(孫子)를 배출했다. 그의 『손자병법』은 오늘날까지도 전 세계 군사학교에서 필독서로 여겨진다. 그러나 원(몽골) 왕조와 같은 몇몇 두드러진 예외를 제외하고, 중국의 왕조들은 대체로 군대를 높이 평가하지 않았다. 당시 유행했던 속담 중 하나는 다음과 같다. "좋은 쇠로 못을 만들지 않듯, 좋은 사람을 병사로 쓰지 않는다." 즉, 군주가 덕이 있다면 백성은 평화롭고 풍요롭게 살게 되므로, 굳이 강한 군대는 필요하지 않다는 인식이 자리 잡고 있었다. 반면, 백성들이 가난하고 불행하다면 이는 통치자의 잘못이며, 지도층의 개혁이 필요하다는 논리가 성립했다. 이러한 이유로, 중국의 군대는 새로운 왕조가 들어설 때 가장 강력한 경우가 많았다. 기존 왕조를 무너뜨리기 위해 군사력을 키웠기 때문이다. 하지만 새로운 왕조가 자리를 잡으면, 군대의 중요성이 점차 줄어들었고, 결국 쇠퇴하는 경향을 보였다. 그럼에도 불구하고 변방의 오랑캐 침입을 막기 위해 어느 정도의 군사력은 항상 필요했다. 그러나 해군의 중요성은 상대적으로 낮았다. 중국은 바다를 통해 외부 세력의 침입을 거의 받지 않았으며해적이 간헐적으로 출몰하기도 했지만, 그때조차도 대응책은 해적을 물리치는 것이 아니라 해안지역 주민들을 내륙으로 이동시키는 것이었다.

또한 중국에서는 문관(文官) 출신의 관리들이 군사 지휘권을 장악하는 경우가 많았다. 특히 왕조가 쇠퇴기에 접어들 때 이러한 경향이 두드러졌으며, 대개 문맹인 경우가 많았던 무관들의 권한을 억누르고 견제하는 데 온 힘을 기울였다. 이는 단순히 비전문적인 것이 전문적인 것보다 우월하다는 인식 때문만은 아니었다. 사실 문관들은 군사력뿐만 아니라 자신들의 권력을 위협할 수 있는 모든 영역을 통제하려는 경향이 강했다. 이러한 경향은 명나라 초기(1368~1644년)에도 두드러졌다. 당시 환관(宦官)들이 주도한 대규모 해양 탐험이 성공적으로 이루어지면서, 환관들은 점점 더 강한 영향력을 갖게 되었다. 그러나 문벌 관료들은 이 탐험이 자신의 권력을 위협한다고 판단했고, 결국 해양 탐험을 완전히 중단시키는 데 성공했다.

이민족(오랑캐)문제

여기서 '오랑캐'이라는 용어는 한족(漢族)이 아닌 모든 집단을 의미하며, 이들 집단은 한족과 상호 작용을 했던 그룹들이다. 일부 집단은 비교적 문명화되어 있었으나, 대부분은 그렇지 않았다. 한족은 이들을 다양한 용어로 불렀으며, 그중 다수는 경멸적인 의미를 담고 있었다. 한족과 달리, 이러한 집단 중 일부는 군사적 능력을 매우 중시했으며, 강력한 전투력을 보유한 경우도 많았다. 이러한 특징은 특히 북방의 집단들, 예컨대 위구르족, 카자흐족, 몽골족 등에게서 두드러졌다. 이들은 유교적 가치관을 받아들이지 않았기 때문에, 한족은 덕망 있는 군주가 즉위한다고 해서 이들이 약탈을 멈출 것이라고 기대할 수 없었다. 따라서 이들을 상대하기 위해 군사력을 유지할 필요가 있었다.

전쟁을 최소화하기 위해 한족은 다양한 전략을 활용했다. 한 가지 방법은 공식적인 관직과 봉급을 제공하여 이들이 자신의 지역에서 평화를 유지하도록 책임을 맡기는 것이었다. 또 다른 전략은 이민족 세력들 사이의 갈등을 이용해 상호 견제하게 하는 전략, 즉 이이제이(以夷制夷)였다. 그러나 이러한 방법에도 불구하고, 오랑캐들끼리 중국에 맞서 동맹을 맺는 일까지는 막지 못했다.

때때로 오랑캐들은 한족 중국의 전부 또는 일부를 정복하고 자신들의 왕조를 세우기도 했다. 이 경우, 정복자들이 중국의 문화적 규범을 받아들이고 유교적 원칙에 동화되는 정도에 따라 그 지배가 받아들여졌다. 몽골족이 세운 원나라는 기존 중국 체제에 적응하는 것을 강하게 거부하여 단명하였고, 대부분의 중국인들은 이를 실패한 왕조로 간주한다. 반면 만주족이 세운 청나라는 유교적 통치자로서의 역할을 수행하면서도 한족과의 완전한 동화를 피하는 지혜를 발휘하여, 원나라보다 두 배 이상 오래 지속되었으며, 마지막 반세기를 제외하면, 비교적 긍정적인 평가를 받았다.

외국인이 중국군을 지휘하는 경우도 있었다. 예를 들어, 당나라 시기의 소그드족 출신 안록산(安祿山)과 19세기 미국인 워드(Frederick Townsend Ward)가 그러한 사례이다. 중국 제국은 민족주의보다 문화주의적 성격이 강했으며, 출생과 인종보다는 한족의 윤리, 행동, 복식 기준을 받아들이고 따를 수 있는지가 더 중요한 요소로 작용했다.

중국역사에 대한 해석

이처럼 인상적이고 복잡한 사회를 어떻게 규정할 것인가라는 질문이 제기된다. 마르크스는 중국을 변하지 않는 나라로 보았다. 그의 표현에 따르면, 아시아에서 역사는 잠들었다는 것이다. 그러나 이것은 사실이 아니다. 중국에서는 예술 양식, 기술, 행정 기법, 심지어 유교 철학조차도 시간이 지나면서 변화해 왔다. 변화의 속도가 유럽의 특정 시기보다는 더딜 수 있었지만, 변화는 분명히 존재했다.

두 번째 관점은 마르크스주의자들, 즉 마르크스의 사상을 서양 사회뿐만 아니라 중국에도 적용한 이들의 견해다. 그들은 역사의 발전 단계를 원시 공산사회에서 시작된다고 보았다. 원시 공산사회에서는 소규모 수렵·채집 집단이 채집한 자원을 공유한다. 이후 일부 집단이 다른 집단을 정복하여 노예로 삼는 노예 사회로 발전한다. 결국 노예 사회는 봉건사회로 발전하는데, 이 사회는 봉토 형태로 유지되는 토지와 맹세와 다른 대안의 부재로 인해 토지에 종속된 농노들로 특징지어진다. 이후 산업화가 진행되면서 부르주아-자본주의 단계로 넘어가는데, 여기서 노동자들은 생산 수단을 독점한 자본가들에게 착취당한다. 결국 노동자들은 반란을 일으켜 생산 수단을 공동으로 소유하는 사회주의 사회를 수립한다. 마지막 단계인 공산주의에 이르면, 분배는 '능력에 따라 일하고, 필요에 따라 받는' 원칙에 따라 이루어진다. 이 단계에 이르면 국가는 더 이상 필요 없어지고 자연스럽게 소멸하게 된다.

마르크스의이론을 중국의 현실과 비교해 보면 흥미로운 점이 많다. 불행히도 수렵·채집 사회는 기록을 남기지 않았기 때문에 원시 공산주의 단계가 존재했을 가능성은 충분하지만, 이를 역사적으로 입증하기 어렵다. 우리가 기록을 확인할 수 있는 가장 이른 시기인 상(商) 왕조

(BC 약 1523~BC 약 1028년)에는 노예제가 존재했던 것으로 보이며, 이후 한(漢) 왕조 및 몇몇 시기에도 노예제가 있었다. 그러나 노예가 존재했다고 해서 그 사회를 노예 사회로 정의할 수는 없다. 노예 사회로 간주되려면 사회의 주요 노동이 노예들에 의해 수행되어야 하는데, 중국에서는 그런 경우가 한 번도 없었다.

봉건사회는 확실히 존재했지만, 그것은 제자백가가 경쟁하던 시대보다 이전의 일이었다. 귀족 계급이 등장하여 농노들로부터 군대를 징집하고, 전차를 타고 전투하며, 갑옷을 착용하고, 서양의 기사도와 비교될 만한 복잡한 윤리 체계를 따랐다. 그리고 서양의 봉건제도와 마찬가지로, 왕은 귀족 연합에 비해 상대적으로 약한 존재였다. 그러나 봉건사회는 전국시대(戰國時代)가 도래하기 전, 즉 주(周) 왕조 후반기인 제자백가 시대(BC 1027~BC 256년)에는 이미 심각한 붕괴 상태에 있었다. 공자의 저작 전반에는 예법이 무시되고 있다는 탄식이 반복해서 등장한다.

다음 왕조인 한나라는 관료제를 도입하기 시작했다. 귀족들은 봉토를 받는 대신 국가에 대한 봉사에 대한 대가로 쌀을 지급받았다. 토지는 매매가 가능해졌다. 이러한 변화로 인해 중국을 더 이상 봉건사회라고 부를 수 없게 되었다. 그러나 만약 마르크스의 발전 단계가 중국에 적용된다면, 봉건제는 부르주아-자본주의 단계로 이어져야 한다. 하지만 실제로는 그렇지 않았으며, 이는 마르크스주의자들도 인정하는 사실이다. 일부 마르크스주의자들은 중국이 부르주아-자본주의 사회로 발전하고 있었다는 몇 가지 징후를 제시한다. 예를 들어, 점진적으로 화폐경제가 발달하기 시작했다. 또한 원시적인 형태의 은행제도도 형성되었는데, 한 도시에서 예치한 돈을 다른 지역에서 인출할 수 있는 제도가 존재했다. 이를 통해 마르크스주의자들은 중국이 약 2,000년 동안 '반(牛)봉건' 상태를 유지했다고 결론짓는다. 또한 그들은 중국이 부르주아-자본주의 단계로 진입하려던 시점에 서양 제국주의가 개입하여 자본주의의 싹을 잘라버리고 중국을 식민지화했다고 주장한다.

세 번째 견해는 중국사회를 동양적 전제주의, 또는 때때로 '수력사회 (hydraulic society)'라고도 부르는 개념으로 설명한다. 이 개념은 독일 학자 비트포겔(Karl Wittfogel)에 의해 제시되었으며, 산업화 이전 사회에서 농작물 재배에 필요한 여러 조건 중 인간의 힘으로 통제할 수 있는 유일한 요소는 수자원이라고 주장한다. 관개 및 홍수 조절이 필수적이기 때문에 대량의 물을 통제하고 관리해야 하며, 이를 위해 제방을 건설하고 유지해야 하고, 운하를 정기적으로 준설해야 하며, 항해에 필요한 정보를 수집하고 배포해야 한다. 이러한 작업은 대규모 인력을 동원해야만 가능했다. 나아가, 노동력을 효율적으로 조직하고, 훈련시키며, 지도해야 한다. 효과적인 수자원 관리는 국가 전체, 또는 최소한 그 핵심 인구 집단을 포괄하는 조직망이 필요하다. 또한 시간 관리는 수력 경제에서 필수적인 요소이다. 작물을 적절한 시기에 심고, 관개하고, 수확해야 하므로 체계적인 관찰과 정밀한 계산, 그리고 그 결과의 배포가 필요하다. 따라서 중국은 강력한 중앙정부가 필요했다.

결과적으로, 이러한 노동자, 계산 담당자, 정보 배포망을 통제하는 자들은 최고의 정치 권력을 행사할 수 있는 위치에 놓이게 된다. 이러한 체제는 수리 농업이 요구하는 지도력과 사회적 통제를 바탕으로 결정적으로 형성된다. 즉, 국가는 사회보다 강력하며, 지배체계 바깥에 있는 사람들은 사실상 그에 종속되는 구조가 된다. 이는 중세 유럽과 일본과 같은 다중 권력 중심의 사회, 그리고 그 연장선에 있는 현대의 민주주의 사회와는 극명하게 대조된다. 이들 사회에서는 물 관리의 필요성이 그토록 절대적이지 않았기 때문이다.

다른 사회에서는 국가가 종교 기관, 장인 및 상인 길드, 그리고 토지 및 산업 자본의 사유 소유자와 같은 강력하고 경쟁적인 조직들에 의해 효과적으로 견제되고 제약을 받았다고 비트포겔은 주장한다. 이러한 정치체제는 개인에게 훨씬 더 큰 보호를 제공하며, 또한 적응적이고 진보적인 사회 변화를 위한 기반을 제공한다. 반면, 중국과 같은 수리사회의 운명은 더딘 정체에 빠지기 쉽다. 그러나 비트포겔의 분석이 물 관리의 중요성을 지나치게 강조했다고 비판하는 이들도 있다. 이들은 실제로는 황제와 관리들이 세금 징수, 사법 행정, 그리고 하늘과 땅에 대한 연례 제사를 훨씬 더 중요한 과제로 여겼다고 지적한다.

네 번째 견해는 중국이 당나라 중기, 즉 서기 850년경에 이미 근대화되었다는 것이다. 이는 일본 학자 나이토 고난(内藤湖南)이 처음으로 제시한 '나이토 가설'로 알려져 있다. 앞서 논의한 바와 같이, '근대화'라는 개념은 여러 가지 방식으로 정의될 수 있다. 나이토의 주요 기준은 사회적 이동성이다. 즉, 근대 사회에서는 신분을 세습하는 것이 아니라 개인의 능력에 따라 상승할 수 있어야 한다. 이러한 변화는 실제로 당나라 중기에 일어났는데, 당시 과거제도가 광범위하게 제도화되었기 때문이다. 비슷한 시기에 농민 출신의 평민 병사들이 장군이 되는 사례도 나타나기 시작했으며, 이는 봉건사회에서 주를 이루던 귀족 전사들과는 대조적인 현상이었다. 또한 구어체 문학이 확산되어 유교 경전과 불교 경전을 보완하는 역할을 하면서 평민들의 지위가 향상되었다.

나이토가 지적한 바와 같이 이러한 현상들이 실제로 존재했음은 의심할 여지가 없다. 그러나 이러한 변화만으로 중국이 근대화되었다고 단정할 수는 없다는 반론도 제기될 수 있다. 실력에 의해 선발된 관료제가 존재한다고 해서 그것만으로 국가가 근대적이라고 할 수는 없다. 관료제를 연구한 저명한 사회학자인 베버(Max Weber)에 따르면, 근대의 특징은 '기능적 특수성'에 있다. 즉, 관료들은 토목 공사 감독이나 국가 예산 편성처럼 각각 구체적인 업무를 담당한다. 첫 번째 집단은 교량 건설과 댐 축조에 대한 교육을 받았을 것이고, 두 번째 집단은 회계에 대한 훈련을 받았을 것이다. 그러나 이는 중국 관료제에서 전문성보다 비전문성을 우위에 두는 원칙과는 상반되는 것이었다. 중국의 과거제도는 전문가가 아닌 범용적인 인재를 양성하는 제도였으며, 시험에서는 공공 사업 건설이나 통계 분석 능력이 아니라 유교 경전에 대한 해석 능력이 평가되었다. 그러나 한 가지 지적할 점은 19세기 영국이 근대 국가로 인정받고 있다는 점이다. 하지만 당시 영국의 관료들 역시 일반적인 교양 교육을 받았으며, 그리스어와 라틴어 고전 교육이 미래 지도자 양성에 적합한 준비 과정으로 간주되었다는 점에서 중국과 유사한 측면이 있었다.

나이토 가설에 반대하는 또 다른 논거는 근대성이 계층 내에서 능력에 따라 상승할 수 있는 능력을 포함하는 반면, 중국 관료제에서의 성공은 주로 누구를 아는지에 크게 의존했다는 점이다. 어떤 사람이 공식적인 계층 내에서 승진할 수 있었다고 가정하면, 그는 또한 같은 해에 과거에 합격한 동기들이나 그들의 자녀들을 도와야 한다고 여겨졌다. 이에 대한 반론으로는, 자신뿐만 아니라 가족 및 그들의 친구들과의 인맥을 통한 승진 역시 근대 서구 사회에서 전혀 존재하지 않는 것은 아니라는 점을 들 수 있다. 또한 동료 집단의 구성원을 돕겠다는 의무감은 영국의 명문학교 출신 인적 연결망인 '올드 스쿨 타이(old school tie)'나, 독일의 대학 동문 조직인 '부르셴샤프트(Burschenschaft)'의 본질이기도 하다. 중국이 근대화되지 못한 결정적인 요소는 근대적 관료제의 부재보다는 오히려 산업화의 결여였을 가능성이 크다.

산업화에 대한 시사점

한 나라의 산업화에 필요한 요소가 무엇인지에 대한 질문은 여러 사회과학자들에 의해 면밀히 연구되어 왔으며, 예상할 수 있듯이 이에 대한 완전한 합의는 이루어지지 않았다. 사회학자 무어(Barrington Moore)에 의해 요약된 산업화의 일반적인 필수 조건 목록은 다음과 같다.

1. 제조업에 투자할 수 있도록 상업적으로 판매 가능한 농업 잉여 생산

물의 판매를 통해 확보된 자본

2. 기업과 그 관계자들을 보호할 법률 체계
3. 진보라는 개념
4. 과학에 대한 긍정적인 태도
5. 제조업 및 기타 기회가 등장할 때 이를 활용할 수 있도록 하는 지리적 이동성

앞서 살펴본 바와 같이, 유교는 풍부하고 다양성을 지닌 전통이었다. 시대에 따라 유교 경전에 대한 해석이 달라졌으며, 본래의 유교 철학은 다른 사상이나 종교의 요소를 흡수하기도 했다. 그러나 시간이나 왕조와 상관없이, 유교는 농업을 중시하고 상업을 경시하는 성향을 유지해 왔다. 농민은 곧 재화, 즉 식량을 생산하는 존재로 간주되었다. 상인은 사회에 기생하는 비생산적인 존재로 여겨졌다. 상인은 한 시기나 특정 지역에서 저렴한 가격으로 물건을 매입한 후, 다른 시기나 지역에서 더 높은 가격에 판매하는 방식으로 다른 사람들의 노동을 이용하여 이윤을 추구하는 부정직한 계층으로 인식되었다. 공자나 그의 제자들 중 누구도 기업가적 역할을 인정하지 않았다.

산업화에 성공한 국가들은 상업적으로 시장성이 있는 농업 잉여 생산물에서 얻은 자본을 제조업에 활용함으로써 산업화를 이루어냈다. 그러나 유교가 상인과 그들의 활동에 대해 보였던 태도는 자본의 전환을 사실상 불가능하게 만들었다. 사회적으로 허용된 생산물 판매 수익의 투자처는 토지였으며, 목표는 단순한 대토지 보유가 아니라 과거 시험에 합격하거나 아들이나 가까운 친척이 이를 통과함으로써 신사(紳士) 계층의 신분을 획득하는 것이었다.

공자는 반상업적인 태도를 가졌을 뿐만 아니라 우리가 이해하는 의미의 법치주의에도 호의적이지 않았다. 따라서 상업 거래를 규제할 수 있는 법전이 발전하지 못했다. 비록 유교적 시각에서 상인을 경시했음에도 불구하고 상인은 존재했지만, 관료층과 경쟁할 수 있을 만큼 자신

을 보호할 수 없었다. 상업 활동은 뇌물이나 세금을 내야 하는 부담으로 인해 종종 수익성을 상실할 정도로 제한되었다.

산업화의 세 번째 기본 요소인 진보 개념도 전통적인 중국에서는 부재했다. 더 나은 시대를 향해 나아가야 한다는 동기가 없었다. 공자는 이상적인 황금시대를 전국시대(BC 443~BC 221년) 이전 시기로 보았으며, 미래가 아닌 과거에 이상을 두었다. 이후 역사는 왕조 순환처럼 하나의 주기를 반복하는 것으로 여겨졌으며, 통치자의 덕과 국가의 번영은 음양(陰陽)의 원리에 따라 흥망을 거듭하는 것으로 간주되었다. 변화는 분명히 일어났지만, 그것 자체로 긍정적인 것으로 여겨지지 않았으며, 사회가 궁극적으로 완전해질 것이라는 기대 또한 존재하지 않았다. 목표는 진보가 아니라 조화였다. 이러한 조화의 개념은 왕(王)이라는 한자에 상징적으로 담겨 있다. 이 글자는 하늘, 땅, 인간을 나타내는 세 개의 가로선과 이들을 관통하며 하나로 잇는 세로선으로 구성되어 있다. 왕은 자신의 덕을 통해 이 세 요소를 조화롭게 연결하는 존재로 여겨졌다.

산업화의 네 번째 필수 요소인 과학도 중요하지 않으며 불필요한 것으로 간주되었다. 잘 알려진 바와 같이, 중국인들은 나침반과 화약 같은 놀라운 발명을 서구보다 훨씬 앞서 이루어냈다. 중세 시대에는 서구보다 훨씬 앞선 조선(造船) 기술을 보유했으며, 이러한 기술 덕분에 원거리 항해가 가능해졌고, 특히 명(明) 초기에 대규모 원정이 이루어졌다. 공자는 과학을 반대하지는 않았으나, 탐험과 발명은 사소한 일로 간주했다. 그보다는 도덕적 덕목을 함양하는 것이 더 중요했다.

공자가 강조한 조상 숭배는 지리적 이동성도 제한했다. 조상의 묘를 관리하는 것이 의무였으며, 마을은 주민들에게 거의 신성한 의미를 지닌 중심지로 여겨졌다. 물론 이러한 전통이 중국인 일부가 먼 지역으로 진출하는 것까지 막은 것은 아니었다. 실제로 수백 년 전부터 캄보디아, 싱가포르, 인도네시아 등지에 번성한 중국 상인 공동체가 형성되었다. 그러나 일반적으로 중국 전통은 지리적 이동을 장려하지 않았으며, 먼 거리를 이주한 사람들조차도 자신의 유해를 고향으로 보내 적절한 장례를 치를 수 있도록 자금을 마련해 두는 경우가 많았다.

유교가 산업화에 맞게 적용할 수 있었을지도 모른다. 중세 유럽을 보면, 이자를 받는 행위를 금지한 종교적 규율이나, 인간의 고통은 신의 뜻이므로 어떤 변화도 불가능하다는 숙명론적 믿음 등을 볼 때, 기독교 역시 산업화를 영원히 방해할 종교로 보일 수도 있다. 그러나 유럽에서는 그러한 적응이 이루어고, 왜 중국에서는 그러한 적응이 일어나지 않았는지에 대한 의문이 제기되었다.

중국의 기술발전 지연에 대한 흥미로운 가설로는 엘빈(Mark Elvin)이 제시한 '고도 균형함정'이론이 있다. 이 이론에 따르면, 여러 가지 상호 연결된 원인으로 인해 후기 전통경제의 투입-산출 관계가 내부적으로 생성된 힘만으로는 거의 변화할 수 없는 형태를 띠게 되었다. 기술적, 투자적 측면에서 보면, 농업 생산성은 산업적·과학적 투입 없이 가능한 한계에 거의 도달해 있었으며, 인구 증가로 인해 생계유지에 필요한 최소한의 생산량을 초과하는 잉여 생산물이 점차 줄어들었다. 1인당 잉여 생산량 감소는 생존을 위한 필수품 외의 상품에 대한 1인당 유효 수요 감소를 초래했다 (도표 2.1 참조). 또한 전근대적 수로 운송 역시 유사한 효율성 한계에 도달해 있었으며, 운송 비용을 낮춤으로써 재화에 대한 수요를 증가시킬 수 있는 가능성은 거의 존재하지 않았다.

이러한 기술적 이유로 인해, 인구 압력이 심화될 때 곡물 가격이 상승하더라도, 생산량 증가를 유도할 수 있는 유일한 방법은 이주와 새로운 경작지의 개척뿐이었다. 실제로 이주는 이루어졌으며, 중국경제가 양적 성장을 이룬 주된 방식이었다. 그러나 질적인 변화는 거의 없었다. 중국 전통 경제의 방대한 규모가 기술 변화에 어떤 함의를 갖고 있었다면, 그것은 아마도 부정적인 것이었을 것이다. 투입-산출 관계에 의미 있는 변화를 일으키려면 엄청난 양의 자재와 상품이 필요했기 때문이다. 예를 들어, 영국의 원면 소비량은 1741년부터 기계식 면 방적이 본격적으로 시작된 1770년대 초반까지 약 3배로 증가했다. 그러나 중국이 30년 동안 면 소비량을 세 배로 늘렸다면, 그것은 18세기 전 세계의 면 생산 능력을 모두 합쳐도 감당할 수 없는 수준이었을 것이다.

농업의 잉여 생산물이 감소하고, 이에 따라 소득과 1인당 수요도 감소하는 상황에서, 노동력은 점점 저렴해졌지만 자원과 자본은 점점 비싸졌다. 또한 농업과 운송 기술이 이미 매우 발전해 있었기 때문에 단순한 개선으로는 더 이상의 효율성을 높일 수 없었다. 이러한 환경에서 농민과 상인이 선택할 수 있는 합리적인 전략은 노동 절약형 기계 도입이 아니라, 자원과 고정 자본을 절약하는 것이었다. 규모는 크지만 거의 정체된 시장에서는 기술적 창의성을 촉진할 만한 구조적 병목 현상

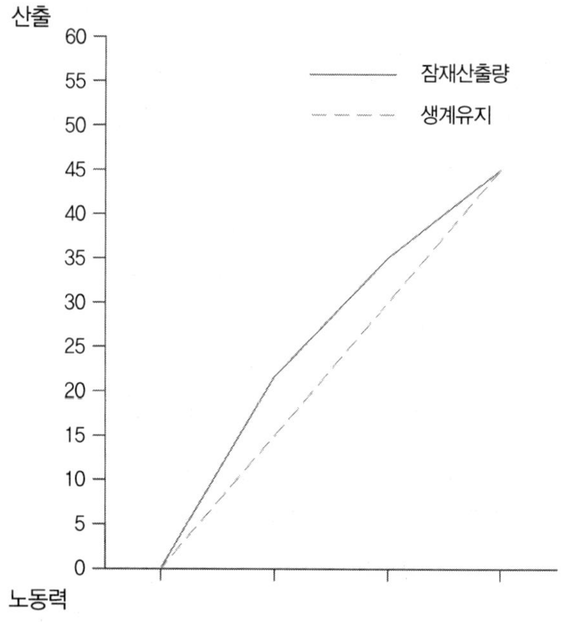

도표 2.1 고도 균형함정

출처: Adapted from Mark Elvin, *The Pattern of the Chinese Past* (Stanford, CA: Stanford University Press, 1973, p. 313).

이 발생하지 않았다. 상인들은 일시적인 공급 부족을 겪을 때, 값싼 운송 수단을 보다 창의적으로 활용하는 방식으로 문제를 해결했다. 이것이 바로 '고도 균형함정' 설명의 핵심이다.

필립 황(Philip Huang) 교수에 의해 제기된 혁신이 부재한 내향적 상업화라는 관련 이론 또한 중국의 인구 과잉문제가 근대화에 실패한 주요 요인 중 하나였다고 가설을 세운다. 인구 압력이 증가함에 따라 농지 규모가 점점 축소되면서, 농민들은 곡물 생산보다 노동 투입이 훨씬 더 많이 요구되는 상업적 작물 재배 및 수공업에 의존하게 되었다. 총 생산 가치가 증가하긴 했지만, 노동일당 한계 수익은 감소하는 결과를 초래했다. 농민들은 자본주의적 이윤을 추구하여 재투자하려는 목적이 아니라 단순히 생존을 위해 시장에 의존했으며, 이로 인해 경제성장이 이루어졌음에도 경제발전으로 이어지지는 않았다.

도표 2.1은 전통 후기 중국의 농업 기술이 일정 수준에 도달한 이후 겪게 되는 일종의 한계점이 어떤 영향을 미쳤는지를 보여준다. 실선은 최상의 전근대적 농업 기법을 활용할 때 특정 노동 투입량에 따른 잠재적 생산량을 나타내고, 점선은 주어진 노동력의 생계를 유지하는 데 필요한 생산량 비율을 나타낸다. 토지 면적이 일정하다는 전제 하에, 노동력이 증가함에 따라 잉여 생산량이 먼저 상대적으로 줄어들고, 결국 절대적으로도 감소한다. 그래프의 가장 오른쪽에 이르면, 추가적인 노동 투입이 더 이상 생산량 증가로 이어지지 않는 한계 상황이 발생한다. 이러한 함정에서 벗어날 수 있는 유일한 방법은 산업적·과학적 투입을 활용하는 것이다.

결론

이 장에서 다룬 여러 논점을 간략히 정리하면 다음과 같다. 첫째, 일부 마르크스주의적 분석가들의 견해와 달리, 중국은 일반적인 의미의 봉건사회가 아니었으며, 그런 상태가 거의 2,000년간 지속되었다. 둘째, 전통 중국사회에는 상당한 사회적 유동성이 존재했다. 사실, 전근대 사회에서는 매우 이례적인 수준의 계층 이동이 가능했다. 육체적 노동과 성실한 학업을 통해 가난한 이들이나 그 자녀들이 관료 계층에 진입하는 경우가 적지 않았다. 셋째, 중국사회는 정체된 것이 아니라 그 변화가 다소 느리게, 그리고 전통의 틀 안에서 점진적으로 이루어졌다. 넷째, 역사 인식은 직선적으로 진보한다고 보기보다는 순환적으로 전개된다고 인식되었다. 다섯째, 중국 국가의 정체성은 민족주의적이라기보다는 문화주의적이었다. 즉, 사회의 일원이 되는 것은 혈통이나 민족보다는 유교 원칙을 얼마나 내면화했느냐에 달려 있었다. 여섯째, 제국 관료제는 위계적으로 조직되어 있었고 기능별로 계층화되어 있었지만, 지방정부 수준까지 확장되지는 않았다. 일곱째, 개인은 가족 공동체에 종속되었으며, 제국은 확대된 가족으로 인식되었다. 황제는 권위적이지만 자애로운 아버지로 여겨졌다. 여덟째, 학자, 행정관, 심지어 황제 조차도 법률이 아닌 윤리적 기준을 따라야 한다고 여겨졌다. 서양의 개인주의와 법의 절대적 우위는 정착되지 않았으며, 시민적 자유와 사유재산 제도로 대표되는 법에 기반한 개인의 자유 역시 확립되지 않았다. 그러나 개인의 자유를 보장하는 법적 장치는 서양에서도 비교적 최근에 등장한 개념이며, 지금도 여전히 완벽하지 않다. 아홉째, 전통 중국은 비상업적 농업을 기반으로 한 강력한 관료제가 지배하던 사회였다. 중국은 정치적으로는 중앙집권적이었으나, 경제적으로는 분산된 구조를 유지했다. 이러한 체제는 법률이나 종교보다는 관습과 윤리적 신념에 의해 정당성을 부여받았다. 전통 중국이 이러한 이상에 충실하게 운영되었을 경우, 그 체제는 당시 기준에서 비교적 바람직한 것으로 평가될 수 있었다.

Sarah Allan, "Erlitou and the Formation of Chinese Civilization: Toward a New Paradigm," *Journal of Asian Studies*, Vol. 66, No. 2 (March 2007), pp. 461–486.

Mark Elvin, *The Pattern of the Chinese Past* (Stanford, CA: Stanford University Press, 1973).

Stephen R. Halsey, *Quest for Power: European Imperialism and the Making of Chinese Statecraft* (Cambridge, MA: Harvard University Press, 2015).

Adam C. Schwartz, *The Oracle Bones from Huayuanzhuang East* (Berlin: De Gruyter Mouton, 2019).

Jonathan Spence, *The Search for Modern China* (New York: W.W. Norton, 2013).

3장

개혁가들, 군벌, 공산주의자들

새로운 침략

19세기에 접어든 중국은 더 이상 자신이 내세운 이상에 부합하는 방식으로 운영되지 않았다. 인구가 급증하는 동안 세금 부과 기준은 그대로였기 때문에 공공사업을 추진할 재정이 계속 줄어들었다. 정책운영의 부실로 민중의 불만이 커지고, 국내 반란이 점차 심각한 문제가 되었다. 2장에서 언급했듯이, 이는 왕조순환론 상 쇠퇴 국면이 시작되었다는 중대한 징후들이었다. 그 무렵, 막 상업적으로 발전을 이룩하고 새로운 시장을 탐색하던 서구 열강이 찾아와서, 중국 관료들이 원치 않는 무역 특권을 요구했다. 중국인들은 이를 왕조 쇠퇴의 세 번째 징후, 즉 이민족의 침입으로 간주했다.

기이한 외모에 더해, 기존의 오랑캐들과는 달리 해상을 통해 도착했다는 사실에도 불구하고, 중국은 서양인들을 처음에는 큰 위협으로 여기지 않았다. 이전의 오랑캐들에게 해왔듯이, 소소한 양보만 해주면 된다고 보았다. 서양인들이 차(茶)와 대황(大黃, 중국산 약재 식물) 없이는 하루도 지낼 수 없다고 여겨졌기 때문에 황제가 그 획득 특권을 '은혜롭게' 베푸는 형태였다. 반면, 서양인이 역으로 들여오는 물품들은 정교한 시계 같은 장난감 정도로 치부되어, '천조(天朝)' 입장에서 그리 필요치 않은 물건들이었다. 따라서 서양인들이 지나친 요구를 하면 언제든지 이 특권을 철회할 수 있다고 믿었다. 관료들은 군사적 위협 가능성을 과소평가했다. 예컨대, 서양 배의 흘수선(吃水線)에 횃불만 대면 불태울 수 있다고 믿는 등 그릇된 정보와 오해가 만연했다.

이처럼 황실은 자신들이 열등한 존재들의 성가신 요구를 자비롭게 일부 수용해주고 있다고 인식했지만, 서양인들은 이를 오히려 오만하고 속 좁은 규제로 여겨 분개했다. 무역은 한정된 지역에서만 허용되었고, 황실 정부와 직접 교섭할 수도 없었다. 서양 상인들과 그들의 정부는 항구 개방, 중국 내륙 진출, 수도 베이징에 대사 주재 허용 등 여러 요구를 제기했다. 베이징정부 입장에서는 이러한 요구들을 과도하다고 판단했다. 특히 서양인이 선호하던 결제 수단인 아편이 문제가 되었다. 사실 아편은 중국에 낯선 물건은 아니었다. 국내에서 재배되어 약용으로 쓰였고, 중독자도 있었지만 그 규모는 비교적 적은 편이었다.

그러나 외국산 아편이 밀려오면서 상황은 급변했다. 점점 더 많은 중국인이, 이전보다 훨씬 많은 양의 아편을 피우게 되었다. 이는 인구의 건강을 해칠 뿐만 아니라, 은(銀)의 대량 유출로 인한 재정난, 민심 불안, 반란 위험 증가 등 국가적 위기를 초래했다. 결국 이는 왕조 쇠퇴의 흐름을 더욱 가속화시키는 계기가 되었다.

외세 침입자들은 아편 선적 중단을 요청받았지만, 중국 역시 아편을 생산하고 있으며, 자신들이 이를 중단하더라도 국내 공급처가 그 수요를 대체할 것이라고 주장했다. 1839년, 광저우에 파견된 황실 특사는 영국산 생아편 약 300만 파운드를 압수해 바다에 폐기했다. 이에 분노한 영국 상인들의 압박을 받은 영국정부는 증기기관선과 장거리포로 무장한 함대를 파견했고, 이들은 중국의 방어선을 순식간에 무너뜨렸다. 이는 청왕조가 겪은 역사상 가장 치욕적인 패배였고, 이는 앞으로 벌어질 더 심각한 사태들을 예고하는 시작에 불과했다. 1839~1842년의 이른바 아편전쟁을 끝맺은 조약은 외국인들에게 무역과 관세, 거주권, 치외법권, 최혜국 대우, 전쟁 배상금 등 엄청난 이권을 안겼고, 영국은 홍콩 섬을 할양받았다. 이것이 바로 1장에서 언급한 '불평등 조약'의 시작이었다.

조약 체결 후, 청은 시간을 끌며 조약 이행을 지연시켰고, 영국과 프랑스의 인내심도 한계에 이르렀다. 두 나라는 1856년 사소한 사건을 구실 삼아 다시 전쟁을 일으켜 베이징으로 진군했고, 황제는 수도를 버리고 달아났다. 1860년에 맺어진 베이징조약은 실질적으로 여러 조약으로 구성된 합의였으며, 이는 최혜국 대우 조항에 따라 다른 서구 열강도 동일한 이권을 얻는, 두 번째 '불평등 조약'이었다. 서양의 이민족들을 20년 넘게 외면해온 청 조정은, 결국 뭔가 조치를 취해야 한다는 현실을 깨닫게 되었다.

양무운동

청 제국이 처음으로 내놓은 대응은 제국의 혼란이 유교 전통의 쇠퇴에서 비롯되었다는 인식에 기반했다. 유교적 원칙으로의 회귀야말로 쇠퇴를 멈추고, 제국을 강화하며, 왕조순환의 흐름을 수정하는 중도적 전환점이 될 것이라는 믿음이었다. 이는 1862~1874년에 이른바 동치중흥(同治中興)이라는 복원 노력으로 나타났다. 통합된 정부를 뜻하는 '동치(同治)'는 이 시기 집권한 황제의 연호이기도 하다.

이른바 동치중흥은 유교 전통의 틀 안에서 나라를 스스로 강화하려는 자강(自強)의 노력이며, 동시에 서양의 기술과 제도를 수용하려는 양무(洋務)의 시도이기도 했다. 구체적 방법론에서는 관료들 사이에 이견이 있었지만, 서양의 군사기술을 차용하는 것은 수용할 수 있다는 데에는 대체로 뜻을 같이했다. 중국 전통의 대표적 병법가인 손자는 "지피지기면 백전백승"이라고 했고, 과거에도 오랑캐로부터 군사기술을 일부 차용한 경험이 있었다. 즉, 서양을 연구해 그들을 물리치고자 했다.

양무운동의 표어는 중체서용(中體西用), 즉 "중국 '문화(체)'는 근본으로, 서양의 '학문(용)'은 실용을 위한 것"이라는 구호였다. 이 구호에 대해서는 1장에서 이미 논의된 바 있다. 실제로 동치중흥 시기에 많은 개혁이 시도되었다.

- 오랜 관리 부실로 인해 토사로 막혀버렸던 기능을 상실한 대운하(大運河) 와 일부 지류 운하를 준설해 재개통했다.
- 정부 재정문제를 완화하기 위해 새로운 세금인 '리진(釐金)'을 도입했다. 세율은 1,000분의 1 정도로 매우 낮아 탈세를 통해 얻을 수 있는 이익이 크지 않았기 때문에 다른 세금에 비해 징수가 수월하다는 장점이 있었다.
- 관세 수입과 리진을 재원으로 하여, 새로운 지역 기반의 육군·해군을 창설했다. 문사(文士) 출신의 신사층을 장교로 뽑고, 건강한 젊은 농민을 지원병으로 모집했다. 병기 공장과 조선소도 지역 단위로 설립하여, 신설 군대에 보다 나은 무기를 공급했다. 장교들에게는 실제 병사에게 지급되어야 할 급여를 가로채기 위해 사망자나 허위 인원을 급여 명단에 올리는 등의 부패 행위를 경계하라는 지시가 내려졌다.
- 외국어를 가르치는 학교를 세웠다.
- 석탄 광산을 개발했다.
- 임시 외무부(총리아문)가 설치되었다. 이는 그동안 타국을 상대할 가치조차 없는 열등한 존재로 간주해 별도의 외교기구를 두지 않았다.
- 장교들을 독일에 보내 군사학을 배우도록 했다.
- 학생들을 미국 예일대학에 파견해 공부하게 했다.

이런 노력에도 불구하고, 동치중흥 전체는 결국 실패로 귀결되었으며,

이는 유사한 시기에 이루어진 일본의 성공적인 개혁과 뚜렷한 대조를 이루었다. 일본은 서양의 압박을 받은 시기가 중국보다 오히려 늦었고, 자원도 빈약하고 국토도 작았으며, 상업을 천시하는 유교적 편견도 어느 정도 공유했다. 그러나 반면 국토가 작았기에 새로운 사상이나 기술이 더 빠르게 확산될 수 있었고, 이미 과거에 일본은 문자체계를 포함한 많은 중국 문화를 수용한 경험 덕에, 서양 문명 수용에도 심리적 저항이 비교적 약했다.

1868년 시작된 메이지유신은 중국보다 몇 년 늦게 출발했음에도 불구하고, 불과 수십 년 만에 일본을 강대국으로 만들어 놓았다. 1894~1895년의 일본은 자신보다 훨씬 큰 중국을 손쉽게 물리쳤으며, 이는 중국의 개혁이 실패했음을 상징적으로 드러냈다.

동치중흥이 실패하고 메이지유신은 대성공을 거둔 이유에 대한 하나의 해석은 중국의 개혁이 말 그대로 복고를 지향한 반면, 일본은 본질적으로 혁명을 전통의 외양 속에 감추어 실행함으로써 국민의 순응을 더욱 쉽게 얻고자 했다는 것이다. 이러한 시각에서 볼 때, 유교적 원칙을 되살려 중국을 강력하고 근대적인 국가로 만들려는 시도는 처음부터 실패할 수밖에 없었다. 유교는 민족주의적이라기보다 오히려 문화주의적인 성격을 띠고 있었다. 상업에 대한 멸시, 과학 기술 경시, 과거 황금시대 지향 등이 2장에서 논의된 바 있다.

실제로 동치중흥도 전통과 양립 가능하다는 명분을 세워 일부 실질적인 변화를 시도하였다는 점에서, 이 부분에 있어서는 메이지유신과 지나치게 극단적으로 대비해서는 안 된다. 결정적인 문제는 개혁이 실제로 어떻게 전개되었는가 하는 점이었으며, 이 과정에서 많은 개혁이 최종적으로 거부되었고, 이는 자강운동의 실패를 예고하는 신호이기도 했다. 예컨대 관료들은 행정 효율성을 위해 빠른 통신이 필요하다는 점은 분명히 인식하고 있었고, 이는 전통적인 파발 체계의 속도를 유지하려는 그들의 집착에서 잘 드러난다. 그러나 아이러니하게도 그보다 더 빠른 통신 수단은 거부되었다. 외국인들이 철도와 전신망을 구축할 것을 제안했을 때, 관료들은 기존의 체계로도 충분히 빠르다며 이를 일축했다. 더 빠르게 메시지를 전달해야 할 유일한 이유는 상업 거래를 촉진하기 위한 것이었고, 상업은 천시 대상이므로 굳이 통신과 교통을 개선할 이유가 없다는 주장이었다.

전신 건설을 여러 차례 거부당한 뒤, 외국 공사는 중국에 부정적인 영향을 줄 수 있다는 공식적인 반대를 피하기 위해 조약 항만들만을 연결하는 전신망을 제안했다. 그러나 동시에, 이와 같은 방식은 애초에 중국 입장에서 실효성이 크게 떨어지는 조치였다. 그나마도 중국 당국은 모든 선로를 물속에 묻고, 모든 종단국을 배 위에 설치하라는 조건을 붙인 끝에, 외국 공사에게 설치를 허가하였다.

양무운동의 일환으로 설립된 증기선 회사도 결국 참담한 실패로 끝났다. 이 회사는 관이 감독하고, 상인이 운영한다는 원칙 아래 설립되었는데, 이는 관료 계층의 특권을 존중하는 동시에, 상인 계층이 낮은 사회적 지위에 있음을 보여주는 절충적인 방식이었다. 초기에는 순조롭게 운영됐지만, 수익을 재투자하지 않고 토지나 비생산적인 물품에 낭비하면서 재정적으로 몰락했다. 이는 공자의 관점으로는 바람직해 보였을지 몰라도, 애덤 스미스식 기업 운영과는 거리가 멀었다.

교육 사업도 마찬가지였다. 예일대에 몇 년 동안 먼저 유학갔던 소년들이 새로 부임한 중국 감독관을 알현할 때, 전통 예법인 커토우(磕頭) 혹은 코우토우(叩頭), 즉 무릎을 세 번 꿇고, 매번 머리를 세 번씩 땅에 조아리는 삼궤구고두(三跪九叩頭) 예절을 행하지 않았다. 이를 전통을 저버린 행동으로 여긴 감독관은 서양 교육이 학생들에게 악영향을 미쳤다고 판단하고 단체 유학을 중단시켰다.

이들 사례에서 공통적으로 드러나는 태도는, 서양의 것을 받아들이더라도 전통을 해치지 않는 한에서만 허용된다는 점이었다. 그러나 불행히도 이러한 태도는 중국의 자강(自强)을 방해하는 결과를 낳았다.

사실상 전통을 고수하려는 그 태도 자체가 오히려 비전통적이었다. 중국의 전통은 결코 경직되고 굳어 있던 것이 아니며, 시대적 필요에 따라 서서히 변화해온 유연한 성격을 지니고 있었기 때문이다. 예법이든 기술이든, 왕조마다 동일하게 유지된 적이 없었다. 전통은 "반드시 그래야 한다"는 강제가 아니라 "합리적인 사람이라면 달리 행동할 이유가 있었을까?"라는 하나의 지침이었다. 따라서 전통을 맹목적으로 따르려는 고집은 오히려 중국의 전통에 역행하는 것이었다.

유교 또한 충분히 변화에 적응할 수 있는 사상이었다. 다른 이념들도 공식적인 정통적 교리를 급진적으로 재해석하는 이단적 사상가들이나, 창시자가 오늘날 살아 있다면 분명히 다르게 말했을 것이라 추론하는 이들의 활동을 통해 극적인 변화를 겪어왔다. 서구와의 큰 차이, 그리고 그 격차를 메우기 위한 대대적인 변화의 필요성을 깨달은 충격이 당시 지도층이 변화를 수용하지 못한 이유 중 하나였을 수도 있다. 만약 수용해야 할 변화의 폭이 더 작았다면, 적응이 가능했을지도 모른다. 이는 문제의 원인을 청 왕조 이전, 즉 명 초기에 해양 원정이 중단된 이후 중국이 내향적으로 전환한 시기까지 거슬러 올라간다. 만약 중국이 외부 세계와 더 긴밀한 접촉을 유지했다면, 변화는 보다 점진적으로 이루어질 수 있었을 것이다. 이에 대한 책임은 관료 계층에 있다.

또 다른 문제는 지도부의 지도력 부재였다. 동치제는 무능한 부황인 함풍제(咸豐帝)를 이어 다섯 살 나이에 즉위한 어린 황제였다. 그 이름을 딴 동치중흥 시기 동안 명목상 군주였지만, 실질적인 권력은 서태후로 널리 알려진 어머니 자희태후(慈禧太后)가 쥐고 있었다. 서태후는 원래 낮은 신분의 후궁이었는데, 병약한 함풍제에게서 유일한 아들을 낳아 모후가 되었다. 그녀는 영리하고 유능했으며, 때로는 냉혹할 정도로 단호한 인물이었다. 이러한 자질은 세계적으로 성공한 많은 지도자들이 공통적으로 지닌 특징으로 여겨지기도 한다. 그러나 그녀는 끊임없는 궁중 내 음모와 권력 다툼을 막는 데 대부분의 에너지를 소모해야 했다. 게다가 외세와 그들이 야기한 문제들을 다루는 데 있어 더욱 불리한 위치에 있었다. 여성이라는 이유로 궁궐 밖에 나갈 수 없었던 그녀는, 바깥세상에 대한 정보를 주로 환관들을 통해 얻을 수밖에 없었다. 그러나 환관들 역시, 권력 억제를 위해 제정된 청의 법률에 따라 궁 밖 출입이 금지되어 있었다. 환관들이 자희태후보다 비교적 자유롭게 움직일 수는 있었지만, 정보 제공에는 한계가 있었고, 전한 내용도 종종 그들의 이해관계에 따라 왜곡되었다.

청일전쟁에서의 대패는 중국에 극심한 충격을 안겼다. 당시 중국 해군은 통합된 지휘체계 없이, 지역별 함대가 따로 움직였다. 게다가 부정부패로 해군 근대화 예산이 다른 곳에 새어나가기도 했다. 서태후가 그 예산으로 베이징 외곽 이화원의 호수에 대리석 배를 짓도록 지시하기도 했다. 결정적인 원인이 무엇이었든, 청일전쟁의 패배는 유교적 전통을 통한 개혁의 가능성에 종지부를 찍었다. 이 치욕적인 패배로 중국의 허약함이 다시 한번 드러나자, 영국·프랑스·이탈리아·독일·러시아·일본 등 여러 열강이 앞다투어 이권을 요구하기 시작했다. 중국의 상황을 개선하려던 수년간의 노력은 오히려 상황을 더욱 악화시키는 결과로 이어졌다.

개혁과 혁명

초기 1세대 개혁론자들은 성공에 대한 확신으로 가득 차 있었으나, 이후 세대는 점차 회의적인 태도를 보였다. 하지만 대다수는 어떤 대가를 치르더라도 중국을 구해야 한다는 절박한 생각을 가지고 있었고, 필요하다면 유교 전통도 통째로 버릴 각오가 있었다. 이러한 우선순위의 변화는 전통 중심의 문화주의에서 국가 중심의 민족주의로 나아가는 중요한 전환점을 의미했다. 일부는 위기의 원인을 비한족의 통치에서 찾기 시작하기도 했다.

당시 눈여겨볼 만한 2세대 개혁론자들 중에는 옌푸(嚴復)가 있었다. 그는 서양 사상가들의 저작을 읽고 번역하면서, 처음에는 서양 사상과 중국 전통을 절충하는 방안을 모색했다. 특히 그는 적자생존의 개념을 국가 간 경쟁에 적용한 스펜서(Herbert Spencer)의 사회진화론에 깊은 인상을 받았다. 자국의 생존 가능성에 위기의식을 느끼던 당시 중국 지식인들에게 스펜서의 사상은 더욱 절실하게 다가왔다. 결국 옌푸는 '체(體)'-'용(用)'이라는 이분법적 사고 전체에 근본적인 결함이 있다는 다소 충격적인 결론에 이르게 되었다. 즉 서양 문명에도 본질인 고유한 '체(體)'가 있고, 우리가 눈여겨본 '실용적 측면(用)'은 그 본질의 발현에 불과했다.

기존 질서에 대한 불만이 팽배할 때 흔히 그렇듯, 변화를 원하는 이들은 개혁파·반동파·혁명파의 세 부류로 나뉘었다.

개혁파

개혁파 중 가장 유명한 인물은 캉유웨이(康有爲, 1858~1927년)다. 그는 어린 나이에 과거 시험의 초시(初試)를 통과한 뒤, 이후 서양 학문, 특히 과학에 깊은 관심을 갖게 되면서 황제에게 줄기차게 개혁상소를 올렸다.

1874년 동치제가 사망하자, 서태후는 자기 남편(함풍제)의 조카인 여섯 살짜리 아이를 황제로 세웠다. 이가 바로 광서제(光緒帝, 1875~1908년)이다. 어린 광서제는 한동안 서태후의 꼭두각시였지만, 세월이 흐르면서 서태후가 정무에 덜 관여하게 되자 상대적으로 발언권을 키웠다. 평소 권력의 중심이었던 서태후 대신, 캉유웨이의 상소로 이례적으로 황제에게 관심이 쏠리자, 고무된 광서제는 그의 직접 알현을 허락했다. 이는 매우 이례적인 일이었다.

캉유웨이의 개혁방식은 공자를 완전히 새롭게 해석하는 것이었다.

공자를 진보적 사상가로 재해석하고, 자신의 주장과 충돌하는 고대 문헌은 위서(僞書)로 일축했다. 그의 목적은 서양 사상을 중국 전통 안에서 정당화할 근거를 찾는 데 있었다. 이를 통해 보수적 전통주의자들도 죄책감 없이 이를 수용할 수 있게 하려는 의도였다.

1898년, 캉유웨이는 광서제로 하여금 과감한 개혁칙령을 발표하게 하는 데 성공했다. 무술변법(戊戌變法), 혹은 불과 100일 동안만 시행되었다 하여 '백일개혁'이라 불리는 이 개혁의 주요 내용은 다음과 같다.

- **과거제도 전면 개편**: 유교 경전을 바탕으로 출제하는 방식 대신, 시사(時事)와 실용문제를 중심으로 시험 출제
- **농공상국(農工商局) 설립**: 베이징에 농업, 산업, 상업을 장려·조정할 국가 기구 설치
- **유명무실한 관직 폐지**: 예를 들어, 실제 운송 업무가 없는 곡물 수송 담당 관직, 현장 책임이 없는 소금 전매 담당 관직 등
- **상설외교기구 설립**: 동치 때 설치된 총리아문를 대신하는 외교기구 설립

하지만 이 개혁조치들은 실질적인 효력을 갖기 전에, 광서제 외에는 그 누구와도 논의되지 않았다. 서태후, 귀족, 고위 관료, 군 지휘부는 이 개혁안에 대해 아무런 설명도 듣지 못했고, 당연히 동의하지도 않았다. 개혁은 이들 기득권층에게는 자신의 지위와 권한을 위협하는 일로 보였다. 결국 이들은 황제와 캉유웨이를 제거하기로 뜻을 모았다. 광서제가 병을 앓고 있다는 소문이 퍼지기 시작하자, 서태후가 마지못한 척 다시 섭정을 시작했다. 그녀는 유명한 군사 지휘관인 위안스카이(袁世凱)의 도움으로 쿠데타를 단행했다. 캉유웨이는 가까스로 일본으로 도망쳤지만, 그의 추종자들 중 다수가 처형당했다. 광서제는 사실상 연금 상태에 놓였고, 개혁은 전면 철회되었다.

반동파

백일유신의 실패는 개혁세력의 힘을 꺾는 동시에, 극단적 보수주의나 혁명주의 양 극단을 자극했다. 그 가운데 극단적 세력이 먼저 움직였다. 청의 많은 관료들이 적어도 암묵적이거나 때로는 공개적으로, 극렬 배외(排外)주의운동에 동조하기 시작했다. 이들 배외파운동의 명칭은 중국어로 '의화단(義和團)'으로, 문자 그대로 번역하면 '정의와 화합의 주먹'이라는 뜻이다. 하지만 서양인들에게는 이들이 수행하던 의식적 체조 동작이 권투와 비슷해 보였다는 이유로, 이들을 복서(Boxers)로 불렸다.

의화단 지도자는 도교 신 중 하나인 옥황상제로부터 모든 외국인을 처단하라는 명령을 받았다고 믿었다. 이들은 서양인 선교사, 중국인 기독교 신자, 외국 관리들을 찾아내 살해하거나 시신을 끔찍하게 훼손했다. 이러한 상황 속에서 서태후는 겉으로는 의화단의 폭력을 규탄하면서, 뒤로는 이들을 조장하는 이중 전략을 폈다.

1900년, 청 조정은 서양 열강에 선전포고했고, 의화단은 베이징 주재 외국 공관 지구를 포위했다. 서양 8개국 연합군이 두 달 만에 포위를 뚫어냈고, 서태후는 농민 차림으로 도망갔다. 십대 시절 이후 궁궐 밖을 나가본 적 없던 서태후는 중국 농촌의 황폐함에 큰 충격을 받았다. 게다가 극우 보수 세력이 대거 몰락했고, 연합군에게 굴욕적인 배상을 해야 했으므로, 서태후는 개혁을 시행할 수밖에 없었다.

그 후 몇 년간, 캉유웨이가 제안했던 정식 외교부 창설, 명목직 철폐 등 많은 개혁이 실제 이뤄졌다. 또한 과거제도는 문과와 무과를 막론하고 완전히 폐지되었다. 전통 유교 서원들은 서양식 대학으로 전환됐고, 학생들에게는 해외 유학도 장려되었다. 각 성(省)에는 신식 군사학교를 설치해 장교를 양성하라는 지시가 내려졌다. 이는 과거처럼 무과 시험을 통해 장교를 선발하던 방식과는 다른 접근이었다. 또한 교육부, 경찰부 등도 신설되었다. 그러나 모든 것이 너무 늦었고, 1908년, 죽음을 예감한 서태후는 광서제를 독살하고, 어린 푸이를 황제로 세운 뒤, 다음 날 세상을 떠났다. 그리고 1911년, 청 왕조 자체가 무너졌다.

혁명파

혁명파를 이끈 쑨원(孫文)은 1866년 경 홍콩으로부터 그리 멀지 않은 광둥성에서 가난한 집안에서 태어났다. 그의 형이 하와이로 노동 이민을 갔다가 성공해 동생을 불러들였고, 쑨원은 호놀룰루의 고급 서구식 학교에서 영어에 두각을 보였다. 이후 기독교에 귀의하자 형은 불만을 품고 그를 중국으로 돌려보냈는데, 쑨원은 마을 사당의 우상을 부숴 사회적 물의를 일으켰다. 결국 아버지는 그를 홍콩으로 보내 의학을 공부하게 했다. 그곳에서 정식으로 기독교로 개종하고 의사 자격을 취득했으며, 동시에 청 왕조의 타도를 공개적으로 주장하기 시작한다.

1894년, 청일전쟁 발발 직후, 쑨원은 몇몇 친구들과 함께 중국을 다시 일으키자는 뜻을 담고 있는 '흥중회(興中會)'를 결성했다. 이 단체는 대중 교육을 위한 학교 설립, 시민 의식을 기르는 신문 발간, 생활 수준 향상을 위한 산업 발전 등을 주장했다. 당시 미국에서 교육받은 사업가 찰스 쑹(宋嘉樹) 부부도 여기에 참여했고, 후일 쑨원은 쑹 집안의 딸과 결혼하게 된다.

혁명 단체는 홍콩에서 무기와 폭약을 밀반입하려 했으나 실패했고, 쑨원은 여러 차례의 체포 위기를 간신히 모면했다. 그는 해외 화교(華僑) 사회를 돌며 혁명 자금을 모았다. 1897년, 런던에서 청의 밀정에게 붙잡혀 중국 공사관에 감금당했으나, 송환 자금이 제때 마련되지 않는 관료주의적 지연 덕분에, 그는 시간을 벌 수 있었다. 청의 행정 지연을 틈타, 쑨원은 하녀를 설득해 자신의 의과대학 시절 은사에게 연락을 부탁했다. 영국정부가 중국 내 문제에 개입할 뜻이 없음을 확인한 교수는 쑨원의 억류 사실을 런던의 황색 언론에 제보했다. 언론은 기독교인인 쑨원이 박해받는 상황을 대영제국이 외면하고 있다는 내용을 선정적으로 보도했다. 이로 인해 영국정부는 외교적으로 큰 곤욕을 치렀다. 결국 쑨원은 석방되어 국제적 명성을 얻었다.

쑨원은 계속해서 혁명 자금을 모으는 활동을 이어가는 한편, 자신의 이념을 더욱 정교하게 다듬어 나갔다. 1905년 쑨원은 새로운 비밀결사 '동맹회(同盟會)'를 조직했다. 이는 훗날 국민당(KMT) 의 뿌리가 된다. 그들은 타도만주(驅除韃虜), 회복중화(恢復中華), 창립민국(創立民國), 평균지권(平均地權)을 목표로 내세웠다. 쑨원은 당시 중국을 "흩어진 모래 한 줌"에 비유하며, 외부 압력에 쉽게 흔들리는 상태로 묘사했다.

1911년, 양쯔강 연안의 항구 우한에서 동맹회가 만든 폭탄 하나가 우연히 폭발하는 사고가 발생했다. 혁명 세력의 무기고가 발각되자 이들은 어쩔 수 없이 무장 투쟁을 시도했다. 소식이 퍼지며 다른 지역들도 동시다발적으로 봉기했고, 결국 신해혁명(辛亥革命)이 일어나 청 왕조는 와해 국면에 접어들었다. 쑨원 본인은 당시 미국에서 자금 모집 활동 중이었고, 신문을 통해 혁명 소식을 접했다.

청 조정은 1898년 무술변법을 진압하는 데 기여한 장군 위안스카이를 다시 불렀지만, 과거 그의 권력이 커지자 이를 경계해 1909년 해직했었다. 이 때문에 앙심을 품은 위안스카이는 건강을 핑계로 조정의 요청을 거절했다. 그 사이 전국에서 만주족 학살이 벌어졌다. 마침내 혁명파와 조정 쌍방의 협상 끝에, 1912년 중화민국 수립과 함께 위안스카이가 임시 총통이 되었다.

하지만 1911년 혁명은 새로운 질서를 세우기보다는 낡은 체제를 허무는 데 더 치중했다. 과거제 폐지는 사대부 관료 계층의 해체를 의미했고, 중국 농촌 사회의 안정을 떠받치던 향신 계층의 기반 역시 크게 약화되었다. 그 결과 농촌 사회는 사실상 행정 공백 상태에 놓이게 되었다. 지식인들은 도시의 서양식 대학에 집중되었고, 이로 인해 농촌에 대한 이해는 크게 줄었다. 농촌 인구가 여전히 90% 가까이 차지하던 중국에서, 도시와 농촌 간 간극은 더욱 확대되었다. 이는 정부가 직면한 문제를 더욱 복잡하게 만들었다.

혁명정부와 군의 연계도 약화되었다. 서태후의 칙령에 따라 세워진 신식 군사학교에서 배출된 장교들은 중앙정부가 아닌, 자기 지역 군벌에게 더 충성하는 경향이 강했다.

농민들은 조상들이 해오던 방식대로 농사를 짓고 있던 반면, 지식인들은 대학 강당과 도시 찻집에 모여 이데올로기를 토론했다. 이런 와중에 쑨원과 그의 초기 국민당은 위안스카이를 견제하기에 역부족이었다. 위안은 점점 독재적 성향을 보였고, 심지어 스스로 황제가 되려다 실패했다. 그가 1916년 사망하자, 후계자 다툼으로 각지에서 군벌이 난립하는 시대가 열렸다.

군벌 시대의 가장 뚜렷한 특징은 전쟁이며 이들은 베이징 장악을 목표로 전쟁을 벌였다. 베이징은 청 제국의 수도였기에, 이곳을 점령하면 중앙정부기구를 장악하며 국제사회로부터도 합법정부로 인정받을 수 있었다. 국제적 정통성과 함께 관세 수입과 해외 차관 등 자금 조달 면에서도 유리했다. 하지만 이러한 차관은 중국의 대외부채를 늘리고, 외국의 영향력도 더욱 키웠다. 외국 정부는 베이징의 집권자뿐 아니라 여러 군벌과도 접촉하며 차관을 제공했다. 청조가 외세에 굴복했다는 비판이 혁명의 명분이었음을 감안하면, 이런 상황은 개선이 아니라 오히려 퇴행이었다.

군벌 시대는 다른 측면에서도 퇴행적이었다. 본질적으로 지역을 분열시키고, 국가의 역량은 물론 생산과 상업까지도 약화시켰다. 예를 들어, 하나의 도로가 여러 군벌 구역으로 나눠져 각 구간마다 관세나 통행세를 물리는 일이 빈번했다. 물론 일부 군벌은 교육과 경제발전, 위생과 질서 유지, 아편·도박·부패·공공질서 훼손 등 불법 행위 억제에 힘쓰는 등 비교적 안정적인 지역 통치를 보여주기도 했다. 그러나 군벌 시대는 국가 전체적 차원에서는 역시 파행적 시기였다.

신해혁명 이후 정치 상황은 혼란스러웠지만, 지식인 사회는 한편으로 사상적 활기가 넘쳤다. 서양의 주요 정치 사상가들의 저서가 잇달아 소개되었고, 이들의 이론이 중국 현실에 얼마나 적용 가능한지를 놓고 열띤 논쟁이 벌어졌다. 또 해외 유학생들이 귀국해 자신들의 관찰과 체험과 견해를 적극 공유했다.

제1차 세계대전과 그 이후

제1차 세계대전 발발 초기, 서구 열강이 전쟁에 집중하는 동안 중국에 대한 압박이 잠시 누그러지자 중국 도시 공장은 군수 물자를 공급하며 호황을 맞았다. 그러나 일본은 오히려 중국에 대한 압력을 강화했다. 당시 중국의 신흥 산업들 중 상당수가 일본 소유였다. 1915년에 일본이 제시한 21개조 요구는 중국을 사실상 준(準)식민지로 만들려는 의도가 다분했다.

중국 지식인들은 윌슨(Woodrow Wilson) 미국 대통령의 14개조 원칙 중 특히 민족 자결, 무력으로 빼앗긴 영토의 반환 약속에 주목했다. 승전이 유력해지자, 중국도 연합국 편에 참전 선언을 하고 유럽 전선에 노동자를 대거 파견했다. 이 과정에서 덩샤오핑과 저우언라이 등 훗날 지도자가 될 젊은이들이 서양의 문물과 사상에 노출되었다. 전쟁에서 연합국이 승리하면, 독일이 지배했던 산둥지역만큼은 돌려받을 것으로 기대했다.

새롭게 창간된 여러 잡지들에서는 자본주의와 공산주의, 무정부주의 등 다양한 이념을 놓고 토론이 활발했다. 당시 자본주의도 공산주의도 큰 매력을 끌지 못했는데, 공산주의는 마르크스조차 산업 선진국에만 적합하다고 보았다. 무정부주의는 상당한 지지를 받았으며, 젊은 시절의 마오쩌둥 역시 한때 이에 공감한 바 있다. 특히 영국의 철학자 러셀

(Bertrand Russell)이나 미국의 듀이(John Dewey)가 제시한 온건 사회주의나 실용주의에 공감하는 지식인이 많았다. 이런 흐름을 반영하듯, 중국의 대표적 지식인 후스(胡適)는 "주의(主義)를 논하기보다 문제를 연구하자"는 구호를 내세우며 실천 중심의 지식 태도를 강조했다.

이 낙관적 분위기는 1919년 4월 30일, 베르사유조약의 내용이 전해지자 급격히 깨졌다. 조약은 산둥을 중국이 아닌, 같은 승전국인 일본에 넘겨주었고, 일본은 이를 정당한 전리품이라 주장했다. 이 소식에 중국 애국자들은 충격을 받았고, 자국 대표단의 묵인에 분노했다. 게다가 이미 제1차 세계대전 중 정부가 일본의 21개조 요구 대부분을 비밀리에 수용했다는 사실이 밝혀졌다. 이 소식은 많은 지식인의 서양에 대한 신뢰를 산산조각 냈다.

1919년 5월 4일, 수천 명의 학생들이 베이징에서 시위를 벌였고, 경찰과 충돌해 일부 부상자가 발생했다. 그중 한 학생이 부상 끝에 사망하자, 전국적인 항쟁으로 번졌다. 학생들의 시위는 상인과 도시 중산층으로 확산되었고, 파업과 반정부 연설, 일본 상품 불매운동이 6주간 이어졌다. 일부 지역에서는 일본인들이 폭행당하는 일도 벌어졌다. 6월 12일, 결국 내각이 총사퇴했다. 베르사유조약이 서양에 대한 환멸을 불러왔다면, 5·4운동은 헌신적인 행동가 집단이 어떤 변화를 이끌어 낼 수 있는지를 보여주었다. 5·4 세대는 전통문화에 반기를 든 세대로, 유교적 가족제도에 대한 비판과 백화문(구어체) 운동 등 다양한 분야에 영향을 미쳤다. 또한 이 운동은 국민당의 재정비와 중국공산당 창당의 계기가 되었다. 국민당과 공산당은 이후 수십 년간 대체로 불안정한 관계 속에서 공존하며, 각자의 방식으로 중국의 미래를 설계하려 했다. 따라서 양당의 상호 작용과 구상을 이해하는 것은 현대 중국사를 이해하는 데 핵심적이다.

국민당

위안스카이의 후계자들이 중국 북부에서 권력을 놓고 다투는 동안, 쑨원의 국민당 지지자들은 그의 고향이자 홍콩 인근 지역인 광둥성의 성도 광저우로 이동했다. 그들은 그곳에 쑨원을 총통으로 하는 임시 군사정부를 수립했다. 이 시점에서 국민당 정부는 중국 내 다른 군벌정부들과 다를 바 없었고, 쑨원에게 군사 경험이 없다는 점만이 차이점이었다. 당 내 파벌 갈등도 심각해 실질적인 성과를 내기는 어려웠다. 쑨원은 훌륭한 연설가였지만, 기본적인 조직 운영 능력이 부족했고, 반대 의견에 점점 더 신경질적으로 대응하고 있었다. 국민당의 미래는 그다지 밝아 보이지 않았다.

1917년 볼셰비키 혁명 이후, 새로 들어선 소련정부는 세계혁명을 확산시킬 방법을 모색하기 시작했고, 그 과정에서 쑨원이 주목을 받게 되었다. 경제문제의 우선순위를 강조하고, 민중의 생활 향상을 지속적으로 언급했던 쑨원의 사상 중 일부는 사회주의적 성격을 띠고 있었다. 코민테른(공산국제)의 대표자들은 여러 군벌들과 접촉을 시도했으며, 쑨원도 그 대상에 포함되었다. 이후 코민테른 대표 요페(Adolph Joffe)는 쑨원과 장시간 논의하였고, 그는 국민당이 가장 시급히 필요한 것이 조직 개편임을 즉시 파악했다. 소련은 조직 개편을 지원하겠다고 제안했다.

몇 차례 협상을 거친 끝에, 1923년 1월 쑨-요페 선언이 체결되었다. 이 선언에서 쑨원은 소련과의 우호 관계 및 지원의 필요성을 인정하였다. 요페는 소련의 지원이 반드시 공산주의 이념의 수용을 의미하지는 않음을 명확히 하였다. 중국공산당 당원들은 개인 자격으로 국민당에 가입하기로 합의되었으며, 훗날 제1차 국공합작이라 불리게 된 협력체제의 출발점이 되었다.

한 달도 채 지나지 않아, 소련은 쑨원에게 자금과 무기를 지원하기 시작했고, 코민테른 고문단은 국민당을 레닌주의 방식으로 재조직하기 시작했다. 이는 근본적으로 국민당을 단일 정당체제의 유일한 집권 정당으로 만들기 위한 구조 개편이었으며, 동시에 쑨원의 사상을 반영하는 것이었다. 그 결과 등장한 것이 오원제(五院制)였는데, 이는 입법·행정·사법이라는 서구식 3권 분립에 더해, 고시원(考試院)과 감찰원(監察院)을 추가한 것이다. 고시원은 현대적 공무원 시험제도를 감독하고, 감찰원은 전통 왕조시대의 어사(御史)처럼 공직자 비리를 감찰하는 역할을 맡았다.

쑨원과 그의 지지자들은 그에게 사실상 독재적인 권한을 부여하는 새로운 헌법을 작성했다. 그러나 실제 권력은 여전히 여러 군벌 세력의 충성에 의존할 수밖에 없었다. 이에 소련 고문들은 군벌, 지역 세력, 용병에 의존하지 않아도 되도록 충성도 높은 장교들을 양성하기 위한 군사 학교 설립을 제안했다. 그렇게 해서 황포 군관학교가 설립되었다. 초대 교장은 쑨원의 부관인 장제스(蔣介石)였고, 이후 저우언라이가 정치위원으로 임명되었다.

코민테른 대표들은 대외 홍보 전략도 조언했다. 쑨원은 이미 뛰어난 연설가로서, 복잡한 추상적인 사상을 비학문적인 방식으로 쉽게 풀어내는 능력이 있었다. 코민테른 측은 그의 메시지를 보다 효과적으로 포장하는 데 주력했다. 그의 저서 『삼민주의(三民主義)』는 국민당의 경전이 되었고, 여기에 곡을 붙여 중화민국의 국가(國歌)가 되었다. 하지만 이 책은 다소 체계가 부족하고 논리적으로 결함이 많다. 이는 쑨원의 사상 자체가 체계적이지 않고 논리적이지 않다는 점을 충실히 반영한 결과이기도 하다. 이 책은 1924년에 진행된 일련의 강연을 바탕으로 했으며, 내부의 모순이 정리되기도 전에 속성으로 출판되었다. 이는 빠른 출간이 더 중요하다고 여겨졌기 때문이다.

삼민주의는 민족주의, 민권주의, 민생주의로 구성되며, 쑨원은 이를 링컨(Abraham Lincoln)의 '국민에 의한, 국민을 위한, 국민의 정부'와 명시적으로 연결시켰다. 1911년 혁명 이전 쑨원은 민족주의를 만주족

정권에 대한 반대, 즉 중국의 문제는 바로 그 만주 정권에 책임이 있다고 보았다. 그가 주장한 '진정한' 중국정부, 즉 한족 중심의 정부 수립은 유교 규범을 중시하던 전통적인 문화주의로부터의 중요한 이탈이었다. 그의 민족주의는 문화보다 혈통을 중시하는 점에서 서구의 민족주의 개념과 유사했다.

만주 왕조가 무너진 이후, 쑨원은 민족주의의 내용을 외세 제국주의에 대한 반대로 바꾸었다. 놀랍게도 그는 인구 감소로 인해 중국이 소멸할 것이라는 예측으로 국민들에게 민족적 각성을 촉구하려 했다. 민권주의는 국민이 정부의 권한 남용을 견제할 수 있도록 발안, 국민투표, 소환 등의 제도를 도입함으로써 실현될 수 있다고 보았다. 하지만 이들 제도는 일반 대중이 조직하기 어려우며, 이 제도들은 처음 도입된 서양에서도 그다지 성공적이지 못한 것으로 평가된다.

민생주의는 쑨원이 좌파 사상과 가장 가까워 보이는 원칙이지만, 그는 마르크스주의자가 아니었고, 물질적 조건이 역사를 결정한다는 마르크스의 사상을 명백히 거부했다. 쑨원은 마르크스를 사회심리학자가 아닌 사회병리학자로 보았으며, 자본주의체제 자체보다는 그 체제의 폐해를 묘사한 인물로 평가했다. 그는 자본주의를 파괴하기보다는 개혁해야 한다고 믿었다. 쑨원의 『삼민주의』는 마르크스에 대한 비판을 완화하기 위해 일부 해석이 수정되었으며, 오늘날 중국에서도 쑨원과 그의 사상은 존경받고 있다.

1925년 쑨원이 사망한 후, 그의 후계자는 장제스가 되었다. 그는 황푸군관학교의 교장 직책을 이용하여 자신의 지도력에 대한 지지를 끌어모았다. 이른바 황푸파는 그의 중국 본토 통치 기간 동안 핵심적인 지지 기반이 되었다. 장제스는 국민당의 전국 통일을 목표로 한 북벌 군사작전을 개시했고 (지도 3.1 참조), 형식적으로나마 북벌은 목적을 달성한 것으로 보였다. 1928년 12월 국민당이 베이징을 장악하면서, 중국의 정통 정부로 공식 인정받게 되었다. 그러나 이 승리는 통치의 부담을

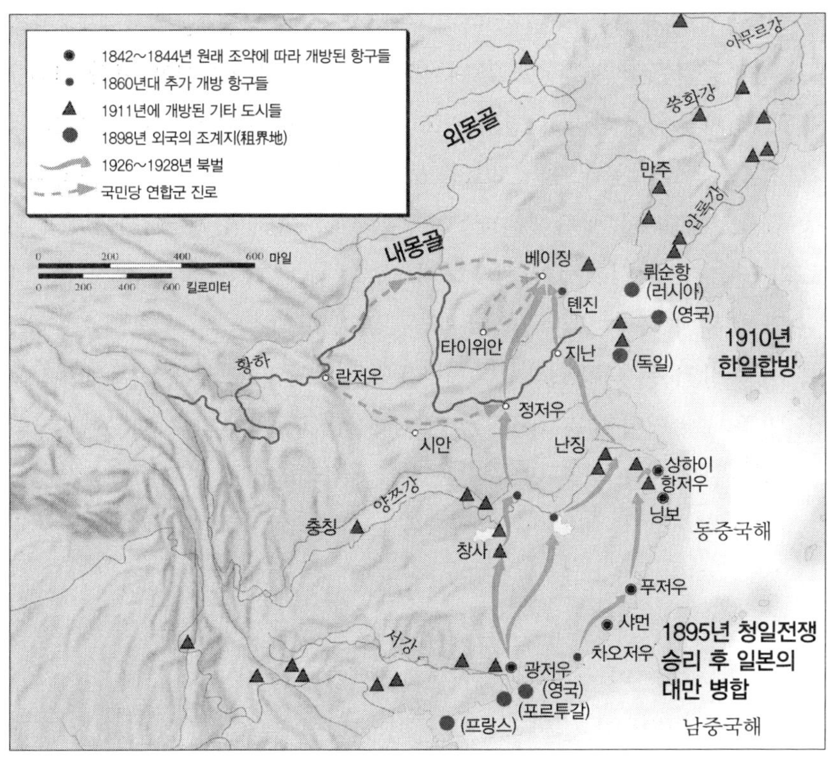

크게 늘리는 대가를 치른 끝에 얻어진 것이었다. 일부 군벌은 무력으로 제압되었지만, 나머지는 기존의 권한을 유지한 채 형식적으로 국민당에 편입되었으며, 장제스는 그들을 그들이 통치하던 성장(省長)으로 임명했다. 이는 이들이 국민당 중앙정부와 장제스로부터 상당한 자율성을 유지하게 되었음을 의미하며, 결과적으로 국민당의 권위를 약화시키는 요인이 되었다. 더불어 북벌 도중 장제스는 공산당과의 통일전선을 완전히 파기하였고, 그 결과 공산당은 공개적인 반대 세력이 되었다.

1926년부터 1928년까지 진행된 이 북벌은 적어도 명목상으로는 중국 대부분을 장제스의 국민당 정부 아래 통일시키는 데 성공했고, 이로써 난징시기가 막을 올렸다. 그러나 일정 수준의 자율성을 지닌 군벌들은 여전히 지방에서 권력을 행사하고 있었다.

이 시기 장제스는 국민당 이념 중 좌파적 요소를 상당 부분 폐기하고, 공자를 복권시켰다. 1928년 장제스는 군 장교들에게 여가 시간에 유교 경전을 공부하라고 명령했고, 공자의 생일은 국경일로 지정되었으며, 공자 사당은 국가의 보호를 받게 되었다. 1934년 그는 신생활운동(新生活運動)을 시작했는데, 이 운동은 유교적 미덕을 20세기의 목표와 연결하여, 시끄럽게 식사하지 않기, 침 뱉지 않기, 흡연 금지, 바른 자세 유지 등과 같은 규범은 물론, 쥐와 파리 박멸, 시간 엄수, 국산품 사용 장려 등을 강조하였다. 국민당은 중앙정부의 지시를 뒷받침하고 민중에게 영향력을 미칠 수 있는 향신 계급의 부활도 시도했다. 지역 통제를 위한 또 다른 방편으로 '보갑제(保甲制)'도 부활시켰다.

쑨원의 충직한 제자였지만, 장제스는 매우 다른 인물이었다. 그는 1887년 저장성의 부유한 소금 상인 집안에서 태어나, 전통적인 유학 교육을 받은 후 일본의 육군사관학교에서 공부했다. 쑨원이 중국, 홍콩, 일본, 영국, 미국 등 다양한 문화권을 자유롭게 넘나들며 언어적으로도 능통했던 반면, 장제스는 외국어 실력이 부족하고 해외 경험도 많지 않았다. 하지만 그는 19세기 전통주의자들과는 달랐으며, 산업화와 철도 건설에 열성적이었다. 국민당의 주요 지지 기반은 대도시의 신흥 중산층이었고, 장제스는 외국인 고문들도 적극 활용했다.

쑨원과 마찬가지로 장제스도 쑹자수의 딸과 결혼했다. 하지만 그는 기독교인이 아니었으며, 아내와 그 집안의 요청에 따라 형식적으로 개종했고 이후에는 교회 예배에 정기적으로 참석했다. 매력적이고 언변이 뛰어났던 그의 아내 쑹메이링(宋美齡)은 1917년 조지아주 웨슬리언 칼리지 졸업생으로, 서양의 문화를 남편에게 전달하고, 반대로 국민당을 세계에 설명하는 역할을 했다. 그러나 전반적으로 장제스의 사상은 쑨원보다 훨씬 더 중국 전통의 맥락 안에서 형성되었다. 국민당의 중국 본토 통치 실패는 위에서 언급된 사상이나 이념 때문이 아니었다. 실제로 국민당은 오원제 정부체제, 유교적 규범, 산업화 전략을 대만으로 옮겨, 전통의 점진적인 변화 속에서 현대화를 성공적으로 이룩하였다. 장제스의 구세대적 요소와 신식 요소의 혼합이 이 성공의 직접적인 원인이라 단언할 수는 없지만, 이 절충안이 방해가 되었다고 말할 근거도 없다. 그럼에도 불구하고, 천명(天命)은 오래도록 국민당에 머무르지 않았고, 곧 중국공산당에게 넘어가게 되었다.

중국공산당의 집권 과정

초기 시기: 1919~1923년

중국공산당의 창당은 두 가지 사건이 맞물리면서 이루어졌다. 하나는 1917년 러시아에서 볼셰비키가 승리한 것, 다른 하나는 1919년 베르사유조약 이후 중국에서 일어난 민족주의의 고조였다 (86 페이지 참조). 대부분의 지식인들은 중국의 노동자 계급이 너무 적다는 이유로 마르크스주의가 중국에 적용되기 어렵다고 보았다. 그러나 일부는 외국 제국주의의 착취 방식이 자본가의 노동자 착취와 유사하다는 이유로, 중국 또한 세계 프롤레타리아의 일부라고 주장했다. 마침 중국어로 프롤레타리아는 일본어에서 차용된 표현으로, '무산계급'이라는 의미였기에 자신이 경작하는 땅을 소유하지 못한 수많은 농민들에게도 이 개념을 적용할 수 있었다.

마르크스가 자신의 발전이론을 과학적이며 문화적으로 중립적인 것으로 제시했다는 점도 매력적으로 다가왔다. 서양에 의해 모욕당하고 그 행태에 환멸을 느끼던 중국인들은 그들로부터 무엇인가를 빌려오고 싶지 않았다. 그에 비해 마르크스는 서양의 정치·경제체제를 강하게 비판했다. 그는 민족적 특성으로 보이는 것들이 사실은 부르주아 사회의 특성일 뿐이라고 주장했다. 자본주의 통치를 타도하면, 한 집단이 다른 집단을 착취하지 않는 공통된 프롤레타리아 문화가 등장할 수 있다는 것이다. 게다가 마르크스는 즉각적인 결과를 약속했으며, 이는 듀이와 같은 사람들이 주장한 점진적 개혁보다 훨씬 더 매력적으로 보였다. 모든 문제를 단번에 해결할 종말론적 혁명이 중국에서도 가능하리라는 믿음이 확산되었다. 또한 유럽에서 가장 산업화가 뒤처진 지역 중 하나였던 곳에서 소련이 탄생했고, 그 넓은 국토 중 상당 부분이 아시아에 속해 있었다는 점은, 중국도 산업화 수준과 상관없이 그런 혁명을 할 수 있다는 믿음을 심어주었다. 이러한 배경 속에서 많은 명망 있는 지식인들이 중국문제의 해결책으로 마르크스주의에 이끌렸고, 당시 베이징대학 도서관의 젊은 사서였던 마오쩌둥을 포함한 몇몇 덜 알려진 인물들도 마찬가지였다.

마오쩌둥은 1893년 후난성의 부유한 농민 가정에서 태어났다. 엄격한 아버지는 그를 전통 유학 교육을 받도록 유교 학당에 보냈지만, 마오는 처음부터 반항적이었다. 그는 유교 경전 뒤에 도적 소설을 숨겨놓고 그것을 읽었으며, 아버지가 전통 관습에 따라 정해준 결혼도 완전히 거부하였다. 마오쩌둥의 초기 글 중 하나는, 사랑하지 않는 사람과의 결혼을 거부하고 자살을 선택한 젊은 여성의 사건에 영감을 받아 전통 가족제도의 폐해를 비판하는 내용이었다. 그는 또한 자국의 처참한 현실에 깊은 문제의식을 가지고 있었으며, 중국이 왜 이토록 약한지를 밝히기 위해 고심했다. 그의 또 다른 초기 글에서는, 육체노동에 대한 전통적 혐오감을 맹렬히 비판했다. 마오쩌둥은 게으름은 허약한 사람을 만들고, 허약한 국민은 허약한 나라를 만든다고 주장했다. 볼셰비키 혁명과 5·4운동의 여파 속에서, 그는 중국을 강하게 만들 수 있는 신속한 해법을 마르크스주의에서 발견했다.

이 집단의 갑작스러운 전향은 중국 공산주의의 향후 발전에 중요한 함의를 지녔다. 이들은 마르크스주의를 체계적으로 공부한 적이 없었다. 초기의 중국 공산주의자들은 유럽이나 러시아의 마르크스주의자들과는 매우 달랐는데, 후자들은 보통 수년 동안 마르크스이론의 세부사항들을 연구하고 토론한 끝에야 공산주의 세계관이 요구하는 활동에 참여하기로 결심하곤 했다. 그러나 천두슈(陳獨秀)와 리다자오(李大釗)를 중심으로 한 집단은 먼저 마르크스식 혁명을 실현하기 위한 행동 노선에 헌신했고, 그 이후에야 마르크스주의 세계관의 기본 전제들 ― 예컨대 마르크스의 국제주의 ― 까지 받아들였다. 공산주의가 중국 지식인들에게 매력적으로 다가온 이유는 그것이 중국문제에 대한 즉각적인 해결책을 제시해준다는 점이었다. 게다가 이들은 마르크수주의의 이론적 형식들에 깊이 얽매이지 않았기 때문에, 그 이론들을 중국 상황에 맞게 수정하는 데도 큰 부담이 없었다. 이러한 점은 중국 공산주의에 일정한 유연성을 부여했지만, 이후 어느 해석이 정통이고 어느 것이 이단적인 수정주의인지를 둘러싼 논쟁을 불러오게 된다. 누군가에게는 경전의 창의적 해석이, 다른 누군가에게는 이단적 왜곡으로 보일 수 있었던 것이다.

초기에는 이러한 문제가 그리 크지 않았다. 1921년 7월 1일, 열두 명의 인사가 중국 당국의 감시를 피할 수 있는 상하이 프랑스 조계지에서 조용히 모임을 가졌고, 이 자리에서 중국공산당이 공식적으로 창당되었다. 이들은 부르주아 계급과 협력할 것인지, 협력한다면 어느 정도까지 허용할 것인지 등에 대해 논쟁했다. 회의 참가자들은 당이 궁극적으로는 노동자 계급의 독재 실현을 목표로 삼되, 과도기 동안은 다른 정당들과 협력할 준비를 해야 하며, 가장 시급한 과제로 중국 내 노동조합 조직화에 나서야 한다는 데 의견을 모았다. 또한 소련의 경험과 사례를 적극 활용하기로 합의했다.

소련 통제 시기: 1923~1931년

초기 시도는 유망하게 보였다. 철도 노동자들은 공산주의에 열정적으로 호응했으며, 중국 최대의 제철소가 있는 안산과 다른 지역에서도 노동조합들이 설립되었다. 따라서 1923년 1월에 체결된 쑨-요페 선언은 공산당에게 불쾌한 충격으로 다가왔다. 이 선언에서 명시된 국민당과 공산당 간의 통일전선 형성 조치는 당의 이전 성과들을 무력화시키는 것처럼 보였다. 코민테른 고문들이 국민당 가입이 개인 자격에 불과하므로 당의 독립성은 유지된다고 설명했지만, 공산당 지도부에겐 위안이 되지 않았다 공산당은 여전히 이 결정이 불필요하고 현명하지 못한 선택이라고 보았다.

하지만 이후의 사건들은 오히려 코민테른의 결정이 더 나은 판단이었다는 인상을 주었다. 한 군벌은 철도 파업을 무자비하게 진압했고, 또 다른 군벌은 베이징-한커우 철도 노동조합을 해체시켰다. 많은 파업 참가자들이 사망했고, 살아남은 노조 조직자들은 체포되었다. 이로 인해 중국 노동운동은 쇠퇴기로 접어들었다.

국민당과 공산당 간의 불안정한 '당내 블록(Bloc Within)', 즉 제1차 국공합작은 1927년까지 이어졌다. 이 기간 동안 소련 지도부는 장제스와 그의 부르주아-민주주의 정당이 중국을 통일하는 역할을 마친 후에는 폐기될 것이라고 주장했다. 스탈린의 은유에 따르면, 장제스는 레몬처럼 짜낸 후 '역사의 쓰레기통'에 버려질 존재였다. 그러나 장제스는 이 계획을 이미 잘 알고 있었고, 북벌이 상하이에 도달했을 때, 그는 오히려 공산당을 쓰레기통에 던져버릴 의도였음이 분명해졌다. 상하이 주식시장에 깊이 연루된 비밀 결사 조직인 청방(靑幇)의 지원을 받은 장제스는 공산당 탄압에 거의 성공할 뻔했다. 도시 전역에는 무시무시한 수준의 '백색 테러'가 퍼졌다. 공산주의에 동조한다고 의심되는 이들은 즉각 처형당할 위험에 처하게 되었다. 그 희생자 가운데는 마오쩌둥의 아꼈던 두 번째 부인인 양카이후이(楊開慧)도 포함되어 있었다.

더 이상 국공합작이 유지되고 있다고 거짓으로 포장하는 것은 불가능해졌다. 그러나 아이러니하게도, 코민테른이 통일전선정책을 "오해했다"는 이유로 중국공산당 지도자를 해임했다는 점이다. 새로 임명된 지도자는 도시에서의 봉기를 조직하라는 지시를 받았다. 스탈린은 중국에 '혁명의 고조'가 나타났다고 판단했고, 이에 따라 국민당의 협력 없이도 공산당이 도시에서 봉기를 계속할 수 있다고 믿었다. 그러나 이는 통일전선보다도 더욱 비현실적이었다. 공산당은 군대를 보유하고 있지 않았기 때문이다. 사실, 공산당이 군대를 가지지 않도록 지시한 장본인은 스탈린이었으며, 이에 대해 공산당 내부에서 별다른 이견은 없었다. 당시 당원들은 군국주의를 군벌과 동일시했고, 군벌은 자신들과 중국의 공통된 적으로 간주되었기 때문이다.

이후 전국 여러 지역에서 무장 봉기가 전개되었다. 1927년 8월, 장시성의 성도 난창에서 일어난 봉기는 공산당이 처음으로 조직적으로 군사력을 사용한 사건이었다. 두 번째 봉기는 중국 남부 해안의 산터우에서 발생했다. 마오쩌둥도 이들 활동에 적극적으로 참여했지만, 그의 초점은 매우 달랐다. 그는 마르크스가 상정했던 도시 프롤레타리아와의 연합보다는, 지주와 관리들에 대한 농민들의 분노를 활용하려 했다. 이에 따라 고향인 후난성에서 가을걷이 철에 일어난 이른바 추수봉기(秋收起義)를 주도하였다. 그러나 이 모든 시도는 실패로 끝났으며, 코민테른은 그 책임을 마오쩌둥에게 돌렸다.

1927년 12월 광저우 코뮌의 실패는 공산당의 마지막 좌절로 기록되었다. 공산당원들은 제복이 없었기 때문에, 붉은 머릿수건이나 완장을 착용하여 적과 자신들을 구분했다. 그러나 패색이 짙어지자, 공산당원들은 이 식별 표시를 뜯어내고 버렸다. 불행히도 그 수건과 완장에서 번진 붉은 염료가 피부에 배어 거의 지워지지 않았다는 것이었다. 정부군은 사람들의 재킷을 찢어 염색 자국을 확인했으며, 그 흔적이 남아 있는 이들은 무차별적으로 총검으로 찔러 죽였다.

광저우 봉기는 전 세계 언론의 주목을 받았으며, 그 실패는 스탈린조차 기존 노선을 재고하도록 만들 정도로 컸다. 하지만 스탈린은 책임을 지는 대신, 자신이 임명했던 공산당 지도자에게 모든 책임을 돌리며 그를 대중적 지지 없이 무모한 폭동을 시도한 '푸치즘(Putschism)'에 빠졌다고 비난했다. 그의 후임은 중국공산당 내에서 드물게 프롤레타리아 배경을 가진 인물이었으며, 도시 기반을 구축하라는 명령을 받았으나 실패했고, 이전 지도자들과 마찬가지로 해임되었다. '백색 테러'의 잔혹함은 노동자들이 공산당에 동정적인 표현조차 하기 어렵게 만들었고, 공개적인 지지는 더더욱 불가능하게 만들었다. 게다가 당 지도부는 노동자들을 가혹하게 저버렸다. 국민당은 스스로 노동조합 결성을 지원하는 등 개혁조치를 시행하고 있었으며, 공산당은 이를 어용적 성격의 '황색노조(貴族勞組)'라 비난하며, 노동자들이 혁명을 준비하지 못하도록 관심을 돌리기 위한 기만적 수단이라고 주장했다. 그러나 많은 노동자들은 이들 노조를 자신들의 권익을 요구할 수 있는 보다 안전한 방법으로 여겼다. 이 시기 중국공산당 당원 수는 약 1만 5,000명 수준으로 급감했으며, 도시의 소수 핵심 당원들만이 극비리에 모임을 이어갔다.

장시 소비에트: 1931~1934년

추수봉기 실패 이후, 마오쩌둥은 장시성과 푸젠성 사이의 외딴 지역으로 철수하였고, 그곳에서 훗날 장시 소비에트로 알려지게 되는 거점을 구축했다. 이 지역은 어린 시절 그가 탐독했던 도적 소설의 배경과 흡사한 곳이었다. 그는 이곳에서 농촌 기반의 혁명 근거지를 세웠고, 군사훈련 경험이 있는 과거 아편 중독자 주더(朱德)가 이끄는 임시 편성된 군대의 도움을 받았다. 마오쩌둥과 주더는 도적 집단과 비밀 결사조직들과도 협력했으며, 이들 가운데 일부는 당시 홍군으로 불리던 공산당 무장조직에 참여하기로 했다.

혁명의 근거지와 군대는 함께 성장했으며, 군대의 성장은 곧 근거지의 확장과 직결되었다. 이 시기에 마오쩌둥은 그의 유명한 정치 철학인 "정권은 총구에서 나온다(槍杆子裏面出政權)"는 주장을 처음 명확히 표현했으며, "총이 당을 지배하는 것이 아니라 당이 총을 지배해야 한다 (黨指揮槍)"고 강조했다. 장시에서 그는 훗날 인민전쟁으로 알려지게 될 원칙들을 정립하기 시작했다. 전통적인 중국 격언인 "군대는 물고기 이고, 인민은 물이다. 물 없이는 물고기가 살 수 없다"는 지혜를 바탕으로, 전 인민이 군대를 지지하도록 만들려 했다. 군대는 민간인으로부터 물품을 취할 경우 반드시 정당한 대가를 지급해야 했고, 민간인을 괴롭히는 행위는 처형될 수도 있는 중대한 범죄로 간주되었다. 이 시기 공산당은 게릴라 전술을 체계적으로 발전시켰고, "적이 진격하면 우리는 퇴각하고, 적이 퇴각하면 우리는 추격한다"와 같은 구호를 내세웠다.

기초적인 행정 체계가 갖추어졌고, 정부 기관, 학교, 의료 시설 등이 설치되었다. 소비에트 헌법은 이를 프롤레타리아와 농민의 민주 독재라고 선언했지만, 실제로는 중국공산당이 권력을 독점하고 있었으며, 연립 정부의 형식조차 존재하지 않았다. 또한 이곳에서 말하는 프롤레타리아는 농촌의 수공업자나 장인에 국한되어 있었다.

급진적으로 보이는 토지개혁법도 실제로는 기대에 미치지 못했다. 지주와 부농들은 새 정권에 충성을 맹세함으로써 정치적 권한을 유지했고, 그 결과 토지개혁의 집행을 좌지우지하여 자신들의 토지가 몰수되는 것을 완전히 회피하거나, 최상의 토지를 자신들에게 배분하도록 조작할 수 있었다. 이는 빈농들을 만족시키지 못했고, 그들의 지속적인 요구는 반복적인 재분배로 이어졌다. 작물 생산을 안정적으로 보장하기 위해 정부가 재분배를 중단해야 했던 일도 한두 번이 아니었다. 장시 소비에트는 명목상 이 지역을 관할했지만, 산발적으로 흩어진 산악지역에 대한 통제력은 상대적으로 약했다.

마오쩌둥이 이끄는 소비에트는 내부 통치만큼이나 외부의 문제들도 많았다. 상하이에 있던 공산당 정치국은 혁명의 이름으로 투쟁해야 할 프롤레타리아와의 미약하나마 연결을 유지하려는 입장에서 마오쩌둥의 활동에 지속적으로 간섭했다. 코민테른은 중국공산당의 지도권을 '유학생 그룹', 혹은 '28인의 볼셰비키'라고 불리는 사람들에게 부여했다. 이들은 모스크바의 쑨원대학에서 유학한 젊은 당원들이었다. 마오쩌둥과 그의 지지자들은 이들을 중국 현실에 어둡다는 점에서 소련의 지도자들과 별반 다르지 않다고 평가하며, 가능한 한 무시하려 했다. 하지만 1932~1933년에 걸친 장제스의 탄압으로 인해 중앙위원회는 본부를 상하이에서 장시 소비에트로 이전해야 했다. 이로 인해 유학생 그룹 중 일부는 장시에서 유력한 직책을 맡게 되었고, 이는 당시 마오쩌둥이 정적을 제거하기보다는 흡수하는 전략을 취하고 있었음을 보여준다. 그러나 이 집단의 수장이자 마오쩌둥의 최대 정적은 코민테른 중국 대표로 임명되어 모스크바로 보내졌다.

중앙위원회의 장시 소비에트로의 이전은 도시 기반을 포기한 공식 선언이자, 소련이 중국공산당에 행사하던 통제력이 급격히 약화된 계기였다. 중국공산당이 주장하던 도시 기반은 이미 수년 전부터 약화되어 왔으며, 소련이 중국 공산주의운동에 실질적으로 영향을 미치던 시기도 끝나가고 있었다. 코민테른 고문들은 처음에는 프롤레타리아 혁명으로 시작했던 운동이 결국 전형적인 중국식 농민 반란으로 전락했다며 실망을 감추지 못했다. 이런 실망감 속에서 스탈린은 중국 공산주의자들을 버터를 흉내낸 마가린처럼 진짜가 아니라는 의미에서 '마가린 공산주의자'라거나, 겉은 붉지만 속은 하얀 '순무 공산주의자'라며 조롱하였다.

장시 시기의 주요 의미를 요약하면

1. 정권 장악을 위한 전략으로 도시 봉기 방식이 아닌 농촌 근거지 구축 방식이 채택되었다.
2. 이 전략을 지원하기 위한 정규군(홍군)이 창설되었다.
3. 중국공산당은 소련의 이념적 지침으로부터 점점 독립하기 시작했다.
4. 마오쩌둥은 아직 공식 지도자로 인정받지 않았음에도 불구하고, 당 내에서 사실상의 최고 지도자 위치에 올랐다.

대장정: 1934~1935년

장제스는 농촌으로 도피한 공산당을 잊지 않았다. 그는 도시지역의 공산당 세포 조직을 제거하려는 시도와 더불어, 농촌 소비에트를 포위·섬멸하려 했다. 1930년 11월에 시작된 1차 포위토벌작전은 점차 확대되어 총 다섯 차례에 걸쳐 시행되었다. 처음 두 차례는 비교적 형식적인 수준에 그쳤다. 이는 부분적으로는 국민당이 공산당을 과소평가한 탓이었고, 또한 국민당 내부의 파벌 갈등과 끌어들인 군벌들이 자신들의 병력을 보호하려 하며 장제스의 명령을 충실히 이행하지 않았기 때문이었다. 3차 포위토벌작전(1931년)은 성공할 수도 있었으나, 이 시점에 일본이 중국에 대한 압박을 강화하면서 상황이 달라졌다.

일본군은 동북(만주)지역의 국민당 계열 군벌을 암살한 후, 요령성·길림성·흑룡강성 등 세 개의 동북 성을 점령하고, 1931년에는 만주국(滿洲國)이라는 괴뢰 국가를 수립하였다. 1911년 폐위된 청나라의 마지막 황제 푸이(溥儀)가 만주국의 군주로 옹립되었지만, 그의 주변은 일본 고문들로 둘러싸여 있었다. 이에 대응해 장제스는 장시지역에 주둔하던 병력을 상하이로 이동시켰고, 전면전이 임박한 듯 보였다. 그러나 일본 제국군의 압도적인 훈련과 사기를 고려한 장제스는 전쟁을 피했고, 이는 그의 이미지를 손상시키는 대가를 치러야 했다. 결과적으로 불필요한 희생을 피했다는 점에서 그의 결정은 옳았지만, 이미 외세에 대한 굴욕에 민감해 있던 애국 세력들을 크게 분노하게 만들었다. 장제스는 일본은 피부병에 불과하지만, 공산당은 훨씬 더 심각한 내부의 병이라고 주장했다. 그는 또한 일본과 미국이 결국 전쟁을 벌일 것이고, 미국이 승리하여 피부병은 자연히 치유될 것이라는 계산도 내놓았다. 따라서 그는 다시 공산당 토벌에 집중하며 4차 포위토벌작전을 준비했다.

한편, 공산당 내부에서는 포위토벌작전에 어떻게 대응할지에 대한 논쟁이 있었다. 마오쩌둥은 기동성 높은 유격전 전술을 선호했으며, 이는 1~3차 작전에서 중심 전략이 되었지만, 1931년 3차 작전에서는 거의 전멸의 위기를 불러왔고 비판의 대상이 되었다. 4차 작전에서는 마오쩌둥의 전략 대신, 소비에트 외곽에서의 방어를 주장하였다. 그러나 이 전략은 오판으로 드러났다. 방어선이 지주들의 이권을 침범하면서 그들을 공산당에 적대적으로 돌려세운 것이다. 이전까지 국민당과 공산당 모두를 경계하던 지주들은 이로 인해 국민당 편으로 돌아서게 되었다. 5차 작전에서는 장제스는 소비에트를 향해 점차 포위를 좁혀오는 방식으로 보루(堡壘)를 구축하는 전략을 채택했다. 이 보루를 건설하는 데 필요한 인력은 지주들이 장악하고 있던 '보갑제(保甲制)'를 통해 동원되었다. 이 전략이 효과를 발휘하면서 장시 소비에트는 약품, 옷감, 등유, 심지어 소금까지도 부족한 상황에 처했다. 그러나 국민당의 포위망이 좁혀지는 와중에도, 보루가 당초 계획대로 완전한 원형으로 구축되지 않았다는 사실이 드러났다. 다시 한 번, 국민당의 부분적인 중국 통일 방식이 전략 수행에 걸림돌로 작용했다. 장시 소비에트의 동쪽과 북쪽에서는 국민당에 충성하는 부대들이 명령에 따라 보루를 건설했지만, 남쪽과 서쪽은 장제스를 전복시키려는 군벌들의 통제하에 있었다. 그들은 보루를 전혀 짓지 않았고, 병력은 각 현의 중심지에 집중 배치해 두고 있었다.

이 포위망의 틈을 이용해 공산당은 장시 소비에트를 포기하고 돌파, 중국 전역을 가로지르는 고된 대장정(大長征)에 돌입하게 된다. 1934년 10월, 약 10만 명의 남성과 35명의 여성이 장시성을 넘어 후난성으로 진입했으며, 이들 가운데에는 임신 중이던 마오쩌둥의 세 번째 부인 허즈전(賀子珍)도 포함되어 있었다. 후일 공산당은 이 장정을 영웅적인 투쟁으로 미화하며, 참가자들이 강력한 저항 속에서 보여준 용기와 희생을 강조했고, 장정의 목적이 일본과 싸우기 위한 것이었다고도 주장했다. 그러나 해외 학계의 연구에 따르면, 참여 병력 중 약 70%는 비교적 초기에 이탈하였으며, 실제 장정의 동기는 일본과의 투쟁이 아니라 국민당에 의한 전멸 위기를 피하기 위한 도피였던 것으로 나타났다.

　대장정을 신화화하려는 공산당의 노력과는 별개로, 그 집단 중 일부라도 살아남았다는 사실 자체는 역경을 극복한 하나의 승리였다. 국민당의 섬멸 시도는 공산당이 직면한 수많은 문제 중 일부에 불과했다. 장제스는 군벌 경쟁자들과의 균형을 유지하기 위해 자기 병력의 소모를 최소화해야 했기 때문에, 자신의 부대를 최대한 개입시키지 않은 채 홍군을 제거하려 했다. 실제로 몇몇 군벌들도 공산당과 싸우는 과정에서 자기 병력을 소모하고 싶지 않았기 때문에, 아예 철수하거나 공산당이 통과하도록 묵인하기도 했다. 그러나 공산당을 기다리는 위험은 거기서 끝이 아니었다. 대장정은 1934년 10월에 시작되었고, 가장 추운 시기 동안 험준한 산악 지형을 지나야 했다. 지역 주민들은 대체로 우호적이지 않았고, 소수민족이 많았는데, 이들은 한족 국가의 팽창에 의해 변방으로 밀려난 이들로, 한족에 대해 깊은 반감을 가지고 있었다 (2장 참조). 장정대는 이족(彝族)** 저격수들의 총격을 받았고, 협곡을 통과할 때는 티베트인들이 바위를 굴려 공격했으며, 이교도를 경멸하는 무슬림 기병대의 습격을 받기도 했다.

　대장정의 진로는 더딜 수밖에 없었다. 지도자들은 뚜렷한 목적지 없이 이동하고 있었기 때문이다 (지도 3.2 참조). 후난성 북부에 있던 또 다른 소비에트 기지와 합류하려는 시도는 실패로 돌아갔고, 행군대는 서쪽으로 방향을 틀어 쓰촨으로 향했다. 1935년 1월, 지친 생존자들은 귀주성의 외딴 지역 쭌이(遵义)에서 휴식을 취하기로 했다. 이곳에서 마오쩌둥은 1931년 자신의 군사 전략이 초래한 부진한 성과로 인해 정치적 타격을 입은 이후, 처음으로 당 정치국 확대회의를 소집했다. 그는 당 내의 주요 군사 지도자들의 지지를 받으며 정치국 내에서 우위에

** 　역자 주) 중국의 소수민족 중 하나로 중국정부가 공인하는 56개의 민족 중에서 7번째로 많다. 중국 윈난성, 쓰촨성에 주로 거주하며 태국, 베트남에도 소수가 거주하고 있다.

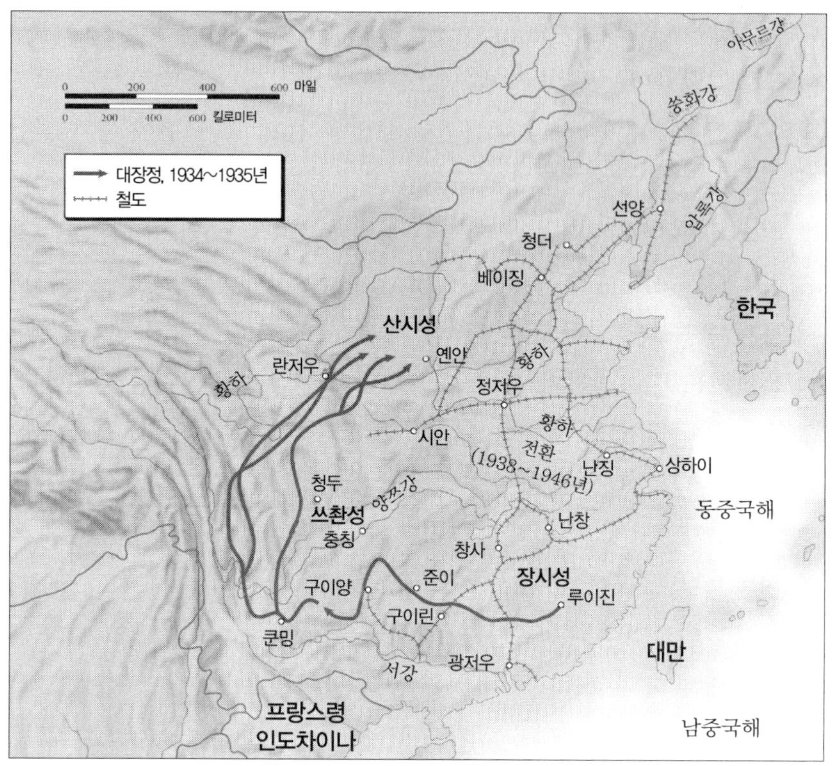

서게 되었다. 이 쭌이회의는 마오쩌둥의 정치 인생에서 중대한 전환점이었다. 이후에도 비록 그의 결정이 이후에도 종종 도전을 받기는 했지만, 그는 1976년 사망할 때까지 당의 지배적 인물로 남게 되었다.

마침내 1935년 10월, 대장정이 시작된 지 거의 1년이 지난 시점, 수척해진 7,000~1만 명 규모의 잔존 병력이 산시성 북부에 도달했다. 이곳에는 이미 옌안을 중심으로 한 작은 공산당 근거지가 존재하고 있었다. 정확히 얼마나 많은 이들이 도중에 사망하거나 탈영했는지에 대한 통계는 없지만, 옌안에 도달한 숫자를 최대치로 잡더라도, 이는 장시에서 출발했던 인원의 10% 미만이었다. 게다가 그 숫자에는 대장정 도중 공산당에 감명받아 중간에 합류한 사람들도 포함되어 있었기 때문에,

실제로 살아남은 원래의 행군 대원 수는 이보다도 더 적었던 것으로 보인다.

시안사건: 1936년

공산당이 도착한 지역은 2,000년 전 중국 문명의 발상지이자 세 개의 주요 왕조가 존재했던 곳이었다. 그러나 이후 이 지역은 쇠퇴의 길을 걸었다. 심각한 토양 침식으로 숲이 파괴되었고, 그 자리에 고운 황토층이 두껍게 쌓이게 되었다. 강수량은 적고 불규칙했으며, 건축에 쓸 목재조차 부족했기 때문에, 사람들은 황토를 파서 만든 동굴 속에서 거주했다. 이 지역의 흙은 너무 가벼워, 수레나 짐승이 지나가기만 해도 흙먼지가 일었다. 통행이 잦은 길은 수레의 바퀴 폭만큼 좁은 협곡으로 변해 있었고, 양 옆의 절벽은 최대 약 12미터에 달하기도 했다. 여행자들은 눈에 보이는 모든 것이 노란색이었다고 묘사했다. 언덕, 길, 강, 집들까지도 그랬으며, 공기 중에도 항상 희뿌연 황색 먼지층이 떠 있었다.

이미 극심한 빈곤에 시달리던 산시성 주민들은, 장정대가 도착한 10월 무렵, 기근까지 겪고 있었다. 아무리 여건이 좋아도 이 시점에는 파종이 불가능했기 때문에, 이주민들에게는 첫 겨울이 매우 고통스러웠다. 그 어떤 낙관적인 관찰자라도 옌안 근거지의 밝은 미래를 예측하기는 어려운 상황이었다.

이곳의 주민들과 기술 수준은 농촌 장시와 비교해도 훨씬 원시적이었다. 농민들은 당의 사상을 이해하는 데 훨씬 더 많은 교육과 선전이 필요했다. 한 선전 담당자는, 착취라는 개념을 설명하려 애썼지만, 주민들은 세상은 늘 그래왔고, 앞으로도 바뀌지 않을 것이라며 혼란스러워했다. 그럼에도 헌신적인 당원들은 장시 소비에트에서 운영하던 학교, 군사학교, 의료 시설, 사회단체 등 정부 기관을 복원해냈다. 지주의 토지를 몰수하는 운동도 시작되었지만, 공산당은 비밀 결사조직을 포함한 지역 권력 구조 내의 다른 세력들과도 협력하는 전략을 병행했다. 한편, 장제스는 제6차 포위토벌작전을 준비하고 있었다.

어느 정도는 자신들의 생존을 위해, 공산당 지도부는 일본에 맞서기 위해 분열을 봉합하자며 지역 군벌들을 설득하려 했다. 이 제안에 가장 긍정적으로 반응한 이는 장쉐량(張學良)이었다. 그는 일본이 만주국을 세우는 과정에서 살해당한 군벌 장쭤린(張作霖)의 아들로, 부친의 죽음을 복수하고 만주를 되찾고자 했다. 중국의 학생들과 지식인들 또한 일본에 강력히 저항해야 한다는 입장이었고, 장제스의 소극적 대일 대응을 자신의 이해관계를 위해 비판의 구실로 삼는 이들도 많았다.

1936년 12월 4일, 장제스는 공산당 토벌을 직접 지휘하기 위해 시안으로 날아갔다. 그리고 12월 12일, 그는 납치되었다. 공산당이 사전에 납치 계획에 가담했는지 여부는 지금도 불분명하다. 그러나 장쉐량과 공산당이 공통의 목적을 공유하고 있었던 것과 공산당이 장제스 석방을 둘러싼 국민당과의 협상에 깊이 관여한 것도 사실이다. 이 협상은 간단치 않았다. 국민당 내부에도 장제스의 복귀를 달가워하지 않는 경쟁자들이 다수 존재했기 때문이다.

몇 주에 걸친 치열한 협상 끝에, 장제스는 석방되었고, 1936년 크리스마스에 수도 난징으로 복귀했다. 그는 공산당에 대한 공격 중단, 공산당의 '민주적 권리' 보장, '국가 구원'을 위한 광범위한 연합회의 소집, 즉각적인 항일 준비, 국민 생활 향상 등을 약속했다. 이에 대해 공산당은 국민당 전복을 목표로 한 무장 봉기를 중단하고, 옌안에 수립했던 노농민주정부의 명칭을 중화민국의 특별행정구로 변경, 홍군을 국민혁명군 소속으로 편입, 지주 토지 몰수정책 중단, 반일 민족통일전선에 참여, 그리고 자신들의 통제지역에서 보통선거에 기초한 민주적 제도 시행에 동의했다.

제2차 국공합작: 1936~1941년

이 시기는 제2차 국공합작이라 불리는 시기가 시작되었다. 이번 합작은 제1차 국공합작처럼 당 간 가입이 아니라, 각자 조직을 유지한 채 협력하는 형태였기 때문에, 형식 없는 연합(Bloc Without)이라 불린다. 장제스는 마지못해 항일운동의 수장 자리에 서게 되었다.

공산당은 곧바로 자신들의 소비에트 정권을 '국민정부 산하 산간녕(陝甘寧) 특별구'로 개칭했고, 해당 구역에 포함된 산시(陝西), 간쑤(甘肅), 닝샤(寧夏) 일대에서 조직 활동을 확장해 나갔다. 통일전선 개념에 부합하도록 여러 명칭도 변경되었다. 예를 들어

- 홍군은 국민당 군 체계의 일부임을 나타내기 위해 제8로군(八路軍)으로 개칭했다.
- 장정 당시 중국 중부에 남겨졌던 공산당 잔존 병력은 신사군(新四軍)으로 조직되었다.
- 홍군 군사학교는 항일군정대학으로 개칭되었다.
- 과거 레닌클럽이나 노동자클럽으로 불리던 사회단체는 이제 구국실(救國室), 즉 (일본으로부터의) 구국을 강조하는 이름으로 바뀌었다.

시안사건의 결과, 장제스의 공산당 공격이 완화된 것 외에도 공산당은 여러 긍정적 효과를 얻게 되었다. 애국자들은 일본에 저항하려는 공산당의 주도적 노력에 박수를 보냈고, 수많은 중국 학생들이 옌안으로 직접 찾아가 항일운동에 참여하기 시작했다. 1937년 일본의 전면전 개시로 인해 저항의 필요성은 더욱 절실해졌으며, 민간 저항을 무력화하려는 일본군의 잔혹한 만행은 외국 사진가들에 의해 기록되었고, 이는 국제 여론을 중국 쪽으로 돌리는 데 큰 역할을 했다.

보다 실용적인 차원에서, 공산당이 토지 재분배정책을 완화하기로 한 결정은 좀 더 폭넓은 대중을 포섭하는 데 도움이 되었다. 공산당 간부들은 호구 조사 및 세금 징수 방식에 대한 시험과 경험을 쌓았으며,

그들은 근거지에 안정적인 화폐체계까지 마련할 수 있었고, 이 성과는 훗날 매우 중요한 기반이 되었다. 산간녕 근거지의 인구는 급속히 증가했으며, 1938년 약 60만 명에서 1944년 약 150만 명으로 급격히 증가하였다. 장시 소비에트 시절과 마찬가지로, 군사력은 공산당 확장의 선봉이 되었으며, 공산당의 고위 지도자들에게 당이 총을 지배하느냐, 총이 당을 지배하느냐 하는 문제는 의미 없는 논쟁이었다. 이들 중 다수는 정식 군사 교육을 받은 적이 없었지만, 자신들의 병력을 보유한 지주 세력과 국민당, 일본군이 혼재한 복잡하고 적대적인 환경 속에서 실전 훈련을 통해 군사적 역량을 습득해 나갔다.

시안 협정은 국민당과 공산당 사이의 불신을 해소하는 데 아무런 도움이 되지 않았으며, 양측은 일본과 싸우는 것보다 서로를 견제하는 데 더 집중하는 모습을 보였다. 예를 들어, 1938년까지 제8로군은 국민당 정부가 배정한 지역을 넘어 산둥성에 진출했고, 신사군은 장쑤-저장-안후이지역에서 대중 조직화를 시작했는데, 이들 지역 역시 협정의 범위를 벗어난 곳들이었다. 장제스는 점점 더 공산당의 동향을 경계하게 되었고 이는 통일전선의 운영에 악영향을 끼쳤다.

그 사이 공산당은 점차 실질적인 정부처럼 기능하기 시작했다. 비록 산간녕이 유일한 근거지는 아니었지만, 당의 각종 정책이 일관되게 시행될 수 있을 만큼 안정된 유일한 지역이었다. 다른 근거지들은 대부분 일본 점령선 후방에 위치해 있었기 때문에, 무엇보다도 생존이 최우선 과제였다. 이들은 옌안의 일반 지시를 따르되, 통신이 거의 불가능했기 때문에 높은 자율성을 유지하고 있었다.

'대중 동원' 기술은 이미 공산당이 초기 노동자와 농민을 조직하는 과정에서 나타났지만 옌안 시기를 거치며 더욱 발전하고 정교화되었다. 레닌주의의 영향과 탄압의 역사로 인해, 공산당은 본래 은밀하고 엘리트 중심으로 운영되었지만, 동시에 대중이 당의 각종 정책에 폭넓게 참여하도록 유도하고자 했다. 그 대표적인 방식 중 하나는 대중 조직체를 창설하는 것이었다. 이는 각계각층의 열의와 역량을 조직적으로 이끌어 내기 위한 구조로, 예를 들면 여성 단체, 청년 조직, 농민 및 상인 연합회 등이 있었다. 목표는 사회 최하층까지 포함한 전 인구가 당의 정책에 참여하고 이를 지지하도록 만드는 것이었다.

국공합작 체결 이후 가장 먼저 실행된 정책은 '선거'였다. 이는 국내적으로나 국제적으로 매우 중요한 의미를 지녔다. 1911년 신해혁명 이전부터 많은 중국 지식인들은 강한 국가는 민주국가이며, 경쟁 선거의 실시가 민주주의의 핵심 요소라고 믿고 있었다. 외국의 관찰자들은 공산당이 자유 선거를 장려하고 허용한 사실에 놀라워하며, 중국공산당이 기존 공산주의자들과는 다른, 훨씬 바람직한 집단이라는 인상을 받았다.

선거법은 신분에 관계없이 16세 이상 모든 국민에게 보통·직접·평등·비밀선거의 원칙에 따른 참정권을 부여하였다. 선거에 관한 담론은 마르크스-레닌주의식 계급투쟁보다는 쑨원의 삼민주의를 강조했다. 대중 조직은 후보를 추천하고 선거운동에 참여하도록 장려되었으며, 마을과 향촌 단위에서 토론회를 열어 주민들이 지역문제에 대해 의견을 나누도록 했다. 선거에 참여해본 적은 물론, 그 개념조차 처음 접하는 농민들에게 이 과정은 중요한 교육 수단이었다.

실제 투표는 지역 축제 같은 분위기 속에서 진행되었다. 유권자의 대부분이 문맹이었기 때문에, 후보자 뒤에 놓인 항아리에 콩을 떨어뜨리는 방식 등 비밀투표 이외의 다양한 방법이 사용되었다. 다만, 이렇게 선출된 정부가 유일한 의사결정 기구는 아니었으며 공산당, 관료조직, 군대, 대중조직과 함께 권한을 분담하는 구조였다. 이 방식은 결국 당의 목소리가 결정적인 힘을 가지도록 설계된 것이었다. 이상적인 민주주의와는 거리가 있었지만, 대부분의 관찰자들은 당시의 여건을 고려할 때 매우 놀라운 성과라고 평가했다.

'토지 재분배' 역시 옌안 시기 공산당의 주요 정책 중 하나였다. 하지만 국공합작의 합의에 따라 제한적으로만 시행될 수 있었다. 항일 전쟁에 참여한 군인들과 관련자의 토지는 몰수하지 않기로 합의되었기 때문에 대지주들도 아들을 홍군에 입대시켜 토지 재분배를 피할 수 있었다. 또한 당의 정책은 토지 보유 구조의 합리화 문제까지는 다루지 않았다. 농가들은 멀리 떨어진 여러 필지를 보유하고 있어, 이동에 시간과 에너지가 소모되었고, 농기계를 활용하기도 어려웠다. 당의 정책은 생산성을 높이지도 못했고, 새로운 엘리트 계층의 등장을 막지도 못했다. 그럼에도 불구하고, 이러한 조치들은 대체로 농민들에게는 환영받았으며, 동시에 당이 계속해서 협력하고자 했던 지역 엘리트들의 지지를 잃지도 않았다.

공산당의 '교육'에 대한 통제는 당의 이념과 사상을 널리 전달하는 것은 물론, 경제발전에 필요한 기술을 가르치는 데에도 목적이 있었다. 1937년 이후 초등학교 수는 크게 증가했지만, 대부분은 현(縣) 소재지에 집중되어 있었다. 그 결과, 주로 여유가 있는 가정의 아이들이 교육을 받을 수 있었고 교육과정 역시 농촌 현실과는 크게 관련이 없었다. 부모들은 자녀 교육을 긍정적으로 보았지만, 배운 기술을 마을에 활용하는 것보다, 관직에 올라 농촌을 떠나는 것을 성공이라 여겼다.

이를 해결하고자 공산당은 "인민이 운영하고 정부는 보조한다"는 원칙에 따라 대중교육 실험을 시작했다. 이는 교육 책임을 당 간부나 전문 교사에서 마을 지도자나 풀뿌리 활동가에게로 전환하는 방식이었다. 이들은 지역 사정을 더 잘 알고 효과적인 교육 방법을 찾아낼 수 있다고 기대되었다. 농민들의 농한기를 활용하기 위해 야간학교, 반일제학교, 겨울학교 등이 설립되었다. '하방운동(下放運動)'을 통해 애국심으로 옌안에 모인 일부 지식 청년들이 농촌에 파견되어 농민을 가르치게 되었다. 마오쩌둥의 관점에서 이 운동의 또 다른 중요한 목적은 도시 출신 지식 청년들로 하여금 중국 인구의 90%가 겪는 현실을 직접 체험하게 만드는 것이었다. 이 새로운 학교들은 또한 도시와 농촌의 격차, 정신노동과 육체노동 간의 격차를 해소하는 데에도 기여할 것으로 기대되었다.

옌안 근거지가 성장함에 따라 마오쩌둥이 당의 통제를 약화시킬 수 있다고 우려한 내부의 의견 차이도 함께 커져갔다. 이에 대한 해법으로 '정풍(整風)운동'을 시작했는데, 이는 훗날 중화인민공화국 수립 후 등장할 대규모 대중운동들의 전조가 되었다. 농촌 재건에 몰두한 농민 출신 활동가들과, 항일투쟁이 주된 동기였던 도시 지식인들을 하나의 공동 노선 아래 통합하지 않으면 당의 성공은 어려웠다. 마르크스주의에 대한 이해가 널리 확산되지 않았고, 관련 지식도 당 상층부에 집중되어 있어, 상당한 학습이 필요했다.

'정풍'운동에 참여한 수천 명의 참가자들은 소그룹으로 나뉘어 문건을 배포받고 학습에 들어갔다. 이 문건들은 대부분 마오쩌둥의 저술이거나 그가 선호하는 방식으로 해석된 마르크스주의이론이 포함되어 있었다. 마오쩌둥은 당의 지시를 무조건 맹종하는 태도는 오히려 해롭다고 보고, 마르크스와 레닌의 사상을 종교 교리처럼 공부하는 태도를 강하게 비판했다. 그는 청중에게 교조와 개똥을 어떻게 구별할 수 있느냐고 물은 뒤, 개똥은 밭에 거름으로 쓸 수 있지만 교조는 아무 쓸모도 없다고 답했다.

마오쩌둥의 또 다른 관심사는 마르크스주의이론을 중국 현실에 맞게 적용하는 것이었다. 그는 이론이 현실에 적용되지 않는다면, 이론이 틀렸으며 수정되어야 한다고 주장했다. 공산주의자는 마르크스주의 국제주의자이지만, 그것이 현실에서 적용되기 위해서는 반드시 민족적 형태를 가져야 한다고 강조하며, '마르크스주의의 중국화'를 공개적으로 주장했다. 마오쩌둥은 "외국 이론을 형식적으로 모방한 교조적인 글쓰기를 중단하라"고 지시했다. 그는 예술을 위한 예술, 문학을 위한 문학이라는 관념을 부정하며, 모든 예술과 문학은 계급적 성격을 지닌다고 주장했다. 프롤레타리아 예술은 민중이 환경을 변화시키기 위한 투쟁에 나서도록 고무해야 한다고 보았다.

옌안 시기에 또 하나 발전한 중요한 정치 기법은 바로 '대중노선'이었다. 아무리 '정풍'운동을 통해 지도부 내부의 사상을 통일하더라도, 대중이 함께하지 않는다면 그 성과는 의미가 없었다. 대중노선의 본질은 반관료주의적이었다. 간부들은 일반 대중과 분리되어서는 안 되며, 그들의 관심사로부터 괴리되어서는 안 된다는 경고를 받았다. '지시주의', 즉 설득 없이 단순히 지시를 내리는 방식은 피해야 했다. 여기서도 교육은 핵심적인 역할을 했다. 마오쩌둥은 "대중이 객관적으로는 개혁이 필요하지만, 주관적으로는 아직 그것을 자각하지 못했거나 실행에 옮기려는 의지가 부족한 경우가 있다"고 언급한 바 있다. 그러나 시간과 교양, 사상 교육을 통해, 대중은 결국 올바른 견해를 받아들이게 될 것이라는 것이 그의 신념이었다.

옌안 시기의 가장 중요한 의미는, 공산당이 실제로 한 지역을 통치해본 경험을 쌓았다는 점이다. 이는 기존 정권을 전복하려는 대부분의 혁명운동이 경험하기 어려운 엄청난 이점이었다. 이 시기에 과세, 자원 배분, 교육, 대중 참여에 관한 기법들이 개발되고 정교화되었다. 옌안은 향후 중국 발전을 위한 하나의 청사진을 제공했지만, 마오쩌둥이 '옌안의 교훈'에 지나치게 집착한 나머지, 1930~1940년대에는 효과적이었던 방식들이 1960~1970년대에는 오히려 역효과를 낳았음에도, 이를 받아들이지 못했다는 비판이 뒤따랐다. 그럼에도 불구하고, '옌안 정신'은 중국 공산주의의 건국 신화의 일부분으로, 이념적·경제적으로 불안정한 시기마다 재조명되어 왔다. 가장 최근에는, 2022년 제20차 당 대회에서 시진핑이 다시 당 총서기로 재신임을 받은 직후, 시진핑은 정치국 상무위원들을 이끌고 옌안을 방문했으며, 혁명 초기 투사들의 투쟁 정신을 이어갈 것을 독려했다.

장시 시기의 상대적 실패와 달리 공산당은 옌안에서 눈부신 성과를 거두었고, 이에 대해 다양한 해석과 분석이 뒤따랐다. 하나의 설명은, 공산당이 국민당보다 농민들의 애국심에 더 효과적으로 호소할 수 있었기 때문이라는 것이다. 이러한 점에서, 일본군의 잔혹한 점령은 공산당이 농민들의 지지를 확보하는 데 결정적인 계기가 되었다. 일본군이 공산당 근거지에 가까운 북중국지역에 더 깊숙이 자리 잡고 있었던 반면, 국민당은 상대적으로 멀리 떨어진 중남부지역으로 후퇴해 있었기 때문에, 공산당은 항일투쟁 속에서 자연스럽게 농민의 지지를 얻을 수 있었다. 또 다른 설명은, 농민들이 반드시 민족주의에 반응한 것이라기보다는, 공산당의 경제개혁정책이 더 큰 매력으로 작용했다는 것이다. 두 설명은 서로 배타적이지 않다. 일부는 공산당의 반일 주장에, 또 일부는 경제정책에, 그리고 또 다른 일부는 그 둘 모두에 반응했을 가능성이 있다.

엔안을 방문한 외국 언론인들과 1949년 이후 공산주의 사관은 마오쩌둥의 지도력과 업적을 장정과 엔안 시기의 성과로 찬양해왔다. 하지만 이후 연구들은 점점 마오쩌둥의 한계와 문제점에 더 초점을 맞추게되었다. 일부 기록들은 그를 자신의 추종자들을 불필요하게 희생시킨 냉혹한 폭군으로 묘사하기도 한다. 그러나 그로부터 이미 80년 이상이 지난 현재, 당시의 진실을 정확히 파악하기는 쉽지 않다.

내전과 승리: 1941~1949년

국공 합작은 명목상으로는 일본과의 전쟁 기간 동안 유지되었지만, 긴장은 끊이지 않았다. 예를 들어, 1939년 시안 협정을 위반하고 산둥성에 진입한 공산당 유격대 300명이 학살당했는데, 이는 장제스의 명령에 의한 것으로 추정된다. 또한 중국 중부지역에 주둔한 신사군(新四軍)의 존재는 국민당 지도부에 큰 위협으로 인식되었다. 1941년 1월, 장제스는 신사군에 양쯔강 이북으로 철수하라고 명령했고, 한 달이 지나도 철수하지 않자 국민당 군대는 공격을 감행했고 이로 인해 3,000명 이상의 병력이 사망했다. 이 사건 이후 형식적으로나마 유지되던 국공 협력은 더욱 유명무실해졌다. 이른바 신사군 사건 이후 장제스는 국공합작 하에 공산당 정부에 지급되던 보조금을 중단하고, 옌안 근거지를 봉쇄하기 시작했다.

중국의 전시 수도 충칭에 거주하던 한 미국 외교관은 1941년 12월 일본의 진주만 공격 소식이 전해졌을 때, 공산당과 국민당 모두 이를 마치 휴일처럼 기뻐했다고 회고했다. 이는 이제 미국이 자신들과 공통의 적인 일본에 선전포고를 하고, 결국 그들을 물리쳐 줄 것이라는 기대에서였다. 물론 그렇게 되면, 양측은 보다 자유롭게 내전에 집중할 수 있게 된다는 의미이기도 했다. 미국은 공식적으로 중국과 같은 편에 서게 되었고, 국민당 정부에 막대한 재정 지원을 제공했다. 그러나 이 지원금의 상당 부분은 고위 관리들의 주머니로 흘러 들어갔고, 이들은 주변의 극심한 빈곤 속에서도 호화롭게 생활했다. 이에 반해, 옌안 근거지를 방문한 외국인들은 공산당의 옌안 근거지의 상대적으로 평등한 생활 여건에 주목했다.

한편, 일제 점령하의 중국 민중은 참혹한 고통을 겪었다. 군대는 물고기이고 민중은 물이라는 공산당의 표어에 대응해, 일제는 못을 말려라는 전략을 구사했다. 모두 죽이고, 모두 불태우고, 모두 파괴한다는 이른바 '삼광(三光)'정책은 일본군에 저항이 있는 지역에서 가차 없이 실행되었다. 생존자들은 강제 노역, 성노예, 또는 비인간적인 인체 실험의 대상이 되기도 했다. 하지만 아무리 훈련되고 무자비한 일본군이라 해도, 중국 전역에 동시에 주둔할 수는 없었다. 중국은 일본보다 훨씬 넓고 인구도 많았으며, 일본은 아시아-태평양 전역에서 다수의 전선을 유지해야 했다. 이 틈을 타 화북지역을 중심으로 한 공산당 조직원들은 일본이 부재한 지역에 진입해 영향력을 확대할 수 있었고, 이 과정에서 '보갑제'를 부활시키기도 했다.

비공개로 개발되어 온 핵무기가 히로시마와 나가사키에 투하되면서 예상보다 빠른 일본의 항복을 이끌어냈고, 이는 중국 내 권력 교체 과정에 혼란을 초래했다. 장제스는 일본군이 공산당이 아닌 국민당 대표에게 항복할 것을 요구했고, 미군의 수송을 이용해 병력을 북중국으로 이동시켰다. 이 지역은 국민당의 영향력이 거의 없던 곳이었다.

하지만 지리적으로 더 가까웠던 소련은 가장 먼저 도착한 연합군이었고, 이 권력 이양 과정을 의도적으로 지연시켰다. 소련군은 중국의 중공업 중심지였던 만주에 진입해, 일본이 건설한 공업 시설을 해체하고 자국으로 반출했다. 또한 대량의 일본군 무기를 공산당에 넘겨주었다. 본격적인 내전이 시작된 것이다.

장제스는 다시 미국의 수송 지원을 받아 화북지역으로 병력을 이동시켰으나, 그러나 그는 유능한 지휘관보다 충성스러운 인물을 우선 기용했으며, 이는 결국 판단 착오로 드러났다. 국민당은 일부 전투에서 승리했고, 1947년에는 옌안을 점령하여 옌안 시기의 종식을 공식화했다. 하지만 동시에 여러 주요 전투에서 패배했으며, 미국이 지원한 대량의 무기와 차량을 잃었다. 이로 인해 국민당 군의 사기는 심각하게 저하되었다.

인플레이션도 국민당의 문제를 악화시켰다. 전쟁 직후 억눌렸던 소비 욕구가 폭발하면서 소비재 부족이 심각한 물가 상승으로 이어지는데, 이를 안정시키기 위해서는 강력하고 통합된, 그리고 철저히 청렴한 정부가 필요했다. 그러나 국민당 정부는 이러한 조건을 충족하지 못했다. 일부 헌신적이고 정직한 관리들의 노력에도 불구하고, 인플레이션은 통제되지 못했다. 폭등하는 물가는 특히 도시지역에 더 큰 타격을 주었는데, 농촌지역은 식량이나 필수 생필품을 활용한 물물교환으로 어느 정도 대응이 가능했기 때문이다. 불행하게도 국민당은 본래 도시 기반의 지지를 받던 정당이었고, 그 지지가 점차 이탈하고 있었다. 반면, 주로 농촌에 기반을 둔 공산당은 상대적으로 영향을 덜 받았다. 공산당의 사기는 그 어느 때보다 높았고, 국민당 계열 군벌 몇 명이 공산당 측으로 투항하기도 했다. 그중에는 베이징을 담당하던 장군도 있었다. 그의 전향은 전략적으로나 상징적으로 매우 중요한 사건이었다.

1949년 10월 1일, 마오쩌둥은 노획한 미제 지프를 타고 베이징 시내를 관통해 톈안먼광장의 연단에 올라, 중화인민공화국의 건국을 선포했다. 중국 남부에서는 여전히 전투가 일부 진행 중이었으나, 내전의 결말은 이미 정해져 있었다. 천명(天命)은 이제 중국공산당에 넘어갔다.

추가 읽을거리

Edward L. Dreyer, *China at War* (London: Longman, 1995).
Joseph Fewsmith III, *Forging Leninism in China: Mao and the Remaking of the Chinese Communist Party, 1927–1934* (Cambridge: Cambridge University Press, 2021).
Harold Z. Schiffrin, *Sun Yat-sen and the Origins of the Chinese Revolution* (Berkeley: University of California Press, 1970).
Benjamin Schwartz, *Chinese Communism and the Rise of Mao* (Cambridge, MA: Harvard University Press, 1951).
Jay Taylor, *The Generalissimo: Chiang Kai-shek and the Struggle for Modern China* (Cambridge, MA: Belknap Press, 2009).

4장

마오쩌둥 집권기 중국정치: 1949~1976년

권력의 공고화: 1949~1955년

마오쩌둥은 중국공산당이 본토에서 정권을 장악했다고 해서 혁명이 완전히 승리했다고 착각하지 않았다. 그는 중화인민공화국의 수립을 새로운 대장정의 첫걸음에 비유했다. 승리는 가장 낙관적인 사람들의 예상보다도 더 빨리 찾아왔다. 내전 말기, 공산당 군대의 주요 과제는 후퇴하는 국민당 군대와의 교전이 아니라, 전면 퇴각 중인 그들을 뒤쫓는 일이었다. 그러나 중국공산당 지도부는 여전히 대다수 인민의 신뢰를 완전히 얻지 못했음을 인식하고 있었다. 따라서 정권 수립 이후 몇 년간은 당의 통치 정당성을 확보하는 일이 주요 과제가 되었다.

첫 번째 단계는 정부 조직의 수립이었다. 1949년 가을, 공산당은 1,200명 이상의 '사회 각계각층 인사'를 소집하여 중국인민정치협상회의(CPPCC)를 개최했다. 참석자들은 공산당 당원뿐만 아니라 중국민주동맹과 국민당 혁명위원회를 포함한 여러 애국 단체 및 소수 정당 대표들도 포함되었다. 국민당 혁명위원회는 과거 국민당에서 탈퇴한 조직으로, 국민당의 일부 정책에 반대하여 결별한 단체였다. 회의에는 이외에도 일부 군벌, 전직 국민당 당원, 저명한 변호사, 의사, 교수, 사회복지사, 예술가, 소수민족 지도자, 종교 지도자들도 참석했다. 중국인민정치협상회의에 초청받을 수 있는 기준은 두 가지였다. 첫째, 초청자는 상당한 영향력을 가진 인물이 되어야 했다. 군벌처럼 실질적인 권력을 지닌 자이거나, 종교 지도자나 전문가처럼 사회적으로 존경받는 자여야 했다. 둘째, 사회 변화의 필요성에 동의해야 했다. 당시 중국의 경제적, 사회적 혼란을 고려하면, 이 기준을 충족하는 것은 어렵지 않았다.

이러한 회의 방식을 정당화하는 사상적 근거는, 마오가 이전에 쓴 『신민주주의론』에서 제시한 마르크스주의의 중국적 적용에서 찾을 수 있다. 마오는 중국이 여전히 식민지적이고 반봉건적인 상태이므로 주적은 제국주의와 반봉건 세력이라고 주장했다. 따라서 모든 다른 세력, 심지어 부르주아 계층까지도 이러한 적들에 맞서 단결해야 한다고 보았다. 이와 같은 다양한 계층 혁명 연합은 프롤레타리아 계급이 주도하는 민주적 독재 형태로 운영될 것이었다. 이를 통해 중국은 마르크스가 제시한 부르주아 민주주의 단계를 거치는 동시에 사회주의 혁명의 기반을 조성할 수 있었다. 중국인민정치협상회의는 이러한 독재를 실행하기 위한 수단으로 기능했다.

중국인민정치협상회의는 다양한 계층이 참여했지만 중국공산당의 조직적인 장악력 아래 운영되었다. 그 결과 공동강령이라는 문서를 통과시켰다. 이 강령은 선거가 치러지고 보다 정통성 있는 헌법이 제정될 때까지 임시 헌법 역할을 하게 되었다. 강령은 중국이 노동자, 농민, 소부르주아, 민족 부르주아가 연합하여 이루는 민주주의적 독재 국가임을 선언하였다. 여기서 소부르주아는 상인, 행상인, 소규모 가게 주인 등을 포함했다. 민족 부르주아는 일본과 협력하지 않았거나 외세에 매수되지 않은 애국적인 부유층을 의미했다.

노동계급과 중국공산당의 지도 아래, 인민민주주의 독재는 제국주의의 앞잡이인 지주, 관료자본가, 국민당 반동 세력을 탄압할 것이었다. 사상 개조가 가능한 자들은 관대히 처우할 것이며 그렇지 않은 자들은 가혹하게 처리할 것이다. 중국인민정치협상회의는 이러한 계급 구조를 반영하는 국기를 채택했다. 이 깃발은 붉은 바탕에 공산당을 상징하는 큰 금색 별 하나와, 노동자·농민·소부르주아·민족 부르주아를 나타내는 작은 별 네 개가 이를 둘러싼 형태이다. 깃발 도안에 대한 또 다른 해석에 따르면, 큰 별은 지배적인 한족을, 네 개의 작은 별은 티베트족, 몽골족, 만주족, 회족 등 주요 소수민족을 상징하는 구성으로 설명되기도 한다.

부르주아 계급을 연합에 포함시키는 결정은 중국이 혁명 과정에서 부르주아 민주주의 단계에 있다는 인식에 기반하여, 의회적 통치 형태를 채택할 수 있는 토대를 마련해 주었다. 또한 이는 새로운 통일전선의 이론적 근거가 되었다. 과거 두 차례의 통일전선은 중국공산당과 국민당 간의 동맹 형태였지만, 이번에는 다양한 '계급'이 포함된 보다 폭넓은 연합이었다. 이 연합의 역할은 대지주, 대자본가, 외세 협력자 등 '비인민'에 맞서 '전인민'을 단결시키는 것이었다. 이론적으로는 민주주의적 연합이었지만, 실제로는 노동자·농민 계급이 주도하는 중국공산당의 제도적 지배 아래에 놓이는 것이었다.

모든 사람은 강제적으로 계급이 지정되었으며, 그 기준은 다소 자의적이었다. 애국적이라 믿은 부르주아 중에도 자신과 중국에 유익하다고 생각하며 외국 세력과 협력한 이들이 있었다. 이처럼, 한 사람이 애국적 협력이라 여긴 행동이 다른 사람에게는 반역적 공조로 간주되기도 했다. 또한 많은 농민들은 지주나 부유한 가문 출신과 연결된 배경을 가지고 있었다. 한 농민이 불리한 계급으로 분류될 위기에 처하자, 그는 당 관계자들에게 중국에서는 혼인 시 신랑이 신붓값을 지불하고 신부 측도 지참금을 마련해야 하기 때문에, 공산주의가 선전한 이상적인 극빈 농민 가정은 사실상 결혼이 어려웠고, 결국 대를 잇지 못하고 사라졌을 가능성이 크다고 주장했다.

설상가상으로, 계급이 일단 부여되면 평생 유지될 뿐 아니라 세습되기까지 했다. 이른바 나쁜 계급 출신 자녀들은 결혼, 취업, 교육에서 많은 제약을 겪었다. 이러한 세습적 계급제는 마르크스주의와도 맞지 않았다. 왜냐하면 어떤 사람이 더 이상 생산 수단을 소유하지 않는다면, 그를 착취 계급의 일원으로 간주할 수는 없기 때문이다. 또한 이는 마오주의와도 어긋났다. 마오쩌둥은 사상 개조와 교육을 통해 사회주의적 태도를 형성하는 것이 중요하다고 강조했다. 그러나 계급의 세습은 명백히 반근대적이며 나아가 봉건적 요소에 가깝다. 시간이 지나면서 이러한 구분은 점점 더 현실과 맞지 않게 되었다. 과거 지주 계급은 오히려 피착취 계급이 되었고, 공산당원들은 집단을 대표하여 생산 수단을 장악하고 부를 축적했다. 그럼에도 중국공산당은 새로운 계급 분석을 시도하지 않았다. 이는 기존 지지층을 잃을 위험이 있었기 때문이었다.

한편, 당은 자신이 '인민'이라고 규정한 계층 내에서 단결을 조성하기 위해 대중운동을 조직했다. 그 첫 번째는 1950년에 전개된 '항미원조(抗美援朝)'운동이었다. 이 운동은 북한을 지원하고, 미국을 최대의 적으로 규정하는 동시에, 국민들에게 외부의 위협에 맞서 단결할 필요성을 강조하는 데 유용했다. 앞서 언급했듯 많은 중국인은 국가보다는 씨족, 마을, 성(省)에 더 강한 충성심을 가지고 있었다. 이는 외세 침략에 대한 대응을 조율하는 데 어려움을 초래했다. 통일과 애국심은 쑨원이 묘사한 '흩어진 모래'와 같은 중국사회에 구체적 형태를 부여할 수 있게 했다.

항미원조운동을 비롯한 여러 대중운동들은 축제 분위기 속에서 진행되었다. 노동자들은 참가를 위해 휴가를 받았고, 작은 국기를 나눠 받았으며, 화려한 복장을 입은 아이들이 전통 춤을 추었다. 군대는 군악대의 연주에 맞춰 행진했고, 열정적인 연설 중간에는 폭죽이 터졌으며, 행사 말미에는 불꽃놀이가 이어졌다. 새로운 충성의 상징물들도 도처에 등장했다. 국기와 마오쩌둥의 대형 초상화가 그것이었다.

이보다 덜 극적인 방식의 통일 노력도 있었다. 당은 표준어인 보통화(普通話)를 전국적으로 강제하려 했다. 새 정권은 만다린이라 불리는 관화(官話)에 담긴 봉건적 관료주의의 흔적을 존중할 이유가 없었기에, 이를 공식 문서에서 '국어(國語)' 또는 '보통화'로 지칭했다. 중국은 다양한 방언이 공존하며, 심지어 인접 지역 간에도 서로 의사소통이 불가능한 경우가 있다. 특정 방언에 대한 애착은 지역주의 정서를 반영할 수 있으므로, 모두가 배워야 할 표준어를 강제하는 것은 지역 장벽을 허무는 하나의 방식이었다.

당은 대중 잡지와 신문 발간도 주도했다. 이들 간행물은 기존 관료층이 사용하던 문어체보다 구어에 가까운 언어로 작성되었다. 이는 5·4운동 세대의 요구 중 하나이기도 했다. 이러한 간체자(簡體字)로 쓰인 출판물은 훨씬 쉬워져, 결과적으로 당의 입장을 쉽게 전파할 수 있었다. 잡지와 일부 신문은 전국적으로 배포되었기 때문에 사회 통합에도 기여했다. 적어도 이론적으로는 전국의 중국인이 같은 내용을 읽고 있다는 의미였다. 공산당 집권 이전에 난립하던 다양한 화폐들도 통일되었다.

몇 달 후 시작된 두 번째 대중운동은 반혁명분자 숙청을 주요 목표로 삼았다. 비밀결사와 반공주의 단체가 색출되어 가능한 한 제거되었다. 비인민으로 간주된 자들은 공개 집회에 소환되어 비판받았다. 참회하면 목숨을 건질 수도 있었으나, 대중 집회에서 유죄가 인정되면 처형당하는 경우도 많았다. 마약상, 전쟁 중 부당 이득을 챙긴 자, 대지주, 포주, 매춘부 등이 숙청의 대상에 포함되었다. 그러나 빈곤으로 인해 불법적인 일에 연루된 사람들에 대해서는 다소 관대한 태도를 보였다. 거지와 매춘부를 다른 직업으로 재훈련시키는 제도가 운영되었으며, 마약 중독자들은 강제 금단 치료를 받았다. 이 방법들은 조잡했으나 효과적이었다. 공식 기록에 따르면 80만 명 이상이 처형되었고, 일부 추정치에서는 최대 천만 명에 달한다고 한다. 당 지도부는 이 과정을 불가피한 것으로 옹호하며 "혁명은 혁명은 연회가 아니다 아니다"라고 했다. 한편, 새로운 정부가 인민을 '위한' 것이라는 점을 설득하려는 노력도 전반적으로 성공적이었다.

1951년에 시작된 세 번째 주요 운동은 '삼반(三反)'운동으로, 부패 반대, 낭비 반대, 관료주의 반대가 핵심 목표였다. 이 운동은 당과 국가 기관의 간부들을 겨냥했으며, 중국공산당은 경멸하던 '관료' 대신 '간부'라는 표현을 사용했다. 지도부는 공산당이 승리한 이후 기회주의자들이 당에 가입하여 당의 목표에 대한 진정한 신념보다는 개인적 이익과 출세를 위해 활동하고 있다고 우려했다. 또한 일부 간부들은 전후 중국의 행정·감독 과정에서 새롭게 주어진 권한을 이용해 부패에 빠졌다고 판단했다. '삼반'운동의 목표는 이러한 출세주의자들을 당과 정부에서 제거하는 것이었다.

처음에 외부 관찰자들은 이 운동을 18세기 프랑스 혁명과 비교하며, 자기 자식을 잡아먹는 행위, 곧 제 살 깎아먹기식 숙청으로 해석했다. 그러나 이후 의견이 바뀌어, '삼반'운동은 당의 쇠퇴가 아니라 건강성을 유지하는 과정으로 인식되었다. 당 내부의 일탈과 약점을 공격함으로써 오히려 공산당의 결속력과 기강이 강화된 것으로 평가되었다. 몇 달 후인 1952년 1월에는 5가지 반대 운동, '오반(五反)'운동이 시작되었으며, 이번에는 부르주아 계층이 주요 대상이 되었다. '삼반'운동을 통해 당과 정부 내 대부분의 부패가 경제 관련 기관에서 발생하며, 이들이 부르주아 계층과 연계되어 있음을 발견했다. 이에 따라 부르주아 계층을 공격하기로 결정되었다. 오반운동의 주요 목표는 뇌물 수수, 탈세, 사기, 국가 재산 절도, 국가 경제 기밀 절도였다. 오반운동과 오반운동은 시기와 대상이 겹쳤기 때문에 종종 '삼반-오반(三反五反)'운동이라고도 불린다.

공산당은 집권 초기 경제를 회복시키고 당의 통제하에 두기 위해 많은 노력을 기울였다. 여기에는 인플레이션 억제, 기반 시설 복구 및 확장, 토지개혁 실시, 집단화 준비 등이 포함되었다. 이러한 내용은 7장에서 자세히 다룰 것이다. 중요한 점은, 정치적 노선의 변화가 종종 경제적 목표와 맞물려 이루어졌다는 사실이다.

권력기관의 설립

공산주의자들이 정권을 장악한 후 처음 몇 년 동안, 중국은 중앙인민정부 인민혁명군사위원회(中央人民政府人民革命军事委员会)의 관할 아래 여섯 개의 대규모 지역으로 나뉘었다. 중국이 워낙 방대하고, 당시 통신 수단이 매우 원시적이었기 때문에, 이러한 조직은 중국공산당이 권력을 공고히 하는 데 있어서 합리적인 선택이었다. 일부 증거에 따르면, 지도부는 이처럼 거대한 지역 내에서 중앙정부로부터 이탈하려는 움직임이 존재할 가능성을 우려하고 있었다. 예를 들어, 두 명의 지역 지도자가 베이징의 통제를 벗어나 중앙정부의 간섭을 받지 않는 관료 조직, 즉 이른바 '독립 왕국'을 구축하려 공모했다는 이유로 해임되었다.** 이들의 자율성 추구를 어느 수준까지 독립 시도로 보았는지는 분명하지 않다. 이 시기 중앙과 지역 간의 긴장이 존재했던 것은 분명하지만, 그것이 얼마나 심각한 문제였는지는 평가할 만한 충분한 정보는 매우 제한적이다.

인민민주독재라는 개념에 부합하게, 1949년 이후 공산당은 중국에서 유일한 실질적인 정당으로 자리 잡았다. 또한 인민민주독재의 원칙에 따라, 1953년 기층 선거가 실시되고, 이어 1954년 헌법이 제정되면서 국가통치체계가 본격적으로 갖추어졌다. 이에 따라 당과 정부라는

....

** 역자 주) 가오강(高崗)-라오수스(饒漱石) 사건은 1954년 중국공산당 내부에서 발생한 고위급 숙청 사건으로, 두 인물은 중앙 지도부를 견제하려다 실각하였다. 가오강은 자살했고, 라오수스는 구금되었다. 이 사건은 당시 가장 중대한 권력 투쟁 중 하나로 평가된다.

두 개의 병렬적인 위계 구조가 형성되었으며, 이들은 서로 중첩된 구성원으로 이루어져 있다 (도표 4.1 및 4.2 참조). 이러한 구조는 정당들이 정부 기관의 통제권을 놓고 경쟁하는 서양적 개념과는 본질적으로 다르다. 서양인들은 위계 구조의 최상층에서 당과 정부의 지도적 위치가 거의 항상 동일한 인물들에 의해 점유된다는 점에 주목하며, 이 체제가 불필요한 중복처럼 보인다는 점에서 종종 혼란을 느낀다. 그러나 당과 정부라는 두 개의 조직이 공존하는 이유는, 당이 정책의 정신적·이념적 방향을 제시하고, 정부는 그 정책을 행정적으로 구체화하고 실행하며, 이에 따라 일상적인 의사결정을 감독하는 역할을 맡고 있기 때문이다. 결국 이 모든 과정에서 당의 의지가 최우선한다.

당이나 정부의 공식적인 의사결정 구조에는 포함되지 않았지만, 군대 또한 중요한 정치적 행위자였다. 그러나 9장에서 살펴보겠지만, 마오쩌둥 시대의 중국에서는 군과 비군(非軍) 간의 경계가 명확하게 구분되지 않았다. 권력 핵심층 인사들이 당, 정부, 군대 내에서 동시에 주요 직책을 맡거나, 조직 간에 이동이 빈번했기 때문에, 재량권을 가진 독립적인 기관으로서의 군대가 당이나 국가에 영향을 행사할 가능성은 거의 없었다.

중국의 정치제도는 구소련의 제도를 본뜬 것이지만 정확한 복제본은 아니었다. 중화인민공화국에는 소련의 민족평의회에 해당하는 기관이 없으며, 중국 헌법은 소련 헌법과 달리 중화인민공화국의 구성 단위에 분리·독립할 권리를 부여하지 않는다.

국가의 최고 기관은 이론적으로 전국인민대표대회(이하 전인대)이다. 전인대는 법률 제정, 조약 비준, 국가주석 및 부주석 선출 권한을 갖고 있다. 전인대 대표들은 지역 사회에서 영향력을 행사하며, 다른 모든 국가기구의 후보자들과 마찬가지로 당이 수용할 수 있는 인물들이다. 반드시 중국공산당 소속일 필요는 없지만, 많은 의원이 당원이다. 전인대의 정원은 고정되어 있지 않으며, 일반적으로 2,000~3,000명의 의

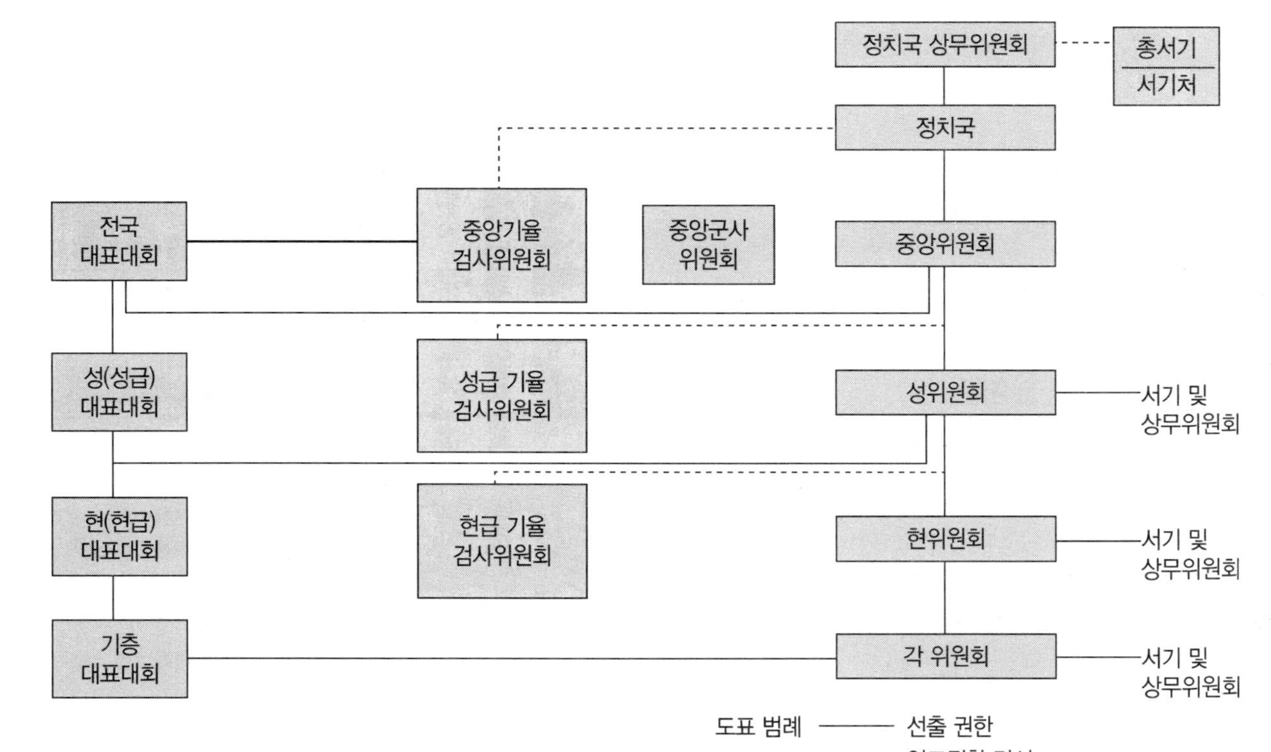

도표 4.1　중국공산당 조직구조

출처: 1982년 중국공산당 당헌.

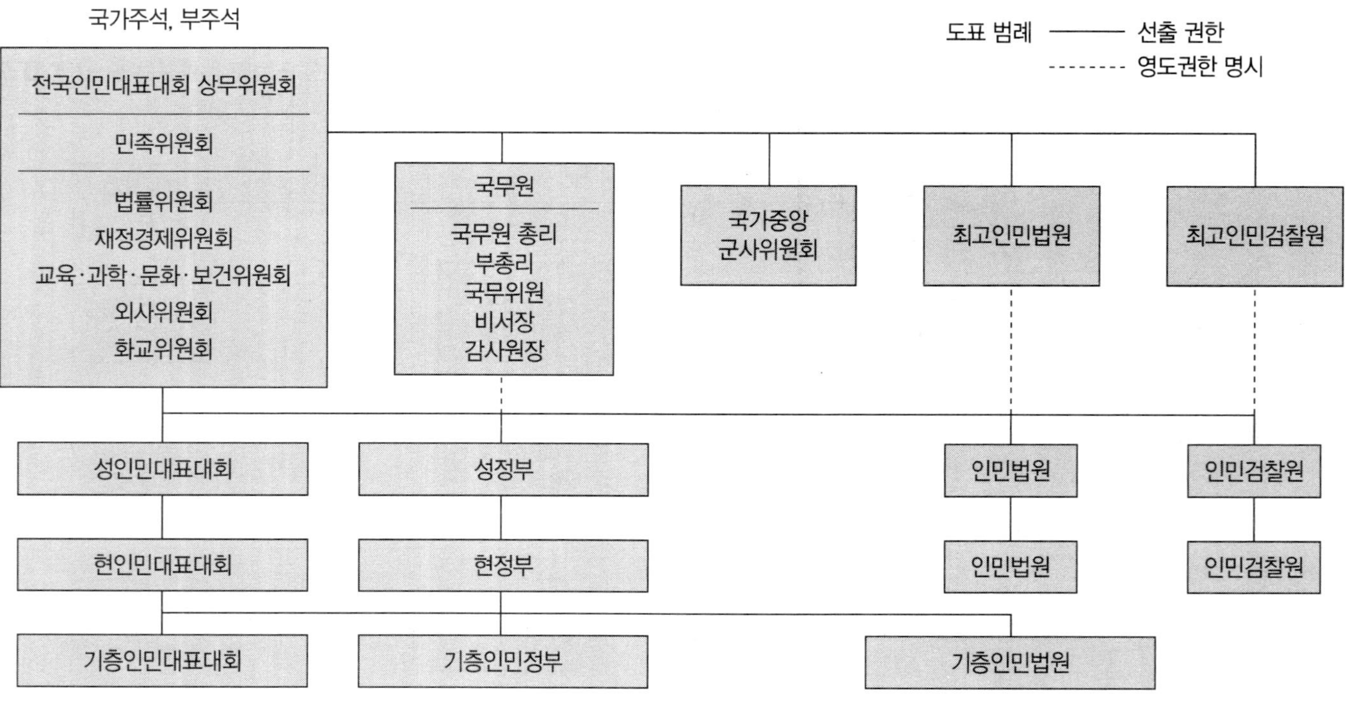

도표 4.2 중화인민공화국 정부 조직구조

출처: 1982년 중국공산당 당헌.

원으로 구성된다. 시진핑 집권 이전까지 전인대의 역할이 점차 더 적극적인 양상을 보이는 듯했다 (6장 참조). 그러나 그 규모가 지나치게 크고 회의도 자주 열리지 않기 때문에 실질적인 권한은 위임된다. 전인대 상무위원회는 약 150명으로 구성되어 있으나, 이 또한 상호 토론을 하기에는 비교적 큰 규모다. 위원회는 정기적으로 회의를 열며, 주요 비당원 관료들에게 당정책을 설명하는 역할을 한다.

행정 업무를 주로 수행하는 기관은 국무원이며, 강력한 총리가 이를 이끌고 여러 명의 부총리가 보좌한다. 부총리의 수는 정해져 있지 않다. 국무원 산하에는 여러 부처와 위원회가 있으며, 이들은 국무원에 직접 보고한다. 중앙정부 아래에는 중요도에 따라 다음 네 단계로 구성된 행정계층이 존재한다. 우선, 34개의 성(省)급 행정단위에는 실질적인 자치권은 거의 없지만 상당한 소수민족 인구를 가진 5개의 자치구 (13장 참조), 중앙정부에 직접 보고하는 4개의 직할시, 홍콩과 마카오라는 2개의 특별행정구, 그리고 중국이 영유권을 주장하지만 실질적으로 독립 국가처럼 기능하는 대만이 포함된다. 두 번째 행정계층에는 300개 이상의 지(地)급 행정 단위가 존재한다. 그 아래에는 약 3,000개의 현(縣) 및 현급(縣級) 도시가 있다. 마지막 행정계층에는 약 4만 개의 진(鎭)과 향(鄕)이 포함된다. 지급을 제외한 모든 행정 단위는 중앙정부와 유사한 정치 구조를 갖추고 있다. 지급 도시와 이른바 자치주에는 정부 기관과 인민대표대회가 존재하지만, 일반적인 지급은 행정 기관만을 운영한다.

당의 위계 구조는 더욱 중요하다. 중국공산당 전국대표대회(이하 전당대회)는 전인대처럼 규모가 매우 큰 기관으로, 최근 제20차 당 대회에서는 2,000명 이상의 대표가 참여했다. 적어도 형식적으로는 이 대회에서 중앙위원회를 선출한다. 중앙위원회의 정원은 정해져 있지 않지만, 현재 약 200명의 투표권 있는 정위원과 비슷한 수의 투표권 없는 후보위원으로 구성되어 있다. 중앙위원회에는 구성원 중에서 선출된 사무국이 있으며, 성(省)당위원회와 시(市)당위원회를 거쳐 기층(基層) 당 조직에 이르기까지 각급 당 조직을 감독한다. 이처럼 당은 중앙에서 기층까지 이어지는 명확한 위계 구조를 이루고 있다.

이론적으로 중앙위원회는 약 15~25명의 정치국 위원을 선출하며, 이들 중 약 5명~9명을 정치국 상무위원회 위원으로 선정한다. 현재 상무위원회는 7명의 위원으로 구성되어 있다. 이들, 특히 정치국 상무위원회 총서기는 중국에서 가장 강력한 인물로 여겨진다. 최근 몇 년간 총서기는 국가주석과 중앙군사위원회 주석을 겸임하며 막대한 권한을 행사해 왔다. 그 권한의 범위는 일정 부분 개인의 성향에 좌우된다. 예를 들어, 후진타오는 거의 동등한 위상 속에서 집단지도체제, 즉 집단적 의사결정체제가 형성된 반면, 시진핑은 의사결정을 사실상 독점하고 있다.

하위 조직이 상위 조직을 선출하고, 상위 조직이 다시 의사결정을 내려 하위 조직에 전달하는 과정은 민주집중제라고 불린다. 하지만 현실에서는 자유경쟁을 통한 선출이 아닌 상위 조직이 하위 조직의 구성원을 임명하는 방식이다. 중국 내 모든 대의기관이 공식적으로는 국민 정치권력의 기관이라고 주장하지만, 국민이 직접 선출하는 것은 기초 수준의 대의기관에 한정된다. 그 이상의 조직들은 직전 단계 조직에서 선출하는 형식을 취한다.

국가권력기관이 수립된 이후에도 중국인민정치협상회의(이하 정협)는 해체되지 않고 통일전선의 기관으로 남아 있다. 일반적으로 당대회가 먼저 열리고, 정치국 상무위원회가 사전에 결정한 변경 사항이 별다른 토론 없이 추인된다. 이후 전인대가 소집되어 당대회의 결정을 승인하며, 정협도 이를 따르게 된다. 최근에는 전인대와 정협이 동시에 개최되는 경향이 있다.

당과 정부기구는 겉보기에는 안정적이었지만, 그 이면에는 치열한 권력투쟁이 있었다. 1956년부터 1977년까지 그 어떤 당대회도 5년의 공식 임기를 채운 적이 없으며, 당대회에서 임명된 중앙위원회 또한 임기를 다한 적이 없다. 반면, 제8기 중앙위원회는 공식 임기를 거의 8년 초과하여 지속되었다. 정부 측에서도 전인대가 공식적으로 존재했던 첫 30년 중 13년 동안 소집하지 않았으며, 1966년부터 1974년까지 8년 동안은 아예 열리지 않았다. 한편, 국가주석 류사오치(劉少奇)는 1969년 1월까지 임기를 수행해야 했으나 1968년 10월 당 중앙위원회 전원회의에서 해임되었다. 이는 헌법상 해임 권한을 가진 전인대가 아닌, 권한이 없는 정족수 미달의 당중앙위원회 전원회의에서 이루어졌다. 1976년에는 화궈펑(華國鋒)이 국무원 총리로 임명되고 덩샤오핑(鄧小平)이 국무원 부총리직에서 해임되었으나, 이는 정부 조직이 아닌 당 정치국의 결정으로 이루어졌으며, 헌법적 정당성을 확보하려는 시도조차 없었다. 이후 덩샤오핑이 권력을 되찾은 뒤, 1985년 당회의에서 몇몇 정치국 위원들을 퇴임시켰는데, 이는 헌법상 권한을 가진 당 중앙위원회의 반발을 우려했기 때문으로 보인다. 1989년 이후, 덩샤오핑은 중국에서 사실상 최고의 지도자로 인정받았으나, 당과 어느 조직에서도 공식적인 직책을 맡지 '않았다'. 1990년대부터 절차가 점차 제도화되기 시작했다.

초기부터 당은 일반 대중을 정치 과정에 끌어들이기 위해 상당한 노력을 기울였다. 옌안에서와 마찬가지로 여러 대중 조직이 설립되었는데, 대표적으로 공산주의청년단, 노동조합 총연맹, 여성연합회, 의학협회 등이 포함되었다. 개인을 보다 밀접한 수준에서 정치에 참여시키기 위해, 소규모 학습 소조(小組)가 도입되었다. 농촌에서는 생산대를 통해, 도시에서는 '단위(單位)'라는 직장 조직을 통해 이루어졌다. 이러한 조직은 다시 8~15명 규모의 '소조'로 세분되었다. 옌안 시기의 운영 방식을 본뜬 가장 흔한 형태의 '소조'는 정치 정치학습조로, 여기서 구성원들은 지도자의 인솔하에 학습 자료에 대해 장시간 토론을 진행했다. '비판과 자기비판'이라는 명목 아래, 구성원들은 각자의 견해를 표현하고, 자신을 비판하며, 다른 구성원의 비판을 받아들여야 했다.

'소조'는 당에게 여러 면에서 유용한 도구였다. 첫째, 간부들이 당정책을 일반 대중에게 직접 전달할 수 있는 창구를 제공했다. 둘째, 정책변화가 대면 토론 속에서 이루어지도록 하여 개인적인 설득의 가능성을 높였다. 셋째, 소조는 일반적으로 생활 반경이 같고 함께 일하는 사람들로 구성되었기 때문에, 구성원들 간에 강한 동조 압력을 행사할 수 있었다. 중국 전통에서 집단적 동조가 높은 가치를 지닌 만큼, 중국공산당은 이를 활용하여 정책변화에 대한 만장일치적인 수용을 유도할 수 있었다. 넷째, 소조는 개인들에게 정치 과정에 참여하고 있다는 인식을 줄 수 있었으며, 동시에 당이 고집스럽거나 이탈 성향을 보이는 개인들을 파악할 수 있는 정보 채널 역할을 했다. 마지막으로, 이는 중국사회의 취약한 수직 통합 구조를 보완하는 수단이기도 했다. 쑨원이 모래처럼 흩어진 사회로 묘사한 중국사회에서, 지도부의 정책에 대한 대중동원 능력은 사회에 구조를 부여하는 핵심 수단이었다.

그러나 이는 어디까지나 소조가 계획대로 운영될 경우에만 해당하는 이야기였다. 실상은 항상 그렇지 않았다. 간부들은 소조 구성원들 중에서 대중성이 결여된 당정책을 고집스럽게 받아들이지 않으려는 '개인주의'와 '특수주의' 경향을 보이는 사람들이 있다고 불평했다. 또한 많은 사람들은 단순히 지루함을 느꼈으며, 회의에 신체적으로는 참석했지만 내용에는 관심을 두지 않았다. 정치적으로 미숙한 사람조차도 자신이 조종당하고 있음을 깨달을 수 있었다. 더욱이, 오랜 시간 정치학습에 참여해야 한다는 것은 경제적으로 수익성 있는 활동에 투입할 시간이 줄어든다는 것을 의미했다. 좌절한 간부들은 설득에 실패하자, '형식주의'와 '명령주의'에 의존하게 되었다. 결국 1956년쯤 되자, 소조는 진정한 참여보다는 의례적인 참여로 치우치는 경향을 보이기 시작했다. 이 제도는 마오쩌둥 시대 이후로 사실상 생명력을 잃게 되었다.

백화제방 시기: 1956~1957년

해방 이후 몇 년 동안, 중국 국민들 사이에서는 목표에 대한 상당히 폭넓은 합의가 있었으며, 공산당은 이를 비교적 효과적으로 실행했다. 철도가 재건되고, 관개 시설도 다시 기능을 하게 되었으며, 식량이 부족했던 도시들에도 공급이 원활해졌다. 인플레이션이 멈추고, 화폐가 재평가되었으며, 토지개혁이 시행되었다.

그러나 1955년 무렵부터 긴장과 갈등이 나타나기 시작했다. 농업, 수공업, 민간 상업 및 산업의 대규모 집단화는 토지개혁만큼 대중적인 지지를 얻지 못했다. 훨씬 더 많은 사람들이 집단화 과정에서 자신이 손해를 보고 있다고 느꼈으며, 그들은 다양한 방식으로 이러한 불만을 표출했다. 일부 작가들에 대한 탄압 조치는 창작물의 질과 양 모두를 감소시키는 결과를 낳았고, 이는 공산당 지도부를 실망스럽게 만들었다.

마오쩌둥은 이러한 긴장이 존재함을 인식하고 이를 해결할 필요성을 느꼈다. 스탈린 사후 공산주의 국가들에서는 민중의 불만이 여러 지역에서 폭동으로 표출되었다. 중국 지도부는 이러한 폭발적인 사태의 주요 원인 중 하나가 오랜 기간 동안 반대 의견이 억눌려 왔기 때문이라는 분석에 동의하는 듯했다.

백화제방운동은 중국사회 내의 긴장을 완화하기 위한 마오쩌둥의 시도였다. 1956년 5월, 그는 "백화제방, 백가쟁명(百花齊放, 百家爭鳴)"이라는 문구를 포함한 연설을 했다. 이 구호의 후반부는 약 2,000년 전 전국시대에 다양한 사상들이 우위를 놓고 경쟁했던 상황을 가리킨다. '백화제방'이라는 비유는 마오쩌둥이 직접 만들어낸 것으로 보이며, 이는 비판이 사회주의를 강화할 것이라는 그의 확신에서 비롯되었다. 결국, 진리는 승리하기 마련이므로 논쟁이 진행되는 동안 더 많은 사람들이 사회주의의 정당성을 확신하게 될 것이라는 논리였다. 이러한 개념은 영국 공리주의 철학자 밀(John Stuart Mill)의 사상과 상당히 유사하지만, 그가 밀의 저작을 접했다는 증거는 없다.

마오쩌둥의 연설은 당 지도부를 대상으로 한 것이었으며 공식적으로 발표되지는 않았다. 이 연설은 중국 언론에 실린 간접적인 언급을 통해 알려졌다. 이러한 기사들에 따르면, 표현의 자유가 장려되는 데에는 일정한 한계가 있었다. 예를 들어, 음란물은 명백히 금지되었으며, "미국의 달이 중국의 달보다 더 둥글다"거나 "모두 마작이나 치고 국정은 내버려두자"와 같은 태도도 허용되지 않았다. 기본 전제는 의견 차이가 심각하지 않을 것이라는 점이었으며, 이는 마오쩌둥이 '비적대적 모순'이라고 부른 것, 즉 강제적인 수단 없이 해결할 수 있는 모순에 해당하는 것이었다.

처음에 이러한 토론 요청에 대한 반응은 압도적인 침묵이었다. 한 저명한 인류학자는 '이른 봄 날씨'에 대한 암시적인 언급으로 그 이유를 설명했다. 이른 봄 날씨는 꽃봉오리가 피어나도록 하지만 곧 찾아오는 서리로 인해 꽃들이 시들어 버린다는 것이다. 1957년 2월, 마오쩌둥은 또 한 차례 연설을 했지만, 역시 당시에는 공개되지 않았다. 이후 언론에 보도된 인용문과 발췌문을 보면, 이 두 번째 연설은 자유로운 발언을 더욱 적극적으로 장려하는 내용을 담고 있었다. 당의 압박이 뒤따르자, 점차 가시적인 반응이 나타나기 시작했다.

처음에는 비판이 온건한 수준에 머물렀다. 지식인들은 중국인민정치협상회의와 민주당파의 역할 확대를 요구했고, 자신들의 연구와 관련 있는 외국 정기간행물의 수입을 늘릴 권리를 요청했다. 하지만 점차 일반 시민들도 더욱 대담해졌고, 아직 공개되지 않은 두 번째 연설을 표현의 자유를 보장하는 것으로 해석하기 시작했다. 비판은 당 지도부를 충격에 빠뜨릴 정도로 점점 격화되었다. 중국 최고의 대학인 베이징 대학의 학생들은 특정한 벽을 감정 발산의 공간으로 정하고, 당을 강하게 비판하는 '대자보'로 뒤덮었다. 한 톈진의 기술자는 공산당이 중국에 혁명을 약속했지만, 실제로는 단지 왕조 교체에 불과했다고 비판했다. 한 언론인은 당이 빠르게 대중과 괴리되었으며, 당원 대다수가 "아첨꾼, 아부꾼, 예스맨"이라고 지적했다. 한 교수는 마르크스와 레닌이 끊임없이 자신들의 이론을 수정했음을 상기시키며, 만약 편협한 관료주의자들, 곧 중국공산당 지도부가 그들의 이론을 경직되게 적용하고 있는 것을 본다면 결코 기뻐하지 않을 것이라고 주장했다.

농민들은 협동농장이 형편없다고 불평하며 자신들의 땅을 되찾기를 요구했다. 노동자들은 임금 체계가 비합리적이라고 주장하며, 무급 초과근무를 '자발적으로' 해야 한다는 데에 대한 불만을 터뜨렸다. 심지어 어떤 사람들은 국민당 치하에서 더 나은 삶을 살았다고 말하기도 했다. 소수민족들은 중국에서 분리되어 독립 국가를 세워야 한다고 주장했다.

이러한 비판은 당이 예상했던 것과는 전혀 다른 것이었다. 단결을 강화하기는커녕, 오히려 분열과 해체의 움직임을 조장하는 듯했다. 결국 마오쩌둥의 1957년 2월 연설, "인민 내부의 모순을 올바르게 처리하는 방법에 대하여"가 공개되었지만, 일부 문장은 나중에 추가된 것으로 보였다. 이 연설에서 그는 특정한 비판을 더 이상 향기로운 꽃이 아닌, 사회주의 정원의 유독한 잡초로 간주한다고 밝혔다. 그리고 이러한 모순은 적대적 모순으로 분류되어 반드시 뿌리 뽑고 제거해야 한다고 선언했다.

백 송이 꽃을 시들게 한 서리는 1957년 6월에 시작되어 또 하나의 대중운동의 형태를 띠었다. 이는 반우파 운동으로 알려져 있으며, 그 해 말까지 30만 명 이상이 '우파'로 지목되었다. 이들 중에는 중국의 가장 뛰어나고 헌신적인 지식인들이 다수 포함되어 있었다. 그러나 그들은 경제학, 공학, 천체물리학 등의 분야에서 국가발전에 기여할 기회를 얻기보다는 경력이 파탄 났다. 처벌로는 감옥 수감, 노동 교화, 또는 농촌으로의 유배 등이 있었다. 유배는 '진짜' 중국을 체험하고 국가를 더 잘 이해하게 한다는 명목으로, 도시와 농촌의 경계를 허문다는 이유에서 시행되었다. 촉망받던 미래가 파괴되고, 가족들이 찢어졌다. '우파'

라는 낙인을 받은 일부 사람들은 가족에 대한 오명을 줄이기 위해 스스로 이혼했거나 배우자로부터 이혼을 당했다. 또 어떤 사람들은 투쟁 회의에서 비판받고 고문당한 후 자살하기도 했으며, 일부는 처형당했다.

백화제방운동이 불만 세력을 색출하기 위한 교묘한 계략이었을 가능성이 있었을까? 초기에는 외국 분석가들은 그렇지 않다고 보았다. 그들은 마오쩌둥을 포함한 당내 낙관론자들이 이 운동이 당에 대한 대중의 지지를 결집하고 집단화 계획을 정당화할 것이라고 진심으로 믿었다고 생각했다. 반면, 당 내 이념적 강경파들은 처음부터 이 정책의 타당성에 대해 회의적이었으며, 비판이 거세지자 낙관론자들에게 이를 상기시켰을 것이다. 이에 마오쩌둥은 강경한 입장을 채택하며 자신의 연설을 수정하여 발표하도록 했다. 그 결과, '우파' 반대파를 숙청함으로써 당 내부의 통일을 이루려 했다는 해석이 가능하다. 그러나 후대의 연구에서는, 이 운동이 처음부터 함정이었다는 주장을 뒷받침하는 문서가 존재한다고 본다. 1957년 5월 중순, 고위 당 간부들에게 보낸 편지에서 그는 다음과 같이 밝혔다.

"상황은 이제 막 변화하기 시작했다. 우파의 공세는 아직 절정에 이르지 않았다. [우파들은] 여전히 매우 열정적이다. 우리는 그들이 한동안 마음껏 날뛰며 절정에 이를 때까지 내버려 둘 필요가 있다."

대약진운동과 그 여파: 1958~1961년

지도부 내 급진적인 인사들 사이에서 여러 요인이 맞물려 현 상태에 대한 조바심을 불러일으켰다. 백화제방운동은 중국이 점진적으로 공산주의로 나아갈 수 있다는 생각을 반박하는 듯했다. 사람들의 태도가 점진적으로 사회주의 목표를 수용하는 방향으로 나아갈 것이라는 기대가 깨진 것이다. 또한 발전 속도에 대한 불만이 커지고 있었다. 1957년 곡물 생산량은 인구 증가율 2%에 비해 고작 1% 증가하는 데 그쳤다. 1955~1956년에 집단화가 도입되었지만, 이 중간 단계에 너무 오래 머무르면 진정한 공산주의로의 이행이 더욱 어려워질 것이라는 우려가 있었다.

또한 소련의 방식이 중국에 갖는 한계를 인식하는 움직임이 커지고 있었다. 중화인민공화국이 건국된 후, 소련은 경제학부터 민족학까지 다양한 분야에서 중국을 돕기 위해 상당수의 고문들을 파견했다. 이들이 중국 상황과 관계없이 소련의 경험을 엄격하게 적용하려 했다는 증거는 없지만, 자신들이 익숙한 범주와 절차에 따라 사고하는 경향이 있었던 것은 이해할 만한 일이었다. 예를 들어, 소련은 노동력 부족이 일반적이었던 반면, 중국은 노동력 과잉이 특징이었다. 따라서 노동을 자본으로 대체하려는 소련의 방식은 중국에서는 효과적이지 않았다. 이에 중국 지도부는 막대한 인구를 활용하여 생산을 늘리기를 원했다. 마오쩌둥은 마르크스주의가 적용되는 사회의 특성에 맞게 변형되어야 한다는 오랜 신념을 가지고 있었으며, 대약진운동은 이러한 중국적 특성을 반영하여 공산주의를 실현하는 방식으로 추진되었다.

더불어, 지도부는 협동조합이나 마을보다 더 큰 단위에서 문제를 해결해야 한다는 인식을 가지게 되었다. 지도부는 관료주의의 팽창이 복잡한 행정 절차를 낳아, 생산성 향상을 저해하고 있다고 보았다. 이와 함께, 새로운 지위 격차가 점차 드러나기 시작했는데, 이는 공산당이 집권할 때 내세운 평등주의적 이념과 상충하는 것이었다. 이와 별개이지만 연관된 요인으로, 마오쩌둥의 도시와 농촌 간 격차를 줄이고자 하는 강한 의지가 있었다. 이는 마르크스의 사상뿐만 아니라 자신의 성장 배경을 반영한 것으로 보인다.

특히 마르크스의 초기 저술에서는, 공장제 생산방식에 내재된 분업화로 인해 인간이 노동의 결과로부터 소외되는 현상을 되돌리는 것에 대한 관심이 컸다. 마르크스가 상상한 공산주의 사회에서는 한 사람이 하루 중 일정 시간은 장인으로 일하고, 나머지 시간에는 어부, 사냥꾼, 음악가 등으로 자유롭게 활동할 수 있어야 했다. 마오쩌둥과 많은 비마르크스주의 성향의 중국인들은 오랜 기간 자국 내 도시-농촌 격차에 대해 고민해 왔다. 특히 마오쩌둥은 이러한 격차를 뼈저리게 느낀 것으로 보인다. 농촌에서 성장한 그는 중국공산당 지도부 내 해외 유학파를 비롯한 여러 인사들에게 세련되지 못하다는 이유로 멸시받았다. 또한 농민을 중시하는 태도 때문에 그들은 마오쩌둥을 경멸적으로 무식한 공산주의자라는 뜻의 '토공(土共)'으로 불렀다. 그는 이념적으로 순수한 이들, 즉 공산주의자들과 기술 관료들 사이에 이분법이 존재해서는 안 된다고 강하게 믿었다. 기술 관료들은 흔히 부르주아 이데올로기에 오염된 존재로 여겨졌지만, 그는 중국에 이념적으로 충실한 공산주의자이면서 동시에 전문성을 갖춘 인재가 필요하다고 보았다. 결국 대약진운동은 이러한 급진적 평등주의 메시지를 담고 있었다.

마오쩌둥은 또한 국제정세가 대담한 도약을 감행하기에 유리하다고 확신하고 있었다. 1957년 10월, 소련은 세계 최초의 인공위성인 스푸트니크를 발사했으며, 그해 초에는 대륙간 탄도미사일 기술에서도 획기적인 진전을 이루었다. 시를 자주 쓰고 연설에서도 시적인 비유를 즐겨 사용했던 그는 이러한 발전을 기념하는 상징적인 연설을 통해 "동풍이 서풍을 압도하고 있다"라고 주장했다. 그는 소련을 포함한 모든 진보적인 세력이 이러한 유리한 환경을 활용하여 대담하게 전진해야 한다고 촉구했다.

예상대로, 이 시기를 활용하기 위해 선택된 수단은 대중운동이었다. 이번 경우에는 대약진운동이었다. 대약진운동이 정확히 어떤 과정을 통해 결정되었는지는 학자들 사이에서 많은 논란이 되어 왔다. 관료적이고 신중한 성격으로 마오쩌둥과는 성향이 달랐던 류사오치가, 이 운동의 출발점이 된 연설을 했다고 주장한 연구자도 있었으나, 이후 류샤오치는 이 운동에 반대한 것으로 평가되었다. 또 다른 학자는 류샤오치가 대약진운동을 지지했지만, 마오쩌둥과는 전혀 다른 이유 때문이었다고 주장했다. 마오쩌둥이 대중의 집단적 에너지를 해방하는 것에 대한 믿음을 가지고 있었던 반면, 류샤오치는 조직적인 측면에서 대약진운동이 성공할 수 있다고 생각했다. 또한 그는 자신의 정치적 입지를 위해 마오쩌둥을 지지할 필요성을 느꼈을 수도 있다. 그의 주치의는 류사오치 등 측근들이 지나치게 아첨하는 태도를 보였기 때문에, 대약진운동에서 그들이 실제로 어떤 생각을 가졌는지는 영원히 알 수 없을지도 모른다고 평가했다.

대약진운동의 초기 단계에서는 1957년 겨울부터 1958년 초까지 농한기를 이용한 대규모 조직 단위 실험이 이루어졌다. 여러 개의 협동조합이 함께 댐 건설이나 수자원 관리 작업과 같은 사업을 진행하도록 장려되었다. 국가지원을 요청하기보다는 지역 주민과 지역 자원을 활용하는 것이 목표였다. 수천 명의 농민이 조잡한 삽이나 심지어 밥그릇을 이용해 엄청난 양의 흙을 퍼내며 댐을 건설하는 모습이 중국 및 세계 여러 신문에 보도되었다. 외부 세계에서 바라본 중국의 이미지는 이전의 흩어진 모래알에서 집단 조직과 인구의 힘으로 거대한 문제에 맞서는 개미 군대로 바뀌었다. 한 저자는 이 시기를 연구한 저서에서 마오쩌둥을 푸른 개미들의 황제로 묘사하기도 했는데, 이는 당시 중국인들이 입었던 청색 노동복을 가리킨 것이었다.

산업 부문에서는 공장 벽마다 노동자들에게 새로운 목표를 독려하는 선전 구호들이 등장했다. 초기에는 이러한 목표가 비교적 현실적이었다. 예를 들어, "15년 내에 영국의 철강 생산량을 따라잡자"는 구호는 어느 정도 실현 가능성이 있었다. 1957년 중국의 철강 생산량은 영국보다 훨씬 낮았지만, 중국의 생산량은 증가하는 반면 영국은 거의 정체 상태였고, 영국은 중국보다 훨씬 작은 나라였기 때문에 15년 내에 따라잡을 가능성이 있었다. 그러나 이 목표 시한은 점점 단축되어 10년, 5년, 심지어 일부 지역에서는 3년으로 줄어들었다. "더 많이, 더 빠르게, 더 좋게, 더 저렴하게(多快好省)"라는 구호가 곳곳에 등장했다. 한 소련 과학자는 중국을 방문했을 때, 한 산부인과 병원의 문 위에도 이 구호가 적혀 있는 것을 보고, 중국의 인구 과잉의 현실을 감안할 때 특히 부적절한 문구라고 생각했다고 회고했다.

이전부터 시작된 운동이 더욱 강화되었는데, 이는 도시의 젊은 지식인들을 농촌으로 내려보내는 운동이었다. 당시 지식인은 최소한 중학교를 졸업한 사람으로 정의되었다. 이들은 "뿌리를 내리고, 꽃을 피우고, 열매를 맺으라"는 구호 아래 농촌에 파견되었으며, '하향(下鄕)' 혹은 하방청년(下放靑年)으로 불렸다. 이들은 농민들과 지식과 경험을 공유하는 동시에 농업 기술을 배워 중국의 식량 생산을 증가시키는 역할을 기대받았다. 이는 마오쩌둥이 원했던 도시와 농촌 간의 격차를 줄이려는 정책과 잘 맞아떨어졌다. 그러나 실제로는 농민이나 도시 청년 누구에게도 환영받지 못했다. 공공연히 항의하는 것은 위험했기 때문에 쉬쉬했지만, 농민들은 농사일에 익숙하지 않고 육체노동에도 적응하지 못하는 많은 젊은이들이 갑자기 농촌에 몰려드는 것을 불만스러워했다. 반대로 '하방청년'은 힘든 농촌 생활과 농사일을 싫어했으며, 가족과 떨어져 지내는 것뿐만 아니라 도시 생활의 편의 시설을 그리워했다.

대약진운동과 관련된 또 다른 구호는 "두 다리로 걷자"였다. 여기서 한쪽 다리는 현대적인 요소를 의미하며, 중공업에서의 고가 기계나 서양식 의료 기술 등이 이에 해당한다. 반면 다른 다리는 전통적인 요소를 가리키며, 방직업에서 노동집약적 전통 방적 기술이나 중국 전통 의학이 그 예시였다. 과학적 방법과 다양한 연구 활동이 부르주아의 산물로 매도되었으며, 올바른 정치적 관점과 농민의 지혜는 찬양받았다. '부르주아적 과학 객관주의'는 조롱의 대상이 되었다.

1958년 8월, 여러 협동농장을 합쳐 대규모 농업 단위인 인민공사(人民公社)가 설립되었다. 이 공사의 경제적 영향에 대해서는 5장에서 자세히 다룰 것이다. 그러나 정치적·사회적으로도 인민공사는 엄청난 변화를 초래했다. 농촌에서도 산업 기술의 기초를 배우도록 하기 위해 농민들이 야외에 소형 제철로를 운영하도록 했으며, 이는 도시와 농촌 간의 격차를 줄이는 데 기여할 뿐만 아니라 철강을 농촌으로 수송하는 문제를 해결하려는 의도였다. 당시 농촌의 열악한 교통망 때문에 철강 운반이 어려웠기 때문이다. 또한 사유재산에 대한 공격도 이루어졌다. 농민들은 사적인 경작지뿐만 아니라 손목시계나 보석과 같은 개인 소유물마저 포기해야 했다.

소득 산정 기준이었던 노동점수제는 폐지되고, 대신 공산주의 원칙인 "능력에 따라 일하고, 필요에 따라 분배받는다"는 방식을 도입했다. 이는 이념적으로 정당성을 가질 뿐만 아니라 노동점수 기록 업무에서 해방된 회계 인력도 생산에 동원할 수 있다는 실용적 이유도 있었다. 사람들은 집단 급식소에서 식사를 하도록 하여 요리하는 시간을 줄이고, 국가가 식사 시간을 통제할 수 있도록 했다. 대량으로 음식을 조리하면 식량 낭비가 줄어든다는 논리도 제시되었다. 또한 가정주부들이 가사노동에서 해방되어 유치원을 만들어 아이들을 맡기게 했으며, 이를 통해 여성들도 노동에 참여하도록 했다. 노인들은 '행복원'이라는 노인 공동시설로 보내졌다. 일부 지역에서는 핵가족에 대한 직접적인 공격도 이루어졌는데, 심지어 기혼 노동자들조차 성별에 따라 분리된 기숙사에서 생활해야 했다.

새로운 농업 기술도 의무적으로 도입되었는데, 여기에는 이중 바퀴와 이중 날을 가진 쟁기의 사용, 씨앗을 이전보다 더 촘촘하고 깊이 심는 방법, 그리고 그동안 농사에 부적합하다고 여겨졌던 땅을 활용하는 것이 포함되었다. 일부 용감한 이들이 이러한 조치의 비합리성에 대해 항의했지만, 대부분은 반우파운동에 의해 침묵을 강요당했다. 이는 대중노선의 정반대였으며, 당의 구호인 "대중으로부터 대중으로"를 스스로 부정하는 것이었다.

한동안 중국 인민들의 열정은 끝이 없는 듯 보였다. "푸른 개구리의 등에 타고" 출근했다는 말처럼 새벽녘 가장 먼저 일터에 도착한 활동가들에 대한 이야기, 마오쩌둥에 대한 사랑을 보여주기 위해 병든 노인들조차 하루 18시간씩 들판에서 일했다는 이야기, 그리고 전년도 수확량의 세 배에 달하는 농업 생산량 증가에 대한 이야기가 퍼졌다. 그러나 이러한 이야기들은 오래가지 못했다. 1958년 8월 29일에 인민공사의 설립에 대한 결의안이 도입되었고, 10월이 되자 대약진운동 과정에서 발생한 '일부 문제들'을 논의하는 회의들이 당 간부들 사이에서 열리기 시작했다.

당의 이론지 『홍기(紅旗)』의 11월호에는 "우리는 이미 공산주의 단계에 도달했는가?"라는 제목의 기사가 실렸다. 이 기사는 대약진운동에 대해 열정적으로 보이면서도 사실상 그 열기를 다소 누그러뜨리려는 내용이었다. 논의를 거친 끝에, 필자는 '우리'는 아직 공산주의에 도달하지 못했으며, 따라서 "능력에 따라 일하고 필요에 따라 분배 받는다"는 원칙을 "능력에 따라 일하고 노동에 따라 분배받는다"는 '반(半)공급제'로 수정하는 것이 적절하다고 결론지었다. 그러나 실제 이유는 대부분의 사람들이 분배 원칙 아래에서는 열심히 일하지 않았기 때문이었다. 일부는 불합리한 압박에 소극적으로 저항했고, 다른 이들은 재산을 파괴하거나 가축을 죽이는 방식으로 적극적인 파괴 행위를 벌이며 국가에 넘겨주기를 거부했다. 정부는 풍작 소식을 듣고 세금을 더 거둘 수 있다고 판단했으며, 실제로 그렇게 했다. 그러나 그렇게 거둬들인 곡물은 창고에 쌓여 있는 반면, 정작 그 곡물을 재배한 농민들은 굶주리거나 심지어 인육을 먹는 지경에 이르렀다.

12월이 되자 마오쩌둥은 중화인민공화국 주석직에 재출마하지 않겠다고 발표했지만, 당 내 최고직인 당주석직은 유지했다. 공식적인 이유는 그가 이론 연구와 저술에 더 많은 시간을 할애하고 싶다는 것이었지만, 실제 이유는 대약진운동의 실패로 인해 당 내에서 이념적으로 덜 강경한 세력이 힘을 얻었기 때문으로 보인다. 그가 물러난 자리는 류사오치가 차지했으며, 그해 12월 당 중앙위원회에서 도입된 우한결의(武漢決议)는 "맹목적 신념의 타파"를 촉구함과 동시에, 중국이 공산주의 단계가 아니라 사회주의 단계에 있음을 공식적으로 천명하고 반공급제의 적용을 재확인하였다.

이후의 여러 지침들은 대약진운동의 많은 요소를 해체했다. 예를 들어, 대규모 집단 급식소는 규모가 축소되었고, 보다 다양한 음식을 제공하도록 지시받았다. 그러나 노동자들이 식당까지 이동하는 데 너무 오랜 시간이 걸려, 대규모로 운영함으로써 얻으려던 효율성은 오히려 상쇄되었다. 어린이를 계속 유치원에 맡길 것인지의 여부는 부모가 결정할 수 있도록 했으며, 부모는 언제든지 자녀를 집으로 데려올 권리를 보장받았다. 또한 노인은 '행복원'에 강제로 입소당하지 않도록 하였으며, 친척들이 동의할 경우 함께 살 수 있도록 국가가 간섭하지 않겠다고 선언했다. 사람들은 매일 8시간의 수면을 보장받았고, 개인 농지와 몇 마리의 돼지와 닭을 키울 권리도 되돌려받았다. 경제 단위도 인민공사 수준이 아니라 과거의 협동조합 수준인 생산대대 수준으로 축소되었고, 이후 점점 더 축소되어 최종적으로는 생산대 단위로 운영되었다.

그러나 류사오치가 중화인민공화국 정부의 수장이 된 것이 지도부 내부의 불화를 끝내지는 못했다. 공식적으로는 마오쩌둥이 연구와 저술을 위해 물러났다고 발표되었지만, 그는 류사오치를 심히 못마땅하게 여겼다. 마오쩌둥의 주치의에 따르면, 그는 1956년 중반부터 류사오치와 덩샤오핑에 대해 분노를 품고 있었으며, 이는 1956년 9월 열린 제8차 당 대회에서 이들이 그가 받아들일 수 없는 원칙들을 추진했기 때문이었다. 이러한 원칙에는 (1) 집단지도체제 지지, (2) 마오쩌둥 사상을 국가의 지도 이념에서 제외, (3) 마오쩌둥의 '모험주의' 비판이 포함되어 있었다. 마오쩌둥의 주치의에 따르면, 이후 10년 동안 이러한 원칙을 뒤집으려 했으며, 결국 이를 위해 문화대혁명을 발동하게 되었다고 본다. 계속되는 경제 침체는 당내 의견 차이를 더욱 심화시켰으

며, 1959년 8월 루산 회의에서 공식적으로 대약진운동의 성과 중 많은
부분이 허위였다고 인정되었다. 국방부장 펑더화이(彭德懷) 원수는 대
약진운동 기획에 대한 마오쩌둥의 역할을 비판했다. 펑더화이는 건설
적인 비판을 하려 했으나, 분노한 마오쩌둥은 그를 해임하고 린뱌오(林
彪) 원수로 교체했다. 그러나 이 사건을 계기로, 마오쩌둥은 당분간 전
면에서 물러난 모습을 보였다.

시정 조치는 즉각적인 개선을 가져올 수 없었다. 농작물 피해는 하룻
밤 사이에 복구될 수 없으며, 특히 번식 속도가 느린 대형 동물들의 개
체 수 감소는 회복하는 데 수년이 걸렸다. 국제적으로도 문제는 존재했
다. 중국이 소련 모델을 거부하고 마오쩌둥이 소련에 더욱 강경한 이념
적 입장을 취할 것을 촉구하자, 소련 지도부는 분노했다. 1960년, 소련
은 자문단을 철수시켰으며, 이들 중 많은 이들이 계획서와 설계도를 함
께 가져가면서 과학 연구 과제는 미완성으로 남고, 공장들은 반쯤 지어
진 상태로 방치되었다.

심지어 날씨조차도 협조적이지 않았다. 일부 지역은 가뭄을 겪었고,
다른 지역은 홍수, 태풍, 그리고 곤충 떼의 창궐에 시달렸다. 일부 사람
들은 이를 성서에 등장하는 일곱 가지 재앙에 비유했고, 다른 사람들은
하늘의 뜻의 표현으로 보았지만, 인위적인 원인도 있었다. 곤충 떼 창궐
의 한 원인은 이전에 진행된 대대적인 참새 퇴치 운동이었다. 이 과정에
서 다른 새들도 대량으로 죽임을 당했는데, 이는 다양한 해충의 천적을
제거하는 결과를 초래했다. 또한 일부 홍수는 일부 홍수는 건설 기술이
부족한 사람들이 부실하게 지은 댐과 제방이 붕괴하면서 발생했다.

부르주아 전문성이 공산주의적 성향을 띠었는지에 관계없이, 전문
가 계층의 역할은 다시금 긍정적으로 평가되기 시작했다. 베버(Max
Weber)의 근대화이론에 따르면, 대약진운동이 전문성과 특수화를 공
격한 것은 중국 지도부가 달성하고자 했던 근대화와 정면으로 배치
되었다. 실제로 이는 근대화에 대한 기계 파괴운동과 같은 러다이트

(Luddite)식 공격으로 보이며, 사회에 재앙적인 결과를 초래하였다. 이러한 위태로운 상황에서 공산주의 이념의 가치는 전문성의 가치 앞에 점차 퇴색되었다. 바로 이러한 깨달음이 당시 공산당 총서기 덩샤오핑으로 하여금 "검은 고양이든 흰 고양이든 쥐만 잘 잡으면 된다"라는 말을 하게 했을 것이다. 즉, 경제체제가 인민의 필요를 충족시키기만 한다면, 그것이 공산주의든 자본주의든 상관없다는 뜻이었다.생존 자체가 위기에 처한 상황에서, 사람들은 필사적인 조치를 취할 수밖에 없었다. 당시에는 어떠한 이념적 정통성보다 생존이 더욱 절박한 과제였다.

1959년부터 1961년까지는 '삼년대기근(三年大饑饉)'으로 알려져 있다. 이 시기에는 식량, 의복, 연료, 심지어 종이까지 거의 모든 것이 부족했다. 한 아프리카 출신 유학생은 중국 대학에서 한 얌전한 젊은 여성이 앉기 전에 치마를 허리 위까지 올리는 것을 보고 깜짝 놀랐다고 회상했다. 나중에 그는 옷감 배급량이 너무 적었기 때문에 그녀가 얇은 면 소재의 치마를 한 해 더 입으려고 그렇게 한 것임을 알게 되었다. 공산당의 배급제도 덕분에 기근으로 인해 더 많은 사망자가 발생하는 것을 막을 수 있었다고 평가되지만, 수년 후 공식적으로도 대약진운동과 관련된 사망자가 800만 명에 달한다고 인정했다. 비공식적인 추정치는 1,200만에서 2,000만 명에 이르렀다. 실제 사망자 수가 얼마였든 간에, 회의론자들과 중립적인 대중의 충성을 얻기 위해 수년간 공을 들여온 중국공산당은 스스로 내세운 인민을 위한 통치라는 명분에서 상당한 신뢰를 잃게 되었다.

사회주의 교육운동: 1962~1966년

1962년까지 생산 수준은 대약진운동 이전의 수준으로 회복되었으며, 10월에 공산당 중앙위원회 회의가 열렸다. 이 회의에서 마오쩌둥은 오랜 침묵을 깨고 다시 전면에 나섰다. 회의의 공식 성명에는 계급투쟁,

'당 내부의 기회주의적 사상 경향,' 그리고 '자연발생적인 자본주의적 경향'에 대한 언급이 포함되었다. 이러한 추상적인 표현 뒤에 숨겨진 실제 상황은 대만 정부가 공개한 일련의 문서를 통해 더욱 명확해졌다. 이 문서들은 대만이 푸젠 연안의 한 인민공사에 침투시킨 개구리부대로 알려진 특수작전부대에 의해 입수된 것이었다. 문서가 확보된 인민공사의 이름을 따서 롄장(連江) 문서라고 불리며, 1960년대 초 중국에서 비교적 보편적으로 나타났던 상황을 묘사하고 있다.

이 문서들은 다음과 같은 '건전하지 못한 경향'에 대한 상당한 우려를 드러냈다.

- **자연발생적인 자본주의적 경향**: 농민들이 집단을 위해서가 아니라 개인적인 이익을 위해 돈을 벌기를 선호함.
- **완화된 사회통제**: 도박, 투기 활동, 경작지 방치 등이 허용됨.
- **봉건적 관행의 부활**: 종교 행사, 경제적 이유로 맺어진 결혼, 무속적 사기 행위, 심지어 주술과 같은 관행이 되살아남.
- **간부들의 사기 저하**: 간부들은 맡은 책임을 다하는 데 필요한 노력에 비해 보상이 지나치게 적다고 불평하며, 많은 이들이 사직을 원함.
- **간부들의 공금 유용**: 간부들이 공금을 개인적인 용도로 전용하는 문제 발생.

이러한 불건전한 경향을 시정하고 사회주의 정통성을 회복하기 위해, 이후 수년간 대규모 개혁이 추진되었으며, 그 일환으로 사회주의 교육운동이 전개되었다.

이 운동에서 채택된 한 가지 주요 조치는 상급 간부들을 농촌지역으로 파견하는 것이었다. 이는 그들이 봉사해야 할 대중 사이의 괴리가 여러 국가적 문제를 초래했다는 우려에 따른 조치였다. 간부들이 일반 대중과 함께 생활하고 노동함으로써 그들의 어려움을 더 잘 이해하고 보다 효과적으로 문제를 해결할 수 있을 것이라는 기대가 있었다.

1963년 초, 이 실험의 예비적 결과가 요약되었으며, 이후 사회주의 교육운동은 보다 체계적인 운동으로 자리 잡기 시작했다.

1963년 5월, 중국공산당은 '현재 농촌 사업의 몇 가지 문제에 관한 중앙위원회의 초안 결의', 줄여서 10개 조항 초안이라 불리는 문서를 발표했다. 이 문서는 인민공사와 대대 단위의 관리 감독을 담당할 빈농·하중농(下中農) 협회를 조직할 것을 요구했다. 이들 협회에는 회계, 곡물창고, 재산, 노동 점수 등 네 부문을 정비하는 이른바 '사청(四清)'을 수행할 임무가 부여되었다. 그러나 이 협회들은 일상적인 행정 업무에 개입하지 않도록 주의를 받았다. 그러나 실제로는 부패를 적발하기 위한 개입과 일상 행정 업무에 간섭하지 않는 것 사이의 구분이 모호해, 실천 과정에서 혼란이 발생했다. 또한 간부들이 행정 업무보다 생산 활동에 더 많은 시간을 할애하도록 강제하기 위해, 행정 업무 수행에 대한 노동 점수의 배정이 크게 축소되었다. 기존에는 4%, 경우에 따라 10%까지 부여되던 행정 업무에 대한 노동 점수가 단 1~2%로 줄어들었다. 또한 간부들은 직급에 따라 차등적으로 정해진 기간 동안 생산 노동에 의무적으로 참여해야 했다. 예컨대, 현급 간부는 연간 60일, 대대급 간부는 180일간 생산에 종사해야 했다.

이후 2년간, 생산을 저해하지 않으면서 이념적 정통성을 다시 확립하려는 지속적인 시도가 이루어졌다. 1963년 9월, 중앙위원회는 후에 후속 10개 조항으로 알려진 문서를 발표했으며, 1964년 6월에는 18개 조항을 내놓았다. 이어서 1964년 9월에는 후속 10개 조항 수정 초안, 1965년 1월에는 23개 조항이 발표되었다. 이러한 문서들과 기타 여러 문서들은 적지 않은 혼란을 초래했다. 앞서 언급했듯이, 빈농 및 하층 중농협회의 활동 범위가 어디까지인지에 대해 사람들은 여전히 혼란스러워했다. 또한 당이 생산 증대를 위한 수단으로 승인한 합법적인 부업과 당이 규탄한 '자연발생적인 자본주의적 경향'을 구별하는 데 어려움을 겪었다.

　이러한 문서들을 면밀히 분석해 보면, 지도부가 이와 같은 불건전한 경향을 단기간에 시정할 수 없다는 점에 대해 점점 더 비관적으로 변해 갔음을 알 수 있다. 점점 더 긴 시간 계획이 제안되었으며, 계급 노선의 경직화도 두드러졌다. 문제를 설득과 교육을 통해 해결할 수 있는 비적대적 관계로 보기보다는, 투쟁과 폭력적 수단이 필요한 적대적 관계로 간주하는 경향이 강화되었다. 또한 하급 간부들의 일탈 행위를 상급 간부들이 비호하고 있다는 암시도 있었다. 1964년에는 "정치가 모든 것을 지휘한다"는 새로운 구호 아래 정치 우선 노선이 도입되었다. 중국 인민해방군은 전 국민이 본받아야 할 정치적·이념적 모범으로 제시되었다. 전국적으로 마오쩌둥 사상을 학습하는 운동이 확산되었고, 곧 광신적인 수준에 이르렀다. 동시에, 투쟁의 대상이 점점 당과 정부 내 고위층으로 확대되기 시작했다. 사회주의 교육운동과 이후 발생한 격변적인 문화대혁명 사이에 직접적인 연관성이 있는 것은 아니지만, 문화대혁명은 그 논리적 귀결로 볼 수 있다.

문화대혁명: 1966~1976년

격변의 시기: 1966~1969년

1965년 11월, 상하이 출신의 젊은 당 간부 야오원위안(姚文元)이 한 논쟁적인 글을 발표했는데, 이는 보통 문화대혁명의 시작을 알리는 사건으로 여겨진다. 야오는 역사학자이자 극작가인 우한(吳晗)을 공격하며, 그의 작품이 "과거를 이용해 현재를 조롱한다"고 비판했다 (12장 참조). 이어서 우한과 함께 『북경일보(北京日報)』에서 "삼가촌(三家村)"이라는 기고문을 연재했던 작가 덩퉈(鄧拓)에 대한 공격도 이어졌다. 두 사람은 또한 『전선(前線)』이라는 잡지에도 기고했다. 이들 매체를 포함한 중국의 대부분 신문과 잡지가 해외에 유통되지 않았기 때문에, 외국인들은 당시 비판받고 있던 자료들을 직접 접할 수 없었다. "삼가촌" 연재 기사 중 하나인 위대한 빈말이라는 뜻의 "대공담(大空談)"에서는 "어떤 사람들은 연설에 능숙하여 어떤 주제든 끝없이 말을 이어가지만, 정작 연설이 끝난 뒤에는 아무도 그 내용이 무엇이었는지 기억하지 못한다"라고 비판했다. 이 글은 이러한 빈말 화법의 기술이 젊은 세대에게 전수되고, 이에 능한 전문가들이 양성되면 사태는 더욱 악화될 것이라고 경고했다. 저자들은 이를 설명하기 위해 '이웃집 소년'의 예로 들었는데, 그는 위대한 시인들의 표현을 모방하여 위대한 빈말을 다수 만들어냈다고 했다. 그 중에는 다음과 같은 문구도 있었다.

하늘은 우리의 아버지이고, 태양은 우리의 양육자다.
동풍은 우리의 은인이며, 서풍은 우리의 적이다.

이 이웃집 소년이 가리키는 인물이 바로 마오쩌둥이었으며, 대공담은 공산당의 선전 담론을 뜻하는 것이었다. 한편, 마오쩌둥의 사상 숭배가 점점 과열되었고, 그의 사상을 학습하는 것이 암 수술부터 수박 재배, 심지어 탁구 대회 우승까지 모든 성과의 원동력으로 여겨졌다.

동시에 서양 문화뿐만 아니라 전통적인 중국 문화까지도 부르주아적이거나 봉건적인 요소가 포함되어 있다는 이유로 의심받았다. 중국 전통 연극조차도 비제(Georges Bizet)와 바그너(Wilhelm Richard Wagner)의 음악만큼이나 위험한 것으로 간주되었다. 그 결과, 〈동방홍(東方紅)〉이라는 마오쩌둥을 찬양하는 노래가 거의 유일하게 안전하게 부를 수 있는 곡이 되었으며, 중국의 공식 국가는 더 이상 들을 수 없었다. 마오쩌둥의 저작 외의 책들은 서점에서 자취를 감추었다. 국방부장 린뱌오가 편집하여 붉은 플라스틱으로 제본한 『마오 어록』의 소형 판본, 즉 『소홍서(小紅書)』는 출판되자마자 엄청난 베스트셀러가 되었다. 물론, 사실상 경쟁할 책이 전혀 없는 상황이었다. 이 작은 책자는 충성심의 상징으로서 몸에 지니고 다니기 편리했고, 적절한 순간에 들어 올려 흔들 수도 있었다. 또한 마오쩌둥의 배지도 중요한 부적처럼 여겨졌다. 이는 그의 얼굴이 새겨진 작은 금속 핀으로, 재킷에 부착할 수 있었다. 이 배지는 다양한 크기와 모양으로 제작되었는데, 일부 사람들은 수십 개의 배지를 동시에 착용하며 충성심을 더욱 강조하려 했다.

야오원위안의 공격이 단순히 몇몇 불만을 품은 지식인들을 향한 것처럼 보일 수도 있었지만, 실상은 그것보다 훨씬 중대한 정치적 의미를 내포하고 있었다. 우한은 단순한 역사학자나 극작가가 아니라, 베이징의 부시장이었다. 덩퉈 또한 베이징시 당위원회 서기였으며, 『북경일보』와 『전선』은 베이징시 당위원회의 공식 기관지였다. 사회주의 교육운동 과정에서 이념적으로 일탈한 하급 간부를 상급 간부가 비호하고 있다는 암시가, 이제는 구체적인 인물을 겨냥한 직접적인 공격으로 이어졌다. 당시로서는 의외였지만, 공식 군 기관지 『해방군보』가 비판을 주도했고, 이어 우한과 덩퉈의 '흑색 집단(黑帮)' 배후가 누구냐는 의문으로 논조가 확산되었다. 이 질문에 대한 명확한 답은 나오지 않았지만, 베이징 시장이자 공산당 정치국 상무위원인 펑전(彭真)이 수개월째 공개 석상에 나타나지 않았고, 그의 소식이 전혀 들리지 않고 있다는 사실이 주목받기 시작했다.

마오쩌둥 역시 공개석상에서 모습을 드러내지 않았다. 그가 죽었거나 심각한 병에 걸렸으며, 그를 신격화하는 운동이 후계 구도를 노린 자들에 의해 기획되었다는 소문이 돌았다. 이러한 소문은 결국 마오쩌둥으로 하여금 대중 앞에 나설 필요성을 느끼게 했다. 그는 1966년 7월, 후베이성 우한으로 가서 양쯔강에서 수영을 하기로 결정했다. 진정한 목적은 마오쩌둥이 여전히 건강하다는 것을 보여주기 위한 것이었지만, 공식 발표는 다소 과장된 내용을 담고 있었다. 공식 기록에 따르면, 비만 체형에다 골초인 73세의 마오쩌둥이 65분 만에 9마일(약 14.5km)을 헤엄쳐 세계 기록을 큰 차이로 경신했다고 주장했다. 게다가 그는 서두르는 기색도 없이, 중간중간 멈춰 다른 수영객들에게 새로운 수영법을 가르쳐주기도 했다고 한다. 이를 의심하는 외국인들은 공식 사진이 조작되었을 가능성을 제기했다. 사진 속 그의 얼굴은 젖어 보이지 않았고, 그의 머리가 물에 닿는 각도가 부자연스러웠기 때문이다. 보도 자료에서 여러 목격자가 "우리의 존경하고 사랑하는 지도자 주석은 매우 건강하시다"라고 말했다고 전해지자, 처음에는 그의 병세를 의심하던 이들은 이제 그가 거의 사망 직전이라고 확신하게 되었다.

8월이 되자, 마오쩌둥은 홍위병을 소집했다. 홍위병은 혁명적 순수성을 수호하는 임무를 맡은 젊은이들로, 노동자, 빈농 및 하층 중농, 군인, 공산당 간부, 혁명 열사 등 이른바 다섯 가지 순수한 계급의 자녀들로 구성되었다. 그는 대자보를 통해 혁명 청년들에게 "기성 권력을 포격하라"고 촉구하며, 기존 권력에 맞서 자본주의 길을 따르는 자들과 투쟁할 것을 요구했다. 이는 대약진운동 실패 이후 그를 대신해 국가주석이 된 류사오치를 자본주의 노선을 따르는 주된 인물로 지목하는 것이었다. 홍위병들은 기존의 권력뿐만 아니라 낡은 사상, 낡은 문화, 낡은 습관, 낡은 관습으로 대표되는 '4가지 구태(四舊)'를 타도하라는 지시를 받았다. 또한 '혁명적 경험을 교환'하기 위해 여행을 장려받기도 했다.

그러자 순식간에 홍위병 집단이 중국 전역으로 퍼져 나갔다. 수백만 명이 혁명적 경험을 공유하기에 가장 적합한 장소가 베이징이라고 판단하여 그곳으로 몰려들었고, 이는 교통을 마비시키고 보건 및 위생문제를 야기했다. 한편, 과거 몇 년 동안 시골로 보내졌던 사람들 중 일부는 혁명적 경험을 교환하는 가장 좋은 방법이 자신이 떠나온 도시와 가족으로 돌아가는 것이라고 생각했다. 이들은 수십만 명 규모로 상하이 등 주요 도시에 몰려들어, 이미 과밀한 도심의 혼잡을 더욱 악화시켰다.

숨은 동기가 있었을 가능성을 배제하더라도, 젊은 홍위병들은 극도로 열성적이었다. 그들의 요구 사항 중에는 혈액은행이 오직 순수한 계급 배경을 가진 사람들로부터만 혈액을 공급받을 것, 톈안먼광장의 이름을 동방의 붉은 광장, 즉 둥팡훙(东方红) 광장으로 개명할 것, 그리고 신호등의 색상을 반대로 바꿔 붉은색이 '정지'가 아니라 '출발'을 의미하도록 할 것 등이 포함되어 있었다. 마오쩌둥의 명령에 따라 홍위병들은 실제로 다수의 권력자들을 끌어냈다. 그들이 타락한 자본주의 성향을 가졌다는 증거는 외국산 술 소지나 반찬 수가 많은 식사 정도에 불과했다. 또한 진정한 마르크스-레닌주의를 왜곡했다고 여겨진 소련과의 어떤 연관도 매우 위험했다. 류사오치를 비롯한 여러 인물들이 '수정주의자'로 규정된 반면, 마오쩌둥은 마르크스주의를 중국 현실에 창의적으로 적용한 천재로 추앙받았다. 류사오치는 소련의 비난받던 지도자 흐루쇼프에 빗대어 '중국의 흐루쇼프'라는 비판을 받았다. 홍위병들은 박물관과 종교 시설을 습격하여 그 안의 유물을 파괴했는데, 이는 모두 '4구(四舊)'의 극단적인 표현이라 여겨졌다. 그들은 전반적으로 사회적 혼란을 일으켰다.

그러나 홍위병들은 결코 단일한 집단이 아니었으며, 내부적으로도 통합되지 않았다. 순수한 계급 배경을 가진 자들만이 홍위병이 될 수 있다는 개념은 '사구' 청산운동과 맞아떨어졌는데, 이는 '구태'가 과거의 봉건-부르주아 계급과 연결되어 있었기 때문이다. 그러나 이른바 나쁜 가정 배경을 가진 아이들은 운동에서 배제된 것에 항의했다. 그들은 "공산주의 정체성이 선천적으로 형성될 수 있는가?"라는 의문을 제기했다. 마오쩌둥의 원래 지시는, 사실상 권력자들의 자녀들에게 권력자들을 숙청하라는 것이었다. 그러나 투쟁이 원하는 성과를 내지 못하자, 그는 홍위병 노선의 오류에 책임이 있는 당 간부들을 공격하기 위해, 불순한 출신의 청년들을 동원하기 시작했다. 그 결과, 두 가지 유형의 홍위병 조직이 존재하게 되었다. 둘 다 마오쩌둥에게 변함없는 충성을 맹세했지만, 한쪽은 기존 권력자들을 방어하는 성향이 강했다.

권력은 최고 권력층에서 당 조직에서 벗어나 문화대혁명소조라는 집단으로 이동했다. 이 조직에는 야오원위안을 비롯한 몇몇 상하이 급진파들과 마오쩌둥의 아내인 장칭이 핵심 멤버로 포함되어 있었다. 장칭은 젊은 시절 상하이의 좌파 연극계에서 활동하다가 옌안에서 마오쩌둥과 가까워졌다. 그 직후, 마오쩌둥과 함께 장정을 했던 그의 아내 허쯔전(賀子珍)은 '건강상의 이유'로 모스크바로 보내졌다. 그러나 소련의 수도는 건강에 좋은 기후나 우수한 의료 시설로 유명하지 않았기 때문에, 그녀 역시 마오쩌둥의 패권 경쟁자였던 왕밍처럼 사실상 제거된 것으로 보인다. 옌안 지도부 내에서도 이 상황에 대한 불만이 상당했던 것으로 보이며, 이에 대한 대가로 장칭은 정치에 개입하지 않겠다고 약속해야 했다는 소문이 있었다. 그녀의 문화혁명 당시 활동은 복수심에 의한 것이라는 해석도 있다. 문화대혁명소조와 당 조직 외에도, 국방부장 린뱌오가 이끄는 인민해방군이 유력한 세력으로 부상했다. 이에 따라, 『해방군보』의 공격적인 논조와 린뱌오가 편집한 마오 어록의 중요성이 더욱 명확해졌다.

1966년 늦여름 '대중의 자유 동원' 원칙이 채택되었다. 지도부 내 파벌 간의 갈등이 교착 상태에 빠지자, 그들은 공식 이념을 내세워 대중을 끌어들였다. 당과 정부 관료들, 그리고 문화대혁명소조 모두가 대중 조직을 장악하려고 움직였다. 평범한 시민들에게 대중 동원은 사회에 오랫동안 억눌려 있던 잠재적 긴장들이 표면으로 드러나는 것을 의미했다. 이전 대중운동에 의해 사회적으로 길들여진 수천만 명이 열광적으로 반응했고, 문화대혁명은 보다 급진적인 단계로 접어들었다. 더 이상 마오 어록이나 마오 배지, 혹은 과거에 당과 마오 주석을 지지했다는 기록이 개인을 보호해 주지 못했다. 적들은 겉으로 충성을 보이는 이들이 실제로는 내면에 불충을 품고 있다고 비난했고, 실제로 그런 의심은 자주 제기되었다. 그들은 이를 "붉은 깃발을 흔들며 붉은 깃발에 반대하는 것"이라고 불렀다. 문화대혁명의 분위기는 전투적 평등주의였다. 타인에 대해 권위를 행사한 적이 있는 사람은 누구나 부패한 권력자로 비난받을 수 있었다. 많은 사람들이 고문을 당하거나 자살로 내몰렸다. 류사오치는 중병에 걸렸음에도 의료 서비스를 거부당해 사망했다. 덩샤오핑의 아들은 홍위병들에게 시달리다가 창문에서 뛰어내려 평생 불구가 되었으며, 덩샤오핑 자신도 고문을 당하고 실각했다.

1967년 1월, 중앙문혁소조는 프랑스혁명 당시의 파리 코뮌을 실제 혹은 이상화된 모범으로 삼아 상하이 코뮌을 수립하는 데 성공했다. 이는 간부 개입 없이 대중의 자발성을 강조하려는 것이었지만, 급진파들에게 불행하게도 코뮌은 제대로 작동하지 않았다. 다른 지역의 급진파들이 상하이 코뮌을 따라 하려 하면서 혼란이 야기되었다. 당-정부 진영의 지도자로 부상한 저우언라이(周恩来) 총리는 누가 권력을 장악하든 생산만 유지된다면 개의치 않는 듯한 인상을 주었다. 그러나 이 시기 생산은 전혀 정상적으로 이루어지지 않았으며, 철도 교통이 마비되고 공장들은 경쟁하는 노동자 집단 간의 전쟁터가 되었다. 2월이 되자 저우언라이는 마오쩌둥을 설득하여 보다 온건한 정책을 선택하도록 한 것으로 보인다. 이에 따라 당과 국가의 기능을 동시에 수행할 혁명위원회의 창설이 명령되었다. 인민정치협상회의와 그 기능은 언급되지 않았다. 인민정치협상회의는 순수하지 않은 계급과의 협력을 상징하는 조직으로서 급진파들의 공격을 받아 사실상 소멸했다. 혁명위원회는 혁명 대중, 혁명 간부, 혁명 인민해방군 대표로 구성된 3자 연합 형태로 운영되었다.

그러나 급진파들은 생산 정상화에 대한 강조가 그들의 원칙을 저버리는 것이라고 보았고, 이를 "2월 역류(二月逆流)"라고 부르며 3월 중순 반격을 시작했다. 이후 중앙문혁소조, 인민해방군, 그리고 저우언라이를 중심으로 한 관료 집단 사이에서 권력 투쟁이 전개되었다. 마오쩌둥의 정치적 공감은 급진파들에게 있는 듯 보였으나, 그는 필요할 때 급진파들을 견제할 줄 알았고, 대외적으로 린뱌오에 대한 애정을 보여주려 애썼다. 두 사람은 팔짱을 끼고 찍힌 사진에서 "마오 주석의 가장 가까운 전우"라는 설명과 함께 소개되었다. 저우언라이는 이념과 정책상의 차이에도 불구하고 장칭을 중심으로 한 급진파들과 연합한 듯 보였다. 그는 중앙문혁소조를 인민해방군의 공격으로부터 보호했는데, 이는 아마도 양측 간 균형을 유지하며 자신이 중재자로 남으려 했기 때문이었다. 그 대가로 소조는 베이징의 급진파들이 저우언라이를 공격하는 것을 자제시켰다.

시간이 지나면서 인민해방군은 중앙문혁소조에 대한 우위를 점했다. 마오쩌둥은 군대가 무기 탈취 시도에 무력을 사용할 수 있도록 승인하고, 분열된 여러 파벌들을 통합할 것을 지시했다. 린뱌오는 그의 후계자로 공식 지명되었다. 몇몇 파벌들 사이에 최소한의 평화가 유지되는 것처럼 보였고, 혁명위원회가 1967년부터 1968년까지 잇따라 설치되었다. 1968년 7월 31일, 마오쩌둥은 칭화대학에 주둔하던 노동자들에게 망고를 선물하며 학생들과의 파벌 갈등 속에서 노동자들을 지지한다는 상징적 메시지를 보냈다. 이후 인민해방군이 질서 유지를 위해 교내에 투입되었다. 이렇게 하여 문화대혁명의 폭력적 국면은 종결되었다.

10월, 잔존하던 중앙위원회 구성원들이 소집되었다. 가장 중요한 결정은 류사오치를 당과 모든 당·정부 직책에서 축출하는 것이었다. 또한 새로운 당 헌법 초안이 합의되었으며, 이는 1969년 4월 공식 채택되었다. 이 헌법에는 이례적으로 린뱌오를 마오쩌둥의 후계자로 명시하는 조항이 포함되었다. 정치국의 약 절반이 린뱌오의 지지자로 간주될 수 있었고, 그동안 정치적으로 활동하지 않았던 그의 아내조차도 정치국 위원이 되었다. 중앙문혁소조 역시 중요한 자리를 차지했으며, 마오쩌둥과 저우언라이도 여전히 정치국의 일원이었다.

권력구조의 중하위 수준, 즉 성(省)급 이하에서는 원래 홍위병의 공격 대상이었던 많은 고위 간부들이 중요 직위로 복귀하거나 그대로 유임되었다. 이들은 과거 자신들을 괴롭혔던 자들을 잊지도, 용서하지도 않았다. 문화대혁명의 명분이었던 '혁명적 대중'은 기껏해야 권력의 말단에 제한적으로 포함되었고, 그마저도 수정주의와 자본주의 노선을 택했다고 비난받았던 기존 간부들의 철저한 감시 아래 놓였다. 일부는 노골적으로 박해받기도 했다.

대약진운동이 근대화에 반하는 것이었다면, 문화대혁명은 그보다 더욱 역행적이었다. 마오쩌둥이 문제 삼은 것은 관료주의와 계급적 우월 의식이지, 제도나 전문성 자체는 아니었다는 해석도 있으나, 현실에서는 그 구분이 쉽지 않았다.

목표에는 미치지 못했으나, 문화대혁명은 여러 후속 결과를 남겼다. 평등주의를 확립하기보다는 오히려 오랫동안 권력을 유지하던 지도자들을 새로운 지도자들로 대체하는 데 그쳤으며, 이들은 급속히 승진한 탓에 '헬리콥터 인사'라는 별칭을 얻었다. 일부 지역에서는 권위 관계가 완전히 파괴되었고, 다른 지역에서도 심각하게 약화되었다. 당과 일부 부처는 사실상 기능을 멈추었다. 한편, 군대의 역할, 특히 린뱌오의 권한이 크게 강화되었다. 생산량은 감소했지만, 대약진운동 시기만큼 급격한 하락은 아니었다. 또한 교육제도는 극심한 타격을 입었고(10장 참조), 외래 문화와 전통문화의 영향은 급격히 축소되었다. 파괴되거나 손상된 제도를 대체할 것이 무엇인지에 대한 명확한 대안은 존재하지 않았다. 수많은 사람들의 삶과 경력이 피해를 입었다. 놀랍게도 일부 사람들은 문화대혁명을 겪고도 당에 대한 신념을 유지했다. 그러나 많은 사람들은 국가 지도부를 비난했으며, 이는 중국공산당의 정당성을 더욱 약화시키는 결과를 초래했다.

재건: 1970~1976년

문화대혁명의 혼란이 가라앉으면서 재건 과정이 시작되었다. 1970년에는 당 기구들이 부활했으며, 혁명위원회는 여전히 존재했지만, 인민대표대회를 대체하는 행정 기관으로 기능하게 되었다. 외교정책도 정상화되기 시작했으며, 외교관들이 다시 해외에 파견되었다.

그러나 그 이면에서는 대격변에 살아남은 다양한 세력들 간에 치열한 권력투쟁이 벌어지고 있었다. 주요 경쟁자들은 군부 내에서 세력을 키운 린뱌오와 그의 파벌, 상하이를 기반으로 한 장칭과 중앙문혁소조, 그리고 보다 실용적인 노선을 따르는 저우언라이 주변의 당 및 정부 관료들이었다. 이들의 목표는 단순한 생존을 넘어 마오쩌둥의 후계자가 되는 것이었다. 마오쩌둥의 건강 상태는 수년간 논란의 대상이 되어왔다. 1967년 후반 여러 차례의 홍위병 집회에 모습을 드러내지 않은 것은 주목할 만한 일로 여겨졌다. 이에 장칭은 마오쩌둥을 대신해 집회에 참석하며, 톈안먼광장에서 지프를 타고 확성기를 통해 "마오 주석은 건강하다"라고 반복해서 선언하기까지 했다. 하지만 1970년대 초반부터 마오쩌둥은 점점 쇠약해졌으며, 외국 귀빈들은 그가 정신이 또렷할 때를 맞추기 위해 한밤중에 불려 나오거나, 만리장성 방문 도중 헬리콥터로 긴급 호출되기도 했다. 마오쩌둥이 문화대혁명소조의 이념적 입장에 공감했지만, 반드시 그들의 편을 드는 것은 아니었다.

이 권력투쟁의 첫 번째 희생자는 린뱌오였다. 그는 1971년 6월 이후 공개석상에 나타나지 않았고, 같은 해 9월 몽골에서 비행기 추락 사고로 사망한 것으로 공식 발표되었다. 당국은 그가 마오 주석 암살 음모가 발각된 후, 중국의 최대 적국이었던 소련으로 도주하려다 사고를 당했다고 주장했다. 하지만 '공식' 발표라 불리는 설명은 여러 버전이 존재하고, 그 사이의 모순은 지금까지도 풀리지 않은 채 남아 있다. 적법한 후계자였던 린뱌오가 이미 병약했던 마오쩌둥을 암살할 이유가 무엇인지에 대한 명확한 설명이 없었다. 일부 분석가들은 린뱌오가 실제로는 저우언라이와 문화대혁명소조의 공격을 받아 제거된 것이며, 인민해방군 내에서도 린뱌오를 지지하지 않는 세력이 협력했을 가능성이 크다고 본다. 어찌 되었든 린뱌오는 권력구조에서 완전히 제거되었고, 그의 측근 130여 명도 함께 숙청되었다. 이후 후계 경쟁은 장칭이 이끄는 상하이 강경파와 저우언라이의 실용주의 관료들 간의 양자 대결로 좁혀졌다.

1973년 8월에 열린 제10차 당 대회에서는 문화대혁명 이전의 고위 관료 중 일부가 복권되었으며, 그중에는 전 당 총서기 덩샤오핑도 포함되었다. 그는 저우언라이의 유력한 후계자로 여겨졌으며, 곧바로 인민해방군 총참모부장과 국무원 부총리직을 맡으며 정치적 입지를 회복했다. 또한 문화대혁명을 반대했던 군부 출신 인사들도 다시 등장했다. 이들은 대체로 린뱌오와 관계가 없는 야전군 출신이었으며, 이들의 복권은 저우언라이와 군부 내 비린뱌오계 지도자들의 승리를 의미했다.

한편, 문화대혁명소조는 강경하게 반격에 나섰으며, "린뱌오와 공자를 비판하자"라는 대규모 선전 운동을 전개했다. 여기서 공자는 사실상 저우언라이를 가리키는 것으로 널리 이해되었다. 그에게 제기된 주요 비판은 그가 '복고주의자'로서 중국을 문화대혁명 이전 상태로 되돌리려 한다는 것이었다. 그러나 저우언라이는 정치 공작의 달인이었으며, 그가 어떤 방식으로 권력 투쟁을 벌였는지 완전히 밝혀지지 않은 부분이 많다. 그는 겉으로는 장칭에게 우호적으로 대하며, 미국 여성 작가에게 그녀의 전기 작성을 의뢰하라고 제안하기도 했다. 장칭은 이를 수락하고 그녀와 대화를 나누었는데, 이후 그녀의 적들은 이를 외국에 국가기밀을 누설한 행위라고 비난하며 공격의 빌미로 삼았다. 이 시기에 장칭을 비판하는 풍자만화들이 유행했으며, 그녀를 서태후와 동일시하는 그림도 등장했다. 이는 장칭이 서태후처럼 남편의 권력을 가로채려 했다는 암시였다.

또한 급진파들은 군대 내에서 자신들의 지지자가 많지 않다는 것을 자각하고, 인민해방군에 대한 균형세력으로 민병대를 강화하는 전략을 사용했다. 여러 도시에서 민병대는 좌익 노선을 강요하는 자경단 역할을 했다. 한편, 저우언라이의 계열은 인민해방군과의 관계를 강화하는 데 주력하였다. 덩샤오핑은 인민해방군 총참모부의 수장으로서 군부와의 유대 강화에 유리한 입장이었다.

결국, 단기적으로 볼 때 승계를 결정한 것은 교묘한 계획이 아니라 지도자들의 건강 상태였다. 수년간 극심한 통증을 동반하는 암으로 고통받았던 저우언라이는 1976년 1월에 사망했다. 마오쩌둥의 개인 숭배에 가려져 있었지만, 저우언라이는 수백만 명의 중국인들에게 진정으로 사랑받는 지도자였다. 그의 죽음은 수많은 대중들에게 깊이 애도되었으며, 특히 그의 후계자로서 이제는 정치적으로 취약한 위치에 놓인 덩샤오핑에게는 더욱 큰 상실이었다. 다음 해 4월, 무덤을 쓸고 조상을 기리는 전통적인 중국 명절인 청명절을 맞아, 저우언라이를 추모하는 군중들이 톈안먼광장에 모여 헌화를 하며 그를 기렸다. 이와 동시에 덩샤오핑을 지지하는 대규모 시위가 발생했으며, 이는 암묵적으로 마오쩌둥에 대한 반대 시위이기도 했다. 공식적인 친마오파의 기록에 따르면, 시위대는 '진시황'에 대한 불만을 외쳤고, 이는 마오쩌둥을 비판하는 것으로 해석되었다. 그들은 또한 여러 '반혁명적'이고 '우경적인' 요구를 제기했다고 한다. 외국의 관측통들도 시위대가 진시황, 즉 마오쩌둥을 비난하고 민주주의를 요구했다고 보고했다.

시위가 절정에 달했을 때, 약 10만 명에 달하는 인파가 광장에 모였다. 저우언라이에 대한 진심 어린 애도의 감정은 의심할 여지가 없었으며, 많은 조문객들이 공개적으로 눈물을 흘렸다. 그러나 이 시위가 덩샤오핑의 정치적 계산에 의해 기획되었을 가능성도 있었다. 만약 그렇다면, 이 계획은 역효과를 불러왔다. '당'은 이는 아마 문화대혁명소조를 가리키는 것으로 보이는데, 민병대, 공안, 그리고 일부 인민해방군 부대를 동원해 톈안먼광장의 '반혁명분자'들을 진압했다. 이 과정에서 여러 명이 사망하고, 다수가 부상을 입었다. 덩샤오핑은 시위를 조장한 혐의로 비난을 받았으며, 모든 당 및 정부 직책에서 해임되었다. 그의 실각으로 인해 상하이 4인방이 권력을 장악할 길이 열렸다. 그러나 모두의 예상과 달리, 마오쩌둥은 이념적 강경파가 아닌 화궈펑에게 후계를 맡기기로 결정했다. 그는 마오쩌둥과 같은 후난성 출신으로, 당 서기를 지녔으며 개혁파도 강경파도 아닌 중립적 인물이었다. 화궈펑의 주장에 따르면, 임종을 앞둔 마오쩌둥은 그를 병상으로 불러 "네가 맡아준다면, 나는 마음이 놓인다"고 속삭였다고 한다. 그런데 공교롭게도 당시 그 자리에 있던 인물은 화궈펑 한 사람뿐이었다.

마오쩌둥의 건강은 계속 악화되었다. 1976년 7월 28일, 중국 북동부 허베이성 탕산지역을 강타한 역사상 가장 치명적인 지진 중 하나가 발생해 수십만 명이 사망했다. 이 사건은 불길한 징조처럼 보였다. 고전 중국어에서 황제의 죽음을 표현할 때, '죽을 사(死)' 자 대신 산이 무너지는 모습을 형상화한 '무너질 붕(崩)' 자를 사용한다. 이는 '대격변' 또는 '지진'을 의미한다. 몇 주 후인 9월 9일, 마오쩌둥은 사망했다.

추가 읽을거리

Yuan-tsung Chen, *A Secret Listener in Mao's Court* (Oxford: Oxford University Press, 2022).

Susan V. Lawrence and Michael F. Martin, *Understanding China's Political System* (Washington, DC: Congressional Research Service R41007, March 23, 2013).

Roderick MacFarquhar and Michael Schoenhals, *Mao's Last Revolution* (Cambridge, MA: Belknap Press, 2006).

Alexander Pantsov and Steven I. Levine, *Mao: The Real Story* (New York: Simon & Schuster, 2012).

Jisheng Yang, *Tombstone: The Great Chinese Famine* (New York: Farrar, Straus, & Giroux, 2012).

5장

덩샤오핑과 그의 후계자들: 1976~2012년

공백기: 1976~1978년

화궈펑(華國鋒)은 임종을 앞둔 마오쩌둥(毛澤東)과의 대화를 근거로 마오쩌둥의 후계자 자리를 주장하며, 그의 유산을 보존해야 할 의무를 지니게 되었다. 그는 "마오 주석이 내린 모든 결정을 단호히 지지하고, 마오 주석이 내린 모든 지시를 한결같이 따르겠다"라고 맹세했으며, 이후 두 가지 무조건적 지지를 뜻하는 '양개범시(兩個凡是)'라는 표현으로 알려진 이 맹세는, 결국 화궈펑 본인에게 상당한 정치적 부담으로 돌아오게 된다.

초기에는 화궈펑의 권력이 안정적인 것으로 보였다. 마오쩌둥의 사망 전후로 혼란스럽고 잠재적으로 불안정한 시기였지만, 주요 정치 세력들의 열렬한 지지는 아니더라도, 일정 수준의 묵인을 얻은 것으로 보였다. 이들 정치 세력은 장칭이 이끄는 극좌 4인방 지지자들부터, 덩샤오핑을 중심으로 한 극우 반문혁 세력까지 아우르고 있었다. 이들 사이에는 군 내부에서 형성된 세 개의 파벌과 1970년대 초반 중동의 석유

카르텔이 국제 유가를 상승시키면서 중국의 화석연료 자원을 개발할 기회를 모색하던 석유파라는 세력도 존재했다.

이 모든 세력 간의 상호작용 속에서 근본적인 쟁점은 향후 앞으로 중화인민공화국을 어떤 원칙에 따라 통치할 것인가 하는 문제였다. 마오쩌둥의 사망은 하나의 시대가 끝났음을 의미했다. 새로운 시대는 기존 체제를 유지해야 하는가, 아니면 과거의 변화를 재평가하고 마오주의와 급격히 결별해야 하는가? 기존 체제의 유지를 주장하는 이들은 흔히 교조주의자 또는 강경파로 불렸으며, 마오주의적 급진적 가치와 방식을 고수하고자 했다. 반면, 마오주의와 단절을 원하는 이들은 일반적으로 개혁파라 불렸는데, 이들이 추진하고자 했던 개혁, 예를 들어 국가 보조금 축소나 생산 현장의 책임성 강화와 같은 조치들은, 서양의 시각에서 보면 오히려 보수주의적 성향에 가까웠다. 또한 강경파와 개혁파 사이에는 일부 개혁을 특정 조건에서만 지지하는 다양한 중간 입장의 인물들도 존재했다. 이들 정치 집단의 기원과 상호작용은 1장에서 소개된 중앙-지방 모델과 잘 맞아떨어졌으며, 특히 출신 지역과 야전군(野戰軍) 계파 간의 관계를 반영하고 있었다. 이 시기의 사건들은 또한 관료정치와 궁정정치 분석과도 부합했다. 당시 외교정책은 국내 정치보다 덜 중요하게 여겨졌지만, 어떤 방식으로 외국의 기술을 도입할 것인지, 그리고 외국 세력 가운데 누구를 신뢰할 것인지를 둘러싼 논쟁은 전략적 상호작용과 정치-문화 논쟁의 색채를 띠고 있었다. 마지막으로, 이 시기에는 혁명 1세대와 이들의 투쟁을 직접 경험하지 않은 젊은 세대 간의 세대 간 갈등도 함께 진행되고 있었다.

독자는 또한 중국의 전통적 가치가 재확인되는 것을 발견할 것이다. 여기에는 가족과 후원 관계의 중요성이 포함되며, 이는 "중국은 결국 중국이다"라는 중국 패러다임과 공명한다. 이념적 차이가 서로 다른 집단 간의 동맹을 방해하지 않았다는 점에서, 파벌이론 역시 적용되는 것으로 보였다. 또한 정책적 입장이 다른 세력 간에 제한적인 형태의 경쟁을 허용함에 따라, 초기 형태의 다원주의도 나타났다. 공산주의 신전통주의 패러다임이 예측한 대로, 정치적 경쟁은 서양의 이익집단 표현 모델보다는 당이 설정한 제도적 틀 안에서 더 많이 이루어졌다. 그러나 이러한 분석들 중 어느 것도 이후에 벌어질 사태를 예측할 수 없었다.

화궈펑이 절충적 후보로서 여러 세력에게 받아들여진 것은 자산이라기보다는 오히려 정치적 부담이 되었다. 그는 정치적 지형 전반에서 종종 양립할 수 없는 요구를 조정해야 했으며, 충족시킬 수 없는 요구를 한 이들로부터 사방에서 공격받을 위험에 처했다. 예를 들어, 문화대혁명과 기타 좌파적 공격의 희생자들은 이러한 정책의 전면적인 부정과 숙청 이전의 지위 회복을 요구했다. 동시에, 이러한 운동을 통해 이득을 본 이들은 자신들의 지위가 하락할 것을 우려하여 마오주의 체제에 대한 공격에 강하게 반대했다.

마오쩌둥이 사망했을 당시, 과거에 군부와 적대적인 관계를 맺었던 4인방은 자신들의 미래를 걱정하며 도시 민병대를 무력으로 삼아 권력을 장악하려 했다. 그러나 군부는 화궈펑을 지지하며 강력히 대응했고, 민병대는 손쉽게 진압되었다. 마오쩌둥 사망 후 한 달도 채 지나지 않아 화궈펑은 4인방을 체포했다. 한 세력에서 벗어난 대가로, 화궈펑은 또 다른 세력인 군부에 더욱 의존하게 되었다. 1977년 7월, 주요 군 지도자들의 요구에 따라 화궈펑은 덩샤오핑을 복권시켰다. 덩샤오핑이 자신이 대신했던 자리를 되찾는 것이 부담스러웠던 화궈펑은, 그가 후계자 지지와 과오 인정을 서면으로 약속한 뒤에야 복권을 허락했다. 덩샤오핑은 정치국 상무위원, 국무원 부총리, 중앙군사위원회 부주석, 그리고 중국인민해방군 총참모장 등의 직위를 회복했다.

그러나 덩샤오핑은 이러한 서약에도 불구하고 즉시 화궈펑의 입지를 약화시키기 시작했다. 그는 문화대혁명 초기에 자신이 맡았던 당 총서기 직책을 부활시켰고, 이를 통해 화궈펑이 국무원 총리로서 수행하던 정치국 결정의 집행 감독 권한을 장악했다. 동시에, 지방에 있던 자신의 지지자들을 중앙정부로 이동시키기 시작했다. 그의 측근 중 하나였던 자오쯔양(趙紫陽)은 덩샤오핑의 고향인 쓰촨성의 당 서기로서, 공개적으로 화궈펑을 무시했다. 쓰촨성은 화궈펑을 공식적인 찬양에 동참하지 않았고, 화궈펑이 승인한 것과는 매우 다른 농업정책을 시행했다.

덩샤오핑은 지방 측근들을 중앙으로 올리는 데 그치지 않고, 그와 그의 옛 스승인 저우언라이가 가장 강력한 영향력을 행사했던 외교부와 같은 분야에서 권력을 공고히 했다. 그는 과거 숙청당했던 간부들을 복권시키며, 이를 통해 경험 많고 유능한 인재들의 감사와 충성을 얻었다. 동시에 화궈펑의 지지자들을 제거하거나 주변부로 밀어내는 작업을 진행했다. 화궈펑은 이에 맞서 싸우려 했고, 마오쩌둥의 정통성을 내세우며 자신이 대중을 사랑하고 마오쩌둥과 긴밀한 관계를 맺고 있었다는 내용을 정기적으로 관영 언론에 실리도록 했다. 관찰자들은 그가 심지어 마오쩌둥과 같은 방식으로 머리를 빗기 시작했다는 점도 주목했다.

덩샤오핑의 측근들은 화궈펑이 개인숭배를 조장하고 있다며 반격에 나섰다. 또한 '양개범시'를 조롱하며, 마오쩌둥을 맹목적으로 모방하는 인물임을 암시했다. 더 나아가, 화궈펑이 마오쩌둥의 임종 때 나눈 대화를 조작했을 가능성이 있다는 의혹도 제기했다. 이에 맞서 덩샤오핑은 화궈펑의의 마오쩌둥에 대한 충성 서약에 맞서 '실사구시'를 내세웠다. 이는 원래 마오쩌둥의 글에서 따온 표현이었으며, 이 글에서는 이론이 실천과 맞지 않으면 수정해야 한다고 주장하고 있었다. 덩샤오핑은 이를 이용해 화궈펑을 우회적으로 공격하는 동시에, 자신을 실용주의자로 각인시켰다. 그는 이후 실천이 진리를 검증하는 유일한 기준이다라고 선언하며, 기존의 이념적 교조주의를 공식적으로 폐기했다.[**]

마침내 1978년 12월, 덩샤오핑은 일정 수준의 자유화를 허용하기로

....

[**] 역자 주) 1978년 5월 11일 『광명일보(光明日報)』에 "실천은 진리를 검증하는 유일한 표준(實踐是檢驗眞理的唯一標準)"이라는 평론이 실렸다.

결정했다. 그는 청나라 시대의 시구인 만 마리의 말이 일제히 침묵한다는 뜻의 '만마제음(萬馬齊瘖)'에서 영감을 얻어, 억압적인 사회 분위기가 대중의 창의성과 근면성을 억눌렀다고 주장했다. 그는 헌법상 보장된 표현의 자유를 국민들이 실제로 행사할 수 있도록 해야 한다고 제안했다. 이에 대한 대중의 반응은 뜨거웠다. 시민들은 벽보를 통해 정책과 지도자들을 격렬하게 비판했으며, 일부 벽은 의견을 개진하고 토론하는 공간으로 변모했다. 이러한 장소들은 '민주주의 벽'으로 불리며 여러 도시에서 등장했으며, 가장 유명한 곳은 톈안먼광장 근처 베이징 도심에 위치한 벽이었다. 이 벽들에서 모인 이들은 덩샤오핑이 제거하려던 권력자들을 비판했기 때문에, 표현의 자유 허용은 그의 정치적 목표를 달성하는 효과적인 도구가 되었다.

하지만 1979년 초, 목표가 상당 부분 달성되자 이 운동은 점차 억제되기 시작했다. 비판의 대상이 과거 지도자들뿐만 아니라 덩샤오핑을 포함한 당시 지도부로 확대되었기 때문이다. 벽보 작성자들은 베이징 중심부에서 외곽의 한 공원으로 이동하도록 조치되었으며, 표면적으로는 교통 방해 때문이라고 발표되었지만, 정부는 단순한 교통문제 이상의 의도를 가지고 있었다. 공원에서는 벽보 작성자들이 공안에 이름과 직장 정보를 등록해야 했으며, 공안은 이들의 활동을 감시했다. 몇 달 후, 이마저도 폐쇄되었다.

이와 동시에, 이 시기에 등장한 반체제 성향의 잡지들도 폐간명령을 받았으며, 일부 저자들은 중형을 선고받았다. 이들에게 적용된 혐의는 조작된 것이거나 신빙성이 떨어졌다. 예를 들어, 웨이징성(魏京生)은 중국-베트남전쟁에 대한 기밀을 외국인에게 넘겼다는 혐의로 기소되었지만, 단순한 베이징 동물원의 전기 기술자가 군사 기밀을 접할 기회가 있었다는 것은 납득하기 어려웠다. 하지만 그가 공개적으로 인권과 민주개혁을 주장했다는 사실은 명확했다. 그는 결국 15년형을 선고받았다. 1980년에는 집회, 표현, 벽보 작성, 시위의 자유에 더해 파업의 자유까지 포함했던 이른바 '4대 자유' 조항이 중국 헌법에서 삭제되었다.

일부 분석가들은 덩샤오핑이 민주화 운동을 철저히 정치적 도구로 이용한 후, 필요가 없어지자 버린 것이라고 해석한다. 다른 분석가들은 이것이 기만적인 행위라기보다, 사회적 혼란을 최소화하면서 민주주의를 형성하려는 시도로 보았다. 세 번째 시각에서는 덩샤오핑이 본래 개혁성향을 가지고 있었고 민주적 자유를 지지했지만, 통제 불가능해질 것을 우려한 당내 보수파들의 압력에 굴복하여 운동을 탄압한 것이라고 본다.

덩샤오핑의 부상

1978년 12월 중국공산당 제11기 중앙위원회 제3차 전체회의(이하 제11기 삼중전회)가 개최될 즈음, 덩샤오핑이 행사한 영향력의 정도는 분명해졌다. 개인숭배가 금지되고 화궈펑의 위상이 약화되면서, 덩샤오핑은 몇 년 전 처음 논의되었던 4개 현대화(四個現代化) 계획을 훨씬 더 야심차게 재도입했다. 이 계획은 마오쩌둥 사후 화궈펑에 의해 부활되었으나, 제11기 3중전회 이후에는 2000년까지 중국을 선진국 대열에 올려놓겠다는 야심 찬 목표와 함께 덩샤오핑의 이름과 결부되기 시작했다.

4개 현대화의 주된 초점은 경제였으며, 이에 대한 자세한 내용은 7장에서 다룬다. 그러나 이러한 경제개혁의 사회·정치적 파급력은 막대했다. 생산을 장려하기 위해 지도부는 마오쩌둥 시대에는 상상조차 할 수 없었던 경제적 유인책을 허용했다. 사람들에게 부자가 되는 것은 부끄러운 일이 아니며, 일부 사람들이 먼저 부유해지는 것도 괜찮다(先富論)고 말했다. 심지어 재산상속도 가능했다. 농산물은 자유시장에 판매할 수 있었고, 공장에서 성과를 내는 노동자는 성과급을 받을 수 있었다. 반면 비효율적인 공장은 폐쇄되었으며, 그곳에서 일하던 노동자들은 다른 일자리를 찾아야 했다. 언론은 반복해서 '철밥통', 즉 직무 수행과 관계없이 보장되던 고용체제가 사라질 것이라고 경고했다.

대학 입시에서는 지적 능력 평가가 다시 주요 기준이 되었고, 정치적 신뢰성은 조용히 뒷전으로 밀려났다. 새로운 체제에서는 '혁명성'보다 전문성이 더 중요해졌다. 급속한 현대화를 이루려면 현대기술에 대한 지식이 필수적이었기 때문이다. 이를 보다 빠르게 달성하기 위해 덩샤오핑은 '개방정책'을 선언했다. 이는 100여 년 전 자강운동의 지지자들에게도 익숙하게 들릴 만한 조치들이었다. 덩샤오핑은 외국과의 무역을 환영하고, 외국 기술을 도입하며, 중국 학생들을 서양 및 일본 대학으로 유학 보낼 것이라고 발표했다. 이 외에도 몇 가지 새로운 정책이 시행되었다. 생산성이 증가하더라도 인구가 많으면 그 효과가 희석될 수 있기 때문에, 엄격한 산아 제한정책이 발표되었다. 이상적인 가정은 한 자녀만을 두는 것으로 간주되었으며, 최대 두 명까지만 허용되었다.

지식인들의 지지를 얻기 위해, 마오쩌둥 시대에 그들이 '역겨운 제9계급(臭老九)'으로 비하되던 관행이 폐지되었다. 이제 지식인들은 더이상 경멸의 대상이 아니라, 그들의 조언이 적극적으로 요구되었다. 당과 국가의 주요 부처들은 정책 연구 기관의 전문가들과 협의하기 시작했다. 또한 계급 투쟁을 통해 발전을 이룬다는 마오주의적 마르크스-레닌주의 개념이 공식적으로 부정되었다. 이제부터는 대립이 아닌 협력이 발전의 원동력이 될 것이라는 기조가 확립되었다. 1982년 제정된 새 국가헌법은, 1978년 헌법에 있던 중국의 정체를 '프롤레타리아 독재'로 규정한 문구를 삭제하고, 이를 '인민민주독재'로 대체했다. 이는 원래 1954년 초대 헌법에서 사용한 표현으로 되돌아간 것이었다.

자본가와 지주와 같은 계급적 명칭은 30년 부여된 이후 세습적으로 이어졌지만, 이 시기에 모두 폐지되었다. 1957년 반우파운동과 1960년대 후반 문화대혁명과 같은 대중운동 시기에 내려진 판결들에 대한 재조사가 약속되었으며, 억울하게 판결받은 사람들은 그 판결이 뒤집

히게 되었다. 전 국가주석 류사오치를 포함한 많은 저명 인사들이 사후 복권되었다. 이제부터는 모든 판결이 정당한 법적 절차에 따라 판결이 내려지도록 규정되었다. 1970년대 후반까지 법조계가 거의 붕괴된 상태였기 때문에, 새로운 법률을 제정하고 이를 실행할 인력을 양성해야 했다. 또한 새로운 법률에는 외국 기업과의 거래 관행도 포함되었다. 기업들은 불량품 납품이나 납품 미이행과 같은 문제에 대해 구제받을 방법이 없는 나라와 거래하는 것을 꺼려했기 때문이다.

헌법적 보장과 절차는 선거제도로도 확대되었다. 이는 이전 10년간의 관행과 뚜렷한 대조를 이루며, 이제 당과 국가기관들은 정해진 일정에 따라 회의를 개최하게 되었다. 이 기관의 구성원들은 비밀투표로 선출되며, 비록 초기에는 하위 수준의 선거에 한정되었지만, 선출 인원보다 더 많은 후보자가 출마하는 방식이 도입되었다.** 또한 중국인민정치협상회의가 부활했다. 이 기구는 통일전선의 기관으로서 문화대혁명 기간 동안 사실상 사라졌는데, 이는 통일전선 개념 자체가 부르주아 수정주의와의 협력으로 간주되어 공격받았기 때문이었다.

당과 정부, 당과 군 사이의 분리가 이루어졌으며, 문화대혁명 당시 당과 정부 기관을 대신했던 혁명위원회도 단계적으로 폐지되었다. 인민공사는 먼저 정부 기능을 박탈당한 후 완전히 해체되었으며, 혁명위원회와 함께 문화대혁명 이전의 일반적인 정부 기구로 대체되었다.

새로운, 보다 관용적인 종교정책이 발표되었다. 종교의식이 다시 허용되었으며, 정부는 문화대혁명 동안 파괴된 교회, 모스크, 사원을 재건하는 데 도움을 제공하기로 했다. 또한 종교 연구를 위한 연구소를

** 역자 주) 차액선거는 후보자를 선출자보다 더 많이 내세워 낙선자가 나오도록 하는 방식이다. 예컨대 13명을 내세워 10명을 뽑고 3명을 떨어뜨리면 차액 비율 30%다. 가령 2007년 300여 명의 중국공산당 중앙위원회 중앙위원을 선출하는 선거에서 후보자의 8.3%를 떨어뜨리는 차액선거를 한 바 있다. 이에 비해 후보자에 대한 찬반투표를 등액선거라고 한다. 정치국 상무위원, 총서기를 명부대로 추인하는 거수기 방식이다.

설립하고, 새로운 『코란』 판본을 출판하는 데 보조금을 지급할 것이라고 발표했다. 이는 1949년 이후 중국에서 최초로 합법적으로 출판되는 『코란』이었다. 또한 소수민족에 대한 정책도 보다 관용적인 방향으로 변화했다.

외국 관측통들은 이러한 변화를 중국이 자본주의와 민주주의로 나아가는 것으로 해석했지만, 덩샤오핑은 이를 강력히 부인하며 자신이 목표로 하는 것은 '중국특색의 사회주의'라고 주장했다. 그러나 이것이 정확히 무엇을 의미하는지는 명확히 설명되지 않았다. 다만, 공식 매체는 새로운 정통성을 요약한 네 가지 기본원칙(四项基本原则)을 제시했다.

1. 공산당의 영도 수용
2. 마르크스-레닌주의와 마오쩌둥 사상에 대한 신념 유지
3. 민주집중제의 실천
4. 사회주의 노선의 고수

그러나 이러한 정의에는 명백한 문제가 있었다. 덩샤오핑의 새로운 정책구상의 많은 내용이 마르크스주의, 레닌주의, 그리고 마오쩌둥 사상과 정면으로 충돌했다. 또한 사회주의 노선을 따른다고 하면서도 그 방향을 안내하는 신호들은 자본주의적 언어로 쓰여 있는 것처럼 보였다. 덩샤오핑의 원칙을 실천하는 과정에서도 여러 문제가 나타났다. 경제적 '분권화'는 중국공산당의 '중앙집권적' 정치체제와 불편한 긴장 관계를 낳았고, 하위 수준에서의 진정한 경쟁 선거에 대한 약속은 민주집중제의 기존 '운영 방식'과 상충되었다. 민주집중제 '원칙'에 따르면 하위 조직이 상위 조직의 구성원을 선출해야 하지만, 현실에서는 그 반대였다. 그런데도 상위 조직이 계속해서 하위 조직의 후보자를 일방적으로 지명하자 강력한 항의가 발생했다. 이러한 모호성과 현실과의 괴리에도 불구하고, 네 가지 기본원칙은 새로운 사회주의의 정의로 자리 잡았으며, 이는 충성도를 평가하는 기준이 되었다.

마오쩌둥의 유산

마오주의이론과 실천에서 탈피한 수많은 변화가 이루어졌고, 덩샤오핑을 포함하여 그로 인해 피해를 본 많은 사람들이 복권되면서, 마오쩌둥의 유산에 대한 의문이 불가피하게 제기되었다. 덩샤오핑은 마오쩌둥에 대한 명시적인 부정을 원했던 것으로 보이며, 마오쩌둥 정권의 피해자라고 생각했던 많은 이들의 열렬한 지지를 받았다. 이와 관련된 여러 조치가 취해졌다. 1979년 마오쩌둥의 능묘는 몇 달간 폐쇄되었으며, 공식 언론에서는 능묘를 건설하기 위해 주택이 철거된 노동자들의 고난을 다룬 기사가 보도되었다. 능묘 건설 명령을 내린 이가 누구인지 모두 알고 있었던 만큼, 이는 마오쩌둥뿐 아니라 화궈펑의 이미지를 손상시키는 효과를 가져왔다. 1980년 8월, 중앙위원회는 살아 있거나 사망한 모든 지도자에 대한 개인숭배를 금지하는 지침을 발표했다. 당시 공공장소에 걸려 있던 지도자의 초상화는 마오쩌둥과 화궈펑뿐이었으나, 이후 이들의 사진은 대부분의 사무실과 회의장에서 급속히 철거되었다. 일부 마오쩌둥의 동상은 해체되었고, 일부는 분노한 군중에 의해 쓰러뜨려졌다. 이러한 행위에 대해 공식적인 승인이나 처벌은 없었지만, 불과 몇 년 전만 해도 이런 행위를 한 사람들은 가혹한 처벌을 받았을 것이다.

1980년 11월, 4인방이 재판에 회부되었으며, 재판 과정에서 편집된 일부 영상이 TV를 통해 방영되었다. 이들은 마오쩌둥의 지지를 받았다고 널리 믿어졌던 정책을 실행한 혐의로 기소되었다. 강경한 태도를 보인 장칭은 재판정에서 자신을 "마오 주석의 개"라고 표현하며, 그가 짖으라고 하면 짖었을 뿐이라고 주장했다. 정치에 관심 있는 대부분의 중국인은 이 재판을 사실상 마오쩌둥에 대한 고발로 받아들였다. 당시 중국을 방문했던 외국인들이 현지인들과 대화했을 때, 그들은 4인방을 언급하며 다섯 손가락을 펴 보였는데, 다섯 번째 손가락은 마오쩌둥을 기소되지 않은 공모자로 암시하는 것이었다.

그러나 마오쩌둥의 명성을 훼손하는 것에 강하게 반대하는 이들도 있었다. 일부는 그 당시 정책으로 혜택을 본 이념적 강경파였지만, 그렇지 않은 사람들도 있었다. 문화대혁명 당시 혹독한 탄압을 받았던 한 고령의 군 장교는, 마오쩌둥을 존경받는 위치에서 끌어내리면 젊은 세대가 믿을 대상이 없어질 것이라고 호소했다. 그는 서양의 국가들이 높은 물질적 풍요를 이루었음에도 불구하고, 많은 사람들이 신념의 위기를 겪고 있다는 점을 지적했다.

결국 타협안이 도출되었는데, 마오쩌둥의 공과 과를 70% 긍정적, 30% 부정적으로 평가하는 방식이었다. 능묘는 다시 개방되었으며, 저우언라이의 기념품을 전시하는 공간이 추가되었다. 공공장소에도 그의 초상화가 다시 걸렸으나, 이전보다 수는 줄었다. 그의 저작 연구도 재개되었으나, 이전보다 선별적으로 이루어졌으며 열의도 덜했다. 그는 더 이상 우상화되지 않았지만, 최소한의 존경은 유지되었다.

정치적 재편과 정책조정

덩샤오핑은 정치적으로 자신의 권력을 공고히 하기 위해 꾸준히 움직였다. 제11기 3중전회는 보다 야심 찬 4개 현대화를 제시하는 한편, 몇몇 잠재적 경쟁자의 사임을 이끌어낸 계기이기도 했다. 또한 이 회의에서는 1976년 톈안먼사건에 대한 공식적인 판결을 뒤집었는데, 이 사건은 덩샤오핑이 마지막으로 숙청당하는 계기가 되었던 사건이었다. 당시 공안부장이었던 화궈펑은 1980년 4인방과 함께 기소될 수도 있었으나, 덩샤오핑이 이를 막아준 대가로 화궈펑은 사임한 것으로 알려졌다.

화궈펑이 총리직에서 물러난 후, 그의 후임으로 덩샤오핑의 측근이자 전 쓰촨성 당서기였던 자오쯔양이 임명되었다. 덩샤오핑의 또 다른 측근인 후야오방이 당 총서기직을 맡게 되었는데, 그는 이전에 공산주의청년단(공청단)에서 주로 활동해온 인물이었다. 덩샤오핑 본인은 화귀펑으로부터 중앙군사위원회 주석직을 넘겨받았으며, 인민해방군 총참모장 자리에서는 스스로 물러나고, 그 자리에 제2야전군 시절의 오랜 동료였던 친지웨이(秦基偉)를 임명했다. 덩샤오핑은 자신이 직접 국가나 당의 최고직에 오르기보다는, 자신의 측근들을 주요 당정 직책에 배치하는 방식을 선택했다. 하지만 궁극적인 의사결정권이 누구에게 있었는지는 명확했다. 그는 공식 직함이 없음에도 불구하고 '최고 지도자'로 불렸으며, 이는 조직도 어디에도 존재하지 않는 직위였다. 실질적인 권력과 형식적인 권력은 화궈펑 집권 후반기에도 그랬듯이, 반드시 일치하는 것은 아니었다.

덩샤오핑은 이어서 석유파를 실각시키기 위해, 북중국해에서 발생한 석유 시추선 전복 사고를 은폐한 책임을 그들에게 돌렸다. 이 사건이 정치적으로 이용되었을 가능성은, 실제 사고 발생 후 1년이 지난 시점에서야 공식 발표되었다는 점에서 더욱 의심을 받았다. 게다가, 이전까지 대부분의 정치적 문제들이 4인방의 잔재 탓으로 돌려졌던 것과 달리, 이번에는 그렇지 않았다는 점이 그 의심을 더욱 굳혔다. 한편, 인민해방군 내부에서도 덩샤오핑의 선전 노선과 다른 입장을 취한 군 지도자가 숙청되었으며, 또 다른 군 지도자 예젠잉(葉劍英) 원수는 덩샤오핑이 상대하기에 훨씬 까다로운 인물이었다. 그는 사적으로는 반항적인 태도를 보였지만, 공개적으로 덩샤오핑에게 도전하지는 않았다. 그가 당시 거의 90세에 가까운 고령이었기 때문에, 덩샤오핑은 시간이 자기 편이 될 것이라 판단했을 가능성이 크다.

경쟁자들을 성공적으로 무력화한 후, 덩샤오핑은 자신의 개혁이 새로운 문제들을 낳고 있음을 깨달았다. 그동안 침묵하던 '만 마리의 말'은 분명 활력을 되찾았다. 그러나 그는 자신이 도입한 변화가 모든 말이 자신이 바라는 방향으로 달릴 것이라 믿은 데에서 오류를 범했다. 실제로는 일부는 기대대로 나아갔지만, 일부는 망설였고, 어떤 이들은 아예 엉뚱한 방향으로 돌진하거나 서로 충돌하는 상황이 벌어졌다. 경제적 분권화는 종종 불필요한 중복 투자와 비효율성을 초래하여 수익성을 떨어뜨리고, 때로는 과도한 경쟁으로 이어졌다. 예를 들어, 단 하나만 필요한 담배 공장을 다섯 개 지역에서 동시에 건설하는 일이 발생했다. 정부 입장에서 보면, 자금이 잘못된 사업에 과도하게 투자되었다. 지방정부들은 비료 공장처럼 절실히 필요한 시설보다 고급 영빈관을 짓는 것을 우선시하는 경향을 보였다. 일부 지역들은 필요한 자원을 다른 지역에 판매하기보다는 지역 내에서만 사용하려 했고, 지나가는 트럭에 통행세를 부과하는 등 시장을 분열시키는 행동을 하기도 했다. 또한 채소 판매가 돼지고기 판매보다 더 수익성이 높아지자, 개별 독립 생산자들이 채소 재배로 전환했고, 이로 인해 돼지고기 품귀 현상이 발생했다. 특히 한 자녀정책은 당시 인구의 대다수를 차지하던 농민들 사이에서 가장 큰 반발을 불러일으켰다.

덩샤오핑이 "부유해지는 것은 좋은 일이며, 일부가 먼저 부자가 되어도 괜찮다"고 판단한 결과, 소득 불평등을 심화시키고, 그에 따라 홍안병(紅眼病) 즉, 질투심이 사회 전반에 만연했다. 기업가적 감각이 뛰어나고 동료들보다 더 오랜 시간 일할 의지가 있는 사람들은 상대적으로 부유해졌지만, 그 과정에서 위험도 뒤따랐다. 한 여성은 이웃들이 판매하려던 달걀을 모두 깨뜨렸고, 또 다른 여성의 경우 이웃들이 젖소의 다리를 부러뜨려 젖소를 도살할 수밖에 없었다. 한편, 새롭게 부를 축적한 사람들 중 일부는 당 간부들에게서 강제적인 '세금'을 부과당하는 피해를 입었다. 뿐만 아니라, 모든 부자가 재능이나 성실함 덕분에 부를 축적한 것은 아니었다. 일부는 가족등, 중국 사회 전반에 퍼져 있던 꽌시(關係)를 이용해 부를 쌓았다. 차량과 창고를 이용할 수 있었던 사람들은 한 지역에서 물건을 싸게 사들인 후, 이를 다른 지역으로 밀반입한 뒤 공급이 부족할 때까지 저장해두었다가 원하는 수익률이 나올 때 비로소 판매했다. 또한 새로운 정책변화로 인해 지역 간 소득 격차도 더욱 확대되었는데, 이는 자연적으로 자원이 더 풍부한 지역이 그렇지 않은 지역보다 유리했기 때문이었다.

또 다른 질투의 대상은 고위 간부들의 자녀들이었다. 이들은 유학을 떠나는 학생들 중에서 유독 높은 비율을 차지했으며, 덩샤오핑의 아들도 그중 하나였다. 이들이 중국으로 돌아왔을 경우, 외화를 다룰 수 있는 직책이나 해외 출장 기회가 주어지는 요직을 쉽게 차지하곤 했다. 이러한 직책은 대개 중국이 새롭게 설립한 대외무역회사와 연결되어 있었으며, 여기에서 이들은 계약을 따내고자 하는 기업들로부터 거액의 뇌물을 받기도 했다. 이로 인해 또래들의 심한 반감을 샀는데, 그들은 자신이 적어도 이들만큼 유능하며, 때로는 더 뛰어나다고 생각했기 때문이다. 이렇게 특혜를 받은 이들은 태자당(太子黨)으로 불렸다.

많은 지도자들은 타인에 대한 배려를 잃게 만드는 무절제한 물질주의의 확산을 우려했다. 그들의 주장을 뒷받침하는 사례는 수없이 많았다. 한 예로, 톈진의 한 공장에서 진행된 설문조사에서 "당신의 이상은 무엇인가?"라는 질문이 주어졌는데, 종합된 응답은 "혁명적 이상은 공허하게 느껴진다. 눈에 보이고 손으로 만질 수 있는 물질적 혜택만이 의미있다"와 같았다. 물질주의와는 반대되는 흐름도 있었다. 일부 개혁은 또 다른 형태의 이상주의를 촉진하여 지도자들에게 또 다른 불안을 안겨주었다. 1980년과 1981년, 중국 각지의 대학 캠퍼스에서 일련의 소요 사태가 발생했다. 그 직접적인 원인은 창사(長沙)에서 지역 공직선거에 출마했던 한 학생의 이름이 공산당의 결정에 의해 투표용지에서 삭제된 사건이었다. 학생들은 당이 후보를 사전에 심사하는 선거는 결코 자유선거가 아니라고 주장하며 대규모 시위를 벌였다. 이들의 요구는 점차 그 학생의 이름을 복구하는 수준을 넘어, 인권과 민주주의 같은 보다 근본적인 문제들로 확대되었다.

과거 판결을 조사하고 필요할 경우 이를 뒤집겠다는 약속은 행정 체계를 마비시켰다. 엄청난 수의 청원인들이 몰려들었다. 이들 중에는 10년 또는 20년 전에 농촌으로 보내졌던 사람들이 포함되어 있었으며, 그들은 귀환을 간절히 원했다. 그러나 그들의 요구가 신속하게 처리되지 않자, 이들은 당이나 정부 청사 앞에서 시위를 벌이거나 공개적으로 지도자들에게 책임을 묻는 공개 성명을 내기도 했다. 1979~1980년 호소할 길이 막힌 농민들이 지도부에 직접 억울함을 전하기 위해 베이징에 몰려와 노숙 시위를 벌이기도 했다. 그들은 또한 외신 기자들과 기꺼이 이야기를 나누었으며, 이로 인해 지도부는 크게 불쾌해했다. 그들의 수척한 얼굴과 슬픈 이야기가 외신 보도에 자주 보도되었기 때문이다.

대체로 지도부와 대중 모두 국가의 문제점에 대해서는 대체적인 합의를 이루고 있었다. 즉, 인플레이션, 부패, 족벌주의, 비효율성, 낮은 생산성이 주요한 문제로 인식되었다. 그러나 이 문제들을 어떻게 해결할 것인가에 대해서는 의견이 갈렸다. 좌파들은 개혁이 이러한 문제를 초래했다고 보고, 혼란이 초래되기 전에 당과 정부의 통제를 다시 강화해야 한다고 주장했다. 반면 개혁파들은 많은 문제가 개혁이 불완전하게 이루어졌기 때문에 발생했다고 믿었으며, 오히려 더 많은 개혁이 필요하다고 보았다. 또한 개혁을 철회하거나 체제의 일탈을 비판할 국민의 권리를 억누르는 것은 더 큰 문제와 혼란을 초래할 것이라고 경고했다. 양측 모두 개혁의 목표에는 동의했지만, 좌파들은 개혁의 결과를 더 두려워했다. 그들은 개혁을 보다 신중하게 추진하는 한편, 개혁으로 인해 발생한 문제를 신속하게 바로잡아야 한다고 생각했다.

그러나 이 두 집단을 지나치게 뚜렷이 구분해서는 안 된다. 중국의 특정한 상황에 따라 빠른 개혁을 지지하던 사람들이 점진적인 접근을 선호하게 되거나, 반대로 신중한 태도를 보이던 이들이 급진적인 개혁을 요구하는 일도 있었기 때문이다. 심지어 가장 강경한 민주화 운동가들조차도 자신들이 원하는 급진적 개혁을 실현하려면 수많은 장애물을 극복해야 한다는 사실을 인식하고 있었다. 예를 들어, 1980년대 중반, 훗날 1989년 시위에서 인권운동가로 두각을 나타낼 한 젊은이는 간쑤(甘肅) 지방 농촌에서 여론조사를 시도했다. 하지만 대부분의 농민이 글을 읽을 줄 몰랐고, 설문지를 작성할 수도 없다는 사실을 깨닫고 조사 자체를 포기해야 했다. 해당 지역에서 가장 부유하고 교육을 많이 받은 농민과의 인터뷰에서도 예상치 못한 답변이 나왔다. 그 농민은 열정적으로 "당연히 나는 마오 주석이 누군지 안다. 그는 황제였다. 위대한 황제였고, 새로운 황제인 덩샤오핑도 좋은 황제인 것 같다"라고 말했다. 그러면서 "개혁은 좋고, 정부가 하는 일은 모두 동의한다"라고 덧붙였다. 후에 좌절한 조사자는 동료 연구자에게 "만약 우리가 내일 이들에게 투표권을 준다면, 그들은 그들의 모든 권리를 황제에게 넘기기로 동의할 것"이라고 말했다.

마오쩌둥을 부정하는 것이 신념의 위기를 초래할 것이라는 우려는, 결국 현실로 드러났다. 1981년 상하이 시장의 리무진과 트럭 간의 교통사고 사건은 당시 권위에 대한 대중의 태도를 잘 보여주는 사례일지도 모른다. 누가 사고의 책임이 있는지에 대해 신경 쓰지 않는 듯한 군중은 재빨리 모여 트럭 운전사와 교통경찰 사이에 장벽을 형성했다. 그리고 군중은 입을 모아, 시장은 차 안에서 깔려 죽어야 마땅하다고 외쳤다. 개혁파들은 본질적으로 낡고 경직된 교조적 사고에서 벗어나 사상의 해방을 장려했지만, 대신 체계적인 새로운 이상을 제시하지는 못했다. 이로 인해 많은 사람들은 이기적이고 물질적인 목표를 추구하거나, 혹은 서양의 자유와 민주주의 개념을 받아들이게 되었다. 점점 더 많은 사람들이 국내외의 종교를 받아들이며 당의 무신론적 입장을 거부하는 현상이 나타났다.

이러한 경향은 지도부를 걱정하게 만들었고, 그들의 초점은 개혁에서 조정으로 전환되었다. 이는 이전 개혁이 초래한 불균형을 바로잡기 위한 것이었다. 1983년 10월에는 만연한 물질주의에 대응하기 위해 '정신 오염' 척결 운동이 시작되었다. 돈벌이에 대한 지나친 강조를 비판하며, 검소하고 절제된 생활이라는 훌륭한 혁명적 전통을 저버리고 서양에서 비롯된 쾌락주의 개념을 받아들인 사람들을 질책했다. 이러한 서구적 요소로는 장발, 금 장신구, 몸에 딱 붙는 청바지, 선글라스뿐만 아니라 '저속한' 서양의 서적, 록 음악, 그리고 선정적 서적이나 영상물에 대한 관심이 포함되었다. 이 마지막 범주는 상당히 광범위하게 해석되어 서양인들은 단순히 외설적이거나 경박하다고 여길 수 있는 내용, 심지어 예술로 간주될 수 있는 것까지 포함되었다.

1980년대 내내 해외 선진국가들로부터 얼마나 많은 것을 받아들일지, 그리고 중국의 고유한 자원과 전통에 얼마나 의존할 것인지에 대한 논쟁이 이어졌다. 이는 100년 전 실패한 자강운동(自强運動)을 떠올리게 했다. 외국 기술을 도입하는 과정에서 함께 들어오는 서양의 풍습과 가치관을 어떻게 다룰 것인가에 대한 20세기 논쟁은 19세기 옌푸(嚴復)가 지적했던 문제를 다시금 상기시켰다. 즉, 서구 학문에는 그 자체의 본질이 있으며, 중국이 서구 기술을 실용적으로 활용하려 해도 그 본질을 분리해내는 것은 불가능하다는 점이었다.

정신 오염 척결 운동은 성공하지 못했다. 덩샤오핑의 자유시장정책을 통해 혜택을 받았던 많은 농민들은 이 담론이 덩사오핑의 정책의 후퇴를 예고하는 신호일지도 모른다고 판단했다. 새로운 정책이 도입된 이후 줄곧 자신들이 자본주의자로 낙인찍혀 탄압당할 수도 있다는 걱정을 해온 농민들은 더욱 불안해졌다. 또한 서양식 의복, 헤어스타일, 오락을 즐기게 된 사람들도 이를 포기하려 하지 않았다. 해외의 반응은 엇갈렸다. 서양 문화 탓으로 돌려지는 온갖 죄악을 비웃는 냉소에서부터, 중국의 개방정책이 다시 닫힐지 모른다는 우려까지 다양했다. 농민들의 우려가 농업 생산에 악영향을 미치자, 이 운동은 시작된 지 두 달 만에 농촌지역에서 면제되었으며, 몇 달 후 덩샤오핑의 명령으로 운동 자체가 흐지부지되었다.

이 시기에 해결해야 할 다른 문제로는 관료 조직의 효율화와 인력 감축이 있었다. 야심찬 경제개발계획이 추진되면서 이를 감독하는 새로운 기관과 부서들이 우후죽순 생겨났다. 그 결과, 서로 중복되거나 유사한 기능을 가진 기관들이 난립하면서 행정 승인에 오랜 시간이 걸리고, 부서 간 영역 다툼과 각종 비효율이 발생했다. 또한 일부 개혁계획은 관료 조직에 뿌리 깊이 자리 잡고 있던 좌파 세력에 의해 좌절되었다. 이들은 대개 고령이며 교육 수준이 낮은 경우가 많았고, 고위 간부들에게 정년이 정해져 있지 않았기 때문에 70대나 80대인 노년층이 여전히 권력을 쥐고 있었다. 이들 아래에는 수십 년 동안 승진하지 못한 유능한 인재들이 많았고, 이는 전반적인 의욕 저하로 이어졌다. 인력 감축과 연령 조정은 이러한 문제를 해결할 방법으로 제시되었다. 또한 감축 대상이 덩샤오핑의 정책에 반대하는 세력에게 집중될 수 있었기 때문에, 이는 개혁의 길을 열고 파벌을 약화시키는 수단으로도 활용될 수 있었다.

1982년 9월 열린 제12차 당대회에서는 일부 고령 지도자들을 명예롭게 퇴임시키기 위한 방안으로 중앙고문위원회를 설립했다. 그러나 이 기구가 이러한 목적을 어느 정도 수행했음에도, 기대했던 효과를 완전히 거두지는 못했다. 몇몇 인사들은 고문위원회로 이동하는 것에 동의했지만, 이는 자신들의 후계자를 직접 선택한 후에야 가능했다. 보통 이들은 자신의 뜻을 충실히 따를 만한 인물을 후계자로 선정했으며, 결과적으로 은퇴한 지도자들이 사실상 배후에서 계속 권력을 행사하는 구조가 형성되었다.

이렇게 선택된 후계자는 종종 은퇴하는 지도자의 자녀였으며, 이로 인해 태자당의 세력이 더욱 커졌다. 이는 태자당을 비판하는 이들의 주장에 신빙성을 더해주었다. 일부 원로들은 끝내 사임을 거부했고, 예전엔 덩샤오핑의 동맹이었지만 나중엔 대립하게 된 예젠잉도 그중 하나였다. 이처럼 형식적 권력을 가지지 않은 사람들이 실질적 권력을 계속 행사하는 상황이 늘어나면서, 중앙고문위원회의 창설과 노년 지도자들의 퇴임을 유도하기 위한 여러 조치들은 명목상의 책임과 실제 권한 사이의 괴리를 더욱 심화시키는 결과를 낳았다.

퇴임 조치는 또 다른 문제를 초래했다. 덩샤오핑은 젊은 지도층으로의 세대교체를 강력히 추진하면서 50대 후반에서 60대 초반의 지도자들을 대거 배제했는데, 이는 심각한 실망과 사기 저하를 불러왔다. 게다가 덩샤오핑 본인을 포함한 그의 측근들은 70대 후반에서 80대 초반의 나이에도 여전히 권력의 핵심에 남아 있었다. 덩샤오핑이 스스로 모범을 보이기 위해 사임해야 한다고 제안한 신문은 즉각 폐간되었다.

덩샤오핑은 중앙군사위원회 주석직을 자신의 후계자로 지목한 후야오방에게 넘기려 시도했지만, 정치국 내에서 자신의 자리를 내려놓겠다는 의사는 밝히지 않았다.** 덩샤오핑이 군사위 주석직을 후야오방에게 넘겼다면, 당 총서기였던 후야오방이 당의 최고 지도자로서 군권까지 장악하게 되어, 마오쩌둥 시기 및 화궈펑 집권 초기와 같은 권력구조가 형성될 수 있었다. 그러나 인민해방군 지도부는 후야오방이 군사적 경험이 거의 없고, 더 나아가 판단력도 부족하다고 보았기 때문에 강력히 반대했다. 군부의 이러한 저항은 후야오방의 정치적 입지를 크게 약화시켰다. 덩샤오핑이 여전히 군에 대한 최종 결정권을 가지고 있었지만, 그는 중국 행정 전반의 다양한 중요한 사안들로 바빴다. 따라서 실제로 인민해방군의 일상적 운영은 중앙군사위원회 비서장이던 양상쿤(楊尙昆)의 손에 맡겨졌다.

1980년대 중반은 개혁파가 자신의 정책성과를 내세울 만한 사건들과, 동시에 좌파의 비판에 힘을 실어주는 사건들이 공존하는 시기였다.

....

** 역자 주) 당의 중앙 군사지도기구는 중앙군사위원회이다. 중앙군사위원회의 위원는 중앙위원회가 결정한다. 또한 국가중앙군사위원회가 1982년 헌법에 의해 신설되는데, 국가중앙군사위원회는 중국 무장력의 최고 영도기관이자, 국가기구의 주요 구성부분으로써 전국의 군을 지휘하며 '주석책임제'를 실시하고 있다. 국가중앙군사위원회 주석은 전국인민대표대회(이하 '전인대'로 약함)에서 선출되며, 전인대 및 그 상무위원회에 책임을 지며, 주석을 비롯한 위원회의 임기는 전인대와 마찬가지로 5년이며 연임 제한은 없다. 이 기구의 신설 목적은 군이 당의 군대가 아니라 전국민의 군대임을 형식적다로 표현하기 위한 것이며, 헌법상 최고권력기관인 전인대에서 선출한다. '이중권력화'를 막기 위해 국가중앙군사위는 당중앙군사위 멤버와 동일하며 겸직한다. 실질적으로는 당이 군사를 지도하는 '당-군체제'를 유지하고 있다.

예를 들어, 1985년에는 명목 소득이 증가했지만, 동시에 인플레이션 율도 상승했다. 물가 상승은 사재기를 유발했고, 이는 결국 품귀 현상을 초래했다. 물품 부족은 암시장 거래, 투기, 밀수를 부추겼으며, 이러한 불법 행위들 중 상당수는 간부들이나 그들의 자녀들에 의해 조직되었다. 이로 인해 일반 시민들의 지도부에 대한 신뢰는 더욱 약화되었다. 하이난섬에서는 정교한 15억 달러 규모의 외환 사기가 적발되었으며, 그 섬에서 최고위직을 맡고 있던 관리가 주모자로 밝혀졌다. 이 전체 금액을 회수하려 했다면 섬의 경제가 마비될 상황이었다. 따라서 처벌은 비교적 가벼웠으며, 이는 유사한 금융 사기를 계획하는 이들에게 별다른 억제 효과를 주지 못했다.

개혁가들에게는 한 가지 고무적인 사건도 있었다. 정신 오염 척결 운동을 주도했던 좌파 선전 책임자가 해임된 것이다. 또한 1985년 9월에 열린 특별 당 회의에서도 개혁가들에게 유리한 결과가 나왔다. 이 회의에서 정치국 위원 24명 중 10명이 사임했으며, 그중에는 강경파로 알려진 예젠잉도 포함되어 있었다. 그의 퇴진 대가로 여겨진 조치로, 그의 아들 예쉬안핑이 곧이어 광둥성 성장으로 임명되었다. 예젠잉은 정치국 상무위원회의 일원이기도 했는데, 그가 물러나면서 상무위원회는 5명 체제로 재편되었다. 이로써 개혁파인 덩샤오핑, 후야오방, 자오쯔양이 좌파인 천윈(陳雲)과 리셴녠(李先念)에 비해 근소한 수적 우위를 차지하게 되었다. 그러나 여기서도 개혁세력이 실제로 얼마나 이득을 보았는지에 대한 의문이 남았다. 사임 절차가 당헌에 명시된 절차와 달랐기 때문이다. 당헌에 따르면 이러한 사임은 당 대회에서 이루어져야 했지만, 이번 경우에는 당 지도부의 재량으로 초청된 인사들만 참석한 특별 회의에서 결정되었다. 이는 덩샤오핑이 이러한 변화를 추진할 만큼 당내에서 충분한 합의를 확보하지 못했음을 시사했다.

특별 회의 직후 열린 중앙위원회 전체 회의에서는 정치국에 여섯 명의 새로운 위원이 추가되었는데, 이들은 대부분 교체된 인물들보다 젊고 교육 수준이 높았다. 새롭게 임명된 인물 중에는 소련에서 교육받은 엔지니어 리펑(李鵬)도 있었다. 리펑은 어린 나이에 고아가 되었고, 저우언라이(周恩来)의 양자가 되었다. 그러나 저우언라이에 대한 대중의 깊은 애정이 리펑에게까지 이어지지는 않았다. 그는 대부분의 정책에서 좌파 성향을 보였으며, 동시에 태자당의 일원이기도 했다. 이번 중앙위원회 전체회의에서는 덩샤오핑과 좌파 경제학자 천윈 간의 이례적인 공개 토론도 이루어졌다. 예상대로 덩샤오핑은 자신의 개혁이 가져온 긍정적인 결과를 강조하며, 생활 수준이 향상되었다고 주장했다. 반면, 천윈은 고소득 가구 수가 과장되었다고 반박했으며, 중국의 곡물 생산량이 실질적으로 감소했다는 점을 지적했다. 두 사람의 상대적 힘을 가늠할 수 있는 가장 중요한 신호는, 공식 언론이 두 연설을 발표한 순서였다. 즉, 덩샤오핑의 연설이 먼저 보도되었다.

개혁을 지지하는 세력과 반대하는 세력 간의 의견 차이는 마르크스주의가 현대 문제에 얼마나 유효한가를 둘러싼 논쟁에서도 반영되었다. 처음에는 마르크스주의의 입지가 약화되는 듯 보였다. 1984년 10월, 덩샤오핑은 중국이 "약간의 자본주의 요소"를 두려워할 필요가 없다고 발언했다. 같은 해 12월 7일, 공식 당 기관지 『인민일보(人民日報)』는 "마르크스와 레닌의 저작이 그들이 살던 시대에 쓰인 만큼, 오늘날의 모든 문제를 해결해 줄 것이라 기대할 수 없다"는 내용의 논평을 실었다. 하지만 며칠 후, 신문은 논평이 실수였다고 정정하며, 마르크스와 레닌의 저작이 오늘날 중국의 '모든' 문제를 해결할 수는 없다는 의미였다고 밝혔다. 이후 1985년 3월, 덩샤오핑은 자본주의 사상에 젊은이들이 영향을 받지 않도록 이념적 경계심을 강화해야 한다고 강조했다. 이는 마르크스와 레닌이 다시 공식적인 지지를 얻었다는 신호였다. 덩샤오핑의 이러한 태도 변화는 그가 비판에 직면할 때마다 취하는 전술적 후퇴 중 하나로 해석되었다.

개혁파와 좌파 사이의 내부 투쟁이 계속되었다. 체제가 후퇴할지,

전진할지, 아니면 그대로 유지될지에 대한 불확실성도 문제를 야기했다. 농민층을 주 독자로 한 신문은 이들이 선호하는 구호를 반복했다. "침수도 가뭄도 두렵지 않다. 다만 당의 정책변화가 두려울 뿐이다." 미래를 예측할 수 없다고 여긴 사람들은 투자하기를 꺼렸다. 이러한 태도는 이해할 만했지만, 발전을 저해하는 효과를 가져왔다. 당국은 증가하는 사회적 무질서에 대해서도 우려했다. 국민들이 점점 더 정부의 지시를 따르는 것을 거부했기 때문이다. 중국 각지에서 축구 경기 중 발생한 폭동, 반일 시위, 신장 지역에서의 투르크계 무슬림들의 핵실험 반대 시위, 그리고 다양한 공권력 남용에 대한 항의 시위가 발생했다. 1986년에는 베이징에서 약 1,000명으로 추정되는 군중이 경찰차를 포위하고 차량 탑승자들을 조롱하며 전복시키겠다고 위협했다. 이 충돌을 촉발한 사건은 사소한 것이었다. 한 경찰관이 교통 법규 위반을 둘러싼 논쟁 중에 오토바이 운전자를 때린 것이었다. 그러나 이 사건은 경찰 권위에 대한 심각한 적대감이 존재함을 시사했다.

1986년 말, 안후이성 허페이의 한 대학에서 대규모 학생 시위가 시작되었다. 정부가 뉴스를 통제하려 했음에도 불구하고 시위는 빠르게 상하이와 베이징을 포함한 여러 지역으로 확산되었다. 1987년 1월 1일, 베이징의 학생들은 톈안먼광장에 모였으며, 시위를 금지하는 명령과 혹독한 추위를 무릅썼다. 경찰은 집회를 막기 위해 광장에 물을 뿌려 얼음판으로 만들기도 했다. 학생들의 요구 중에는 전반적인 민주화 확대와 1980년에 헌법에서 삭제된 '4대 자유' 조항의 복원이 포함되어 있었다. 몇 주간의 불확실한 상황 끝에 시위는 진압되었다.

좌파 세력은 이러한 소요 사태를 두고 정치적 자유를 허용하면 혼란과 불안을 초래한다는 자신들의 주장이 입증되었다고 보았다. 공청단 출신이며 개혁성향 인사들과 가까웠던 후야오방(胡耀邦)은 시위를 제대로 처리하지 못한 책임을 지고 당 총서기직에서 사임했다. 이후 그의 무능함을 풍자하거나 비난하는 여러 일화가 유포되기 시작했다. 일부는 이전부터 알려진 내용이었으나, 일부는 날조된 것으로 보였다. 이러한 이야기들은 인민해방군 지도부가 후야오방의 중앙군사위원회 주석 임명을 막은 것이 현명한 결정이었음을 강조하는 역할을 했다. 시위와 관련된 다른 인사들도 자리에서 물러났다. 그중에는 시위가 시작된 안후이 대학의 부총장이자 저명한 천체물리학자였던 팡리즈(方勵之)도 포함되어 있었다. 그는 민주화를 공개적으로 지지한 인물이기도 했다.

덩샤오핑이 오랜 측근인 후야오방의 해임을 받아들인 것은 저항세력 앞에서 또 하나의 전술적 후퇴를 감행한 것으로 해석되었다. 많은 사람들이 이를 체스에 빗대어 설명했다. 덩샤오핑이 개혁을 지키기 위해 왕을 보호하고 졸(卒)인 후야오방을 희생했다는 것이다. 이후의 사건들은 이러한 해석을 뒷받침하는 듯했다. 특히, 원로 좌파 세력들이 권력을 강화하는 모습이 두드러졌다. 부르주아 자유화에 대한 탄압이 강화되었고, 4대 기본원칙(마르크스주의, 사회주의, 당의 영도, 프롤레타리아 독재)에 대한 강조가 커졌다. 공식 성명에서는 이 원칙들의 준수가 "정치·이념 분야에서의 핵심 과제"라고 선언했다. 덩샤오핑 역시 더 좌파적인 입장을 취하는 듯한 발언을 했다. 예를 들어, 그는 당의 전통인 민주집중제의 회복을 촉구했으며, '신권위주의'를 언급하며 경제발전을 지속적으로 추진하기 위해서는 고도로 집중된 지도체제가 필요하다고 주장했다.

1987년 4월에 이르러, 개혁노선이 다시 우세해지는 조짐이 나타났다. 덩샤오핑은 다시 주도권을 잡고, 한 외국 인사에게 당 내 좌파적 경향이 중국의 경제개혁을 위태롭게 하고 있다고 말했다. 후야오방의 자리를 대행하던 자오쯔양은 자유주의적 색채가 짙은 여러 연설을 했다. 1987년 11월, 중국공산당 제13차 전국대표대회는 자오쯔양을 총서기로 공식 임명하고, 동시에 중앙군사위원회 제1부주석 직을 맡겼다. 이는 그의 전임자가 받지 못했던 영예였다. 덩샤오핑, 리셴녠, 천원은 고령을 이유로 정치국 상무위원회에서 사퇴하고, 중앙고문위원회로 이동했다. 이로써 자오쯔양은 이전 상무위원회에서 유일하게 유임된 인물이 되었다. 새로운 정치국 상무위원회는 좌파 성향이 3대 2로 우세했지만, 개혁에 공개적으로 반대하는 인물은 없었다. 개혁파는 정치국 내에서도 강하게 대표되었으며, 이들 가운데는 후야오방도 포함되었다. 후야오방은 학생들에게 지나치게 관대했다는 이유로 좌파들에게 강등당했기에, 학생들은 그를 자신들의 대변자로 여겼다. 제13차 당대회에서의 논의는 개혁이 지속될 것임을 시사했다.

1988년 3월과 4월에 열린 제7기 전국인민대표대회는 제13차 전당대회가 보낸 혼재된 신호를 이어갔다. 대회 공보는 개혁이 중국의 핵심 과제라고 강조했지만, 군 출신의 원로 좌파 인사인 양상쿤과 왕전(王震)이 각각 국가주석과 부주석으로 선출되었으며, 리펑이 총리직을 맡았다. 리펑의 연설은 인플레이션과 곡물 생산 감소문제 해결에 초점을 맞췄는데, 이는 전통적으로 좌파 진영에서 강조해온 주제들이었다.

몇 달 후, 자오쯔양은 덩샤오핑의 지지를 받으며 야심 찬 소매가격 개혁을 단행했다. 이 개혁은 국가 보조금을 줄이고 자유시장 체제로 이행하려는 최종 목표와 일치했지만, 1949년 이후 중국에서 최악의 인플레이션을 초래했다. 공식 수치는 18.5%였지만, 실제로는 최대 50%에 달했다는 추정도 있었다. 은행에는 예금 인출 사태가 벌어졌고, 사재기와 사회적 혼란이 급증했다. 덩샤오핑은 특유의 전술적 후퇴를 선택했지만, 자오쯔양은 개혁을 밀어붙였다. 여름 동안 그는 정치국에 4~5년 내에 모든 국가 가격 통제를 철폐하고, 수출을 장려하기 위해 위안화를 평가절하하는 대담한 계획을 제안했다.

이 구상은 최상의 조건에서도 대담한 계획이었지만, 당시 상황은 결코 최상이 아니었다. 급등하는 인플레이션과 국민들의 불만을 고려할 때, 자오쯔양의 계획은 좌파뿐만 아니라 일부 개혁파에게도 지나치게 무모한 것으로 보였다. 자오쯔양 측 인사들에 따르면, 이 계획은 덩샤오핑의 권유로 시작됐지만, 반발이 커지자 그는 책임을 자오쯔양에게 돌렸다. 1988년 9월 제13기 중앙위원회 제3차 전체회의 무렵에는, 가격개혁이 무기한 연기되었음이 분명해졌다. 대신 좌파들이 선호하는 다른 해결책들이 추진되었다. 즉, 자본 건설을 축소하고, 의사결정을 다시 중앙집권화하며, 이념을 교정하는 노력이 강화되었다. 자오쯔양이 경제정책을 담당하는 역할에서 배제되었다는 소문이 돌았고, 공식적으로 부인되었지만 그의 경제 관련 활동이 줄어드는 한편, 리펑과 같은 좌파 인사들이 더욱 활발히 활동하는 모습이 포착되었다. 공식 발표에서는 다시 신권위주의의 장점을 언급하기 시작했으며, 그 지지자들은 자오쯔양을 개혁을 이끄는 강력한 지도자로 보고 있었다. 덩샤오핑은 자신이 추진한 개혁의 결과에 점점 더 불안감을 느끼고, 좌파들과 손을 잡는 듯한 모습을 보였다. 한 불만을 품은 지식인의 표현에 따르면, 덩샤오핑의 "사실을 토대로 진리를 탐구하라(實事求是)"는 가르침이 이제는 "허용된 일부 사실로부터 진리를 탐구하라"는 의미로 변질되었다고 한다. 반덩샤오핑 풍자가 점점 더 유행하기 시작했다. 특히 마오쩌둥을 찬양하는 노래 〈동방홍(東方紅)〉의 멜로디에 맞춰 부르는 다음과 같은 풍자 노래가 인기를 끌었다.

"서쪽이 붉어졌네, 태양이 졌네 / 덩샤오핑이 왔도다
권력층만 잘 챙기고 / 나머진 다 지옥으로 보내네."

이러한 압박 속에서 지도부는 양보하기보다는 더욱 강경한 태도를 취하는 쪽으로 대응하는 듯했다. 지식인들은 정치범 석방과 모든 국민을 위한 더 큰 자유를 요구하며 저항했다. 학생들은 1919년 5·4운동 70주년을 기념하는 대규모 시위를 공개적으로 논의했다. 1989년 3월, 티베트에서 시위가 발생했고, 결국 해당 지역에 계엄령이 선포되었다. 이후 이 시위는 정부가 조장했다는 의혹이 제기되었다. 사회 분위기는 긴장 섞인 기대감으로 가득 차 있었다.

1989년 톈안먼시위

중대한 시점이 임박했다는 인식이 후야오방으로 하여금 다시 전면에 나서도록 했을지도 모른다. 교육문제를 논의하기 위해 열린 정치국 회의에서, 후야오방은 교육 부문에 대한 국가 지원 확대를 두고 한 주요 좌파 인사와 논쟁하던 중 치명적인 심장마비를 일으켰다고 전해진다. 이러한 소문은 학생들의 대의명분에 맞춰진 것처럼 의심스러웠으나, 중요한 점은 대부분의 학생들이 이를 사실로 받아들였다는 것이다. 1986년과 1987년에 그랬던 것처럼, 마찬가지로 시위 금지령을 무시한 채 수천 명의 학생들이 후야오방의 추도식 전날 밤 톈안먼광장에서 연좌 농성을 벌였다. 폴란드의 자유노조 연대운동을 본떠 학생 및 노동자 조합을 설립하자는 논의도 있었다. 비슷한 시위와 요구는 중국의 다른 여러 도시에서도 일어났다.

이 시기 자오쯔양은 북한을 공식 방문 중이었는데, 이는 뜻하지 않게 좌파 세력을 돕는 결과를 낳았다. 국무원 총리 리펑과 국가주석이자 동시에 중앙군사위원회 총서기였던 양상쿤은 덩샤오핑과 만나 강경 대응을 승인받았다. 4월 26일, 『인민일보』는 시위를 금지하는 사설을 게재했으며, 시위를 반혁명적 행위로 규정하고 필요할 경우 군대를 동원해 '혼란스러운 소요 사태'를 진압하겠다고 경고했다.

학생들은 자신들을 애국적인 간언자로 여기고 있었으며, 이는 전통적인 중국의 유교적 개념에 따라 교육받은 시민이 정부의 잘못을 시정하도록 촉구하는 것이 마땅한 의무라고 믿었기 때문이다. 따라서 4월 26일 사설은 그들에게 모욕적이고 충격적인 것이었다. 이에 대한 반발로 최대 10만 명에 달하는 학생들이 톈안먼광장으로 몰려들었으며, 경찰은 거의 저지하지 않았다. 학생들은 베이징 시민 약 100만 명의 지지를 받았으며, 많은 시민들이 직장 단위(工作單位)의 깃발을 들고 함께 행진하면서 정부에 대한 각자의 요구를 제기했다. 예를 들어 신문 기자들은 '진실을 보도할 자유'를 요구하는 현수막를 들었는데, 이는 지난 40년 동안 거짓을 강요받아 왔음을 암시하는 것이었다. 당과 정부 지도부는 이 사태를 불쾌하게 여겼다. 더욱 신경을 건드린 것은 많은 현수막이 중국어뿐만 아니라 영어로도 쓰여 있었다는 점으로, 이는 시위대가 해외 여론을 염두에 두고 있음을 보여주었다.

인플레이션과 정부 부패를 비판하는 구호가 자유와 민주주의를 요구하는 구호들과 함께 등장했다. 지도자들은 실명으로 비판받았으며, 특히 리펑이 주요 표적이 되었다. 덩샤오핑 역시 다수의 비판에 직면했으며 한 현수막에는 "검은 고양이든 흰 고양이든 나쁜 고양이라면 문제"라는 문구가 적혀 있었다. 또한 당의 권력 독점을 비판하는 목소리도 있었으며, "절대 권력은 절대적으로 부패한다"는 포스터도 등장했다. 학생들은 요구를 관철하기 위해 단식 투쟁을 시작했으며, 이는 외신의 집중적인 관심을 끌었다. 5월 중순에 이르자 베이징 시민 전체가 시위대를 지지하는 듯한 분위기가 형성되었다.

정부 지도부는 시위 소식이 중국 전역으로 퍼지는 것을 막으려 했으나, 미국정부가 운영하는 국제 라디오 방송 〈미국의 소리(VOA)〉는 시위 상황을 실시간으로 보도하며 중국 전역에서 폭넓은 청취자층을 끌어모았다. 중국 지도부는 19세기 외세의 개입 경험으로 인해 외국이 중국정치에 개입하는 것에 대해 극도로 민감했으며, 따라서 VOA와 이를 후원하는 미국정부에 대해 강한 분노를 표출했다. 해외에 거주하는 중국인들도 외신 보도를 전화나 당시 보급이 미미했던 팩스를 통해 중국 내 지인들에게 전달할 수 있었다. 한 관찰자는 이를 두고 "팩스로 전해지는 진실"이라며 꼬집었다. 홍콩에서는 1997년 중국 반환을 앞두고 식민지의 미래에 대한 불안감이 컸으며, 이러한 이해관계와 도덕적 신념이 맞물리면서 시위대를 강력히 지지하는 움직임이 나타났다. 중국 지도부를 더욱 곤혹스럽게 만든 것은 홍콩, 대만, 기타 지역에서 거액의 기부금이 시위대에게 전달되었다는 점이었다.

소련 공산당 서기장 고르바초프(Mikhail Gorbachev)의 베이징 방문은 중소분쟁을 성공적으로 마무리할 수 있는 기회였으나, 시위로 인해 차질을 빚었다. 공항에서 인민대회당으로 가는 논리적으로도 상징적으로도 가장 적절한 경로가 수십만 명의 시위대로 인해 차단되었기 때문에, 고르바초프의 차량은 낡고 허름한 뒷골목을 통해 이동해야 했다. 이는 중국공산당이 국민을 통제하는 데 어려움을 겪고 있음을 명확히 보여주었으며, 이로 인해 중국 지도부의 협상력이 약화될 수밖에 없었다. 분노한 리펑과 양상쿤은 반성하지 않는 학생들을 질책했다.

중국으로 돌아온 자오쯔양은 시위대와 당내 강경파 지도부 사이에서 중재를 시도했으나, 그의 절충안은 정치국에 의해 거부되었다. 5월 19일, 고르바초프가 중국을 떠난 다음 날 밤 12시, 리펑 총리는 수천 명의 당, 정부, 군 관계자들이 참석한 전국적으로 생중계된 회의를 주재했다. 그는 국가 헌법 제89조에 따라 정부가 베이징 대부분 지역에 계엄령을 선포하기로 결정했다고 발표했다. 이 자리에서 정치국 상무위원 중 자오쯔양만이 단상에 오르지 않았다. 상징적으로, 그의 자리에는 국가주석이자 당 중앙군사위원회 부주석인 양상쿤이 대신 앉아 있었다.

이후 2주 동안 무대 뒤에서 치열한 권력 다툼이 벌어졌다. 덩샤오핑은 군대를 동원해 민간인에게 무력을 행사하는 것에 반대하는 일부 영향력 있는 인민해방군 지도자들을 설득하기 위해 자신의 정치적 영향력을 행사하고 있었다고 전해진다. 양상쿤 또한 자신에게 충성하는 인맥, 이른바 '양가촌'으로 불리는 부대들을 동원할 수 있었다.[**] 이러한 움직임은 현대 중국 국가 운영이 여전히 개인 중심의 권력 관계에 크게 좌우되고 있음을 보여주었다.

민간의 저항으로 인해 계엄령을 집행하려는 군대조차 이를 쉽게 수

[**] 역자 주) 양상쿤은 동생 양바이빙(楊白冰)과 함께 인민해방군 내에서 막강한 영향력을 행사했다. 이들 형제는 군 내에 방대한 인맥을 구축했고, 그 세력이 지나치게 커졌다는 판단에 따라 1992년 덩샤오핑에 의해 실각했다.

행할 수 없었다. 한편, 톈안먼광장에서의 무더위, 피로, 열악한 위생 상태로 인해 시위대의 수는 점점 줄어들고 있었다. 이러한 상황을 타개하기 위한 시도로 미술학도들은 횃불을 든 여성의 대형 스티로폼 조각상을 제작했으며, 이를 민주 여신상이라고 불렀다. 광장 한가운데에 세워진 이 조각상은 미국의 자유의 여신상을 떠올리게 했고, 많은 사람들의 관심을 끌었다. 외국인 관찰자들은 군중이 시위에 동참하려는 의도보다는 호기심에 이끌려 모인 것으로 보인다고 평가했다. 하지만 외국의 '부르주아'의 영향을 경계하던 당내 좌파들은 이 조각상의 등장에 강한 반감을 가졌다. 결국, 6월 4일 일요일 새벽, 군이 진압을 개시했다. 외국 언론의 카메라가 지켜보는 가운데 탱크가 바리케이드를 부수고, 군인들은 군중을 향해 총격을 가했다.

동이 틀 무렵, 시위대는 모두 사라졌다. 중국정부는 사망자가 300명에 불과하며, 그중 누구도 톈안먼광장 내에서 사망하지 않았다고 주장했다. 그러나 외국 언론과 중국의 반체제 인사들은 사망자가 수천 명에 이를 것으로 추정했다. 정확한 사망자 수와 관계없이, 이는 대약진운동과 문화대혁명 당시 희생된 사람들과 비교하면 적은 숫자였다. 그러나 1989년 톈안먼사건의 의미는 희생자 수에 있는 것이 아니라, 그 상징성에 있었다. 비무장 상태의 청년들과 평범한 시민들이 불의에 항의하던 그들에게 탱크가 돌진하는 장면은 전 세계에 충격을 주었다. 이미 취약했던 공산당의 인민 대표로서의 정당성은 더욱 약화되었다. 베이징 외다른 도시에서도 시위가 발생했으나, 정부는 이를 강경하게 진압했다.

톈안먼 시위대가 목표를 달성하지 못한 것은 생존자들과 그들의 동조자들에게 깊은 상실감으로 남았다. 특히 소련과 동유럽에서 유사한 대중 시위가 성공을 거둔 후에는 더욱 그랬다. 그들은 아마도 지나치게 자신들을 탓하는 경향이 있었다. 중국에서의 시위는 다른 이들이 불만을 공개적으로 표출하도록 용기를 북돋으며 공산주의 세계 전반에 영향을 미쳤을 수도 있다. 그러나 중국의 상황은 소련과 동유럽의 상황과 달랐다. 덩샤오핑이 군부와 맺고 있던 개인적 유대는 시위대에 대한 무력 진압을 주저하던 인민해방군 지도부를 설득하는 데 결정적 역할을 한 것으로 보인다. 이와는 달리, 고르바초프는 수년간의 국방 예산 삭감으로 인해 소련군 내부에서 많은 적을 만들었으며, 루마니아군은 차우세스쿠(Nicolae Ceausescu)를 지지하지 않았다. 폴란드는 중국과 달리, 카리스마 있는 바웬사(Lech Walesa)가 이끄는 조직적인 야당 즉, 자유 노조가 존재했다. 반면, 중국의 시위대는 내부적으로 분열이 있었고, 농민들을 시위에 끌어들이려는 시도도 보이지 않았다. 만약 오늘날 동일한 시위가 다시 열린다면, 결과는 매우 다를 수도 있다. 덩샤오핑의 직속 후계자들 중 그가 누렸던 군부와의 깊은 유대나 개인적 권위를 지닌 인물은 없으며, 1989년 시위 당시 조용했던 농민 계층도 이제는 훨씬 더 불만이 고조된 상태다.

단기적으로 볼 때, 시위의 진압은 좌파 세력의 승리였다. 톈안먼사건 다음 날, 덩샤오핑은 고령의 측근 그룹에 둘러싸인 채 모습을 드러냈는데, 그들 대부분은 중앙고문위원회의 구성원들이었다. 양상쿤 국가주석과 왕전 부주석은 예외였으나, 나머지는 공식적인 권력직을 맡고 있지 않은 인물들이었다. 이는 중국에서 누가 실질적인 권력을 쥐고 있는지를 상징적으로 보여주는 장면이었다. 즉, 중국은 여전히 혁명 세대에서 후계 세대로의 권력 이양을 제대로 이루지 못한 상태였다.

당 총서기였던 자오쯔양은 상하이 당 서기 출신의 장쩌민으로 교체되었다. 리펑 총리와 마찬가지로, 장쩌민도 소련에서 교육을 받은 공학자였다. 그는 상하이에서 그다지 인기가 높지 않았지만, 1986~1987년 상하이 시위를 효과적으로 진압한 점이 당내 좌파 인사들의 주목을 끌었을 것으로 보인다. 또한 그는 정부 검열의 한계를 시험하는 논조로 유명했던 상하이 신문의 편집장을 해임한 바 있었다. 상하이 시민들은 장쩌민이 중앙정부로부터 공정한 예산 배정을 확보하기 위해 적극적으로 노력하지 않았다고 생각했으며, 이러한 점이 오히려 중앙정부 내 좌파 세력에게는 긍정적인 요소로 작용했을 수도 있다. 그러나 장쩌민은 상하이에서 여러 개혁을 주도했기 때문에 단순히 좌파로 분류하기는 어려웠다.

자오쯔양은 정치국 상무위원직에서도 물러나고, 그 자리는 장쩌민이 대신하게 되었다. 1989년 톈안먼사건 이후 2년 동안 중국의 정책은 다소 좌경화되었지만, 몇 가지 중요한 반대 흐름도 존재했다. 개방정책이 철회될 것이라는 초기의 우려는 현실화되지 않았다. 새로운 지도부는 여전히 외국에서 습득할 수 있는 기술을 중요하게 여겼고, 외국인 투자 및 해외 관광 유치를 지속적으로 추진했다. 시장개혁은 계속 진행되었으며, 증권 거래소도 개설되었다. 그러나 내부적으로는 정부의 억압이 더욱 심해졌다. 시위에 참여해 목소리를 냈던 사람들은 색출되어 체포되었다. 이념적 획일화 압력이 커졌으며, 그 일환으로 1960년대 초의 이타적 영웅인 레이펑(雷锋)으로부터 다시 배우자는 운동도 전개되었다 (9장 참조).

국내적으로, 지도부는 경제개혁과 정치적 권위주의라는 이중 노선을 병행하는 방향을 지속적으로 추진했다. 덩샤오핑은 1992년 초, 자신의 개혁으로 번영한 중국 남부지역을 공개적으로 시찰했다.** 이는 개혁의 속도를 다시 높이겠다는 그의 결정을 상징하는 것이었다. 그의 의도에 따라, 같은 해 10월 열린 제14차 전당대회에서는 사회주의 시장경제 창설을 촉구했다. 해외 언론은 이 독특한 체제를 즉각 '시장-레닌주의(market-Leninism)'라고 명명했다 (8장 참조). 덩샤오핑과 생존한 고령 지도자들은 안정의 필요성을 강조했다. 당 대회에서는 중앙고문위원회를 폐지했으나, 이 기구의 구성원들이 강력한 인맥과 후계자를

....

** 　역자 주) 남순강화(南巡講話)는 덩샤오핑이 1992년 1월 18일부터 2월 22일까지 우한, 선전, 주하이, 상하이 등 남부 지역을 시찰하며 발표한 일련의 담화를 일컫는다. "자본주의에도 계획이 있고 사회주의에도 시장이 있다"는 발언으로, 개혁개방정책의 재가속을 선언했다.

보유하고 있었기 때문에 정책결정에 대한 영향력이 완전히 사라진 것은 아니었다.

덩샤오핑이 세대교체를 강조했음에도 불구하고, 제14기 중앙위원회 위원들의 평균 연령은 제13기의 평균 연령인 55.2세보다 소폭 상승한 56.3세였다. 그러나 규모는 작지만 더욱 강력한 정치국에서는 상황이 반대로 전개되었다. 20명의 정위원과 2명의 후보위원의 평균 연령은 68.6세에서 62.5세로 낮아졌다. 또한 13명의 정치국 위원이 대학을 졸업했으며, 이들 대부분은 공학과 자연과학 분야 출신이었다. 이는 이전 정치국에서 대학 졸업자가 4명에 불과했던 것과 대조된다. 새로운 정치국은 대외적인 성격도 더욱 강해졌다. 외교부 장관과 대외무역부 장관이 정치국 위원이 되었고, 다섯 개 연해지역 성 및 도시의 지도자들도 포함되었다. 덩샤오핑의 충성스러운 군부 인사 류화칭(劉華淸)이 정치국 상무위원회에 합류했으며, 양바이빙도 정치국 위원이 되었다. 하지만 그는 임명과 동시에 공식적으로 군과의 관계를 단절했다 (9장 참조). 덩샤오핑의 의도는 분명했다. 그의 후계자로 지명된 장쩌민이 군 내 양가촌 세력에 의해 축출되지 않도록 하기 위한 조치였다. 당시 국가주석이었던 양상쿤은 사임했고, 곧이어 장쩌민이 그 직위를 승계했다. 이로써 장쩌민은 당 총서기와 중앙군사위원회 주석직을 유지하면서 중국의 공식적인 정치권력을 상당 부분 장악하게 되었다.

당과 정부의 권위에 대한 공개적인 도전은 여전히 강하게 탄압되었지만, 시민들의 정치적 발언권은 점점 더 커졌다. 1991년 베이징의 한 지방 선거에서 일부 유권자들은 당국이 제시한 후보자 명단에 없는 자오쯔양의 이름을 적어 투표하는 방식으로 항의했다. 2년 후 열린 전국인민대표대회에서는 전체 대표단의 11%가 리펑(李鵬) 총리에 반대표를 던지거나 기권했다. 대표단이 기본적으로 충성도를 기준으로 선출되었음을 고려할 때, 이는 정부에 대한 중대한 반발을 의미했다. 1993년 말, 베이징에서는 주요 민주화 운동가들이 '평화 헌장' 단체를 결성하여 중국공산당에 다당제 체제를 수용할 것을 요구했다. 그들은 만약 이를 거부할 경우, 유일한 대안은 폭력적인 변화뿐이라고 경고했다. 이 단체의 구성원들은 즉각 체포되었다.

모든 저항이 이렇게 공개적으로 이루어진 것은 아니었다. 중국의 공안 체제는 너무나 철저하고 효율적이어서 탈출을 시도하는 것조차 거의 상상할 수 없었다. 그러나 1989년 6월 4일 톈안먼시위 이후 정부가 발표한 '지명수배자' 21인 명단에 오른 인물 중 8명이 서방으로 도망치는 데 성공했다. 몇 년 후, 정치적으로 민감한 영상을 소지하고 있던 한 촬영기자는 공안에게 이런 말을 들었다. "당신을 체포할 수도 있소. 하지만 그걸 굳이 왜 하겠소? 칭찬은 좀 받겠지만 돈이 되는 것도 아니고, 나중에 상황이 바뀌면 당신은 풀려나고, 오히려 곤란해지는 쪽은 나일 것이오."

라디오 청취자 참여 방송은 중국정치에 큰 영향을 미칠 수 있는 새로운 현상이었으며, 일부 도시지역에서 등장하기 시작했다. 청취자들은 지방 관리들의 직무 태만을 신랄하게 비판하고, 법 위반 사례를 지적하며, 도로 통행료 징수에서 쓰레기 처리에 이르기까지 문제해결을 위한 다양한 방안을 제시했다. 시민들은 자신들의 불만이 해결되지 않을 경우, 때때로 폭력적인 방법으로 항의하는 경향을 보였다. 이러한 소요 사태는 매년 새로운 기록을 세울 정도로 증가했다. 농촌지역에서는 당 조직의 영향력이 약화되는 반면, 친족 집단과 종교 지도자들이 점점 더 권력을 장악해 나갔다. 중앙정부의 통제력이 약해지면서 지방과 성(省)의 역할이 더욱 중요해졌다.

제3세대: 장쩌민 시대의 중국

1990년대 중반이 되면서 덩샤오핑이 공개 석상에 나타나는 횟수가 점점 줄어들었다. 중국인과 외국인 모두 덩샤오핑의 후계자인 장쩌민이 그의 정치적 후견인의 사망 이후에도 권력을 유지할 수 있을지에 대해 추측했다. 물론 덩샤오핑이 살아 있는 한 정쩌민의 독자적인 행동은 어느 정도 제약을 받았겠지만, 그는 점차 적극적인 통치를 펼치기 시작했다. 그는 전국을 순회하며 의례적인 방문을 수행했고, 지방 관료, 농민, 노동자, 소수민족과 대화하면서 그들의 문제와 성과를 청취했다. 대중매체는 당 중앙에 대한 충성과 안정의 중요성을 강조했으며, 그 중심에 장쩌민이 자리했다. 베이징시 당 조직을 이끌고 있던 유력한 경쟁자 천시퉁(陳希同)은 부패 혐의로 유죄 판결을 받았다. 또한 장쩌민은 군에 대한 권위를 상징적으로 과시하기 위해 장성들에게 직접 진급을 수여하기도 했다.

1997년 초, 덩샤오핑은 혼수상태에 빠졌고, 2월 19일 사망했다. 그의 사망은 오랫동안 예상되었기 때문인지 애도 분위기는 비교적 차분했으며, 권력은 이른바 3세대 지도부로 자연스럽게 넘어갔다. 대중매체는 계속해서 안정 유지와 장쩌민에 대한 충성의 중요성을 강조했으나 그 기조에는 방어적인 성격이 깔려 있었다. 경제적 문제는 점차 심화되고 있었다. 1996년에는 처음으로 국유기업에 대한 보조금이 이들이 국가에 납부한 금액을 넘어섰고, 재정 적자는 더욱 심화될 것으로 예상되었다. 이에 따라 장쩌민은 1997년 5월 중앙당교에서 행한 중요한 연설에서 국유기업의 소유 구조 개편을 제안하며, 좌파를 실명 비판하기도 했다. 같은 해 9월에 열린 제15차 전당대회는 그의 지도력에 대한 중요한 시험대로 여겨졌다.

그 결과는 장쩌민에게 있어 부분적인 승리였다. 중앙위원회는 70세 정년제를 도입하자는 그의 요청을 승인했으며, 생년월일 대신 출생 연도와 6월을 기준으로 연령을 계산하도록 했다. 이 조치는 장쩌민이 총서기직을 유지하는 동시에 그의 주요 경쟁자인 차오스(喬石)를 퇴진하게 만들었다. 그러나 차오스의 후계자로 여겨졌던 인물이 정치국 상무위원회에 새로 합류했다. 또한 80대였던 류화칭(劉華清) 제독이 은퇴하면서 상무위원회에서 군을 대표하는 인물이 사라지게 되었다. 국무원 부총리로 교육 분야를 담당했던 리란칭(李嵐淸)이 공석을 채웠으며, 나머지 상무위원들은 그대로 유지되었다.

　장쩌민은 또한 당 주석직을 부활시키려 했으나 실패했다. 일부에서는 그가 상하이 파벌을 형성하려 한다고 주장했지만, 그 성과는 제한적이었다. 장의 후원을 받은 것으로 보였던 여러 명의 상하이 출신 인사들이 중앙위원회 진출에 실패했다. 정치국에 입성한 장쩌민 측근은 단 한 명뿐이었으며, 그마저도 최하위 득표를 기록했다. 장쩌민과 정치국 상무위원회를 함께 이끌던 주룽지(朱鎔基) 총리 또한 상하이 출신이었지만, 1990년대 중반 중국경제의 연착륙을 성공적으로 이끌면서 장쩌민의 경쟁자로 더 자주 언급되곤 했다.

　새로운 정치국 상무위원회는 총 7명으로 구성되었으며, 그중 최연소였던 후진타오(胡錦濤)는 1992년 이례적으로 젊은 나이에 상무위원으로 승진했다. 이 때문에 후진타오는 장쩌민의 후계자로 유력하게 거론되었다. 제15기 중앙위원회, 정치국, 상무위원회 구성원들은 14기와 연령대는 비슷했지만, 교육 수준은 더 높았다. 특히 공학 전공자가 가장 많은 비중을 차지했으며, 이를 근거로 외국 분석가들은 새로운 지도부가 실용적인 해결책을 선호할 것이라고 전망했다.

　전국인민대표대회에서 장쩌민은 중앙당교에서 처음 언급했던 경제 개혁계획을 보다 상세히 설명했다. 1998년 3월에 열린 제9차 전국인민대표대회에서는 40개의 부처를 29개로 축소하고, 국가 관료 조직의 800만 개 일자리 중 절반을 감축하기로 결정했다. 그러나 회의론자들은 중국이 과거에도 여러 차례 관료 조직을 축소하려는 시도를 했지만, 초기 감축 이후 간부 수가 오히려 원래보다 더 늘어난 전례가 있다는 점을 지적했다. 이 계획에는 국가 전체의 금융 구조 개편도 포함되어 있었으며, 은행시스템과 투자 기관의 개혁도 추진되었다. 국유기업들은 대대적인 구조조정을 통해 민영화되거나 합병될 예정이었으며, 이 모든 방법이 실패할 경우 폐쇄하는 방안까지 추진되었다.

'삼개대표'이론

장쩌민은 한때 자신의 이론을 정립하려는 노력을 시도했으나, 결국 덩샤오핑이론을 연구하는 것이 공감대를 형성하는 방법이라고 판단하고 이를 따랐다. 그러나 그는 자신의 스승인 덩샤오핑의 이론을 너무 경직되게 적용해서는 안 된다고 덧붙였다. 2000년, 장쩌민은 자신만의 이념적 유산을 남기기 위해 '삼개대표(三個代表)'라는 새로운 개념을 내세웠다. 그는 공산당이 "가장 선진적인 생산력, 가장 선진적인 문화, 그리고 가장 광범위한 인민의 근본적 이익"을 대표한다고 주장했다. 이 개념은 겉으로 보기에는 무난해 보였지만, 정치적으로는 매우 민감한 내용이었다. 첫째, 장쩌민은 스승인 덩샤오핑이 강조했던 네 가지 기본 원칙을 언급하지 않았다. 둘째, '가장 선진적인 문화'라는 표현은 서구 현대 문화에 대한 개방성을 암시하는 듯했다. 마지막으로 가장 논란이 된 것은 '가장 선진적인 생산력'이 자본가, 기업가, 그리고 고학력 계층을 포함한다는 점이었다. 이는 마오쩌둥이 혐오했던 계층을 공산당이 대표한다는 의미로 해석될 수 있었다.

좌파 성향의 사람들은 이에 충격을 받았다. 경제개혁으로 인해 수백만 명의 노동자가 실직하고 농민들의 소득이 감소하는 상황에서, 공산당이 정권을 잡는 데 기여한 노동자와 농민들을 외면하고 부르주아 자본주의와 손을 잡는 것처럼 보였기 때문이다. 이에 대해 장쩌민 지지자들은 이제 당이 전체 인민의 이익을 대표하게 되었으므로, 이는 중요한 이념적 진전이라고 반박했다. 한 불만 가득한 관리는 이에 대해 "이론적으로는 당이 피착취 계급과 착취 계급을 동시에 대표할 수 있다는 것인데, 그게 가능하긴 한가? 단지 말한다고 해서 되는 일인가?"라고 반문했다. 그럼에도 불구하고, 중국의 언론은 삼개대표를 극찬하며 교육개혁부터 군 현대화에 이르기까지 거의 모든 분야에서 지침으로 삼아야 한다고 선전했다.

시민단체

1990년대 중반까지 비정부기구(NGO)의 수가 급격히 증가했다. 정부는 이들이 통제에서 벗어나지 않도록 하기 위해 모든 NGO에 등록을 의무화했다. 그러나 일부 단체는 엄격한 감시를 피하며 어느 정도 자율적으로 활동할 수 있었다. 일부 단체는 아예 등록하지 않아 법의 테두리 밖에서 운영되기도 했다. 이러한 단체 중 일부는 개인의 자유 보호와 민주적 개혁을 강력히 지지하는 반면, 일부는 강력한 지도력과 사회 불안을 초래할 수 있는 모든 형태의 표현의 자유의 억제를 주장하는 등 다양한 입장을 내세웠다. 이에 따라 중앙정부는 통제력을 잃을 것을 우려하기 시작했다.

1998년, 베이징은 NGO에 대한 보다 엄격한 법률을 제정하여 많은 단체를 해산시켰다. 해산 사유는 중복 설립, 부실 운영, 불법성, 사회·경제 질서 저해, 정치적 민감성 등을 포함했다. 해산된 단체 중 하나는 불교와 도교의 명상 요소에 전통적인 중국식 호흡법과 일부 무술 기법을 결합한 파룬궁(法輪功)이었다. 1999년 4월 말, 파룬궁 신자 1만여 명이 조용히 중난하이(中南海) 지도부 청사 밖에 모여 재등록을 요청했다. 당과 정부는 완전히 기습을 당한 것으로 보였다. 파룬궁 신자들은 전국 각지에서 베이징으로 모였으며, 이는 조직적인 운동을 사전에 차단하기 위해 운영되던 감시 체계를 피해 이루어진 것이었다. 특히, 이들의 시위는 톈안먼시위가 시작된 지 정확히 10년이 되는 시점과 맞물려 더욱 민감한 사안이 되었다. 이에 대한 강경 진압으로 수천 명의 평범한 중장년층과 노인들이 체포되었으며, 일부는 가혹한 대우를 받다가 목숨을 잃기도 했다. 이 사건 이후 다른 종교 단체들도 탄압의 대상이 되었다. 중국에서 시민사회의 발전을 기대하던 사람들의 입장에서 이는 명백한 후퇴였다.

장쩌민은 사회적 안정 유지에 중점을 두었지만, 일정 수준의 자유는 허용되었다. 개혁을 비판하는 서적과, 개혁비판에 반대하며 더 강력한 개혁을 요구하는 서적 모두가 출판될 수 있었다. 교도소 환경이 다소 개선되었으며, 웨이징성(魏京生)과 같은 몇몇 저명한 반체제 인사들도 석방되었다. 그러나 이는 반드시 반체제 인사들에 대한 관대한 태도를 의미하지는 않았다. 이들은 주로 해외에서 치료를 받도록 하기 위해 석방된 것이었으며, 이는 잠재적인 문제 인물을 국내에서 제거하는 동시에, 그들의 석방을 요구했던 미국 정치인들에게는 외교적 성과를 안겨줄 수 있는 전략적 조치였다. 이를 두고 한 인권운동가는 인질 외교라고 표현했다. 즉, 한 무리의 반체제 인사가 석방되면 또 다른 무리가 체포되는 방식이 반복되었다.

현재 NGO에 대한 규제는 다양한 방식으로 이루어지고 있다. NGO는 반드시 정부 또는 당 기관, 혹은 대중 단체 중 하나를 공식 후원자로 두어야 하며, 이 후원자는 해당 NGO의 활동을 감독하는 역할을 맡는다. 또한 NGO는 회원 명단을 제출해야 하고 일정 수준의 자금을 확보해야 하며, 모든 기부금은 공중을 받아야 한다. 후진타오정부에서는 해외 자금 수령에 대한 규제가 더욱 강화되었고, 시진핑정부에서는 이 규제가 한층 더 엄격해졌다. 동일한 목적을 가진 단체들이 같은 행정 구역 내에서 운영되는 것도 금지되었다. NGO들은 매년 정기 심사를 받아야 하며, 사소한 문제라도 발견될 경우 등록이 취소될 수 있다. 많은 NGO가 단수, 단전 등 다양한 형태의 괴롭힘을 당하고 있다고 보고하고 있다.

중앙정부와 지방정부 간 관계 변화

같은 시기에 중앙정부와 그 하위 행정 단위 간 관계의 근본적인 구조 변화가 진행되고 있었다. 학자들은 이러한 변화가 베이징의 정책집행 능력에 미치는 영향에 대해 의견이 엇갈렸다. 일부는 지방정부의 자율성이 확대될 것이라고 예측했으며, 다른 일부는 지방정부가 독자적인 수입원을 확보하더라도, 심지어 부유한 성(省)이나 지방정부조차 여전히 중앙정부의 재정 보조금에 의존할 것이라고 보았다. 베이징이 이러한 보조금을 삭감하거나 지급을 보류할 경우 심각한 예산 부족을 초래할 수 있기 때문에, 이는 정책집행을 보장하는 중요한 지렛대 역할을 한다. 또한 중앙정부가 관료를 임명하고 해임할 수 있는 권한도 중요한 통제 수단이다. 베이징에 충성하고 신뢰받는 관료들은 승진할 수 있는 반면, 그렇지 않은 관료들은 자리에서 물러나야 한다.

그러나 중앙정부의 권한에는 한계가 있다. 공무원들은 대개 직접적인 상사의 명령에는 신속히 응하지만, 직속 상관보다 상위 상급자의 명령에 대해서는 상대적으로 둔감한 경향이 있다. 또한 개별 관료들은 지역 관료 조직 내에서 활동해야 하며, 이 조직들은 종종 중앙정부와는 다른 이해관계와 목표를 가지고 있다. 지역 공무원들이 상부의 비인기 정책을 지나치게 강하게 추진하면 주민들의 반발을 불러올 위험이 있으며, 반대로 정책을 소홀히 하면 개인의 경력에 부정적인 영향을 미칠 수 있다. 이러한 상반된 압력을 조율하는 기술은 종종 양측에 원하는 말을 해주는 방식으로 이루어진다. 명백한 반항보다는 조용한 일탈과 규칙 위반이 덜 위험하고 더 효과적이지만, 이 역시 적발될 경우 관련 공무원들에게 불리한 결과를 초래할 수 있다.

지방정부가 자체적으로 조달하는 불법 세금과 같은 대체 수입원은 베이징에 대한 의존도를 낮출 수 있다. 중앙정부는 때때로 마을이나 소규모 도시가 사실상 독립적으로 운영되고 있음을 발견하고 당혹스러워했다. 이러한 이른바 독립 왕국 중 일부는 언론에서 '지역의 황제들'이라 불리는 지도자들에 의해 잘 운영되기도 하지만, 감독체계의 공백은 권력 남용과 부패가 발생하기 쉬운 환경이 조성된다.

간부들의 자격을 향상시키기 위해 연령 및 학력 요건을 강화하는 정책에도 부작용이 존재한다. 이로 인해 공무원들은 승진 가능성이 있는 집단과 승진이 불가능한 집단으로 나뉘게 되는데, 대개 후자는 당과 정부의 하위 계층에 속해 있다. 자신의 임기가 제한적이라는 사실을 인식한 간부들은 재직 기간 동안 가능한 한 많은 이익을 취하려는 유인을 갖게 된다. 따라서 국가 통제가 약화된다고 해서 반드시 다원적 정부나 시민사회로의 발전을 의미하는 것은 아니다.

중앙정부가 재정제도를 다시 장악하고 농업세 및 각종 서비스 이용료를 폐지한 조치는(7장 참조) 많은 농촌지역의 재정을 악화시켰고, 결과적으로 지역 기업을 운영하는 기업가형 간부의 등장을 촉진했다. 이들은 지역 경제를 직접 운영하면서 중앙정부의 요구에 덜 민감하게 반응하는 경향이 있다. 한편, 중앙정부는 재정 지출 절감을 위해 향진(鄕鎭)정부를 폐지하는 방안을 논의해왔다. 이는 상당한 비용 절감 효과가 있겠지만, 동시에 큰 단점을 내포하고 있다. 즉, 중앙정부의 직접적인 영향력이 현(縣) 단위에서 멈추게 되며, 이는 마치 제국 시대 중국과 유사한 상황을 초래할 수 있다. 그러나 현대 중국은 제국 시대보다 훨씬 많은 인구를 보유하고 있으며, 국민들은 과거보다 정부에 대한 기대치가 높아졌다. 이러한 상황에서 새로운 마오주의 성향의 정치적 봉기가 발생할 가능성은 희박하더라도 완전히 배제할 수는 없으며, 정치적 의도를 가진 비밀 결사가 다시 등장할 위험도 존재한다.

사회 최하층에서도 덩샤오핑의 개혁은 중앙정부 통제의 본질을 근본적으로 변화시켰다. 인민공사의 해체는 농촌지역에서 당의 권위가 급격히 약화되는 결과를 초래했다. 범죄율이 증가했고, 세금 징수나 산아 제한정책과 같은 정부정책에 대한 저항도 커졌다. 인민공사가 담당했던 일부 업무는 더 이상 수행되지 않았다. 1980년대 초, 일부 지역의 농민들은 다양한 형태의 자치 실험을 시작했다. 중앙정부는 이를 농촌지역에서 정당성을 회복하고 사회적 안정과 재정을 확충할 수 있는 방법으로 보았다. 1987년 전국인민대표대회는 마을 선거에 관한 임시 법안을 통과시켰으며, 1998년 이를 개정·확대했다. 현재 전국 73만 개 행정촌에서는 3년마다 직접 선거를 실시해야 한다.

이 개혁의 실행 과정에서는 성공과 문제점이 혼재했다. 선거는 분노와 착취를 느끼는 농민들에게 일종의 배출구 역할을 했다. 또한 정치적 선택 경험이 거의 없던 문화 속에서 표준화된 선거제도를 도입함으로써 새로운 가치관과 정치적 자각을 형성하는 데 기여했다.** 농민들은 당과 정부와의 협상에서 어느 정도 영향력을 행사할 수 있다는 인식을 가지게 되었다. 반면, 부정적인 측면도 존재했다. 일부 간부들은 개인이 헌법상 보장된 출마 권리를 행사하지 못하도록 방해했다. 법을 알고 자신의 권리를 주장하는 사람들은 국가안보를 위협했다는 이유로 체포되어 수년간 수감되기도 했다. 많은 마을에서는 친족 집단, 마피아적 성격의 '흑사회' 조직, 유사 종교 지도자들이 강력한 압력을 행사했다. 매표 행위도 정부가 원하는 것보다 더 자주 발생했다. 그럼에도 불구하고 선거가 제대로 기능하며 풀뿌리 민주주의 교육의 기회를 제공하는 마을들도 있었다.

이러한 민주주의에 대한 교육은 시작에 불과했다. 마을 민주주의가 기존의 권력구조를 위협한다는 신호는 거의 없다. 유권자들은 지역 권력자들이 용인할 수 있는 후보를 선출하는 경향이 있으며, 부패가 흔히 향진(鄕鎭)이나 현 단위 간부들에 의해 이루어지기 때문에, 의욕적인 마을 지도자라도 이를 근절하기 어려운 실정이다. 한 작가가 경제적 성공 사례를 기록하기 위해 초청된 한 현에서, 그는 관료들이 표준어(보통화)와 비공식적인 뒷거래의 언어, 즉 공식 언어와 비공식 언어를 동시에 구사한다고 묘사했다. 그들은 규정과 중앙정부의 지침을 무시하고 오직 자신들의 이익에 집중했다. 이에 분노한 공무원이 명예훼손으로 소송을 제기했지만, 작가가 증거를 제시하자 모두 취하되었다.

도시지역에서도 1999년부터 실험적인 선거가 진행되었다. 12개 시범

....

**   역자 주) 촌민위원회 선거, 즉 농촌 최하 기층 단위인 촌 차원에서의 직접 선거 방식의 촌민위원회 주임을 뽑는 촌장 선거.

도시에서는 주민위원회의 구성원을 선출할 수 있도록 허용되었다. 주민위원회는 도시 내에서 국가 권력이 미치는 최하위 조직이다. 농촌 선거와 마찬가지로, 일부 선거는 상당히 민주적이었지만, 그렇지 않은 경우도 많았다. 예를 들어, 후보자 명단이 지방정부가 통제하는 선거위원회에 의해 작성되는 경우가 있었다. 그러나 주민위원회가 정부에 요구하여 쓰레기 수거 개선, 소음이 심한 노래방 폐쇄, 가로등 설치와 같은 실질적인 성과를 이루어낸 사례도 있었다. 당국은 또한 이 위원회가 불법 체류자나 금지 종교 단체 구성원을 신고하는 데에도 협력하길 기대했다.

개혁의 길은 직선적이지 않으며, 상당한 후퇴도 있었다. 홍콩과 인접한 자유로운 분위기의 경제특구인 선전(深圳)은 2003년 새로운 도시 행정 구조 실험지로 선정되었다. 이 개혁안은 기존의 공산주의 체제에 없던 권력 분립 요소를 도입해 정부를 정책결정, 집행, 감독의 세 부문으로 나누는 것이었다. 그러나 선전시 당국은 권력 분립 개념이 금기시된다는 사실을 의식하고, 이 체제가 서구 정부의 행정부·입법부·사법부의 3권 분립과 유사하다는 점을 부인했다. 그럼에도 불구하고 이 계획은 신속히 폐기되었으며, 덜 급진적인 대안이 도입되었지만, 선전의 부패 및 기타 문제를 해결하는 데 실패했다.

공산당 자체도 변화를 겪고 있다. 당국은 당 통제를 강화하기 위해 특히 사회 하층부에서 당원을 늘리는 정책을 추진했다. 그 결과, 1991년 5,000만 명이던 당원 수는 2020년 거의 1억 명에 달했다. 그러나 이는 중국 전체 인구의 7%에 불과하며, 새로운 당원들이 당 통제 강화를 돕는다는 보장도 없다. 많은 사람이 이념적 신념보다는 경제적·정치적 이득을 기대하고 입당하기 때문이다. 이전 세대보다 젊고 교육 수준이 높은 이들은 당의 규율에 순응할 가능성이 낮다. 2013년이 되자, 오히려 당의 규모를 줄여야 한다는 주장이 제기되었다. 이들은 기회주의적 당원을 제거하고 당을 원래의 사명으로 되돌려야 한다고 주장했다. 반면 비관론자들은 이러한 변화가 불가능하다고 비웃었다. 그럼에도 불구하고, 이후 당원 모집 속도는 둔화되었고 가입 요건은 강화되었다.

장쩌민 행정부의 또 다른 두드러진 특징은 부패 척결을 위한 강력 단속, 이른바 옌다(嚴打) 운동이었다. 장쩌민이 이를 추진한 진정성은 의심할 여지가 없었다. 부패는 여러 문제를 초래하는데, 그중 하나가 세금 수입이 중앙정부 금고로 제대로 들어가지 않는다는 점이었다. 그러나 장쩌민이 이 운동을 추진한 데에는 다른 동기도 있다고 믿어졌다. 체포된 베이징 당서기 천시퉁은 단순히 부패한 인물일 뿐만 아니라 장쩌민의 정적(政敵)이기도 했다. 비판론자들은 장쩌민이 부패한 측근들을 다수 거느리고 있었음에도 불구하고, 이들은 수사 대상에서 제외되었다는 점을 지적했다. 시진핑의 반부패 운동도 이와 유사한 동기로 진행되었다는 비판을 받았다 (6장 참조). 신장(新疆)과 일부 소수민족 지역에서의 반부패 운동은 베이징의 통치에 불만을 가진 소수민족을 탄압하기 위한 구실에 불과하다는 의혹도 제기되었다.

반부패 운동의 또 다른 측면은 1998년 7월, 장쩌민이 중국 인민해방군에 상업활동 중단을 명령한 것이었다. 그러나 이러한 노력에도 불구하고, 부패는 줄어들기는커녕 정치 및 경제체제 속에 더욱 깊이 뿌리내리는 듯했다. 장쩌민은 국가가 큰 어려움을 겪고 있는 시기에 권력을 잡았다. 그러나 그의 전임자들과 달리 혁명 경력을 갖추지 못했고, 정치적 통찰력과 대중적 설득력이 부족하다는 평가를 받았다. 이에 따라 중국인들의 정치적 냉소주의는 더욱 노골적으로 드러났으며, 전국 곳곳에서 다음과 같은 풍자시가 들려오곤 했다.

> 장제스는 도둑과 건달을 이끌었고,
> 마오쩌둥은 농민 폭도들을 이끌었으며,
> 덩샤오핑은 부패한 무리를 이끌었다.
> 장쩌민은 묻는다. "우리는 이제 뭘 하지?"

그의 경제 구조조정 계획에 대한 민중의 반응도 다르지 않았다.

마오쩌둥은 우리에게 하방(下放, 농촌에서 육체노동을 하라)고 했고,
덩샤오핑은 우리에게 하해(下海, 시장경제에 뛰어들라)고 했으며,
장쩌민은 우리에게 하강(下崗, 해고되라)고 한다.

제4세대 지도부

2002년 제16차 당대회가 다가오면서, 후계 구도에 대한 추측이 점점 고조되었다. 정치국 상무위원 7명 중, 소신 발언으로 알려진 리루이환(李瑞環)과 후계자로 지목된 후진타오(胡錦濤)를 제외한 5명은 모두 70세를 넘어 재임할 수 없었다. 만약 제4세대로의 권력 이양이 큰 혼란 없이 이루어진다면, 이는 중국공산당 역사에서 중요한 이정표가 될 뿐만 아니라, 중국정치체제의 제도화에 있어서도 중대한 사건이 될 것이었다. 그러나 군부가 지지하는 장쩌민과 그의 삼개대표론에 대한 언론의 끊임없는 찬양은 권력 이양이 실제로 이루어질 것인지에 대한 의구심을 불러일으켰다.

결국 장쩌민은 물러났고, 후진타오를 제외한 모든 상무위원들도 함께 사임했다. 당 내부의 계파적 이해관계로 인해 정치국 상무위원의 연령 제한이 68세로 하향 조정되었고, 이에 따라 리루이환도 퇴진해야 했다.** 후진타오는 당 총서기직을 승계했지만, 장쩌민은 당 중앙군사위원회 주석직을 유지했다. 이에 따라 당과 군부 간의 분열 가능성이 제기되었고, 장쩌민과 후진타오 두 사람을 각각 중심으로 한 이중 권력 구조에 대한 논란이 일었다. 장쩌민은 자신의 이름을 중국공산당의 위대한 지도자들과 함께 올리려고 했으나, 당 대회에서는 '마르크스-레닌

....

** 　역자 주) 칠상팔하(七上八下)는 공산당 고위직 인사의 비공식 관행으로, 67세까지는 유임, 68세부터는 퇴진을 뜻한다. 이 규칙은 2002년 장쩌민 주석이 정적인 리루이환의 퇴진을 유도하며 굳어진 것으로 알려져 있다. 당규에 명시된 규정은 아니며, 이런 비공식 관행을 잠규칙(潛規則)이라 부른다.

주의, 마오쩌둥 사상, 덩샤오핑이론, 삼개대표론'을 지도 이념으로 삼
는다고 합의했을 뿐, 장쩌민의 이름을 직접 언급하지는 않았다. 또한
삼개대표론은 장기적으로 견지해야 할 지도 이념으로 규정되었지만,
마르크스, 레닌, 마오쩌둥 사상, 덩샤오핑이론과 달리 영구적인 것으로
명시되지는 않았다. 장쩌민은 마무리 연설에서 2020년까지 샤오캉(小
康), 즉 기본적 생활이 보장된 적절히 풍요로운 사회 실현을 목표로 제
시했고, 이는 후진타오가 추진해야 할 과제가 되었다.

당 총서기직을 맡게 되었음에도 불구하고, 후진타오가 그에 상응하
는 실질적인 권력을 행사할 수 있을지는 불확실했다. 새로 구성된 정치
국 상무위원회는 9명으로, 이전보다 2명이 증가했다. 이는 장쩌민의 '상
하이방(上海帮)'과 태자당이 연합한 계파와 후진타오의 공청단(공산주
의청년단) 세력 간의 경쟁을 반영한 결과로 해석되었다. 당시 상무위원
9명 중 5명, 혹은 6명까지가 장쩌민 계열로 분류되었다 (표 5.1 참조).

새 상무위원회의 평균 연령은 61.1세로, 제15차 당대회의 당시 상무
위원들과 비슷한 수준이었다. 흥미롭게도, 차기 지도자로 양성될 다섯

표 5.1 중공 12~18기 기간 정치국 및 정치국 상무위원회 규모 변화

중앙위원회	연도	정치국	정치국 상무위원회
12기	1982년	25	6
13기	1987년	17	5
14기	1992년	20	7
15기	1997년	22	7
16기	2002년	24	9
17기	2007년	25	9
18기	2012년	25	7

출처: *Beijing Review*, 『신화통신』 자료를 기초로 필자 작성.

번째 세대로 분류될 만한 젊은 인사는 없었다. 또한 이전 상무위원회와 마찬가지로 군부 출신 인사가 포함되지 않았는데, 이는 군부가 최고 정치 의사결정 기구에 공식적으로 참여하지 않는다는 원칙이 제도화된 것으로 해석되었다. 상무위원 9명 전원이 공학 전공자였기 때문에, 많은 분석가들은 그들을 기술관료로 분류하며 실용적인 해결책을 선호할 것이라고 예상했다. 그러나 다른 시각에서는 이들이 실용적인 문제해결 능력 때문이 아니라, 수많은 관료적 투쟁과 계파 간 권력 다툼에서 살아남았기 때문에 권력의 정점에 올랐다고 보았다. 이후 정치국과 상무위원회의 교육적 배경은 점점 다양해졌고, 지도층의 계파적 소속 분석이 더 중요한 관심사가 되었다. 이로써 이념적 충성심과 전문성 사이의 균형을 따지던 이른바 홍전(紅專) 구도는 더 이상 유효하지 않게 되었다.

장쩌민과 후진타오의 권력 경쟁은 2004년 가을에 열린 제16기 중앙위원회 제4차 전체회의를 앞두고 절정에 달했다. 장쩌민은 중앙군사위원회 주석직을 2007년까지 유지하고 싶어 한다는 소문이 돌았다. 이에 맞서 덩샤오핑이 자진해서 같은 직책을 사임했다는 사례가 언론에 등장하기도 했다. 또 한편으로는, 장쩌민과 연루된 것으로 알려진 연예인이 가난한 도시에서 공연하는 대가로 지나치게 높은 출연료를 요구했다는 기사가 퍼지며 정치적 압박이 가해졌다. 장쩌민의 지지자들도 반격에 나섰지만, 결국 장쩌민은 중앙군사위원회 주석직을 사임하며 불안정한 이중 권력 구조는 적어도 형식적으로는 종료되었다. 또한 그의 측근인 쩡칭훙(曾慶紅)이 중앙군사위원회 부주석직을 얻지 못한 것도 장쩌민에게는 또 다른 패배로 평가되었다. 이후에도 상하이방과 공청단 간의 경쟁은 지속되었다. 후진타오가 상하이방과 태자당의 영향력을 약화시키려 했다는 분석이 나왔으며, 이를 반영하듯 상하이시 당서기이자 정치국 위원이었던 천량위(陈良宇)가 부패 혐의로 기소되며 실각했다. 그러나 그 후임으로 임명된 시진핑은 덩샤오핑과 후야오방과 모두와 가까웠던 혁명 원로 출신의 아버지를 둔 태자당 인물이었다.

후진타오와 원자바오(溫家寶) 총리의 두 번째 임기가 확실시되면서, 제17차 전당대회를 앞둔 시점에서 2012년 이후의 지도부 구성이 최대 관심사가 되었다. 후진타오는 자신과 마찬가지로 안후이(安徽)성 출신이며 공청단에서 활동했던 리커창(李克强)을 후계자로 선호하는 것으로 알려졌다. 그러나 예상과 달리 시진핑이 리커창보다 먼저 선정되었으며, 2008년 3월 제11차 전국인민대표대회에서 국가부주석으로 임명되며 2012년 국가주석직 승계를 확실시했다. 이후 2010년 중앙군사위원회 부주석에 오르면서 차기 지도자로서의 입지를 더욱 굳혔다. 반면 리커창은 국무원 부총리로 임명되어 원자바오 총리의 후임이 될 준비를 하게 되었다.

계파적 구성을 살펴보면, 태자당이 공청단 및 상하이방에 비해 세력을 확대하였다. 태자당 출신으로 주목받은 또 다른 인물은 혁명 원로 보이보(薄一波)의 아들인 보시라이(薄熙来)였다. 하지만 시진핑과 리커창을 제외하면, 제16차 전당대회에 비해 세대교체의 폭은 크지 않았으며, 새 상무위원회의 평균 연령은 62세였다.

새로운 정치국의 구성원들은 교육 배경이 더욱 다양할 뿐만 아니라, 지난 몇십 년간과 마찬가지로 중국 동부지역 출신이 불균형적으로 많았다. 이들 중 다수는 서방 국가나 일본에서 유학한 반면, 이전 지도자들은 해외 유학을 했더라도 주로 소련이나 그 위성국에서 수학한 경우가 많았다.

당과 정부의 최고위 관리를 선출하는 데 있어 기본적인 동기는 어느 한 지도자나 파벌이 다른 세력을 압도하거나 지배하지 못하도록 하는 것이었다. 집단지도체제는 독재를 방지하는 장점이 있지만, 개혁의 필요성에 대한 공감대가 있더라도 대담한 개혁추진을 어렵게 만들 수 있다. 정치적 권력 다툼은 익숙한 문제들, 즉 관료 부패와 사회적 불평등 문제해결에 대한 압박으로 나타났다. 이에 대해 보수파와 진보파는 각기 다른 해결책을 제시했다. 보수파는 사회주의 이념이 점점 외면받고 있다고 주장하며 노동자와 농민의 불만을 해소할 정책을 촉구했다. 반면, 진보파는 불완전한 개혁이 사회적 불안과 정치적 위기의 근본 원인이라고 보고, 보다 적극적인 개혁을 주장했다.

후진타오는 두 세력 사이에서 절충점을 찾으려는 것으로 보였다. 일당체제를 의문시하거나 서양식 다당제 선거를 주장하는 것은 여전히 위험했지만, 당의 권력을 견제하는 제도로서 법률 체계 강화와 언론 자유 확대 같은 개혁안이 제시되었다. 제18차 당대회가 다가오면서 시진핑의 지도력에 대한 의구심이 제기되었다. 2009년 멕시코 방문 중 그는 서방 정치인들이 중국 내정에 간섭한다고 비판했으며, 몇 달 후 평양에서는 중국과 북한이 한국전쟁에서 맺은 영광스러운 동맹을 칭송하여 한국을 자극했다. 이를 계기로 중국 내에서는 그의 외교적 자질에 대한 우려가 조용히 제기되기 시작했다. 2009년 가을 공산당 제17기 중앙위원회 제4차 전체회의에서 당 중앙군사위원회 부주석직을 받지 못한 것도 그의 능력에 대한 의심이 당 내부에 존재하고 있다는 인식을 더욱 강화시켰다. 이러한 의구심은 2010년 가을 제17기 5중전회에서 결국 그가 당중앙군사위원회 부주석직을 맡게 되었음에도 완전히 사라지지는 않았다. 그럼에도 불구하고, 중국 지도부가 보다 집단적인 방식으로 운영될 것이라는 방향성은 확고해 보였다.

결론

2000년대 말에 이르러 특히 마오쩌둥 사망 이후 몇 년 동안 중국공산당의 정당성과 조직적 효율성은 심각하게 약화되었다. 혁명 지도자들의 퇴장과 정부 운영 및 사회적 의식의 일상화로 인해 나타난 일부 변화는, 어느 정도 불가피한 측면도 있었을 것이다. 그러나 일부 변화는 예상하기 어려웠다. 대표적인 예로, 반우파운동, 대약진운동, 문화대혁명과 같은 격변이 대중과 지도부 사이에 깊은 소외감을 조성했다는 점이 있다. 덩샤오핑의 개혁정책은 당의 조직적 효율성과 정당성을 더욱 빠르게 약화시켰다.

30여 년간의 제한적이고 단편적인 개혁은 기존 체제의 통합성을 약화시켰지만, 이를 대체할 보다 효과적인 체제를 만들지 못했다. 이전 체제는 부족한 자원을 비교적 공정하게 배분하는 데 효율적이었지만, 새로운 체제는 새롭게 창출된 부를 효과적으로 배분하는 데 어려움을 겪었다. 일부 지역에서는 경제적 번영이 이루어졌으나, 그 대가로 심각한 소득 및 계층 격차가 발생했다. 이로 인해 사회의 안정성과 예측 가능성이 약화되었고, 당이 경제 및 정치체제를 제대로 관리할 수 있는지에 대한 대중의 의구심이 커졌다. 1989년 6월의 톈안먼시위는, 이러한 부분적 개혁이 빚은 사회적 혼란 가운데 가장 눈에 띄는 사례였을 뿐이었다.

덩샤오핑 지도부는 경제발전 정책노선을 통해 정당성을 유지하려 했다. 초반 몇 년간 농촌을 중심으로 일정 부분 성공을 거두었지만, 그 과정에서 발생한 문제들이 점차 개혁 그 자체를 위협하기 시작했다. 덩의 개혁은 점점 한계수익 체감의 법칙을 겪고 있었다. 즉, 강력한 사회·정치 세력의 기득권에 본격적으로 손대지 않은 채 부분적인 조정을 통해 이뤄질 수 있는 쉬운 개혁들은 이미 모두 시행된 상태였다. 앞으로의 발전을 위해서는 보다 근본적인 구조개혁이 필수적이었지만, 추가 개혁에 대한 대중의 열의는 높지 않았다. 많은 사람들이 그에 따를 결과를 두려워했고, 여론조사에서도 다수가 불확실한 미래보다 마오쩌둥 시대의 철밥통을 선호하는 것으로 나타났다. 이에 대응해 장쩌민은 경제개혁과 부패 척결을 통해 정당성을 세우려 했으나, 이 두 분야 모두에서 그의 성과는 제한적이었다. 이 개혁들은 단기적으로 너무 많은 사람들에게 부정적인 영향을 미친 탓에, 정책을 전면적으로 시행하기 어려웠기 때문이다. 후진타오는 당과 정부의 행정역량을 개선하고, 장쩌민이 제시했던 기본적 생활이 보장된 적절히 풍요로운 샤오캉(小康) 사회로 나아가려는 계획을 내놓았지만, 그 성과는 미미했다. 비판자들은

후진타오와 원자바오가 새로운 정책이 아니라 새로운 방식을 대표할
뿐이라고 지적했다.

추가 읽을거리

Frank Dikötter, *China After Mao: The Rise of a Superpower* (London: Bloomsbury, 2022).

Joseph Fewsmith, "The 18th Party Congress: Testing the Limits of Institutionalization," *China Leadership Monitor*, Vol. 40, Hoover Institution (January 14, 2013), pp. 1–9.

François Godemont, "China's New Long March: Ite Missa Est," *European Council on Foreign Relations* (March 18, 2013).

Yingjie Guo, "Classes without Class Consciousness and Class Consciousness without Classes: The Meaning of Class in the People's Republic of China," *Journal of Contemporary China*, Vol. 21, No. 77 (September 2012), pp. 723–739.

Kerry E. Ratigan, *Local Politics and Social Policy in China: Let Some Get Healthy First* (Cambridge: Cambridge University Press, 2022).

6장

시진핑 시대

2012년 제18차 당대회는 덩샤오핑 시대의 종식을 상징한다고 볼 수 있다. 덩샤오핑은 장쩌민을 후계자로 지명했을 뿐만 아니라, 장쩌민의 후계자로 후진타오까지 선택했다. 그러나 후진타오는 자신이 선호하는 후보였던 리커창이 중국공산당 총서기가 되도록 만들지 못했다. 지도부 선출 과정이 집단적 의사결정, 합의에 기반한 정책결정, 그리고 최고 지도부 인선의 제도화라는 방향으로 발전한 듯 보였다. 그러나 실제로 벌어진 일은 전혀 달랐다.

제18차 당대회를 앞둔 정치적 드라마

2012년이 시작될 때, 5세대 지도부의 승계는 확정된 것으로 보였다. 그러나 2월에 전혀 예상치 못한 사건이 발생했다. 충칭시 공안국장이 청두에 있는 미국 총영사관에 망명을 요청하며 정치적 파문으로 확산되었고, 이 사건은 태자당 출신의 보시라이의 정치적 몰락으로 이어졌다. 보시라이는 정치국 상무위원회 진입이 유력했으며, 장차 당과 정부를 이끌 가능성이 있는 인물로 여겨졌다. 공안국장의 증언에 따르면, 보시라이는 아내 구카이라이(谷開來)가 연인 관계에 있었던 것으로 알려진 영국인 사업가 닐 헤이우드의 살해 사건을 은폐하려 했다고 한다. 보시라이의 부인은 해당 사업가와 연인 관계였던 것으로 알려졌다. 고위급 정치적 타협의 결과로 보시라이는 직접적인 살인 공모 혐의는 받지 않았으나, 대규모 부정부패 혐의로 기소되었다. 결국 그의 정치 경력은 끝이 났다.

보시라이의 몰락에는 그의 자만심에 대한 반감도 한몫했지만, 이념적 차이와 당내 파벌 갈등도 중요한 요인이었다. 그가 충칭에서 펼친 정책은 좌파적 성향이 강했으며, 혁명시대 노래 부르기 운동과 부패 척결 캠페인을 포함하고 있었다. 그러나 그의 반부패정책은 공정하지 못하다는 평가를 받았다. 그의 '홍가(혁명가요)-흑타(반부패)'정책은 광둥성 당서기 왕양(汪洋)의 개혁주의적 정책과 대비되며, 충칭 모델 대 광둥 모델이라는 미래 중국의 두 경쟁 구도로 해석되었다. 보시라이는 공청단 계파와 오랫동안 대립해 왔다. 그가 실각한 후, 친민주 개혁성향의 원자바오 총리는 마오쩌둥 시대 정책을 부활시키려는 움직임이 문화대혁명 시기의 혼란으로 돌아갈 위험이 있다고 공개적으로 경고했다.

당내 파벌 분석의 관점에서 보면, 태자당 및 장쩌민 계파는 공청단 계파를 반격하기 위해 공청단 출신인 링지화(슈計劃)와 그의 상관 리위안차오(李源潮)를 공격했다. 링지화는 자신의 아들이 페라리를 몰다가 사망한 사건을 은폐하려 했다는 혐의를 받았다. 사고 당시 차량에는 알몸의 여성 한 명과 반라의 또 다른 여성이 타고 있었다. 누리꾼들은 링지화가 자신의 월급으로 페라리를 구입할 수 없었을 것이라고 지적했다.** 이후 서방 언론들은 태자당 및 장쩌민 계파의 조력을 받았을 것으

<hr>

** 역자 주) 시진핑 집권 1~2기에 링지화를 비롯해 중국 신4인방(시진핑 반대그룹: 보시라이, 쉬차이호우, 저우용캉, 링지화 등)이 형사처벌을 받아 모두 제거된다. 김외현, "링지화는 부패처벌인가, 정치적 숙청인가?," 『한겨레신문』, 2019년 10월 19일.

로 추정되는 폭로를 통해 원자바오 총리 일가가 막대한 부를 축적했음을 보도하여 그의 서민적 이미지에 타격을 입혔다. 같은 해 초, 시진핑 가족의 재산에 대한 유사한 폭로도 있었으며, 이 역시 계파적 적대 관계에 있는 세력의 도움을 받은 것으로 보인다.

제18차 당대회의 개막은 두 차례 연기되었다. 개막을 앞두고 시진핑이 약 2주간 모습을 감추면서 온갖 추측과 자극적인 소문이 돌았다. 그가 다시 모습을 드러냈을 때, 공식적인 설명은 그가 축구를 하다가 허리를 다쳐 움직일 수 없었다는 것이었으나, 많은 사람들은 이를 신뢰하기 어려운 이야기로 여겼다.

결국 당대회와 이어진 전국인민대표대회는 예정대로 열렸고, 시진핑이 총서기, 국가주석, 중앙군사위원회 주석으로 확정되었으며, 리커창이 총리로 지명되었다. 후진타오는 정치적 패배 때문인지, 예상과 달리 중앙군사위원회 주석직을 유지하지 않았다. 따라서 후진타오 집권 초기와 같은 이중 권력 구조는 재현되지 않게 되었다. 또한 상무위원회 규모는 7명으로 축소되었으며, 개혁성향의 왕양(汪洋)은 포함되지 않았다 (표 6.1 참조).

또한 과거와 달리 선전 및 공안(治安) 부문을 담당하는 인사들이 상무위원회(PBSC)에 포함되지 않으면서, 특히 공안 부문의 권력이 지나치게 커졌기 때문에 오히려 배제된 것이라는 추측이 제기되었다. 상무위원 평균 연령은 64.4세로, 17기 상무위원회보다 눈에 띄게 높아졌다. 또한 중앙-지역 분석이론의 시각에서 보자면, 제17기와 달리 내륙 출신 위원 비중이 증가한 것도 주목할 만하다 (표 6.2 참조).

파벌 분석 측면에서는 이번 회의가 태자당 및 장쩌민 계열의 명백한 승리로 평가되었다.

그러나 연령 제한으로 인해 시진핑과 리커창을 제외한 모든 상무위원들은 2017년 다음 당대회 이후 은퇴해야 했다. 따라서 통상적으로 차기 상무위원회가 구성되는 정치국 전체의 파벌 구성이 더욱 균형을 이

표 6.1 중공 12~20기 기간 정치국 및 정치국 상무위원회 규모 변화

중앙위원회	연도	정치국	정치국 상무위원회
12기	1982년	25	6
13기	1987년	17	5
14기	1992년	20	7
15기	1997년	22	7
16기	2002년	24	9
17기	2007년	25	9
18기	2012년	25	7
19기	2017년	25	7
20기	2022년	24	7

출처: *Beijing Review*, 『신화통신』 자료를 기초로 필자 작성.

표 6.2 제18기 중앙정치국 상무위원 명단 (직급순)

이름	직책	출생지	출생연도	파벌
시진핑	중국공산당 총서기, 당중앙군사위원회, 주석, 국가주석	베이징	1953년	상하이방/ 태자당
리커창	국무원 총리	안후이성	1955년	공청단
장더장	전인대 상무위 주석	랴오닝성	1946년	상하이방/태자당
위정성	전국인민정치협상회의 주석	저장성	1945년	상하이방/태자당, 후진타오 인맥
류윈산	중앙서기처 서기, 국가부주석	샨시성	1947년	상하이방 및 후진타오 인맥
왕치산	중앙기율검사위원회 서기	샨시성	1948년	상하이방/태자당
장가오리	국무원 부총리	푸젠성	1946년	상하이방/태자당

출처: 『신화통신』 자료를 기초로 필자 작성.

룰 가능성이 있었다. 이에 따라 공청단 계열이 다시 영향력을 회복할 가능성이 제기되었다. 또한 당 원로들의 영향력도 중요한 변수로 작용했다. 중국공산당 역사상 처음으로 두 명의 전직 총서기가 배후에서 권력을 행사할 수 있는 상황이 형성되었기 때문이다. 만약 80대인 장쩌민이 정치 무대에서 사라진다면, 후진타오의 영향력이 차기 지도부 인선 과정에서 중요하게 작용할 가능성이 있다는 관측도 나왔다. 정책적 함의 측면에서는 시진핑이 정치적으로는 보수적인 기조를 유지하면서도, 온건한 경제개혁을 추진할 것이라는 신호가 감지되었다.

시진핑의 권력 장악

이러한 예측을 뒤엎고, 시진핑은 즉각적으로 강경한 태도를 취했다. 그는 취임 직후부터 '중국몽(中國夢)'을 언급하며 강한 군사력과 경제력을 강조했고, 동시에 이른바 "일곱 가지 금기사항"을 발표했다. 이 금기사항에는 보편적 가치, 언론 자유, 시민사회, 시민의 권리, 당의 역사적 오류, 자본가 계층, 사법 독립이 포함되었다.

자신의 목표를 저해할 수 있는 장애물을 인식한 시진핑은 신속히 권력을 집중시켰으며, '만물의 주석'이라는 반쯤 농담 섞인 별칭을 얻었다. 중국이 지도층 내 합의에 기반한 의사결정 방식으로 발전할 것이라는 기존 이론을 반박하듯, 그는 정책전반을 총괄하는 '중앙영도소조'들에 대한 통제권을 신속히 장악했으며, 그 가운데는 '군민융합발전위원회'처럼 새롭게 신설된 기구들도 포함되어 있었다. 또한 대외 방위뿐만 아니라 내부 사회통제를 목표로 한 국가안전위원회도 신설되었다. 이 과정에서 리커창 총리는 거의 존재감이 사라졌다.

몇 달 후, 당 중앙위원회는 시진핑에게 "당 중앙의 핵심"이라는 칭호를 부여했으며, 그날 저녁 황금시간대 뉴스의 절반 이상이 중앙위원회 구성원들이 시진핑에게 충성을 맹세하는 장면으로 채워졌다. 그는 엄격한 기강과 무조건적인 충성을 요구했다.

시진핑은 말단 간부인 '파리'부터 최고 권력층인 '호랑이'까지 예외 없이 단속하겠다는 반부패 운동을 선언했으며, 이 운동은 첫 5년 동안 100만 명이 넘는 당 간부들을 처벌 대상으로 삼았다.** 그러나 회의적인 시각에서는 숙청된 호랑이 중 상당수가 시진핑의 경쟁자 또는 잠재적 경쟁자라는 점을 지적했다. 대표적인 사례로는 중국의 공안 및 국가 안전 시스템을 총괄하며 한때 중국 내 권력 서열 9위로 평가받았던 저우융캉(周永康)이 있다. 그는 뇌물을 수수하고 가족 및 측근들에게 이권을 몰아준 혐의로 종신형을 선고받았다.

국방 분야에서도 숙청이 이루어졌다. 중앙군사위원회 부주석이자 정치국 위원이었던 쉬차이허우(徐才厚) 장군은 군 내부에서 막대한 뇌물을 받은 혐의로 유죄 판결을 받았다. 그는 한때 중국 권력 서열 24위권에 포함되는 핵심 인물로 평가되었으나 군 계급을 돈으로 매매한 사실이 드러났다. 그는 재판을 기다리던 중 방광암으로 사망했으며, 이미 당적이 박탈되고 자산이 몰수된 상태였다. 그 외에도 상당한 권력을 지녔던 다수의 인사들이 숙청되었다. 시진핑의 진정한 목표가 부패 척결인지, 아니면 자신의 정적들을 제거하는 것이었는지는 불분명하지만, 결과적으로 그의 손에 권력이 한층 더 집중되었다.

중국몽이 본격화되면서 시진핑에 대한 일종의 개인숭배 현상도 나타났다. 중국 각 도시의 시장에서는 시진핑의 모습이 새겨진 접시와 기념품들이 마오쩌둥, 심지어 불상보다도 더 눈에 띄게 배치되었다. 또한 '중국몽' 구호를 찬양하는 선전물이 등장했으며, 예를 들어 학교 근처에는 "젊은이들의 꿈은 곧 중국몽"이라는 문구가 붙었다.

....

** 　역자 주) 2013년 1월 22일, 시진핑 주석은 제18기 중앙기율검사위원회 제2차 전체회의에서 다음과 같이 연설했다. 우리는 '호랑이'와 '파리'를 모두 단호히 물리쳐야 하며('老虎', '蒼蝇'一起打), 영도 간부들의 기율과 법률 위반 사례를 단호히 조사하고 처벌하며, 대중 속에 만연한 불건전한 관행과 부패문제를 효과적으로 해결해야 합니다.

이와 동시에, 중국몽 실현의 '필수 조건'이라 할 수 있는 야심찬 경제 계획도 추진되었다. 2013년 11월, 중국공산당 제18기 3차 중앙위원회 전체회의는 2020년까지 국제 경쟁력과 효율성을 증대시키기 위한 경제개혁안을 발표했다.

일대일로(一帶一路)는 이후 일대일로 구상(BRI: Belt and Road Initiative)으로 개명되었으며, 고대 실크로드를 중국 중심의 창의적으로 재구상하는 것을 목표로 했다. 이 구상은 하나는 아시아를 거쳐 유럽으로 연결되는 육상 경로, 다른 하나는 동남아시아, 아프리카 및 그 너머로 이어지는 해상 경로로 구성되었다. 이후에는 극지, 해저, 디지털 경로도 추가되었다. 이러한 사업의 자금 조달을 돕기 위해 베이징에 본부를 둔 아시아인프라투자은행(AIIB)이 설립되었으며, 중국이 주요 자금을 지원하고 60여 개국이 가입을 신청했다. 이러한 목표에 따라 그리스는 자국 최대 항구의 67% 지분을 중국 기업에 매각하기로 합의했다. 또한 중국은 페르시아만 동쪽에 위치한 파키스탄의 과다르에서 영향력을 확대했으며, 전략적 요충지인 아덴만의 지부티에서는 중국 최초의 해외 해군 기지 건설이 시작되었다 (14장 참조).

2016년 3월 전국인민대표대회는 2016~2020년을 포함하는 제13차 5개년 계획을 승인했다. 이번 계획은 2020년까지 샤오캉(小康) 사회 건설이라는 기존 목표를 지속하는 가운데, 시진핑이 신창타이(新常態)라고 표현한 새로운 경제환경에 적응하는 것을 전제로 했다. 이에 따라 연평균 경제 성장률 6.5% 이상을 유지하고, 소득 격차를 줄이며, 모든 농촌 주민을 빈곤에서 탈출시키고, 농촌과 도시 간의 제도적 구분을 해소하는 것을 목표로 삼았다. 또한 교육, 의료, 공공 서비스의 개선도 약속되었다.

그러나 이러한 야심찬 목표를 실행할 충분한 재원이 확보될 수 있을지는 언급되지 않았다. 중동의 한 분석가는 이를 두고 '중국의 5개년 계획의 공상'이라고 평가하며, 목표를 설정하는 것보다 달성하는 것이 훨씬 어렵다고 지적했다. 다른 비판가들은 시장이 결정적 역할을 하도록 하겠다고 발표하면서도 동시에 시장화를 저해할 수 있는 강압적인 산업정책을 추진하고 있다고 주장했다. 또한 과도한 보안법, 정보 통제, 이념적 수사법이 혁신과 기업가 정신을 장려하겠다는 계획과 상충할 것이라는 지적도 나왔다. 더 나아가, 강력한 기득권층의 반발이 예상되는 상황에서 이러한 계획이 효과적으로 실행될 것이라고 보장할 수는 없었다.

저항, 그리고 후퇴

중국 내부에서의 비판은 처음에는 '은밀하게' 이루어졌다. 대학 교수들이 신뢰하는 친구들과 나누는 대화, 중국몽 포스터를 훼손하는 행위, 검열관들에 의해 빠르게 삭제된 시진핑을 닮은 우물 안에 있는 왕관 쓴 개구리가 등장하는 만화 등이 그 예였다. 그러나 2017년 3월 전국인민대표대회라는 최고 권력기관의 회의를 앞두고, 이러한 비판은 더욱 공개적으로 이루어졌다.

불만이 커지고 있다는 첫 번째 신호 중 하나는 부동산 재벌이자 당원인 런즈창(任志強)이 소셜미디어에 올린 글이었다. 시진핑이 언론은 당 중앙 지도부의 권위를 보호하고 당의 단결을 유지해야 한다고 지시한 것에 대해, 런즈창은 인민의 언론이 언제부터 당의 언론이 되었는지 반문하며, 납세자의 돈이 납세자를 위한 데 쓰이지 않는 점을 강하게 비판했다. 그의 소셜미디어 계정은 결국 폐쇄되었지만, 그가 남긴 글은 이미 3,700만 명의 팔로워들에게 읽힌 뒤였다.

그 다음으로 당 중앙기율검사위원회(CDIC) 웹사이트에 실린 한 편의 글이 주목받았다. "천 명의 예스맨도 한 명의 정직한 조언자만 못하다"라는 제목의 이 글은 레이쓰(雷思)라는 필명으로 작성되었으며, 한나라 시대의 사서에서 유래한 표현을 차용한 것이었다. 글은 충간(忠

諫)이라는 고대 전통을 인용하며, 목숨을 걸고서라도 강력한 권력자에게 실수를 바로잡아야 한다고 경고하는 전통을 언급했다. 이를 은유적으로 이해한 사람들은 섬뜩함을 느꼈다. 왜냐하면, 상(商)나라의 마지막 왕 주왕(紂王)이 아첨하는 신하들만 곁에 두고 정작 들어야 할 말을 듣지 않았고, 결국 기원전 1046년 왕조가 멸망했다는 역사적 교훈을 담고 있었기 때문이다.

전국인민대표대회 폐막 연설에서, 중국공산당 정치국 상무위원회 위원이었던 위정성(俞正声)은 '4대 의식' 중 두 가지만 언급했는데, 정치의식과 대국의식만 언급하고 나머지 두 가지인 핵심의식과 일치의식은 언급하지 않았다. 빠진 두 가지는 시진핑의 지시에 대한 절대적인 복종을 의미하는 것으로 해석되었기에, 그의 생략은 의미심장했다.[**] 더욱이, 그는 새롭게 자신의 직무에 대한 책임의식을 추가했다. 연설 당시 시진핑은 이를 듣고 불쾌한 기색을 감추지 못했다고 전해졌다.

다음 공격은 훨씬 더 노골적이었다. 3월 16일 자로 공개된 한 서한에서, 자신들을 충성스러운 당원이라 밝힌 익명의 집단은 시진핑의 사

[**] 역자 주) 2022년 20차 전당대회에서 다시 당헌을 개정하여 '네 개의 의식', '네 개의 자신감', '두 개의 수호', '두 개의 확립'을 공산당원이 이행해야 하는 의무로 삽입했다. '네 개의 의식'은 당원과 간부의 정치소양의 기준이 되는 것으로 ① 정치의식(政治意識), ② 대국의식(大局意識), ③ 핵심의식(核心意識), ④ 일치의식(看齊意識)이다. 네 개의 자신감은 중국 체제에 대해 4가지 분야에서 자신감을 가져야 한다고 강조하고 있다. 즉 ① 중국특색 사회주의 노선에 대한 자신감(道路自信), ② 중국특색사회주의이론체계에 대한 자신감(理論自信), ③ 중국특색 사회주의제도에 대한 자신감(制度自信), ④ 중국특색 사회주의 문화의 선진성에 대한 자신감(文化自信)이 바로 그것이다. '두 개의 수호' ① 시진핑의 당중앙 핵심지위와 전당의 핵심지위를 수호하고, ② 공산당 중앙의 권위와 집중통일영도를 수호한다는 것이다. '두 개의 확립'은 이 대회에서 당헌(黨章) 개정안 통과와 함께, '중국식 현대화' 노선을 천명, 그리고 2049년까지 전면적인 사회주의 현대화 강국 건설이라는 '제2의 100년' 목표를 적시되었으며, 그 중심 사상은 '시진핑 신시대 중국특색의 사회주의 사상'의 견지였다. 이 사상에는 '두 개의 확립(兩個確立)', 즉 ① '시진핑의 당중앙 핵심 지위' 확립과 ② '시진핑 사상의 지도적 지위' 확립을 담고 있다.

임을 요구했다. 이들은 시진핑이 정치국 상무위원회의 집단지도 전통을 포기하고, 모든 권력을 자신의 손에 집중시켜 직접 결정을 내리면서 정치, 경제, 이념, 문화 등 모든 분야에서 전례 없는 문제와 위기를 초래했다고 비판했다. 또한 국제적으로 불리한 환경을 초래한 책임 역시 그에게 있다고 지적했다. 그러면서, 시진핑은 당과 국가를 이끌 능력이 없으므로 모든 직위에서 물러나야 하며, 당 중앙위원회와 국민이 중국을 이끌 새로운 지도자를 선출할 수 있도록 해야 한다고 주장했다.

이후에도 반발은 계속되었다. 중국 관영 『신화통신(新华通讯社)』의 한 직원이 언론 통제가 갈수록 강화되고 있다며, 이는 "대중에게 엄청난 공포와 분노를 불러일으키고 있다"고 비판하는 공개서한을 올렸으나, 즉시 검열당했다. 또한 강경한 민족주의 성향으로 유명한 『환구시보(環球時報)』의 편집장 후시진(胡錫進)이 프랑스 주재 전 중국 대사 루샤예(盧沙野)와 공개 논쟁을 벌였다. 정부가 보다 단호한 외교정책을 펴야 한다는 기사에 대해 루샤예는 편집장이 외교에 무지하다고 비판하며, 강경함보다 유연함이 더 어렵고 효과적이라고 주장했다. 이에 편집장은 그런 태도야말로 중국외교의 문제라고 반박했다.

시진핑 가족이 파나마 로펌을 중심으로 한 국제금융 스캔들에 연루되었다는 폭로가 터지면서 그의 반부패 기조에도 의문이 제기되었다. 검열 시도에도 불구하고, 소셜미디어에서는 풍자적으로 시진핑을 '형부'라 부르며, 그의 누이 남편이 직접 연루된 점을 조롱했다. 2016년 4월 중순에는 『타임』과 『이코노미스트』가 동시에 시진핑을 다룬 표지기사를 내면서, 그의 '개인숭배' 현상을 조명했다. 이에 중국 당국은 해당 두 매체의 웹사이트를 차단하는 강경 조치를 내렸다.

이러한 불만의 소리는 시작만큼이나 빠르게 사라졌다. 분석가들은 정치국 상무위원회가 시진핑의 충성스러운 동료들로 구성되어 있다고 여겨졌지만, 정년 규정에 따라 시진핑을 제외한 모든 위원이 2017년 가을 다음 당대회에서 은퇴해야 한다고 예상했다. 시진핑이 두 번째 5

년 임기를 보장받지 못할 가능성은 상상할 수도 없는 일이었으나, 누적된 불만으로 인해 그가 보다 합의적인 방식으로 의사결정을 할 수밖에 없을 것이라는 관측도 제기되었다.

그러나 그런 일은 일어나지 않았다. 시진핑 체제하에서 언론과 소셜미디어에 대한 규제가 강화되었다. 2013년, 언론인이 당 선전부의 명시적 허가 없이 어떠한 탐사보도도 할 수 없도록 하는 새 규정이 도입되었다. 2016년에 〈중국글로벌텔레비전(CGTN)〉으로 개명된 관영 〈중국중앙텔레비전(CCTV-9)〉 역시 탐사보도나 시사 프로그램을 축소하거나 수위를 낮추었다. 광저우의 『남방도시보』와 『남방주말』과 같은 보다 진취적인 신문들은 침묵을 강요당했으며, 『남방주말』의 한 논설위원은 지역 내 언론이 덩샤오핑의 1970년대 말 개혁·개방정책이 시작된 이후 가장 암울한 시대로 후퇴했다고 비판했다. 과거에는 당국이 도를 넘었다고 판단한 기자들은 단순히 해고당하는 수준이었지만, 이제는 감옥에 갇히는 처벌을 받게 되었다. 언론인보호위원회(Committee to Protect Journalists)에 따르면, 2017년, 중국은 터키 다음으로 전 세계에서 가장 많은 기자를 수감했다.

당과 시진핑이 특히 통제하고자 했던 영역은 소셜미디어였다. 바이두(Baidu), 알리바바(Alibaba), 텐센트(Tencent)는 각각 중국 최대의 검색 엔진, 전자상거래 플랫폼, 메신저 및 소셜 미디어 서비스를 운영하며, 이들은 함께 BAT라 불린다. 바이두와 텐센트는 사이버 보안법 위반 혐의로 조사를 받았으며, 도박, 중독성 온라인 게임, 허위 의료 시술과 같은 사회적으로 논란이 되는 활동을 조장한 혐의로 조사 대상이 되었다. 알리바바와 텐센트는 정부에 주식을 매각하라는 요구를 받았으며, 이를 통해 당·국가는 기업 의사결정에 참여할 뿐만 아니라 배당금을 받을 수 있는 구조를 만들려 했다. 이들 기업은 모바일 결제 분야에서 세계적 선두주자이자, 인공지능(AI) 연구에서도 정부와 협력하고 있다. 소매업체가 소비자의 행동을 예측하기 위해 사용하는 기술은 당국이 반체제 움직임을 감지하고 대처하는 데도 활용될 수 있었다. 또한 모바일 결제가 점점 더 현금 거래를 대체하면서, 당과 정부는 금융 흐름을 더욱 철저하게 추적할 수 있는 능력을 갖추게 되었다. 2017년 말, 중국정부는 비트코인을 금지했는데, 이는 해외로 유출되는 자금 흐름을 차단하려는 조치였다. 그러나 이 정책은 완벽하게 시행되지 못했다 (7장 참조).

이 외에도 여러 이유로 인해, 강력한 정치적 인맥을 가진 부동산 및 금융 재벌들도 감시 대상이 되었다. 시진핑정부는 정경유착을 통해 정치적 영향력을 확대할 수 있는 재벌층, 즉 과두 세력의 등장을 차단하려 했다. 중국 최대 보험회사의 회장이 별다른 혐의 없이 구금되었으며, 회사 측은 단 한 줄의 성명서만 발표해 "개인적인 사유로 인해 회장이 직무를 수행할 수 없게 되었다"고만 설명했다. 한 유력 금융인은 홍콩의 호텔에서 납치되어 국경을 넘어 중국 본토로 압송되었으며, 몇 달 동안 아무 소식도 전해지지 않다가 재판이 시작되면서야 그의 행방이 알려졌다. 극소수 재벌만이 공개 발언에 나섰으며, 그중 한 인사는 뉴욕의 고급 호텔에서 고위층 부패 정보를 갖고 있다고 주장했지만, 근거는 제시하지 않았다.

이러한 분야 및 기타 영역에서 당과 시진핑은 국가의 번영을 증진시키기 위해 필요한 성장과 혁신을 장려하는 동시에 통제력을 잃지 않는 적절한 균형을 찾으려 하고 있다. 중앙정부가 분열된 관료제, 지방정부, 그리고 기득권층을 규제하려는 움직임은 과거 발전의 주요 요인이었던 지방 차원의 실험과 기업가 정신을 약화시킬 위험이 있다. 고위 당 간부들에 대한 숙청은 계속되었다. 충칭 당 서기 쑨정차이(孫政才)는 전임자인 보시라이의 '악영향'을 근절하지 못한 이유로 갑작스럽게 해임되었다. 쑨정차이는 정치국에서 최연소 위원이었으며, 따라서 20차 당대회에서 시진핑의 후계자로 유력하게 거론되던 인물이었다. 이후 그는 이미 실각한 두 명의 고위 관료와 함께 17차 및 18차 당대회에서 부정 선거를 저질렀다는 혐의를 받았다. 그러나 시진핑이 두 번의 대회에서 모두 승리했음에도 불구하고 이러한 혐의가 제기된 점에서 분석가들은 의아해했지만, 구체적인 내용은 공개되지 않았다. 분명한 것은 시진핑의 또 다른 잠재적 경쟁자가 제거되었다는 사실이었다.

시진핑의 또 다른 조치는 공산주의청년단의 약화를 목표로 했다. 그는 공청단이 실질적인 성과 없이 무의미한 구호를 외치고 오락 활동에 집중하고 있다고 공개적으로 비판했다. 공청단 간부 양성을 위한 핵심 교육기관이었던 중국청년정치학원(공청단 중앙학교)은 새로운 명칭인 중국사회과학원대학으로 개편되었으며, 중국사회과학원의 통제하에 놓이게 되었다. 그 결과 공청단은 상당히 약화되었고, 과거 당대회를 앞두고 중요한 분석 요소였던 계파 간 균형 논의는 점차 사라지게 되었다.

제19차 당대회

제19차 당대회를 1년 이상 앞둔 2016년 7월부터 감시가 더욱 강화되었다. 텐센트의 위챗 검열시스템은 점점 더 많은 단어를 차단하기 시작했는데, 이는 당과 정부에 대한 비판으로 해석될 가능성이 있는 표현뿐만 아니라, 일반적이고 중립적인 용어까지 포함했다. 정치적 내부 갈등에 대한 언급이 필터링되는 것은 예상할 수 있었지만, 반부패 캠페인, 일대일로 구상, 그리고 최고 권력층에서 여성 대표성이 부족함을 의미하는 '유리 천장' 같은 표현까지도 차단되었다.** 일부 관측통들은 텐센트가 정부의 질책을 피하기 위해 지나치게 신중하게 검열을 강화했을 가능성이 있다고 추측했다.

당대회 개막 한 달 전, 베이징의 보안이 대폭 강화되었다. 모든 경찰

** 역자 주) 중국공산당은 20기 중앙정치국 위원 24명 전원을 남성으로 구성했다. 또한 최고 지도부인 중앙정치국 상무위원회에는 1949년 건국 이래 단 한 번도 여성이 포함된 적이 없다.

의 휴가가 취소되었고, 수천 명의 추가 보안 인력이 배치되어 '사회 불안'에 대비했다. 제대 후 처우문제로 시위를 벌여온 퇴역 군인들에게 당국은 시위를 자제하라고 경고했다. 신분증 검사는 공공건물 내부와 주변뿐만 아니라, 공항, 지하철, 기차역 및 버스 정류장에서도 이루어졌다. 에어비앤비 계약이 모두 중단되었으며, 드론 비행도 금지되었다. 민감한 주제를 다룬 한 영화의 개봉이 연기되었고, 대기질 개선을 위해 중공업의 생산이 축소되었으며, 증시 변동을 방지하기 위해 자금이 투입되었다.

검열이 심화되었음에도 불구하고, 혹은 그에 대한 반작용으로, 소문이 무성하게 퍼졌다. 당 헌법이 개정될 것인가? 개정된다면 어떤 방식으로 이루어질 것인가? 마오쩌둥은 자신의 '사상'이 마르크스-레닌주의에 추가되어 당의 지도 이념으로 격상되었고, 덩샤오핑의 '이론'은 그가 사망한 후 당 헌법에 포함되었다. 그러나 장쩌민과 후진타오는 자신의 이름을 헌법에 추가하는 데 성공하지 못했으며, 각각의 대표 정책인 삼개대표론과 과학적 발전관만이 헌법에 반영되었다.

또한 정치국 상무위원회의 규모가 유지될 지 여부도 큰 관심사였다. 정치국 상무위원회를 후진타오 시기처럼 9명으로 늘릴지, 7명을 유지할지, 또는 1970년대 초반처럼 5~6명으로 줄일지가 논의되었다. 이론적으로 상무위원 수가 많아지면, 합의에 이르기까지 더 다양한 의견을 반영해야 하므로 조율이 필요해진다. 반면, 인원이 적어지면 당 총서기가 통제하기 쉬울 수도 있다. 그러나 개별 위원의 권한이 강해질 경우, 소수의 위원이 오히려 총서기에 대항할 수 있는 힘을 갖게 될 가능성도 존재했다.

또 다른 관심사는 연령 제한이었다. 이른바 '칠상팔하(七上八下)' 원칙에 따르면, 68세 이상인 인사는 당대회 종료 시점에서 정년을 초과했으므로 정치국에서 물러나는 것이 일반적이었다. 시진핑의 최측근이자 반부패 캠페인을 이끈 왕치산(王岐山)이 68세였기 때문에, 그가 예외적으로 계속 자리를 유지할 것인지가 논란이 되었다. 또한 쑨정차이를 포함한 4명의 정치국 위원이 해임되면서, 정치국 내에서 상무위원회로 승진할 적절한 연령대의 후보가 사라졌다. 이는 시진핑이 전례 없이 세 번째 임기, 혹은 그 이상을 염두에 두고 있다는 추측을 더욱 뒷받침하는 결과였다. 더불어, 중앙위원들이 어떤 인물에게 표를 던질지도 주요 관심사였다. 시진핑이 후진타오의 후계자로 지목되었던 리커창을 제친 것처럼, 이번에도 예상치 못한 인물이 부상할 가능성이 있는가?

헌법은 실제로 개정되었고, 시진핑의 이름과 사상이 공식적으로 포함되었다. 이는 시진핑을 마오쩌둥과 동급으로 올려놓았을 뿐만 아니라, 그의 두 전임자를 넘어 심지어 덩샤오핑보다도 더 높은 지위를 부여한 것이었다. 새로 추가된 표현은 다소 길고 복잡하지만, "신시대 중국특색의 사회주의에 대한 시진핑 사상"이라는 문구가 삽입되었다.

왕치산은 다른 정치국 상무위원회 위원들과 마찬가지로 시진핑과 리커창을 제외하고 모두 물러났다. 그러나 후임자 중에는 칠상팔하 원칙이 계속 적용된다고 가정할 때, 제20차 당대회에서 시진핑의 후임이 될 만한 인물이 없었다. 이는 시진핑이 3연임을 할 가능성을 열어두는 결과를 낳았다. 일각에서는 정치국 위원으로 임명된 천민얼(陳敏爾)이 대회 임기 도중에 정치국 상무위원으로 발탁될 수도 있다고 추측했으며, 또 다른 이들은 시진핑의 목표가 종신 집권이라고 보았다. 과거 당대회에서 부정 투표가 있었다는 의혹이 제기되자 새로운 규정이 도입되었다. 일부 당원들이 깊이 고민하지 않고 투표용지를 체크했거나, 인맥주의와 연고주의의 영향을 받았다는 지적이 있었다. 이에 대한 해결책으로 투표를 폐지하고 면담 방식의 협의제로 대체하는 방안이 도입되었다.[**] 그러나

....

[**]　역자 주) 중국공산당은 2019년 「당정 영도간부 선발임용공작조례(黨政領導幹部
　　選拔任用工作條例)」를 개정해, 투표 방식의 추천 회의를 폐지하고 정치국 상무
　　위원과의 개별 면담을 중심으로 한 협의제로 전환하였다. 이는 민주 추천 절차
　　를 약화시키고, 시진핑에게 인사권이 집중되는 구조를 강화한 조치로 해석된다.

협의제가 어떻게 운영될 것인지, 그리고 기존 체제에서 문제가 되었던 인맥주의와 연고주의를 어떻게 방지할 것인지에 대한 설명은 없었다.

정치국 상무위원회의 규모는 7명으로 유지되었다. 주목할 점은 그들의 배경이었다. 불과 10년 전만 해도 상위 9명의 당 지도부 중 8명이 공학이나 자연과학을 전공했는데, 이는 산업화가 중점이던 시기의 특징으로 볼 수 있다. 그러나 19기 상무위원회에서는 기술관료로 분류될 만한 인물이 한 명도 없었다. 두 명은 정치 교육을 전공했고, 나머지 다섯 명은 경영, 철학, 정치학, 법학을 전공했다. 시진핑은 학부에서 화학공학을 전공했지만, 졸업 후 해당 분야에서 일한 적 없이 곧바로 당과 정부 업무에 투입되었으며, 이후 마르크스이론과 정치 교육 분야에서 고등 학위를 취득했다 (표 6.3 참조).

표 6.3 제19기 중앙정치국 상무위원 명단 (직급순)

이름	직책	출생지	출생연도	전력
시진핑	당총서기, 중앙군사위 주석, 국가주석	베이징	1953년	당총서기, 중앙군사위 주석, 국가주석
리커창	국무원 총리	안후이	1955년	국무원 총리
리잔수	중앙판공청 주임	허베이	1950년	중앙판공청 주임
왕양	국무원 부총리	안후이	1955년	농업 및 대외무역 분야 담당
왕후닝	당 중앙정책실 주임	상하이	1955년	푸단대 국제정치학 교수
자오러지	당기율검사 위원회 서기	칭하이	1957년	당중앙조직부 부장
한정	전국 정협 주석	상하이	1954년	상하이시 당위원회 서기

출처: 『신화통신』 자료를 기초로 필자 작성.

당대회 이후

정치적 상징성을 띤 정교한 연출의 일환으로, 새로운 중국공산당 정치국 상무위원회 구성원들은 베이징에서 상하이로 이동해 중국공산당의 발상지에서 충성을 맹세했다. 그들은 팔을 들어 경례하며 당과 그 중심인 시진핑에게 충성을 서약했다. 시진핑의 연설 모음집 『시진핑 국정운영을 말하다(习近平谈治国理政)』의 신간이 서점에 비치되었고, 많은 경우 선물용으로 이미 포장된 상태였다. 이 책은 당대회 이전에 이미 660만 부 이상이 판매된 것으로 알려졌으며, 이후 두 번째 권이 출간되었고, 이어서 두 권이 더 나와 '시진핑을 핵심으로 한 당이 중국 인민을 단결시키고 이끌어 신시대 중국특색의 사회주의를 발전시키는 역할'을 설명했다. 시진핑 사상을 연구하는 연구센터들이 중국 전역의 대학들에 설립되었다.

일부 관측통들은 문화대혁명 마오쩌둥 어록집인 소홍서(小紅書)를 둘러싼 숭배 현상과 유사한 점을 발견했다. 특히 감옥에서 열리는 혁명정신을 찬양하는 홍가(紅歌) 경연대회와 부패한 '흑색 세력'을 겨냥한 반부패 운동에 더해, 시진핑에 대한 개인숭배 현상이 결합되는 양상을 보며, 일부 관찰자들은 보시라이를 겨냥해 제기되었던 '홍흑(紅黑) 비판'과의 뚜렷한 유사성을 지적했다.

반부패 운동은 새롭게 임명된 자오러지(趙樂際) 주도 아래 계속해서 강력하게 추진되었다. 그는 곧 고위 부패 관료를 뜻하는 이른바 '호랑이'를 낚았는데, 그는 국가 인터넷 정보 판공실 주임이자 중국공산당 선전부 부부장을 지낸 인물이었다.

강경한 외교정책 역시 계속 이어졌다. 시진핑은 제19차 당대회 연설에서 중국이 국제관계에서 중심 무대로 나아가야 한다고 언급했다. 그는 이미 러시아의 푸틴(Vladimir Putin)과 유대 관계를 구축했으며, 러시아가 이제 중국의 하위 파트너가 된다는 사실을 푸틴이 달갑지 않게 여김에도 불구하고 협력을 이어갔다. 중국은 러시아의 석유와 천연가스의 주요 수입국이다. 푸틴은 제2차 세계대전 종전 70주년을 기념하는 중국의 대규모 군사 열병식에서 시진핑의 옆에 섰으며, 시진핑 역시 러시아에서 열린 열병식에서 푸틴 옆에 섰다.

미국과의 관계에서 시진핑은 신형대국관계를 주장했는데, 이를 중국과 미국이 함께 세계질서를 관리하는 이른바 'G2' 구상으로 해석하는 이들도 있었다. 반면, 일부는 시진핑의 궁극적인 목표가 중국을 국제관계의 유일한 결정권자로 만드는 것이라고 보았다.

지역적으로, 시진핑은 아시아문제는 아시아인들이 관리해야 하며, 아시아의 안보는 아시아인들이 보호해야 한다고 선언했는데, 이는 본질적으로 비아시아 국가들이 아시아문제에 개입해서는 안 된다는 경고였다. 또한 아시아 국가들은 중국의 입장에 순응해야 한다는 점도 분명했다. 동남아 국가들은 수년간 남중국해의 영유권 분쟁과 관련하여 기존의 '비구속적인 행동 선언'을 법적 구속력이 있는 '행동 강령'으로 대체할 것을 요구해왔다. 그러나 당대회가 끝난 직후, 중국 외교부는 비구속적인 행동 강령 협상에 열려 있다고 발표하면서, 이후 논의될 새 행동 강령이 기존의 선언보다 실질적으로 더 효과적일지에 대한 의문을 남겼다.

동시에, 중국 외교부는 미야코 해협을 통과하고 대만 주변을 비행하는 것에 대한 대만과 일본의 우려에 대해 이는 "새로운 정상화된 훈련"의 일환이며, "인접국들은 이러한 변화에 대비해야 한다"고 응답했다. 한편, 북한의 미사일 위협에 대응하여 한국정부가 미국의 사드(THAAD, 고고도미사일방어체계) 배치를 발표하자, 중국은 한국에 대한 경제적 제재를 가했다. 이는 관광 제한, 한류 문화 및 화장품 수입 규제 등의 조치를 포함했다. 결국, 중국이 경제제재를 해제하는 대신, 한국정부가 중국의 '3불(三不)' 원칙을 수용하는 타협적인 합의가 이루어졌다. 이는 추가적인 사드 배치를 하지 않고, 지역 미사일 방어체계(MD)에 참여하지 않으며, 한·미·일 삼각 군사동맹을 추진하지 않겠다는 약속을 의미한다. 중국은 사드 레이더가 중국을 겨냥할 가능성이 있다고 주장했다.

2022년 제20차 당대회가 열릴 무렵, 시진핑이 3연임을 확정할 것이라는 데에는 거의 의심의 여지가 없었다. 그러나 이 과정은 순탄치 않았다. 강력한 감시망에도 불구하고, 한 불만을 품은 시민이 감시가 삼엄한 다리에 현수막을 내걸었다. 그는 코로나 봉쇄 조치를 비판하며 국민들에게 노예처럼 행동하지 말 것을 촉구했고, 시진핑의 퇴진을 요구했다.

시진핑은 단순히 3연임을 얻는 것에 그치지 않고 공청단의 완전한 축출이라는 결과를 이끌어냈다. 리커창 총리는 계속 임기를 유지할 수 있는 연령임에도 불구하고, 정치국 상무위원회는 물론 정치국에서도 제외되었다. 또한 공청단 출신으로 상무위원회 진입이 유력했던 후춘화(胡春華) 역시 정치국 상무위원회나 정치국 위원에도 임명되지 못했다 (표 6.4 참조).

특히, 당대회 도중 후진타오가 시진핑 옆자리에서 강제로 퇴장당한 장면은 후진타오와 그의 계파에 대한 최종적인 굴욕이었다. 보다 근본적으로, 시진핑의 연설은 기업가의 권리를 지지하겠다고 약속하면서도 국유 부문의 역할 강화를 시사했다. 개혁 지향적인 인사들은 재임에 실패했다. 그는 2020년을 기준으로 2030년까지 국내총생산(GNP)을 두 배로 늘리는 것을 목표로 삼으면서도, 소득 재분배를 통해 경제발전의 혜택이 보다 공정하게 분배될 것이라고 강조했다. 공산주의 이념은 핵심 주제였다. 시진핑은 마르크스주의와 중국 전통을 결합하여 중국식 사회주의를 완성해야 한다고 강조했다. 반부패 캠페인은 지속될 것이라고 발표했으나, 10년이 지난 시점에서도 계속해서 많은 관료들이 숙청당하는 것을 보며 의문을 품는 이들도 있었을 것이다 (도표 6.1 참조).

국제정세와 관련하여, 시진핑은 이전 두 차례의 당대회 연설과는 다

이름	직책	출생지	출생연도	전력
시진핑	당총서기, 중앙군사위 주석, 국가주석	베이징	1953년	재임
리창	국무원 총리	저장성	1959년	상하이시 당위원회 서기
자오러지	전인대 상무위원장	칭하이	1957년	당기율검사위원회 서기
왕후닝	정협 주석	상하이	1955년	당중앙서기처 서기
차이치	당 중앙 서기처 제1서기	푸젠성	1955년	베이징시 당위원회 서기
딩쉐샹	중앙판공청 주임	장쑤성	1962년	재임
리시	중앙기율검사위 서기	간쑤성	1959년	광동성 당위원회 서기

출처: 『신화통신』 자료를 기초로 필자 작성.

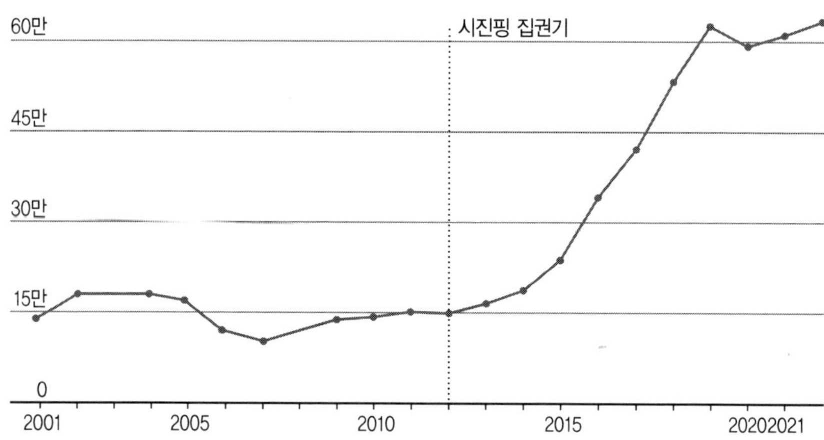

도표 6.1   시진핑 집권기 당 기율검사위에서 징계된 당원 및 기타인들

출처: 중앙기율검사위원회 데이터.

르게 세계가 점점 더 위험해지고 있음을 인정했다. 그러면서도 중국이 강경한 태도를 유지할 것임을 시사하며, 대만을 중국의 통제하에 두겠다는 의지를 분명히 밝혔다.

결론

권위주의에서 벗어나 다원주의로 나아가기를 희망하는 중국인들에게 시진핑이 이뤄낸 권력의 집중은 퇴행이자 실망스러운 결과로 비친다. 이들은 빠르게 현대화되고 국제적으로 더 강력해진 중국이 점점 더 복잡해지는 환경에 효과적으로 대응하기 위해서는 각 지역의 특수한 문제를 관리하는 전문가들뿐만 아니라 에너지, 금융, 무역, 조세 등의 분야에서 전문성을 갖춘 인재들을 참여시킬 필요가 있다고 주장한다.

반면, 다른 이들은 후진타오-원자바오 행정부 시절이 잃어버린 10년이었다고 주장하며, 당시 "중난하이(中南海: 중국 최고 지도부의 집무지)에서 결정된 일은 밖으로 나오지 않는다"는 말이 유행할 정도로, 정책결정이 사실상 마비되어 있었다고 지적한다. 이들은 중국이 지속 가능하지 않은 길을 계속 걷지 않으려면 고통스러운 구조개혁을 강행할 수 있는 강력한 지도자가 필요하다고 우려한다. 이들은 집단지도체제가 본질적으로 비효율적이며, 정치적 내분, 관료주의적 교착 상태, 전략적 표류를 초래한다고 주장한다. 일각에서는 시진핑의 개인주의적 통치를 못마땅하게 여기지만, 중국의 위상에 자부심을 느끼고 국제적 역할을 회복했다고 보는 이들은, 그의 성과에 만족하며 강한 지도자가 필요하다고 믿는다. 그러나 권력을 개인에게 집중시킨 지도자가 필수적인 구조개혁을 추진하는 데 있어 유리할 수는 있어도, 만약 이러한 개혁이 실패할 경우 그 책임 역시 온전히 그에게 돌아갈 것이다. 이러한 상반된 견해에도 불구하고, 경제발전 촉진, 사회 안정 유지, 국가 주권 수호라는 공통된 목표에 대해서는 공감대가 형성되어 있다.

추가 읽을거리

Alfred L. Chan, *Xi Jinping: Political Career, Governance, and Leadership 1953–2018* (New York: Oxford University Press, 2022).
June Teufel Dreyer, "The Chinese Communist Party's 25th Party Congress: What Happened—and What Didn't," *Foreign Policy Research Institute Analysis Paper*, October 25, 2022.
Barry Naughton, "The General Secretary's Extended Reach: Xi Jinping Combines Economics and Politics," *China Leadership Monitor*, Vol. 54 (September 2017), pp. 1–10. Stanford, CA: The Hoover Institution.
Desmond Shum, *Red Roulette: An Insider's Story of Wealth, Power, Corruption and Vengeance in Today's China* (New York: Simon and Schuster, 2021).
Jinping Xi, *The Governance of China*, Vols. I–IV (Beijing: Foreign Languages Press, 2014; 2017; 2020).

7장

경제의 정치학

서론

경제는 중국혁명의 핵심이었다. 마르크스에 따르면, 경제는 정부뿐 아니라 사회의 모든 것을 규정짓는 하부 구조이다. 새로운 정부는 중화인민공화국을 세계에서 가장 발전한 국가들 반열에 올리고 국민들의 생활 수준을 향상시키기 위해 산업화를 최우선 과제로 삼았다. 그러나 당과 정부는 산업화와 관련된 많은 문제를 피하고자 했다. 다른 국가들에서는 산업화가 빈부 격차를 심화시키는 결과를 낳았기 때문이다. 서구 세계에서는 산업혁명이 진행된 후에야 비로소 이러한 극단적인 불평등을 해소하려는 본격적인 노력이 이루어졌다. 더욱이, 산업화로 나아가는 과정은 결코 순탄하지 않으며, 역사적 경험에 따르면 그 속도가 빠를수록 사회 내에서 발생하는 긴장도 커졌다. 문화대혁명과 같은 예외는 있었지만, 중국공산당은 사회 안정에 대한 강한 열망을 지니고 있었으며, 이는 급격한 산업화를 제약하는 요소로 작용했다.

경제정책을 수립하는 과정에서 중국공산당은 평등과 번영이라는 두

가지 목표를 설정했다. 첫 번째 목표인 평등은 이념적인 성격을 띠고 있으며, 두 번째 목표인 번영은 물질적인 측면에 초점을 둔다. 그러나 실제로 이 두 가지 목표를 동시에 달성하는 것은 어려운 과제였다. 일반적으로, 1949년 이후의 경제정책은 이 두 목표 중 하나를 강조하는 경향을 보여 왔다. 마오쩌둥이 지도하던 시기에는 평등이 더 중시되었으며, 그의 후계자들 치하에서는 번영이 더 강조되었다. 그러나 마오쩌둥 시기뿐 아니라 이후의 시기에도 경제정책은 두 목표 사이를 오가며 비중이 계속해서 흔들려 왔다. 최근 시진핑이 내세운 공동부유(共同富裕)는 두 목표를 동시에 이루려는 시도이지만, 경제 성장률이 둔화되는 시대에 이를 실현하는 것은 어려워 보인다.

마오쩌둥 시대에는 평등에 대한 엄격한 집착이 생산 동기를 약화시켜 경기 침체와 물자 부족을 초래하는 결과를 낳았다. 이에 따라 당과 정부는 자원 배분의 평등원칙을 완화하였고, 이는 생산량 증가로 이어졌지만 동시에 소득 격차 확대를 초래했다. 이러한 이념과 자원 부족 간의 상호작용은 아이러니하게도, 마르크스와 엥겔스 같은 초기 공산주의자들이 자신들의 접근 방식으로는 제거할 수 있다고 믿었던 자본주의 경기 순환의 변동과 유사한 패턴을 보였다. 오늘날에는 이념이 더 이상 정책결정에서 중요한 요소가 아니지만, 경제 구조적 문제들은 여전히 지속되고 있다. 장쩌민과 그의 후계자들은 덩샤오핑의 개혁을 계승하고 확장해 나갔으며, 이는 평등보다는 번영을 우선시하는 방향이었다. 그러나 개혁이 초래한 불균형을 바로잡으려는 노력도 병행되었다. 이 과정에서 몇 가지 성과가 있었는데, 예를 들어 인플레이션이 크게 완화되었다. 그러나 소득 격차는 더욱 심화되었고, 부패는 만연하게 되었다.

초기 시기: 1949~1950년

초창기 당의 주요 경제과제는 1940년대 후반의 극심한 인플레이션을 억제하고, 전쟁으로 황폐화된 국가의 기반 시설과 생산 시설을 재건하는 것이었다. 인플레이션문제를 해결하기 위해 여러 가지 조치가 시행되었으며, 그 첫 단계로 암시장 거래를 억제하고자 통화가 보다 현실적인 환율로 재평가되었다. 또한 화폐 투기를 하는 사람들은 처벌받을 것이라는 발표가 있었으며, 몇 차례 공개 처형이 이루어지면서 확고한 새로운 지도부의 의지가 대중에게 각인되었다. 지역별로 사용되던 다양한 통화는 폐지되었고, 이후 모든 국민은 위안화(RMB)로 통일되었다. 당은 은행체계를 국유화하여 중국공산당의 엄격한 통제 아래 두었고, 소련식 중앙집중형 국가 경제계획체제를 확립했다.

정부와 당이 공정하다고 판단한 수준에서 가격이 고정되었으며, 규정을 위반한 사람들에게는 엄격한 처벌이 부과되었다. 또한 도시로 식량을 공급하기 위해 협동조합이 설립되었다. 사재기 열풍을 막고 저축을 장려하기 위해 신설된 인민은행은 필수 소비재 장바구니를 기준으로 한 단위 가격을 도입했다. 은행에 특정 금액을 예금하면, 출금 시 해당 금액과 함께 해당 단위 가격 상승분 및 소정의 이자를 받을 수 있도록 보장되었다. 반대로 만약 디플레이션이 발생하더라도, 예금자는 최소한 원금을 돌려받을 수 있었다. 이러한 조치를 통해 국민들은 점차 화폐에 대한 신뢰를 갖게 되었고, 인플레이션 압력이 완화되었다. 흥미롭게도 이 계획은 원래 국민당 소속 경제학자들이 제안했던 것이었으나, 당시 국민당은 너무나 취약하고 부패하여 이를 실행에 옮길 수 없었다.

내전이 종식되면서 철도와 관개 시설을 복구할 수 있는 여건이 조성되었다. 기술 및 경영 역량을 보유한 애국적 부르주아 계층의 협력이 중요한 역할을 했으며, 젊은 군인들의 노동력도 큰 기여를 했다. 국영농장이 설립되고 공장이 재건되었다. 1952년까지 경제가 어느 정도 정상화되었으며, 이 해는 생산 통계의 기준 연도로 자리잡았다.

농업의 사회주의적 개조: 1949~1978년

중국 공산혁명은 본질적으로 농업 혁명이었다. 공산당은 20년 넘게 농촌 지역에서 활동했으며, 당시 인구의 80% 이상이 농업에 종사하고 있었기 때문에 마오쩌둥은 농민문제를 중국 혁명의 핵심 과제로 인식했다.

공산당은 국공내전 동안 농민들의 지지를 얻기 위해 토지 재분배를 주장했다. 집권 후, 당은 이에 대한 약속을 이행하기 시작했다. 토지개혁의 또 다른 중요한 목표는 농촌의 구(舊) 지배 계급을 타도하는 것이었기 때문에, 계급투쟁이 재분배의 도구로 활용되었다. 이를 위해 계급 구분을 명확히 할 필요가 있었으며, 1950년까지 농촌 인구는 지주, 반지주, 부농, 중농, 빈농, 농업 노동자 등 여섯 계층으로 분류되었다. 각 계층은 다시 여러 하위 범주로 세분화되었다. 정부는 이를 결정하기 위한 기준을 마련했지만, 실제로는 기준이 모호한 경우가 많았고, 지방 간부들이 자의적으로 판단하는 일이 잦았다. 따라서 동일한 규모의 토지를 소유하고 있어도 지역에 따라 서로 다른 계급으로 분류되는 경우가 많았다.

지주로 지정된 사람들은 감정적으로 격앙된 대중 재판과 즉각적인 처형이 동반된 토지개혁 과정에서 집과 가구, 심지어 개인 소지품까지 몰수당했다. 이 토지개혁은 지주의 영향력을 끝내고 당과 가난한 농민들 사이의 유대를 형성하는 데 기여했지만, 실제로 농촌 경제에 가져온 이익은 비교적 제한적이었다. 1인당 경작지 면적이 증가하지도 않았고, 농업에서 자본 형성률도 높아지지도 않았다. 또한 이 개혁은 세 가지 새로운 문제를 초래했다.

첫째, 당 지도부가 당원 가족, 군인, 그리고 농민·여성 단체 같은 대중 조직 구성원들에게도 동등한 토지를 분배하기로 결정하면서 5,000

만 명 이상의 새로운 토지 소유자가 생겨났다. 이로 인해 1인당 농지 규모는 줄어들었고, 농민들이 자본을 축적할 수 있는 능력이 약화되었다.

둘째, 토지개혁은 농촌 계층분화를 완전히 해소하지 못했을 뿐만 아니라 새로운 갈등을 초래했다. 예를 들어, 지주로부터 몰수한 가축의 관리 책임을 어떻게 배분할 것인가에 대한 논쟁이 발생했다. 많은 가축이 특정 가구가 아니라 농민 집단에 배정되었기 때문에 각 가정 입장에서는 단기적으로 가축을 최대한 혹사시키고 최소한의 먹이만 주는 것이 유리했다. 그 결과, 상당수의 가축이 적절한 관리 부족으로 죽었다. 또한 새로운 부유한 농민 계층이 등장하기 시작했으며, 예상대로 그들 대부분은 당원이었다.

셋째, 토지개혁은 도시지역의 심각한 식량 부족을 초래했다. 기존의 지주들은 대체로 자신들이 수확한 곡물을 도시 시장에 판매용으로 유통했지만, 새롭게 토지를 소유한 농민들은 스스로 더 많은 곡물을 소비하는 경향을 보였다.

이러한 문제를 해결하고 농촌경제에서 발생하는 자본주의적 경향의 재등장을 막기 위해, 지도부는 농민들에게 집단적인 경작체계로 나아가도록 압박하기 시작했다. 그 첫 단계로, 1951년경부터 '농업생산호조조(이하 호조조)'가 조직되었다. 이는 농민 가구들이 서로 돕기 위해 농기구, 가축, 노동력을 교환하는 방식이었다. 초기의 호조조는 3~5가구로 구성되었고, 농번기가 끝나면 해산하는 임시적 성격을 띠었다. 사실, 일부 지역에서는 농민들이 오랫동안 이와 유사한 비공식적 협업을 해왔다. 이후 호조조는 공식적으로 제도화되어 5~10가구로 확대되었으며, 연중 지속되는 상설 조직으로 자리잡게 되었다.

다음 단계로는 하급 농업생산협동조합인 농업생산초급합작사(이하 초급합작사)의 설립이 이루어졌다. 이 체제에서는 토지, 가축, 농기구를 공동으로 운영했으며, 약 35가구가 하나의 조합에 참여했다. 조합원들은 여전히 자신의 토지에 대한 소유권을 유지했지만, 해당 토지는 초급합작사의 회계 장부에 해당 가구의 자본 출자분으로 기록되었다. 농기구, 운송 수단, 가축과 같은 기타 자본 자산도 마찬가지로 개인 소유로 남아 있었지만, 조합이 통합적으로 운영했다. 또한 가구당 전체 경작지 면적의 최대 5%까지는 개인 경작지로 남겨둘 수 있었다. 농민들은 이 경작지에서 일정한 제약 내에서 사용 방법과 생산물 처분을 자율적으로 결정할 수 있었다.

초급합작사의 총 생산량에는 농업뿐만 아니라 밀짚모자나 바구니 짜기 같은 수공업 활동에서 나오는 부업 생산도 포함되었다. 전체 생산량에서 감가상각 비용이 먼저 공제된 후, 남은 수익이 조합의 총 연간 소득을 형성했다. 이 중 일부는 세금으로 국가에 납부되었으며, 일부는 조합의 예비 기금과 복지 기금으로 적립되었다. 나머지는 노동에 대한 보상 및 토지, 가축, 도구 사용료로 조합원들에게 분배되었다. 노동에 대한 보상은 노동 점수 단위로 계산되었으며, 작업의 난이도와 소요된 일수에 따라 결정되었다. 신체적으로 매우 힘든 노동은 하루 10점, 비교적 쉬운 일은 그보다 낮은 점수를 받았다.

적어도 이론적으로, 초급합작사는 호조조보다 두 가지 주요한 장점이 있었다. 첫째, 토지를 집단화함으로써 중국 농업의 가장 큰 구조적 약점인 소규모, 비경제적, 그리고 분산된 농지문제를 해소할 수 있었다. 개별 농가 사이의 경계를 제거하는 것만으로도 경작할 수 있는 면적이 증가했다. 둘째, 생산 단위의 수를 줄이면 정부가 계획, 투자, 소비를 보다 면밀하게 통제할 수 있었다.

그러나 초급합작사에는 부정적인 측면도 많았다. 가장 큰 문제는 관리였다. 30~40가구를 감독하려면 많은 계획, 행정, 그리고 장부 정리가 필요했다. 노동 점수를 기준으로 업무 성과를 평가하는 것은 주관적일 수밖에 없었으며 항상 어려운 일이었다. 게다가 많은 업무가 존재했으며, 노동 가치의 형평성문제에 대한 합리적인 의견 차이가 존재했다. 예를 들어, 하루 노동 점수 1점 차이만으로도 연간 소득에 상당한 차이가 생길 수 있었다. 또한 대부분의 농민들은 문맹이었기 때문에 가장 단순한 장부 기록조차 처리할 수 없었다.

지도부는 하급 단계의 초급합작사에 대한 강한 저항을 인식하고 있었지만, 몇 차례 망설인 끝에 1956년, 보다 높은 단계의 농업생산고급합작사(이하 고급합작사)로 나아가기로 결정했다. 농민들이 이 고급합작사에 가입하면 토지와 주요 생산수단이 개인 소유에서 집단 소유로 이전되었으며, 자신들의 토지 지분 및 기타 생산수단에 대한 보상이 폐지되었다. 이에 따라 개인의 소득은 오직 누적된 노동 점수에 의해 결정되었다. 다만, 구성원들은 작은 개인 농지를 유지할 수 있었으며, 그곳에서 생산한 것은 자유롭게 가질 수 있었다. 고급합작사는 평균 158가구로 구성되어 초급합작사 보다 4~5배 더 큰 규모였다.

1956년 말까지 중국의 합작사 중 거의 90%가 고급합작사체제로 전환되었다. 이를 지지하는 사람들은 세 가지 주요한 장점을 강조했다. 첫째, 고급합작사 단위는 초급합작사 보다 토지 통합과 합리적인 토지 이용을 더 잘 촉진할 수 있었다. 둘째, 토지 임대료가 부유한 농민들의 소득에서 상당한 부분을 차지했기 때문에, 임대료 폐지는 가난한 농민들의 임금을 증가시키고 부유한 농민들의 소득을 감소시켜 더 큰 평등을 이끌어낼 수 있었다. 셋째, 1957년 겨울부터 1958년 초까지 예정된 대규모 수자원 보전 사업을 수행하려면 더 높은 수준의 집단화가 필요했다.

그러나 농민들은 초급합작사보다 고급합작사에 대해 더욱 불만을 품었다. 자신들의 땅을 소유하는 꿈을 이제 막 실현한 많은 농민들은 토지와 가축이 몰수되는 것을 보고 강한 반발을 보였다. 또한 고급합작사는 개인의 생산성과 보상이 더욱 분리되게 만들었으며, 이는 농민들의 노동 의욕을 더욱 저하시켰다. 그 결과 농민들의 소득이 감소했고, 돼지 생산량이 급감했다. 돼지고기는 중국인의 주된 육류였기에, 많은 도시지역에서 심각한 공급 부족이 보고되었다. 협동조합이 처음 도입되었을 때부터 대부분의 농민들은 이를 통해 자신들의 소득이 증가하고 생활 수준이 향상될 수 있을지 의심했다. 시간이 지나면서 점점 더 많은 농민들이 그들의 의심이 옳았음을 확신하게 되었다.

지도부는 집단화를 철회할 것인지, 아니면 더 밀어붙일 것인지 또다시 결정해야 했고, 결국 후자를 선택했다. 그 결과, 공식 선전에서는 "아침 햇살처럼 신선한 공산주의 낙원으로 가는 사다리"라고 찬양한 농촌 인민공사(人民公社)가 탄생했다. 대약진운동의 중요한 일부였던 인민공사화 과정은 극도의 속도전으로 진행되었다. 1958년 4월, 허난성에서 시범적인 인민공사가 설립되었고, 8월 말, 당은 이를 전국적으로 확산하라고 지시했다. 그리고 9월 말까지 전국 농가의 98% 이상이 인민공사에 포함되었다.

거대한 크기의 인민공사는 평균적으로 5,000가구로 구성되었으며, 이는 고급합작사보다 약 32배나 컸다. 이러한 규모 덕분에 인민공사는 훨씬 더 광대한 토지와 노동력을 동원할 수 있었다. 그러나 인민공사는 단순한 경제 조직을 넘어섰다. 그것은 '산업, 농업, 상업, 교육, 군사 기능을 결합한 중국 사회 구조의 기본 단위 즉, (중국) 사회 권력의 기본 단위'로도 설명되었다. 초기의 초급합작사가 순전히 농업 생산을 위해 조직되었던 반면, 인민공사는 농민, 노동자, 상인, 학생, 민병대원을 하나의 단위로 통합하여 조림(造林), 목축, 부업 및 농업 활동에 종사하게 했다. 또한 인민공사는 공장, 은행, 상업 기업을 운영하고 신용 및 상품 유통을 담당했으며, 문화·교육 활동을 수행하고 자체적인 민병대와 정치 조직을 관할했다. 행정 기능 면에서도 인민공사는 기존의 향(鄕) 단위를 대체했으며, 규모 면에서도 유사했다.

인민공사체제 아래에서는 개인 경작지는 폐지되었다. 일부 간부들은 사유 재산을 철저히 제거하려는 열정 속에서 농민들의 손목시계, 알람시계, 심지어 조리 기구까지 빼앗았다. 냄비와 프라이팬을 몰수한 결과, 주민들은 공동 식당에서 식사를 해야 했으며, 금속 조리 기구는 야외 고로에서 녹여졌다. 또한 회계 담당 인력 부족문제를 해결하기 위해 노동 점수제도가 폐지되었고, 이에 따라 각 구성원은 자신의 능력에 따라 노동을 제공하고 인민공사로부터 식량과 생필품을 공급받도록 했다. 진정한 공산주의 아래에서는 노동 점수가 필요하지 않으므로, 이를 계산할 회계원도 필요하지 않다는 논리였다.

4장에서 언급했듯이, 그 결과는 재앙이었다. 농작물은 방치되어 죽었고, 농민들은 가축을 인민공사에 넘기느니 차라리 도살하는 것을 선택했다. 간부들은 공격받았고, 공공재는 파괴되었다. 기층 간부들은 비현실적으로 높은 생산 할당량을 맞추기 위해 작물 생산량을 부풀려 보고했으며, 이 수치는 상급 기관으로 전달될 때 더욱 과장되었다. 결국, 1959년 8월 열린 당 중앙위원회 전원회의에서 누구도 실제 생산량을 알지 못한다는 사실을 공식적으로 인정했다. 최고 지도부 간의 치열한 논쟁 끝에, 이 회의에서는 대약진운동의 문제가 되었던 몇몇 조치를 철회하기로 결정했다. 예를 들어, 생산 목표 설정 및 회계체계 관리는 인민공사에서 여단 규모의 생산대대 단위로 권한이 이관되었다. 여단은 과거의 고급합작사와 비슷한 규모였기 때문에 공산당 입장에서는 뚜렷한 후퇴 조치였다. 또한 소득 분배에서의 평등주의가 폐기되었으며, "능력에 따라 일하고 필요에 따라 분배한다"는 구호도 철회되었다. 이에 따라 개인 경작지가 복원되었다. 그러나 이러한 조치들은 상황을 되돌리기에는 역부족이었다.

1960년 농업 위기가 더욱 심화되면서, 행정 구조상 생산대대 아래에 위치한 생산대가 생산 할당량과 자원 배분을 결정하는 기본 단위가 되었다. 이 생산대는 과거의 초급합작사와 규모 면에서 거의 비슷했다. 인민공사 자체도 전통적인 중국의 평균적인 시장 공동체 정도의 크기로 축소되었다. 이를 두고 "중국은 결국 중국이다"라는 정치 분석 관점을 지닌 이들은 자신들의 견해가 입증되었다고 해석했다.

농민들의 자발성을 자극하기 위해 '삼보일장(三保一獎)' 제도가 도입되었다. 이 제도는 생산량, 기간, 비용을 보장하고, 목표를 초과 달성할 경우 보상을 지급하는 방식이었다. 그러나 1961년 농업 상황이 더욱 악화되자, 보다 자유로운 정책인 '삼자일포(三自一包)'가 시행되었다.** 이 제도는 이전보다 더 급진적인 변화로, 모든 공동 경작지를 개별 가구에게 '책임 경작지'로 분배하고, 각 가구가 일정 생산량을 보장하는 방식이었다.

당 지도부 내에서 이상주의 성향이 강한 인사들은 이러한 후퇴를 몹시 분개했다. 특히 1962년 경제가 회복되기 시작한 이후, 이러한 자본주의적 양보를 철회하고 다시 공산주의로 나아가야 할지, 만약 그렇다면 언제 실행해야 할지를 두고 논쟁이 벌어졌다. 문화대혁명의 초기 단계에서 이념주의자들이 당 지도부를 장악하면서, 이러한 양보 조치들 가운데 상당수가 폐지되었다. 인민공사의 규모는 합병을 통해 확대되었고, 가난한 농민과 하층 중농들에게 권력을 장악하라는 지시가 내려졌다. 여러 지역에서 다시 사유지가 몰수되고, 부업이 금지되었으며, 농촌 시장이 폐쇄되었다. 급진파들은 이를 '자본주의의 잔재'라고 비난했다.

일부 인민공사는 생산대 대신 생산대대를 회계의 기본 단위로 삼으면서, 기존의 3단계 관리체계에서 2단계 체계로 전환하였다. 이를 홍보하기 위한 대규모 대중운동이 전개되었으며, 특히 다자이(大寨)라는 모범 생산대대가 두드러졌다. 다자이는 척박한 토양, 가뭄, 해충 피해 등 여러 가지 어려움을 극복하고 생산량을 크게 증가시켰다고 선전되었다. 성공의 핵심은 올바른 이념적 태도, 즉 '혁명성'에 있다고 여겨졌으며, 이에 따라 집단 수입 배분 기준에 강도 높은 육체노동뿐만 아니라 정치적 태도도 포함되었다.

....

** 역자 주) 삼자일포(三自一包)는 자부영휴(自负盈亏), 즉 농가가 스스로 손익을 책임지고, 자유시장(自由市场)에서 농산물을 거래하며, 자류지(自留地)라 불리는 자율 경작지를 운영하고, 포산도호(包产到户)라는 방식으로 각 가구에 생산량을 할당하는 제도를 말한다.

이러한 변화의 결과는 농촌 사회의 불안과 농업 침체였다. 대약진운동의 실수를 반복하지 않기 위해, 1970년 발표된 중국의 헌법 초안에서는 3단계 소유제도를 공식화하며 생산대를 기본 관리 단위(三級所有一隊爲基礎)로 명시했다. 1971년 당중앙위원회의 지침에서는 '절대적 평등주의'를 피해야 한다고 강조하며, 소득이 노동에 기반해야 한다고 명확히 했다. 결국 문화대혁명 이후의 농업체제는 1962년에서 1965년 사이의 체제와 유사한 형태로 돌아갔다. 농산물 분배제도는 복원되었지만, 농민들은 과거의 혼란을 떠올리며 여전히 불안감을 느꼈다. 농업 성장률은 실망스러웠으며, 인구 증가율을 겨우 따라잡는 수준에 불과했다. 실제로 1인당 식량 생산량은 1930년대 초반 수준에도 못 미쳤다.

마오주의 시대의 산업정책

농업 집단화 과정에서의 주저와 후퇴와는 대조적으로, 산업 구조는 훨씬 더 빠르게 국가의 통제하에 들어갔으며, 저항도 거의 없었다. 국민당의 후계자로서 중국공산당은 국민당이 운영하던 기업들을 그대로 인수했다. 또한 일부 다른 기업들은 전쟁 범죄자나 협력자의 소유였다는 이유로 몰수되었으며, 이러한 혐의를 뒷받침할 확실한 증거가 없더라도 정당화되었다. 비록 직접적인 몰수가 쉽게 이루어질 수 있었지만, 그 방식이 광범위하게 사용되지는 않았다. 대신 공산당은 세금 압박, 신용 제한, 자본 부담금, 국영기업과의 경쟁, 노동조합 요구 등의 방법을 통해 민간기업을 점진적으로 몰아냈다.

1952년 초, 자본가 계급을 겨냥한 '오반(五反)운동'(4장 참조)이 시작되었다. 노동자들은 고용주의 불법 행위를 신고하도록 장려되었으며, 이러한 대규모 고발 집회는 종종 폭력적으로 변했다. 이 운동의 목적은 기업인들을 굴욕감과 좌절감에 빠뜨려 그들이 국가에 의해 기업을 흡수당하는 것에 대한 저항을 줄이는 데 있었던 것으로 보인다. 거액의 벌금이 상인들과 산업가들에게 부과되었으며, 일부는 극단적 선택을 하기도 했다. 또 다른 이들은 벌금으로 인해 운영 자금이 고갈되어 사실상 사업을 지속할 수 없는 상황에 처했다. 이러한 상황에서, 국가가 기업을 인수하는 것이 기업인들에게 오히려 안도감을 주었을 수도 있다. 또한 이 벌금은 자본가 계급의 저축을 흡수하여 정부의 건설 계획 자금으로 활용하는 효과적인 수단이 되었다.

문화대혁명 시기에도 산업 전반에 걸쳐 여러 변화가 이루어졌으며, 이러한 변화들은 노동 의욕을 더욱 저하시켰다. 문화대혁명의 일부 조치는 비교적 빠르게 폐지되었으나, 이러한 산업정책 변화는 마오쩌둥 사후까지도 지속되었다. 아마도 가장 중요한 변화는, 우수한 작업조에 선정된 노동자들에게 지급되던 상여금이 폐지된 것이었다. 또한 초과 근무 수당 역시 사라졌다. 문화대혁명의 일시적인 현상이었지만 지속적인 영향을 미친 또 다른 변화는, 노동자들이 자신의 상사와 투쟁하도록 장려받았다는 점이다. 이러한 조치는 평등주의적 목표를 달성하기 위해 도입되었으나, 생산성에 심각한 타격을 주었다. 노동자들은 일할 동기가 없었고, 관리자들은 노동자들에게 질책당할 것을 두려워했기 때문에 생산성을 높일 의욕을 가지지 못했다. 또한 관리자들은 노동자들에게 열심히 일하도록 장려할 보상을 제공할 수도 없었다.

이러한 상황에서 생산이 극도로 저하되었기 때문에, 물자는 심각하게 부족해졌다. 하지만 공장 설비는 이러한 부족 현상을 해결하는 데 일부 활용될 수도 있었다. 기계공장 노동자들은 공구와 금속에 접근할 수 있었고, 가용한 재료를 이용해 조리기구를 제작할 수 있었다. 때때로 이는 정밀 기계 제조에 더 적합한 고가의 금속을 비효율적으로 사용하는 결과를 낳기도 했다. 합판 제조 공장에서 일하는 노동자들은 집으로 합판을 가져가 책상이나 식탁을 만들기도 했다. 이 과정에서 광범위하고 체계적인 비공식 거래체계가 형성되었는데, 예컨대 합판 공장 노동자의 식탁과 금속 노동자의 냄비를 맞바꾸는 방식이었다. 이러한 거래는 불법이었지만, 사람들의 중요한 필요를 충족시켜주었기 때문에 한 번 시작되자 쉽게 중단될 수 없었다. 이로 인해 다양한 형태의 부패가 만연하게 되었다. 예를 들어, 일부 노동자들은 근무를 피하기 위해 공장 의사에게 구하기 어려운 물건을 선물로 주었고, 의사는 그 대가로 이들이 일할 수 없는 상태라는 진단서를 발급해주었다. 이 과정에서 노동자와 의사 모두 이득을 보았지만, 사회 전체적으로는 부정적인 영향을 초래했다.

마오주의 경제정책 평가

마오쩌둥의 경제정책은 몇 가지 중요한 목표를 달성했다. 중국경제는 외국의 지배로부터 완전히 해방되었으며, 전쟁 후 인플레이션도 빠르게 통제되었다. 또한 사금융의 국유화와 통화체계의 통합을 통해 정부는 투기 활동을 억제하고 인플레이션의 재발을 방지할 수 있었다. 통화를 중앙에서 통제하고 통합한 것은 다른 여러 가지 긍정적 효과도 가져왔다. 이러한 조치는 통화의 공급을 계획하고 가치를 안정시킬 수 있는 전국적인 시장 체계의 기반을 마련하는 데 기여했다. 국가 주도의 금융체계 덕분에 중앙정부는 과거 어느 때보다 경제를 더 강력하게 통제할 수 있게 되었으며, 이를 통해 당과 정부는 1949년 이전까지 외국 자본의 혜택을 거의 받지 못했던 내륙의 낙후 지역들에 대한 투자를 단행할 수 있었다. 이에 따라 상하이와 우한의 잉여 자본을 칭하이나 안후이 같은 지역 개발에 활용할 수 있었다.

반면, 경제의 사회주의적 전환은 엇갈린 결과를 가져왔다. 이를 통해 중앙 계획 경제가 더욱 발전할 수 있었고, 정부가 대규모로 식량, 섬유 및 기타 필수품을 구매함으로써 흉작 시기에도 효과적인 배급과 분배가 가능해졌다. 사회주의적 전환은 또한 정부의 세수와 자본 축적을 증가시키는 데에도 기여했다. 자본주의 부문을 매입함으로써 당과 정부는 민간기업의 세후 수익의 95%를 국고로 유입시킬 수 있었고, 그중 일부는 국가의 투자 재원으로 활용되었다. 이 과정에서 대규모의 혼란과 실업은 피할 수 있었다.

그러나 부정적인 측면도 있었다. 기업가 정신이 낮게 평가된 것은 산업화를 저해할 수밖에 없었다. 이는 과거 유교 사상이 지배적이었을 때와 마찬가지였다. 생산을 더 많이 할 유인이 거의 없었기 때문에 사람들은 최소한의 노동만 하려 했다. 실업이 심각한 문제는 아니었지만, '불완전' 고용은 확실히 존재했다. 실제로 노동자를 해고하는 것은 거의 불가능했다. 인력이 과잉 배치되고 동기부여가 부족한 상황에서 중국 기업들은 국가 계획의 할당량에 맞춰 생산을 하긴 했지만, 품질이나 시장성이 고려되지 않는 경우가 많았다. 낙후된 내륙 지역에 대한 투자는 평등을 촉진하는 데는 유용했지만, 반드시 경제적으로 타당한 것은 아니었다. 상하이의 이익을 상하이에 재투자하는 것이, 춥고 건조하며 외딴 칭하이에 투자하는 것보다 더 높은 수익을 낼 수도 있었기 때문이다.

게다가, 당이 이념적으로 허용되는 것과 그렇지 않은 것에 대한 입장을 자주 바꾸면서, 일반 중국인들은 체제와 지도자들에 대한 불신이 깊어졌다. 경험상, 새로운 정책신호에 즉각 반응하기보다는 가능한 한 늦게 따라가는 것이 더 안전하다는 인식이 자리 잡았다. 개인의 입장에서 보면 이는 합리적인 태도였지만, 경제발전에는 부정적인 영향을 미쳤다.

마오주의 정책들은 평등이라는 이상을 내세웠지만, 실제로는 정반대의 효과를 초래했다. 무난하게 살아가기 위해서는 체제 밖에서 개인적 연줄을 형성해야 했고, 이는 일반적으로 부패로 간주될 수 있는 행위였다. 이러한 비공식적 체계에서 가장 성공한 사람들은 예상대로 많은 질투와 반감을 샀다. 이들의 존재는 집단주의와 평등주의의 가치에 대한 대중의 냉소적 태도를 확산시켰고, 결국 이러한 목표에 대한 지지를 약화시키는 결과를 낳았다.

덩샤오핑의 경제정책

덩샤오핑이 권력에 복귀했을 때, 그는 중국의 경제 상황을 강하게 비판하며, 그것이 4인방의 지배 아래에서 정체되었다고 주장했다. 직접 언급하지는 않았지만, 그의 비판에는 마오쩌둥의 통치 기간도 포함되어 있음이 분명했다. 덩샤오핑과 관련된 것으로 널리 알려진 4개 현대화 계획은 사실 그의 스승이었던 저우언라이가 1975년 1월 마지막 공식 연설에서 처음 제안한 것이었지만, 그 당시에는 크게 주목받지 못했고, 실행되지도 않았다. 화궈펑도 1978년 2월에 이 개념을 언급한 바 있다. 같은 해 12월, 중국공산당 제11기 중앙위원회 제3차 전원회의에서 덩샤오핑은 4개 현대화를 대대적으로 다시 소개하며, 여기에 산업과 농업 부문의 계획 및 관리체계 전반에 대한 대대적인 개혁을 추가했다. 이러한 변화는 사회주의 경제의 상당 부분을 해체하는 결과를 가져올 중요한 조치였지만, 덩샤오핑은 이를 점진적으로 추진할 계획이었다. 그는 이 과정을 "돌을 더듬으며 강을 건너는 것"에 비유했다. 약 10년 후, 소련 붕괴 이후 서방 경제학자들은 다른 사회주의 국가들 또한 그들의 사회주의 경제를 신속히 해체해야 한다고 주장하며, 이른바 급진적 '빅뱅이론'을 제시했다. 그러나 급작스러운 변화는 해당 국가들의 경제를 위축시키고, 여러 계층의 생활 수준을 악화시키는 결과를 초래했다. 이에 중국 지도부는 자신들의 점진적 시장화 접근 방식이 옳았음을 확신하게 되었다.

당초 4개 현대화의 우선순위는 산업 부문을 최우선으로 두었으며, 중공업이 경공업보다 우선시되었다. 그다음이 농업, 과학기술, 국방의 순서였다. 그러나 1979년 3월에는 우선순위가 변경되어 농업이 가장 먼저 고려되었고, 그다음이 경공업, 중공업 순서로 조정되었다. 과학기술과 국방은 각각 세 번째와 네 번째 우선순위를 유지했다.

덩샤오핑의 개혁정책은 다음 네 가지 주요 목표를 포함했다.

- 농업지역에서 계약 책임제 도입
- 도시지역에서 개인 사업 부활
- 국가기업에 대한 권한 이양
- 비합리적인 가격체계개혁

이러한 점진적인 개혁조치는 중국경제를 사회주의 계획경제에서 점진적으로 시장경제로 전환하는 데 중요한 역할을 했다.

농업개혁

문화대혁명 당시 '자본주의적' 관행을 용인했다는 이유로 비판받았던 덩샤오핑은 이제 공개적으로 물질적 유인의 중요성을 강조했다. 그는 앞으로 농민들이 국가에 판매해야 하는 양을 국가가 정한 일정량으로 제한하고, 그 초과 생산분은 농민들이 자유롭게 보유하거나 시장에서 판매할 수 있도록 할 것이라고 발표했다. 한때 금지되었던 지역 장터와 시장도 적극 장려되었다. 지역 조건에 맞는다면, 곡물보다 가격이 높은 토마토와 같은 특정 작물을 재배하는 전문화된 생산도 허용되었다.

1964년 이후 전국적인 본보기로 선전되어 온 다자이(大寨) 생산대는 생산성이 낮다는 이유로 비판받았으며, 그 지도자들은 생산 기록을 조작한 혐의로 책임을 추궁당했다. 다자이를 비롯한 여러 모범 사례들이 실제로는 막대한 국가 자금의 지원을 받아 좌파적 평등주의 정책의 성과인 것처럼 연출되었다는 보고가 나왔다.

농업 강화를 위해 국가 차원의 금융 지원이 확대되었다. 농업 부문에 할당된 국가 자본 투자 비율은 1978년 10.7%에서 1979년 14%로 증가했다. 그러나 초기에는 여러 가지 문제가 있었다. 과거 지도부의 변덕스러운 정책변화로 인해 큰 고통을 겪었던 농민들은 새 정책이 우익 분자를 색출하기 위한 함정일지도 모른다고 의심했다. 만약 그런 의도가 없다 하더라도, 몇 년 안에 정책이 다시 바뀌어 '자본주의의 잔재'를 소탕하는 운동이 벌어질 수도 있으며, 그렇게 될 경우 표적이 되는 것은 다름 아닌 자신들일 것이라고 우려했다.

농민들이 개혁에 협조적이었더라도 간부들은 저항할 가능성이 있었다. 특히 한 악명 높은 사건에서는, 덩샤오핑의 현금성 특화 작물 생산에 반대하거나 개인적으로 불이익을 우려한 한 간부가 전체 수박밭을 갈아엎고 파괴하라고 명령했다. 언론은 이를 좌파 사상의 근본적 오류를 보여주는 사례로 삼았다. 즉, 농민들의 현금 작물인 수박이 사라졌을 뿐만 아니라, 계절상 다른 작물을 다시 심을 수도 없게 되었다는 점을 부각했다.

정부는 한동안 회계 단위를 생산대 수준으로 유지하려 했으나, 1979년에는 농민들이 강하게 요구하는 가구 단위 회계 방식을 인정했다. 같은 해, 농업생산을 더욱 수익성 있게 만들기 위해 정부가 농산물 수매 가격을 대폭 인상했다. 그러나 1980년에는 악천후로 인해 수확이 저조했다.

1981년에는 정부의 안정적인 정책보장과 더 나은 날씨 덕분에 급속한 성장 국면이 시작되었다. 곡물 생산량은 연평균 5% 이상 증가했으며, 몇 차례의 풍작 끝에 1984년에는 기록적인 수확을 달성했다. 1985년에는 중국이 곡물의 순수출국이 되기에 이르렀다. 그러나 다른 문제가 떠올랐다. 과거 인민공사가 수행했던 일부 기능이, 공사 해체 후 제대로 수행되지 않는 경우가 많았다. 예를 들어, 농업용수 사용문제를 둘러싸고 분쟁이 발생했다. 또한 공동체 자산을 가구별로 분배하는 과정에서 30년 전 지주들의 재산을 분배할 때와 똑같은 문제들이 반복되었다. 가축을 여러 가구가 공동으로 사용하게 되면서, 가축을 과도하게 혹사하고 사료를 충분히 주지 않는 사례가 늘어났고, 그 결과 많은 가축이 폐사했다.

또 다른 문제는 토지 및 자산 배분 방식이었다. 과수원이나 양식장 같은 수익성이 높은 시설의 운영 계약을 누가 따낼 것인가? 어느 농가가 어떤 땅을 배정받을 것인가? 여기서 핵심 쟁점은 '얼마나 많은' 땅을 받느냐가 아니라, '어떤' 땅을 받느냐는 문제였다. 비옥한 토양과 풍부한 수자원, 집과 도로 가까운 위치를 갖춘 땅은 선호되었고, 그렇지 않은 땅은 덜 선호되었다. 그러나 이러한 토지 분배문제를 해결하는 최적의 방법은 불분명했다. 각 간부들은 서로 다른 방법을 시도했지만, 어떤 방식을 택하더라도 농민들은 불공정성을 이유로 불만을 제기했다. 심지어 제비뽑기를 하더라도 조작을 의심하는 사람이 나왔다.

간부들은 당연히 덩샤오핑의 개혁에 대해 반감을 가질 수밖에 없었다. 그 개혁으로 인해 자신들의 권력과 특권이 해체되는 상황을 감독해야 했기 때문이다. 생산대의 대장은 마을 지도자가 되었고, 농민들은 더욱 자기 의견을 강하게 주장하게 되었다. 그러나 많은 마을 지도자들은 곧 이 개혁이 자신들에게도 유리할 수 있음을 깨달았다. 새로운 체제하에서 마을 단위는 집체 소유 재산과 기업의 소유권을 유지하게 되었다. 이는 마을 간부들이 토지 계약 조건을 결정하고 마을 기업 운영자를 선택할 수 있는 권리를 갖게 됨을 의미했다. 결과적으로 간부들은 사실상 사회주의적 지주와 같은 위치에 올라설 수 있었다. 그들은 자신과 친척, 친구들에게 가장 좋은 토지와 계약을 헐값에 배정할 수 있었으며, 농민들이 필요로 하는 비료나 생필품의 분배를 조작하거나 자의적인 세금을 부과할 수도 있었다.

연간 소득이 1만 위안을 넘는, 이른바 '만 위안 가구'로 불린 신흥 부유층과 간부들 사이에는 특별한 관계가 형성되었다. 간부들은 이러한 부유한 가구들로부터 값비싼 선물을 받거나, 심지어 그들의 사업체 지분을 나누어 받기도 했다. 반체제 경제학자 허칭롄(何清漣)은 이를 마르크스의 '원시적 자본 축적'이론을 패러디하여 '원시적 사회주의 축적'이라고 부른다. 마오쩌둥체제에서 특혜를 받았던 사람들이 시장경제체제에서도 특혜를 받는 모습을 보며, 상대적으로 덜 특권을 가진 사람들은 이들을 '결코 배제되지 않는 계층'이라고 부르기 시작했다.

한편, 부유층 가구들이 협조적이지 않으면, 그들의 회계 절차나 고용 관행에서 위반 사항이 '발견'될 수 있었다. 그러면 시간이 많이 소요되는 조사와 나쁜 평판이 따랐다. 일부 부유한 가구들은 당과 정부가 자신들에게 베푼 은혜에 감사하는 마음으로 마을에 사업체 하나를 기부하도록 '설득'되기도 했다. 한편, 부를 이루지 못한 이웃들은 신흥 부유층을 동정하지 않았고 감싸려 하지도 않았다. 사실상 시기심에 이끌린 일부 주민들은 오히려 경제적으로 해가 되는 행동을 했다. 부유한 가구들은 종종 파괴 행위의 표적이 되었으며, 그들의 창고가 불타거나 가축이 해를 입거나 차량이 파손되는 일도 있었다.

물론 모든 간부들이 부패한 것은 아니었으며, 부유한 이웃에 대한 질투가 항상 극단적인 형태로 나타나는 것도 아니었다. 그러나 앞서 언급된 다양한 형태의 행동들은 결과적으로 일부 농민들이 덩샤오핑개혁의 혜택을 누리지 못하게 만들었다. 또 다른 농민들은 이러한 사례들을 보면서 부자가 되기 위한 노력을 주저하게 만들었다.

1970년대 후반 몇 년 동안 농업에 대한 투자가 증가한 후, 국가의 농업 부문 투자는 점차 감소하기 시작했다. 그러나 지방정부 기관이나 농민들 모두 이를 보완하지 않았다. 농촌 간부들은 농업 기반 시설에 투자하기보다는 농지를 이용한 수익성 높은 산업 개발을 선호했다. 또한 농민들은 중앙정부의 농업정책 변화로 인해 기반 시설 투자로 인한 혜택을 박탈당할 가능성을 우려했다. 따라서 농업보다는 더 나은 주택과 소비재에 투자하는 것이 선호되었다. 이러한 선택의 결과로 농촌 산업이 급성장하면서 많은 농지가 농업생산에서 이탈했다. 5장에서 언급한 바와 같이, 농업문제를 어떻게 해결할 것인가에 대한 지도부 내부의 논쟁은 1985년 9월 덩샤오핑과 좌파 경제학자 천윈(陳雲) 간의 논쟁으로 공론화되었다. 농업문제는 지속적인 문제로 남게 되었다.

민간 부문

도시지역에서 덩샤오핑의 개혁은 민간 부문의 급속한 부활을 요구했다. 마오쩌둥 시절, 민간 부문은 자본주의의 잔재로 여겨지며 경멸받았고, 공식적으로 복권된 이후에도 많은 노동자들은 이에 합류하는 것을 꺼려했다. 국영 부문의 일자리가 가장 바람직하다는 사고방식을 바꾸는 데에는 시간이 필요했다. 초기에는 민간 부문에 진입하는 사람들 중 상당수가 전과자, 소년원 출신 청년, 은퇴자 등 다른 취업 기회가 거의 없는 사람들이었다. 일부는 당의 노선이 바뀔 것을 두려워했고, 다른 일부는 공장 일자리의 안전성을 포기하고 싶지 않았다. 비록 낮은 임금을 받았지만, 요구 사항과 위험이 적었기 때문이다. 본질적으로 이 노동자들은 생계가 보장된 상태였으며, 이를 흔히 '철밥통'이라고 불렀다. 한편, 일부 실업자와 기업가적 성향을 가진 사람들은 식당, 미용실, 택시회사, 자전거 수리점 등을 운영에 도전하기로 결정했다.

2008년까지 민간 부문은 2억 명 이상의 고용을 창출하며 중국 산업 생산량의 3분의 2를 차지하게 되었다. 민간 부문 일자리의 대부분은 서비스업에 속했으며, 이는 농업·광업(1차 산업)과 제조업(2차 산업)에 이은 3차 산업에 해당한다. 민간 서비스업은 일반적으로 국영 서비스보다 더 높은 요금을 부과했지만, 국가가 제공해야 했음에도 실제로 제공하지 못했던 서비스들을 제공했다. 또한 서비스의 질도 국영기업보다 뛰어난 경우가 많았다. 국영기업의 중요성이 감소함에 따라 개인 및 집단이 운영하는 기업의 경제적 기여가 급격히 증가했다. 1998년에는 마오주의 이념과 크게 대조되는 사건으로 한 민간기업, 이른바 사영기업의 소유주가 공식적으로 '모범 노동자' 칭호를 받았다.

국유기업의 책임 강화

그러나 경제개혁의 핵심은 다른 곳에 있었다. 개별 기업에 더 많은 권한을 위임하여 그들을 보다 독립적인 단위로 전환하여, 스스로의 성공과 실패에 책임을 지도록 만드는 것이었다. 철밥통체제가 깨지면서 국가는 더 이상 수익성이 없는 공장이나 기업에 보조금을 지급하지 않게 되었다. 비교적 짧은 과도기를 거친 뒤 새로운 현실에 적응하지 못하는 기업들은 도태될 수밖에 없었다.

1979년부터 정부는 분권화 및 기업의 재정적 강화를 시행하기 위해 여러 가지 지침과 규정을 발표했다. 행정 조직은 간소화되고, 더 많은 의사결정 권한이 하위 기관으로 이양되었다. 이는 중앙정부의 관료들보다 현지 상황을 더 잘 파악할 수 있다는 가정에 따른 것이었다. 또한 국가가 강제적으로 부과하던 생산 할당량이 크게 축소되었으며, 공장이 벌어들인 이윤을 국가에 직접 상납하는 대신, 세금을 납부하도록 제도(利改稅)가 바뀌었다. 세금 납부 후 남은 이윤은 공장이 보유하여 재투자, 사업 확장, 그리고 직원 성과금으로 활용할 수 있도록 했다. 기업이 생산한 이윤을 공장에 돌려주는 당근정책과 함께, 지속적으로 적자를 내는 기업을 해체할 수 있도록 하는 파산법이라는 채찍도 도입되었다.

이러한 개혁은 여러 긍정적인 효과를 가져왔다. 전반적으로 공장들은 사람들이 매력적이라 생각하고 구매하고 싶어 하는 상품을 생산하기 위해 더욱 노력했다. 많은 노동자들은 자신의 일에 더 많은 노력을 기울였고, 그 대가로 더 많은 돈을 벌게 되었으며, 소비재 시장에서도 구매할 수 있는 물품이 늘어났다. 의류는 보다 다양해지고 세련되었으며, 몸에 더 잘 맞는 제품들이 등장했다. 가정에서는 냉장고, 세탁기, 텔레비전 등을 구매할 수 있었으며, 일부는 자동차까지 살 수 있게 되었다.

그러나 문제점도 있었다. 파산법을 실질적으로 적용하는 것은 쉽지 않았다. 적자를 내는 공장이 매우 많았고, 이들을 강제 폐업시키면 실업자가 대거 발생하여 심각한 사회 불안을 초래할 가능성이 컸다. 또한 실업자들에게 실업 수당을 지급해야 했기 때문에, 국가가 적자 기업에 지급했던 보조금을 철회함으로써 얻을 수 있는 재정적 이익이 상당 부분 상쇄될 수밖에 없었다. 몇몇 공장 폐쇄 사례가 대대적으로 보도되었지만, 대부분의 공장은 여전히 운영을 지속했다. 1991년, 중국 경제학자들은 전체 10만 2,000개 국유 산업 기업 중 거의 3분의 2가 적자를 보고 있다고 발표했다. 같은 시기, 중국 재정부 장관은 국유기업의 손실이 이윤보다 거의 8배에 달한다고 밝혔다. 1990년에는 이러한 공장들에 대한 보조금이 정부 총수입의 거의 3분의 1을 차지했다. 또한 공장들은 성과금을 우수한 직원에게 차등 지급하는 대신 모든 직원에게 동일하게 분배하는 경향이 있었다. 그 결과, 성과금의 유인 효과가 감소했다. 경제학자들은 이러한 개혁이 철밥통을 깨는 데 실패했을 뿐만 아니라, 여전히 모든 사람들이 "같은 큰 솥에서 밥을 먹고 있다"고 비판했다.

가격체계개혁

덩샤오핑의 네 번째 개혁은 가격체계를 개혁하여 가격이 중앙정부의 계획에 의해 인위적으로 설정되는 것이 아니라 수요와 공급을 반영하도록 만드는 것이었다. 그러나 이는 대단히 어려운 과제였다. 가격 통제를 하룻밤 사이에 철폐할 경우, 정부가 인위적으로 설정한 낮은 계획 가격이 시장에서 아직 형성되지 않은 적정 시장 가격을 찾아가며 극심한 변동을 일으켜 혼란을 초래할 것이기 때문이었다. 따라서 정부가 단계적인 전환을 선택한 것은 합리적인 결정이었다. 1983년, 정부는 과도기적인 이중 가격체계를 도입했다. 이는 국가 계획에 따라 국가 계획에 포함된 자재에는 정부가 정한 가격이 적용되고, 그 외에는 일반적으로 정부가 정한 가격보다 훨씬 높은 수준에서 협상 가격이 결정되었다. 농산물의 경우, 세 번째 가격체계인 시장 가격이 있었으며, 이는 수요와 공급에 의해 결정되었고 보통 협상 가격보다도 높았다. 그러나 이 다층적 가격체계는 의도치 않은 결과를 초래했다. 낮은 정부 가격으로 물품을 구할 수 있는 사람들은 가능한 한 많은 양을 사들인 후 시장에 내놓지 않고 가격이 충분히 오를 때까지 보유했다. 이후 이들은 높은 협상 가격에 판매하여 큰 이익을 보았다. 정부는 이러한 행태를 강력히 규탄하며 경제 범죄를 엄격히 처벌하겠다고 경고했다. 실제로 일부 사람들은 중형이나 심지어 사형까지 선고받았으나, 물품 사재기와 폭리 행위는 계속되었다. 이러한 행위로 인해 필수 물자의 가격이 폭등하고 경제적 비효율성이 심화되었다.

기본 원자재의 부족은 또 다른 문제를 초래했다. 석탄, 석유, 철광석 등 많은 광물 제품의 정부 통제 가격이 생산 비용보다 훨씬 낮게 유지된 반면, 이들 원자재로 생산된 제품들은 협상 가격으로 판매되어 높은 수익을 올릴 수 있었다. 따라서 원자재를 확보할 수 있는 생산업체들은 막대한 이윤을 챙길 수 있었다. 특히 석탄문제는 심각했다. 당시 중국의 에너지 소비량 중 70% 이상을 석탄이 차지하고 있었기 때문이다. 석탄을 구입하려는 사람들은 극단적인 방법까지 동원했고, 엄격히 불법이었음에도 불구하고 뇌물이 흔하게 사용되었다.

'관다오(官倒)', 즉 관료 부패는 고위 간부들뿐 아니라 그들의 태자당 자녀들까지도 깊이 관여한 행위였다. 덩샤오핑의 개방정책으로 외국 기업들이 중국과의 계약 및 합작 투자에 관심을 가지게 되었다. 이에 정부는 외국 투자를 유치하기 위해 중국 남동 연해지역에 4개의 경제특구(SEZ)를 설립했고, 이후 하이난성을 추가로 경제특구로 지정했으며, 몇몇 도시들도 외국 기업과의 거래에서 유리한 조건을 부여받았다. 그러나 해외 투자자들은 중국의 중첩된 관료 조직, 부처 간 알력, 끝없는 행정 절차와 비공개 규정으로 얽힌 체계를 뚫는 일은 그야말로 악몽이었다. 이 과정에서 고위 관료의 자녀들에게 선물이나 금품을 제공하여 합법성을 부여하는 공식 인감, 이른바 촙(chop)을 확보하는 것이 관건이었다. 고위층 자녀들은 대외무역을 담당하는 국영 무역회사에서도 주요 역할을 맡았으며, 해외 기업의 본사를 방문할 명목으로 호화로운 접대와 관광을 즐기기도 했다. 심지어 일부는 외국 기업에서 일자리를 얻기도 했으며, 이들에게 외국인과의 거래는 곧 풍요로운 삶으로 가는 열쇠였다.

비록 산업은 급속히 성장했지만, 이러한 부정부패와 비효율성으로 인해 에너지 및 원자재 부족이 발생했다. 많은 공장들은 전력이나 용수와 같은 기본적인 자원이 부족하여 주당 2~3일밖에 가동할 수 없었다. 이에 따라 1988년 하반기 들어 중국은 설탕, 면화, 곡물 등 자급자족이 어려운 품목을 외국으로부터 대량 수입하게 되었고, 이로 인해 무역수지 적자가 심화되었다. 이를 해결하기 위해 정부는 국영 무역회사에 수출 장려책을 제공하기로 결정했다. 그 결과, 수출이 급격히 증가했지만, 다른 문제가 발생했다. 비합리적인 국내 가격체계로 인해 원자재와 에너지가 심각하게 저평가된 상태에서, 무역회사들은 이러한 상품들을 해외에서 높은 가격에 판매해 막대한 이익을 남겼다. 결국 석탄, 면화, 비단 등 국내에서 부족한 자원들이 해외로 유출되는 상황이 발생했다.

1980년대 후반의 급격한 수출 증가 또한 이미 지도부 내부에서 논란의 대상이 되었던 지역 간 소득 격차를 더욱 확대시켰다. 경제 효율성이라는 명목 아래 정부는 지난 10년 동안 수익을 가장 높게 낼 수 있다고 판단되는 곳에 자금을 투자해 왔으며, 이는 보다 수익성이 높은 연해지역의 기업들로부터 자금을 재분배해 낙후된 내륙 지역의 경제발전을 도모하고자 했던 마오쩌둥식 접근과는 상반되는 것이었다. 덩샤오핑의 정책으로 인해 연해지역의 경제는 빠르게 발전한 반면, 내륙 지역은 더욱 뒤처지게 되었다. 1988년에 정부가 급속한 수출 성장을 장려함으로써 이러한 추세는 한층 심화되었다. 보다 현대적인 공장과 숙련된 노동력, 그리고 중국을 외부 세계와 연결하는 항만 및 철도망에 접근할 수 있었던 연해지역은 중앙정부의 수출 장려정책의 혜택을 내륙지역보다 훨씬 쉽게 누릴 수 있었다. 그 결과, 연해지역은 더 나은 신용 및 외화 접근성을 확보했고, 소득이 더욱 빠르게 증가했으며, 베이징으로부터의 독립성도 더욱 강화되었다.

이에 내륙 지방정부들은 무역 장벽을 세워 자체 보호 조치를 취했다. 부유한 연해지역이 석탄, 곡물, 기타 생산물을 높은 가격에 사들이는 것을 막기 위해, 일부 지역에서는 도로, 철도역, 항구, 성 경계선에 검문소를 설치하고, 허가 없이 물자가 반출되지 못하도록 했다. 지방 은행들은 타 지역에서 상품을 구입하는 기업에 대한 대출을 제한하거나 금리를 높였으며, 지방 법원조차도 지역경제의 이익을 우선시하는 판결을 내렸다. 이에 중앙정부는 이러한 지역주의적 관행을 금지하는 조치를 발표했지만, 지역주의는 국가 전체에 해로울 뿐 아니라 결국 해당 지역에도 부정적인 영향을 미칠 것이라는 논리는 별다른 효과를 거두지 못했다.

한편, 인플레이션문제는 훨씬 더 심각한 우려 사항이었다. 1988년 공식 발표된 인플레이션율은 18.5%였지만, 실제로는 이보다 높았을 것으로 추정된다. 특히 식품 가격이 50% 이상 상승하면서 많은 시민들이 심각한 어려움을 겪었다. 당시 중국은 선진국과 달리 소비자의 소득 중 60% 이상이 식비로 지출되었기 때문에 식품 가격 상승은 국민 생활에 직접적인 타격을 주었다. 이에 따라 1988년 여름, 사재기와 은행 예금 인출 사태가 여러 지역에서 발생했다. 중국의 소비자 예금 총액이 당시 국민총생산(GNP)의 27%를 차지하고 있었던 만큼, 정부는 은행 예금 인출 사태를 빠르게 진정시키는 데 총력을 기울였다. 이처럼 가격 개혁과정에서 중국은 예상치 못한 물자 부족, 부정부패, 지역 격차 심화, 인플레이션 등의 심각한 경제문제에 직면하게 되었다.

개혁의 개혁

1988년 9월, 자본 건설 속도를 늦추고 지출을 제한하며 인플레이션을 통제하기 위한 강력한 조치가 발표되었다. 이는 국가 계획 외에서 은행 대출을 통한 투자를 억제하기 위한 것이었다. 특정 철강 제품과 비철금속의 생산 및 유통에 대한 통제권이 중앙정부로 다시 집중되었으며, 농업 생산 투기 방지를 위해 비료, 살충제, 비닐 시트의 유통에 대한 중앙정부의 독점권이 재확립되었다.

대외무역에 대한 통제도 다시 강화되었다. 예를 들어, 특정 제품을 수입할 수 있는 기업 수가 제한되었고, 수출 허가, 할당제, 전면 금지 대상 품목의 수가 증가했다. 또한 중국의 5개 경제특구(SEZ)가 수출을 통해 보유할 수 있는 외화의 비율이 축소되었다. 그러나 이러한 긴축정책의 결과는 정부의 기대와 달랐다. 자본 건설 지출 증가율은 급격히 하락했지만, 이는 국영기업에 큰 타격을 주었다. 반면, 농촌 기업들은 국영기업보다 세 배 빠르게 성장했다. 많은 공장들이 정부의 신용 통제를 우회하여 비정부 금융 기관의 자금을 활용할 수 있었다. 특히 홍콩과 해외자본에 접근할 수 있는 중국 남부 연해지역의 기업들은 이를 더욱 쉽게 활용했다. 그 결과, 1989년 상반기에만 인플레이션이 25% 이상 증가했다. 1988년 긴축정책은 당과 정부가 한 번 양보한 경제적 통제권을 다시 되찾는 것이 얼마나 어려운 일인지에 대한 생생한 교훈이 되었다.

빠르게 상승하는 인플레이션율, 소득 분배의 불평등 심화, 만연한 관료 부패는 1989년 봄 톈안먼광장 시위를 비롯한 여러 지역에서 반정부 시위대가 제기한 주요 불만 사항이었다. 정부는 자유와 민주주의와 같은 추상적인 권리를 요구하는 목소리는 거부했지만, 시위대가 제기한 경제적 문제를 해결하기 위해 진지한 노력을 기울였다. 그 결과, 중앙정부의 경제 통제가 더욱 강화되었다. 1989년 11월 채택된 39개 조항의 계획에 따라, 지방 및 성 차원에서 통제되던 합작 기업들도 이전에 통제받지 않던 품목에 대한 수출입 허가를 중앙정부에 신청해야 했다. 중앙은행은 시중에 유통되던 대규모 자금을 회수했으며, 당국은 민간기업들이 탈세, 불법 행위, 그리고 소득 격차 심화에 관여했다고 비난했다. 일부 기업인은 이러한 혐의로 기소되어 중형을 선고받았고, 부패한 공무원들도 비슷한 처벌을 받았다. 한편, 수출 산업에는 막대한 보조금이 지급되었고, 수입은 엄격히 제한되었다.

이러한 누적된 조치들과 정부의 시위 유혈 진압 이후 일부 서방 국가들로부터 부과된 경제제재는 중국경제를 심각한 침체로 몰아넣었다. 그러나 긍정적인 측면도 있었다. 인플레이션율은 4%로 하락했으며, 수출 보조금과 수입 제한 조치 덕분에 외환보유액이 두 배로 증가하여 230억 달러를 넘어섰고, 무역 흑자가 발생했다. 하지만 그 대가는 컸다. 1990년 상반기 실질 국내총생산(GDP) 성장률은 1.8%에 그쳤으며, 국영기업의 손실 규모는 1989년의 두 배에 달했고, 실업률도 급등했다. 경기 불확실성으로 인해 소비자들은 구매를 미루었고, 그 결과 대량의 소비재가 창고에 쌓였다. 국세청은 예상 세수의 절반밖에 걷지 못했는데, 이는 경제 위축과 만연한 세금 회피 때문이었다.

이에 따라 정부는 일부 조치를 철회했으며, 이로 인해 실업률이 다소 완화되고 소비도 일부 증가하는 효과가 나타났다. 1990년 GDP 성장률은 5.2%를 기록했고, 1991년에는 7%로 상승했으며, 인플레이션율은 2.9%로 안정되었다. 당과 정부는 여전히 구조개혁과 긴축이 모두 필요하다는 입장을 유지했으며, 이는 향후 정책방향에 대한 이들의 불확실성을 드러내는 것이기도 했다. 중앙집권적 계획을 선호하는 좌파와 시장경제를 더 신뢰하는 개혁파 간의 대립, 중앙정부의 통제 강화 요구와 지방정부의 경제 자율성 요구가 맞물리면서 정책방향이 계속 흔들렸다. 경제 분석가들은 중국경제가 불균형 상태에 빠져 있다고 평가했다.

　　1992년 초, 덩샤오핑은 남방의 여러 경제특구를 시찰하여 그 성과
를 극찬하며 새로운 개혁시대가 도래했음을 알렸다. 이에 따라 연간 성
장률은 12~13%로 급등했다. 그러나 인플레이션문제가 다시 불거졌
다. 또한 개혁과정에서 경제 구조가 재편되면서 많은 노동자가 해고되
었고, 이로 인해 노동자 시위가 심각한 문제로 떠올랐다. 톈진에서는
한 국영 시계 공장 노동자들이 대규모 해고 소식을 듣고 기계를 파괴하
며 경찰과 충돌했다. 또 다른 도시에서는 한 해고된 은행 직원이 은행
장의 집에 화염병을 투척하는 사건이 발생했다.

　　정부는 비대한 비효율적인 관료제를 개혁하기 위해 관료들에게 당이
나 정부에서 일하는 대신, 자영업에 뛰어들라는 의미로 "바다에 뛰어들
라(下海)"는 권유가 있었다. 많은 관료들이 실제로 사업에 뛰어들었으
며, 이전 공직에서 형성한 인맥을 활용해 성공하는 경우가 많았다. 그
러나 이는 비관료 출신 사업가들에게 불공정한 경쟁 환경을 초래했다.
또 다른 많은 관료들은 직책에 따라 제공되는 보조 주택을 잃지 않기
위해 기존 직을 유지한 채 다른 일자리를 겸임했다. 해고되기 어렵다는
점을 이용해 공식 업무에는 최소한의 시간만 할애했다. 이로 인해 당과
정부의 운영 효율성이 더욱 저하되었다.

　　농업 부문도 문제였다. 정부 통계에 따르면, 농촌과 도시 주민 간의
소득 격차는 1985년 1:1.7에서 1991년 1:1.24로 벌어졌으며, 이후
에도 격차는 계속 확대되었다. 농민들은 토지를 잃고 있었으며, 1949
년부터 1991년까지 중국의 경작지는 14억 6,800만 무(畝)에서 14억
3,500만 무로 감소했다 (1무는 약 201.7평). 같은 기간 동안 농촌 노동
인구는 1억 7,300만 명에서 4억 2,800만 명으로 증가했다. 1980년대
에 등장한 향진(鄕鎭) 기업들이 1억 명가량의 농촌 노동자를 흡수했지
만, 여전히 1억 5,000만 명 이상의 잉여 노동력이 존재했다. 이들은 일
자리를 찾아 대규모로 이동했으며, 무계획적 인구 이동이라 불리던 현
상을 막기 위한 시도는 실패로 돌아갔다. 대신, '유동 인구'를 경제발전

에 유익한 일자리로 유도하는 데 초점이 맞춰졌다.

더욱이, 대규모 투자를 위해 자금을 집중적으로 투입한 결과, 많은 지방정부들은 재정 부족에 시달리며 어음(IOU)을 발행하는 사태가 벌어졌다. 건설 사업에 사용할 농지를 확보하려던 개발 위주의 관료들은 토지를 몰수하거나, 농민들이 생각하는 가치보다 훨씬 낮은 보상을 제시했다. 새로운 세금 형태도 우후죽순 등장했다. 이에 대해 "국민당 정부는 세금이 많고 공산당 정부는 회의가 많았는데, 이제는 공산당이 회의보다 세금이 더 많다"는 불만이 확산되었다.

그럼에도 불구하고 경제개혁은 지속되었다. 1992년 10월, 제14차 전당대회는 '사회주의 시장경제체제'를 수립하겠다는 방침을 선언했다. 이처럼 겉보기에 모순되어 보이는 개념은, 자본주의 시장경제의 장점을 활용하면서 사회주의적 대규모 생산 체제를 함께 육성하고, '양자 간의 균형을 유지하는 방식'으로 해석되었다. 이러한 시장 레닌주의 기조 아래 중국경제는 지속적으로 성장했다.

1993년 중반까지 경제문제는 더 이상 침체된 상태가 아니라 과열된 상태에 접어든 것이었다. 물가가 급등하면서 사람들은 저축의 가치를 지키기 위해 금을 사들이거나, 인플레이션을 앞지를 수 있는 투자처를 찾아 나섰다. 투자 열풍은 통제 불능 상태에 이르렀다. 24%의 이자를 보장한다고 알려졌던 채권이 결국 무가치한 것으로 드러나면서 10만 명 이상이 손실을 입었다. 해당 채권을 발행한 회사의 대표는 체포되어 재판을 받고 처형되었지만, 이 사건만큼이나 충격적이었던 것은 이 회사의 범행이 단독으로 이루어진 것이 아니었다는 점이다. 100명 이상의 당과 정부 관리들이 연루되었으며, 관영 언론의 기자들은 뇌물을 받고 해당 채권을 긍정적으로 묘사하는 기사를 작성했던 것으로 드러났다. 또한 홍콩 증시에서 당과 정부 고위 관리들이 내부자 거래를 했다는 의혹도 제기되었다. 이들은 베이징에서 발표될 소식이 홍콩 주가에 미칠 영향을 사전에 알고 있었기에 단기간에 막대한 부를 축적할 수 있는 위

치에 있었다. 한편, 일반 국민들도 세금 회피 방법을 찾아냈으며, 정부
는 그로 인한 연간 세수 손실이 150억 달러를 넘는다고 공식 추산했다.

이에 대응하여 1994년에는 중앙정부의 세수 비율을 높이기 위한 새
로운 재정체제가 도입되었지만, 지방정부들은 시행에 반발했다.** 같은
해, 농민들이 과도한 세금 부담에 분노하자 정부는 농민들에게 부과되
는 세금이 그들의 소득의 5%를 초과하지 않도록 명령했다. 그러나 인
플레이션문제는 다시 심각해졌다. 공식 통계에 따르면 1994년의 인플
레이션율은 1949년 이후 최고치인 21.8%를 기록했지만, 실제 인플레
이션율은 더 높을 것으로 널리 추정되었다. 금융 분석가들은 심각한 경
기 침체 없이 인플레이션만을 억제하는 '연착륙'이 가능할지에 대해 회
의적이었다.

그러나 예상과 달리 정부의 계획은 성공을 거두었다. 경제는 연착륙
을 이루었을 뿐만 아니라 세수도 증가하기 시작했다. 1996년 중앙정부
의 세수 비율이 GDP의 10.3%까지 떨어졌지만, 2001년에는 16.6%로
반등했고, 2012년에는 개혁 이전 수준인 20%를 다시 회복했다. 인플
레이션은 완만한 수준을 유지했으며 GDP도 만족스러운 성장률을 기록
했다.

....

**   역자 주) 중국은 주룽지 총리 집권기인 1994년에 중앙-지방간 세수를 중앙세와
　　　지방세로 나누고 또 공유하는 분세제개혁을 단행했다. 이 분세제는 중앙정부에
　　　의한 재정수입의 집중관리에서 중앙과 지방의 재정수입원을 분리하는 제도를
　　　말한다. 이 개혁 이후, 국가 재정세입이 지방에서 중앙의 공공부분으로 흡수됨
　　　으로써 전체 재정규모가 증가하게 되었고, 이를 바탕으로 재정규모가 전체 국
　　　내 총생산에서 차지하는 비중이 증가하는 모습이 나타난다(=재정지출/국내총
　　　생산). 이 분세제개혁은 재집중화를 의미하는 것으로 지방정부 세입의 일정부
　　　분을 국가로 환원하는 조치였다고 볼 수 있음. 이 제도의 도입으로 중앙과 지방
　　　간 재정수입 비율이 제도 시행 이전인 1992년에 28.1%: 71.9%에서 제도 시행
　　　3년 뒤인 1996년에는 42%: 50.58%로 크게 개선되었다.

덩샤오핑의 후계자들이 직면한 새로운 문제들

1997년 2월 덩샤오핑이 사망했을 당시, 중국의 경제 전망은 밝아 보였다. 해외 관찰자들은 견실한 성장률이 21세기까지 지속될 것이라 예측하며 장밋빛 전망을 내놓았다. 그러나 모든 것이 순탄한 것은 아니었다. 경제 성장률이 둔화되고 있었던 것이다. 초기에는 이것이 큰 문제로 여겨지지 않았다. 낮아진 성장률조차 여전히 인상적이었으며, 그 대가로 인플레이션이 억제된 점은 긍정적인 변화로 받아들여졌다. 그러나 시간이 지나면서 성장률 하락이 어디까지 계속될 것인가에 대한 우려가 커졌다. 1997년 GDP 성장률은 예상치 10%에 못 미치는 8.8%에 그쳤고, 2%였던 인플레이션율은 연말까지 디플레이션으로 전환되었다. 세계은행은 개혁이 조속히 이루어지지 않으면 중국경제가 '시노스클레로시스(sino-sclerosis)'에 빠질 수 있다고 경고했다. 이는 중국(sino-)과 경직(sclerosis)을 합성한 표현으로, 중국식 성장모델의 제도적 경직성과 정책정체를 비유적으로 가리킨다.

중국 지도부는 대대적인 구조조정과 1998년 한 해 동안 GDP 8% 성장을 약속했다. 이는 노동시장 신규 진입자에게 일자리를 제공하고, 구조조정으로 실직할 인력을 재고용하기 위해 필요한 최소한의 성장률이라고 주장했다. 또한 지도부는 이러한 구조조정이 경제의 건전성을 유지하기 위해 불가피하다고 보았다. 이에 따라 지방 관리들은 8% 성장목표를 달성하라는 지시를 받았고, 성장률을 실제보다 부풀려 보고하는 사례가 발생했다. 소위 "통계에서 물을 짜낸다"는 과장된 수치를 제거하고 보다 현실적인 수치를 산출하는 과정을 거쳐, 정부는 1998년 공식 성장률을 7.8%로 발표했다. 또한 정부는 경제성장을 유지하기 위해 대규모 공공사업을 포함하는 재정 부양책을 시행했다. 이는 경제성장에 기여했으나, 큰 재정 적자를 초래했다. 성장률은 인상적으로 반등했지만, 인위적으로 부양된 성장은 장기적으로 건강하지 않다는 비판이 나왔다. 이상적인 경제성장은 정부의 자금 투입이 아니라 생산성 향상에서 비롯되어야 한다는 것이다. 2002년까지 정부는 일자리 창출과 노동 불안을 방지하기 위해 최소 7% 성장을 유지해야 한다고 판단했다.

그러나 통계의 정확성 문제도 존재했다. 모든 왜곡이 지방 관리들의 성장률 부풀리기 때문만은 아니었다. 경제적으로 풍요로운 지역은 세금 부담을 줄이기 위해 오히려 실적을 낮춰 보고하는 경우도 있었다. 또한 수십억 달러 규모의 거대한 지하 경제가 존재했으며, 이를 공식 GDP 통계에 포함하면 실제 GDP가 몇 %포인트 이상 증가할 것이라는 분석도 있었다. 일부 경제학자들은 수치상의 성장의 양보다 질이 더 중요하다고 주장했다. 예를 들어, 판매되지 않은 재고가 쌓이는 것도 경제성장으로 집계되지만, 이것이 국민의 삶의 질 향상이나 국가의 번영을 의미하지 않는다. 2006년 초, 중국정부는 1993년부터 2004년까지의 GDP를 총 17% 상향 조정하는 동시에, 12개 성(省)의 GDP는 하향 조정했다. 수치 논쟁과는 별개로, 2002년부터 2008년까지 연평균 10%를 웃도는 인상적인 성장률을 기록했다 (도표 7.1 참조). 2005년 중국은 영국을 제치고 세계 4위 경제 대국이 되었으며, 2008년에는 독

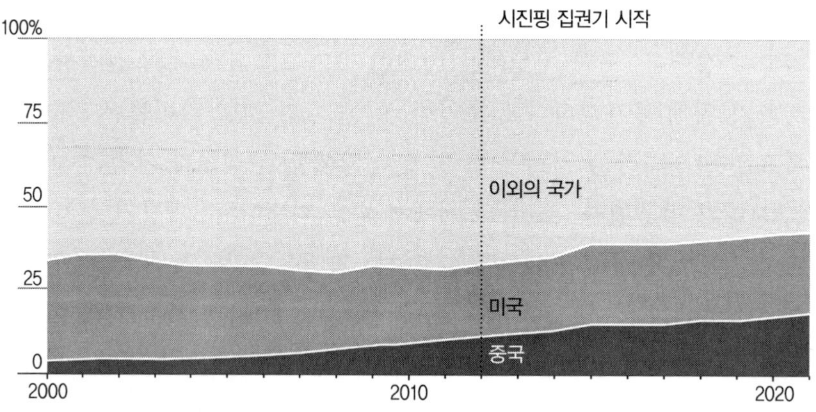

도표 7.1　시진핑 집권 이래 중국의 GDP 성장률

출처: State Statistical Bureau (2021).

일을 넘어섰다. 이후 글로벌경제 침체로 성장 속도가 다소 둔화되었지만, 2011년에는 일본까지 추월했다. 다만, 이들 국가 및 여러 선진국의 1인당 소득은 여전히 중국보다 훨씬 높았다.

2006년 이후 중국은 세계 최대 외환보유국이 되었으며, 같은 해 무역수지 흑자는 전년 대비 74% 급증한 1,775억 달러를 기록했다. 2008년 말까지 무역 흑자는 2,970억 달러로 증가했으나, 이후 국제사회의 압력과 글로벌 금융위기의 영향으로 다소 감소했다.

이러한 인상적인 경제 성과에도 불구하고 익숙한 문제들은 여전히 존재했다. 성장은 지역 간 불균형을 심화시켰으며, 일부 지역에서는 눈부신 번영이 이루어진 반면, 다른 지역에서는 극심한 빈곤이 지속되었다. 또한 노동 불안도 증가했다. 구조조정으로 인해 일자리를 잃은 사람은 약 6,000만 명으로 추산되었으며, 이들은 새로운 일자리를 찾기 위해 분투했다. 정부는 실직자들을 위해 직업훈련센터를 운영했지만, 그 성과는 미미했다. 일부 사람들은 이전보다 더 나은 일자리를 얻었지만, 대부분은 임금이 더 낮은 일자리로 이동하거나 실업 상태에 놓였다. 최근에는 노동시장에 새로 진입하는 인구는 신규 일자리 수를 약 20% 초과하는 상황이 지속되고 있다.

연금 기금은 턱없이 부족했다. 공장들이 퇴직 노동자들에게 약속한 지원을 이행하지 못하자, 수만 명의 노동자들이 거리로 나와 시위를 벌였다. 일부는 실제로 기금이 없어 지급이 불가능했고, 다른 경우에는 경영진의 횡령이 원인이었다. 이러한 시위는 일반적으로 개별 공장과 관련된 것이었으며, 대개 수일 내로 진압되었다. 시위가 다른 도시로 확산되는 것을 막기 위해 정부는 언론이 노동 불안을 보도하는 것을 금지했지만, 휴대전화 문자 메시지를 통한 정보 공유가 확산되면서 이 전략의 효과를 약화시켰다. 정부가 효과적인 것으로 판단한 대응책 중 하나는 최소한의 양보를 통해 시위 지도자들에 대한 지지를 약화시키는 것이었다. 예를 들어, 일반 노동자들에게 소액의 현금을 지급하는 방식이었다. 동시에 일부 지도자는 회유하고 다른 이들은 협박하거나 구금함으로써 시위 지도부를 분열시키려는 시도도 병행했다. 예를 들어, 정부가 통제하는 중화전국총공회(中華全國總工會)와 별개로 독립 노조를 조직하려던 시위자들은 체포되었다. 한 서구인은 마르크스가 세계 노동자들에게 단결할 것을 촉구하며 그들이 잃을 것은 쇠사슬밖에 없다고 말했던 것을 상기하며, 중국의 노동자들은 단결을 시도하는 과정에서 오히려 쇠사슬에 '묶일' 위험을 감수해야 한다고 평했다.

농민들의 처지는 노동자들보다 더욱 열악했다. 그들의 소득은 도시 거주자들의 소득보다 훨씬 낮았으며, 2001년 중국이 세계무역기구에 가입한 후 값싼 수입품이 유입되면서 더욱 감소했다. 공식 통계에 따르면 2012년 말 기준 농촌 주민들의 소득은 도시 거주자의 3분의 1에도 미치지 못했다. 중국사회과학원의 연구에 따르면, 농민 소득의 약 40%가 화학 비료, 농약, 종자 구입 등에 사용된다는 점을 고려하면, 도시와 농촌 간 소득 비율은 5.2 대 1에 이른다. 더욱이 도시민들은 농촌에서는 아예 이용할 수 없는 상품과 서비스에 접근할 수 있기 때문에 그 격차는 실제로 훨씬 더 크다. 정부 계획 당국은 수백만 명의 빈곤한 농민들이 도시로 몰려들어 실업문제를 더욱 악화시킬 것을 우려했다.

1994년의 재정개혁은 중앙정부의 세수 비중을 확대하는 데는 성공했지만, 농촌 재정을 심각한 구조적 위기로 몰아넣었으며, 이 부담은 결국 마을과 향 단위로 전가되었다. 2002년부터 2006년 사이, 2002~2004년의 세금으로 수수료를 대체하는 개혁과 농업세 폐지로 인해 농민들의 부담은 일부 완화되었으나, 그 대가로 지방 재정이 더욱 악화되었다. 그럼에도 불구하고 농민들은 여전히 소득세, 지방세 및 기타 여러 가지 부과금을 부담해야 했다. 또한 토지 수용이 새로운 갈등 요인이 되면서 농민 시위가 급증했다.

중국의 지니 계수를 계산하는 방식에는 다소 차이가 있다. 그러나 '0'은 완전한 평등, '1'은 완전한 불평등을 뜻하는 이 국제 표준 지표에 따르면, 중국의 지니 계수는 꾸준히 상승해 왔다는 데에는 견해가 일치한다. 공식적으로 발표된 수치는 0.47이지만, 청두(成都)의 한 대학 연구진이 수행한 연구에 따르면 실제 값은 0.61로, 멕시코(0.48), 미국(0.38), 폴란드(0.3)보다도 높았다. 과거 수치와 비교하면, 중국의 지니 계수는 1990년 0.36이었으며, 1978년에는 0.18에 불과했다. 일반적으로 0.4를 위험 수준으로 간주하기 때문에 이는 심각한 문제로 받아들여졌다. 일부 라틴아메리카 및 사하라 이남 아프리카 국가들의 지니 계수는 0.6 이상이지만, 중국은 혁명의 건립 이념 중 하나가 평등주의와 노동자 및 농민의 복지를 지향했기 때문에 불평등이 더욱 심각하게 받아들여졌다. 사람들은 단순한 불평등 자체보다는 불공정하다는 인식에 더욱 민감하게 반응하는 경향이 있으므로, 정부가 노력하면 삶이 나아질 수 있다는 대중의 신뢰를 유지하는 것이 중요한 요소가 될 수 있다. 정책입안자들은 이러한 막대한 소득 격차가 영구적인 것이 아니기를 바라고 있다. 저명한 경제학자 쿠즈네츠(Simon Kuznets)는 경제발전 초기 단계에서 불평등이 증가하지만 이후 점차 감소하는 경향이 있다고 주장했다. 초기에는 현대적 경제성장의 중심지에서 높은 소득이 발생하는 반면, 전통적인 경제 영역에서는 소득이 낮게 유지되지만, 시간이 지나면서 성장의 혜택이 보다 주변 지역으로 확산된다는 것이다.

　적어도 지금까지는, 이러한 일은 일어나지 않았다. 중국의 연해지역과 내륙 지역 간 격차를 줄이기 위한 시도로 2000년에 시작된 '서부 대개발'정책이 있다. 이 정책은 상당히 긍정적인 홍보를 받았지만, 실질적인 성과는 미미했다. 이 지역으로 유치된 외국 투자자들은 자본 수익 전망을 긍정적으로 평가하지 않았다. 국내에서도 이에 대한 회의적인 시각이 많았다. 중국인민정치협상회의와 전국인민대표대회 의원들은 '공허한 구호와 중복 투자'에 더해, 부패로 인해 투자된 자금의 효과가 감소할 것을 우려했다. 결국 격차는 더욱 확대되었으며, 시안의 서북대학교 연구에 따르면, 정책 시행 초기 5년 동안 동서 간 부의 격차가 오히려 더 벌어졌다.

빈곤 완화 노력의 효과도 감소했으며, 일부 지역에서는 오히려 상황이 악화되었다. 이러한 수치를 그대로 받아들이는 데는 신중함이 필요하다. 빈곤 지역들은 국가 및 국제 보조금을 받기 위해 계속 빈곤선 아래에 머물기를 원하거나, 재분류되기를 희망할 가능성이 있기 때문이다. 공식 통계에 따르면, 빈곤선 이하 인구 비율은 2.8%로 감소했지만, 베이징 기반의 한 연구팀은 이를 10%로 계산했다. 또한 빈곤선의 기준 자체를 어디에 둘 것인가에 대한 논란도 존재한다. 2012년, 중국정부는 빈곤선 기준을 80% 상향 조정했지만, 여전히 유엔의 2005년 기준 하루 1.25달러라는 국제 기준보다 낮은 수준이었다.

미래에 대한 우려

세계 대부분은 중국의 인상적인 경제 성장률에 감탄하는 한편, 중국경제의 구조적 문제를 지적하며, 이러한 문제가 중국 미래에 부정적인 영향을 미칠 수 있다고 보았다. 경제학자들은 중국의 점진적 개혁방식이 한계에 도달했으며, 덩샤오핑의 돌을 더듬으며 강을 건너는 방식이 아니라, 이제는 경제 전반의 대대적인 구조개혁이 필요하다고 주장했다. 이러한 개혁의 핵심은 투자 및 수출 중심 성장 방식에서 벗어나 내수 확대를 중심으로 경제를 전환해야 한다는 점이다.

그러나 하나의 문제를 해결하려 하면 다른 문제가 발생하는 것이 현실이다. 예를 들어, 노동자들이 소비를 늘리려면 미래 소득에 대한 신뢰를 가질 필요가 있다. 이에 따라 2008년 발효된 노동계약법은 노동자 보호를 위한 중요한 법적 이정표로 평가된다. 그러나 이 법은 동시에 여러 공장들이 다른 지역으로 이전하도록 만들었다. 이와는 대조적으로, 노동 인권 운동가들은 노동자들의 권리가 여전히 불안정한 상태라고 지적하며, 경영진이 지방 당국과의 결탁 하에 기타 노동 관련 법률들을 무시하거나 위반하는 사례가 빈번하다고 주장한다. 이들은 정부가 노동자들에게 단체 교섭권을 부여하지 않는 한 노동권 보호는 실질적으로 의미가 없을 것이라고 말한다. 하지만 공산당과 정부 지도자들은 이러한 권리를 보장할 경우 임금 인상 압력이 커져 기업의 수익성과 경제성장, 나아가 사회 안정까지 위협할 수 있다고 우려한다.

농촌지역의 번영을 증진하는 것은 가계 소비를 촉진하고, 농업지역에서 증가하는 사회 불안을 완화하는 데 필수적이다. 농촌지역은 중국 국토의 거의 절반을 차지하지만, 소비재 소매 판매량에서는 겨우 3분의 1에 불과하다. 도시와 농촌 주민 간 소득 격차는 계속 확대되고 있으며, 이는 농촌지역의 구매력을 약화시키고 있다. 자본주의 경제 도입 이후, 부패한 지방 관리들과 도시 개발업자들의 결탁으로 인해 많은 농민들이 토지를 빼앗겼다. 이론적으로 모든 토지는 국가 소유이지만, 농민들은 임대권을 가질 수 있다. 그러나 계약 내용이 불분명하고, 특히 교육 수준이 낮은 사람들에게는 이해하기 어려운 경우가 많다. 농민들이 토지를 빼앗긴 것에 대한 불만은 농촌지역사회 불안의 주요 원인 중 하나가 되었다.

하나의 해결책은 토지를 완전 소유할 수 있도록 허용하는 것이다. 이는 토지 몰수를 어렵게 만들 뿐만 아니라 노동과 기타 자원을 투자할 유인을 제공하여 토지 이용의 효율성을 높이고 생산량과 소득을 증가시킬 것이다. 그러나 이에 대한 반대는 여러 형태로 나타났다. 이념적 이유로는 모든 토지는 국가가 소유해야 한다는 주장이 있었고, 도구적 이유로는 지방 정부가 자금 조달 수단으로 토지 수용 권한을 계속 보유하려는 이해관계가 작용했다. 흉작이나 의료비와 같은 개인적인 문제로 인해 농부들이 돈을 빌려야 하는 경우, 빠르게 토지를 잃게 되어 대규모 빈곤층이 발생할 것이며, 이는 사회적 긴장과 소득 격차를 줄이기는커녕 오히려 확대시킬 것이라는 우려도 있었다. 이에 따라 2009년에는 타협안으로 토지 임대 기간이 기존 30년에서 60년으로 연장되었다.

비효율적으로 작동하는 금융체계를 개혁하는 일 또한 쉽지 않다. 1997년 정책에 따라 대형 국유기업(SOEs)은 정부가 유지하고, 소규모 국유기업은 시장에 맡기는 방식(抓大放小, 조대방소)으로 개편되었다. 이에 따라 많은 국유기업들이 투자자들에게 소수 지분을 발행하는 방식으로 주식회사로 전환되었다. 그러나 2003년, 러시아처럼 소수 재벌이 국가 자산을 사유화하는 사태를 막기 위해, 중국 지도부는 중앙 통제를 강화하고자 국유자산감독관리위원회(SASAC)를 설립했다. 부실 은행을 재정비하기 위해 중국인민은행은 2003년부터 2005년 사이 4대 국유 상업은행에 600억 달러를 투입했다. 중국정부가 은행에 대한 통제를 이양한다면, 은행들은 비시장적 대출을 줄이고 재무 건전성을 강화할 것이라는 분석이 제기된다. 시장 기반 대출이 활성화되면 국민의 저축이 보다 효율적으로 사용될 것이며, 장기적으로 실질 GDP 성장률이 높아지고 가계의 저축 수익률도 증가할 것이다. 한 경제학자는 좌절하며 국유기업개혁 없이는 은행개혁이 불가능하고, 은행개혁 없이는 국유기업개혁도 불가능하다고 지적했다. 점진적인 은행개혁이 일부 개선을 이루긴 했으나, 은행들은 여전히 상충하는 목표를 달성해야 하는 상황이다. 즉, 고용 창출과 사회적 안정을 위한 자금을 제공하면서도 동시에 수익성 있는 기업으로 탈바꿈해야 하는 과제가 주어진 것이다. 본질적으로, 이는 중앙정부 전체가 직면한 문제이기도 하다.

2006년에는 '국진민퇴(國進民退)', 즉 국유기업은 진출 강화하고 민간기업은 퇴출 후퇴시킨다는 정책하에 24개의 핵심 산업 및 기술 부문이 전면적인 국유 또는 국유 지배체제로 전환되었다. '국진민퇴'정책의 핵심은 100개 이상의 대형 국유기업들(中央企業)로, 이들 중 상당수는 국가 경제에 필수적인 11개 부문에서 독점적 지위를 갖고 있다. 이 기업들은 에너지, 수자원, 광물 자원, 환경, 제조업, 교통 등 분야에 특화되어 있으며, '국가 대표' 산업으로 간주되어 민간기업보다 유리한 특혜성 보조금을 지급받는다. 일부 국유기업들은 수익을 내고 있지만, 다른 많은 기업들은 '좀비 기업'으로 불리며, 대출 이자를 갚기 위해 돈을 빌리고 원금을 갚지 못한 채 더 많은 대출을 반복적으로 받는 악순환에 빠져 있다. 이러한 상황에서, 이들 기업은 자금을 비효율적으로 사용하는 경향이 있으며, 결국 납세자들이 부담하는 국가 보조금에 계속 의존하게 된다. 또한 이러한 산업들은 중국공산당의 강한 통제를 받고 있으며, 당 조직부가 최고 경영진을 임명하는 구조를 유지하고 있다. 국유기업 경영진들은 지급받는 검정색 관용차 때문에 '흑색계급'이라 불리며, 높은 급여와 각종 특혜를 누리고 있다.

2008년 세계금융위기의 여파가 중국경제에 미치기 시작하자 거의 모든 산업 부문에서 급격한 하락이 발생했고, 이로 인해 소비자 신뢰가 급속히 하락했다. 이에 대응하여 중국정부는 철도, 지하철, 공항 등의 인프라 사업과 2008년 5월 지진 피해 지역 복구를 포함하는 대규모 경기 부양책을 내놓았으며, 이는 GDP의 약 7%에 해당하는 금액을 투입하는 것이었다. 그러나 이 과정에서 '국진민퇴' 현상이 심화되었고, 경제적으로 더 수익성이 높은 민간 부문이 희생되었다. 비판론자들은 이러한 정책이 1978년 이후 중국의 눈부신 경제성장을 견인해 온 기업가 정신을 약화시키고 있다고 주장했다. 반면, 지지자들은 혼란스러운 시장에서 안정성을 유지하려면 정부의 강력한 통제가 필요하다고 반박했다. 초기 결과는 국가 통제 강화를 지지하는 입장을 뒷받침하는 듯 보였다. 2009년 대부분의 국가들이 금융 위기에서 벗어나기 위해 고군분투하는 동안 중국경제는 8.7% 성장했으며, 2010년에는 11.2% 성장했다. 이에 따라 일부에서는 자유시장경제와 서구 자본주의 및 자유민주주의가 실패했다고 보는 시각과는 달리, 국가 주도의 경제성장이 효과적이라는 '중국 모델'의 증거라고 평가했다.

그러나 다른 시각에서는 이 경기 부양책이 필연적인 경제 조정의 시점을 단순히 지연시킬 뿐이며, 시급했던 구조개혁을 미루는 결과를 초래했다고 지적했다. 실제로 목적지 없는 다리로 불리는 불필요한 인프라 건설과 부실한 건설 공사가 다수 보고되었다. 또한 정부의 저금리 대출로 인위적으로 촉진된 산업 확장이 향후 경제 붕괴를 초래할 수 있다는 우려가 제기되었다. 부정부패로 인해 연간 GDP의 약 15%가 유출된다는 추정도 제기되었다.

또한 글로벌 경제위기에 대한 또 다른 대응으로 중국 금융 당국은 금융 시스템에 대한 규제를 완화하는 태도를 보였으며, 그 결과 다양한 형태의 재무지표 외 회계상 미반영 대출이 증가했다. 이에 따라 자금이 국유 은행 시스템의 엄격한 금리 통제에서 벗어나 보다 수익성이 높은 시장 중심 영역으로 유출되었다. 인터넷 금융의 폭발적인 성장에 힘입어, 그림자 금융(shadow banking) 시스템도 함께 확장되었다. 그러나 부채와 연쇄적인 채무 구조가 빠르게 증가하면서 수익성이 높아지는 동시에 위험 요인도 커졌다. 2017년 3월부터 금융 부문에 대한 엄격한 통제와 불투명한 관행을 근절하기 위한 대대적인 조치가 시행되었지만, 경제학자들은 과거 유동성 축소 시도가 경기 둔화를 초래하자 곧바로 철회된 사례를 지적하며 이번 조치도 단기적인 효과에 그칠 가능성이 높다고 지적했다. 또한 거의 모든 고위 지도자들이 금융 부문에 적어도 한 명 이상의 친척을 두고 있어, 이들이 단속 대상인 불투명한 금융 관행과 얽혀 있다는 점도 해결해야 할 문제로 지적되었다.

이와 더불어 중국정부는 외환보유액을 기반으로 한 전략적 해외 투자에 착수했다. 중국은 브릭스(BRICS: 브라질, 러시아, 인도, 남아프리카공화국), 중앙아시아, 그리고 특히 아시아인프라투자은행(AIIB)의 설립을 주도했으며, 이들 은행에서 주요 주주 역할을 담당하고 있다. AIIB는 2013년 시진핑이 주도하여 출범했으며, 이는 육상 및 해상 실크로드를 현대적으로 재구성하기 위한 금융 지원을 목표로 했다. 초기에는 일대일로(OBOR: One Belt One Road)로 불렸으나, 노선이 확대되면서 일대일로 구상(BRI: Belt and Road Initiative)으로 명칭이 변경되었다. BRI가 성공한다면, 이는 아시아 여러 국가들의 경제발전을 저해하는 심각한 기반 시설 부족문제를 해결하는 동시에, 중국 내 경제 성장 둔화 속에서 건설 및 수출 산업의 수요를 창출할 수 있을 것으로 기대되고 있다.

시진핑은 억만장자 마윈(馬雲)의 정보 기술 대기업 알리바바와 같은 매우 성공적인 기업들이 당과 그의 통치를 위협할 정도로 강력해지고 있다는 우려에 대응하여 이들에 대한 단속을 시작했다. 마윈은 중국 규제 당국이 혁신을 억압한다고 공개적으로 비판한 후 한동안 자취를 감췄으며, 이후 알리바바의 금융 기술 자회사인 앤트그룹에 대한 지배권을 포기하는 데 동의했다. 앤트그룹은 이후 국유 중앙은행인 중국인민은행의 규제를 받는 금융지주회사로 전환되었다. 2022년, 슈퍼리치의 수는 전년 대비 18% 감소했다.

노동력이 감소하면서 향후 경제 경쟁력에 문제가 발생할 수 있다는 우려도 있다. 중국의 생산가능인구는 2015년에 정점을 찍은 이후 감소세로 전환되었다. 몇몇 주요 도시에서는 일부 산업 분야의 고숙련 인력 부족으로 인건비가 상승했고, 이는 기업들이 비용 절감을 위해 더 낮은 인건비 국가로 사업을 이전하려는 유인이 되었다.

국가적 차원에서는 과도한 부채를 지닌 기업들, 특히 부동산 부문이 경제 전반에 충격을 줄 가능성이 있다. 중국의 부동산 시장은 GDP의 약 30%를 차지하며, 이는 대부분의 국가보다 높은 비율이다. 또한 부동산은 기업 자산 평가와 가계 순자산에서 중요한 역할을 하며, 지방정부의 주요 수입원 중 하나이다. 이는 시진핑이 부채를 줄이고 불평등을 해결하려는 노력을 복잡하게 만들었다 (도표 7.2 참조).

2017년 중국공산당 제19차 전당대회가 진행되는 동안 중국 중앙은행 총재는 지나친 낙관론이 '민스키 순간(Minsky moment)'을 초래할 수 있다고 경고했다. 이는 장기간의 경제 호황 후 자산 가격이 갑작스럽게 붕괴하는 현상을 의미한다. 2021년, 세계 최대 부동산 개발업체인 헝다(恒大)를 포함한 여러 개발업체가 미완공된 건물을 완성할 수

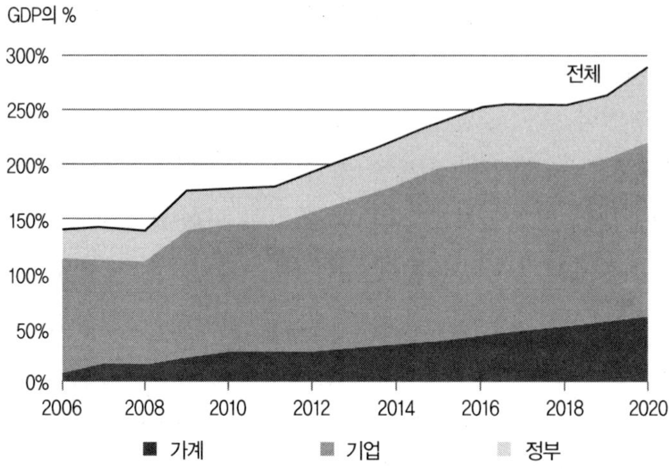

도표 7.2 GDP 대비 중국의 부채비율

출처: Bank of International Settlements Data.

없게 되면서 이러한 위기가 현실화되는 듯 보였다. 아파트 입주를 기대했던 투자자들은 공사가 진행되지 않자 반발하며 주택담보대출 상환을 거부하기 시작했다. 일부 지역에서는 은행에서 예금을 인출하지 못한 시민들이 시위를 벌이자, 중앙정부는 사태 확산을 막기 위해 은행들에 개발업체 자금 지원을 지시했다. 이는 주택담보대출 상환 거부 사태를 진정시켰지만, 그 부담은 은행으로 전가되었다. 여기에 코로나19 확산에 따른 봉쇄 조치는 이미 진행 중이던 경기 둔화를 더욱 악화시켰고, 그 여파는 지방정부의 재정압박과 부채문제로 이어졌다.

당과 국가의 통제를 벗어난 대규모 금융 거래를 억제하기 위해 디지털 화폐 규제도 강화되었다. 2013년, 중국정부는 은행이 비트코인 거래를 취급하는 것을 금지했지만, 개인 간 거래는 여전히 허용되었다. 그러나 4년 후인 2017년, 암호화폐 거래 자체가 금지되었으며, 중국인민은행은 암호화폐가 자금 세탁, 마약 밀매, 밀수 및 불법 모금에 이용된다고 지적했다. 그럼에도 일부 거래는 가상 사설망인 VPN을 이용해 접속 가능한 해외 거래소를 통해 계속 이루어졌다. 2021년에는 비트코인 채굴이 금지되었으며, 이후 규제 당국은 국내외 플랫폼을 통한 모든 암호화폐 거래를 불법으로 규정했다. 동시에 중국정부는 자국 디지털화폐인 디지털 위안(e-CNY)의 도입을 추진했다. 일각에서는 디지털 위안이 정부의 감시 능력을 강화하고, 국가의 금융 통제를 더욱 용이하게 하며, 나아가 미국 달러의 국제적 지위를 위협할 것이라고 주장한다. 그러나 중국 경제학자들은 이에 대해 회의적이다. 감시체계는 이미 매우 촘촘하게 구축되어 있으며, 예금자들이 대규모로 은행 예금에서 자금을 인출하여 디지털 화폐로 이전할 경우, 이는 전체 금융 시스템에 잠재적인 위험이 될 수 있다. 이는 은행의 자금 조달을 더욱 어렵게 만들기 때문이다. 또한 국제화 측면에서 중국 위안화(CNY)는 현재 전 세계 통화거래의 2%에 불과하다. 중국정부가 주요 경제국 중 가장 강력한 자본 통제를 유지하고 있으며, 정치체제에 대한 불신이 여전히 존재하는 것이 위안화의 국제적 매력을 약화시키는 주요 요인이다. 이는 기술적 문제가 아니라 정책과 정치적 요인에 기인한 것이다.

정부 관리들은 또한 자국의 독자적인 혁신 부족을 우려하고 있다. 이는 국가의 제조업체들이 독자적으로 새로운 제품을 개발하기보다는 외국의 기술을 모방하거나 외국을 위한 제품을 생산해야 한다는 현실을 의미한다. 그러나 당-국가가 경제를 밀접하게 통제하는 것은 혁신을 저해할 위험이 있다. 시진핑은 국유기업에 대한 의지를 보이고 있으며, 이는 마윈과 같은 기업가들이 설립한 민간기업보다 더 엄격한 통제가 가능하다. 국유기업의 권한을 축소하면 중국경제의 효율성이 훨씬 높아질 수도 있지만, 일당체제가 스스로의 정치적 기반을 붕괴시킬 위험을 감수할 가능성은 거의 없다. 정부 지지자들은 지난 몇 년간의 눈부신 경제 성장률이 영원히 지속될 수는 없으며, 중국은 여전히 대부분의 다른 경제권이 부러워할 만한 연간 6~7% 범위의 성장률을 유지할 수 있다고 주장한다. 그러나 이는 현실에서 실현되지 않는 것으로 보인다.

금융 분석가들은 시진핑이 2020년 대비 2035년까지 경제 규모를 두 배로 늘리겠다는 계획을 달성하려면, 중국경제가 연평균 5% 성장해야 한다고 지적하지만, 이는 현실적으로 달성하기 어려울 것으로 보인다.

결론

덩샤오핑이 지도자로 부상한 이후 수년 동안, 중국경제는 눈에 띄는 성과를 거두었다. 그러나 개혁과정에서 발생한 구조적 결함이 두드러지며, 이는 경제성장의 둔화로 이어질 가능성이 크다. 심각한 구조적 문제 중 하나는 소득 격차이다.

- **지역 간 격차**: 중국 동부 연해지역에서 임금이 상승하면서 일부 산업이 내륙으로 이전할 유인이 생기면서 격차가 완화되기는 했지만, 내륙 및 서부 지역의 소득 수준은 여전히 뒤처져 있다. 예를 들어, 상하이의 평균 소득은 간쑤성의 평균 소득보다 5배 이상 높다.
- **도시와 농촌 간 격차**: 농민들의 소득은 도시 거주자의 3분의 1에도 미치지 못하며, 중국 인구의 거의 절반을 차지하는 농촌 거주자는 국가 전체 저축의 5분의 1도 채 보유하지 못하고 있다.
- **산업 간 격차**: 금융, 전력 생산, 부동산 부문에서 임금이 가장 빠르게 상승한 반면, 농업, 임업, 어업 부문의 임금 상승률은 상대적으로 낮다.
- **사회 계층 간 격차**: 자영업자 및 민간기업 소유자의 소득은 국유기업 근로자의 소득보다 높다.
- **도시 거주자 간 격차**: 상하이와 광저우 시민의 소득은 랴오닝성과 헤이룽장성 같은 낙후된 공업지대인 '러스트 벨트' 지역의 주민들보다 훨씬 높다.
- **도시 내 격차**: 베이징과 톈진 같은 도시 주변에는 '빈곤 지대'가 형성되었으며, 한 중국 경제학자는 베이징을 유럽식 도시와 아프리카식 농촌이 공존하는 공간으로 표현하기도 했다.

금융시장은 혼란스럽고 왜곡되어 있으며 부패가 만연해 있다. 규제 환경이 취약하며, 법과 규정이 집행되지 않거나 지방정부 관리들에 의해 무시되곤 한다. 이로 인해 기업들은 비용 절감을 위해 규정을 회피하게 되고, 그 결과 제품의 품질이 저하된다. 또한 기업의 성공은 시장 원리보다는 당과 정부 관리들과의 인맥에 의해 결정되는 경우가 많아, 이는 경쟁을 저해하고 자원의 효율적 배분을 방해한다.

개혁의 사회적 비용은 막대하기 때문에, 이를 미루고 싶은 유혹도 크다. 그러나 경제학자들은, 불가피하게 단행되어야 할 개혁을 미루면 그 개혁이 초래할 혼란이 오히려 더욱 커질 수 있다고 경고한다. 지금까지 취해진 완화 조치는 제한적인 성과를 거두었을 뿐이다. 최근 나타난 완만한 성장 둔화가 성숙한 경제에서 나타나는 자연스러운 현상인지, 아니면 심각한 결과를 초래할 장기적인 침체의 전조인지 불확실하다. 또한 시진핑정부가 모든 사람이 필요성을 인정하는 경제개혁을 성공적으로 추진할 수 있을지도 불투명하다. 현재까지 공동 부유라는 목표, 즉 빈부 격차 해소를 위한 노력은 거의 진전을 보이지 못했다. 코로나 봉쇄 조치로 인해 소득 격차 해소의 작은 성과마저 되돌렸으며, 가장 가난한 계층이 소득 감소의 주요 피해자가 되었다.

중앙집권적 계획경제에서 시장경제로의 전환은 극히 어려운 과정이며, 중앙정부의 개입과 시장 규제 간 적절한 균형에 대한 논쟁이 계속되고 있다. 현 지도층 내에서는 신속한 개혁추진의 필요성에 대한 광범위한 공감대가 형성되어 있지만, 개혁의 속도와 시기를 둘러싼 의견 차이는 존재한다. 시장화는 중국경제발전에 대체로 긍정적인 영향을 미쳤지만, 좌파 경제학자들은 여전히 경제 운영에서 계획이 필수적이라고 주장한다. 그들은 공급과 수요의 전반적인 균형 조정, 경제 구조조정, 공정 경쟁 유지, 환경 보호, 사회적 형평성을 위해 정부 개입이 필요하다고 본다.

중국이 지금까지 여러 차례 위기를 극복했던 것처럼, 이번에도 현 상황을 헤쳐나갈 가능성은 존재한다. 그러나 심각한 경제적 불안정성이 발생할 가능성 역시 배제할 수도 없다.

추가 읽을거리

Alicia Garcia-Herrero, "The Economic Outlook for Xi's Third Term: Mounting Challenges, Dwindling Fiscal and Monetary Options," *China Brief*, Jamestown Foundation, September 20, 2022.

No author, "Will Going Digital Transform the Yuan's Status at Home and Abroad?" *The Economist*, May 6, 2021.

Barry Naughton, *The Chinese Economy: Transitions and Growth* (Cambridge, MA: MIT Press, 2020).

Barry Naughton and Brianna Boland, *CCP Inc.: The Reshaping of China's State Capitalist System.* (Washington D.C.: Center for Strategic and International Studies, January 2023).

Karen Sutter and Michael D. Sutherland, "China's Economy: Current Trends and Issues," *In Focus*, Washington D.C.: U.S. Library of Congress Congressional Research Service April 6, 2022.

8장

범죄와 처벌

모든 사회는 구성원들의 행동을 규제하려 하지만, 어떤 행동을 금지하거나 처벌할지, 판단하는 방식, 그리고 처벌의 형태는 사회마다 크게 다를 수 있다. 예를 들어, 어떤 사회는 출산 장려를 위한 혜택을 제공하고 피임약 사용이나 판매를 금지하여 이를 위반할 경우 징역형을 선고할 수도 있다. 반면, 인구 성장을 억제해야 한다고 믿는 사회는 정반대의 유인 및 처벌체계를 적용할 수도 있다. 어떤 사회는 가족이나 집단의 제재를 통해 비공식적인 규범을 실행하는 것을 선호하는 반면, 다른 사회는 복잡한 법원과 교정기관을 통해 세부적인 성문 규범에 의존한다. 사회가 적절하다고 여기는 처벌의 형태는 범죄자 추방에서 고통스러운 처형에 이르기까지 매우 다양하다.

1949년 중국공산당 지도부는 국민당, 군벌, 일본군, 그리고 여러 내부 경쟁 세력과 수십 년에 걸쳐 격렬한 투쟁을 거쳐 살아남은 집단이었다. 이러한 투쟁 과정에서는 법적 절차가 존중된 적이 거의 없었다. 이러한 경험들은 중국공산당 지도자들로 하여금 사법제도의 신성함이나 통치자의 양심에 대한 이성적 호소로 사회를 개선할 수 있다는 믿음을 갖지 못하게 했다. 더 나아가, 공산주의 이념 자체가 법체계의 공정성과 내재적 정의라는 개념을 전면적으로 부정했다. 오히려 법체계는 지배 계급, 즉 중국의 경우에는 봉건 세력과 부르주아 계급이 노동자와 농민을 억압하고 착취하며, 사회 발전을 저해하는 도구로 간주되었다.

공식적인 법체계에 대한 부정적인 태도는 의도적인 것만은 아닐 수도 있다. 이는 분쟁 해결과 처벌 과정에서 비공식적인 방식을 선호해 온 중국의 전통적 성향과도 관련이 있다. 또한 공산주의와 마찬가지로, 전통적인 중국 법체계 역시 법을 지배적인 정치 이념의 하위 개념으로 보았다. 중국의 경우, 그 지배적인 이념은 유교였다.

마오쩌둥은 영구혁명 개념을 강력히 신봉하는 인물이었다. 그는 공산주의로 나아가는 과정에서 기존의 질서가 계속해서 뒤흔들려야만 혁명의 동력이 유지될 수 있으며, 그렇지 않으면 과거 사회의 악습이 다시 부활할 것이라고 믿었다. 따라서 그는 온건한 방식으로는 낡은 사회를 개혁할 수 없다고 단언하면서 폭력을 정당화했다. 이러한 태도는 예측 가능성을 전제로 하는 공식적인 법체계의 발전을 저해하는 요소였다. 따라서 초기에는 기존의 법체계를 파괴하는 것이 우선시되었으며, 그 대안으로 상당히 폭력적인 방식들이 도입되어 기존 체제의 폐단을 정화하려 했다.

1949년 이후 중화인민공화국의 법체계는 법률적 모델과 사회적 모델이라는 두 가지 법 개념의 상호작용을 통해 분석될 수 있다. 법률적 모델은 공식적이고 정교하며 성문화된 규범과 이를 집행하는 정규 사법 체계를 중심으로 한다. 반면, 사회적 모델은 사회적으로 승인된 규범과 가치를 중시한다. 1949년 이전 공산당이 지배하던 해방구에서 이 두 모델의 영향이 모두 드러났다. 한편으로는 대중노선을 적극적으로 활용하여 이념적 합의를 형성하고 집행하였으며, 민사 분쟁 해결을 위해 조정 기법을 활용했다. 반면, 인민정부는 몇 가지 기본 법률을 제정하고, 법원·변호권·공개 재판을 포함한 공식적인 사법체계를 수립하였다.

사회적 모델과 법률적 모델의 불완전한 공존:
1949~1953년

중화인민공화국 수립 초기에는 옌안과 기타 해방구에서와 마찬가지로, 사회적 모델과 법률적 모델이 상호보완적이면서도 때로는 경쟁적인 방식으로 공존했다. 정부는 국민당의 모든 법률과 사법 기관을 폐지하고, 1949년 중국인민정치협상회의에서 통과된 공동강령을 기반으로 점진적으로 독자적인 법체계를 구축했다. 소련의 사례를 참고하여, 중국정부는 '검찰'(또는 검찰원)이라는 국가기관을 설립하여 사법체계를 감독하고 조사하는 역할을 맡겼다. 검찰은 공안(경찰) 기관이 체포 및 기소를 수행하는 과정에서 적법한 절차를 준수했는지를 감독하는 역할을 한다. 공안 당국이 법적 절차를 준수했다고 판단될 경우, 검찰은 피고인에 대한 정보를 수집하고 형사 재판에서 검사 역할을 수행한다.

1949년 이후 도입된 중요한 제도 중 하나는 '당안(檔案)'제도로 공안과 검찰이 정보 수집에 활용해 왔다. 당안은 개인의 초등학교 입학 시점부터 작성되는 신상 기록으로, 대체로 직장과 공안국에 동일한 사본이 보관된다. 당안에는 개인 사진, 가족 및 친척 명단, 학업 성적, 공산주의청년단 및 중국공산당 가입 여부 및 입당일, 승진 기록, 업무 수행 평가, 정치적 평가 등이 포함된다. 기록된 하나의 정보 또는 그 결합이 개인의 진로나 당국의 조사에 결정적 영향을 미칠 수 있다. 예를 들어, 특정 시기의 당 노선에 따라 나쁜 계급 배경을 가진 친척이 있다는 사실만으로도 직무 배치에서 심각한 불이익을 받을 수도 있었다. 중국에는 정보공개법이 존재하지 않기 때문에, 개인이 자신의 당안 기록을 열람하거나, 그 안의 허위 사실을 수정하고 부당한 정치적 평가에 항의할 제도적 권리가 없다. 거주 등록제도는 개인이 특정 지역에 머물러야 하며, 이동이나 여행을 하려면 별도의 허가를 받아야 하는 제도로, 사람들을 감시하는 중요한 도구로 활용되었다. 검찰 및 공안기관과 더

불어, 새 정부는 1회의 항소권이 허용되는 3단계 사법체계(기초 법원, 중간 법원, 최고 법원)를 수립하였다. 1949년부터 1953년까지 약 148개의 법률과 규정이 제정되었으며, 그중 가장 중요한 법률은 「혼인법(1950)」, 「토지개혁법(1950)」, 「노동조합법(1950)」, 「반혁명분자처벌법(1951)」, 그리고 「부패처벌법(1952)」이었다.

그러나 동시에, 공안기관은 검찰이나 사법제도 또는 법률을 참조하지 않고 독자적으로 사법권을 행사했다. 이 시기에는 자의적인 체포와 구금, 강제 자백, 즉결 처벌이 빈번하게 이루어졌으며, 이는 문학과 연극 속에서도 미화되었다. (예를 들어, 12장에서 논의되는 〈백모녀(白毛女)〉의 줄거리를 참조).

전국적인 대중운동인 '삼반(三反)'과 '오반(五反)'운동, 토지개혁운동, 반혁명운동 등이 진행되는 동안, 급조된 인민재판이 대중 재판에서 혁명적 정의를 집행했다. 마오쩌둥은 이러한 재판에서 반동분자 및 불량분자로 간주된 약 80만 명이 사형을 선고받았다고 밝혔으며, 일부 추정치에 따르면 그 수는 수백만 명에 이른다. 또한 더 많은 사람들이 노동 개조형을 선고받았으며, 열악한 환경 속에서 극히 강인하거나 운이 좋은 소수만이 생존할 수 있었다. 당시 이러한 방식은 절대적으로 필요한 조치로 정당화되었다. 구사회의 반동 세력은 여전히 강력하며, 신생 사회를 말살시키려 재결집을 노리고 있는 것으로 간주되었다. 이들의 반격을 막기 위해서는 그들을 완전히 소멸시켜야 한다는 논리가 지배적이었다.

법제적 질서의 부상: 1954~1957년

1954년 중국 최초의 국가 헌법이 공포되면서, 당이 통치를 제도화하려는 의지를 보여주는 듯했다. 이 헌법은 전국인민대표대회(이하 전인대)를 국가 최고 권력기관으로 규정했다. 전인대와 그 상무위원회는 입법,

개정, 임명에 관한 광범위한 권한을 부여받았다. 또한 이 헌법은 국무원을 중국의 최고 행정 기관으로 규정하고, 국무원, 최고인민법원, 최고인민검찰원을 중앙정부 구조를 구성하는 기관으로 규정했다. 이들 세 기관은 전인대와 그 상무위원회에 대해 책임을 지며, 두 기관은 해당 기관의 관리를 임명하거나 해임할 수 있는 권한을 가졌다. 전인대 대의원들은 본회의의 동의 없이, 또는 회기 중이 아닐 때는 상무위원회의 동의 없이 체포되거나 구금되지 않을 권리를 보장받았다.

인민법원과 인민검찰원에 대한 조직법이 제정되면서, 각각 전인대와 그 상무위원회의 감독 아래 별도의 위계 구조를 갖게 되었다. 인민법원은 기초법원, 중급법원, 고급법원으로 나뉘며, 최고인민법원이 그 정점에서 사법권을 행사했다. 인민검찰원도 유사한 계층 구조를 가지게 되었으며, 최고인민검찰원을 정점으로 하는 각급 기관에는 법 집행에 대한 감독 권한이 공동으로 부여되었다. 비록 제한적인 형태이긴 했지만, 중국은 처음으로 사법 독립 개념을 일정 부분 수용한 것으로 보인다. 헌법은 "인민법원은 법에 따라 독립적으로 사법을 집행한다"고 선언했지만, 실제로는 각 법원이 해당 단계의 인민대표대회에 책임을 지도록 되어 있었다. 이전 법률들은 법원을 인민정부, 즉 입법 기관이 아닌 행정 기관의 지도 하에 두었다. 따라서 이 같은 변화는 법제 모델로의 중요한 진전을 의미했다.

헌법의 다른 조항들은 법 앞의 평등을 보장했으며, 언론·출판·결사·시위·종교의 자유뿐만 아니라 노동·휴식·교육·사회보장의 권리도 명시했다. 헌법 조항 중 하나는 "중화인민공화국 공민의 신체적 자유는 침해할 수 없다. 인민법원이나 인민검찰원의 결정 없이 어떠한 공민도 체포될 수 없다"는 조항을 통해 자의적 체포에 대한 명시적 보호가 규정되었다. 1954년에 공포된 체포 및 구금법은 이러한 보장을 구체화하는 절차를 추가했다. 이 시기에 다수의 실체법과 절차법이 제정되었으며, 종종 소련 법전을 본보기로 삼았다.

법원과 검찰의 업무를 보완하는 역할로 변호사제도가 형성되기 시작
했다. 대학에서는 새로운 사회주의 법철학과 새로운 법률을 교육하기
위한 법률 연수 과정을 개설했다. 1957년 중반까지 전국적으로 800곳
이상의 법률 자문 사무소가 설립되었으며, 2,500명 이상의 상근 변호
사가 활동하고 있었다.

이 시기의 법제 환경은 혁명 직후의 법 집행 관행에 비해 분명히 개
선되었지만, 국민의 권리와 사법의 독립성은 여전히 제한적이었다. 법
은 지배계급의 도구라는 공산주의적 신념에 따라, 반동분자 또는 계급
의 적으로 규정된 사람들은 어떤 헌법적 권리도 보장받지 못했다. 헌법
에서 법 앞의 평등을 보장한다고 해도, 법률이 계급과 상관없이 공평하
게 적용된다는 의미는 아니었다. 계급에 따라 다른 권리를 인정하는 개
념은 전통 중국의 '예(禮)'와 '법(法)'의 구분과 일맥상통하며, 사회적
모형과 법제 모형의 병존 개념 역시 마찬가지이다. 그러나 중화인민공
화국 지도자들이 자신들의 법 개념과 전통 중국의 법 개념을 의식적으
로 연결했다고 보기는 어렵다.

1949년 이후 형성된 사법체계를 보면, 무죄 추정의 원칙은 적용되
지 않았고, 피고는 강력한 반증을 제시하지 않는 한 유죄로 간주되었
다. 또한 문서상 보장된 권리와 실제 관행 사이에는 여전히 괴리가 존
재했다. 계급 배경이 흠없이 완벽한 극소수의 사람들조차도 억울함을
해소하기 어려웠다. 그럼에도 불구하고 1950년대 중반에는 사법체계
의 정비와 제도화가 뚜렷한 흐름을 보였다.

1956년, 중국공산당 제8차 전국대표대회에서 중앙위원회 부주석인
류샤오치(劉少奇)는 이러한 변화를 옹호했다. '혁명적 격동기'가 지나
고 새로운 생산관계가 정립됨에 따라, 그에 상응하는 방식의 전환이 요
구되었다. 완전한 법률체계의 존재는 생산을 촉진하기 위해 절대적으
로 필요하게 되었으며, 개인들은 법을 위반하지 않는 한 시민적 권리가
보장된다는 점을 이해해야 한다고 강조했다. 흥미롭게도, 이후의 전개

를 고려하면, 마오쩌둥은 같은 당 대회에서 관료주의의 폐해와 대중과 단절되는 위험성에 대해 경고했다.

사회적 모델의 부활: 1957~1965년

1957년 백화제방(百花齊放)운동 당시, 변호사들과 사법체계에 관련된 인사들은 사법제도의 결함을 공개적으로 비판했다. 이들의 비판은 법률과 입법의 공백, 피고인에게 무죄 추정 원칙의 부재, 그리고 사법 행정의 일탈 등을 포함했다. 한 비판자는 자신의 나라를 법도 정의도 없는 국가라고 표현하기도 했다. 그러나 이후 반우파운동과 대약진운동의 광풍이 몰아치면서, 중국의 소련식 사법체계로의 발전은 사실상 중단되었고, 대신 극도로 자의적인 사회적 모델이 자리 잡게 되었다.

법률 전문가들은 '소위 부르주아적 과학적 객관주의'에 대한 공격의 주요 대상이 되었다. 이들은 법의 계급적 성격을 무시하고, 반혁명분자들조차 포함한 보편적 평등과 같은 터무니없는 개념을 논한다고 비난받았다. 재판에서 사실에 입각하고 법을 기준으로 판단하는 원칙은 당의 정책을 포기하는 것으로 간주되었다. 또한 법을 추상적 개념으로 다루며 현실 정치 맥락과 동떨어진 방식으로 적용하려 했다는 비판을 받았다. 1957년 이전의 변호사를 통한 변론제도는 '불량분자를 보호하는 것'이며, 적대 계급 분자와 인민 사이의 구분을 흐렸다는 이유로 비판을 받았다.

사법 교육 과정은 대학교에서 대폭 축소되었고, 법전 편찬 작업은 중단되었으며, 법률 연구도 사라졌다. 법조계 자체가 사실상 폐지되었으며, 법학 교수와 학생들, 변호사들은 생산 노동에 종사하도록 농촌으로 보내졌다. 대법관 네 명을 포함한 다수의 저명한 법률가들은 반우파로 숙청되었다. 법은 형식상 유지되었지만, 법원은 더 이상 헌법에 따라 작동하지 않았다. 그러나 이에 대한 우려가 공개적으로 제기되는 일은 없었다.

마찬가지로, 인민검찰 기관은 내부 인력이 공격받는 상황에서 공안 기관의 체포와 기소의 적법성을 효과적으로 심사할 수 없게 되었다. 그 결과 공안 요원들의 권한이 대폭 강화되었으며, 당 서기들도 관련 법률 조항에 의거하지 않고 독자적으로 사건을 결정하고 형벌을 내릴 수 있는 권한을 가지게 되었다. 실질적으로 사법 절차는 당 위원회에 의해 완전히 통제되었고, 공안기관에 의해 집행되었다.

이 시기의 또 다른 특징은 사법 업무에서 대중노선이 다시 강조되었다는 점이다. 법원 재판은 계속 열렸지만, 대중토론을 추가하고 법정을 직접 대중에게 가져가며, 보다 쉽게 이해할 수 있도록 새로운 규칙과 절차를 도입하고, 즉결 재판을 실시하는 등의 방식으로 법 절차를 탈신비화하는 노력이 병행되었다. 대약진운동의 실패 이후 이어진 긴축정책 기간에는 일부 법률적 모델이 부분적으로 부활했지만, 그 속도는 더디고 미온적이었다. 예를 들어, 몇몇 법전 편찬 작업이 재개되었지만, 전반적으로 비공식적인 혁명적 규범이 지배적인 상태였다.

사회적 모델의 만연: 1966~1976년

이러한 비교적 강력한 사회적 모델조차도 문화대혁명 이념주의자들에게는 충분히 순수하지 못했다. 그들의 논리는 중국공산당이 집권당이므로 그 정책이 곧 법이라는 것이었다. 따라서 모든 형식적인 법률은 폐지되고 당정책으로 대체되어야 한다고 주장했다. 1967년 1월 31일 자『인민일보』기사 제목은 실제로 '무법에 대한 찬양'이었다. 이는 명목상 부르주아 법률의 파괴를 주장한 것이었지만, 실질적으로는 당과 정부의 전체 법률 및 헌정 구조를 타파해야 한다는 의미였다. 급진파들은 이러한 헌정 구조가 중국을 '부르주아-자본주의적' 체제로 유지시켜, 공산주의를 가장한 가짜 체제를 지속시켰다고 믿었다. 이로 인해 많은 고위 지도자들과 수십만 명의 중·하급 간부들이 헌법적 절차를 완전히 무시한 채 제거되었다. 종종 이들은 1920년대에 당에 '몰래 잠입'하여 국민당이나 소련 수정주의자들의 하수인으로 활동해 왔다는 혐의를 받았다.

마오쩌둥은 홍위병들에게 '공검법(공안, 검찰, 법원을 통칭하는 약어)'을 타도하라고 지시하였다. 이는 실질적으로 전체 사법체계를 포함하는 개념이었다. 이에 홍위병들은 열광적으로 반응하여 공검법 기관을 습격하고 관계자들을 공격하며 기록을 파괴했다. 우연이 아니게도, 이들 기록에는 홍위병 본인뿐만 아니라 그들의 가족 및 지인들의 신상 자료도 포함되어 있었다. 공안부 제1부부장, 최고검찰원장, 대법원장이 모두 해임되었다. 대중적 사법이 일상의 질서가 되었다. 거대한 비판 집회에서 재판이 진행되었는데, 때로는 규모가 커서 스포츠 경기장에서 열리기도 했다. 이들 재판의 검사 역할은 자칭 인민, 혁명위원회, 군사 통제 조직 등이 맡았다. 문화대혁명 기간 동안 일부 지역에서는 군대가 '공검법'의 기능을 수행할 권한을 부여받기도 했다. 이는 혁명 지도부조차 감당할 수 없을 정도로 혼란이 극심해지자 질서를 회복하기 위한 조치였던 것으로 보인다.

1968년 말이 되면서 문화대혁명의 폭력적인 단계가 어느 정도 진정되었고, 새로운 당헌이 마련될 수 있었다. 이 당헌은 1969년 4월에 채택되었다. 그러나 외국 관측통들은 새로운 국가 헌법이 제정되지 않는 것을 보고 고위층에서 정책적 의견 충돌이 일어나고 있다고 추측했으며, 이는 결과적으로 옳은 판단이었다. 1970년 이후, 군대의 법 집행 권한은 점차 축소되었으며, 1975년 1월에 마침내 새로운 국가 헌법이 최종적으로 공포되었다.

급진적인 영향이 반영된 1975년 헌법은 인민검찰기관을 폐지하고, 전국인민대표대회나 그 상무위원회의 동의 없이 전인대 대표를 체포하거나 재판할 수 없도록 한 1954년 헌법의 보호 조항이 삭제되었다. 시민의 권리에 대한 조항도 대폭 축소되어, 19개 조항에서 4개 조항으로 줄어들었다. 새 헌법에서 눈에 띄게 사라진 권리에는 거주 이전의 자유, 과학 연구의 자유, 문학 및 예술 창작의 자유가 포함되었다. 그러나 이들 권리가 과거에도 실제로 실질적으로 보장된 적이 없었기 때문에, 그 삭제가 즉각적인 영향을 미치지는 않았다.

문화대혁명 시기 종교에 대한 공격을 고려할 때 다소 뜻밖이게도, 1975년 헌법은 여전히 신앙의 자유를 보장하고 있었다. 그러나 여기에 더해 신앙을 갖지 '않을' 권리와 무신론을 선전할 권리도 추가되었다. 또한 파업권을 비롯해 이른바 '4대 자유'라 불리는 권리도 포함되었는데, 이는 '자유롭게 의견을 개진하고, 견해를 충분히 발표하며, 논쟁을 벌이고, 대자보를 작성할 자유를 의미'했다.

문화대혁명 초기부터 사실상 기능이 중단되었던 검찰기관은 1975년 헌법에 의해 공식적으로 폐지되었으며 그 기능을 공안부로 이관하였다. 문화대혁명 기간 동안 공안기관에 대한 강한 비판이 있었던 점을 감안할 때, 1975년까지 공안부가 철저히 재편되고 혁명화되었음을 짐작할 수 있다. 또한 1954년 헌법에 명시된 사법 독립 조항이 삭제되었고, 법원은 인민대표대회가 아니라 정치 지도부의 통제하에 두어졌다. 1975년 헌법은 사법 업무에서 대중노선의 입지를 공식화하였으며, 주요 반혁명 사건에 대해 대중재판을 허용하였다.

1976년 마오쩌둥 사망 당시, 대부분의 범죄와 분쟁은 당 위원회와 공안기관과 같은 사법 외 기관에 의해 처리되고 있었다. 도시지역에서는 공안기관들이 마오쩌둥 이후의 권력 투쟁을 대비하는 급진 세력의 영향을 받기 시작했고, 이들은 민병대 역할뿐만 아니라 심지어 소방 기능까지 흡수하고 있었다. 권한 남용의 가능성은 명백했으며, 당시 공식 기록에 따르면 마오쩌둥의 초상화에 대해 실제로 행해졌거나, 거짓으로 꾸며진 모독 행위를 이유로 개인들이 가혹한 형을 선고받는 사례가 다수 발생했다. 또한 공안부대는 일반 시민들에게 자신들 기준의 올바른 혁명적 복장이나 머리 모양을 강제로 강요하기도 했다. 도시 공안부대는 고위층의 이념적 권력 투쟁에서도 실행 부대 역할을 맡았으며, 이로 인해 정치적 견해가 충분히 정통적이지 않다고 여겨지는 사람들에게 처벌이 가해졌다. 1976년 4월 톈안먼사건 이후 덩샤오핑에게 내려진 판결은 이러한 사례 중 가장 극적인 예에 해당한다.

흥미롭게도, 당시 중국을 방문한 외국인들은 중국의 사법제도에 대체로 호의적인 인상을 받았는데, 이는 서구의 복잡한 법적 세부사항, 난해한 법률 용어, 그리고 빈번한 소송 문화에 대한 피로감을 반영한 것일 수 있다. 그러나 곧 대다수의 중국인들은 이러한 평가에 동의하지 않는다는 점이 분명해졌다.

마오쩌둥 이후의 법과 정의: 법률적 모델로의 복귀

1978년 덩샤오핑이 권력의 중심으로 복귀하면서 중화인민공화국의 법체계는 다시 한 번 강조점을 바꾸었고, 이번에는 법률적 모델을 지향하게 되었다. 그의 이러한 결정은 경제적 동기와 개인적 동기가 복합적으로 작용한 결과였다. 경제적으로 보면, 덩샤오핑은 중국의 기업가들이 과거의 관행에서 과감히 벗어나려면, 개인과 기업의 권리 모두에 대한 보호가 필요하다고 보았다. 또한 외국 기업들은 중국에 본격적으로 투자하거나 거래를 확대하기에 앞서, 법령과 기타 제도적 보장을 요구했다. 개인적 차원에서, 그는 10년 사이 자신을 두 차례 가혹하게 처벌한 법체계를 뒤집고자 했다. 그가 되돌리려 했던 초기 판결 중 하나는 1976년 4월 톈안먼사건에 대한 것이었다. 이후 공식 지침은 시위대를 '반혁명분자'가 아닌 '혁명적 영웅'으로 지칭하라고 규정했다.

당이 법정책을 이처럼 급작스럽게 뒤집은 것은 대중의 강한 지지를 받긴 했지만, 오랫동안 정반대의 가치관을 주입받은 군중에게는 설명이 필요했다. 어색한 설명들이 "당의 정책이 곧 법이라는 오랜 관점이 잘못되었다"는 점을 설득하려 했지만, 이 설득은 충분히 납득력을 가지진 못했다. 그럼에도 1978년부터 1982년 사이에 중국은 두 차례에 걸쳐 새로운 국가 헌법을 채택했고, 중요 법률들을 성문화했으며, 사법체계를 재편하고, 법조인제도를 부활시키며, 법학 연구와 교육을 재개했다.

새로운 법체계

1978년 3월, 1975년 헌법을 대체하는 새 헌법이 채택되었다. 1978년 헌법은 1954년 헌법에 보다 가까웠으며, 검찰기관을 부활시키고 공안 요원이 체포를 하기 전에 사법부 또는 검찰의 승인을 얻도록 요구했다. 1975년 헌법과는 달리, 지방 검찰과 법원은 이제 해당 계층의 인민대표대회에만 책임을 지게 되었고, 더 이상 행정기관에는 책임지지 않게 되었다. 피고인은 변호권과 공개 재판을 받을 권리를 회복했다. 1954년 헌법이 약속했던 많은 자유도 되살아났지만, 거주 이전의 자유는 여전히 허용되지 않았다. 지도부는 지난 20년간 농촌지역으로 강제 전출된 수백만 명의 사람들이 원래 살던 곳으로 돌아오는 것을 원치 않았다. 1978년말 당 중앙위원회 제3차 전체회의에서는 사법부의 독립과 계급 배경에 상관없는 모든 사람의 법 앞 평등을 재확인했다.

구체제 하에서 부당한 대우를 받았다고 느낀 수백만 명의 사람들이 새 법체계에 제기한 요구는, 그 체계를 압도할 정도로 과중한 부담이 되었다. 1978년 1월부터 1979년 6월까지 18개월간 인민법원은 70만 8,000건을 심리했으며, 그중 16만 6,000건 이상이 허위 고발로 확인되었다. 이 70만 8,000건은 운이 좋은 경우였다. 법정은 혼잡했고, 전문 인력은 부족했기 때문에 대부분의 원고는 오랜 대기 시간을 감수해야 했다. 다수의 사건이 아예 심리조차 받지 못할 것이라는 우려가 커졌다. 피해자들 중 일부는 당국이 관심을 기울이지 않는다고 느꼈고, 또 다른 이들은, 상당히 정확하게도, 사건이 사회 구조에 파장을 일으킬까봐 의도적으로 회피한다고 판단했다. 재판이 열렸으나 판결을 받은 사람들은 또다시 정의가 실현되지 않았다며 불만을 토로했다.

재판 자체가 열리지 못한 이들과 공정한 심리를 받지 못했다고 느낀 이들 모두 헌법상 파업 및 시위권을 행사하기 시작했다. 수십만 명이 베이징 및 주요 도시에 몰려들었다. 이들의 억울함은 외신에 자주 보도되었고, 지도부는 이런 상황을 달가워하지 않았다. 이에 정부는 다음 해 헌법에서 '4대 자유'와 파업권을 삭제했다. 당국은 이 권리들이 비난받던 4인방에 의해 만들어진 것이어서 불순하다고 설명했다. 또한 다른 방식으로 인민의 권리가 충분히 보호되므로, 이런 권리를 헌법에 두는 것은 '뱀 그림에 다리를 그리는 격'으로 불필요하다고 주장했다.

그러나 다른 시각에서는 이를 두고 지도부가 본질적 권리가 아닌, '도구적'이고 '관료적' 성격의 것으로 여겼다는 비판이 제기됐다. 이는 권리가 공공정책에 기여하지 않으면 폐기될 수 있다는 뜻이다. 사실상 인권개념을 도구적 개념으로 받아들인다면, 공익을 이유로 그 정지가 '요구'될 수도 있다. 이러한 경우, 그리고 그 이후에 발생할 대규모 시위들에서도, 중국의 최우선 목표는 경제발전과 국가적 번영의 달성이라는 점을 내세울 수 있었고 실제로 그렇게 주장되었다. 시위는 사회적 안정을 해치고 정상적인 경제활동을 방해하기 때문에, 국가의 이익에 반하며 본질적으로 전복적인 성격을 지닌다. 따라서 이러한 전복적인 활동을 지지하는 세력은 반혁명분자로 간주된다.

이러한 후퇴에도 불구하고, 지도부는 형식적 사법제도의 제도화에는 꾸준히 힘썼다. 1982년 채택되어 현재까지 유효한 헌법은 중국을 '프롤레타리아 독재'가 아닌 '인민민주독재'로 규정했다. 이 헌법은 1954년 헌법의 전인대 대표 불체포 특권 조항을 부활시키고, 회의 중 발언이나 표결에 대한 면책 조항도 새로 추가했다. 인민법원과 검찰은 행정기관, 대중조직, 개인의 간섭을 받지 않아야 한다고 명시했지만, 공산당은 그 대상에 포함되지 않았다. 당 지도자들은 권력 분립 개념이 부르주아적이고 중국에는 부적합하다고 일관되게 설명하며, 정부 각 부문이 제각각 움직일 경우 혼란을 초래할 수 있다고 강조했다.

1982년 헌법은 1978년 헌법보다 개인 권리에 더 큰 비중을 두었다. 주요 추가 조항으로는 국가주석의 2기 임기 제한(2018년에 폐지됨), 국민의 인격 존엄 불가침 및 모욕·명예훼손·무고·중상 등이 있었다. 또한 불법적인 신체 자유의 박탈 또는 제한과 불법 수색도 금지되었다. 재판은 특별한 경우가 아니면 공개되어야 한다. 그러나 동시에 "국가기밀을 보호하고, 국가·사회·집단의 이익이나 타인의 합법적 자유와 권리를 침해하지 않아야 한다"는 시민의무를 부과했으며, 이 조항들은 실제로 개인의 자유를 제약하는 근거로 이용되어 왔다.

1954년 헌법의 자유 중 복원되지 않은 대표적인 것은 거주 이전의 자유이다. 지도부는 대규모 인구 이동이 경제·사회체계에 방해가 될 수 있다는 점을 우려하여, 이에 대한 법적 권리를 부여하길 원치 않았다. 그러나 11장에서 보겠지만, 지난 20년간 약 2억 5,000만 명이 법적 권리가 없어도 거주지를 옮길 수 있었다.

1982년 헌법은 총 9차례 개정되었다. 대체로 초기 개정들은 덩샤오핑이 추진한 경제체제의 발전에 따른 것이었다. 예컨대 1988년 개정에서는 개인 사업자의 법적 지위를 강화하고 토지 사용권 이전을 허용했으며, 1993년 개정은 경제개혁 및 개방정책과 연결되어 있었다. 선전(深圳) 경제특구(5장 참조) 시찰 직후에 제안된 이 개정은 개혁개방의 정책적 의지를 명확히 했다. 개정조항들은 민영기업에 대한 법적 보호를 부여하고, 다양한 형태의 소유를 유효한 것으로 인정했으며, 정부가 국가를 통치함에 있어 법에 따라야 한다는 점을 선언하였다. 2004년 헌법은 사유재산과 인권 보호를 규정했다. 그러나 2022년 개정은 중국식 현대화와 사회주의 국가 건설이라는 이념적 목표를 유지하면서, 시진핑 핵심 지도체제 하에서 당의 지도적 역할을 강조하는 데 중점을 두었다.

법제도의 발전

덩샤오핑의 지침과 잇따른 헌법 개정들이 제공한 틀 내에서, 매우 짧은 기간 동안 사법제도에 많은 변화가 이루어졌다. 최고인민법원과 고급, 중급, 기층 수준의 인민법원 외에도, 군사, 해사, 철도 관련 사안을 각각 처리하기 위한 특별법원이 설립되었다 (도표 8.1). 군사 및 해사법원의 기능은 명확하며, 철도법원은 철도 노선과 열차 내에서 발생하는 형사 사건뿐만 아니라 철도 운송과 관련된 경제분쟁을 관할한다.

최고인민법원의 주요 책임은 각급의 하급 법원 및 특별 법원의 사법행정을 감독하는 것이다. 설립 이후, 최고인민법원은 일본 전범 사건과 4인방 사건과 같은 특히 중요한 몇몇 사건만을 심리해 왔다. 중국의 최고인민법원은 법률이나 정부정책의 합헌 여부를 판단할 권한이 없으며, 헌법은 그러한 권한을 전국인민대표대회 상무위원회에 부여하고 있다.

그러나 1981년 상무위원회의 결정에 따라, 최고인민법원은 법정 재판에서 법률 및 법령의 구체적인 적용과 관련된 문제에 대해 법을 해석할 권한을 부여받았다. 이러한 해석은 공개 의무가 없어, 사건 당사자는 국내외 개인이나 기업을 불문하고 법원의 판단 근거를 알 수 있다는 보장이 없다. 모든 사건에서 이러한 문제가 발생하는 것은 아니지만,

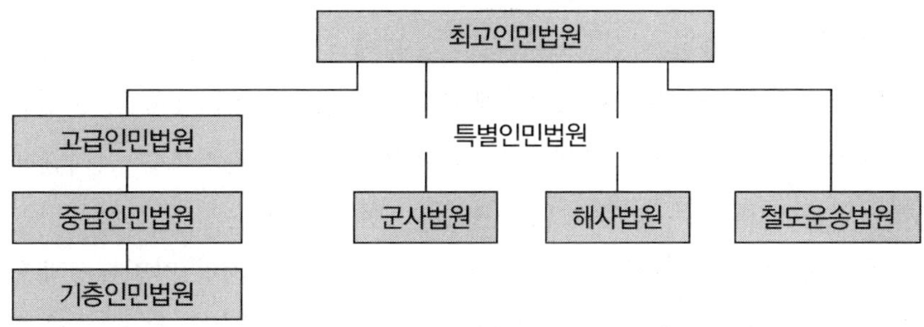

도표 8.1 중국 인민법원 조직 구조

출처: Zhang Min and Shan Changzong, "Inside China's Court System," *Beijing Review*, November 5–11, 1990, p. 16 참조.

새로운 법적 영역이나 민감한 사안에서는 그 가능성이 더 높다.

재판 절차

각급 인민법원은 법원장, 부법원장, 재판장, 부재판장, 그리고 여러 명의 일반 판사로 구성된다. 판결은 판사가 단독으로 내릴 수도 있고, 판사와 인민참심원이 공동으로 구성한 합의체에서 내릴 수도 있다. 판사는 특별한 훈련을 받지 않으며, 별도의 시험도 존재하지 않는다. 대신, 실무 경험이 중요하게 여겨진다. 교육 수준은 낮지만 점차 향상되고 있다. 1995년에는 중국 판사의 5%만이 4년제 대학 학위를 보유하고 있었으나, 2002년까지 법학 학위를 소지한 판사의 비율이 10%에 이르렀다. 법률 교육을 받지 않은 판사 중에는 전역한 군인, 전직 행정실무 서기 직원, 운전기사 등이 포함된다. 이들의 출신 배경과 상관없이, 중국 내 자료들은 판사의 급여와 사회적 지위를 낮다고 평가한다.

인민참심원으로도 불리는 배심원은 판사와 동등한 권리를 가지며, 사건의 서류를 검토하고, 사실과 증거를 확인하며, 사건의 당사자 및 모든 증인을 심문할 수 있다. 또한 판사와 함께 사건을 판결하고 법원 판결문에 서명할 권리가 있다. 만 23세 이상이며 선거권과 피선거권을 가진 모든 시민은 인민참심원으로 활동할 수 있다. 배심원은 인민대표대회, 판사, 소속된 직장, 또는 기타 단체에 의해 선발된다. 2005년에 도입된 개혁에 따르면, 최소 2년제 대학 교육을 받아야 하지만, 존경받는 고령자의 경우 이 요건이 면제될 수 있다. 또한 과거에는 판사들이 배심원을 임명하는 경우가 많아 이들이 형식적인 존재로 전락했다는 비판이 있었으나, 새로운 법에 따라 이제 배심원은 지방 인민대표대회 상무위원회에서만 임명할 수 있게 되었다. 배심원이 직무를 태만히 하거나 잘못된 판결을 내린 경우 처벌받을 수 있다. 이러한 새로운 기준은 판결 수준을 높이고 부패를 줄이는 것을 목표로 했으나, 몇 가지 우려를 낳았다. 첫째, 지방 인민대표대회의 대표들이 과연 객관적이고 공정한 사람들을 선발할 것인가? 둘째, 잘못된 판결에 대한 처벌이 공정하게 이루어질 것인가?

피고인은 변호인을 선임할 권리뿐만 아니라 스스로를 변호하거나 친족 중 한 명이 변호하도록 요청할 권리를 가진다. 1990년대 후반까지 변호사는 자신의 의뢰인보다 인민의 집단적 이익에 충성을 다해야 한다는 기대를 받았다. 자백하고 반성하는 경우 관대한 처벌을 받을 가능성이 크기 때문에, 무죄를 끝까지 주장할 경우 유죄를 인정하는 것보다 더 엄한 형을 선고받을 가능성이 높다. 따라서 법원의 목적은 유죄 또는 무죄를 가리는 것이 아니라 처벌의 종류와 수위를 결정하는 데 있었다. 실제로 무죄 판결이 내려지는 경우는 매우 드물다. 피고인은 상급 법원에 항소할 수 있으나, 실제로는 거의 이루어지지 않는다. 검찰이 하급 법원의 판결에 오류가 있다고 판단할 경우, 항고를 제기할 수 있으며, 이 경우 2심 법원이 사건을 재심리하며, 그 판결이 최종적이다. 외국의 많은 법체계와는 대조적으로, 중국의 사법 절차는 매우 신속하다. 사형 선고를 받은 경우 판결이 내려진 지 한 시간 이내에 처형이 집행된 사례도 있다. 심지어 사형처럼 항소가 자동으로 이루어지는 경우에도, 사건은 일주일 안에 종결되기도 한다.

헌법은 특별한 경우를 제외하고 공개 재판을 규정하고 있으나, 공개 재판이 무엇을 의미하는지에 대한 해석은 다양하다. 방청권은 좌석 수에 맞춰 배포되지만, 재판 시작 전 이미 모두 소진된 것으로 처리되는 일이 많다. 외국인, 특히 기자들은 일반적으로 방청이 허용되지 않는다. 1998년 6월, 법원은 외국인을 제외한 일반 대중에게 개방되었으며, 신분증을 제시하는 것만으로 재판 방청이 가능하게 되었다. 그러나 실제로 재판 방청권을 행사한 사람은 많지 않았으며, 이를 행사하는 이들의 존재에 대해 판사들은 불편함을 느끼는 것으로 보였다.

헌법과 형법이 보장하는 권리에서 벗어난 사례들도 발생한다. 중국

정부는 1980년 4인방 재판을 통해 중국이 공정한 법체계를 갖추고 있음을 세계에 알리려 했던 것으로 보이지만, 대부분의 국제 관측통들은 이 재판이 미리 정해진 판결을 최대한 홍보하기 위해 치밀하게 연출된 것으로 평가했다. 민주주의 벽 운동에 참여했던 반체제 인사 웨이징성(魏京生)의 재판도 같은 효과를 낳았다.

1989년 봄 톈안먼광장 시위가 진압된 후 체포된 몇몇 사람들은 구타를 당한 것으로 보이며, 한 반체제 인사의 재판에서는 노골적인 증거 조작 혐의가 제기되었다. 변호인 측은 검찰 측 증인의 신문이 허용되지 않았다고 항의했으며, 증인들이 법정에 출석하지 않아 반대 신문도 불가능했다. 심지어 몇몇 증인은 재판이 시작되기 전에 베이징을 떠나도록 지시받았다. 증언은 공안 당국이 몰래 녹음한 것으로 추정되는 테이프에 담겨 있었으며, 편집된 상태로 제출되었다. 설령 이 증언들이 증거로 인정된다 해도, 녹음된 진술 중 어느 것도 반혁명적이거나 선동적인 행위로 볼 수 없었다. 그럼에도 불구하고 피고인은 정부 전복을 시도한 혐의로 13년, 반혁명적 선전과 선동 혐의로 징역 2년을 각각 선고받았으며, 두 형은 병합되어 총 13년형이 선고되었다.

조정

대다수의 사건의 약 90% 이상은 법원이 아니라 조정 과정을 통해 처리된다. 법원제도에 대한 불신이 널리 퍼져 있으며, 사건이 실제로 재판에 회부되면 신속하게 진행되기는 하지만, 법원이 지나치게 관료적이고 느리게 운영된다는 인식이 있다. 또한 많은 사람들은 법원에 의존하는 것이 체면을 구기는 일이라고 생각한다. 개인이 스스로 문제를 해결해야 하며, 그렇지 못하는 것은 당사자의 결함으로 여겨질 수 있기 때문이다. 더 나아가, 신체적 폭력이나 중대 절도와 같은 심각한 사건들조차도 원래는 사소한 분쟁에서 비롯되었으며, 감정이 격해지기 전에 조정을 통해 해결할 수도 있었다는 믿음이 존재한다.

법적 절차를 꺼리는 또 다른 이유는 사건이 공개적으로 알려질 수 있다는 점이다. 예를 들어, 값비싼 보석이나 수입 손목시계와 같은 고가의 물건이 도난당했다고 신고하면, 공안의 불필요한 관심을 받을 수 있다. 공안 요인들이 반드시 정직한 것은 아니기 때문에 이러한 상황은 피해자에게 부담이 될 수 있다.

조정은 다양한 단체에 의해 수행될 수 있으며, 심지어 법원 절차 중에도 적용될 수 있다. 조정은 법정에서 사실 조사 직후부터 항소심까지 다양한 단계에서 활용될 수 있다. 그러나 대부분의 조정은 법원 밖에서 이루어진다. 인민조정위원회, 지역의 가도(街道) 위원회, 또는 소속된 작업단위가 조정을 담당할 수 있다. 가도 위원회는 주로 은퇴한 남녀로 구성되었으며, 이들은 가족 간 분쟁이나 이웃 간 다툼에 적극적으로 개입하는 참견꾼 역할을 자처했다. 일부 사람들은 그들의 도움을 진심으로 감사하게 여기기도 했지만, 다른 사람들은 이들을 원치 않는 간섭으로 받아들였다. 이들은 속어로 '작은 발 순찰대'라 불리기도 했는데, 1950년대 초 창설 당시 구성원의 다수가 전족을 했던 노년 여성들이었기 때문이다. 또 다른 별명인 '이빨 일곱 개뿐인 여덟 할머니'는 고령 여성 중심 조직이라는 점을 풍자한 표현이다.

중국의 밀집된 주거 환경에서는 비밀을 유지하기 어렵다. 이웃 간 다툼이 생기면 가도 위원회 구성원들은 이를 듣고 개입하여 갈등을 해결하려 한다. 또한 이들은 심각한 분쟁이나 더 큰 문제로 번질 가능성이 있는 사건들을 기록하여 가도 위원회 사무실의 기록부에 보관한다. 가도 위원회 구성원들은 절도를 감시하고, 어린이들이 문제를 일으키지 않도록 예방하며, 사람들에게 새로운 당정책을 알리는 정치 학습 세션을 진행하는 등 다양한 역할을 수행한다. 또한 가족 간 다툼을 중재하기 위해 노력한다. 한 가도 위원회 구성원은 조직의 목표를 "사람들이 조화롭게 살고 평화롭게 행동하도록 교육하는 것"이라고 설명했다.

동네 조직은 이혼 사건을 중재하고 소란을 피우는 청소년 무리를 훈계해왔다. 덩샤오핑의 경제개혁으로 이동의 자유가 확대되면서, 일부 도시지역에서는 사회통제가 느슨해졌다. 어떤 사람들은 이러한 변화로 인해 사생활이 보호된다는 점을 반겼지만, 다른 사람들은 안전이 위협받는다고 느껴 불안감을 호소했다.

조정 기능 외에도, 가도 위원회는 공안 업무의 보조 역할을 한다. 그러나 정보 제공자로 활동하는 것은 사람들의 반감을 살 수 있다. 위원회 구성원뿐만 아니라 심지어 공안 관계자조차도 제보 대상자와 그들의 동조자로부터 반감을 사기도 한다. 일부 사례에서는 제보당한 사람이 복수를 위해 암살자를 고용하는 일도 있었다. 다른 제보자들은 다양한 방식으로 불이익을 당하는데, 이를 "꽉 끼는 신발을 신는다"라고 표현하기도 한다. 이러한 불이익은 직접적인 보복과 연결되지 않는 형태로 나타날 수도 있다. 예를 들어, 강등되거나 원하지 않는 지역으로 전출되는 것이 반드시 보복 때문이라고 단정할 수는 없다. 이와 같은 갈등 상황에서도 조정이 적용될 수 있다.

일부 지역에서는 셔취(社區)라 불리는 지역 공동체 조직으로 통합되었다. 이 조직은 과거의 은퇴 노인들 대신, 더 젊고 교육 수준이 높으며 급여를 받는 전문 인력으로 구성되어 있다. 이들의 활동에는 은퇴자를 위한 주간 돌봄 시설을 찾는 일까지 포함될 수 있다. 이러한 변화에는 여러 가지 동기가 있다. 첫째, 과거의 직장단위 체계가 붕괴됨에 따라, 셔취가 그 역할을 대신하도록 하기 위함이다. 둘째, 공산당이 사회의 가장 기초적인 수준에서 주민들과 다시 연결되도록 하기 위한 목적이 있다. 기존의 기능이 완전히 사라진 것은 아니다. 위원회는 여전히 운전면허증 발급, 결혼 및 출산 허가, 최저 생계 보조금 지급 대상 결정, 어린이 예방접종 독려 등의 중요한 문서 발급과 행정 업무에서 강력한 권한을 행사하고 있다. 또한 당국은 셔취의 직원들이 국가의 유동 인구 활동을 보고하도록 요구하고 있다. 예를 들면, 불법 이주자, 미등록 조직의 구성원, 또는 특이한 사건 발생 여부를 신고하는 것이 이에 해당한다.

신방**

정의를 부정당했다고 믿는 사람들은 상급 기관에 신방(信访, 청원)을 제기할 수 있다. 신방인의 수는 급격히 증가하여, 1995년 480만 명에서 10년 후에는 1,000만 명 이상으로 증가했다. 이는 매년 법원에 접수되는 민사 소송의 두세 배에 달하는 수치이다. 이론적으로 신방제도는 공식 결정에 의해 피해를 입었다고 느끼는 시민들이 사법 외적 경로를 통해 구제받을 수 있도록 하는 역할을 한다. 또한 신방은 상위 당국이 하위 정부의 효과성을 평가하는 수단이 되며, 사회 안정에 위협이 된다고 판단될 경우 개입할 수도 있다. 그러나 이 제도의 핵심 목적은 죄의 유무를 가리는 것보다 대규모 사건을 방지하는 데 있는 것으로 보인다.

신방이 많이 제기되는 지역의 관리들은 상급 기관으로부터 징계를 받을 위험이 있기 때문에, 이를 조사하고 해결하는 대신 이를 은폐하려 한다. 불만을 품은 신방인(탄원자)들이 베이징과 같은 상급 기관에 직접 문제를 제기하려 할 경우, 지방 당국은 다양한 방법으로 이를 저지한다. 지방정부는 조직폭력배를 고용하여 해당 지역 출신의 억양을 가진 신방인들을 찾아내 잡아들이고, 때때로 구타하거나 고문한 후 고향으로 돌려보내기도 한다. 수도 공안이 이러한 신방인들을 발견하면, 지방 당국에 이들의 '판매'를 제안하기도 한다. 지방정부가 돈을 지불하지 않으면 해당 신방이 접수되어 처리될 수 있기 때문에, 대부분의 지방 당국은 불이익을 피하기 위해 기꺼이 비용을 지불한다. 이후 그들은 피해자

** 역자 주) 중국의 '신방'은 시민이 당·정부 기관에 서신이나 방문을 통해 불만과 건의, 탄원을 제기하는 제도로, 이를 담당하는 국가신방국은 2000년 설립되었으며, 2023년 이후 국무원 직속기관으로 개편되었다.

나 그 가족들에게 비용을 전가하는 방식으로 손실을 회수하려 한다.

체포된 신방인들은 노동교화소, 교도소, 정신병원으로 보내지거나, 흑감옥(黑監獄)이라 불리는 비공식 감금 시설에 수용되기도 한다. 이곳은 환경이 극도로 열악해 속칭 '지옥의 궁전'이라 불린다. 이곳에서 목숨을 잃는 경우도 적지 않다. 중국 법률 분석가들은 애초에 정치적 문제를 해결하기 위해 도입된 신방제도가 점차 사법제도를 대체하는 수단으로 변질되었다고 지적한다. 2013년 중반, 이러한 인권 침해를 완화하기 위한 개혁이 시행되었다. 국무원 산하의 국가신방국은 매달 '불법 신방인'의 수를 집계하는 관행을 중단하라는 명령을 받았다. 이는 신방 건수가 관리들의 경력에 부정적인 영향을 미칠 것이라는 두려움을 줄여, 신방인들에게 보복할 동기를 약화시키려는 의도였다. 놀랍게도 중국의 통계에 따르면, 신방제도를 통해 해결되는 불만 사항은 전체의 0.2%에 불과하지만, 신방인의 30%는 이 방식이 법원 절차보다 더 쉽고 편리하다고 생각하는 것으로 나타났다.

본래 목적에서 벗어나 왜곡된 또 하나의 제도는 청관(城管)이라고 불리는 도시관리집행국이다. 이 기관은 1990년대 후반에 불법 노점상, 무허가 택시, 불법 관광 안내원 등 거리의 여러 문제를 처리하기 위해 도입되었다. 그러나 시간이 지나면서, 청관은 사람들이 실제로 위반 행위를 저질렀는지 여부와 상관없이 벌금을 징수하기 위해 시민들을 체포하는 기관으로 변질되었다. 2013년, 청관 요원 4명이 무허가 수박 노점을 하던 상인을 구타해 사망하게 만든 사건이 발생하자, 이에 대한 대중의 거센 반발이 일어났다. 결국 이들은 실형을 선고받았다.

노동교양

1950년대 초반, 반혁명분자로 간주된 사람들을 억압하기 위해 처음 만들어진 노동교양(勞教)은 이후 사회 안정을 유지하는 데 초점을 맞추게 되었다. 이 제도는 공식적인 형사 사법 철차의 일부는 아니지만, 공식적으로 형을 선고받은 수감자들과 마찬가지로 혹독한 환경에서 강제노동에 종사한다고 알려져 있다. 노동교양은 경찰이 재판 없이 개인을 최대 3년간 구금할 수 있도록 하며, 1년 연장이 가능하다. 대상이 되는 범죄는 모호하게 정의된 여섯 가지 범주에 속하는데, 여기에는 중국공산당이나 사회주의에 반대하는 발언, 경미한 사회 불안을 조장하는 행위, 마약 사용, 노숙, 직장이나 학교 질서를 방해하는 행위, 그리고 지속적인 불만 제기까지 포함된다. 노동교양의 남용은 많은 비판을 받아왔다. 특히, 경찰이 자신의 어린 딸이 성폭행당한 사건을 제대로 처리하지 않았다며 항의한 한 여성이 18개월의 노동교양 처분을 받았을 때, 대중의 분노가 폭발했다. 또 다른 사례로는 정치개혁과 관련된 타인의 의견을 트위터에 올렸다는 이유로 한 남성이 2년형을 받은 일이 있다. 노동교양 수감자 수는 정확히 파악하기는 어렵지만, 공식 통계에 따르면 2009년에는 17만 명, 2012년에는 6만 명이 넘는 수감자가 있었다. 인권 단체들은 이러한 급감이 노동교양 수감자들이 흑감옥 또는 다른 교정시설로 이송되었기 때문일 가능성이 크다고 보고 있다. 계속되는 비판 끝에 이 제도는 2013년에 공식적으로 폐지되었지만, 다른 형태의 인권 침해는 여전히 이어지고 있다.

형벌제도

유죄 판결을 받은 사람들에게는 다양한 형벌이 부과될 수 있다. 사형이 가능한 범죄의 수는 점진적으로 감소해 왔으며, 2015년 개정으로 인해 그 수는 초기 덩샤오핑 시대 약 80건에서 46건으로 줄어들었다. 이 중에는 여성들을 성매매로 유인하는 행위, 횡령, 국가 재산 훼손 등 비폭력적인 범죄도 포함된다. 정치범들은 일반적으로 처형되지 않지만, 1989년 봄의 시위 진압 당시 인민해방군의 군용 차량을 공격한 혐의로 사형을 선고받은 사례가 알려져 있다. 전통적인 처형 방법은 머리 뒤쪽에 총알을 발사하는 방식이었으며, 범죄자의 가족이 탄환 비용을 부담해야 했다. 그러나 1990년대 후반부터 약물 주사형이 도입되었으며, 이후 널리 퍼졌다. 또한 범죄자들이 사형 집행 장소로 끌려가는 동안 공개적으로 거리를 행진하는 관행도 사라졌다.

세계적으로 사형에 대한 반대가 커지고 있음에도 불구하고, 대부분의 중국인들은 중범죄에 대한 억제책으로서 사형이 필요하다고 믿고 있으며, 일부 국가에서는 사형이 잔혹하고 비정상적인 형벌로 간주된다는 사실에 놀라워한다. 그러나 형벌이 일관되게 적용되지 않는다는 점과, 범죄 단속이 강화되는 시기에는 사형 대상이 아니던 범죄에 대해 사형이 선고되기도 해 비판을 받고 있다. 인권 단체에 따르면, 중국은 전 세계 사형 집행의 약 90%를 차지하는 것으로 추정된다. 또한 많은 국가에서 어떤 범죄에 대해서도 사형을 집행하지 않는다는 점을 고려할 필요가 있다.

언론 보도가 제한됨에도 불구하고, 잘못된 사형 판결과 관련된 여러 당혹스러운 사건들이 드러났다. 많은 자백이 고문을 통해 강제로 이루어진 것으로 보인다. 한 잘 알려진 사건에서는 아내를 살해한 혐의로 유죄 판결을 받은 남성이, 실종되었던 아내가 단순히 가출했다는 사실이 밝혀지면서 무죄 판결을 받았다. 2006년에는 사형 판결에 대한 재심 권한이 최고인민법원에 부여되었고, 정부는 사형 집행을 줄이고 보다 신중하게 집행할 계획이라고 발표했다.

서방 전문가들은 매년 약 70만 명이 범죄로 유죄 판결을 받는 것으로 추산한다. 또한 형사법으로 공식 분류되지 않는 경범죄자 수는 최대 500만 명에 달하며, 이들은 보안관리 경찰에 의해 15~20일 동안 구금될 수 있다. 정부는 자국의 교도소를 영양, 의료, 운동, 직업훈련을 제공하며 재활을 목표로 하는 인도적인 시설로 묘사하고 있지만, 전직 수감자들의 증언은 완전히 다른 실상을 보여준다. 주요 정치범들의 수감

환경은 특히 열악한 것으로 여겨진다. 많은 정치범들은 오랫동안 독방에 감금되며, 크기가 매우 작고 난방이 부족하며 조명이 어두운 감방에서 거의 굶주리며 지내야 한다. 의료 서비스가 제공되지 않으며, 운동장 사용도 제한될 수 있다. 감방 크기는 1제곱미터 남짓에 불과하며, 내부에는 침대, 찬물 수도꼭지, 개방형 하수구 형태의 화장실, 형편없는 음식이 제공된다. 읽을 수 있는 책도 대부분 국영 출판사의 선전물에 한정된다. 비공식 구금시설인 흑감옥의 환경은 이보다 더욱 심각하다.

공식 통계를 믿는다면, 중국의 교도소 수감자 수는 인구 대비로 볼 때 국제적인 기준에서 특별히 많은 편은 아니다. 과거에는 정치적 정통성을 강화하기 위한 대중운동 시기나 범죄 단속을 강화하기로 당과 정부가 결정했을 때 교도소와 수용소의 수감자 수가 급증하곤 했다. 교화는 두 가지 방법으로 이루어진다. 첫째, 중국공산당이 승인한 정치 자료를 학습한 후 구두 및 서면 자아비판을 수행하는 것이며, 둘째, 강도 높은 노동을 하는 것이다. 정부는 재범률이 약 6~7%에 불과하다고 주장하지만, 해외 연구들은 중국 본토의 상세한 자료를 인용하며 실제 수치가 83%를 넘는다고 보고하고 있다.

교도소는 교화뿐만 아니라 생산 활동도 수행하는데, 각 시설은 자급자족할 뿐만 아니라 국가에 수익을 창출할 것이 요구된다. 이러한 이중적인 기능 때문에 교도소는 이중 관리체계 하에 놓여 있으며, 재소자 관리 측면에서는 법무부가 관할하며, 생산되는 석탄, 섬유, 차 등 제품에 대해서는 관련 산업 부처가 관할한다. 이러한 생산 기능에 맞춰 각 교도소는 자체적인 생산 계획, 회계, 구매 부서를 운영한다. 예를 들어, 시안시 제1교도소는 장안화학공사라는 별칭을 가지고 있다.

교도소는 경제적으로 수익을 내야 하기 때문에, 수익과 손실 보고서는 교도소 관리자들의 업무 평가에서 중요한 기준이 된다. 작업 할당량을 채우지 못한 죄수는 가족에게 편지를 쓰거나 면회를 받을 권리를 박탈당할 수 있으며, 더욱 극단적인 경우 식량 배급이 줄어들거나, 독방

감금 혹은 구타를 당할 수도 있다. 심지어 병에 걸린 경우에도 작업량을 충족하지 못하면 "일하지 않으면 먹을 수도 없다"는 입장을 취하는 관리자가 있을 수 있다.

재소자들은 기본적인 생존 수준의 대가만 받고 노동해야 하며, 다른 직업을 찾거나 파업을 할 권리가 없기 때문에, 그들이 만든 제품은 매우 낮은 가격에 판매될 수 있다. 몇몇 서방 국가들은 이를 강제 노역으로 규정하고, 이러한 노동을 통해 생산된 제품의 수입을 금지하는 법률을 제정했다. 그러나 중국정부는 재소자들이 만든 제품이 수출된다는 의혹을 강력히 부인하고 있다. 하지만 중국정부의 공식 자료만 보더라도, 그 주장에는 반박 여지가 있다.

또한 사형수의 장기를 판매하는 장기 적출에 대한 지속적인 보고가 있어 왔다. 이는 사형 직후 죄수의 장기를 이식이 필요한 부유층에게 판매한다는 것이다. 교도소 관계자들은 수감자들이 자발적으로 장기 기증을 동의했다고 주장하지만, 가족과 인권 단체들은 해당 동의가 실제로 있었는지 그리고 설사 동의가 있었다 하더라도 그것이 진정으로 자발적인 것이었는지에 대해 의문을 제기하고 있다. 특히 파룬궁 신도들은 자신들이 장기 적출 대상으로 집중적으로 지목되며, 심지어 일부는 아직 살아 있는 상태에서 장기가 적출된다고 주장하고 있다.

이러한 가혹한 처벌은 범죄 억제에 충분해 보일 수 있지만, 실제로는 그렇지 않았다. 마오주의적 긴축 시대에는 머리 리본이나 외국산 술처럼 사소한 사치품조차도 부르주아적 행위로 간주되어, 소지자가 투쟁 대상이 될 수 있었다. 따라서 돈과 물질적 재산은 위험한 것이었다. 그러나 덩샤오핑이 먼저 부자가 되는 것을 허용하고, 잘 사는 것이 죄가 아니라고 선언하자, 많은 사람들이 위험을 감수하려는 유혹을 받았다. 예를 들어, 정부가 서비스 산업에서 집단 협동조합의 형성을 장려하자 소규모 호텔들이 급증했다. 하지만 일부 호텔들은 도박, 매춘, 밀수 또는 기타 불법 활동에 이용되었다. 중국과 다른 국가 간의 상품 교환이 증가하고, 중국을 오가는 관광객과 비즈니스맨의 수가 많아지면서 밀수가 더욱 용이해졌다.

앞서 언급했듯이, 덩샤오핑의 경제개혁은 사회 감시의 한 방법이었던 개인 신상 기록 당안의 영향력을 일부 약화시켰다. 기업들은 구직자의 과거 사소한 과오보다는 경제적으로 가치 있는 기술을 더 중시하며, 당안을 확인조차 하지 않는 경우도 많았다. 부유층은 관련 공무원을 매수해 기록을 수정하는 방법도 고려할 수 있었다. 하지만 모든 사람이 이러한 선택권을 가질 수 있는 것은 아니었으며, 흠잡을 데 없거나 최소한 문제 없는 당안을 유지하는 것은 여전히 중요하다.

1994년, 정부는 호구(戶籍)제도의 여러 제한을 완화했으며, 2010년에도 추가적인 변화가 도입되었다. 이는 덩샤오핑의 경제개혁으로 인해 많은 사람들이 거주 제한을 우회하게 된 현실을 암묵적으로 인정하는 것이었지만(11장 참조), 동시에 정부의 또 다른 통제 수단을 약화시키는 것이기도 했다. 2017년 기준으로 공식적으로 2억 4,500만 명에 달하는 이주 또는 유동 인구를 어떻게 관리할 것인가 하는 문제는 정부의 주요 과제가 되었다. 이주노동자들은 도시 주민들이 기피하는 '3D' 업종에서 일하며 경제적으로 유용한 존재가 되었지만, 그들의 불법적 지위로 인해 대부분의 사회 서비스에서 배제되었고, 범죄율 증가의 주요 원인이며, 공중보건문제를 유발하고, 가족계획정책에 위협이 되며(11장 참조), 부패한 경찰에게 손쉬운 표적이 되었다.

2010년에 제안된 개혁안은 전국적인 거주 허가제도를 도입하여 기존의 호구제도를 개혁하는 것을 목표로 했지만, 여러 제한이 따랐다. 예를 들어 광둥성에서 추진한 점수제는 성 내 농촌 출신 이주민에게만 적용되었으며, 나이, 교육 수준, 가족계획정책 준수 여부, 범죄 기록 유무, 지역사회 봉사 참여, 사회보장 상태 등 여러 기준이 포함되었다. 지방 당국은 모든 이주민들에게 거주 허가를 부여할 경우 교육, 주거, 의료 등 사회 복지 혜택을 제공해야 하는 막대한 비용을 감당할 수 없다고 판단했다. 회의적인 사람들은 이러한 개혁안이 실질적인 변화 없이 기존 정책을 유지하려는 시도라고 비판했지만, 다른 이들은 이를 호구제 폐지를 향한 과도기적 조치로 보고 일정한 진전이라고 평가했다.

당과 정부의 통제가 약화되면서 다른 조직들의 중요성이 커졌다. 정부 수립 초기 이후 자취를 감췄던 비밀 결사들이 다시 등장해 범죄 활동에서 눈에 띄는 역할을 하기 시작했다. 이러한 조직들 중 다수는 중국 각지뿐 아니라 해외에도 지부를 두고 있어, 전국은 물론 국경을 넘어 막대한 자금과 물품의 이동을 조직적으로 조정할 수 있었다. 이 자금과 물품 중 일부는 각급 관리들에게 뇌물로 제공되어 조직의 활동을 묵인받았다. 당-범죄 조직 간의 유착, 이른바 '홍흑(紅黑)' 유착은 당과 정부의 최고위층까지 확산되었다. 1993년, 중국 공안부 장관이 경찰이 악명 높은 삼합회와 연계되어 있으며, 심지어 해외 순방 중이던 중국 고위 지도자의 경호에 삼합회의 도움을 받은 적이 있다고 인정하면서 큰 논란이 일었다. 주요 도시에서는 범죄 조직이 세금 징수 대행을 운영하며, 세금 징수를 담당하는 대신 당국에 사전 합의된 금액을 지불하고 그 초과분은 자신들의 이익으로 취했다. 또한 범죄조직은 외국인 투자의 형태로 자금을 세탁하고, 러시아 마피아와 협력하여 러시아 극동 지역에서 상인들을 착취하기도 했다.

폭력 범죄의 증가를 포함한 범죄율 상승은 지도층뿐만 아니라 일반 국민들에게도 큰 문제가 되었다. 중국의 범죄 통계를 다른 국가들과 직접 비교하기는 어렵다. 중국에서 범죄로 간주되는 행위 중 일부는 다른 나라에서는 법적으로 처벌 대상이 아니기 때문이다. 그러나 대부분의 중국인이 걱정하는 것은 다른 나라의 범죄율이 아니라 자신들이 체감하는 국내 치안의 악화이다. 여러 차례 단속이 있었음에도 불구하고 범죄 발생률은 여전히 심각한 수준을 유지했다. 그 주요 원인 중 하나는 범죄자들이 경찰과 당국자들에게 뇌물을 주어 법망을 피할 수 있기 때문이다. 심지어 일부 고위 관료들은 범죄 활동에서 수익의 일부를 받으

며 기생적 이권 추구자가 되기도 했다. 뇌물을 제공한 사람들 중 일부
는 중국의 비합리적인 경제제도와 당국의 태도를 고려할 때, 사업이 번
창하려면 관리들에게 뇌물을 주는 것이 필수적이라고 주장했다.

1996년 제정된 변호사법은 변호사들이 국가 보조를 받는 법률 노동
자에서 독립적인 전문가로 전환될 수 있는 법적 기반을 마련했다. 이에
따라 변호사는 고객과 법에 대한 책임을 지게 되었으며, 변호사의 무능
으로 인해 피해를 입은 고객은 손해배상을 청구할 수 있게 되었다. 또
한 변호사는 일정 시간 동안 무료 법률 지원을 제공해야 한다는 규정
도 포함되었다. 피고인은 변호사를 선임할 권리를 갖지만, 정부는 그들
에게 국선 변호사를 제공할 의무가 없다. 다만 피고인이 시각·청각·언
어 장애인이거나, 2013년 이후에는 빈곤층인 경우 예외적으로 국선 변
호가 제공된다. 그러나 변호사들은 정치적 반체제 인사나 권력층을 상
대로 소송을 제기한 사람들의 사건을 맡기를 꺼려한다. 이는 그러한 사
건을 맡을 경우 심한 구타를 당하거나 심지어 살해될 수도 있기 때문이
다. 또한 변호사 자격증이 변호사협회가 아닌 국가에 의해 발급되며 매
년 갱신해야 하기 때문에, 정부에 눈엣가시가 되는 사건을 맡은 변호사
는 신속하게 제재를 받을 수 있다. 예를 들어, 폭동 선동 혐의로 기소된
티베트인을 변호한 변호사들과 지진 피해자들에게 법적 권리를 조언한
변호사들은 이에 대한 경고를 받았다. 2013년 중반, 흑감옥을 조사하려
던 변호사들이 심하게 구타당한 사건도 발생했다.

1996년에 시행된 형사소송법 개정안은 피고인이 법원에서 유죄 판
결을 받기 전까지는 무죄로 간주된다는 무죄추정의 원칙을 명시하며
중요한 진전을 이룬 것처럼 보였다. 이 법은 또한 피고인들이 변호사에
접근할 수 있는 권리를 확대하고, 수심(收審)이라고 하는 임의구금 절
차를 폐지했다. 이 절차는 경찰이 용의자의 신원과 거주지가 불분명한
용의자들의 도주를 방지하기 위해 최대 3개월 동안, 실제로는 그보다
더 오랜 기간 기소 없이 구금할 수 있게 하는 제도였다. 그러나 이 절차

는 자주 악용되었으며, 중국 내외에서 인권문제로 비판을 받아왔다.

그 개혁은 겉보기만큼 실질적인 변화가 아니었다. 새로운 법에 따르면 경찰은 용의자를 기소 없이 최대 7개월 동안 구금할 수 있으며, '복잡한' 사건의 경우 무기한 구금도 가능하다. 또한 피의자가 변호인을 선임할 권리가 있다는 사실을 반드시 고지해야 한다는 규정도 없다. 대부분의 사람들은 이 권리를 알지 못하며, 이를 알려주지도 않는다. 경찰은 '필요'하다고 판단될 경우 변호사와 의뢰인의 면담에 참석할 권한도 유지하고 있다. 게다가 유죄 판결을 받기 전까지는 유죄로 간주되지 않는다는 무죄추정의 원칙에도 불구하고, 유죄 판결 비율은 여전히 99%를 넘고 있다.

반혁명죄는 폐지되었지만, 이것 역시 실질적인 변화라기보다는 보여주기식 개혁에 가까웠다. 여전히 '국가안전을 위협'(「중화인민공화국 국가안전법」 1993년 제정, 2015년 신국가안전법으로 개정, 한국의 국가보안법에 해당)하거나 '공공 질서를 교란'한 혐의로 기소될 수 있다. 이 두 개념은 너무 모호하여 남용의 여지를 남긴다. 예를 들어, 공직 선거에 출마할 권리를 주장하거나, 전화번호 목록을 출판하거나, 소문의 진위와 무관하게 유포한 경우에도 국가안전법 위반 혐의로 기소된 사례가 있다. 2004년 7만 4,000건이었던 대중 시위 건수가 2005년 8만 7,000건으로 증가하자, 정부는 이후 관련 통계 발표를 중단했다.

비판가들은 법 개정이 의미가 없다고 지적하는데, 그 이유는 권력층이 여전히 포괄적이고 불투명한 국가기밀체계를 통해 통제를 유지하고 있기 때문이다. 국가기밀로 분류된 정보에는 국유기업에서 해고된 노동자 수, 교도소·소년원·노동교화소에서 발생한 의문사, 해외 종교 단체와의 접촉 규정, 그리고 환경오염 수치 등이 포함된다. 2008년에는 인권운동가가 지진 피해 지역을 방문해 생존자들에게 음식과 약품을 전달한 혐의로 국가기밀 소지죄로 체포된 사례도 있었다. 그는 부실한 건축으로 인해 사망한 학생들의 부모들에게 법적 대응 방법을 조언했다는 이유로 기소되었다.

중국정부는 2008년 올림픽 유치를 위한 공약의 일환으로 공정한 법률제도를 확립하겠다고 약속했지만, 2007년 초 인권운동가들은 상황이 개선되기는커녕 오히려 악화되었다고 비판했다. 이를 보여주는 대표적인 사례가 2006년 발표된 최고인민법원 규정 개정안이었다. 이 개정안에 따르면, 법원 관계자는 공개하고 싶지 않은 공개를 거부할 수 있도록 허용했다. 당국은 이 규정이 부적절한 정보 유출을 방지하기 위한 것이라고 주장했지만, 비판가들은 법원 관계자의 판단이 곧 법이 될 수 없으며, 이 규정이 부패를 은폐하는 데 악용될 소지가 있다고 지적했다. 이들은 레닌이 말한 "두 걸음 전진, 한 걸음 후퇴"라는 표현에 빗대어, 중국의 법개혁을 "한 걸음 전진, 두 걸음 후퇴"라고 비꼬았다.

2008년에는 사회 안정 유지와 반대 의견 억압을 위한 조치로 보이는 새로운 규정이 도입되면서 당의 사법부 통제력이 더욱 강화되었다. 경찰, 검찰, 법원을 총괄하는 공산당 정법위원회(政法委員會)는 이들 기관에 대한 통제권을 더욱 확대했다. 후진타오는 이들 기관의 최우선 임무가 "공산당의 통치 지위를 확고히 수호하고 국가안보와 국민의 이익을 보호하는 것"이라고 발언한 것으로 전해졌다. 비판가들은 이를 사회 안정 유지라는 명목 아래 사법제도를 더욱 정치화하려는 시도로 해석했다. 인권운동가들이 강력히 반대하는 또 다른 관행은 '쌍규(雙規)'로 불리는 이중 구금제도인데, 이는 당원에게 적용되는 내부 조사 절차다.**

·····························

** 역자 주) 쌍규는 중국공산당 내부에서 당원에 대한 조사를 위해 사용하는 특별 구금 절차로, 피조사자를 지정된 시간과 장소에 강제로 소환하여 조사할 수 있도록 하는 제도다. 이 조치는 주로 기율검사위원회나 감찰기관이 당규 위반 및 부패 혐의를 조사할 때 사용되며, 법적 근거가 불명확하고 초법적인 성격으로 인해 인권 침해 우려가 제기되어 왔다.

시진핑 집권기의 법적 발전

시진핑체제 하에서는 당-국가의 통제를 강화하는 사이버 보안법과 국가안전법의 개정이 이루어졌다. 또한 법은 특정 기업가들을 겨냥하거나 해외 기업공개(IPO)를 제한하는 수단으로 점점 더 활용되고 있다. 외국인을 상대로 보복성 체포와 기소가 이뤄지기도 했다. 미국의 요청에 따라 캐나다 정부가 화웨이 최고재무책임자(CFO) 멍완저우(孟晚舟)를 이란 제재 위반 혐의로 체포한 직후, 중국은 캐나다 국적자 두 명을 억류했다. 약 3년 후, 벤쿠버의 고급 주택에 구금되어 있던 멍완저우가 중국으로 돌아갔고, 열악한 환경에서 수감되었던 두 캐나다인도 본국으로 송환되었다. 2020년 제정된 「홍콩 국가보안법」은 홍콩이 약속받았던 자치를 크게 훼손했다. 이 법은 영토 밖으로도 강력한 영향을 미쳤으며, 홍콩에서 탈출한 반체제 인사들조차 본국 송환과 재판에 대한 두려움을 갖게 만들었다. 중국특색의 사회주의 법치관의 발전 요구에는 국제법에 대한 중국식 영향력 확대, 국제 분쟁에서 중국 법원의 우선 관할권 확보, 해외에서 중국 법률 활용을 장려하려는 노력이 포함된다.

긍정적인 측면으로는, 최고인민법원이 기업이 직원에게 오전 9시부터 오후 9시까지 주 6일간 근무를 요구하는 이른바 996 근무제를 불법으로 규정했다. 그러나 이 결정이 얼마나 광범위하게 지켜질지는 여전히 의문이다. 2021년에 시행된 개인정보보호법은 코로나19 감염 추적 과정에서 우회 적용된 것으로 보고되었다. 이듬해에는 전국인민대표대회가 30년 만에 처음으로 여성의 권리를 강화하는 법안을 승인했으며, 고용주가 여성 노동 및 사회보장법 위반에 대해 책임을 지도록 했다. 또한 인신매매 피해 여성의 구조를 방해하는 행위를 범죄로 규정했다. 그러나 성희롱 피해 사례 신고 건수가 증가했음에도 불구하고, 피해자들은 여전히 공감 없는 법제도에 직면하고 있다.

법이 제대로 작동하지 않는 고질적인 문제들은 여전히 존재한다. 주요 문제점은 다음과 같다.

- **지방정부의 사법기관 통제**: 지방정부가 사법기관의 설립, 예산, 인사권을 장악하고 있어, 사법 절차에 개입할 수 있는 구조가 되어 있다. 이러한 지역 보호주의로 인해 타 지역의 소송은 무기한 연기되며, 사건이 '바다에 던진 돌처럼' 사라지기도 한다. 타 지역의 법 집행 인력이 비리를 조사하려다 폭행을 당하거나 구금되는 사례도 발생했다.

- **사법부의 행정 기관화**: 당 및 정부 관리들은 사법부를 행정 기관처럼 취급한다. 예를 들어, 향후 개발사업 인허가를 저해할 수 있다는 이유로 건설 비리 조사를 방해하기도 한다.

- **낮은 전문성**: 정당한 법적 절차가 무시되거나 우회하고 있다. 일부 사례에서는 수사 중인 기밀 정보를 기관이나 개인에게 유출하기도 한다.

- **초법적 절차의 확대**: 시진핑체제에서는 초법적 절차가 지속되었을 뿐만 아니라 강화되었다. 호텔, '지원 서비스 센터', '법률지원센터' 등으로 위장된 흑감옥이 늘어났고, 강제 실종과 유치(留置)라는 비사법적 구금 관행이 증가했다. 이는 법적 대리인 없이 구금이 가능하며, 재판을 받을 권리를 박탈하기도 한다. 또한 일부는 정신병 치료 시설로 강제 이송되기도 했다.

- **형법의 남용**: 당과 정부에 비판적인 사람들은 국가안전위해죄로 기소될 수 있으며, 이는 최고 무기징역형에 처해질 수 있다. '시비 도발 및 분란 조성'과 같은 광범위한 혐의는 인터넷 게시글 등으로 문제가 된 이들에게도 적용될 수 있으며, 최고 10년형이 선고될 수 있다.

이러한 상황을 고려할 때, 새로운 법이 인권 옹호자들이 기대하는 방식으로 작동하지 않는 것은 놀라운 일이 아니다. 예를 들어, 1996년 형사소송법은 무죄추정의 원칙을 채택하고, 변호인 조력을 받을 권리를 확대했으며, 사전 재판 없이 유죄를 결정하던 기존 관행을 폐지하기 위해

법원의 역할을 강화했다. 공안기관이 "범죄를 저지를 목적으로 배회하거나, 다수의 범죄를 저지르거나, 집단 범죄를 조직한 혐의가 강한 자"를 구금하는 것을 30일로 제한했다. 그러나 공안기관이 구금된 개인의 가족에게 구금 사유와 장소를 24시간 이내에 통지해야 한다는 요구 사항은 수사에 지장을 줄 우려가 있거나 통보할 방법이 없다고 판단될 경우 면제될 수 있다. 또한 경찰은 구금 사실을 부인하고, 피의자가 경찰이 운영하는 게스트하우스에 '수용'되어 있다고 주장할 수 있는데, 이는 실질적으로는 강제 구금에 해당한다. 이 경우 피의자는 숙박비와 식비를 부담해야 한다. 이러한 방식으로 수용된 사람들은 항의할 경우 실제로 기소될 위험이 있음을 경고받는다.

또한 변호사들이 증인을 신청할 수 있게 되었음에도 불구하고, 법정 출석이나 심지어 사전 면담을 강제할 방법이 없다. 이러한 상황에서는 반대신문이 불가능해지고, 전체 수사 과정이 형식적인 절차로 전락할 수 있다. 법률상 피의자는 체포된 후 48시간 이내에 변호사와 접견할 수 있도록 규정하고 있지만, 당국은 다양한 방법으로 이러한 접견을 수개월 동안 방해할 수 있다. 경찰이 접견 자리에 동석하거나 심지어 중단시키는 경우도 있다. 정치적으로 민감한 사건에서 성공한 변호사는 조작된 혐의로 구금되거나, 변호사 자격이 박탈되거나, 증인이 진술을 번복할 경우 위증죄로 기소될 위험이 있다. 이러한 탄압은 특히 정치적으로 민감한 사건에서 두드러지며, 중앙 정부든 지방 정부든 예외는 없다. 변호사협회가 존재하지만, 그 영향력은 미약하며 회원들의 직업적 권리를 보호하는 데 별다른 역할을 하지 못했다.

2013년에 시행된 규정에 따르면, 변호사들은 "중국특색의 사회주의의 신성한 사명을 이행하고 중국공산당의 지도력을 수호할 것"을 서약해야 하며, 이에 대해 법률 전문가들은 변호사는 오직 법률 자체에만 집중하고 의뢰인에게 충실해야 한다고 항의하고 있다. 또 다른 새로운 규정은 변호인이 심리의 '질서를 어지럽힐' 경우, 6개월에서 1년 동안 소송 참여를 금지할 수 있도록 허용하는데, 여기에는 심리에 관한 이메일 작성이나 SNS에 짧은 글을 올리는 활동까지 포함되는 것으로 보인다.

법적으로 금지되어 있음에도 불구하고, 경찰은 고집스러운 피의자에게 자백을 받아내기 위해 고문을 사용하는 경우가 있다. 이 관행이 얼마나 널리 퍼져 있는지는 파악하기 어렵지만, 여러 가지 요인이 복합적으로 작용하는 것으로 보인다. 범죄에 대한 대중의 우려로 인해 경찰은 피의자 인권보다 사건 해결에 더 집중하고 있으며, 수사 기법과 과학수사에 대한 훈련 부족으로, 자백 외에는 마땅한 수단이 없는 경우도 많다. 고문을 통해 얻은 자백이 여전히 법정에서 증거로 인정되는 한, 고문을 금지하는 법률은 유명무실하다.

조직 범죄가 확산되고 있다. 일부 조직은 서로 싸우는 대신 도시를 각 조직의 '텃밭'으로 나누어 관리하는 것으로 전해진다. 일부 지역에서는 주민들이 당 조직을 완전히 우회하고 지역 유력자에게 문제해결을 의뢰하기도 한다. 비밀 결사체는 권위와 의사결정을 대신하는 통로로 작용하며, 강력한 가문들도 같은 역할을 한다. 가문 대표와 종교 지도자들은 때때로 당 조직의 요청에 따라 분쟁의 중재자로 나서기도 한다.

법무부의 문제 중 가장 심각한 것 중 하나는 경찰과 사법기관 간의 유착이다. 중국은행의 고위 관계자들이 라스베이거스 카지노를 통해 4억 8,500만 달러 이상을 세탁했으며, 최고인민법원의 부원장은 광둥성에서 조직적 부패에 연루된 것으로 밝혀졌다. 또한 베이징 사이버 경찰의 수장은 경쟁 회사로부터 거액의 돈을 받고 허위 증거를 조작해 해당 기업을 유죄로 몰아간 혐의로 유죄 판결을 받았다. 2017년에는 오랜 기간 재직했던 중국의 법무부 장관이자 당 중앙위원회 위원이었던 인사가 해임된 후 뇌물 수수 혐의로 기소되었다. 부패 공직자 처리문제는 역대 지도자들이 해결을 약속했지만, 성과 없이 이어진 오래된 과제다. 시진핑의 강력한 반부패운동은 정치적 의도를 띠고 있다는 비판을 받았는데, 이는 주로 그의 정적들을 겨냥했기 때문이다. 한 저명한 중국 변호사는 "중국에는 훌륭한 법이 많지만, 그것을 집행하는 것은 전혀 다른 문제"라고 지적했다.

결론

마오쩌둥 사후 시대의 사법제도의 목표는 다음과 같이 요약할 수 있다.

- 시장 지향적이고 국제적으로 개방된 체제를 위한 틀 제공
- 경제발전을 저해하는 당·정부 관리 연루 부패의 통제
- 정치개혁 요구를 잠재우는 것

긍정적인 측면으로는 법원 인력의 교육 수준이 향상되었고, 본격적인 법학 연구도 발전했다. 그러나 덩샤오핑 시기에는 약화된 것으로 보였던 사법제도에 대한 당의 통제는 다시 강화되었다. 후진타오는 법률이 당과 정부의 이익을 증진하는 데 실패했다고 결론지었으며, 분쟁 해결 수단으로 법률보다는 중재를 선호하는 경향을 보였다. 시진핑은 법을 경제발전을 지원하고 자신의 권력을 공고히 하는 수단으로 여기는 듯하다. 그는 사법제도에 대한 강력한 당의 통제 필요성을 명확히 밝혔다. 그의 집권 이후, 법률 체계는 덜 자유주의적으로, 더 중앙집권적으로 변화했다. 헌법적 권리를 집행할 효과적인 방법이 없으며, 법원이 이를 수행할 권한조차 갖고 있지 않다. 권한이 있는 전국인민대표대회 상무위원회도 지금까지 그 권한을 행사한 적이 없다. 결론적으로, 자유민주주의와 시민 및 정치적 권리를 우선시하는 법치주의가 발전하고 있다는 근거는 거의 없다. 중국의 사법제도는 국가주의적이고 준사회주의적인 신권위주의체제의 제도화로 나아가는 것으로 보인다. 현재로서는 중국의 법제도가 다원적 자유주의보다는 공산주의 신전통주의 모델의 기대에 더 가까운 모습을 보인다. 어떤 학자는 법치주의의 틀을 벗어난 전혀 다른 형태의 다원주의가 발전하고 있다고 보았으며, 이를

권위주의 정치, 대중노선식 정의, 관료적 법체계가 법원을 통해 제도화된 혼합체로 묘사했다.

개혁성향의 중국 법학자들은 법치주의가 전면적으로 후퇴하고 있다고 비판해 왔다. 개정된 형사소송법에 대해 한 전문가는 진보적인 부분을 전족을 한 여성에 비유했고, 퇴행적인 부분은 도망치는 간통범에 비유했다. 법의 모호한 언어는 경찰이 원하는 어떤 변명도 집어넣을 수 있는 자루에 비유되었다. 중국의 저명한 인권 변호사 텅비아오(滕彪)는 이를 "레닌과 진시황의 결합 즉, 현대적 전체주의와 전근대 중국의 법가사상의 결합이자, 단지 사회통제를 강화하기 위한 도구일 뿐"이라고 평가했다.

보편적인 사법제도의 중요성에 대해서는 학자들 간의 논쟁이 있다. 일부는 상대주의적 입장을 취해, 중국의 법체계가 다른 국가들에는 적합하지 않더라도 공정하게 운영된다면 중국에는 잘 맞는다고 주장한다. 반면 다른 이들은 인권은 인류 보편의 권리이며, 문화적 차이라는 이유로 제한될 수 없다고 주장한다. 그러나 분명한 것은 현재 중국의 사법제도가 헌법과 사법 규범에 정의된 자체 기준을 충족하지 못하고 있으며, 현행 법제에 대해 광범위한 불만이 존재한다는 점이다.

추가 읽을거리

Donald Clarke, "The Impact of Xi Jinping on China's Legal System," in Stanley Rosen and Daniel C. Lynch, eds., in *Chinese Politics: The Xi Jinping Difference* (forthcoming, 2023).

"Criminal Justice," Congressional-Executive Commission on China, *Annual Report 2022* (Washington, DC: Government Printing Office, November 2022), pp. 4–18.

Michael C. Davis, "Beijing's National Security Law and the Destruction of the Liberal Constitutional Order in Hong Kong," *Academia Sinica Law Journal* (Taipei, Taiwan: Special Issue, May 2022), pp. 21–37.

Ruoqi Li, "Guanxi in the Chinese Non-Profit Sector and Its Interaction with the Newly Reformed Chinese Legal System," *Hong Kong Law Journal*, Vol.

51 (2021), pp. 1155–1182.
Yifan Wang, Sarah Biddulph, and Andrew Goodwin, *A Brief Introduction to the Chinese Judicial System and Court Hierarchy* (Melbourne, Australia: University of Melbourne Asian Law Center, 2017).

9장

군의 역할

당과 군대

마오쩌둥의 "정치권력은 총구에서 나온다"라는 발언은 혁명을 실현하기 위한 수단으로서 군대에 그가 부여한 가치를 잘 보여준다. 그러나 그는 군대를 그 자체로 가치 있는 존재라기보다, 승리를 위한 수단으로 간주했음을 나타냈다. 그는 위의 인용문에 곧바로 덧붙여 "당은 항상 총을 지휘해야 하며, 총이 결코 당을 통제해서는 안 된다"고 말했다.

이 발언은 당과 군대 간의 명확한 구분을 암시하며, 두 집단 간의 분열을 과장하는 경향이 있다. 특히 권력을 장악하기 이전 수십 년 동안 강력한 적들에 둘러싸여 있었기 때문에, 중국공산당 지도부는 생존 자체를 위해서라도 지도부는 군사 전략과 전술에 능숙해야 했다. 마오쩌둥과 대부분의 고위 당 지도자들은 또한 군에서도 고위직을 맡았다. 당시 홍군이라 불렸던 군대의 일부 장교들은 정식 군사 교육을 받았으나, 상당수는 그렇지 않았다. 군사 교육을 받은 사람들 중 일부는 지방 군사학교에 다녔거나, 일본이나 소련 등 해외로 유학을 가기도 했다. 대

부분은 황포군관학교(3장 참조)나 옌안의 중국인민항일군사정치대학
(항대)에서 단기 과정을 수료했다. 이러한 과정들은 대개 약 6개월 정
도의 단기 교육이었으며, 교육 과정은 정치사상 주입에 중점을 두었다.

기본적으로 홍군은 비전문가들에 의해 지휘되었으며, 이는 당 지도
부가 경멸했던 유교 국가의 상황과 크게 다르지 않았다. 당이 권력을
잡은 후 군의 역할과 위상이 무엇이 되어야 하는지는 어려운 과제가 되
었다. 1장에서 논의된 전략적 상호작용이론의 지지자들이 주장하듯이,
중국이 세계 강국의 반열에 올라 존경받는 위치를 차지하고자 하는 열
망은 공산당 지도부의 판단에서 중요한 요소였다. 이러한 목표를 실현
하기 위해서는 체계적으로 훈련되고 잘 갖춰진 전문 군대가 필요했다.
이념적 정통성을 갖춘 비전문가와 기술 전문성을 갖춘 직업 군인 사이
에 어디에 더 중점을 둘 것인가에 대한 견해 차이는 중화인민공화국 국
방정책의 지속적인 논쟁거리였으며, 이는 1장에서 소개된 홍-전(紅專)
논쟁의 변형된 형태였다.

초기의 중국 공산주의 운동은 조직화된 전문 군대라는 개념 자체에
불편함을 느꼈다. 이는 그들이 강력히 반대했던 군벌 정권과 동일시되
었기 때문이다. 마르크스의 저작을 읽은 중국공산당원들은 프롤레타리
아 혁명이 자발적으로 일어날 것이라고 믿었지만, 곧 그렇지 않다는 현
실을 뼈저리게 깨달았다. 3장에서 언급했듯이, 중국공산당이 주도한
무장 봉기들은 비교적 손쉽게 진압되었으며, 살아남은 당원들은 박해
를 피해 농촌지역으로 도망쳤다. 이 시점에서 당은 마지못해 정규 군사
조직의 필요성을 받아들이게 되었다.

1927년 8월 1일에 창설된 홍군은 그 후 몇 년간, 이상주의적이나 훈
련받지 못한 공산주의자들, 군벌군 탈영병, 농민 민병대 출신의 전투
경험자들, 그리고 도적 무리로 구성된 일종의 뒤죽박죽 집단이었다. 마
오쩌둥은 이들 중 마지막 부류인 도적 출신이 가장 많았다고 보았다.
그가 지휘관들의 병사 학대, 기강 해이, 그리고 도적떼 특유의 '떠돌이

반군식 사고방식'을 비판한 것은, 이러한 이질적인 집단을 공산주의 목표를 지원하는 전투 부대로 결속하는 데 겪은 어려움을 보여준다. 공산당 지도부는 홍군이 결국 그 그 뿌리였던 군벌 산적 집단으로 전락할까 봐 우려했다.

이러한 불길한 출발에도 불구하고, 공산당은 1949년에 국민당과의 권력 투쟁에서 승리할 수 있었다. 그 사이 20여 년 동안 홍군은 1949년 이후 인민해방군으로 개칭되었고 당의 중국 대륙 내 세력 확장과 최종적인 통제에 실질적인 지원을 제공했다. 이 과정에서 마오주의 모델로 불리는 특정한 특성들이 형성되었다. 그러나 이 모델은 첫째로 상황에 따라 점진적으로 발전했으며, 둘째로 마오쩌둥 외에도 다른 지도자들이 그 발전에 중요한 역할을 했다는 점을 인식해야 한다. 이 모델의 주요 요소들은 다음과 같다.

- **정치 목표 달성을 위한 도구로서의 군대**: 군대는 공산당에 절대적으로 종속되어야 한다. 이는 정치 권력은 총구에서 나온다 하더라도, 그 총은 항상 당이 통제해야 한다는 원칙으로 드러난다. 중화인민공화국 수립 이후, 군대는 대중을 조직하고 그들이 정치 권력을 확립할 수 있도록 돕는 역할을 맡았다. 군 내부에는 정치위원이 이끄는 당 위원회가 군 지휘 체계와 병렬로 구성되어 당의 통제를 수행했다.

- **정치적 관점의 우선성**: 군 육성에 있어 첨단 기술보다 올바른 정치적 관점을 갖추는 것이 더 중요하다는 상대적 우선순위의 개념이다. 이는 정치적 목표가 군사적 목표보다 우선한다는 원칙의 당연한 귀결로, 군사훈련과 무기 획득에 우선순위를 두는 순수한 군사주의적 관점을 비판한 것이다.

- **군대와 인민 간의 긴밀한 관계**: 마오쩌둥은 인민의 지지 없이는 전쟁의 성공적인 수행은 물론 그 어떤 정치적 행동도 불가능하다고 주장했다. 그는 인민을 물에 군대를 물고기에 비유하면서, 인민과의 유대를 유지하지 못하는 군대는 결국 인민의 반대를 받게 된다고 강조했다.

- **인민전쟁 전략**: 군대는 준군사 조직과 인민의 지지를 기반으로 적을 깊숙이 유인해 병력을 분산시키고, 그에 따라 각개격파하는 방식을 취했다. 공산군은 고정된 거점을 방어하기보다는 기동성이 뛰어난 게릴라 전술을 통해 적 부대를 서로 고립시키는 전략을 구사했다. 분산된 적 부대에 대해 우세한 병력을 집중할 수 있을 때는 포위하고 섬멸했으며, 그렇지 않을 경우에는 후퇴하여 괴롭히는 전술을 사용했다. 이와 같은 장기적인 소모전을 통해 적군의 사기를 점진적으로 약화시키고, 결국 항복하게 만드는 것이 목표였다.

- **군 내부의 높은 수준의 민주적 운영 원칙**: 홍군 초기부터 마오쩌둥은 장교들이 병사들을 학대하지 말아야 하며, 함께 먹고 자고, 일하고 공부하면서 병사들과 '동고동락'해야 한다고 주장했다. 그러나 그는 긍정적으로 평가한 민주적 운영과 단호히 반대한 절대적 평등주의 사이에는 분명한 구분이 있어야 한다고 보았다. 이러한 구분에도 불구하고, 장교와 병사 사이의 특권 차이는 타 군 조직에 비해 크지 않았다.

- **군대의 경제적 기능**: 군대로 인한 사회적 비용을 최소화하기 위해, 군은 최대한 자급자족을 추구해야 했다. 각 부대는 가능한 스스로 식량을 재배하고, 의복을 수선하며, 양말을 짜고, 병영을 건설하고 유지보수해야 했다. 더 나아가 군대는 민간 경제의 건설과 유지에도 기여해야 했다.

- **사회 모범으로서의 군대**: 군대는 인민으로부터 나와 인민을 위한 존재일 뿐만 아니라 대중 행동의 모범이 되어야 했다. 대중 매체는 국가의 경제적, 사회적 문제를 해결하기 위한 노력을 전투에 비유하며, 인민들이 군대의 에너지, 조직력, 규율, 그리고 임무에 대한 헌신을 본받아 구사회의 악습에 대한 전면적인 공격을 개시할 것을 촉구했다. "모두가 군인이다"라는 구호는 경제 및 사회개혁에 참여하는 민간인을 지칭하는 것이었다.

- **군과 민의 행정적 결합 구조**: 앞서 언급한 바와 같이, 초기 인민해방군 지도자들 중 상당수는 정규 군사 교육을 거의 받지 않았거나 전혀 받지 않았다. 또한 국공내전 시기에는 정치 권력과 군사 권력은 밀

접하게 얽혀 있었다. 이러한 군과 민의 행정적 밀착은 중국공산당이 집권한 후에도 수년간 지속되었다. 1949년 이후 중국은 6개의 군정구(軍政區)로 나뉘었으며, 이들은 민간 행정과 군사 기능을 동시에 수행했다. 이 구역들이 몇 년 후 폐지되었을 때, 많은 군 지도자들이 행정 직무를 맡았다. 이후에는 정규 군사훈련을 받은 사람들과 그렇지 않은 사람들이 인민해방군 또는 이를 감독하는 당과 정부 조직 내에서 다양한 직책을 맡게 되었다.

이러한 군 복무 경력의 이탈과 재진입 패턴은 일반적이지는 않았지만, 고위급에서 충분히 자주 발생하여 군과 민간 지도부 간의 경계를 모호하게 만들었다.

마오주의 모델 평가

마오쩌둥의 추종자들은 군대와 사회의 관계에 대한 그의 개념이 혁명적이며 과거와의 놀라운 단절을 의미한다고 주장했다. 이러한 주장은 마오쩌둥의 이상을 20세기 초 중국의 심각하게 무너진 민군 관계 현실과 대비시키는 부적절한 비교에 기반하고 있다. 보다 타당한 비교는 마오주의의 이상과 고전 중국 전통의 이상 사이에서 이루어져야 할 것이다. 여기서 우리는 마오주의 모델과 수천 년 동안 중국에서 널리 퍼졌던 개념들 사이의 놀라운 유사성을 발견할 수 있다. 예를 들어, "군대는 물고기이고, 민중은 물이다"라는 말은 기원전 3세기에 활동한 공자의 제자 맹자의 저작에서 처음 나타난다. 다른 '혁명적인' 개념들은 맹자보다 수세기 앞서 존재했던 위대한 병법가였던 손자에게서 유래한다. 적을 고립시키고 포위하여 섬멸하는 원칙은 고대 중국의 바둑으로 알려진 '웨이치(圍棋)'의 기본 전술에 해당한다.

군대에 대한 민간 통제 역시 전통적인 중국사회에서 확고한 가치였다. 19세기 중국을 괴롭혔던 반란들을 진압한 공로의 상당 부분은 공식

적인 군사훈련이 부족함에도 불구하고 군대의 지휘를 맡은 학자 출신
의 관료들에게 돌아간다. 이들 역시 유교적 이념과 가치가 고도화된 기
술보다 더 중요하다고 믿었다. 또한 중국 전통은 군대가 가능한 한 자
급자족해야 한다는 생각을 지지했다. 변방지역에 주둔한 중국 군대가
식량을 자급하고 대부분의 필요를 자체적으로 충당해야 한다는 개념은
기원후 1세기까지 거슬러 올라간다.

마오주의 군사 모델은 단순히 전통적인 중국의 군대관을 재현한 것
이 아니다. 오히려 과거의 특정 요소만을 선별적으로 취하고 나머지는
배제한 결과다. 명백히 거부된 전통적 태도 중 하나는 군인을 사회 계
층의 최하위에 위치한다는 관점이었다. 전통적으로 학자가 최상위, 그
다음으로 농민과 상인이 위치했다. 마오쩌둥이 차용한 고대 중국의 군
사 전통은 완전히 새로운 발상은 아니었지만, 당시 공산당이 처한 현실
에 부합하도록 혁신적인 방식으로 재구성되었다.

한국전쟁이 중국 인민해방군에 미친 영향

중국공산당은 현재 1949년 이전의 군사 활동을 수적으로나 기술적으로
우위에 있던 일본군 및 국민당 군대에 맞서 싸운 일련의 영웅적인 전투
로 묘사하고 있지만, 실제로 홍군은 일본군과 싸우는 데 상대적으로 적
은 노력을 기울였다. 게다가 국민당의 부실한 관리와 그로 인한 군대의
사기 저하는 홍군 병사들의 영웅적 활약만큼이나 공산당의 군사적 승리
에 기여했다. 군대에 가장 큰 영향을 미친 요인은 중국공산당 내부에 있
었다. 저명한 사회 과학자인 헌팅턴(Samuel Huntington)의 표현을 빌
리자면, 공동체를 지배하는 사회적 세력, 이념, 제도에서 비롯되는 사
회적 필연성이야말로 홍군의 형성에 결정적인 힘으로 작용했다.

중화인민공화국이 수립된 이후, 군대는 이제 인민해방군으로 개칭
되었으며 국내에서 더욱 중요한 역할을 수행했다. 군인들은 전쟁으로

황폐해진 중국경제의 복구에 기여했으며, 토지 재분배 과정에도 참여하고 국영 농장을 설립했으며, 산업과 농업의 집단화를 지원했다. 경제적 기능 외에도 군대는 정치적으로도 적극적인 역할을 수행했다. 인민해방군의 선전대는 공산주의에 거의 노출된 적이 없는 지역에 당의 이념을 전달하고 공산당의 정치 권력기구를 설립하는 데 도움을 주었다. 또한 군대는 반공산주의 잔당들의 파괴 활동을 방지함으로써 당의 권력 공고화에 기여했다.

1950년 말 중국의 한국전쟁 참전은 국가 군사력 형성에 있어 외부 요인의 중요성을 더욱 부각시켰다. 신생 사회주의 정권에 대한 외부 군사적 위협은 공산당 지도부의 지속적인 관심사였으나, 중국공산당의 '인민지원군'이 처음으로 국경을 넘어 유엔군과 맞서 싸우면서 이러한 위협은 더욱 두드러지게 되었다.

중국 지도부는 일부 최정예 부대를 전투에 투입하면서 상대적으로 빠르고 손쉬운 승리를 예상했던 것으로 보인다. 이들은 자신들의 우월한 군사교리가 더 잘 무장된 적을 물리칠 수 있다고 믿었다. 그러나 초기 두 달간의 성과 이후, 인민해방군은 화력·공중 지원·병참·통신 전반의 약점을 여실히 드러냈다. 중국공산당의 무기와 전술은 적의 우월한 기술력과 기계화 전력 앞에서 효과를 발휘하지 못했고, 중국군은 막대한 인명 피해를 입었다. 사기는 급격히 추락했다. 새로운 지휘관으로 펑더화이(彭德怀) 원수가 임명되었고 중국군은 방어 태세로 후퇴했다. 추가 병력이 투입되었으며, 소련도 군사 원조와 지원을 확대했다. 결국 한국전쟁은 교착 상태에 이르렀다.

이러한 경험은 군 내부뿐만 아니라 중국 지도부 전반에 인민해방군의 조직, 전략, 전술, 무기를 재평가할 필요성이 있음을 확신시켰다. 헌팅턴의 용어를 빌리자면, 사회의 안보에 대한 위협으로부터 비롯되는 기능적 필연성이 사회적 필요성보다 더 중요하게 부각되기 시작한 것이다. 1950년대 중반, 중국 군대에는 전문화와 직업화의 방향으로 상당한 변화가 이루어졌다. 1954년 중화인민공화국이 첫 헌법을 채택하면서 펑더화이는 신생 정부의 첫 국방부 장관으로 임명되었으며, 그의 지도 하에 많은 변화가 이루어졌다. 주요 변화는 다음과 같다.

- **무기 현대화**: 소련은 한국전쟁의 막바지와 그 이후 몇 년 동안 중국에 대량의 전차, 항공기, 포병, 군수품을 지원했다. 이 무기들은 구형이고 중국 지도부가 원했던 만큼의 양은 아니었지만, 인민해방군의 무기체계를 크게 향상시켰다. 이와 함께 수천 명의 소련 군사 고문단이 중국에 파견되어 인민해방군에게 무기 사용법을 교육하고 중국의 자체 방위 산업 설립을 지원했다. 그 결과 인민해방군의 발전에는 소련의 강력한 영향력이 작용하게 되었다.

- **훈련과 규율**: 첨단 무기의 도입은 병사들에게 더 오랜 기간의 고등 교육과 더 전문화된 훈련을 요구했다. 군 인력은 이러한 교육과 훈련에 더 많은 시간을 투자했으며, 그 목적이 사회 전체의 이익이든 군 자체의 필요이든, 경제개발에는 상대적으로 덜 관여하게 되었다. 전문화의 증가는 다양한 분야 간의 정교한 협업을 필요로 했고, 이는 더 복잡한 절차와 엄격한 규율을 요구하게 되었다. 훈련 방식은 소련 고문들의 경험을 바탕으로, 중국의 기존 경험과 다르거나 상충되는 개념에 중점을 두었다. 예를 들어, 소련은 고도로 기계화된 진지 방어 전술을 강조했다. 또한 소련 장교들은 사병들을 가혹하게 대하는 경향이 있었다.

- **계급제도**: 1955년 초, 소위부터 원수(元帥)까지 총 14단계의 계급제도가 마련되었다. 장교들 또한 전문 분야에 따라 분류되었다. 다양한 계급에 진입하기 위한 학력 요건이 마련되었고, 군사 학교 입학을 위한 보다 체계적인 제도도 구축되었다. 장교들은 자신의 계급에 맞는 견장과 계급장을 착용해야 했으며, 군사 훈장제도가 도입되었다. 급여 방식도 변경되어, 이전에는 군인들에게 식량과 부수적인 비용을 충당할 소액의 수당이 지급되었으나, 이후에는 계급에 따른 현금 지급 방식으로 전환되었다. 1960년에는 원수와 이등병 사이의 급여 격차가 160대 1에 달했다. 이는 서구 자본주의 국가 군대 내

최고임금자와 최저임금자 간의 차이보다 훨씬 컸으며, 평등주의 전통을 자랑으로 여겼던 중국 군대에서 특히 두드러졌다.

- **징병제**: 1955년 중반 제정된 법률은 병력 모집을 체계화하여, 적격 판정을 받은 인원 중에서 필요한 병력을 선발할 수 있도록 했다. 이는 이전의 자원병 모집 방식에 의존하던 관행을 대체한 것이었다.

이러한 개혁들은 중국인민해방군의 작전 효율성과 전반적인 전투 능력을 향상시켰다. 그러나 지도부 내와 일반 대중들 사이에서는 이러한 개혁이 외부 위협에 대응하는 능력을 강화하는 데는 기여했지만, 이념적 원칙을 희생시키고 국내 사회 발전에 부정적인 영향을 미쳤다는 불만의 목소리가 점점 커졌다. 대외적 요구와 내부적 요구, 즉 전문성과 혁명성의 관점이 인민해방군의 발전 방향을 두고 충돌하고 있었다.

전문주의에 대한 반발

비판자들은 평등주의와 사회주의적 민주주의라는 핵심 가치들이 훼손되고 있다고 비판했다. 징병제는 비전문 병사와 직업 군인 간의 구분을 더욱 뚜렷하게 했으며, 계급제도는 장교들 사이에 신분 차이와 오만한 태도를 조장했다. 장교들에게 학력 기준이 도입되면서, 상대적으로 교육 기회가 더 많고 교육의 가치를 중시하는 부르주아 계급 출신들이 점점 더 많이 군에 진입하게 되었다. 이들은 하위 계급을 거쳐 진급한 것이 아니었기 때문에 병사들의 문제를 이해하는 능력이 떨어진다는 비판이 제기되었다.

장교들이 더 이상 병사들과 함께 식사를 하지 않으면서, 질 낮은 음식에 대한 불만을 해결하려는 동기가 약화되었고, 더 엄격한 규율은 전투 상황에서 효율성을 높일 수는 있지만, 부하들의 의견을 경청할 가능성을 줄였다. 일부 장교들은 인민해방군의 전통을 노골적으로 위반하며 병사들을 물리적으로 처벌하기도 했다. 장교들이 부하들에 대한 관심을 줄이는 대신 무기 조달과 관리에 더 많은 관심을 기울였는데, 이는 무기보다 사람이 우선이라는 원칙에 반하는 것이었다.

군과 민간인 간의 관계도 긴장 상태에 놓이게 되었다. 인민해방군은 막사와 훈련장을 위해 민간인의 집과 토지를 징발했고, 군사훈련으로 인해 농민들의 농작물이 훼손되기도 했다. 민간인들은 부유한 군인 가족들의 과시적인 소비에 반감을 가졌으며, 일부 인민해방군들이 암시장을 통해 부수입을 올리는 것을 목격하기도 했다. 또한 병사들이 지역 여성들에게 보인 불미스러운 행동이 증가하면서 민간인들의 분노를 불러일으켰다.

기능의 전문화가 심화되면서 인민해방군 내에서 군사 업무와 정치 업무 간의 구분이 더욱 뚜렷해졌다. 정치위원들은 지휘관들이 자신들과 상의 없이 결정을 내린다고 불만을 제기했고, 장교들은 군사문제에 관여하지 않는 정치위원의 의견은 무의미하다고 반박했다. 1950년대 후반에는 군 내 공산당원 수가 감소했으며, 일부 부대에서는 정치위원 제도를 아예 폐지하기도 했다. 비평가들은 이것이 군에 대한 당의 통제 원칙을 약화시켰다고 주장했다. 또한 많은 이들이 소련 모델이 중국에 부적합하며, 그것이 인민해방군의 원칙을 왜곡시켰다고 비판했다.

1957년 반우파운동 당시 이러한 왜곡을 바로잡기 위한 노력이 이루어졌다. 이 노력은 이듬해 대약진운동의 일환으로 대대적으로 확대되었다. 장교들은 오랜 시간 동안 정치 학습에 참여해야 했고, '장교의 병사화' 프로그램에 따라 지휘관들은 매년 한 달 동안 병사들과 함께 먹고, 자고, 일하고, 여가를 보내야 했다. 이들은 또한 침 뱉는 통과 화장실 청소, 동물 돌보기, 잡초 뽑기 같은 작업을 맡아 오만함을 줄이고 부하들의 관점을 이해하도록 했다.

인민해방군 구성원들은 민간인과의 우호적 관계의 중요성을 상기시켰고, 군은 전례 없이 대규모로 경제개발 사업에 동원되었다. 1958년 한 해 동안 인민해방군이 경제개발에 기여한 날이 5,900만 일에 달한다는 언론 보도는 과장일 가능성이 크지만, 군이 비군사적 활동에 깊이 관여했으며 이로 인해 훈련 시간이 부족했던 것은 분명했다. 동시에 민병대는 인민해방군과 거의 동등한 수준으로 격상되었다. 1958년의 '전 국민 군사화' 운동은 2억 명이 넘는 민간인이 민병대에 등록했다고 주장했다. 마오주의 '홍파(紅派)'는 민병대에 중요한 역할을 부여하면 진정한 인민전쟁을 수행할 수 있는 국가의 능력이 강화되는 동시에, 국방 분야의 전문성을 내세워 우월한 지위를 주장하는 인민해방군의 권위를 약화시킬 수 있다고 믿었다. 군과 민간인의 생활 수준 격차를 해소하기 위해 장교들의 급여를 낮추고 군 식량과 군복의 질을 떨어뜨리는 등의 조치가 시행되었다.

1959년에는 대약진운동을 옹호한 마오쩌둥을 비판한 국방부장 펑더화이가 해임되었다. 펑더화이는 일반적으로 '전문가' 중심의 직업주의적 시각을 지지한 인물로 여겨졌으며, 그의 후임으로는 '홍파'적 비전문가 노선을 지지한 린뱌오(林彪)가 임명되었다. 그러나 실제 상황은 훨씬 더 복잡했다. 펑더화이는 인민해방군의 사기와 전투 능력을 약화시키는 급진적인 정책에 반대했을 가능성이 컸지만, 그의 해임의 직접적인 원인은 대약진운동의 경제 및 사회정책에 대한 비판이었다. 이는 순수한 직업 군인이라면 보통 언급하지 않을 주제였다. 린뱌오는 국가 방위를 보장할 수 있는 군대를 체계화하고 재조직하는 임무를 맡았는데, 이는 상당한 수준의 군사 전문성을 요하는 과제였다.

1961년 중국에서 출판되고 이후 미국 중앙정보국(CIA)에 의해 공개된 비밀 군사문서들은 대약진운동이 인민해방군에 끼친 치명적인 영향을 보여준다. 광범위한 영양실조와 열악한 위생 상태로 인해, 국가에서 가장 신체적으로 건강한 젊은이들 가운데 선발된 이들조차 심각한 질병에 걸렸다. 무기 정비 상태는 악화되어 장비 고장으로 인한 사고가 증가했으며, 이는 특히 고가의 장비를 사용하고 교체가 어려운 공군에서 두드러졌다. 소련 모델의 부정은 중소 관계의 긴장을 악화시켜 소련이 군사 원조를 중단하고 군사 고문단을 철수하는 결과를 낳았다. 이는 장비 교체문제를 더욱 악화시켰고, 인민해방군의 사기는 위험할 정도로 저조했다.

1962년 10월까지 인민해방군은 상당한 수준 전력을 회복하였고, 히말라야에서 인도군과의 충돌에서 결정적인 승리를 거두었다. 중국의 승리는 인도의 열악한 작전 계획과 관리 부실로 인해 수월했다. 인도의 미숙함에도 불구하고, 중국의 군사적 대응은 인상적이었다. 인민해방군은 험난한 지형과 적대적인 티베트 주민들이 거주하는 지역을 통과하는 장거리 보급선을 효과적으로 운용하며 대응했다. 린뱌오는 적색성과 사회적 요구, 그리고 전문성과 외부적 요구를 아우르는 조치를 통해 인민해방군을 재정비했다.

홍파, 즉 정치적 이념을 중시하는 비전문주의자들은 린뱌오가 군대에 대한 당의 통제권을 재확립하기 위해 기울인 강력한 노력에 만족했다. 이는 당 중앙군사위원회의 감독 역할을 강화하는 것을 포함했다. 위원회의 지침은 군 내부의 당 위원회 체계를 재활성화하고 정치위원의 지위를 지휘관과 동등한 수준으로 회복시켰다. 중앙군사위원회는 병사들의 정치적 충성심을 고취하기 위한 강도 높은 교육운동도 시작했다. 5가지 우수함이라는 뜻의 '오호(五好)' 운동은 병사들에게 정치사상, 군사훈련, 업무 태도, 임무 수행, 체력 단련의 다섯 영역에서 성과를 내도록 권장했으며, 우수한 부대와 개인에게는 상이 수여되었다. 이어서 레이펑(雷鋒)에게서 배우기 운동이 전개되었는데, 이는 임무 수행 중 순직한 젊은 병사 레이펑의 모범적인 덕목을 본받도록 병사들을 독려하기 위함이었다. 다만, 전봇대를 실은 트럭에 치여 사망한 사람에게 순국이라는 표현이 타당한지는 논란의 여지가 있다. 레이펑의 일기라 주장되는 일부 내용들이 병사들에게 영감을 주기 위해 공개되었다.

전문가 혹은 직업 군인들은 인민해방군이 경제개발에 투입해야 할 시간을 대폭 줄이고 훈련에 더 많은 시간을 할애하게 된 점에 만족했다. '장교의 병사화' 프로그램은 계속되었으나, 그 규모가 축소되고 목적이 변화했다. 이는 장교와 병사 간의 구분을 줄이기보다는, 상층부의 지시를 하층부로 전달하고 장교들이 더 효과적으로 통제할 수 있도록 하기 위한 것이었다. 또한 민병대는 군사적 전문성을 중시하는 이들의 요구에 맞게 재편되었다. 그 규모와 중요성이 축소되었고, 군사 활동보다는 경제개발에 더 중점을 두게 되었으며, 대약진운동 시기와 달리 인민해방군과 동등한 지위가 아닌 당-인민해방군 공동 통제 하에 놓이게 되었다.

비전문가와 전문가 모두 인민 대 무기, 그리고 군대 내 민주주의문제에 대한 린뱌오의 발언에서 위안을 얻을 수 있었다. 전자의 경우, 린뱌오는 인민에게 무조건적인 우선권을 부여해야 한다고 선언하면서 간부들이 "현실과 동떨어진 순수 기술적 관점을 반대해야 하는 한편, 기술과 전문적 운영을 무시하는 공허한 정치가도 반대해야 한다"고 덧붙였다. 린뱌오는 군대 내 민주주의 개념에도 이와 같은 미묘한 수정을 가했다. 마오쩌둥 본인은 민주주의의 한계를 신중하게 규정했지만, 대약진운동 기간 동안 그의 이름으로 행동한 인물들은 동일한 수준의 신중함을 보이지 않았다. 린뱌오는 군 내부의 민주주의 개념을 강력히 지지하면서도, 이를 규율의 필요성을 포함하고 평등주의와 무정부주의를 배제하는 방식으로 정의함으로써, 급진적 시각과 전문적 시각을 모두 포괄했다.

1964년, 중국 지도부는 "인민해방군으로부터 배우자"는 대대적인 운동을 시작하면서 군에 대한 지지를 표명했다. 시민들은 군대가 보여준 이념적 올바름과 기술적 숙련도를 겸비한 능력을 일상생활과 당·정부 조직의 활동에 적용하라는 권고를 받았다. 이는 "적색과 전문성 모두"라는 구호로 표현되었다. 이는 린뱌오가 인민해방군의 다양한 역할을 성공적으로 통합했음을 보여주는 듯했다.

그러나 이 통합은 오래가지 못했다. 마오쩌둥은 "인민해방군으로부터 배우자" 운동이 성공적이지 않았다고 판단했으며, 무엇보다 군대가 충분히 급진적이지 않다고 보았기 때문이다. 1965년 5월, 명백히 비전 문가적이며 반전문가적 성격을 띤 조치로서, 인민해방군의 계급제도가 폐지되었다. 같은 해, 군의 공식 기관지는 '부르주아' 지식인들에 대한 비판을 시작했는데, 이는 문화대혁명의 서막이 되었다. 특히 이 비판은 명나라를 배경으로 한 연극, 즉 〈해서파관(海瑞罷官)〉에 대한 공격으로 시작되었는데, 그 주인공은 린뱌오의 전임 국방부장인 펑더화이와 놀라울 정도로 유사한 인물이었다 (12장 참조). 군사 전문성을 포함한 모든 형태의 전문 지식이 부르주아적이며 반마오주의적인 것으로 간주되며 공격받았다. 당시의 구호들은 정치적 신뢰성과 고급 훈련, 첨단 무기의 결합을 중시하던 기존의 이념 노선이 더 이상 유지되지 않음을 분명히 했다. 이제 중요한 것은 사람이며, 무기와 훈련은 중요하지 않았다.

많은 인민해방군 지도자들이 비판을 받았고 지휘체계 역시 심각한 타격을 입었다. 그럼에도 불구하고 군대는 외부의 공격에 대한 우려로 인해 다른 기관들에 비해 상대적으로 적은 피해를 입었다. 당시 중국은 적대적인 세력들로 둘러싸여 있었다. 소련, 인도, 대만이 모두 위협적이었고, 더욱이 미국은 중국 국경에서 불과 수백 마일 떨어진 베트남에 대규모 군대를 주둔시키고 있었다. 국내적 요인 또한 군대의 입지를 강화하는 경향이 있었다. 문화대혁명의 혼란이 때때로 극에 달하면서 지도부는 국내 질서를 회복하기 위해 군대를 투입하는 것이 최선이라고 느꼈다. 인민해방군은 정기적으로 "좌파를 지지하라"는 지시를 받았지만, 질서유지 임무는 종종 온건파를 지지하는 결과를 낳았다. 이러한 시기에 급진적 이념가들은 인민해방군의 행동을 비판했다.

린뱌오는 정치적 흐름을 꿰뚫은 계산이었든, 진심에서 우러난 선택이었든, 그는 전반적으로 좌파적이고 급진적인 노선을 강하게 지지했고, 군사문제에 대해서는 비전문적인 관점을 강력히 지지했다. 그와 그의 동료 제4야전군 출신 인사들은 이로 인해 승진이라는 큰 혜택을 얻었다. 그럼에도 불구하고 국내 질서 유지를 위한 인민해방군의 개입은 다른 급진주의자들에게 군 전체가 자신들을 지지할 수 없다는 인식을 갖게 했다. 이에 따라 인민해방군의 견제를 위해 민병대를 조직하기 시작했으나, 이러한 노력은 당시에는 거의 눈에 띄지 않았다.

문화대혁명 이후 군은 막강한 권력을 얻게 되었다. 마오쩌둥은 1968년 여름, 노동자-농민 선전대가 대학에 진입할 때 군이 이를 지원하고 학생 폭력을 진압하라는 명령을 내렸다. 인민해방군은 홍위병을 '재교육'하기 위한 학습반을 운영했으며, 대학 캠퍼스와 산업 현장에 상시 주둔하는 존재가 되었다. 문화대혁명 이후 등장한 당 및 정부 조직에는 군의 비중이 매우 컸으며, 한 명의 인민해방군 장교가 한 성(省)에서 당, 정부, 군의 최고직을 동시에 겸직하는 경우도 빈번했다. 인민해방군의 사회적 역할은 절정에 달했다. 1969년 4월, 중국공산당 제9차 전당대회에서는 린뱌오를 마오쩌둥의 후계자로 지정하는 새로운 당헌을 채택했다.

린뱌오는 명백한 급진주의자였으며, 지지 기반은 그보다 더 급진적이었던 것으로 보인다. 그러나 군의 전문성을 더 약화시키려는 시도는 악화된 중소관계로 인해 제동이 걸렸다. 1969년 3월, 동부 국경에서 국지적이지만 심각할 수 있는 무력 충돌이 시작되었고, 그해 여름에는 서부 국경으로까지 확산되었다. 이에 따라 인민해방군의 군사훈련이 강화되었고, 무기 관리 및 유지 보수에 대한 중요성이 강조되었다. 군사 예산도 증가했다. 주요 방위 산업 시설이 중국의 외곽 지역으로 이전되거나 새로 건설되어, 소련이 이를 파괴하기 어렵게 만들었다. 그러나 이른바 '제3선(third-line)' 전략은 막대한 비용이 들었으며, 낙후된 교통망으로 인해 외곽 지역에서 생산된 군수 물자를 부대에 전달하는 것은 훨씬 더 어려운 일이 되었다.

1971년 가을, 린뱌오가 의문의 사고로 사망한 후(4장 참조), 그에게 충성했던 장교들, 특히 제4야전군 출신 및 급진적인 성향의 인사들이 숙청되었다. 이는 인민해방군 내에서 온건파와 전문 군인들의 권력이 동시에 강화되는 결과를 가져왔다. 이러한 설명은 1973년부터 상하이 급진파가 다시 민병대를 강화하여 정규군에 대한 견제로 삼으려 했던 움직임이 본격화된 사실과 부합한다. 같은 해 12월, 마오쩌둥은 11개 군구 사령관 중 8명을 교체했다. 이들은 다른 지역에서 군사적 주요 직책을 맡았지만, 이전의 성급 당·정부 직책은 박탈되었고, 새로 부여받지도 못했다. 이러한 인사는 당이 다시 군에 대한 통제권, 특히 린뱌오와 그의 파벌의 몰락 이후 주류가 된 인민해방군 내 온건파 및 전문 군인들에 대한 통제권을 재확립했음을 보여준다.

급진주의자들의 영향을 받은 민병대 개편은 동일한 목표를 가지고 있었다. 인민해방군이 민병대를 통제하는 통로였던 인민무장부의 많은 부서가 폐지되었고, 민병대는 당에 직속된 새로운 조직인 민병대 사령부의 지휘 아래 놓이게 되었다. 개편된 민병대는 치안 유지 및 소방 기능을 통합하였으며, 상하이의 급진 세력 거점인 공장에서 생산된 대량의 무기를 공급받으면서 한층 더 강화되었다. 새로운 민병대는 도시 내 급진세력을 효과적으로 활용하기 위해 도시 중심으로 운영되었다. 이는 전통적으로 민병대 모집의 중심지였던 농촌지역이 상대적으로 덜 급진적이었기 때문이다. 1975년, 새로운 중국 헌법은 민병대에 인민해방군과 동등한 지위를 부여했다.

이러한 움직임은 군 내 전문가들의 주목을 받았다. 문화대혁명 기간 동안 당 중앙위원회 총서기직에서 숙청되었다가 1973년에 복권된 덩샤오핑은 급진 세력에 맞서는 상징이자 군사 전문성의 옹호자로 떠올랐다. 1975년 1월, 덩샤오핑은 인민해방군 총참모장으로 임명되고 중앙군사위원회의 위원으로도 임명되었다. 그는 군이 문화대혁명 당시 '좌파 지지' 활동으로 인해 '혼란'에 빠졌다고 직설적으로 평가했으며, 인민해방군을 미래의 전쟁에 대비시키기 위해 '철과 강철', 즉 무기 중심의 군사력 강화를 약속했다. 그는 새로운 형태의 도시 민병대에도 반대했으며, 1975년 여름에는 항저우의 무질서한 민병대 세력을 해산하기 위해 인민해방군을 직접 파견하기도 했다.

급진주의자들은 이러한 조치를 정치가 군보다 우위에 있어야 한다는 원칙과 인민이 무기보다 우선한다는 원칙을 부정하는 것으로 해석했다. 당시 마오쩌둥과 저우언라이가 모두 노쇠하고 병약해진 상황에서, 덩샤오핑과 그의 지지자들이 권력을 차지할지도 모른다는 두려움은 급진주의자들의 반발을 더욱 심화시켰다. 결국 이들은 1976년 4월 톈안먼사건을 계기로 덩샤오핑을 다시 권좌에서 축출하는 데 성공했으며, 이 과정에서 민병대는 대대적인 역할을 수행했다. 그러나 몇 달 뒤 마오쩌둥이 사망하자 급진주의자들은 민병대를 동원한 봉기를 통해 권력을 장악하려 했으나 참담한 실패를 겪었다. 민병대의 저항은 상하이에서만 일정한 규모로 이루어졌고, 인민해방군은 이 봉기를 손쉽게 진압하면서 급진주의 지도자들의 권력 기반을 동시에 무너뜨렸다. 민병대는 이후 재편된 형태로 명맥을 유지했지만, 이전과 같은 영향력을 회복하지는 못했다. 1977년 여름, 덩샤오핑은 군 내 전문가들의 지지를 바탕으로 복권되었고, 곧바로 인민해방군 총참모장과 중앙군사위원회 부주석 직위를 되찾았다. 이후 그는 당 중앙군사위원회 주석으로 승진했고, 총참모장 직위는 오랜 측근인 양더즈(楊得志)에게 넘겼다.

전문성의 회복

무게추는 다시 군사 전문성 쪽으로 기울기 시작했다. 덩샤오핑은 과거의 실각에도 불구하고 소신을 굽히지 않고 군대 내에 대대적인 개혁을 단행했다. 이러한 개혁에는 다음과 같은 내용이 포함되었다.

- 전략 교리의 재정립: '현대 조건하의 인민전쟁'은 마오쩌둥의 원칙을 현대적 조건에 맞게 재해석한 것으로, 진지전, 현대식 무기, 합동 군

사작전에 더 큰 비중을 두는 것이 특징이었다. 적을 중국 깊숙이 유인한 후 포위하여 공격하는 기존 개념은 선제적 방어 가능성을 포함하도록 수정되었다. 많은 중국 군사 전략가들은 적을 충분히 깊이 유인했을 때에는 이미 국가의 핵심 산업과 교통의 요충지가 파괴될 위험이 있다고 보았다. 1979년 초 베트남에 대한 중국의 '방어적 반격'은 적의 영토 내에서 교전이 필요할 수 있음을 인식한 사례였다. 이 전략은 기존의 인민전쟁과 상당히 달라서 많은 분석가들은 이를 전혀 별개의 교리로 간주해야 한다고 보았다. 과거와의 연속성을 가장하기 위해 원래의 이름을 유지했을 뿐 실제로는 기존과의 단절을 의미했다. 1978~1979년, 소련과의 관계가 긴장된 상황에서 중국 인민해방군은 소련과의 '조기·대규모·핵전쟁'에 대비하라는 지시를 받았다. 그러나 1985년, 중소 관계가 개선되면서 전략은 또다시 변화했고, 군대는 중국 주변 지역에서 벌어질 수 있는 국지적이고 제한된 전쟁에 대비하여 훈련하도록 지시받았다. 1991년 걸프전쟁을 통해 미군의 기술적 우위를 확인한 이후에는 첨단 기술 환경에서 정보전을 수행하는 것이 중요하다는 점이 강조되었다.

- **훈련 강화**: 병력 부대 프로그램은 전면적으로 재조직되었다. 정치 학습 시간에 할애하는 시간을 줄이고 전략과 전술 학습에 더 많은 시간을 투자하도록 지시되었다. 훈련은 전투 병력이 마주할 수 있는 실제 상황과 각 지역의 기후·지형 조건을 반영하도록 조정되었다.

- **첨단 무기 획득 노력**: 해외 및 국내 자원을 모두 활용하기로 했다. 국가국방과학기술산업위원회는 국방 생산과 관련된 중국의 7개 부처의 연구 및 제조를 감독하는 역할을 맡았다. 이와 더불어, 어러 군수 구매 사절단이 해외로 파견되어 전차, 트럭, 헬리콥터, 전투기, 미사일, 레이저, 컴퓨터 등 다양한 외국산 무기와 관련 장비들을 조사했다.

- **인민해방군의 재조직**: 더 작고 젊으며 민첩한 군대로의 전환을 목표로, 군 병력을 4분의 1(약 100만 명) 감축하겠다는 계획이 발표되었다. 군구의 수는 11개에서 7개로 줄어들어 지휘부와 관련 인력도 감소했다. 새로운 군구들은 전차와 포병 사단뿐만 아니라 기타 특수

병과를 지휘할 권한을 부여받았다. 과거에는 이러한 병과들이 군 최고사령부 직할이었던 것과 대비된다. 또한 계급제도를 재도입하고 계급별 복무 기간 상한을 규정했다. 70대, 심지어 80대와 90대에 이르는 고령 장교들은 은퇴를 권고받았고, 일부는 강제 퇴역을 명령받았다. 이로 인해 더 젊고 활력 있는 인재들이 지휘 직책으로 승진할 수 있는 길이 열렸다.

- 군에 대한 더 엄격한 학력 요건: 군단급 이상의 부대는 인민해방군 간부들의 학력을 고등중학교 또는 기술중학교 수준으로 끌어올리기 위한 교육을 지원하라는 지시를 받았다. 또한 자율 학습이 장려되었으며, 야간학교나 텔레비전 강의, 통신 교육 과정에 등록하려는 사람들에게는 지원이 제공되었다. 일반 지식과 전문 지식에 대한 시험이 시행될 예정이었다. 요구되는 기준을 충족하지 못하거나 이를 거부하는 사람들은 승진이 거부되거나 강등될 수 있었다. 공산주의청년단은 우수한 대학 졸업생들이 인민해방군에 입대하도록 설득하라는 지시를 받았다.

3단계 체계가 도입되어 초급, 중급, 고급 장교를 훈련했으며, 100개 이상의 교육기관이 여기에 참여했다. 이 체계의 정점은 국방대학교로, 이는 1985년 12월 군사학원, 정치학원, 병참학원 등 인민해방군의 세 기관을 통합해 설립된 것이다. 이들 기관은 이전에는 각각 인민해방군의 관련 부서에서 운영되었다. 이렇게 흩어져 있던 기관들의 자원과 전문성을 통합한 목적은 보다 효율적인 교육 체계를 구축하는 데 있었다. 또한 공식적으로 언급되지는 않았지만, 세 기관을 통합한 결정에는 부서 간 분열과 그로 인한 파벌주의를 완화하려는 의도도 있었을 가능성이 있다.

- 당·정부의 군 통제력 재강화와 인민해방군의 분리: 당·정부·군 조직 내 복수 직책을 겸한 인물이 현저히 감소했다. 1990년까지 정치국 상무위원회에는 군 출신 인사가 전무했고, 정치국 자체에서도 매우 소

수에 불과했다. 1987년 당헌 개정을 통해 중앙군사위원회 주석이
정치국 상무위원회 위원이어야 한다는 요건이 삭제되었다.

철도부대는 인민해방군의 통제하에 있었으나 철도부로 이관되었으며,
수도 건설 부대 또한 민간화되었다. 인민무장경찰은 인민해방군에서
분리되어 창설되었으며, 이전까지 군대가 담당했던 국내 치안 업무를
맡게 되었다. 이러한 군사와 비군사 역할의 명확한 분화로 가능해진 기
능적 전문화는 비전문적으로 이념 중심의 '붉은' 노선에서 전문성 중심
으로 나아가는 중요한 전환점이었다.

비록 급격했지만, 이러한 변화들은 과거와의 완전한 단절을 의미하
지는 않았다. 군대는 중국의 산업 기업들에서 중요한 역할을 계속 유지
했다. 사실, 군대의 지속적인 참여는 국가 경제 현대화의 성공에 필수
적인 것으로 간주되었다. 당과 정부의 명확한 지시에 따라 중국인민해
방군은 민간 및 군수 물자를 판매하는 대규모 기업 형태로 직접 사업에
나섰다. 그들이 생산한 많은 제품이 다른 나라로 수출되었다. 그러나
인민해방군이 식량과 기타 물자를 스스로 조달해야 하는 임무는 여전
히 유지되었다. 군 부대들은 대규모 나무 심기 운동은 물론, 민간 지원
과 민군 간 긴장을 완화하기 위한 기타 활동에도 정기적으로 참여했다.

놀랍지 않게도, 덩샤오핑의 개혁이 가진 급진성과 규모는 여러 문제
를 초래했다. 구식 인민전쟁 방식을 지지하는 사람들은 인민해방군의
열세한 무기체계를 고려할 때, 전방 방어 전략은 중국군이 측면 공격에
노출되어 포위될 위험을 높인다고 지적했다. 또한 이들은 국공내전 당
시 홍군이 농촌에서 진격한 사례를 들어 진지 중심의 전쟁 방식의 한계
가 이미 입증되었다고 주장했다.

지지자들은 자본이 부족하고 노동력이 풍부한 중국의 상황에서는 마
오쩌둥의 인민전쟁 개념이 여전히 유효하다고 믿었으며, 그의 군사 교
리를 수정하는 것이 마오쩌둥에 대한 간접적인 공격이라고 여겼다. 군

사훈련과 무기 획득에 더 많은 관심을 기울이는 것은 군인들이 올바른 정치적 태도를 배우는 데 소홀해질 것이라는 우려를 낳았다. 또한 첨단 기술 무기를 개발하고 구매하는 데는 막대한 비용이 들었다. 중국은 당장 외부로부터 위협을 받고 있는 상황이 아니었으며, 내부적으로 해결해야 할 문제들은 많고 시급했다. 이들은 국가의 사회적 요구가 외부 위협보다 훨씬 더 중요하다고 생각했다.

군사 현대화는 덩샤오핑의 4개 현대화 중 가장 낮은 순위에 배치되었으며, 기술 개선을 위한 예산도 필요 수준에 크게 못 미쳤다. 국내 개발과 해외 조달의 비중을 어떻게 나눌 것인가에 대한 논의도 있었다. 현지 설계 기관들과 대외 의존을 우려하는 사람들은 국내 개발을 선호했지만, 과거 경험으로 볼 때 이는 느리고 비효율적이었던 점을 지적했다. 어떤 종류의 무기에 우선순위를 둘 것인지에 대한 논쟁도 존재했다.

조직 개편은 거센 저항에 부딪혔다. 군대를 100만 명 감축한다는 것은 많은 사람들을 민간 일자리 시장에 내보내야 한다는 뜻이었고, 이는 당시 경제 상황에서 감당하기 어려운 문제였다. 장교들은 평생직장을 기대하고 입대했기 때문에 갑작스러운 전역은 분노와 상실감을 불러일으켰으며, 경제적 어려움도 초래했다. 또한 누가 전역하고 누가 남을 수 있는지에 대한 결정 역시 논란의 대상이 되었으며, 꽌시(關係)라 불리는 인맥과 연줄이 중요한 역할을 했다. 효율화를 위해 일부 부대를 통합하면서 또 다른 문제들이 발생했다. 통상적으로 군인들은 한 부대에서 평생을 복무하며 강한 충성심을 기반으로 한 인맥을 형성하기 때문에, 새 부대로 전출된 사람들은 의심을 받고 외부인으로 취급되는 경우가 많았다. 일부 전역 군인들은 무기를 보유한 채 도적떼를 조직해 지역 주민들을 약탈하기도 했다. 또한 50세가 넘어 은퇴 명령을 받은 장교들은 정작 중앙군사위원회 주석 덩샤오핑과 부주석 양상쿤 모두가 80대라는 점을 지적했다.

군 내부의 하층부에서는 전혀 다른 문제들이 존재했다. 나이 많은 장교들은 인민해방군을 떠나기를 원하지 않았지만, 젊은이들은 입대하기를 꺼렸다. 덩샤오핑의 농업개혁은 군 복무에 대한 기피 현상을 심화시켰는데, 이제 시골에 남아 있는 것이 더 수익성이 높았기 때문이다. 게다가 징집 대상 연령의 청년들은 결혼 적령기이기도 했으며, 90%가 남성으로 이루어진 인민해방군에 복무하면서 적합한 배우자를 찾는 것은 매우 어려웠다. 이 시기에는 농촌 남성들이 더 높은 수입을 벌어들이고 있었기 때문에, 미혼 군인들의 처지는 더욱 힘들어졌다. 따라서 젊은 여성들과 그 가족들은 저임금의 군인들보다 농촌의 남성들을 더 선호하는 경향이 있었다. 중국인민공화국 역사상 처음으로, 그동안 군대의 주축을 이루던 농촌 청년들이 대거 징집을 피하기 시작했다.

지휘관들은 농촌 청년의 감소를 도시 청년으로 메우는 방안을 달가워하지 않았다. 첫째, 농민이 중국 인구의 70% 이상을 차지했기 때문에, 도시 청년층은 모집 가능한 규모 자체가 훨씬 작았다. 둘째, 도시 청년들이 농촌 청년들보다 일반적으로 더 높은 교육 수준을 갖추고 있다는 사실을 인정하면서도, 지휘관들은 이들이 군 생활의 고된 훈련을 견디기에 너무 나약하고, 자본주의적 사고에 물들어 있어 훌륭한 군인이 되기 어렵다고 느꼈다. 반면 농촌 청년들은 어려움에 익숙했고, 규율문제를 일으킬 가능성도 훨씬 적었다.

도시 청년들 또한 지휘관들이 그들을 선호하지 않는 것만큼이나 군 입대를 꺼렸다. 덩샤오핑의 개혁 이전에는 인민해방군에 입대하는 것이 농촌 청년들에게 신분 상승의 중요한 통로였으며, 종종 젊은 남성이 시루한 농촌 생활에서 벗어날 수 있는 유일한 현실적인 방법이었다. 그러나 도시 청년들에게는 입대는 그다지 많은 이점을 제공하지 않았다. 심지어 실업 상태인 도시 청년들조차도 군 복무를 선택하기보다는 일자리를 기다리는 편을 선호했다. 각 직장 단위에서는 자신들의 우수한 인력을 지키기 위해 뇌물 제공을 포함한 여러 방법을 사용했으며, 인민해방군 모집 담당자들에게는 사회 부적응자, 전과자, 신체적으로 허약한

자, 문맹자 등을 받아들이도록 설득하려 했다. 개인들도 모집 담당자들과 협상을 시도했다. 자신이 원하는 것을 군대에서 제공해준다면 입대하겠다는 조건이었다. 어떤 이는 특정 기술을 배우고 싶어 했고, 또 다른 이는 평소에는 취득하기 어려웠던 운전면허증을 요구하기도 했다.

일부 개인과 부대들은 불법적인 방법으로 생활의 질과 관련된 어려움을 해결했다. 군대는 외화, 차량, 창고 등에 더 쉽게 접근할 수 있었기 때문에 밀수와 같은 활동이 용이했다. 한 극적인 사례로, 광둥성의 사단급 부대 대부분의 구성원이 불법 활동에 가담한 사건이 있었으며, 이로 인해 지휘관과 정치위원을 포함한 다수가 유죄 판결을 받았다. 이 부대는 불법 차량 매매에 관여하고 있었으며, 이 사실은 한 장교가 차량을 구매하려다 차량 소유주에게 강도 피해를 입고 살해되는 사건이 발생하면서 우연히 드러났다. 장교들은 동료의 죽음을 몇 주 동안 숨길 수 있었기 때문에 이 불법 행위는 거의 우연히 밝혀졌다. 이와 유사한 사례들은 적지 않다.

인민해방군 구성원이 더 복잡한 훈련과 정교한 무기 사용에 대비할 수 있도록 교육 수준을 향상시키려는 노력에서도 문제가 나타났다. 공식 군사 신문 기사에서는 "간부들은 공부에 지쳐 있고, 병사들은 중도 탈락하고 있다"고 지적하며, 이는 인민해방군의 원래도 낮았던 과학 및 문화 수준이 더욱 떨어지고 있다고 비판했다. 교육받은 인력이 떠나는 수가 새로 입대하는 인원보다 많아지면서 교육 상황은 점점 악화되었다. 1988년, 인민해방군은 일부 장교들을 대상으로 시험을 실시했으며, 결과는 충격적이었다. 한 연대장은 지도를 읽지 못했고, 특정 지점을 표시하라는 요청에 목표 지점에서 7마일이나 벗어난 위치를 표시했다. 또한 특정 국가의 공수부대가 어떤 종류의 무기를 사용할 가능성이 있는지를 묻는 질문에 한 대령은 오랫동안 고민한 끝에 "모르겠다"고 대답했다.

이러한 심각한 문제들이 존재했지만, 손실만 있었던 것은 아니었다.

훈련은 더 정교해졌고, 일부 무기는 현대화되었고, 중국은 세계 최대의 무기 수출국 중 하나로 자리 잡았다. 비록 중국의 무기가 최신 기술을 반영한 것은 아니었으나 가격이 합리적이어서 많은 제3세계 국가들에게 매력적으로 다가갔다. 또한 전역 후 민간 일자리 시장에서 활용할수 있는 기술을 병사들에게 가르치는 교육 과정이 도입되었으며, 제대군인의 사회 정착문제에도 보다 체계적인 관심을 기울이기 시작했다. 비전문가와 전문가 간의 논쟁은 계속되었지만, 인민해방군은 점차 더 높은 전문성과 능력을 갖춘 방향으로 나아가고 있었다.

6·4 톈안먼사건이 중국 인민해방군에 미친 영향

1989년 5월 계엄령 선포(5장 참조)는 인민해방군을 내부 정치 갈등 한복판으로 끌어들였다. 당시 지도부는 인민무장경찰이 대규모 시위를 감당할 수 없다고 판단하고, 군대를 다시 치안 유지 임무에 투입했다. 본질적으로 이는 당과 정부의 최고 지도부 내 권력 투쟁을 해결하기 위해 군대를 동원한 것이었다. 이는 덩샤오핑이 지난 10여 년 동안 추진해 온 군과 민간 행정 기능의 분리 및 차별화라는 기조에 정면으로 배치되는 것이었다.

덩샤오핑은 자신의 정책을 뒤집는 이 결정을 지지했지만, 그가 직접 임명한 지휘관들을 포함한 여러 군 지휘부는 이에 대해 주저했다. 일부 군인들은 TV 카메라 앞에서 인민군대가 인민을 상대로 사용되어서는 안 된다고 공개적으로 말했다. 덩샤오핑은 여러 군구로부터 지지를 확보하기 위해 며칠간 힘을 쏟았으며, 그럼에도 불구하고 일부 사단 간에는 충돌이 발생했다는 보고도 있었다. 시위가 진압되고 지도부의 권력 위기가 해결된 후, 새롭게 재편된 지도층은 이러한 상황이 다시 발생하지 않도록 여러 조치를 취했다. 이러한 정책들은 전문성에서 멀어지고 비전문가 모델로 회귀하는 경향을 보였다.

당시 시위를 선동한 것으로 간주된 반혁명 세력에 강경하게 대응한 군인들에게는 표창이 수여되었고, 레이펑을 본받자는 운동이 부활했다. 군 기관지들은 군이 정치로부터 분리될 수 없으며, 인민해방군은 당의 군대이고 반드시 당의 지시에 따라야 한다는 점을 거듭 강조했다. 충성심을 보장하기 위한 또 다른 방법으로는 중국공산당 군대의 영광스러운 과거를 연구하도록 장려하는 것이었다. 이 시기의 역사는, 적어도 당시의 향수 어린 시선 속에서는 정의와 불의가 보다 명확하게 구분되는 듯 보였다.

그러나 이러한 노력의 결과는 엇갈렸다. 예를 들어, 레이펑을 본받자는 운동은 상당한 냉소를 불러일으켰다. 이는 국가주석이자 중앙군사위원회 부주석이었던 양상쿤(楊尚昆)이 자신의 세력 강화를 위해 기획했다는 소문이 돌았다. 여기에는 그의 이복동생이자 인민해방군 총정치부 주임이었던 양바이빙(楊白氷)도 포함되어 있었다. 더 나아가 인민해방군의 영광스러운 과거에 대한 일부 연구 결과는 과거 군사작전에 대해 이상화를 배제한 비판적 평가를 내리기도 했다.

1989년 인민해방군의 시위 진압 이후, 외국 분석가들은 첫째, 군이 고위급 의사결정에서 더 중요한 역할을 하게 될 것이며, 둘째, '양씨 일가'가 이러한 의사결정에서 주요한 역할을 할 것이라고 예측했다. 그러나 첫 번째 예측은 곧바로 틀렸음이 드러났다. 군 지도자들이 당과 정부의 핵심 직위로 승진하는 사례가 이전보다 증가하지 않았으며, 군이 정책결정에 더 큰 영향을 미친다는 뚜렷한 징후도 발견되지 않았다.

두 번째 예측, 즉 양씨 일가의 권력에 대한 예측도 잘못된 것으로 드러났다. 1992년 가을 중국공산당 제14차 전당대회를 앞두고, 내부에서 양씨 일가의 권력을 해체하려는 고위급 인사 개편이 단행될 것이라는 소문이 돌기 시작했다. 양바이빙은 덩샤오핑 사후의 안보 대책을 논의하기 위해 베이징의 한 호텔에서 비공개 회의를 열었다는 등 여러 가지 부적절한 행동으로 비판을 받았다. 이러한 혐의들은 공식적으로 확인되지 않았지만, 양씨 일가의 권력은 분명히 쇠퇴하기 시작했다. 양상쿤은 국가주석과 중앙군사위원회 위원직에서 사임했고, 양바이빙은 총정치부장과 중앙군사위원회 직위에서 해임되었다.

양바이빙은 정치국 위원직을 새롭게 얻었으나, 양씨 일가는 그들의 권력 기반인 인민해방군과의 연결 고리를 상실했다. 이들과 같은 파벌로 여겨졌던 여러 군 간부들도 역시 자리에서 물러났다. 이 과정에서 덩샤오핑 개인에게 불충한 기미는 전혀 없었기 때문에, 이러한 숙청의 가장 가능성 있는 이유는 덩샤오핑 사후에도 군이 자신이 지명한 후계자인 장쩌민에게 충성을 유지하도록 보장하기 위한 것이었다. 이 가설은 독자적인 파벌 기반이 없는 고령의 장군인 류화칭(劉華淸)과 장전(張震)이 양씨 일가를 대신하여 중앙군사위원회에 임명되면서 확인되었다. 류화칭은 정치국 상무위원회에도 임명되었는데, 이는 군과 당을 분리하려는 덩샤오핑의 계획에 대한 일종의 좌절로 보였다. 차기 민간 지도자 선출과 관련된 군 내부의 파벌주의를 해결하기 위해 장교들을 재배치할 필요가 있었다는 점은 인민해방군이 여전히 강력한 사회적 역할을 유지하고 있음을 시사한다.

한편, 인민해방군의 기능적 역할을 강화해야 한다는 압박도 존재했다. 1991년 유엔-이라크전쟁에서 미군의 인상적인 성과와 같은 해 소련의 붕괴는 중국 지도부가 인민해방군의 전투 역량에 주목하게 만들었다. 미군의 첨단 무기에 충격을 받은 인민해방군 장교들은 서방의 군사 무관들에게 중국이 미국을 따라잡을 수 있을지 의문이라고 밝혔다. 1991년 이라크전쟁은 대규모 병력으로 적을 압도하는 중국 공산당식 전략에 치명적인 타격을 입혔다. 이에 따라 전략적 재평가가 이루어졌고, 국지적 분쟁에서 제한된 첨단기술 전쟁으로 군사적 초점이 이동했다. 중국 군부는 네트워크로 연결된 컴퓨터와 정밀 유도 무기를 결합하여 적의 전쟁 수행 능력을 파괴하는 군사분야 혁신(RMA: Revolution in Military Affairs)이라는 미군의 새로운 전략에 큰 관심을 보였다.

이에 따라 인민해방군은 러시아로부터 무기를 구매하기 시작했으며, 이스라엘 무기상들과의 협력도 계속했다.

덩샤오핑 이후의 군대

양씨 형제의 권력이 약화되면서, 장쩌민은 군대에 대한 자신의 통제권을 확립하기 위해 노력했다. 그는 인민해방군 최고 계급인 3성 장군 직위를 신설하여 7개 군구의 사령관과 정치위원에게 수여했고, 이를 직접 주관했다. 또한 그는 전국의 군부대를 공개적으로 방문했으며, 이는 언론을 통해 장쩌민이 병사들을 사랑하고 그들의 공로에 감사를 표하는 것으로 묘사되었다. 덩샤오핑의 지침 하에 제정된 정년 퇴직 법률은 철저히 준수되었다. 이는 더 젊고, 활기차며, 더 나은 교육을 받은 인민해방군을 육성하는 데 기여했을 뿐만 아니라, 단기간 내에 모든 고위 군 지휘관들이 장쩌민에 의해 임명되어 그에게 충성을 바칠 것으로 기대할 수 있음을 의미했다. 또한 장쩌민은 덩샤오핑이 시작한 사령관 및 정치위원의 군구 간 전출제도를 유지했다. 이로 인해 지휘관들이 지역 권력자들과 밀착하여 중앙정부의 정책을 수정하거나 회피하는 지역적 영향력을 키우는 것을 방지할 수 있었다. 이러한 관행은 후진타오와 시진핑 시대에도 계속 이어졌다.

군이 구축한 대규모 경제 기반은 여전히 매우 중요한 사회적 기능으로 남아 있었다. 앞서 언급했듯이, 덩샤오핑은 인민해방군이 민간 제품과 무기를 생산·판매함으로써 중국의 현대화 노력에 기여하도록 장려했다. 군대는 이를 열정적으로 수행했으나, 그 동기는 현대화보다는 수익 창출에 더 가까웠다. 1990년대 중반에는 세탁기, 냉장고, 양말과 같은 제품이 국방 산업 생산의 약 70%를 차지했다. 군은 최소 1만 개 이상의 기업을 운영했으며, 연간 수익은 50~100억 달러에 달했다. 이러한 사업의 성장에는 대규모 부패가 뒤따랐다. 많은 수익이 신고되지 않아 세금이 부과되지 않았다. 1993년, 중국 국방부 장관은 이러한 관행이 계속된다면 인민해방군을 가리키는 은유인 국가의 '강철장성(鋼鐵長城)' 자체가 무너질 것이라고 경고했다. 이어서 중국사회과학원이 발표한 보고서에서는 인민해방군이 사업에서 손을 떼고 본연의 국가 방위 역할로 돌아가야 한다고 주장했다. 이 보고서의 작성자는 군대의 사회적 역할에서 기능적 역할로 전환하는 데 드는 높은 비용을 인식하고 있었기에, 군수 산업을 공정한 가격에 매입하여 군인들이 훈련에 집중할 수 있도록 해야 한다고 제안했다.

1998년 7월, 장쩌민은 반부패 운동의 일환으로 실제로 이러한 조치를 취했다. 그러나 이 사업 철수 조치는 형식적인 수준에 머물렀을 가능성이 크다. 수익성이 낮은 기업은 매각되었지만, 수익성이 높은 기업들은 단순히 소유권이 변경되었을 뿐 여전히 부분적으로 군의 통제 하에 남아 있었다. 가장 수익성이 높은 기업들을 포함해, 약 8,000개에서 1만 개에 이르는 기업들이 그대로 유지되었다. 그럼에도 불구하고 사업 철수 명령 자체가 인민해방군이 기능주의적 방향으로 한 걸음 더 나아갔음을 시사한다.

하지만 여전히 인민해방군은 국가가 아닌 '중국공산당'의 군대로 간주된다. 마오쩌둥 시대보다는 덜 엄격하지만, 정치적 자격 요건은 여전히 중요하다. 마르크스주의에 대한 신념이 약화됨에 따라 애국심이 충성의 주요 대상으로 부상했다. 또한 물질적 요인도 중요한 역할을 했다. 민간 부문의 급여 상승에 발맞추기 위해, 2006년에는 신임 장교와 부사관의 초봉을 80~100% 인상하고, 추가로 각종 비과세 수당과 보조금을 제공하기 시작했다.

1989년부터 시작된 국방 예산 증가는 눈에 띄는 속도로 지속되었다. 현재 달러 가치로 환산했을 때, 1988년부터 2017년 사이 국방비 지출은 40배 이상 증가했다.

이러한 국방비 증액은 소련의 해체로 인해 주요 강대국들의 국방 예산이 급격히 축소된 시기에 발생했다. 중화인민공화국은 외부의 위협에 직면해 있지 않으며, 인민해방군에 지출되는 예산으로 해결할 수 있는 긴급한 국내 현안이 많은 상황이었기에 주변국들은 베이징이 공격적인 행보를 추구하고 있는 것 아니냐는 우려를 표명했다. 중국 지도부는 국방 지출 증가가 인플레이션을 보전하고 군인들의 생활 수준을 향상시키기 위한 필요성을 반영한 것이라고 설명함으로써 이러한 우려를 진정시키려 했다. 그러나 이러한 설명이 사실인지 확신할 수 없는 여러 이유가 존재한다.

첫째, 공식 수치는 실제 인플레이션율을 과소평가하는 것으로 일반적으로 여겨지는데, 그 차이가 정확히 얼마나 되는지는 파악하기 어렵다. 둘째, 설령 인플레이션율이 정확하다고 하더라도, 그것이 국방 부문에 미친 영향을 정확히 보여주지는 않는다. 셋째, 인민해방군은 1997년과 1998년, 그리고 2009년에 두 자릿수의 예산 증가를 받았는데, 이 시기의 인플레이션율은 2%에서 0% 이하로 나타났다. 2010년에 발표된 7.5%의 증가율은 1988년 이후 가장 낮은 수치였으나, 이는 국방력 강화에 대한 관심이 줄어들었기 때문이라기보다는 2009년에 금융위기를 피하기 위해 대규모 재정 부양책을 투입한 후, 그 부양책에 대한 의존도를 점차 줄이려는 시도의 일환으로 간주되었다 (7장 참조). 게다가 2010년 예산에서 국방 배정을 다른 예상 지출과 비교해 보면, 군대가 사실상 상대적으로 불이익이 가장 적은 부문 중 하나였음을 알 수 있다. 이후 몇 년간 국방 지출은 다시 두 자릿수 증가율을 기록했다.

인민해방군이 대규모 사업에서 철수한 데 대한 보상으로 국방 예산이 늘었다는 주장도 설득력이 떨어진다. 왜냐하면 1997년과 1998년에 보고된 두 자릿수 증액은 인민해방군이 상업 활동 포기 명령을 받은 1998년 7월 이전에 발생했기 때문이다. 마지막으로, 실제 국방 예산은 보고된 국방 예산보다 훨씬 더 크다. 예를 들어, 구 소련으로부터의 무기 구매는 국무원 산하의 별도 예산에서 이루어졌으며, 핵 연구 및 개발과 같은 다른 대규모 지출 비용은 숨겨져 있거나 공개되지 않는다. 실제 국방 지출에 대한 추정치는 대체로 공식 수치의 두세 배 수준으로 나타났지만, 최근 공개된 공식 수치는 실제 지출과 더 부합하는 것으로 보인다. 국방비는 국내총생산(GDP)의 1~2%와 중앙정부 지출의 7~10%를 차지하는 것으로 추정된다. 계산 방식과 관계없이 이는 상당한 규모이지만, 그 돈이 얼마나 효율적으로 사용되었는지는 알 수 없다. 인민해방군에서도 다른 경제 부문과 마찬가지로 낭비와 부패가 만연하기 때문이다.

해외 무기 구매가 국산 무기로 대체되면서 중요한 진전이 이루어지고 있음은 분명하다. 인민해방군의 저널에는 '정보화 전쟁'과 '비대칭 전쟁' 개발의 필요성을 강조하는 많은 기사들이 실려 있다. 정보화 전쟁은 지휘, 통제, 통신, 컴퓨터, 정보·첩보, 감시, 표적 선정, 획득 및 정찰을 조정하는 구조를 구축하여 적의 표적을 공격하는 것을 의미한다. 이러한 체계는 적의 약점을 파악하고 '살수진검(殺手鐗)'이라 불리는 비장의 무기를 사용해 사용해 이러한 취약점을 공격함으로써 치명적인 타격을 가하는 것을 목표로 한다. 이러한 약점은, 미국의 경우 군이 첨단 기술 무기에 과도하게 의존한다는 점과 미국 대중이 인명 피해에 극도로 민감하다는 점으로 평가된다. 인민해방군 분석가들은 적의 통신체계에 컴퓨터 바이러스를 침투시켜 훨씬 더 강력한 적(명시되어 있지는 않지만, 아마도 미국으로 추정됨)으로부터 전장의 통제권을 탈취하는 능력에 대해 논의했다. 『무제한 전쟁(*Unlimited Warfare*)』이라는 책에서 두 명의 상급 대령은 중국이 가난한 국가이기 때문에 가능한 모든 수단을 사용해야 한다고 주장했다. 이들은 국제 군사 행동 규범을 무시할 수 있다고 주장했으며, 이는 서방 강대국들이 자신들에게 유리하게 규범을 만들었기 때문이라는 잘못된 인식을 바탕으로 했다. 이들이 제안한 기술 중에는 화학전 및 생물학전, 테러리즘, 적국 영토의 기후 변화 유발을 위한 환경 조건 조작 등이 포함되어 있었다.

중국의 군사 교리는 또한 비살상 영역도 포함하는데, 그 중 가장 중요한 것이 이른바 삼전(三戰)으로 불리는 심리전, 여론전, 법리전이다. 이들은 전투 작전이 시작되기 전에 이미 시작되어야 하며, 이를 통해 적의 사기를 약화시키기 위해 노력해야 한다. 중국은 대중매체를 활용해 중국의 입장을 홍보하고, 적국의 언론을 차단하거나 반박함으로써 국제 여론을 중국의 주장에 유리하도록 설득해야 한다.

최신 무기와 비대칭 전쟁에 대한 관심에도 불구하고, 인민전(人民戰)은 여전히 군사 교리의 핵심으로 남아 있다. 그러나 최근에는 이를 '군사 기술 수준과는 무관한 전쟁 조직 형태'로 재정의했다. 오늘날의 인민전은 민간 자원을 전쟁 지원에 동원하는 대규모 동원 체계를 포함하며, 이는 2010년에 제정된 국방 동원법에서 잘 드러난다. 이 법은 인민전 개념과 명시적으로 연결되어 있으며, 군사 목적을 위한 민간 자원의 동원에 대한 법적 근거를 제공한다. 지역 내 주둔 군부대에 대한 지방정부의 책임을 둘러싼 중앙-지방 간 오랜 갈등을 해소하려는 성격이 더 큰 것으로 보인다. 이 법은 징발된 자산에 대한 보상을 규정하고 있으며, 징발된 물품은 반환되거나 반환이 불가능할 경우 그 가치에 상응하는 보상이 이루어져야 한다고 명시하고 있다. 이 법이 10년간의 논쟁 끝에야 통과되었다는 사실은 그 과정에서 상당한 의견 충돌이 있었음을 보여준다.

시진핑의 개혁

시진핑은 집권 직후 군사적으로 강하고 경제적으로 번영한 중국을 뜻하는 '중국몽'에 스스로를 적극적으로 결부시켰다. 그는 2036년까지 인민해방군의 현대화를 기본적으로 완성하고, 2049년 중화인민공화국 건국 100주년까지 세계적 수준의 군대로 탈바꿈시키겠다고 공언했다. 시진핑은 전장 우위를 확보하기 위한 전면적인 노력으로 군사 기술과 민간 기술의 역량을 통합하는 민군 융합의 중요성을 강조했다.

또한 주목할 점은 인민해방군을 정치적으로 더 신뢰할 수 있고 군사적으로 더 유능하게 만들기 위한 광범위한 조직 개편이었다. 이는 홍-전, 즉 정치적 충성과 전문성을 모두 갖추도록 하려는 조치였다. 그는 정치적 충성심을 자신의 반부패운동과 명확히 연결지어 충성 부족의 흔적이 보이면 그 장교들과 그 가족들의 재정 상태에 대한 면밀한 조사가 따를 것임을 경고했다.

중대급 이상 모든 단위에는 당위원회가 존재하며, 각 단계에서 중요한 결정은 지휘관 단독이 아닌 당 상무위원회의 승인을 받아야 한다. 부패와 기강문제 같은 중대 사안뿐만 아니라, 정치장교들은 군인들의 재정·가족·의료문제 해결을 돕고 사기를 유지하는 역할을 한다. 정치적으로 충성스럽고 군사적으로 전문적인 군대를 만들기 위한 노력의 일환으로 정치장교들에게 군사 과목에 대한 교육이 이루어졌다.

작전 측면에서는 제도적 장벽이 비효율적인 합동 지휘 체계를 초래한다는 확신에 따라, 기존의 7개 군구가 동부, 서부, 북부, 남부, 중앙의 5개의 전구(戰區)로 재편되었다. 또한 기존의 4개 군사부서는 폐지되고 15개 조직으로 대체되었으며, 이는 기능을 분산시키고 새 조직들을 시진핑이 수장으로 있는 중앙군사위원회 직속으로 두기 위한 조치였다. 새로운 조직도 창설되었다. 제2 포병부대를 계승한 로켓군은 중국의 점점 강력해지는 핵 전력을 담당하게 되었으며, 전략지원부대는 사이버전쟁과 우주에서의 첨단 기술전쟁을 담당하게 되었다 (도표 9.1 참조).

시진핑은 또한 중앙군사위원회를 기존 11명에서 7명으로 축소했으며, 그를 제외한 모든 위원은 장성 또는 제독이다. 준군사 조직인 무장경찰은 평시에는 시위 진압과 대테러 활동을 수행하고, 전시에는 군을 지원하는 역할을 한다. 무장경찰은 기존의 중앙군사위원회와 국가안전부의 이중 지휘체계에서 벗어나 중앙군사위원회의 직접 통제를 받게 되었다. 군 통제의 중앙집권화를 더욱 강화하기 위해, 무장경찰의 지역

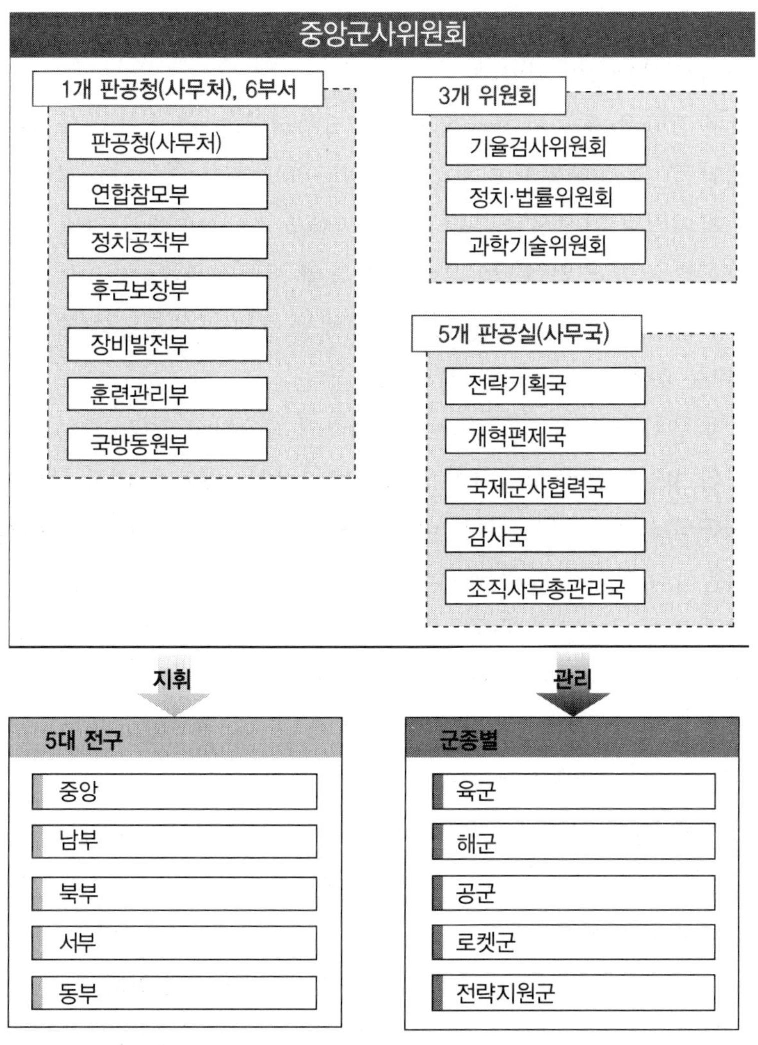

도표 9.1 중국군 조직 구조

출처: Japan National Institute of Defense White Paper (2017).

시위 진압 투입은 중앙 당국의 승인을 거쳐야 한다. 또한 인민해방군 예비군 및 무장경찰 부대의 지휘 체계에서 지역 당 간부들은 배제되었다. 2016년 이전 지역 당서기는 예비군 부대의 제1 정치위원을 겸임하며 지휘관과 정치위원을 통제했고, 이는 사적 이익을 위한 권력 남용으로 이어질 가능성이 있었다.

병력 감축은 육군에 불균형적으로 집중되었다. 중국의 더욱 공세적인 해양 및 항공 활동과 일치하는 반접근/지역거부(A2/AD) 전략은 중국이 자의적으로 설정한 구단선(nine-dash line)에 대한 광범위한 주장 강화를 목표로 한다. 이 구단선은 유엔 상설중재재판소(PCA)가 국제법상 근거가 없다고 판결했으며, 공해상 항행의 자유를 침해할 것을 우려하는 여러 국가들의 반대를 받고 있다.

신형 무기 역시 해군과 공군에 유리하게 작용하고 있다. 중국은 현재 세 척의 항공모함과 항공모함을 파괴할 수 있는 새로운 대함 탄도미사일(ASBM)을 보유하고 있다. 미국과 러시아는 몇 년 전 이러한 미사일을 개발하지 않기로 합의했으며, 현재까지 ASBM에 대응할 수 있는 함정 기반 방어체계는 존재하지 않는다. 중국의 잠수함 전력은 수량과 성능 면에서 모두 강화되었으며, 해군은 이제 장거리 해상 기반 핵 능력을 갖추었고, 중국 해안에서 최대 1,000해리 떨어진 적의 수상 함정을 공격할 수 있는 역량을 보유하고 있다.

인민해방군은 세계에서 가장 많은 장거리 지상발사 탄도미사일을 보유하고 있으며, 공군은 중국 주변 지역을 넘어선 장거리 차단 임무 수행 능력을 빠르게 강화하고 있다. 또한 드론 전력도 활발히 확대되고 있다. 일본과 미국령 괌은 중국의 미사일 사정권 내에 있다. 중국의 핵무기 보유량은 2022년 추정치의 세 배인 1,500기에 2035년까지 도달할 것으로 전망된다. 고속성과 기동성이 뛰어나 기존 방어체계로는 대응이 어려운 극초음속 미사일도 시험된 바 있다.

군사훈련은 이제 각 군이 별도로 참여했던 과거와 달리, 진정한 합동훈련 형태로 발전하고 있다. 사이버전에도 지속적인 관심이 집중되고 있으며, 외국 정부와 기업의 전산망을 해킹한 사건의 대다수가 인민해방군과 연계된 사이트로 추적되고 있다. 이러한 발전을 위협으로 보는

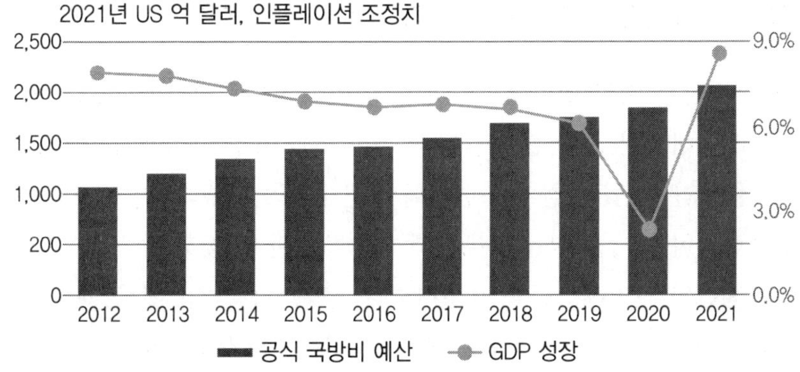

도표 9.2 중국 공식 국방예산 변화, 2012~2021년

출처: U.S. Department of Defense.

해외 관찰자들도 있지만, 글로벌 무역 강국으로 성장한 중국이 자국의 상업적 이익을 보호하려는 정당한 우려를 가지고 있다고 주장하는 이들도 있다. 중국의 국방 예산 증가는 과거 수십 년간의 두 자릿수 증가율에는 미치지 못하지만 여전히 다른 모든 국가들의 증가율을 상회하고 있다.

그럼에도 불구하고 중국의 최종 목표가 무엇인지 궁금해하는 해외 관찰자들은 이 문제에 대한 더 많은 투명성을 요구하고 있다. 이에 대한 대응으로 중국정부는 1998년부터 약 2년마다 국방백서를 발간하기 시작했지만, 해외 분석가들은 이 백서들이 주요한 우려 사항들을 다루지 않는다며 불만을 제기한다.

가장 최근의 국방백서는 증가하는 테러리즘, 분리주의, 극단주의의 확산이 중국 주변 지역의 안보에 부정적인 영향을 미치고 있다는 우려를 드러냈다. 이 백서는 이러한 위협이 남중국해 인공섬의 조성 및 무장화와 중국의 해양 이익 보호를 위한 기타 조치들을 정당화한다고 설명했다. 이전 백서들과 마찬가지로 이번 백서도 중국이 핵무기를 선제 사용하지 않겠다는 약속을 포함하지 않았다.

인민해방군은 자국 영토에서의 장기적인 소모전을 염두에 두고 조직된 대규모 군대에서, 최첨단 기술로 무장한 적과 국경 너머에서 고강도 전투를 수행할 수 있는 철저히 현대화된 군대로 변모했다. 마오쩌둥 이후의 군사개혁은 기술 역량과 무기체계가 향상된 더 젊고 더 높은 교육을 받은 훈련된 인민해방군을 탄생시켰다. 증가하는 국방 예산, 해외에서의 첨단 무기 및 군사 시스템 구매, 그리고 점점 더 정교해지는 자국 방위산업의 발전은 주변국들로 하여금 중국의 의도에 대해 의문을 제기하게 만들었다. 현재 중국은 세계 4위의 무기 수출국이며, 성장하는 국내 산업 덕분에 과거 러시아에 의존했던 부분을 상당 부분 줄일 수 있었다. 막강한 국가의 지원을 바탕으로, 중국은 드론, 전투기, 미사일 방어체계뿐 아니라 냉전 시기부터 주력으로 생산해온 지상 무기와 탄약을 포함한 다양한 무기를 수출하는 경쟁에 나서고 있다.

그러나 인민해방군은 오랜 기간 실전 경험이 없기 때문에 검증되지 않은 군대이다. 반부패 운동이 군사 사기에 부정적인 영향을 미쳤다는 지적도 있다. 중국 군사 간행물들은 많은 지휘관들이 기술적 역량이 부족하고, 상황을 적절히 평가하거나 작전 결정을 내리고, 병력을 배치하거나 정보화된 합동전에서 부대를 이끌 능력이 부족하다는 우려를 나타내고 있다.

마오쩌둥 이후 시대에는 인민해방군의 기능적 역할은 크게 증가한 반면, 사회적 역할은 줄어들었다. 인민해방군은 여전히 홍수나 지진 등의 재해 발생 시 복구 작업을 지원하는 등 사회적 역할을 수행하고 있지만, 현재는 기능적 책임에 더 집중하고 있다. 1997년 제15차 전당대회 이후로는 군 출신 인사 중 누구도 정치국 상무위원회에 임명되지 않았다. 인민해방군이 당과 정부 지도부에 의견을 전달할 수 있는 다른 통로들이 존재하지만, 상무위원회에 현역 군인이 단 한 명도 없다는 사실은 중요한 상징성을 지닌다. 중국 지도부는 군의 전문화가 정치적 충성과 당의 통제력 약화로 이어지지 않도록 관리하기 위해 노력해 왔다.

그러나 중국 내 분석가들은 인민해방군의 전문성이 강화되는 동시에 인맥주의가 확산되는 모순적인 현상을 지적하고 있다. 시진핑의 반부패 운동 과정에서 드러난 고위 군 간부들에 대한 혐의에 따르면, 고위직 승진이 능력보다는 금전적 거래나 인맥에 의해 이루어지는 경우가 많았다. 시진핑은 군의 부패가 전쟁에서 패배를 의미한다고 경고하며, 더 엄격한 당의 통제를 통해 이를 근절하겠다고 다짐했다. 그러나 체제 내 견제와 균형이 부재한 상황에서 이러한 개혁이 실제로 가능할지에 대한 회의적인 시각도 존재한다. 그럼에도 불구하고 시진핑이 점점 더 강력해지는 군사력을 확실히 장악하고 있다는 점에는 의심의 여지가 없다.

추가 읽을거리

Kenneth W. Allen, Thomas Corbett, Taylor A. Lee, and Ma Xiu, *Personnel of the People's Liberation Army* (Washington, DC: Blue Path Labs, November 3, 2022).

International Institute for Strategic Studies, *The Military Balance 2022* (London: IISS, 2022).

Isaac Kardon and Wendy Leutert, "Peer Competitor: China's Power Position in Global Ports," *International Security*, Vol. 46, No. 4 (Spring 2022), pp. 9–47.

Yamaguchi Shinji, Yatsuzuka Masaaki, and Momma Rira, "China's Quest for Control of the Cognitive Doman and Gray Zone Situations" (Tokyo: *National Institute for Defense Studies China Security Report 2023*, 2022).

Koichiro Takagi, "New Tech, New Concepts: China's Plans for AI and Cognitive Warfare," *War on the Rocks*, April 13, 2022.

U.S. Department of Defense, *Military and Security Developments Involving the People's Republic of China* (Washington, DC: USDOD, 2022).

10장

교육

교육은 문화적 규범과 기대를 전달하는 것과 특정 직업 관련 기술을 훈련하는 것을 모두 포괄하는 개념으로, 모든 사회에 어려운 선택을 요구한다. 중국과 같은 저개발 국가에서는 제한된 재정 자원과 숙련된 교사의 부족이 교육제도에 추가적인 제약을 가했다. 혁명 이후 새로 수립된 국가인 중화인민공화국은 기존의 많은 신념과 관행을 변혁해야 하는 추가적인 어려움까지 안고 있었다.

체계 구축

중국공산당은 누구를, 어떤 주제로, 얼마나 많은 인원을 교육할지 결정해야 했다. 한 극단에서는 대중에게 비교적 낮은 수준의 교육을 광범위하게 제공할 수도 있었고, 다른 극단에서는 국가의 위신을 높일 수 있는 분야에 소수의 인재를 집중적으로 양성하는 방안을 택할 수도 있었다. 예를 들어, 최첨단의 실험실과 장비를 갖춘 몇몇 뛰어난 의학 과학자들을 훈련시키면 질병 예방에서 주요한 돌파구를 이룰 수 있었고, 이는 국가의 위신을 높이는 데 기여할 수 있었다. 마찬가지로, 핵물리학자 교육과 장비에 상당한 자금을 투입하면, 중화인민공화국은 지금까지 서방의 소수 강대국만이 속해 있던 핵 클럽에 합류할 수 있을 것이었다. 전자는 중국 공산주의 이념의 평등주의적 성향에 부합했으며, 후자는 전략적 상호작용이론을 지지하는 이들에게 설득력을 지녔다.

교육과정에서 정치와 이념 학습에 얼마만큼의 시간을 할애할지, 수학과 외국어 같은 실질적인 학문에 얼마를 할당할지도 주요한 쟁점이었다. 중국의 과거를 어떻게 다룰 것인가도 어려운 문제였다. 전통이 국가의 현대화와 산업화를 저해하는 무거운 짐이라는 비판에도 불구하고, 그 전통을 완전히 부정하는 것은 중화인민공화국의 국가 정체성을 상실하게 만들기 때문이다. 지도부는 전통의 어떤 요소를 보존할 것인지, 그리고 그것을 아직 구체화되지 않은 사회주의 문화라는 개념과 어떻게 융합할 것인지에 대해 깊이 고민했다. 또한 노동자, 농민, 당원 자녀에게 특혜를 줄 것인지, 준다면 어느 정도까지 줄 것인지도 문제였다. 이러한 모든 결정은 특정 사회 집단에 유불리를 가져오는 선택이었으며, 중화인민공화국의 다른 많은 정책과 마찬가지로, 이 문제에 대한 논의도 이념적 충성을 강조하는 '홍(紅)' 전문성을 중시하는 '전(專)' 대립 구도로 나타났다.

초기 공산당의 주요 과제는 국민당 정부로부터 계승한 교육제도를 확대하고 개편하는 것이었다. 교과서는 공산주의, 공산당, 소련을 찬양하는 방향으로 재작성되었다. 사회주의 사상의 가치, 자본주의의 폐해, 마오쩌둥 사상의 통찰이 각급 교육기관의 수준에 따라 다양한 정도로 교육되었다. 집단적 행동의 중요성은 유년기부터 주입되었으며, 교과서는 기존처럼 황제나 고위 관리에게 역사의 공을 돌리는 대신, 대중이 역사를 만드는 존재라는 점을 강조했다.

중화인민공화국의 다른 정책분야와 마찬가지로, 교육제도에도 소련의 영향이 강하게 작용했다. 이는 수학, 과학, 기술에 대한 강조로 나타났으며, 이론적 수준뿐 아니라 기술자를 양성하기 위한 직업학교 체계의 설립에서도 뚜렷했다. 많은 교과서는 러시아어에서 중국어로 단순 번역되었으며, 그중 일부는 예시가 중국 현실과 맞지 않아 많은 불만을 야기했다. 지주 계급의 자녀 일부는 교육 과정에서 차별을 받기도 했다. 그러나 전반적으로 초기 시기에는 계급적 배경보다 학업 성취 기준이 비교적 공정하게 적용되었다.

동시에 교육제도는 크게 확대되어, 가장 가난한 농민과 공장 노동자의 자녀를 포함한 모든 사람에게 교육 기회를 제공하는 것을 목표로 삼았다. 성인을 위한 야간 문해 교육도 마련되었다. 공장에서는 근무가 끝난 후에, 농촌지역에서는 농한기에 이러한 수업이 열렸다. 더 많은 교사 양성을 위해 사범학교가 없던 지역에도 새로 설립되었다.

정부는 국민들이 글을 배우기 쉽게 만들기 위해 여러 방법을 시도했다. 예를 들어, 사람들의 실제 구어에 더 가까운 백화(白話)의 사용을 권장했는데, 이는 이전에 학자들이 선호하던 간결하고 고상한 문언보다 실용적이었다. 또한 중국 전역에서 한자의 발음을 표준화하기 위해 병음(拼音)이라 불리는 표기체계를 보급했다. 중화인민공화국은 광대한 영토 안에 상호 의사소통이 되지 않는 여러 방언 집단과 하위 집단들을 포함하고 있었다. 새로운 정권은 서양에서 만다린(Mandarin)으로 알려진 표준 중국어의 사용을 장려했다. 공산당은 구시대 관료 계층에 대해 매우 부정적인 견해를 갖고 있었기 때문에, 이 언어를 국어(國語) 혹은 보통화(普通話)라고 불렀다.

자주 사용하는 한자 목록이 작성되었으며, 책, 신문, 잡지는 이 목록에 포함된 글자만을 사용하도록 했다. 복잡하고 거의 사용되지 않는 글자를 대폭 없애면 읽는 법을 배우기 쉬워질 것이기 때문이었다. 일부 복잡한 글자의 형태도 간소화되었다. 예를 들어, 획수가 11획이던 한 글자를 4획으로 줄이기도 했다 (도표 10.1 참조). 이후 문해력의 기준은 농민의 경우 1,500자, 노동자와 도시 주민의 경우 2,000자를 인식할 수 있는 능력으로 정해졌다. 이는 대중 신문과 잡지를 읽고, 기본적

번체	간체	병음	뜻
寶	宝	바오	진귀한, 소중한
叢	丛	총	모이다
歸	归	꾸이	돌아가다, 돌아오다
國	国	구오	나라
蘭	兰	란	난초
龍	龙	롱	용
慶	庆	칭	경축하다
勸	劝	취안	권고하다
無	无	우	없다
壓	压	야	누르다

도표 10.1 선정된 한자, 간체자 형태, 병음 표기

출처: 필자 작성.

인 회계를 처리하며, 간단한 문장을 쓸 수 있도록 하려는 목적이었다. 과거에는 약 1,000자 내지 1,200자를 인식할 수 있으면 문해력 기준에 도달한 것으로 여겨졌던 것으로 보인다.

1949년 당시의 문해율은 약 25%로, 개발도상국 기준으로 특별히 낮은 수치는 아니었다. 그러나 1955년까지 그 수치는 두 배 이상 증가했다. 이들 중 다수가 높은 수준의 문해력을 갖추지는 못했더라도, 정부의 노력으로 이루어진 성과는 결코 과소평가될 수 없다. 사실 중국 공산정부가 시행한 대부분의 조치들은 독창적인 발명이라기보다는 기존의 요구와 제안을 실행한 것이다. 예컨대 백화 사용은 1919년 5·4운동 당시 시위대의 요구 중 하나였고, 병음 표기체계는 국민당 정부 시기에 고안된 것이며, 간체자(簡體字) 사용은 급하게 글을 쓰는 필자들 사이에서 최소 천 년 전부터 사용되어 왔다. 새롭고 인상적인 점은 이 모든 기술들을 체계적으로 통합하고 전국적으로 대중화하는 데 투입된 열정과 조직력에 있었다.

공식적인 교육제도는 서양에서 일반적으로 사용되던 체계와 크게 다르지 않게 발전했다. 초등학교 6년 과정을 마치면 중학교 3년, 고등학교 3년, 그리고 대학 6년 과정을 밟도록 되어 있었다. 여기에 다양한 직업학교와 기술학교가 보완적으로 존재했으며, 전체적인 교육체계는 베이징에 있는 교육부가 비교적 엄격하게 통제했다. 중국 문화는 전통적으로 근면함을 강조하고 교육에 큰 가치를 두었기 때문에, 학생들의 학습 동기는 문제가 되지 않았다. 이 시기의 주요 관심사는 오히려 학생들이 지나치게 공부에 몰두해 건강을 해치지 않도록 하는 것이었다.

이 교육체계는 여러 면에서 인상적이었지만, 엘리트주의적이라는 비판도 존재했다. 가장 성공적인 학생들이 종종 부르주아 계층의 자녀들이었는데, 이들 부모가 더 나은 교육을 받았기 때문에 자녀 교육에 더 유리했기 때문이었다. 마오쩌둥은 때때로 강한 반지식인 정서를 드러냈는데, 이는 그가 과거 모스크바에서 교육받은 당 간부들에게 '촌놈(토착 공산주의자)'이라고 무시당했던 경험에서 비롯된 것일 수 있다. 1957년의 백화제방(百花齊放)운동은 이러한 반지식인 경향을 강화하는 결과를 가져왔다. 공산당 통치에 대한 가장 날카로운 비판이 대체로 고등교육을 받은 계층으로부터 나왔기 때문이다.

평등주의 확대와 전문가주의로의 회귀

이후 전개된 반우파운동과 대약진운동은 교육제도를 보다 넓고 수평하게 만들기 위한 시도였다. 1958년 한 해 동안만도 유치원 아동 수는 100만 명에서 3,000만 명으로, 초등학생 수는 6,400만 명에서 8,600만 명으로, 중등학교 등록 인원은 700만 명에서 1,000만 명으로 증가한 것으로 보고되었다. 당시의 모든 통계는 일정한 의심을 가지고 바라보아야 하지만, 교육체제의 거의 폭발적인 팽창은 부정할 수 없는 사실이었다. 그러나 자원과 숙련된 인력은 이러한 증가 속도를 따라갈 수 없었기 때문에, 교육 수준의 저하는 불가피했다.

이와 동시에 엘리트주의적 교육은 강하게 비판받았고, 이른바 부르주아 과학적 객관주의도 공격 대상이 되었다. 국가의 가장 중요한 목표인 생산력 증대와 거리가 멀다는 이유로 여러 연구 과제가 중도에 취소되었다. 지식인들의 특권 의식을 억제하고 도시와 농촌 간의 문화 격차를 줄이기 위해 농촌으로 보내져 농민들과 함께 노동을 하도록 지시받았다. 야간학교와 같은 시간제 교육이 더욱 강조되었고, 일부 시기에는 교수와 학생들이 원시적인 토법(土法) 제철 노동에 동원되면서 학교가 문을 닫기도 했다.

농민이나 프롤레타리아 배경을 가진 젊은이들은 고등교육기관 입학에서 우대받았고, 교육과정의 이데올로기적 요소는 더욱 강화되었다. 교육은 반드시 노동계급의 이익에 복무해야 하며, 생산적 노동과 결합되어야 한다는 구호를 강조하는 방향으로 교수 방법이 바뀌었다. 정치는 모든 것을 지휘해야 한다는 원칙이 강조되었다. 표면적으로는 모든 학생이 홍(紅)이면서 동시에 전(專)이 되어야 한다는 구호가 존재했지만, 실제로는 이념적 충성이 전문성보다 훨씬 더 큰 주목을 받았다. 그 결과, 학문적 수준은 현저히 하락했다.

대약진운동의 실패는 1957년 이전의 교육 기준으로의 회귀를 동반했다. 다시금 학업 성취가 중시되었고, 대도시 중심의 특정 교육 기관들은 중점학교(重點學校)로 지정되어 우수한 자원과 더 나은 교사, 그리고 가장 유망한 학생들을 배정받았다. 그러나 이러한 교육체계에 대한 비판은 반우파운동 시기에도 제기되었으며, 이후 문화대혁명의 격렬한 분노에 기름을 부은 격이 되었다.

이념성의 재강조: 문화대혁명

문화대혁명 시기의 교육에 대한 이론적 논쟁은 교육제도 내의 부르주아적·봉건적 태도를 억압할 필요성에 집중되었으며, 이를 통해 '혁명의 계승 세대'가 공산주의로 나아가는 여정에서 자신의 역할을 제대로 수행할 수 있도록 준비시켜야 한다는 것이 핵심이었다. 그러나 1965년 당시 교육제도에 대한 구체적인 비판들은 이보다 훨씬 실질적인 문제들에 초점을 맞추고 있었다. 그중 하나는 가난하거나 하층 중농 출신 농민 가정의 아이들이 학교에 진학하기 어렵거나, 어렵게 진학한 후에도 학교에 계속 다니기 힘들었다는 점이었다. 서양 기준으로는 극히 낮은 수준의 학비조차도 많은 빈곤 농가에는 감당하기 어려웠다. 또한 학교가 너무 멀리 떨어져 있어 자녀가 밤에 귀가할 수 없는 경우, 기숙사비까지 부담해야 했다. 진급은 시험에 의해 결정되었고, 시험에 통과하지 못하면 유급해야 했다. 이는 학생이 생산적인 노동에 참여할 수 있는 시기를 늦추고, 부모에게는 경제적 부담을 가중시켰다. 학년별 연령 제한은 늦게 입학할 수밖에 없던 학생들을 아예 배제하거나, 일정 기간 내에 특정 과목을 통과하지 못한 경우 퇴학시키는 결과를 낳았다.

도시지역에서는 자녀의 노동력이 크게 필요하지 않았고, 학교도 대부분 도보로 통학할 수 있는 거리에 위치해 있었기 때문에, 고등학교 입시가 불만의 주요 대상이 되었다. 노동자들은 부르주아 및 지식인 계층의 자녀들이 문화적 수준이 높아 입시에 유리하다고 느꼈다. 반면, 부르주아 및 지식인 계층의 자녀들은 연줄 있는 간부들의 자녀들이 특혜를 받는 것에 불만을 품었다. 이념가들은 시험제도 자체가 본질적으로 부적절하다고 주장했다. 시험은 개인의 이익을 최우선으로 두게 만들어, 사회주의가 기반한 집단주의적 가치를 훼손한다는 것이다. 또한 시험제도는 출세 지향적인 엘리트층을 만들어내어, 많은 이들에게 옛날의 관료 계층을 연상시키며 불쾌감을 줬다.

또 다른 주요 비판은 수업 내용이 지나치게 추상적이고, 과제가 매우 길며, 주입식 암기 위주라는 점이었다. 학생들은 분석하는 법을 배우지 못했다. 또한 문화대혁명이라는 시대적 분위기 속에서는 반박할 수 없는 논거로 받아들여졌던 점이지만, 그들은 진정으로 중요한 주제인 마오쩌둥 사상을 학습할 시간조차 거의 갖지 못했다.

세 번째 비판은 베이징 교육부의 강력한 통제로 인해 지역의 필요가 전혀 고려되지 않았다는 점이었다. 예를 들어, 저장성의 차 재배 지역에서는 학교 방학 일정이 벼농사 지역의 필요에 맞춰 설정되었기 때문에, 지역의 현실과 맞지 않았다. 마지막으로, 시골 마을에 형편없는 교사가 배정되었을 경우에도, 그 교사가 국가 간부로 간주되었기 때문에 해임할 방법이 없었다.

생존이나 생산 노동에 대해서는 아무것도 모르는 창백하고 마른 얼굴의 근시 안경을 낀 지식인에 대한 이야기가 하나의 민담처럼 퍼져나갔다. 이 이미지와 대조적으로, 언제나 민첩한 두뇌와 열린 마음을 가진 '현장 전문가'는 날카로운 눈과 튼튼한 체력, 햇볕에 그을린 피부를 지녔으며, 잡종 종자에 대한 학문적 담론 따위는 신경 쓰지 않고, 실제 경험을 통해 벼와 밀을 재배하는 법을 아는 사람으로 묘사되었다.

한동안 어떤 수업 방식이나 내용이 허용되는지 누구도 확신할 수 없었다. 학생들은 구 사회를 타파하고 혁명적 경험을 공유하라는 격려를 받았기 때문에, 대부분의 학교는 사실상 문을 닫았다. 많은 학생들이 교사와 학교 관리자들을 구 사회의 악을 상징하는 존재로 몰아 비판하거나 고발하는 길을 선택했다. 교사들과 행정가들은 '투쟁의 대상'이 되었고, 다양한 방식으로 굴욕을 당했다. 일부는 고문으로 사망했고, 또 다른 이들은 고통을 피하기 위해 스스로 목숨을 끊었다. 교사뿐 아니라 모든 지식인이 조롱의 대상이 되었고, 마오쩌둥은 그들을 '악취나는 제9계급'이라 불렀다.** 나머지 여덟 계급에는 자본가 같은 분명한 악당들도 포함되어 있었다. 마오쩌둥의 저작을 제외한 대부분의 책

**　　역자 주) 문화대혁명 시기에는 지식인들을 노골적으로 천대하며 더러운 '초우라 오지우(臭老九)'라고 불렀다. 당시 지식인들은 중국사회에서 지주, 부농, 반혁명분자, 불량분자, 우파, 반역자, 스파이, 자본주의 추종자 다음에 위치시키는 '더러운 9번째 놈들'이란 의미로 천대받았다.

은 부르주아 사상에 오염되었다고 의심받아 불태워졌다. 교육제도는 사실상 마비되었다. 학교를 재개해야 한다는 데는 대체로 의견 일치가 있었지만, 무엇을 가르쳐야 하며 어떻게 가르쳐야 하는지에 대한 의견 차이로 인해 수년간 정상적인 수업 일정이 회복되지 못했다.

1968년 학교가 다시 문을 열기 시작했을 때, 여러 변화가 나타났다. 입학시험 대신 추천제가 도입되었고, 정치적 기준이 중요해졌으며, 대학에 지원하기 전 수년간 생산 노동에 참여하겠다는 자발적 의지도 중요한 평가 요소가 되었다. 뛰어난 노동자나 농민이면서 정치적으로 적극적인 사람은 중학교 교육만 받았더라도 소속 직장 단위와 당 기관의 추천만 있으면 대학에 우선 입학할 수 있었다. 이러한 새로운 제도를 통해 실제로 많은 이들이 대학에 진학할 수 있었지만, 그 취지는 다양한 방식으로 왜곡되었다. 첫째, 간부 자녀들은 필요한 공식 추천서를 얻기가 더 쉬웠다. 둘째, 농촌으로 하방된 이들은 2년 후 계급 출신 성분을 '농민'으로 변경할 수 있었는데, 그 결과 농민 신분의 대학생 중 상당수가 실제 농민이 아닌 경우가 많았다. 셋째, 인맥이 있는 사람들은 계급 성분을 더 쉽게 바꿀 수 있었다.

교육제도의 각급 입학 연령 제한이 완화되었고, 교육과정은 단축되었다. 초등학교 6년 과정은 5년으로 압축되었고, 각각 3년씩이던 중학교와 고등학교는 하나의 4년 과정으로 통합되었다. 대학 과정은 단 3년이었다. 교육과정은 단순화되었고, 새로운 교재들이 도입되었다. '부르주아 전문 지식'에 대한 뚜렷한 반감이 눈에 띄었다. 예를 들어, 어떤 학생 집단은 유기화학 교과서를 직접 집필하고 있었고, 다른 학생들은 라디오 발명 원리를 탐구하려 했다고 전해진다. 문맹이지만 현명한 지역 농민이 교재 집필을 돕거나 농사법 같은 주제로 강의에 나서기도 했다.

분권화는 문화대혁명을 통해 새롭게 등장한 교육제도의 또 다른 특징이었다. 농촌에서는 생산대가 초등학교를 운영하고, 인민공사가 중등교육을 담당하는 것이 일반적이 되었다. 도시에서는 주민위원회가 초등학교를, 공장이 중등학교를 운영하기도 했다. 교사는 더 이상 국가의 직원이 아니라 이러한 직장 단위의 구성원이 되었고, 지역 주민들이 교육과 현실의 연계를 직접 확인할 수 있는 구조가 마련되었다. 회계 능력을 가진 사람이 늘 부족했던 농촌 생산대에서는, 교사의 산술 능력이 곧바로 실용적 용도로 쓰이기도 했다. 학교 재정을 스스로 관리하게 된 지역은 수업료를 폐지하고 자신들에게 가장 적합한 방식으로 학교를 지원할 수 있게 되었는데, 예를 들어 현물 지급 방식도 가능했다. 이를 통해 더 많은 아동이 교육을 받을 수 있을 것으로 기대되었다.

학업과 생산노동의 통합은 중시되었지만 그 실현 방식에 대해서는 다양한 의견이 존재했다. 예컨대 학교와 공장을 결합할 경우, 학교 행정은 독립적으로 운영할 것인지, 공장 행정에 귀속시킬 것인지가 논란이 되었다. 반면, 학생들을 실제 생산 노동에 참여시키는 문제는 상대적으로 쉽게 추진되었다. 미국 주요 대학체계의 총장은 중국의 고등학생 집단이 자동차용 방향지시등을 제작하는 장면을 참관했다. 그들은 전선을 납땜하고, 금속 테이프를 부착하고, 장치를 마무리한 뒤, 완성품을 자동차 공장으로 납품했다. 총장은 매우 깊은 인상을 받았지만, 품질 관리에 관한 언급은 하지 않았다.

시험제도가 학생 평가 방법으로서 신뢰를 잃은 상황에서, 다양한 기준이 그 자리를 대신했다. 시험 결과, 과제 수행, 학업과 노동에 대한 태도 등이 모두 평가 요소로 고려되었다. 학생을 유급시키는 일은 이전보다 어려워졌지만, 정치학습·국어·산수 세 과목 중 두 과목에서 성적이 낮고, 부모가 동의하며, 그 원인이 게으름일 경우에는 유급이 허용되었다. 건강문제로 인해 낙제한 경우, 부모는 추가 학비를 환불받을 수 있었다.

중학교나 고등학교를 졸업한 젊은이들은 '하방(下放)'운동의 강화된 대상이 되었다. 당시 중국의 기준에 따르면, 일부 지역에서는 중학교 졸업자조차 지식인으로 간주되었다. 젊은이들은 자발적으로 하방할 것을 권장받았고, 이를 따르지 않으면 제재가 가해질 수 있는 구조였다. 농민과 하나 되라는 당의 지시는 대부분의 학생들에게 환영받지 못했다. 그들은 오랜 시간 학교에서 배운 것을 낭비하고 싶지 않았다. 농촌 생활은 매우 가혹하고 오락거리도 거의 없었다. 농촌을 벗어나는 길도 극히 제한적이었다. 도시 공장에서 일자리를 얻거나, 군에 입대하거나, 대학에 진학하는 것 외에는 거의 방법이 없었으며, 이들 중 어느 것도 쉽지 않았다. 그러나 여기에서도 간부 자녀들은 인맥을 통해 이 과정을 훨씬 수월하게 통과할 수 있었다.

평등주의자 대 전문가: 조화를 향한 탐색

마오쩌둥은 1968년 7월, 대학생을 노동자, 농민, 군인의 계층에서 선발할 것을 지시했다. 그러나 대학들은 실제로 1970년부터 문을 열기 시작했으며, 상당수는 1971년이나 1972년에야 재개되었다. 거의 즉시, 지원자들의 낮은 수준에 대한 우려가 커지기 시작했다. 이러한 문제와 어쩌면 급진적 인물인 린뱌오의 몰락이 맞물리면서 문화대혁명식 교육체계에 일부 수정이 이루어졌다. 1972년 말경부터 시험을 통한 선발 방식이 다시 도입되기 시작했다. 이는 문화대혁명 이전의 엄격한 대학 입시인 '가오카오(高考)'와는 전혀 달랐다. 새로운 방식은 교사, 학생, 지역 노동자 선전대 구성원이 함께 시험지를 평가하고, 이후 응시자와 면담하는 방식이었다. 오픈북 시험이 시행되었다는 보고도 있었다. 당시 교육 수준이 얼마나 낮아졌는지를 보여주는 한 사례로, 1973년에는 대학 입학 대상자는 최소한 중학교 수준의 학업 성취를 갖추어야 한다는 지침이 내려졌다. 이 문서의 발행 자체가 상당수 지원자들이 이 최소 기준조차 못 미쳤음을 보여준다.

이처럼 학문적 기준을 조금이라도 강화하려는 시도조차 논란을 불러일으켰다. 보다 엄격한 교육 기준을 요구하는 사람들은, 문화대혁명 당시 도입된 정책을 되돌리는 것은 혁명의 원칙과 노동자 및 하층 농민의 이익을 배신하는 행위라고 여긴 사람들과 대립했다. 시험제도가 다시 도입되자, 즉각적인 반발이 있었다.

1973년 여름, 지방 신문인 『랴오닝일보』는 장톄성(張鐵生)이라는 청년의 편지를 게재했다. 고등학교를 졸업하고 하방된 그는 대학 입시 문제를 거의 풀지 못했으며, 시험지 뒷면과 지방 당국에 보낸 후속 편지에서 자신이 생산대의 책임자로서 업무에 바빠 시험 준비를 할 시간이 없었다고 해명했다. 이 편지는 곧 전국적으로 큰 반향을 일으켰고, 그 핵심은 장이 주장한 내용과는 반대로 해석되었다. 즉, 시험을 잘 본 사람들은 생산노동에 대한 책임을 등한시했을 가능성이 있다는 암묵적인 비판이었다. 이후 지도부 내부에서도 시험제도에 대한 입장 차이가 존재함을 나타내듯, 그의 편지는 『인민일보』에 재게재되었다. 그의 편지가 고위층의 지지를 받고 있다는 명확한 신호로 받아들여지자, 지방 라디오 방송들도 이 편지에서 제기된 문제를 다루기 시작했고, 예상대로 그의 주장에 전폭적으로 동의했다.

이와 같은 시험 반대 사례는 또 있었다. 1974년 1월, 『인민일보』는 광둥성 광저우의 한 고등학생의 편지를 실었다. 그는 수학 시험 중 두 문제를 이해하지 못해 옆의 친구에게 도움을 요청했으나, 교사가 이를 부정행위로 간주해 낙제시켰다고 항의했다. 그는 다음과 같이 주장했다.

"시험 중 다른 사람에게 물어보지 말라는 교사의 말은 틀렸다. 학생의 주요 임무는 배우는 것이다. 만약 한 학생이 어떤 내용을 이해하지 못하다가, 다른 학생의 도움으로 이해하게 되었다면, 이것 자체가 하나의 학업 성취가 아닌가?"

이 주장은 초등학생을 포함한 다른 학생들에게도 영향을 미쳤고, 이들은 주요 신문 지면에서 시험에서의 협동 학습을 막는 교사들을 비판했다. 이처럼 교육문제를 둘러싼 혁명성과 전문성의 줄다리기는 수년간

이어졌다.

　문화대혁명 시기라고 해서 연구 성과가 전혀 없었던 것은 아니다. 이 시기 동안 중국 과학자들은 인슐린의 실험실 합성에 있어 중요한 의학적 돌파구를 발표했다. 1964년 첫 핵실험에 성공한 중국의 핵 개발 프로그램은 지속적으로 진전을 이루었고, 1970년에는 인공위성을 발사하여 중국은 소련과 미국에 이어 세계에서 세 번째로 위성을 발사한 국가가 되었다. 그러나 이러한 성과들은 모두 소수의 잘 보호된 분야에서 이루어진 것이었다. 전반적으로, 1966년부터 1978년까지 교육 수준은 급격히 하락했다. 국가의 현대화에 크게 기여를 할 수 있었을 한 세대 전체가 상실된 것이다.

학문적 탁월성의 추구

덩샤오핑의 복권과 그가 경제 현대화에 부여한 우선순위는 교육정책의 급격한 전환을 이끌었다. 교육제도는 이념적 목표를 위한 수단이 아니라 경제발전을 뒷받침해야 했다. 1978년 부활한 대학입학시험은 수험생들의 지식 수준이 충격적으로 낮다는 사실이 드러났다. 덩샤오핑과 그의 계파는 이전의 교육체제를 공개적으로 조롱했다. 모든 학생이 일정 기간 생산 노동에 참여해야 한다는 요구는 가장 유능한 학생들이 학습이라는 본업에 집중하지 못하게 했으며, 실질적인 사회 기여를 위한 역량 형성을 지연시킨다고 비판했다. 정신노동도 육체노동만큼이나 정당하다는 인식이 확산되었다. 또한 학생들에게 교과서를 직접 쓰게 한 것은 거의 아무런 실질적 성과도 내지 못했는데, 그 이유는 학생들이 주제에 대해 충분한 지식을 갖고 있지 않았기 때문이었다. 라디오를 어떻게 만들지를 고민하는 것은 시간 낭비에 불과했으며, 이미 알려진 것을 반복하는 것이 아니라, 기존 지식을 바탕으로 확장하고 개선하는 법을 가르쳐야 한다는 인식이 자리 잡았다.

그 이후 교육은 수학, 과학, 외국어에 중점을 두게 되었고, 정치학 과목은 축소되었으며, 생산노동 의무도 완화되었다. 새로운 제도는 명백히 엘리트주의적이었다. 당시 중국의 고등교육기관 715개 중 98개가 중점학교로 지정되었으며, 이들은 자원 배분과 우수 학생 선발에서 우선권을 가졌다. 대학에 진학할 우수 인재를 확보하기 위해, 1978년부터 초등 및 중등 단계에서도 중점학교가 설립되었고, 이들 학교의 입학 역시 시험을 통해 지적 능력을 평가하여 결정되었다. 이들 학교는 더 많은 예산, 더 나은 장비, 더 우수한 교사를 제공받았다. 대학들은 우수 고등학교와 특별한 협력 관계를 맺어 교육의 질을 향상시키고, 동시에 그 학교의 최고 우수 학생들을 유치하려 했다. 문화대혁명 시기에 거의 사라졌던 공업고등학교도 복원되어, 공과대학과 중간 기술 인력을 양성하는 기관에 적합한 인재를 공급하도록 했다.

전문성은 다시 존중받게 되었고, 이념적 충성심은 덜 강조되었다. 대학입학시험에 강하게 반대했던 학생 장톄성은 불량배 행위 혐의로 체포되어 노동교화형을 선고받았다. 지식인을 가리켜 붙여졌던 '악취 나는 제9계급'이라는 낙인은 사라졌고, 이들의 재능은 국가의 급속한 현대화를 위해 절대적으로 필요한 것으로 간주되었다.

새로운 체제는 1960년대 초반에 시행되었던 계열 분화 교육체계를 부활시켰다. 이는 문화대혁명 당시 심하게 비판받았던 제도였으나, 새롭게 등장한 형태는 이전보다 훨씬 더 세분화되어 있었다. 유치원부터 아이들은 시험을 치러 일반학교 혹은 중점학교로 분류되었고, 그 안에서도 다시 빠른 반, 보통 반, 느린 반으로 나뉘었다. 중점학교는 초중등에서 더 심화되고 전문적인 교육을 제공하며 각각 6년제였고, 일반학교는 5년제였다. 따라서 일반학교 출신 학생이 나중에 중점학교로 진학하는 것은 거의 불가능했다.

게다가 거의 모든 중점학교는 현(縣)급 이상의 도시에 위치해 있었으며, 이들 학교는 해당 지역의 주민등록을 가진 학생들만 받아들였다.

이로 인해 전체 학령 인구의 약 80%를 차지하던 농촌 및 도시 외곽 지역 아동들은 사실상 배제되었다. 이 제도의 전제는, 농촌 아이들은 그대로 시골에 남아 생산 활동에 종사할 것이라는 것이었다. 일반 고등학교는 직업학교로 전환되어, 반일·반공부(半工半讀) 방식을 도입할 가능성이 있었고, 농촌 청소년들이 고등학교나 대학 진학을 지망하지 않도록 유도되었다. 이는 곧 도시 청소년을 중심으로 한 지식 엘리트를 양성하면서, 농촌 아이들을 경쟁에서 의도적으로 배제하는 차별적 정책이었다.

도시에서는 부모들이 자녀에게 시험에서 좋은 성적을 내도록 엄청난 압력을 가했다. 그러나 합격 확률은 매우 낮았다. 한 연구에 따르면, 대학입학시험을 본 고등학생의 단 4.7%만이 합격했으며, 전체 대학 적령기 인구 가운데 실제로 고등교육기관에 진학한 비율은 0.5%에 불과했다. 반면, 많은 선진국들의 대학 진학률은 20~30%에 이른다. 대학원 진학은 더 제한적이었고, 유학 기회는 그보다 더 희귀했다. 매우 적은 자리를 놓고 치열한 경쟁이 벌어지고, 인생의 성공 여부가 시험 결과에 달려 있다고 여겨졌기 때문에, 탈락자들은 극심한 실망감을 느꼈다. 1980년대 초 신문 기사들은 이들에게 실망하지 말고, 국가가 배정한 일자리에서 열심히 일하며 현대화에 기여하라고 조언했다.

또 다른 문제들도 드러났다. 당은 엘리트주의적이라는 비판에 대해, 이전의 비시험 선발제는 온갖 연줄과 뒷거래에 의한 특혜를 가능케 했으며, 시험제도야말로 객관적인 성취 측정 방식이라고 반박했다. 그러나 인구의 80%가 이른바 객관적인 경쟁에서 사실상 배제되어 있었기 때문에, 이 주장이 많은 비판자들을 설득하긴 어려웠다. 게다가 비공식 경로는 여전히 작동하고 있었다. 유학 대상자 중 고위 간부 자녀의 비율은 지나치게 높았다. 많은 중국 학생들은 덩샤오핑의 아들 중 한 명이 미국 로체스터대학교에서 유학 중이라는 사실을 언급했다. 이들 부부가 미국 시민권 취득에 유리한 조건을 만들기 위해 미국에서 출산했다는 의혹이 널리 퍼졌다.

이러한 엘리트주의적 정책들 중 일부는 수정되거나 점진적으로 폐지되었다. 예를 들어, 현재 대부분의 고등학교는 6년제(중학교 3년 + 고등학교 3년)이나, 일부 지역에서는 농업 교육을 위한 4년제 중학교와, 진학 희망자를 위한 2년제 고등학교가 시험 운영되고 있다. 많은 도시에서는 중학교 단계의 중점학교들이 폐지되었다. 원칙적으로는 인근 중학교에 진학해야 하지만, 뇌물이나 인맥을 활용하여 이를 우회하는 방법도 여전히 존재한다. 입학과 금전 거래를 연결하는 행위는 금지되어 있지만, 광범위하게 행해지고 있으며, 그 금액은 매우 클 수 있다. 학교 측이 '교육 채권'을 발행하여 학부모가 자녀의 입학 전에 이를 구매하도록 요구하기도 하고, 성적을 돈으로 살 수 있는 학교도 있다. 베이징의 일부 중점 중학교에서 최대 50%의 학생들이 성적이 아닌 방식으로 입학한 사례도 있다. 1990년대 후반에는 대학입학시험 응시자 중 36%가 합격했지만, 이것이 시험이 쉬워졌다는 뜻은 아니었다. 왜냐하면 고등학교 졸업 예비시험에서 상당수가 이미 걸러졌기 때문이다. 부모들은 자녀의 시험 실패를 자신의 책임으로 여겼고, 이에 따라 자녀의 시험 준비를 돕는 방법을 가르쳐 주기 위한 부모 대상 교육 기관이 급증했다.

정부의 우려에도 불구하고, 엘리트주의와 금전의 영향력은 여전히 중요하게 작용했으며, 노력도 여전히 중요한 가치로 남아 있었다. 중점학교에 다니는 동기부여가 강한 학생들은 매일 12시간 이상을 잘 갖추어진 교실과 실험실에서 공부하며, 탁월한 시험 성적을 거두는 것이 일반적이었다. 교사들은 이러한 학생들 중 상당수를 부모와 조부모의 전폭적인 기대를 받는 외동자녀로 묘사했다. 일부 부모는 자녀의 학업을 직접 관리하기 위해 학교 근처로 이사를 하기도 했다.

신흥 부유층 자녀들을 위한 또 다른 형태의 엘리트주의, 즉 사립학교가 등장했다. 일부 유치원은 대학보다 더 비싼 등록금을 받고 있으며,

경우에 따라 그 금액은 일반 노동자의 평생 임금에 해당하기도 한다. 이러한 학교의 학생들은 우수한 교육을 받을 뿐만 아니라, 명품 교복을 착용하고, 최고 수준의 스포츠 시설을 이용하며, 교사들은 쾌적한 교내 건물에 거주한다.

교육 기회의 불평등 심화에 대한 대중의 불만에 대해, 당국 역시 문제를 인정하면서도, 이는 상품 경제발전의 불가피한 결과라고 설명했다. 21세기 초까지 6만 개 이상의 엘리트 사립학교가 존재했다. 이러한 학교들의 등록금 상한선을 두려는 시도, 사교육기관의 최고 수준의 교육 제공 능력을 제약하면 부모들이 자녀를 외국으로 유학 보내려 할 것이라는 주장에 의해 저지되었다. 국제교육연구소(Institute of International Education)에 따르면, 2008년에서 2015년 사이 미국 내 중국 유학생 수는 세 배 이상 증가했으며, 유학 연령도 점점 더 어려지고 있었다.

농촌지역에서는 농업의 탈집단화로 인해 교육의 집단적 관리 기반이 사라졌다. 생산 단위가 가구 중심으로 전환되면서, 농민들은 자녀가 집에 있는 것이 더 가치 있다고 판단했고, 많은 이들이 자녀를 학교에 보내지 않게 되었다. 그 결과, 1980년대 초에는 중국 내 문맹자 수가 오히려 증가했다. 이에 정부는 1985년, 9년 의무교육령을 발표하는 등 대응에 나섰다. 그러나 다른 정책영역과 마찬가지로, 베이징에서 지시한 정책이 지방에서 반드시 실행되는 것은 아니었다. 실제로 9년 교육을 받는 학생 수는 정부 통계보다 훨씬 적었다. 지방 관리들은 등록률을 부풀리고, 일부 학교에서는 출석하지도 않는 아동이 출석부에 이름만 올라가 있거나, 심지어는 해당 학교에서 공부한 적 없는 아동에게 졸업장을 판매하기도 했다. 또, 교육청 점검 시 외부에서 학생을 데려와 교실을 채우는 경우도 있었다.

일부 지역에서는 중도 탈락률이 10%에 달한다. 그럼에도 불구하고, 여러 연구에 따르면 많은 농촌 현(縣)급 정부들이 의무교육 시행을 위해 막대한 부채를 떠안고 있다. 재정 부족은 심각한 교사 부족으로 이어졌고, 많은 학교들은 무자격 대체 교사를 고용해 인건비를 절감하고 있다. 정부는 농촌 학생 1인당 연간 교육비를 도시 학생보다 평균 40% 적게 지출한다. 농촌의 높은 중도 탈락률에는 여러 요인이 있다. 첫째, 많은 경우에서 맞는 인식이지만, 정신노동보다 육체노동이 더 높은 소득을 가져온다는 생각이 널리 퍼져 있다. 따라서 공부에 투자하는 것은 낭비라고 여겨진다. 둘째, 일부 사업체들이 중국 기준으로도 매우 낮은 임금에 아이들을 고용하기 시작했고, 이들이 학교 대신 노동 현장에 투입되고 있다는 점이다. 이 같은 행위는 국가교육위원회에 의해 반복적으로 비판받았지만, 여전히 지속되고 있다. 셋째, 등록금, 교과서비, 기타 교육비용의 상승도 주요 원인이다. 이 중 일부 상승은 이해 가능한 측면이 있다. 1980년대 중후반의 높은 인플레이션은 교과서, 전기, 식료품 등 학교 운영에 필요한 여러 물품의 가격을 상승시켰다. 1990년대 초 중앙 정부가 초등교육에 대한 보조금을 사실상 중단하면서 상황은 더욱 악화되었다. 교육 예산이 물가 상승률을 따라가지 못하자, 많은 학교들이 부족한 재정을 보충하기 위해 학비를 인상하기 시작했다.

그러나 일부 경우에는 등록금 인상이 지나치게 과도하여, 학부모들과 정부 당국이 부정 행위를 의심하기 시작했고, 실제로 이를 입증한 사례도 있었다. 도시지역에서는 부모가 속한 직장에서 자녀의 교육비를 지원해주는 경우가 있었지만, 농촌지역에서는 모든 부담이 가계에 전가되었기 때문에 그 충격은 훨씬 더 컸다. 게다가 농민들은 자녀 교육이 미래에 실질적인 혜택을 가져올 것이라는 믿음도 약했다. 이로 인해 농촌지역의 중도 탈락자 수가 증가하기 시작했다. 자녀를 학교에 계속 보내고자 하는 학부모들은 점점 더 불만을 품게 되었다. 학교에서는 생화 구입비, 자전거 보관료, 겨울철 난로 근처 좌석료 등 각종 창의적인 명목으로 비용을 부과했다. 산시성의 한 마을에서는 교육 예산 부족을 이유로, 통상적인 학비 외에 50위안(약 6달러)을 내지 못한 수천 명의 아이들이 수업에서 배제되었다. 광둥성에서는 1,000명의 주민이 이틀간 고액 등록금 반대 시위를 벌였고, 이 중 5명은 폭동 선동 혐의로 최대 10년의 징역형을 선고받았다.

교육 예산 부족을 등록금 인상 외의 방식으로 메우려는 시도는 참혹한 결과를 초래하기도 했다. 장시성에서는 초등학교 자금을 마련하기 위해 폭죽을 조립하던 중 폭발 사고가 발생해 40명 이상의 아동이 사망했다. 간쑤성에서는 초중등 학생들이 학교 재정을 위해 저임금 노동을 하러 매일 면화밭까지 두 시간씩 오간다는 사실이 드러났다. 안후이성에서는 학생들이 차를 따야 했고, 구이저우성의 한 학교에서는 여학생들을 강제로 성매매에 내몰았다.

이외에도 학교를 계속 다니는 데에는 여러 구조적인 문제들이 존재한다. 노후화된 건물들은 특히 우기에 학생들에게 심각한 위험을 초래하고 있다. 이러한 건물 중 상당수는 노후되었지만, 일부는 애초에 부실하게 지어진 경우도 있다. 주기적인 지진으로 인해 많은 학교들이 붕괴되어 수백 명의 학생이 목숨을 잃었지만, 인근의 다른 건물들은 멀쩡히 서 있는 경우도 있었다. 재건된 학교들조차도 이후 발생한 지진에서 다시 붕괴되었다. 자녀를 잃은 부모들은 철저한 진상 조사를 요구하며 격렬한 항의 시위를 벌였고, 지방 당국이 원인을 해결하기보다는 비리를 은폐하려 하자 더욱 분노했다.

안전 기준 미달이란 이유로 이주노동자 자녀를 위한 도시 내 학교들이 폐쇄되는 일이 벌어졌다. 하지만 학부모들은 해당 지역 주민들이 이주민 자녀의 존재를 꺼리기 때문이라고 본다. 그들은 비록 임시로 운영되는 학교가 기준에 미치지 못하더라도, 정규 학교에서는 자녀를 받아주지 않으므로 형편없는 교육이라도 차라리 없는 것보다는 낫다고 주장한다.

지역 간 격차는 매우 중요한 요소로, 자원이 중국 동부에 훨씬 더 집중되고, 서부 지역은 상대적으로 소외되어 있다. 경제적 격차도 존재한다. 부유한 도시지역에서는 학업 경쟁이 매우 치열하지만, 가난한 지역에서는 중점학교조차 인기가 없다. 일부 지역의 고등학교 정원이 중학교 진학생 수의 40%에도 못 미치기 때문에, 현실적으로 진학이 어렵다고 판단해 학업을 중단하는 학생이 많다. 중등 과정을 마친 학생들 중 상당수는 대학 진학 대신 졸업 후 국가가 일자리를 보장해주는 기술학교, 전문학교, 사범대 등 교육기관을 선호한다.

경제개혁으로 타 직종의 급여 수준이 상승하면서, 교사들도 이탈하기 시작했다. 재정적 어려움과 열악한 근무 환경이 주요 원인이었다. 이런 문제는 특히 농촌 공동체가 운영하는 학교에서 더욱 심각하게 나타난다. 임금은 낮고, 의료 수당은 부족하며, 상여금이나 기타 수당도 지급되지 않았다. 중국 언론은 이러한 상황에서 교사들이 정상적인 생활 수준을 유지하는 것이 불가능하다고 한탄했다. 낮은 임금 외에도, 교사들은 때때로 앙심을 품은 학부모의 표적이 되기도 한다. 안후이성에서는 지각문제로 부모가 학교에 불려온 학생이 큰 칼로 교사를 공격하여 중상을 입힌 사건이 있었다. 또 다른 지역에서는, 두 학생 간의 싸움을 교사가 제때 말리지 못했다는 이유로, 한 학생이 사망하자 해당 교사에게 큰 벌금이 부과되었고, 부모로부터 살해 위협을 받아 신변을 숨겨야 했다.

2006년, 새로운 정책이 시행되어 중국 서부 농촌지역의 5,000만 명 이상의 학생들이 등록금과 학교 부대비용 면제를 받을 수 있게 되었다. 다음 해에는 추가로 1억 명의 학생들에게 확대되었고, 비용은 중앙정부와 지방정부가 재정 능력에 따라 분담하기로 했다. 그러나 많은 지방정부의 열악한 재정 상태로 인해 이 정책은 현실적인 실행에 어려움을 겪고 있다. 2008년 보고서에 따르면, 조사 대상 현(縣)의 85% 이상이 자금을 유용했으며, 그 결과 추가 지출이 학생들에게 실질적인 혜택으로 이어지지 않았다. 많은 학교들이 예산의 55% 수준으로 운영을 이어가야 했고, 그 결과 큰 부채를 떠안게 되었다. 이 중 교사에 대한 체불

임금이 상당한 비중을 차지했다. 중앙정부는 지방정부가 국가의 9년 의무교육제도에 진지하게 임하지 않고 있다고 비판했다.

높은 중도 탈락률의 마지막 요인 중 하나는, 교사들이 합격 가능성이 높은 학생들에게만 관심을 집중하는 것이다. 이로 인해 성적이 뒤처지는 학생들은 소외감을 느끼고, 자존감을 잃은 채 수업을 빠지기 시작하다가 결국 학교를 그만두게 되는 경우가 많다. 이주노동자의 자녀들은 특히 심한 차별을 받는다. 이에 대해 국가교육위원회는 문제를 인식하고, 모든 학생의 학습 요구에 주목할 것을 학교들에 권고했다. 하지만 결과는 미미했다. 도시 학교들은 자신들의 우수 학생들이 대학입시에 합격이라는 보다 직접적인 압박에 놓여 있기 때문이다.

때때로 이러한 압력은 교사가 개입하는 부정행위의 형태로 나타난다. 교사나 관계자들이 부정행위를 돕는 이유는 금전적일 수 있다. 즉, 이들은 그러한 서비스에 대해 대가를 받는다. 하지만 돈이 전부는 아니다. 시험 합격률은 교사의 업무 평가 지표 중 하나이기 때문에, 교사들은 상급자에게 좋은 인상을 주기 위해 성과를 부풀리고 싶어한다. 일련의 부정행위 사건들에서는 다양한 수법이 드러났다.

그 수법은 교사가 정답을 팔거나 성적을 돈 받고 고쳐주는 노골적인 방식부터, 첨단 기술을 활용한 정교한 방식까지 다양했다. 베이징에서는 시험장 주변 지역에서 이상 전파가 있는지 감시원이 확인했고, 중부 중국의 뤄양에서는 정답을 송출하는 라디오를 탐지하기 위해 드론이 투입되기도 했다. 당국은 이러한 부정행위에 연루된 자들은 국가 기밀 절도 혐의로 최대 7년형에 처해질 수 있다고 발표했다. 여론조사에 따르면, 교묘한 부정행위자들이 오히려 또래들로부터 존경을 받는 경우도 있었고, 일부 학생들은 그러한 부정행위를 일종의 능력이라고 말하기도 했다. 후베이에서는 부정을 방지하기 위해 엄격한 조치를 취한 교사들이 학생과 학부모들에게 공격을 받기도 했는데, 그들은 부정행위가 워낙 만연해 있기 때문에 그것을 허용하지 않는 것은 오히려 불공평한 처벌이라고 주장했다.

일부 도시는 수천 달러를 받고 시험을 대신 치르는 대리인을 적발하기 위해 지문 인식기를 도입했다. 이와 유사한 금액이 대학 입학 허가증을 사는 데에도 사용되며, 특히 선발 기준이 엄격한 대학일수록 더 높은 금액이 요구된다. 학부모들이 이러한 불법 행위에 항의하는 경우도 간혹 있지만, 대부분은 자녀에게 불이익이 돌아올까 두려워 침묵한다. 어떤 경우에는 돈보다 인맥이 더 결정적인 역할을 하는 것으로 보인다. 널리 알려진 한 사례에서는, 상하이의 명문 자오퉁(交通)대학 웹사이트에 입학 허가를 받은 학생들을 추천했던 고위 관료들의 이름이 실수로 게시되어 논란이 되었다.

지리적 위치도 입시에 큰 영향을 끼친다. 2012년의 한 연구에 따르면, 베이징대학의 재학생 중 베이징 출신 학생 수는 광둥성과 안후이성 출신 학생 수의 100배에 달했다. 상하이의 최고 명문 푸단대학은 산둥성보다 상하이 출신 학생을 274명 더 많이 선발했는데, 상하이의 인구는 산둥성의 4분의 1에 불과하다. 이러한 지역 편중 현상을 바로잡으려는 노력은, 기존 입시정책으로 혜택을 받아온 지역민들에 의해 강력히 저지되고 있다.

해외 유학은 인기가 많지만, 유학을 선택한 사람 중 3분의 1만이 귀국한다. 귀국하지 않는 이들은 국가의 현대화에 기여할 수 있는 기술을 외국에 남긴 채 돌아오지 않는다는 이유로 비판을 받는다. 이는 은혜를 저버리는 행위로 여겨지기도 한다. 중국의 인재 유출은 세계 최악 수준이라고 불리지만, 이는 일시적인 현상일 수도 있다. 중국 내 임금과 근무 환경이 개선됨에 따라 귀국이 더 매력적인 선택지가 될 수 있기 때문이다. 정부는 선택된 지역에 과학기술 단지를 조성하고, 신생 벤처기업에 창업자금과 세금 감면 혜택을 제공하여 우수한 해외 인재들의 귀국을 장려하고 있다. 그러나 이러한 센터들의 설립은 또 다른 문제를 악화시켰다. 이 같은 혜택이 없는 지방에서, 베이징이나 상하이 같은 도시로 인재가 빠져나가는 국내 지역 인재 유출 현상으로 이어졌다.

1980~1990년대 동안, 정책은 졸업자에게 일자리를 배정하는 방식과 자율 취업을 허용하는 방식 사이에서 갈팡질팡했다. 전자는 사회통제를 위한 수단으로 유용했는데, 문제 인물로 낙인찍힌 학생은 일자리 추천에서 불이익을 받을 수 있었기 때문이다. 또한 인력 수급의 균형을 맞추는 데 더 효과적이었다. 그러나 많은 학생들이 배정받은 지역이 너무 외진 곳이거나, 전공과 무관한 업무일 경우가 많아 이에 불만을 표했다. 반면, 자율 취업을 허용하면 학생들이 대부분 실업 상태이거나 불완전 고용이더라도 도시지역에 머무는 것을 선택했다.

정부가 자신들의 필요에 응답하지 않는다고 느낀 학생들의 불만은, 1989년 톈안먼시위의 주요 배경이 되었으며, 학생들은 자신들을 대변할 수 있는 학생회를 요구했다. 그러나 시위가 진압된 이후, 정부는 교육체제가 당과 정부에 충성하는 '믿을 수 있는 마르크스주의자'를 배출하도록 만들기 위해 각종 강경 조치를 취했다. 학생 운동가들은 체포되어 장기 징역형을 선고받았다. 주요 도시의 초등학교부터 대학교까지 교육기관의 내부 관리체계는 당 위원회의 영향력을 강화하는 방향으로 개편되었다. 또한 1986~1987년 학생 시위 직후 잠시 시행되었던 것처럼, 의무 군사훈련이 다시 도입되었다. 베이징대와 푸단대학의 경우, 행군과 제식훈련뿐 아니라 정치 학습까지 포함되었으며, 전체 1학년 기간 동안 이루어졌다. 그 결과, 이들 대학의 지원자 수가 급감했고, 결국 1993년에 군사훈련 의무 조항이 폐지되었다.

이와 동시에, 교수들의 급여가 인상되었다. 몇 년 뒤 주택 민영화정책이 시행되자, 교수들은 캠퍼스 내 주거 공간을 시가보다 훨씬 낮은 가격으로 구입할 수 있는 기회를 얻었다. 이 같은 조치들은 교수들이 제기해 왔던 불만을 상당 부분 해소시켜주었다. 시간이 지나며 학생들과 교수들, 그리고 당·정부 지도부 간의 불신도 점차 완화되었다.

1994년, 중국정부는 교육비를 자비로 부담하도록 하는 계획을 도입했다. 2000년까지 모든 학생이 등록금을 내야 했고, 졸업 후 스스로 일자리를 찾을 수 있도록 허용되었다. 예상했던 문제가 발생했다. 초기에는 등록금이 연간 1,000달러 미만으로 비교적 낮은 수준이었지만, 전체 학생의 약 10%에게는 감당할 수 없는 금액이었다. 정부는 대학들에 등록금의 10%를 저소득층 장학금으로 배정하라고 지시했지만, 이 조치는 필요한 수준에 크게 못 미쳤다. 등록금을 마련하지 못해 발생한 비극적인 사연들도 다수 보도되었다. 어떤 아버지는 아들의 등록금을 낼 수 없어 자살이라는 극단적인 선택을 했고, 한 어머니는 자신의 치료비와 자녀 교육비 중 하나를 선택해야 하는 상황에서 생을 마감했다. 이러한 등록금은 학생마다 영향을 다르게 미치는데, 최상위 대학은 국가 보조금을 받아 등록금이 낮은 반면, 그렇지 못한 대학은 상대적으로 더 많은 부담을 요구한다.

대학교 학위를 원하면서도 시간이나 비용을 들일 여유가 없거나 원치 않는 이들은 위조된 학위를 구매하기도 했다. 한 지방정부 공무원 공채에서는 지원자 전원의 학력 서류가 위조로 드러난 사례도 있었다. 이러한 위조 행위는 최대 10년의 징역형에 처해질 수 있으며, 판매자도 공범으로 간주된다. 일부 대학이나 학과는 재정을 마련하기 위해 별도의 하위 교육기관을 설립했고, 입학 기준은 낮지만 정규 학생과 동일한 학위를 수여하겠다고 약속했다. 그러나 2006년, 학생들이 약속된 학위가 아닌 것을 받았다는 사실을 알게 되자 격렬한 시위가 발생했다. 이 시위는 등록금 환불이나 다른 학과로의 배정 등으로 수습되었다.

이러한 사례들이 얼마나 광범위한지는 파악하기 어렵고, 소수의 언론 보도만으로 일반화하는 데에는 주의가 필요하다. 중국 대부분의 학교는 시설과 편의성 면에서는 매우 열악하지만, 학생들의 생명에 위협을 주는 수준은 아니다. 대부분의 교사들은 학생의 부정행위를 돕지 않으며, 학생이나 교사 모두 생명의 위협을 느끼지는 않는다. 여러 학업적 어려움에도 불구하고, 일부 의지가 강한 농촌 아이들은 최상위 대학에 진학하여 전문 분야에서 두각을 나타내기도 하며, 대부분의 학생들은 부정행위의 유혹을 이겨내고자 한다. 그러나 교육제도가 제대로 작동하지 않고 있다는 데에는 사회적 공감대가 존재한다.

개선 계획은 계속 추진되고 있지만, 진전 속도는 더디다. 1993년, 중국 국가교육위원회 위원장은 기초 교육의 4대 문제로 재정 부족, 교사 임금 체불, 중도 탈락, 불법 수업료 징수를 지적했다. 25년이 지난 현재도 여전히 같은 문제가 핵심 과제로 남아 있다. 일부 개선 노력도 있었다. 광저우는 지역 민간 조직이 운영하고 합법적으로 등록된 사립학교에 유리한 개발 조건을 부여했고, 상하이는 이주 아동 대상 학교를 교육위원회가 전폭적으로 지원하고 있다. 희망 프로젝트(Project Hope)와 같은 민간 혹은 준공영 기금도 중국인과 외국인의 기부를 통해 중도 탈락 학생들의 학교로의 복귀를 지원했지만, 부패로 인해 가장 도움이 필요한 빈곤 학생들이 충분한 지원을 받지 못한 사례도 존재했다.

저임금 노동 수요로 인해, 농촌 중도 탈락자들이 도시 공장에서 일자리를 찾으며, 농민들의 교육 개선 요구는 줄어들기도 했다. 하지만 비평가들은, 이러한 구조 속에서 중국은 중요한 인재 자원을 상실하고 있다고 주장한다. 이들은 21세기 중반까지 세계 최고의 정보기술(IT) 강국으로 성장하려는 중국의 목표에 부합하려면, 보다 높은 수준의 교육을 받은 노동력이 필수적이라고 지적한다. 그러나 현행 교육 시스템으로는 그러한 인력을 충분히 양성하지 못하고 있다.

직업교육 확대는 희망적인 대안으로 보였다. 1996년, 리펑 총리는 직업교육이 농촌지역의 문맹률 악화를 막는 데 도움이 될 것이라고 기대를 표명했다. 하지만 이 계획은 졸업생의 취업률이 90%를 넘었음에도 불구하고 학생들에게 인기가 없었다. 이는 육체노동 직업을 가진 사람을 '소질(素质)이 낮은 사람', 즉 자질이 부족한 사람으로 보는 사회적 편견 때문이다. 3류 대학 입학과 직업학교 중 하나를 선택하라면, 대다수는 대학을 선택했고, 고등학교 졸업 후 직업교육기관에 진학한 비율은 4%에 불과했다.

　기초 교육제도에 대해 여러 차례의 주요 개혁시도가 있었지만, 만족스러운 결과를 얻지는 못했다. 농촌 교육을 개선하기 위한 2단계 프로그램이 2000년에 시작되었다. 이 프로그램에 따라 학교를 보수하거나 재건하고, 교사 역량 강화를 위한 연수를 개설하며, 교재는 무상으로 제공되었다. 또한 저소득층 가정의 자녀에게는 수업료가 면제되었다. 2002년, 국무원은 9년 의무교육의 책임을 향후 읍·면·촌 정부에서 현(縣) 정부로 이관하라고 명령했다. 그러나 관찰자들은 이 개혁에 투입된 자금이 부패로 인해 유용될 수 있으며, 개혁의 성공 여부는 현급 정부의 선의와 성실성에 달려 있다는 점을 지적했다. 원격 교육도 제안되었지만, 회의론자들은 정작 지원이 절실한 농촌지역의 학생과 교사들이 컴퓨터를 다뤄본 적조차 없으며, 설령 가능하더라도 전기 요금이 도시보다 세 배나 비싼 곳도 있어 컴퓨터 사용 자체가 현실적으로 불가능하다고 주장했다. 또한 지진으로 붕괴된 수많은 부실 건물은 학교 보수 정책의 허점을 여실히 보여주었으며, 재건된 학교들 중 일부도 이후 지진에서 다시 무너질 정도로 안전하지 않았다.

　2010년 국무원이 승인한 계획은 2000년 계획에서 해결하지 못한 문제들을 다시 해결하려는 것이었다. 이 계획에 따르면 2020년까지 도시와 농촌 간 교육 격차를 줄이고, 교사 역량을 강화하며, 더 견고한 학교 건물을 짓고, 부패를 척결한다는 목표가 설정되었다. 또한 중학교 졸업생의 최소 90%가 고등학교에 진학하고, 국민 평균 교육 기간이 11.2년에 도달해야 한다는 목표도 제시되었다. 그러나 이러한 목표는 달성되지 못한 것으로 보인다. 정부는 빈곤 지역 출신 학생들의 대학 진학률이 늘었다고 주장하지만, 고등학교 및 대학 입시, 그리고 지방 도시 간 교육 격차는 여전히 존재하며, 통계는 도시와 농촌 간 교육 격차가 오히려 커지고 있음을 보여준다. 예를 들어, 베이징의 노동력 중 고등학교 이상 학력 보유율은 71%, 상하이는 58%인 반면, 광시와 구이저우는 각각 19%, 15%에 불과하다.

명문 학교 입학을 둘러싼 부패문제에 대한 불만이 제기되자, 정부는 2006년 학교들이 수업료를 정부 웹사이트에 게시하도록 하고, 중점학교와 일반학교의 구분을 폐지하라고 명령했다. 그러나 한 교육 전문가는, 공개된 수업료 명세를 피하는 방법은 모두가 알고 있고, 어떤 학교가 상급 학교 진학률이 높은지도 모두가 알고 있기 때문에, 이 두 지침 모두 무시될 가능성이 높다고 보았다. 최근 한 연구에서는 학교들이 중앙정부의 통제를 벗어나 운영되고 있으며, 한 교장의 말을 인용해 "정책은 정책이고, 실행은 또 다른 문제다"라고 보도했다.

또 다른 주요 개혁조치는 창의성을 장려하고 아이들에게 스스로 사고하는 법을 가르치는 것을 목표로 한다. 이를 위해 더 생동감 있는 교과서와 교사와 학생 간의 대화를 유도하는 새로운 교수법이 도입될 예정이다. 이러한 개혁을 실행하려면 교육 문화 전반에 걸친 변화가 수반되어야 한다. 그러나 교사와 학부모 모두는 여전히 엄격한 교실 규율과 철저한 숙제 부과를 선호한다는 강한 입장을 보이고 있다. 비판자들은 교실에서 권위에 도전하는 법을 가르치는 것이, 전체 사회에서 위험한 불복종 문화를 조장할 수 있다는 점을 우려한다. 어릴 때 교사를 비판하는 법을 배운 아이들이 성인이 되어서는 당, 정부, 경찰, 판사에게도 거리낌 없이 도전하게 될 수 있다는 것이다. 아이들에게 창의적으로 사고하도록 가르치면서 동시에 권위를 존중하라고 교육해야 하는 이중적 압력에 대해, 교사들은 "한 손은 부드럽게, 한 손은 단호하게"라는 조언을 받는다. 이 구호는 듣기에는 그럴듯하지만, 현실에서는 실천하기 매우 어렵다.

도시지역에서는 대학입시 준비에 대한 엄청난 압박으로 인해 학원이 급증했고, 이는 학부모의 경제적 부담을 심화시키고 학생들을 탈진 상태에 이르게 했다. 사교육비 부담 때문에 자녀를 더 낳으라는 정부의 권고에 부모들이 저항하자, 2021년 시진핑 주석은 사교육을 전면 금지하고, 학교에 숙제 부담을 줄일 것을 지시했다. 그러나 집에서 비공식적으로 과외를 하거나, 수업 내용을 음악 수업 등으로 위장하는 방식으로 이 금지를 회피하는 방법도 존재했다. 그럼에도 불구하고, 1년 후 실시된 조사에 따르면, 아이들이 더 많은 수면을 취하게 되었고, 80% 이상의 학생들이 대부분의 과제를 학교에서 마칠 수 있게 되었다. 하지만 교사들은 새롭게 부과된 고품질 과제 개발과 무료 보충수업 제공의 부담을 호소했다. 교사들에게는 더 나은 승진 기회와 참여 수당이 약속되었지만, 실제로는 이러한 혜택이 제대로 제공되지 않았다. 그리고 학부모들은 대학 진학에 대한 우려는 여전하다.

대입 시험이 여전히 암기식 학습을 중시하는 한, 교사들도 암기 중심 교육을 지속할 수밖에 없다. 이에 대해, 한 번의 시험에서 암기한 답안으로 미래가 결정되지 않도록, 추천서를 통한 보완적 평가 방식이 제안되기도 했다. 그러나 반대자들은 이러한 방식이 오히려 부유층 및 인맥 있는 자녀에게 유리하게 작용하며, 기존의 부패와 특혜문제를 더욱 심화시킬 것이라고 주장한다. 가오카오에 대한 불만에도 불구하고, 2022년에는 약 1,200만 명의 학생들이 이 시험에 응시했다.

지방 교육 당국은 자기 관할 출판사를 보호하기 위해, 교과서 선택의 자율성을 확대하려는 교육개혁안의 조항을 제한했다. 교육개혁에는 대학 통합도 포함되었는데, 이는 기존 체제 하에서 이전 제도가 중복된 학과와 지나치게 세분화된 전공을 가진 수준 낮은 교육 기관들의 난립을 초래했기 때문이다. 1992년부터 2000년 사이, 490개의 대학과 전문대학이 204개로 통합되었다. 이러한 통합은 중복을 줄이는 데는 성공했을 수 있지만, 새로운 문제들도 야기했다. 중국 사회과학원이 실시한 분석에 따르면, 통합된 대학들은 더 많은 학생을 수용해야 한다는 명분 아래 다수의 대형 건설 프로젝트를 착수했다. 그러나 이들 중 일부는 골프장이나 게스트하우스처럼 꼭 필요하지 않은 시설의 건설을 포함하고 있었다. 많은 대학들이 막대한 부채를 떠안게 되었고, 이후 수입의 대부분을 이자 상환에 사용하면서 교육의 질 향상에는 거의 기여하지 못했다. 중국 중서부 지역에서는 지방 정부가 제한된 교육 예산을 초중등 교육에 우선 배정하도록 법적으로 의무화되어 있어, 해당 지역 대학들의 부채문제는 더욱 악화되었다.

중국의 대학들이 세계적인 수준에 도달하기까지는 아직 갈 길이 멀다는 데에는 대체로 의견이 일치한다. 그럼에도 불구하고, 일부 진전은 있었다. 대학 평가 기관들은 논문 수와 연구 성과에 큰 비중을 두기 때문에, 정부가 순위를 올리기 위해 대학의 본래 목적을 교육 기관에서 논문 생산 공장으로 변질시키고 있다는 비판이 제기되고 있다. 이 과정에서 논문의 질보다 양이 더 중요시되고 있다.

과학적 돌파구를 만들어내야 한다는 압박은 학계 내 사기 및 표절 사건의 급증에 한 요인으로 보인다. 다수의 연구자 및 관리자들이 자신의 학력을 위조한 사실이 드러났으며, 전문가들은 전체 논문과 과학 연구 과제의 약 90%가 표절이나 연구 성과 과장 등의 문제를 안고 있다고 추정했다. 한 사례에서는, 중국 유수의 대학 중 한 곳의 학장이 컴퓨터 칩을 자신이 개발했다고 허위 주장한 것이 발각되었고, 또 다른 사례에서는 대학 관리자들이 노골적인 표절 사건을 은폐하려 한 사실이 드러났는데, 이는 학교의 명성이 훼손되는 것을 막기 위함이었다.

양이 질을 압도하는 현상 속에서, 중국이 과학 혁신 분야에서 세계를 선도하겠다는 목표가 희생될 수 있다는 우려도 제기되었다. 중국의 가장 저명한 과학자인 첸쉐썬(錢學森)은 당시 총리였던 원자바오(溫家寶)에게, 중국의 어떤 대학도 과학기술 분야의 혁신을 유도할 교육제도를 만들지 못했다고 불만을 토로했다. 그는 이어서, 창의적 교육 방법이 부재하니 세계적 인재가 나올 수 없는 것은 당연한 일이라고 말했다. 이 문제를 해결하기 위한 여러 프로그램이 추진되고 있다. 예를 들어, 1986년 3월에 시작된 863 프로그램은 생명공학, 레이저 기술, 해양 기술 등 9개 핵심 기술 분야에 수천억 달러의 예산을 투입하였다. 211 프로젝트는 21세기 중국의 117개 대학의 연구 수준 향상을 목표로 하고 있으며, 985 프로젝트는 중국의 9개 최상위 대학에 자금을 지원하여, 연구센터 설립, 시설 현대화, 세계 수준의 교수진 채용 및 해외 연수 등을 추진하고 있다. 이후, 비교적 적은 예산을 지원받는 30개의 대학이 추가로 선정되었다.

1999년에 시작된 대학 확장정책으로 인해, 중국의 대학 적령기 인구 중 약 22%에서 2020년에는 40%에 이르렀다. 그러나 여전히 중국 경제가 이 늘어난 학위 소지자들을 충분히 흡수할 수 있을지는 의문으로 남아 있다. 2003년부터 대규모 졸업생들이 배출되기 시작하면서, 많은 대학 졸업자들이 적절한 일자리를 찾는 데 어려움을 겪었고, 운 좋게 취업한 이들도 낮은 임금을 받는 경우가 많았다. 약 3분의 1은 여전히 실업 상태이며, 다른 이들은 자신의 능력을 활용하지 못한 채 저임금 일자리에서 힘겹게 일하고 있다. 중국 사회과학원이 수집한 자료에 따르면, 현재 대학 졸업자의 평균 소득은 농민공과 같거나 오히려 낮은 수준이다. 대학들은 졸업생 실업률이 높다는 사실을 감추기 위해, 예를 들어 졸업증서를 발급받기 전 취업 증명서를 제출하도록 요구하는 방식으로 통계 왜곡을 시도한 정황도 보인다.

고용주들은 많은 졸업생들이 갖추어야 할 기본적인 능력을 갖추지 못했다고 불만을 제기했다. 이는 급속한 고등교육 확대로 인해 학문적 자질이 부족한 학생들이 대학에 대거 유입되었지만, 이들을 위한 시설은 부족했고, 유능한 교수진도 충분하지 않았기 때문이다. 학생들 사이에서는 자신들을 가격이 저렴한 채소로 알려진 배추에 빗대어 자조적인 농담이 유행했다. 일부는 극단적인 선택을 하기도 했고, 다른 이들은 이른바 개미족(蟻族)이라 불리며, 대도시 외곽의 저렴한 임대 주택 지역에 모여 살았다. 그 결과 정부 관계자들은 해당 지역의 사회 불안 가능성을 우려하게 되었다.

최근 동향

2020년대에 들어서면서, 일부 학생들과 청년 직장인들은 치열한 경쟁 사회에서 탈출하겠다는 의지를 표명하며 '탕핑(躺平, 드러눕기)', '네이쥐안(內卷, 내적 소모)', '바이란(摆烂, 될 대로 되라)'과 같은 표현을 사용하기 시작했다. 이러한 경향이 지속된다면 중국의 발전에 부정적인 영향을 미칠 수 있지만, 다른 유행처럼 일시적인 현상에 그칠 수도 있다.

대학이 자유롭게 사상이 교류되는 공간이라는 이미지는 시진핑이 강조하는 사회주의 이념에 대한 일치 요구로 인해 위축되었다. 그러한 조치의 의도는 분명, 사상 충돌로 인한 사회 불안을 예방하려는 의도로 보이지만, 이념적 경직성을 강제하는 것은 학생들에게 창의적으로 사고하도록 가르치려는 목표와 정면으로 충돌하는 셈이다. 2017년, 대학 총장들은 자신들이 '사회주의 정치가'가 되어, 서양 가치의 확산에 맞서 대학을 사회주의의 보루로 만들어야 한다는 지시를 받았다. 이념적으로 미흡하다고 판단된 대학은 비판과 수치의 대상이 되었고, 의무적인 이념 교육 과정을 감시하기 위해 약 2,600개 대학에 감시관들이 파견되었다. 비판적인 목소리를 낸 교수들은 강의가 폐강되거나 해고 위기에 처하는 경우도 있다. 동시에, 국가사회과학기금은 마르크스주의와 당 역사에 관한 연구를 점점 더 많이 지원하고 있다.

중국공산당 제19차 당대회 이후, 중국의 여러 지역 대학들은 시진핑 사상 연구센터를 설립했으며, 교육자들 사이에서는 학문적 담론이 위축될 수 있다는 우려가 조심스럽게 제기되었다. 그럼에도 불구하고, 영국의 『타임즈 고등교육(*Times Higher Education*)』이 발표한 2022년 세계 대학 연구력 순위에서는 중국 대학 7곳이 세계 상위 100위에 이름을 올렸으며, 이는 전년도의 2곳에서 증가한 수치이지만, 10위권 내에 든 대학은 없었다. 또한 상위 1% 글로벌 인용 논문에 포함된 중국 연구의 비중도 증가하고 있다.

결론

지난 50년간 중국의 교육정책이 거쳐온 수많은 우여곡절은 막대한 비용을 초래했다. 정치 교육과 평등주의를 중시하는 입장과 기술 전문화와 엘리트주의에 편안함을 느끼는 입장 사이의 논쟁은 많은 시간과 창의력을 소모시켰고, 상당한 갈등을 낳았다. 만연한 표절, 부패, 과도한 등록금 및 부대비용문제는 개선 노력에도 불구하고 여전히 존재한다.

그럼에도 불구하고, 중국은 문해률을 25%에서 90% 이상으로 끌어올리는 데 성공했으며, 이는 주목할 만한 성과이다. 그러나 일부 회의적인 시각도 있다. 지방정부가 문맹률을 특정 시점까지 줄이라는 지시를 받으면, 실제 주민들이 글을 읽을 수 있는지 여부와 무관하게 달성했다고 보고할 가능성이 있기 때문이다. 또한 문해력의 기준도 지역마다 차이가 크다. 예를 들어, 일부 농촌 마을에서는 1부터 10까지 숫자를 한자로 구별할 수 있는 정도만으로 문해자로 간주되기도 한다. 더 정교한 문자 식별 시험을 통과한 사람들조차도, 오랜 시간 글을 읽지 않으면 다시 문맹 상태로 되돌아가기도 한다. 정부는 지역 방언의 확산에도 당혹감을 감추지 못했다. 국가 조사에 따르면, 전체 인구의 47%가 국가 공용어인 보통화를 사용하지 못하는 것으로 나타났다. 2025년까지 보통화 사용률 85% 달성 캠페인은 정부가 갈 길이 멀다고 인식하고 있음을 보여준다. 전국 평균 교육 이수 연수는 5.6년에 불과하며, 이는 대부분의 사람들이 글을 읽을 수는 있지만, 높은 수준의 문해력을 갖추지 못하고 있다는 의미다. 초등학교를 졸업하는 학생은 전체의 3분의 2에 그친다.

지방정부가 예산의 절반 가까이를 교육에 투입하기도 하지만, 여전히 등록금이 너무 높아 매년 약 400만 명의 아동이 중도 탈락하고 있다. 중국 사회과학원의 조사에 따르면, 교육비 지출은 공공이 가장 심각하게 인식하는 문제 중 6위에 해당하며, 가계 예산의 10% 이상을 차지하는 것으로 나타났다.

교육 발전은 고르게 이루어지지 않고 있다. 도시 학생들은 농촌 학생보다 중등 교육을 받을 가능성이 농촌 학생보다 두 배 이상 높고, 부유한 성들은 가난한 지역보다 학생 1인당 50% 더 많은 교육비를 지출하고 있다. 서부 지역과 다른 지역 간 격차는 더욱 심하다. 특히 농촌에서는 남성이 여성보다 문해율이 높고, 한족이 소수민족보다 교육 기회를 더 많이 갖고 있다. 중국 전체 문맹자의 92%는 농촌에 거주하며, 그 중 70%가 여성이다. 티베트지역의 문맹률은 거의 50%에 달한다.

학자들은 중국 교육제도의 구조적 결함이 국제 경쟁력 저조의 원인이라고 지적한다. 세계경제포럼의 2022년 글로벌 경쟁력 보고서에서, 중국의 교육 및 훈련 부문은 135개국 중 74위에 그쳤고, 이는 국민의 교육 수준이 중국 내 기업 활동의 주요 걸림돌 중 하나로 지적된 결과였다.

교육에서의 홍-전논쟁은, 전문성의 가치를 인정한다는 점에서는 일단락된 듯 보이나, 시진핑 사상 학습의 강제 도입 등 이념이 다시 강조되면서 이러한 논쟁은 여전히 계속되고 있다. 마오쩌둥 이후의 개혁은 도시 중심적이고 엘리트주의적 성격을 강하게 띠게 되었으며, 많은 중국인들은 이를 우려하고 있다. 이는 사회적 불안을 초래할 수 있는 위험 요소로 간주된다. 이들은 사회 계층이 고착화되고 있으며, 마르크스가 예견한 대로 계급 갈등을 촉발할 수 있다고 우려한다. 교육이 갖는 사회 평준화 기능은 점점 상실되고 있으며, 농촌 아동이나, 명문 초등학교에 입학할 경제력이나 인맥이 없는 아이들은 애초부터 불리한 조건에 놓이게 된다. 질 낮은 교사와 부족한 교육 자원 속에서 학업을 따라가기 어렵고, 흥미를 잃은 이들은 결국 중도 포기하게 된다. 교육 수준이 낮은 이들은 빈곤에서 벗어나기 어렵고, 이로 인해 중국은 가장 유망한 인재 일부를 잃게 되는 셈이다. 이는 시진핑의 공동부유(共同富裕)라는 목표에도 부정적 영향을 미친다.

엘리트 계층에서도, 정부는 여전히 가장 뛰어난 인재를 유치하고 그들의 재능을 육성할 수 있는 교육체계가 부족하다는 점을 우려하고 있다. 중국은 현재 GDP의 약 4%를 교육에 지출하고 있으며, 이는 과거보다는 늘어난 수치이지만, OECD 34개 회원국의 평균인 6%에는 크게 못 미친다.

정부 지도부는 부실한 교육제도가 경제발전에 장애가 될 것이라는 점을 인식하고 있으며, 경제발전을 뒷받침할 수 있는 양질의 교육체제를 구축하는 동시에, 당과 정부에 대한 충성심을 심어주고 사회 안정을 유지하려 하고 있다. 최근에 발표된 중국교육 현대화 2035 계획은, 교육의 현대화가 국가 전체의 현대화를 뒷받침해야 하며, 교육의 방향도 양적 확대에서 질적 향상으로 전환되어야 한다고 명시하고 있다. 또한 교육부는 강기계획(强基计划), 즉 기초 강화계획이라는 시범 프로그램도 출범시켰다. 이는 수학, 물리, 화학, 생물학 등 학생들 사이에서 비인기였던 기초 학문 전공에 중점을 두고 있다. 이는 고수익이 기대되는 금융 등 인기 전공 쏠림 현상을 완화하려는 취지다. 그러나 과거의 수많은 시도들처럼 반드시 성공하리라는 보장은 없다.

추가 읽을거리

Zachary M. Howlett, *Meritocracy and Its Discontents: Anxiety and the National College Entrance Exam in China* (Cornell University Press, 2021).
Greg James, "China's Educational Reform is Resulting in Overworked Teachers," *The China Project*, March 8, 2022.
David Moser, *A Billion Voices: Language Reform in China* (Penguin, 2016).
Scott Rozelle and Natalie Hell, *Invisible China: How the Urban-Rural Divide Threatens China's Rise* (University of Chicago Press, 2021).
Terry Woronov, *Class Work: Vocational Schools and Chinese Urban Youth* (Stanford University Press, 2016).

11장

삶의 질 이슈: 건강, 인구, 환경

중국 인구의 건강은 정부가 국민의 복지에 헌신하는 측면뿐만 아니라 국민이 경제발전을 촉진할 수 있는 능력 측면에서도 중요하다. 좋은 건강은 높은 생산성의 요소이며, 반대로 건강이 나쁘면 생산성이 저하된다. 그러나 영아 사망률을 줄이고 사망률을 낮추는 것은 인구 과잉이라는 문제를 초래할 수 있다. 경제발전의 성과를 분배하기에는 인구가 지나치게 많아지는 결과를 낳는다. 게다가 인구가 많을수록 더 많은 자원을 소비하고 더 많은 폐기물을 배출하여 오염과 환경 파괴를 초래한다. 따라서 건강, 인구, 환경문제는 서로 밀접하게 얽혀 있을 뿐만 아니라 경제적 번영과도 깊은 관련이 있다. 이러한 문제들은 시기마다 정도의 차이는 있었지만, 줄곧 당과 정부의 주요 관심사였다.

건강

1949년 공산당이 집권했을 때 중국의 의료체계는 매우 열악한 상태였다. 홍수, 가뭄, 지진과 같은 대규모 자연재해로 수십만 명이 목숨을 잃는 일이 흔했으며, 그 뒤를 전염병과 기근이 뒤따랐다. 대부분의 사람들은 위생 관리의 중요성을 거의 인식하지 못했고, 영아 사망률은 매우 높았으며 전염병, 기생충 질환, 유전병의 발생률도 높았다.

이러한 암울한 상황 속에서도 몇 가지 긍정적인 요소가 있었다. 국민당 정부는 1920년대 후반에 중앙 보건 행정기구을 설립했고, 보건 프로그램은 농촌 재건 계획의 중요한 부분이었다. 또한 중국에는 선교 병원이 다수 존재했으며, 이 병원들은 외국인과 외국에서 훈련받은 중국인 인력이 함께 운영했다. 몇몇 의과대학도 설립되었으며, 록펠러 재단의 지원으로 베이징 협화의과대학(北京協和醫學院)이 설립되어 중국에서 가장 치명적인 질병들의 원인에 대한 연구를 진행했다. 중화민국 시기 보건 종사자들이 남긴 보고서는 의료 지식이 부족하고 미신이 만연한 광활한 농촌지역에서 의료 서비스를 제공하려고 애쓰던 이들의 좌절감을 생생하게 전해준다.

이러한 노력들은 칭찬할 만하지만, 거대한 의료 수요에 비하면 바다에 떨어진 한 방울의 물과 같았으며, 중일전쟁과 국공내전이라는 수십 년간의 전쟁으로 인해 큰 타격을 입었다. 현대 의료 시설이 존재하는 지역에서도 대부분의 중국인은 이러한 시설에 접근할 수 없었다. 한편, 전통 중국의학은 인상적인 성과를 이루었다. 침술은 선진국에서도 많은 지지자를 확보하고 있으며, 일부 한약은 놀라울 정도로 효과적인 것으로 밝혀졌다. 그러나 많은 전통 치료법은 기껏해야 플라시보 효과에 그쳤다. 선진국에서는 거의 알려지지 않은 질병들이 중국에서는 수백만 명을 괴롭혔다. 예를 들어, 주혈흡충증은 간흡충에 의해 발생하는 질병이다. 이 기생충은 수로와 논에 서식하는 달팽이를 숙주로 하여 감염자의 내부 장기를 서서히 파괴하며, 적절한 치료를 받지 않으면 극심한 고통 속에서 오랜 시간에 걸쳐 사망에 이르게 한다. 20세기 전반에는 양쯔강 남부 지역에서 인구의 10%가 이 질병에 감염되었다. 또 다른 사례는 칼라아자르병으로, 간과 비장을 공격하는 질병이다. 이 병은 모래파리를 통해 전염되며, 모래파리는 주로 개를 숙주로 삼아 인간에게 질병을 옮긴다. 북부 중국에서는 50만 명 이상이 이 질병에 감염되었다.

공산정부는 이러한 상황을 개선하기 위해 단호한 의지를 가졌지만, 활용할 수 있는 자원은 제한적이었고 해결해야 할 많은 다른 긴급한 문제들이 있었다. 1949~1950년 동안 총 정부 지출의 단 1%만이 보건분야에 배정되었으며, 이후 5년 동안 이 비율은 2.6%를 넘지 않았다. 세 가지 전략이 채택되었다. 첫째, 치료보다는 예방 의학에 중점을 두었다. 둘째, 전통 중국의학이 유용하다고 판단되는 경우 이를 활용하였다. 셋째, 다양한 수준의 의학 교육체계를 마련하고 다수의 준의료 인력을 보충하였다. 이러한 접근 방식은 중화인민공화국의 자원 현실에 잘 맞는 실용적인 고려사항을 반영한 것이었다. 보건 조사팀이 전국의 보건문제를 조사하고 가능한 경우 치료를 제공했다. 특정 질병은 집중 관리 대상으로 지정되었으며, 성병, 흑사병, 말라리아 치료는 무료로 제공되었다. 그 외의 치료는 무료가 아니었지만, 비용을 감당할 수 있는 수준으로 조정하려는 노력이 이루어졌다.

보건 분야에서도 대중 동원 방식이 활용되었다. 1952년, 첫 번째 '애국 공중보건운동'이 시작되어 수천만 명의 사람들에게 위생과 건강의 상관관계를 교육하는 것을 목표로 삼았다. 영사 슬라이드, 포스터, 연극 공연을 통해 이러한 메시지가 전달되었다. 집단 청소운동이 조직되어 수년 동안 쌓인 쓰레기를 치웠으며, 사람들은 모기와 쥐를 잡도록 지시받았다. 할당량까지 정해져 제출해야 했다. 그러나 일부 사람들이 할당량을 채우기 위해 쥐를 기르거나 벌레를 사육하는 사례가 드러나는 등, 좌절스러운 면도 없지 않았다. 그럼에도 불구하고 이러한 실망스러운 사례들을 뛰어넘는 긍정적인 결과들이 있었으며, 실질적인 진전이 이루어졌다. 애국 공중보건운동은 매년 봄과 가을에 일주일 동안 진행되는 집단적인 청소 노력으로 자리 잡았다.

1949년 이전에는 농민 가족들이 소, 돼지, 닭과 함께 살거나 매우 가까운 거리에서 생활하는 경우가 흔했다. 농촌 마을에는 허름한 가축 우리와 분뇨 구덩이가 흔히 볼 수 있었다. 정부 파견단은 마을 주민들에게 공중화장실을 설치하도록 명령하거나 설득했다. 분뇨가 비료로 가치가 있었기 때문에 이러한 공산주의식 위생개혁에 저항하는 사람들도 많았다. 농민들은 화장실 아래에 돌벽을 설치하여 분뇨가 지하수로 스며들어 식수원을 오염시키지 않도록 교육받았다. 또한 분뇨가 밭에 비료로 사용되기 전에 얼마나 오랫동안 화장실에 보관되어야 하는지도 배웠다.

대중운동 기법은 특정 질병 퇴치에도 활용되었다. 예를 들어, 사람들에게 주혈흡충증의 전염 경로를 먼저 알린 후, 감염된 연못과 도랑의 물을 빼고 흙을 뒤엎는 작업에 동원되었다. 사람들은 감염 매개체인 달팽이를 직접 만지지 않고 성냥으로 태우거나 끓는 물을 부어 죽이도록 권장받았다. 이미 감염된 사람들에게는 약물이 제공되었으며, 비록 치료는 고통스러웠지만 환자 수를 줄이는 데 성공했다.

말라리아를 옮기는 모기가 서식하는 늪지를 말리는 데 상당한 노력이 기울여졌다. 그러나 이 역시 저항에 부딪혔다. 일부 지역의 농민들은 늪지에 신들이 살고 있다고 믿었기 때문에 이를 꺼렸기 때문이다. 칼라아자르 질병의 경우, 정부는 도시지역에서 개를 제거하도록 명령했고, 시골에서도 개의 수가 크게 줄어들었다. 개에 기생하던 모래파리를 방제하기 위해 살충제가 사용되었으며, 칼라아자르 환자들에게는 치료약이 제공되었다.

1949년 이후 보건프로그램의 또 다른 주요 초점은 유아 사망률이었다. 모자보건소가 설립되었고, 산파들에게 기구를 사용하기 전에 끓여서 소독하도록 교육했다. 전통적으로 산파들은 탯줄을 깨끗하지 않은 칼로 자르거나 심지어 이를 이용해 물어뜯은 후, 상처 부위에 오염된 천이나 동물 배설물을 덮어 놓았다. 이에 따라 당의 보건 요원들이 도입한 비교적 단순하고 저렴한 소독법은 파상풍과 산욕열로 인한 사망률을 크게 줄이는 데 기여했다.

초기 노력은 인상적인 성과를 거두었지만, 한때 집중됐다가 곧 사라지는 대중운동의 특성 때문에 효과적인 질병 통제를 위한 지속적 노력은 이어지지 못했다. 또한 중국공산당이 농민들의 삶을 개선하겠다는 약속에도 불구하고, 의료 시설 대부분은 여전히 도시에 집중되어 있었다. 상대적으로 현대적인 도시 병원조차도 서양의 기준으로 보면 위생상태가 열악했다. 또 다른 문제는 의약품 부족이었다. 중화인민공화국 초기 10년 동안 정부는 서양의학에 중점을 두었지만, 전통적인 치료법도 계속 사용되었다. 많은 사람들에게 전통 의약품은 선호되는 약물이었으며, 일부는 전통과 서양 치료법을 병행하기도 했다.

'두 다리로 걷기', 즉 전통과 현대를 병행하겠다는 원칙의 일환으로, 대약진운동은 중국의학을 서양의학과 동등한 지위로 끌어올리려 했다. 전통 치료법의 대규모 재도입은 엄청난 성공을 거뒀다고 주장되었지만, 이는 대약진운동 시기의 과장된 선전 담론이라는 맥락 속에서 평가되어야 한다. "더 많이, 더 좋게, 더 빠르게, 더 저렴하게"라는 대약진운동의 구호는 의료의 질 향상에는 거의 도움이 되지 않았고, 정책실패로 인한 기근은 수백만 명이 굶주리거나 질병으로 사망하는 참극을 초래했다. 이러한 질병들은 일반적으로 영양 상태가 더 좋은 사람들이라면 쉽게 회복할 수 있는 것들이었다.

1962년에 경제상황이 개선되기 시작하면서 도시를 중심으로 의료 서비스도 개선되었다. 1965년, 중국이 문화대혁명 시기로 접어들 무렵, 마오쩌둥은 의료체계에 대한 신랄한 비판을 내놓았다. 그는 중국의 5억 농민이 고통받는 동안 의사라는 '양반'들은 도시에서 편안하게 지내고 있다고 비난했다. 의료 서비스의 초점은 농촌지역으로 옮겨져야 한다는 것이었다. 농촌에서 일하는 의료 인력은 오랜 기간 의학을 공부할 필요가 없었으며, 농촌 마을들은 이러한 전문가들을 고용할 여력도 없었다. 중학생조차 기본적인 의료 절차를 훈련받을 수 있었으며, 현장에서 일하면서 배우는 것도 가능했다. 이러한 마오쩌둥의 대중주의적 메시지에 따라 의료체계는 빠르게 변화했다. 그러나 전반적으로 문화대혁명은 의료 분야에 부정적인 영향을 미쳤다. 당과 정부 기관의 혼란으로 인해 애국 위생운동, 정기 예방접종, 모기 박멸과 같은 활동은 거의 이루어지지 않았다. 철도 운행이 중단되면서 의료 물자가 제때 목적지에 도착하지 못하는 경우도 많았다. 1967년에는 수십 년 만에 처음으로 대규모 콜레라 유행이 발생했다. 문화대혁명의 반전문가적 태도는 의료 전문가들이 많은 시간을 육체노동에 할애하도록 강요했으며, 이로 인해 환자 치료에 쏟을 수 있는 시간이 줄어들었다. 그럼에도 불구하고 일부 엘리트 연구 프로젝트는 계속되었다. 문화대혁명의 극심한 혼란 속에서도 중국 의사들은 세계 최초로 인슐린 합성에 성공했다고 발표했다. 그러나 많은 의사들이 서로 다른 기간 동안 농촌으로 보내졌다. 이는 마오쩌둥이 의도한 대로 농촌 의료의 질을 개선하는 데 기여했을 수 있었지만, 문제는 파견된 의사들이 종종 의료 행위를 허용받지 못했다는 점이었다. 대신 그들은 돼지 사육, 화장실 청소와 같은 겸손을 배우기 위한 노동에 동원되었다.

문화대혁명이 보건의료에 기여한 가장 잘 알려진 사례는 단연코 맨발의 의사를 뜻하는 '적족(赤脚)'의사제도의 도입이었다. 이들은 실제로 맨발도 아니었고, 의사도 아니었으며, 단지 비교적 간단하지만 흔히 필요한 의료 기술에 대해 약 3~6개월간의 교육을 받은 준의료 인력들이었다. 교육을 마친 후, 이들은 현장 경험과 추가로 제공되는 교육 과정을 통해 자신의 자격을 향상시켜야 했다. 일부 적족의사들은 일반적으로 준의료 인력의 수준을 훨씬 넘는 기술을 습득하여 맹장 수술이나 제왕절개와 같은 수술도 수행할 수 있었다.

적족의사는 일반적으로 생산대가 자체적으로 조직한 협동 의료체계의 일원으로 활동하며 구성원들에게 의료 서비스를 제공했다. 중앙정부와 지방정부가 농촌 의료에 거의 재정 지원을 하지 않았기 때문에 대

부분의 의료 비용은 개인, 가족 또는 생산대와 같은 공동체가 부담해야
했다. 생산대의 구성원들은 협동 의료 보험 가입 여부를 선택할 수 있
었으며, 가입 시 매년 몇 위안 정도의 소액 보험료를 지불했고, 나머지
비용은 생산대의 복지기금이 보조했다. 협동 의료 보험은 보장 범위가
다양했는데, 일반적으로 부유한 생산대일수록 더 많은 질병에 대해 높
은 비율의 비용을 부담해주었다. 협동 의료 보험이 없는 생산대, 즉 주
로 너무 가난해서 가입할 수 없는 경우에는 환자가 촌의 진료비, 약값,
병원비 전액을 직접 부담해야 했다. 그 결과, 의료적 필요가 가장 적은
사람들에게 가장 좋은 보장이 돌아가는 불균형이 발생했다.

특히 농촌지역에서는 1980년대 초반 인민공사의 해체와 함께 이 제
도는 크게 변화했다. 집단경제의 해체와 함께 협동 의료 보험제도도 사
라졌고, 적족의사의 수 또한 급격히 줄어들었다. 의료체계의 초점은 예
방에서 치료 중심으로 이동했다. 많은 적족의사들은 다른 농촌 주민들
과 마찬가지로 농지를 계약해야 했으며, 일부는 사실상 개인 개업의로
전환되어 진료에 대한 수수료를 받고 처방한 약품에서 이윤을 남겼다.
공식언론은 농촌과 도시를 막론하고 무자격 자들이 의사 행세를 하며,
가짜 진료와 약에 대해 터무니없는 비용을 요구하고 있다며 비판하기
시작했다. 이러한 가짜 약품들은 단순한 플라시보, 즉 위약효과 수준이
아니라 실제로 사용자에게 해를 끼치는 경우도 있었다.

정부의 단속 노력은 제한적인 효과만 거두었다. 예를 들어, 2001년
에는 약 20만 명의 중국인이 가짜 또는 오염된 약물로 사망한 사건이
발생한 후, 품질이 기준에 미치지 못하는 제품을 생산한 제약 공장 절
반을 폐쇄했다. 그러나 이러한 문제는 수그러들지 않고 지속되었다. 식
품, 의약품, 장난감 등의 수출품이 해외에서 인명 피해를 일으키자, 우
려는 중국을 넘어 국제사회로 확산되었다. 단백질 검사에서 단백질처
럼 보이도록 하는 멜라민이 함유된 분유는 섭취한 어린이들에게 신장
기능 부전을 일으켰다. 유죄 판결을 받은 사람들은 처형되었지만, 같은

문제가 2년 후 다시 발생했다. 해당 분유는 시장에서 철수되었지만 폐기되지 않고 재포장되어 매장 선반에 다시 등장한 것이다. 2016년에는 중국 최대 검색 엔진인 바이두에 광고된 가짜 암 치료제를 투여받은 한 학생이 사망하는 사건도 발생했다.

개혁의 또 다른 뚜렷한 부정적 영향은 수십 년 동안 중국에서 거의 사라졌던 질병들이 다시 등장했다는 것이다. 간염, 페스트, 주혈흡충병이 다시 나타났고, 매독도 마찬가지였다. 애완견을 소유하는 것이 번영의 상징이 되면서 광견병도 재출현했다. 어린이들이 더 이상 정기적으로 예방접종을 받지 않게 되면서 다른 질병들도 재확산되었다. 별도의 여론조사 결과, 노동자와 농민 모두에게 가장 큰 걱정거리 중 하나가 병에 걸리는 것이라는 사실이 밝혀졌다.

이전의 국가 의료체계는 규모가 크지는 않았지만 국가에 막대한 비용 부담을 초래했다. 정부가 병원들이 더 자립하도록 독려하면서 1990년대 이후 의료비가 매년 20% 이상 상승했으며, 이는 국내총생산(GDP) 증가율을 훨씬 초과했다. 병원들이 진료비 인상이 금지되었기 때문에, 이들은 기업 보험에 가입된 환자들에게 과잉 약 처방과 검사를 시행하여 예산 부족분을 메우려 했다. 기업들 역시 자립이 요구되자, 일부는 임금조차 지급하지 못했고 의료비는 더더욱 감당할 수 없었다. 자금난에 시달리는 병원들은 보증금을 낼 수 없는 환자들을 거부했고, 때때로 이는 치명적인 결과를 초래했다. 치료를 거부당한 환자가 사망했다는 소식이 퍼지면서 폭동이 발생하기도 했다.

환자들 또한 물질적 동기로 움직이기도 한다. 만약 환자가 완치되지 않거나 사망할 경우, 환자 본인이나 유족은 의료 과실이 명백하지 않더라도 금전적 보상을 요구할 수 있다. 이들은 병원 직원들에게 신체적으로 위협하기도 하며, 실제로 폭력을 행사하는 경우도 있다. 매년 수천 명의 의료진이 부상을 당하고, 수백만 위안 규모의 의료 시설이 파괴된다. 정부는 의료 현실의 심각성을 인정하고 있다. 수백만 명의 중국 빈곤층 가운데 거의 절반이 막대한 의료비 지출로 인해 빈곤층이 되었다. 인구의 평균 연령 상승으로, 노년층의 의료 수요는 젊은 층보다 상대적으로 더 커지고 있다. 따라서 의료 서비스에 대한 수요는 증가하는 반면, 이를 감당할 수 있는 경제활동 인구는 줄어들 것으로 예상된다.

1990년대에는 1950년대에 사실상 근절된 것으로 여겨졌던 마약 사용이 급격히 증가했다. 대중 매체는 1840년 아편전쟁과 관련된 사건들을 상기시키며, 마약이 개인과 가족뿐만 아니라 국제적 위상에도 해로운 영향을 미친다고 지적했다. 강력한 처벌이 새로 도입되었음에도 불구하고 마약 사용은 계속 확산되었다. 동남아시아의 골든 트라이앵글과 접한 윈난성에서 시작된 마약은 현지 소수민족에 의해 중국으로 유입되었고, 그들의 연결망을 통해 중국 전역으로 퍼졌다. 1949년 이후 근절된 것으로 여겨졌던 비밀 결사 조직들(2장 참조)도 다시 등장하여 마약 거래에 깊이 관여하게 되었다. 공안부의 내부 문서에 따르면 수많은 갱단들 중에서도 삼합회가 특히 성공적으로 관리들을 매수하여 그들의 활동을 눈감아 주도록 만들었다고 한다.

마약을 통제하는 동일한 범죄 조직들이 성매매에도 관여하고 있으며, 이는 1949년 이전 암흑기의 부활일 뿐 아니라, 에이즈 확산을 촉진하는 핵심 경로 중 하나다. 성매매는 중앙정부에 따르면 범죄이지만, 일부 지방정부는 이를 수익원으로 간주하고 있으며, 유흥업소 여성들은 불법 활동임에도 불구하고 세금을 납부하고 있다. 한 조사에 따르면, 콘돔을 사용하는 비율은 6% 미만이다. 마약 사용과 무방비한 성관계는 에이즈 확산의 일부 원인에 불과하다. 비위생적인 헌혈 방식이 주요 원인으로 작용하고 있다. 이른바 '혈두(血頭)'라 불리는 이들은 절박한 빈곤층에게 돈을 주고 헌혈하게 한 뒤, 여러 사람의 피를 모아 원심분리기로 원하는 성분을 분리한 후, 남은 피를 다시 기증자들에게 돌려준다. 이로 인해 에이즈 바이러스뿐만 아니라 간염 및 기타 질병이 빠르게 확산되었다. 가장 심각한 영향을 받은 지역 중 하나인 허난 농촌의 완쇼우(萬壽) 마을에서는 감염률이 65%를 초과했다. 현지 관리들은 전통적인 중국 관료들처럼 이 전염병을 은폐하려 했으며, 중앙정부도 이에 동조하여 질병 감염 경로와 예방 방법을 대중에게 교육하려던 사람들을 체포했다. 공식적으로는 70만 명의 중국인이 HIV에 감염된 것으로 보고되고 있지만, 지역 사회의 과소 보고가 심각하여 세계보건기구 전문가들은 실제 수치가 그 10배에 이를 것으로 추정하고 있다.

2003년 중증급성호흡기증후군(SARS) 발병 당시에도 유사한 은폐 시도가 있었으며, 이로 인해 이 치명적인 질병이 중국 내외로 확산되어 수백 명의 사망자를 초래했다. 또한 직장 내 안전 기준 마련에 대한 관심 부족으로 산업재해 발생률이 높다. 공식적으로 2억 8,000만 명으로 추산되는 '유동 인구'의 또 다른 보건 과제를 제기한다.** 농민공(農民工)이라고도 불리는 이주노동자들은 낮은 수입으로 인해 비좁고 비위생적인 환경에서 생활하며, 위험한 일을 수행해야 하는 경우가 많아 질병 확산이 용이하다. 앞서 언급했듯이, 마약과 에이즈문제는 계속 악화되고 있으며, 환경 관련 질병도 증가하고 있다. 차량 증가와 함께 교통사고 발생률도 높아져 매일 600명 이상의 사람들이 도로에서 목숨을 잃고 있다.

중국 소식통에 따르면, 새로이 부유해진 계층은 기름진 음식을 더 많이 섭취하고, 운동은 덜 하며, 흡연과 음주를 더 많이 하는 경향이 있다고 한다. 실제로 주요 사망 원인이 이질과 콜레라 같은 전염병에서 선진국과 유사한 양상으로 변화하고 있다. 1990년대 후반에는 암이 다른 어떤 질병보다 더 많은 생명을 앗아갔으며, 전 세계 암 사망자의 4분의 1이 중국에서 발생했다. 가장 흔한 유형은 폐암으로, 대기오염이 중요한 요인이지만 흡연이 주요 원인이다. 중국정부는 흡연으로 인해 매년

....

** 　역자 주) 중국의 7차 인구센서스 자료에 따르면, 2020년 기준 유동 인구는 약 3억 7,600만 명에 달한다. 여기서 유동 인구란 후커우(戶口·호적)가 없어 사회보장 혜택을 받지 못하는 외지인이다.

100만 명 이상의 사람들이 직간접적으로 사망한다고 추산하고 있으며, 성인 남성의 약 3분의 2가 정기적으로 흡연한다. 보건 당국은 흡연의 위험성을 인식하고 있지만, 담배 판매로 인한 세수와 대규모 고용 창출이라는 현실적 이유로 금연정책에는 한계가 따르고 있다. 일부 대도시에서는 공공장소 흡연이 금지되어 있지만, 이 규정은 광범위하게 무시되고 있다. 국영 담배 회사들은 수십 개의 초등학교를 후원하고 있으며, 심지어 그 안에서 자사 제품을 광고하기도 한다. 어떤 문구에 따르면 담배가 학습 집중력을 높여 성공에 도움이 된다고 주장하기도 한다.

코로나 팬데믹은 중국의 취약한 의료체계에 심각한 부담을 주었다. 추가 병원이 신속히 건설되었지만, 기존 병원들과 마찬가지로 장비가 부족했다. 당국은 90%의 예방접종률을 주장했지만, 자체 개발한 백신은 해외에서 개발된 백신보다 효과가 떨어졌으며, 이러한 해외 백신은 사용할 수 없었다. 강경한 봉쇄 조치(제로 코로나정책)는 사람들에게 필요한 음식과 물을 구하지 못하게 하여 광범위한 공공의 분노를 불러일으켰다. 지나친 의료 통제로 인해 병원 방문 허가를 받지 못한 환자들이 사망한 비극적인 이야기가 소셜 미디어를 통해 널리 퍼졌다.

결론적으로, 팬데믹 상황과는 별개로 중앙정부가 보건 분야에 GDP의 5.5%를 지출하고 있음에도 불구하고, 사람들은 여전히 의료 서비스가 터무니없이 부족하다고 불평하고 있다. 병원들은 새로운 규제 도입을 꺼려하며, 약품에 대한 무이윤정책에도 불구하고 부패와 리베이트를 위한 과잉 처방이 여전히 존재한다.

도시 거주자들, 특히 국유기업에 근무하는 사람들은 기본적인 수준을 넘는 충분한 의료 혜택을 받을 가능성이 더 높다. 부유한 지역에서는 '스마트카드'가 도입되어 사용자가 카드를 한 번만 긁으면 즉시 보험 처리가 이루어지고, 나머지 비용만 본인이 부담한다. 더 부유한 사람들은 점점 더 해외에서 의료 서비스를 찾고 있다.

그러나 많은 농촌지역에서는 여전히 의료 서비스가 열악하다. 마오쩌둥이 비판했던 도시 편향적인 의료체계가 여전히 존재한다. 세계보건기구는 중국의 의료 서비스를 평가 대상 191개국 중 126위로, 의료 분배의 형평성은 188위로 평가했다. 모든 사람에게 저렴하고 공평한 기초 의료 서비스를 제공하겠다는 목표는 여전히 유지되고 있다. 2017년까지 농촌과 도시 비취업자를 위한 기본 건강보험제도가 통합되었지만, 정부는 여전히 기본 공공 보건 서비스에 대한 보조금이 부족하고, 농촌지역의 많은 사람들이 의료 시설에 편리하게 접근할 수 없으며, 질병 예방 프로그램에 더 많은 노력이 필요하다고 인정했다. 의료진의 사기를 높이고, 의사와 환자 간의 관계 개선도 요구된다.

개선은 계속되고 있다. 빈곤 가정을 위한 '원스톱' 의료 정산체계가 구축되고 있으며, 2015년에는 중증 질환에 대비한 보험제도가 도입되었다. 시진핑에 따르면, 2022년까지 전체 인구의 95% 이상이 기본 의료 보험에 가입했으며, 이는 5년 전과 변함이 없었다.

문제가 있음에도 불구하고, 2022년 기준 중국의 평균 기대수명은 78.2세로 대부분의 선진국과 비슷하며, 사하라 이남 아프리카 국가들의 50대 중반 기대수명보다 훨씬 높다. 세계에서 기대수명이 가장 높은 일본의 83세보다는 몇 년 낮은 수치다.

인구학

공자는 많은 인구를 번영과 만족의 표시로 여겼으며, 이는 하늘의 명이 확고히 왕조에 내려졌다는 증거로 간주했다. 또한 유교의 가족제도는 대가족을 장려하는 경향이 있었다. 제국 관료들 또한 인구 증가를 선호했는데, 이는 더 많은 인구가 곧 세수 증가를 의미했기 때문이다. 따라서 정부는 정확한 인구 조사를 매우 중요하게 여겼다. 중국은 서기 2년에 첫 번째 인구 조사를 실시했으며, 이후로는 비정기적으로 인구 조사가 이루어졌다. 인구는 1,000년 이상 동안 놀라울 정도로 안정적으로

유지되었으며, 자연재해의 발생 여부에 따라 3,700만에서 6,000만 명
사이를 오갔다.

14세기 명나라 초기부터 중국은 600년에 걸친 인구 증가의 시기를
맞이했다. 이는 처음에는 더 빠르게 자라는 벼 품종의 개발로 촉진되었
고, 이후에는 아메리카 대륙에서 도입된 새로운 식량 작물과 기술 혁신
으로 더욱 가속화되었다. 새로운 경작지가 개척되었으며, 관개 시설도
확장되었다. 그러나 일부 중국인들은 토지는 산술적으로 증가하는 반
면 인구는 기하급수적으로 증가한다는 맬서스의 딜레마를 우려하기 시
작했다. 이는 새로운 경작지가 충분히 확보된다고 그 개간 속도가 인구
증가 속도를 따라잡기 어렵다는 의미였다.

공산당 집권 이전의 100년은 왕조의 쇠퇴, 사회적 분열, 내전, 외세
의 침략으로 특징지어졌다. 당시 중국공산당 지도자들은 권력 장악을
위한 투쟁에 몰두하느라 인구의 절대적인 규모보다는 자신들의 통제하
에 있는 인구 비율에 더 관심을 두었다. 또한 마르크스는 맬서스의 이
론에 이의를 제기하며, 빈곤의 원인은 인구 과잉이 아니라 경제 자원의
불평등한 분배에 있다고 주장했다. 사회주의체제에서는 이러한 자원이
공평하게 분배되어 모두가 번영할 것이라는 믿음이었다.

공자와 마르크스가 많은 인구에 대해 긍정적인 태도를 가졌음에도
불구하고, 1953년에 실시된 중화인민공화국의 첫 번째 인구 조사 결과
는 지도부에 충격을 안겨주었다. 중국의 인구가 5억 8,260만 명이라는
소식을 듣고, 마오쩌둥은 어떻게 이렇게 많은 인구가 존재할 수 있냐며
놀라움을 표했다고 전해진다. 1950년 이후로 중국은 평화 상태였으며,
앞서 언급된 보건 개선 조치들과 맞물려 출생률은 상승하고 사망률은
급격히 감소했다. 처음에는 소수의 목소리였지만, 점차 마르크스의 인
구이론에 의문을 제기하고 산아 제한을 옹호하는 사람들이 나타났다.
이들은 비판자들로부터 부르주아적 맬서스주의자라는 비난을 받았지
만, 산아 제한이 맬서스와는 무관하다고 주장했다. 오히려 이는 산모의

건강을 보호하고, 부모가 태어난 모든 자녀에게 최선의 보살핌을 제공할 수 있도록 하며, 학업과 노동에 충분한 시간을 투자해 중국의 사회주의 건설에 기여할 수 있도록 하기 위해 필요하다고 강조했다.

1955년부터 중국은 피임 기구를 대량으로 제조하기 시작했다. 그러나 이 양으로는 가임기 부부의 2.2%만의 수요를 충족할 수 있었고, 제품의 품질도 대체로 조악했다. 콘돔은 윤활 처리가 되어 있지 않았고, 자궁 내 장치는 불편했으며, 피임용 거품제와 젤은 신뢰성이 떨어졌다. 가족계획을 실천하려는 이들은 종종 민간 요법에 의존할 수밖에 없었다. 게다가 대다수의 사람들은 애초에 가족계획에 대한 의지조차 없었다. 그중 하나는 다수의 살아 있는 올챙이를 통째로 섭취하는 것이었으며, 이는 5년간 피임 효과가 있다고 여겨졌다. 지지자들은 이 방법이 안전하고, 효과적이며, 비용이 저렴하다는 장점이 있다고 주장했다. 그러나 이 방법은 봄에만 실현 가능하다는 단점이 있었는데, 올챙이가 그 이후에는 개구리로 자라기 때문이었다.

이러한 초기의 출산율 감소 노력은 몇몇 대도시를 제외하면 출산율을 현저히 감소시키는 데 성공하지 못한 것으로 보인다. 그러나 이 경험은 정부가 인구 안정화를 달성하는 것이 얼마나 어려운 일인지를 깨닫게 해주었다. 이에 더 나은 피임 방법에 대한 연구가 시작되었고, 중국의 의사들은 과거의 자궁확장소파술보다 훨씬 간단하고 안전한 흡입식 낙태법을 개발했다. 이 방법은 전 세계적으로 빠르게 채택되었다.

가족계획 프로그램 추진 운동은 베이징 대학교 총장이자 저명한 경제학자인 마인추(馬寅初)의 주도로 활력을 얻었다. 백화제방(百花齊放) 운동이 전개되면서 마인추는 발언의 시기가 도래했다고 판단했다. 제1기 전국인민대표대회 제4차 회의에서 그는 중국이 소비를 줄이고 자본 축적을 증가시키기 위해 인구를 반드시 통제해야 한다고 주장했다. 그는 중화인민공화국의 대규모 인구가 기본적으로 숙련되지 않았기 때문에 성급한 기계화와 산업화를 서둘러 추진하는 것은 적절하지 않다고 지적했다. 이는 일자리 감소와 실업 증가로 이어질 수 있기 때문이다. 그는 더 많은 노동력을 수용할 수 있는 경공업 중심의 산업 구조로 전환할 것을 주장했다.

불행하게도 그의 연설 직후 백화제방운동이 시들기 시작했다. 그에 대한 수많은 비난 중에서 마인추는 말서스주의자, 반마르크스주의자, 형편없는 경제학자로 비난받았다. 그는 베이징대학교 총장직에서 물러나야만 했다. 그러나 그는 굴하지 않고 논문을 계속 썼지만, 이를 출판하는 것은 금지되었다. 지도부는 모든 사람이 두 손과 하나의 입을 가지고 태어난다는 논리로, 대규모 인구가 생산에 오히려 유리하다고 판단했다. 대량의 노동력 투입은 생산력을 폭발적으로 증가시킬 것이며, 농업과 산업의 급속한 확장은 인구 증가가 생산 증가를 초과한다는 부르주아적 관념을 결정적으로 반박할 것이라고 여겼다. 이에 언론은 산아 제한을 장려하는 대신 더 많은 인구의 필요성을 강조하기 시작했다.

일부 분석가들은 1955년에 시작된 산아 제한 노력이 실제로는 포기된 것이 아니라 단지 지하로 숨어들었다고 믿는다. 그러나 대약진운동의 실패로 인한 기아와 영양실조는 어떤 가족계획 정보보다 인구 증가를 억제하는 데 더 큰 영향을 미쳤다. 이는 또한 인구가 많을수록 생산에 유리하다는 개념을 확실히 불신하게 만들었다. 1962년 초에는 다시 가족계획에 대한 압력이 높아졌다. 대약진운동의 "더 많이, 더 잘, 더 빠르게, 더 저렴하게"라는 구호는 "더 늦게(결혼을), 더 길게(출산 간격은), 더 적게(자녀)"라는 구호로 대체되었다. 젊은이들은 결혼을 20대 중후반까지 미루고, 자녀는 두 명만 두되 3~5년 간격을 두도록 권장되었다. 저렴하고 편리한 피임 기구를 제공하기 위한 노력이 강화되었으며, 정부는 피임약 개발을 위한 연구도 장려했다.

1964년에는 국무원의 감독 아래 가족계획사무국이 설립되었다. 각 성과 대도시는 선전 활동과 피임기구 배급을 조정하는 지도 위원회를 설치했다. 이들의 노력은 주로 도시지역에 집중되었는데, 이는 도시가 현대적인 의료체계를 갖추고 있어 피임기구 공급과 낙태 시술이 용이했기 때문이다. 또한 도시에서는 당의 통제체계가 더 잘 작동했는데, 이는 도시 주민들은 농촌보다 직장 상실이나 각종 특권 박탈의 위협에 상대적으로 더 취약했기 때문이다.

다양한 방법이 동원되었다. 일부 지역에서는 세 자녀까지만 배급 쿠폰을 발급했으며, 그 이상을 원할 경우 가족 모두가 더 적은 식량으로 살아가야 했다. 동네 보건소에서는 여성의 생리 주기, 피임 방법, 이전 출산 기록을 관리했다. 일반적으로 이러한 정보는 벽에 붙인 차트로 공개되었다. 공장과 직장 단위에는 허용 가능한 출산 수에 대한 할당량이 주어졌으며, 부부가 아이를 갖고 싶다면 허가를 신청해야 했다. 어떤 부부가 순서를 어기고 임신할 경우, 다른 부부는 출산을 미뤄야 했다. 이는 상사와 동료들로부터 계획에 따르도록 강한 압박을 받게 만들었다. 대도시의 주택 부족문제 역시 대가족 형성을 억제하는 요소로 작용했다. 1962년부터 1966년까지 많은 도시에서 출산율이 급격히 감소한 것으로 보인다. 그러나 중화인민공화국 국민의 압도적 다수는 여전히 농촌에 거주하고 있었다.

가족계획 프로그램은 다른 국가 주도 계획들과 마찬가지로 문화대혁명 기간 동안 붕괴되었다. 그러나 해당 기간이 비교적 짧았기 때문에 출산율이 급증하지는 않았다. 1970년이 되자 가족계획에 대한 공식적인 압력이 다시 강화되었으나, 새로운 문제가 기다리고 있었다. 1950년대 초, 인구 계획 조치가 효과를 발휘하기 전에 태어난 대규모 베이비붐 세대가 출산 가능한 나이에 도달하면서, 두 자녀만 갖는다고 해도 사상 최고 수준의 출산율이 예상되었다. 농업 생산은 사실상 정체 상태였으며, 말서스의 이론이 현실로 다가오는 듯했다.

1978년 12월, 중국공산당 제11기 삼중전회에 참석한 대표들은 인구 증가를 급격히 억제해야만 덩샤오핑의 '4개 현대화' 계획이 제시한 야심찬 경제목표를 달성할 수 있다는 사실을 통보받았다. 한 달 후, 모든 부부가 자녀를 한 명으로 제한하도록 권장하는 정책이 발표되었다. 이 정책의 목표는 20세기 말까지 인구를 11억 명 이하로 유지하고, 궁극적으로는 7억 명 이하로 안정화하는 것이었다. 당시 98세였던 마인추는 복권되어 베이징대학 명예총장으로 임명되었다.

정책의 실효성을 높이기 위해 다양한 보상과 처벌이 도입되었다. 자녀를 한 명으로 제한하겠다고 서약한 가정에는 자녀가 18세가 될 때까지 무상 교육과 의료 서비스를 제공하고, 유치원 및 기타 보육 시설에 우선적으로 입학할 수 있는 혜택이 주어졌다. 자녀는 농촌으로 노동을 나가거나 군 복무를 면제받을 수 있었으며, 어머니는 출산 휴가를 연장받고 가족은 주택 배정에서 우선권을 가질 수 있었다. 한 자녀 가정은 더 넓은 주거 공간을 배정받을 수 있었고, 소액의 현금 보조금과 추가 식량 배급도 제공되었다.

반면, 한 자녀정책에 동의하지 않는 가정은 즉시 불이익을 받았다. 주택 배정, 유치원 입학 등에서 순위가 밀렸으며, 자녀가 농촌으로 보내지거나 병역 대상으로 선정될 가능성이 높았다. 특히 세 명 이상의 자녀를 고집하는 가정에는 제재가 가해졌는데, 부모의 소득에서 5~15%에 해당하는 벌금이 자녀가 14세 혹은 15세가 될 때까지 부과되었다. 이는 추가 자녀의 교육 및 복지 비용을 국가가 부담해야 하기 때문에 이를 보전하기 위한 조치였다. 만약 부모가 공산당 간부라면 해고되거나 당에서 제명될 수 있었다. 중국 전역에는 한 자녀를 둔 매력적인 부모가 사랑스러운 딸아이를 바라보는 모습의 광고판이 등장했는데, 중국의 남아 선호를 고려해 대부분 딸이 모델로 사용되었다. "아빠, 엄마, 그리고 나" 또는 "한 명이 최고"와 같은 문구가 붙어 있었다. 이는 정부가 국민에게 이상적인 가족상을 내면화하도록 유도하기 위한 것이었다.

한 자녀정책은 대도시에서는 비교적 성공적이었다. 이미 한 자녀만을 원하거나 둘째 자녀에 대한 관심이 크지 않은 부부들이 많았고, 정부의 유인책이 매력적으로 다가왔기 때문이다. 그러나 도시화가 진행 중이었음에도 불구하고 중국 인구의 대다수는 여전히 농촌에 거주하고 있었다. 이 정책은 처음부터 매우 인기가 없었으며, 정책설계자들이 답변하지 않은 여러 가지 문제들에 대해 정당한 우려를 가졌다. 중국사회는 전통적으로 노부모의 부양은 자녀의 책임이었는데, 외동인 부부가 각각의 부모 네 명을 어떻게 부양할 수 있을 것인가? 국가 전체적으로 볼 때, 적은 수의 젊은 세대가 방대한 노인 인구를 어떻게 지탱하면서 높은 경제 성장률을 달성할 수 있을까? 자녀의 정신 건강은 어떻게 될까? 가족의 모든 기대가 한 명의 자녀에게 집중된다면, 이는 자녀에게 너무 큰 부담이 되어 정신 건강에 악영향을 미칠 수 있다. 반대로, 외동 자녀는 응석받이로 자라기 쉽다는 주장도 있었다. 많은 친척들의 과도한 관심을 받으며 자란 '소황제(小皇帝)'라는 표현이 빠르게 확산되었다. 또한 군 지도자들은 이러한 정책이 시행 이후 군 입대 대상자의 질이 어떻게 변화할지에 대해 우려를 표했다.

많은 가정이 첫 아이가 아들이라면 한 명의 자녀로 만족했지만, 실제로 첫째가 아들일 확률은 50%가 채 되지 않았다. 이러한 상황에서 부모들은 다시 시도할 수밖에 없었고, 두 번째 아이도 딸일 경우 아들 낳을 때까지 계속 낳으려는 경향이 나타났다. 중국에서 아들 선호 현상에 대해 경제적으로 타당한 이유가 있다. 전통적으로 여성은 결혼하면 남편의 가족과 함께 살게 되며, 이는 여성의 노동력은 시댁에 귀속되며 친정은 이를 잃게 된다. 대부분의 남성이 여성보다 신체적으로 더 강하기 때문에 그들의 노동력은 더 높게 평가되기도 한다. 또한 중국정부가 남녀평등을 표방하며 마오쩌둥의 "여성도 하늘의 절반을 떠받칠 수 있다"라는 말을 매년 3월 여성의 날에 되풀이하지만, 여성은 동일한 일을 해도 남성보다 낮은 임금을 받는 경우가 많다. 법적으로는 동일 가치에 대한 동일 임금을 보장하고 있지만, 정부의 자체 조사에 따르면 여성은 동일한 일에 대해 남성 임금의 약 70%만을 받는 것으로 나타났다. 게다가 대부분의 여성은 남성보다 기술 수준이 낮고 임금이 적은 직업에 종사하고 있다.

한 자녀정책을 엄격히 시행하려는 시도 속에서 끔찍한 이야기들이 이어졌다. 많은 여자아기들이 익사, 질식, 교살되는 일이 벌어졌다. 원치 않는 여자아이들과 선천적 결함을 가진 남자아이들은 유기되어 고아원이 넘쳐났으나, 돌봄 인력과 예산은 턱없이 부족했다. 딸을 낳은 것에 실망한 아버지나 그 가족들은 산모를 폭행하거나, 심한 경우 사망에 이르게 했고, 이혼을 요구하기도 했다. 첫째 아이가 유전적 장애가 아닌 경우 둘째 출산이 허용된다는 발표가 나오자, 일부 부모가 아이에게 고의로 상해를 입히는 사례도 보고되었다. 한 자녀 제한을 강요받은 관리들은 임신 후반기의 여성들에게 강제 낙태를 시행했으며, 이에 따라 여성의 가족이나 친지들로부터 보복을 당하기도 했다. 어떤 이들은 여자아이의 출생을 등록하지 않았고, 아예 혼인신고 자체를 하지 않기도 했다. 아내가 추가로 임신하게 되면, 부부는 종종 출산할 때까지 다른 지역으로 이주하기도 했다. 또는 유동 인구에 합류하는 방법을 택했다. 덩샤오핑의 경제 유인정책 도입 이후, 사람들은 더 이상 직장 단위에 얽매이지 않게 되었다. 1991년, 국가 가족계획위원회는 이주민들의 출산을 단속하기 위해 점점 더 엄격한 규정을 잇달아 발표했다. 새로운 규정에서 요구하는 복잡한 규칙과 각종 증명서들로 인해 의도치 않게 많은 이주 여성들이 의료 서비스에서 소외되었고, 그 결과 산모 사망자 중 이주 여성의 비율이 과도하게 높아졌다.

이러한 정책 회피 수단은 여기서 끝나지 않았다. 원치 않게 자궁 내 장치를 삽입당한 여성들은 의사나 심지어는 무자격 시술자에게 돈을 주고 이를 제거했다. 불임 수술을 받은 여성들은 수술을 되돌리는 방법을 찾았다. 이러한 불법 행위는 민간 의료인의 증가로 인해 더욱 용이해졌다. 덩샤오핑의 농업개혁으로 가구 단위 생산 체제가 자리 잡은 농촌에서는, 농민들은 더 많은 노동력을 확보하기 위해 자녀를 많이 두는 것이 이치에 맞다고 생각했다. 그들은 초과 출산에 대한 벌금을 또 하나의 귀찮은 세금쯤으로 여기고 납부하거나 뇌물로 무마했다. 농민들은 자신의 집을 직접 짓고 소유했기 때문에 한 자녀 가구에 대한 주택 우대정책은 아무런 유인책이 되지 못했다. 또한 많은 농민들은 자녀의 장기간 교육을 크게 중요하게 여기지 않았기 때문에 학교 입학 우대정책도 매력적이지 않았다.

간부들이 대중에게 모범을 보이지 못할 경우 직위에서 해임하거나 당에서 제명하겠다는 위협도 완전히 효과적이지는 않았다. 중국의 새로운 성과 중심 경제체제에서 간부가 된다는 것은 더 이상 예전처럼 매력적이지 않았으며, 당원 신분 또한 그다지 존경받지 않았다. 심지어 도시에서도 기대한 만큼의 성과를 얻지 못했다. 약속된 보상이 사라지는 경향이 있었기 때문이다. 예를 들어, 성과금이 지급된 경우에도 인플레이션으로 인해 그 가치가 사라졌으며, 주택이 극도로 부족하고 거의 모든 사람이 한 자녀 증명서를 가지고 있었기 때문에 주택 우선 배정권은 큰 의미가 없었다.

요컨대, 정부는 과거에 대중의 행동을 통제하는 데 사용했던 경제적 지렛대의 상당 부분을 상실했다. 한 자녀정책에 대한 광범위한 소극적 저항에 직면한 지도부는 인구 증가를 통제하는 능력에 한계가 있음을 인정해야 했다. 인구를 7억 명으로 줄이겠다는 구상은 조용히 언론에서 사라졌고, 대신 인구를 2000년까지 11억 명이 아닌 12억 명, 나중에는 13억 명으로 유지하겠다는, 즉 당초 예상보다 2억 명이 더 많은 수치를 언급하기 시작했다.

덩샤오핑이 이러한 조치를 도입한 이후, 정책은 규제 준수를 위한 강경한 조치와 특정 조건하에 둘째 출산을 허용하는 유화적인 조치 사이를 오갔다. 정책의 중점이 계속 바뀌자, 이를 집행해야 하는 간부들은 곤란한 상황에 놓이게 되었다. 1991년에는 규정 위반이 광범위하게 발생하자, 정부는 가혹한 집행 조치를 시행했다. 임신한 여성들은 강제로 분만을 유도당했고, 이는 일반적으로 태아의 사망으로 이어졌고 이후에는 강제 불임 수술을 받았다. 산아제한정책을 위반하고 아이를 낳은 경우, 대해서는 막대한 벌금이 부과되었으며, 때로는 가족의 재산이 압수되고 집이 파괴되기도 했다. 허위 불임 수술 증명서를 발급한 병원 관계자들은 감옥에 가거나 심지어 사형에 처해질 위험에 직면했다.

태아의 성별을 알 수 있는 초음파 기계의 도입은 출산율을 낮추려는 정부의 목표에는 도움이 되었지만, 남녀 성비를 더 균형 있게 유지하려는 목표에는 방해가 되었다. 이 새로운 기계에 대한 소식은 시골의 외딴 지역까지 빠르게 퍼졌고, 돈을 중시하는 덩샤오핑 시대의 사회에서는 병원과 심지어 개인 개업의들조차 초음파 기계를 구입하는 것이 경제적으로 매우 합리적인 선택이 되었다. 이 간단한 시술 비용이 많은 농민들이 한 달 동안 버는 돈보다 많았지만, 부부들은 기꺼이 그 돈을 지불했다. 정부는 성별 감지를 위한 초음파 사용을 금지하려 했으나, 이 기계가 태아 기형 발견에도 사용되었기 때문에 이를 강력히 단속하기는 어려웠다. 태아가 여자라는 말을 들은 많은 여성들은 즉시 낙태를 예약했다. 성비 불균형으로 나중에 손자를 보지 못할 수 있다는 지적에도, 사람들은 손자를 보려면 아들이 먼저 있어야지라며 대수롭지 않게 여겼다. 이는 딸이 낳은 자식은 자신의 핏줄이 아니라는 뿌리 깊은 인식에서 비롯된 것이다. 2006년에는 성별에 따른 선택적 낙태를 범죄로 규정하는 법안이 전국인민대표대회에 상정되었으나, 거센 논란으로 철회되었다. 최근에는 극심한 성비 불균형이 다소 완화되는 징후가 나타나고 있다.

성 불균형은 불길한 결과를 초래했다. 수백만 명의 젊은 남성들이 결혼할 여성을 점점 더 찾기 어려워졌기 때문이다. 또한 정책입안자들은 중국의 급속한 경제성장에 크게 기여했던 젊은 인구의 인구 배당 효과가 끝나가고 있다고 경고했다. 2016년에는 기혼 부부가 두 자녀를 가질 수 있도록 허용하는 보다 관대한 정책이 시행되었으나 효과는 미미했다. 2021년, 인구조사 데이터에서 출생률이 급격히 감소한 것이 확인된 후 세 자녀정책이 승인되었으나, 이 역시 출생률 증가로 이어지지 않았다. 부부들은 출산을 꺼리는 이유로 업무 스트레스, 인플레이션, 자녀 양육에 드는 높은 비용, 코로나19, 여가시간에 대한 욕구 등을 들었다. 예측이 부정확하기로 악명 높지만, 여러 추정치는 중국의 인구가 2022년부터 감소하기 시작해 2100년에는 인구가 8억 명 이하에서 4억 명 수준으로 감소할 것이라는 추정치도 있다 (도표 11.1 참조).

이와 관련된 문제로 사회의 고령화가 있다. 사회학자들은 인구의 10% 이상이 60세 이상일 경우 고령화 사회로 간주한다. 2020년 최신 인구조사에 따르면 중국의 60세 이상 인구 비율은 18.7%였으며, 인구학자들은 2050년에는 약 3분의 1에 이를 것으로 예상하고 있다. 의료 공급체계와 사회보장제도의 부족(이전 건강 관련 절 참조)을 고려할 때, 이는 사회에 감당하기 어려운 부담을 줄 수 있다. 더 많은 자원이 생산적 투자에서 연금 및 의료 부문으로 전환되어야 하며, 더 많은 생산가능 인구가 고령자 돌봄에 투입될 수밖에 없다. 일부 전문가들은 중국이 부유해지기 전에 고령화 사회가 될 것이라는 비관적인 전망이 과장

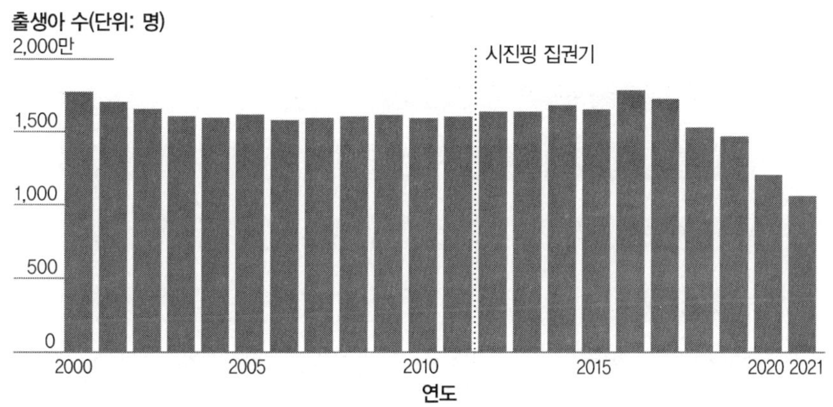

도표 11.1 연도별 출생아 수

출처: 중국 국가통계국.

되었다고 본다. 이들은 중국의 더 나은 교육을 받은 젊은 세대가 노동자 1인당 노동 생산성을 높이는 동력이 될 것이며, 노동력이 부족해질 상황에 대비해 중국정부가 점차적으로 경제를 자본집약적 첨단 산업 부문으로 전환하고 있다고 주장한다. 또한 일대일로(一帶一路)정책을 통해 젊고 저임금 국가로의 중국 해외 투자를 장려하고 있다는 점을 근거로 들고 있다.

만약 당과 정부의 인구 증가 계획이 성공한다면, 은퇴자를 부양하고 경제를 이끌 인구가 늘어나더라도, 이들 역시 식량, 주거, 일자리를 필요로 한다. 또한 이로 인해 발생하는 추가적인 폐기물문제도 해결해야 한다. 현재 50%를 넘는 도시화율을 더욱 높이는 것이 하나의 대안으로 제시되지만 (도표 11.2 참조), 이는 농지를 전용하여 새로운 위성 도시를 건설하고, 교통 인프라를 구축하며, 새로운 지역에 학교와 병원을 설립하고, 충분한 수자원 공급과 배수 및 하수체계를 마련하는 등 막대한 과제를 수반한다. 이러한 계획 중 가장 야심 찬 프로젝트인 슝안신구(雄安新區)는 2017년에 도입되었다. 이 지역은 베이징 남쪽에 위치

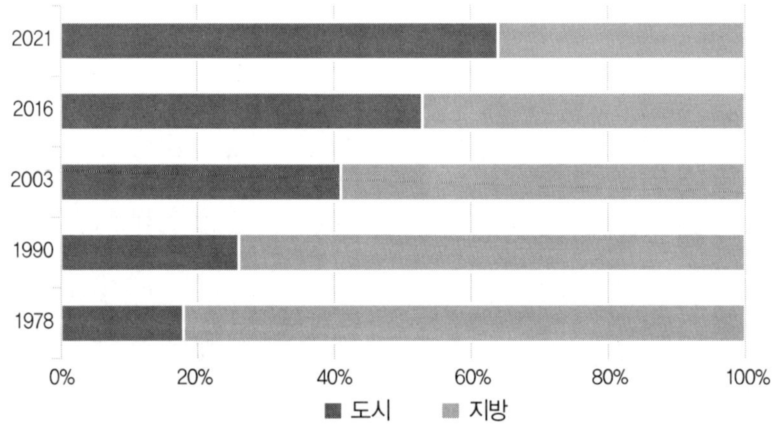

도표 11.2 도시화 비율 증가, 1978~2021년

출처: 국가통계국 자료 활용으로 필자가 작성한 수치.

하며 수도의 혼잡과 오염을 줄이는 것을 목표로 하고 있다. 뉴욕시 면적의 세 배에 달하는 이 지역은 450만 명을 수용할 계획이다. 그러나 중국의 부동산 시장 위축, 코로나19, 인구 감소에 대한 전망 등으로 인해 현재까지는 큰 진전을 이루지 못했다. 그러나 시진핑의 대표적인 프로젝트인 만큼 공식적으로 중단될 가능성은 낮다.

환경

중국은 예로부터 인구가 토지와 자원에 과도한 부담을 주며 심각한 환경 훼손을 일으켜 왔다. 3장에서 설명한 황토고원은 세계에서 가장 크고 심각하게 침식된 지역으로 여겨진다. 환경 파괴의 원인을 더 잘 이해했다고 해도, 즉각적인 생존이 위태로운 사람들에게는 미래 세대가 감당해야 할 대가에 대해 걱정할 이유가 거의 없었다.

중국공산당은 급속한 산업화를 목표로 집권했으며 환경문제에 대해 거의 관심을 보이지 않았다. 수십 년 동안 당과 정부 관리들은 이러한 문제가 존재한다는 사실조차 인정하지 않았고, 이를 해결하려는 시도조차 하지 않았다. 1972년만 해도, 수십 개의 공장 굴뚝에서 나오는 그을음에 대해 언급한 한 서방 기자는 오염은 환경에 무관심한 탐욕스러운 자본가들이 만든 산물이라는 답변이 돌아왔다. 중국에는 더 이상 그런 탐욕스러운 자본가가 없었기 때문에, 중국인들은 오염을 두려워할 필요가 없다는 논리였다.

그러나 실제로는 우려가 '존재했다.' 예를 들어, 많은 사람들이 대약진운동이 엄청난 환경문제를 야기했다는 사실을 뼈저리게 인식하고 있었다. 1958년에는 야외 제철로를 이용해 철강을 만들려는 시도로 인해 석탄을 대량으로 소모하면서 일부 지역 농민들이 겨울을 나기 위해 충분한 연료를 확보하려고 나무와 덤불을 남김없이 베어냈다. 1970년대 티베트에서는 보리를 밀로 대체하려는 잘못된 계획이 토양을 황폐화시키고 기근을 초래했다. 공장 굴뚝 근처에 사는 사람들은 매연에 대해 불만을 토로했다. 이러한 우려에 대응하여 1973년 8월, 국무원은 국가 환경보호 업무에 관한 전국회의를 소집했다.

1974년에는 국무원 산하에 환경보호영도소조 사무실이 설립되었으며, 많은 지역의 성 단위에도 유사한 기관들이 설치되었다. 그러나 국가 단위의 기관을 사무국 수준으로 설치되었다는 점은, 부처나 위원회처럼 하위 기관에 대한 강력한 권한을 행사할 수는 없었다. 이 사무국은 조정과 계획은 가능했지만, 명령을 내려 강제할 권한은 없었다. 전국인민대표대회는 1979년에 최초의 환경 보호법을 통과시켰으나, 재정, 인력, 조직의 미비로 법률 조항을 효과적으로 집행하는 데 어려움이 있었다.

환경파괴는 1980년대 말에 이르러 공공의 관심사로 부각되었으며, 지금까지도 지속되고 있다. 2008년까지 중국 본토의 669개 대도시 중 400곳 이상이 물 부족을 겪었고, 거의 매년 강 수위가 사상 최저치를 기록했다. 1980년대부터 화북지역은 만성적인 가뭄에 시달리고 있으며, 남부 지역에서는 홍수 피해가 더욱 심각해졌다. 2030년에는 인구가 16억 명에 이를 것으로 예상되는 가운데, 1인당 수자원은 1,760세제곱미터로 전문가들이 위기 한계선으로 간주하는 1,700세제곱미터를 겨우 웃도는 수치이다. 현재의 1인당 수자원량은 2,200세제곱미터로, 이는 세계 평균의 4분의 1에 불과하다. 매년 특정 시기에는 주요 도시에서 물 부족 현상이 흔히 발생하고 있으며, 일부 공장들은 이로 인해 생산라인을 중단해야 했다.

심각한 오염으로 인해, 남아 있는 물 중 식수로 사용할 수 있는 양은 극히 적다. 경제적 호황은 환경 오염 물질의 기하급수적인 증가를 초래했다. 농촌지역 또한 화학 비료와 유독성 농약이 섞인 농업 폐수로 인해 고통받고 있다. 일부 지역에서는 높은 수준의 중금속 및 유기 오염 물질로 인해 인간과 해양 생물에서 암과 기형이 발생하고 있다. 여러 지역에서는 수 세기 동안 사용해 온 식수용 우물을 포기해야 했으며,

일부 강과 호수에서는 더 이상 물고기가 살 수 없게 되었다. 해산물에 독성 물질이 축적되게 만드는 '적조 현상'은 해안 도시들을 위협하고 있다. 오염된 식수는 간염과 위암, 간암, 장암 증가와도 관련이 있다. 중국 전문가들은 현재 존재하는 물조차 비효율적으로 사용되고 있다고 지적하며, 가정과 기업이 물 사용량에 따라 요금을 지불한다면 상황이 눈에 띄게 개선될 것이라고 주장한다. 담수화 또한 제안되었으나, 현재로서는 매우 비용이 많이 든다.

또 다른 매우 비용이 많이 드는 프로젝트는 2002년에 시작된 남수북조(南水北調) 사업이다. 이렇게 대규모이고 비용이 많이 드는 사업의 타당성에 대한 의구심 외에도, 물 공급이 빠져나가는 지역의 관리들의 강한 반대, 이주해야 하는 사람들의 저항, 지형적 위험과 오염통제와 관련된 예기치 못한 기술적 어려움이 있었다. 중국정부에 따르면, 2022년까지 완료된 3개 노선 중 2개 노선이 1억 4,000만 명에게 혜택을 주었고 40개 이상의 도시의 경제발전에 기여했다고 한다.

중국 연해지역의 인구 급증은 지표수 부족을 초래했다. 지하수를 끌어올려 부족분을 충당하면서 지반이 침하하게 되었다. 이는 건물과 도로에 구조적 손상을 일으킬 뿐만 아니라, 예상된 해수면 상승이 실제로 발생할 경우 해안 도시들이 홍수에 더 취약해지는 결과를 낳는다. 도시계획가들은 개발 계획을 수립할 때 이를 고려하라는 경고를 받았다. 이탈리아의 베네치아가 지난 한 세기 동안 겨우 24센티미터 침하한 반면, 동양의 베네치아로 알려진 쑤저우는 1950년대 이후로 무려 1.5미터나 침하했다. 염수가 내륙까지 침투하면서 토양 염분화가 발생하여 농작물 수확량이 감소하고 추가적인 침식이 일어났다. 주강 삼각주 지역의 개발은 많은 주민들에게 전례 없는 번영을 가져왔지만, 지난 30년 동안 다리, 항만 터미널, 컨테이너 정박지가 대거 건설되면서 지역 생태계가 파괴되고 있다.

2008년, 중화인민공화국은 세계에서 가장 많은 온실가스를 배출하는 국가라는 불명예를 얻게 되었다. 세계보건기구의 자료에 따르면, 세계에서 대기오염이 가장 심각한 20개 도시 중 16곳이 중국에 위치해 있다. 중국의 에너지 수요 대부분은 석탄으로 충당되는데, 이 석탄은 대개 품질이 낮고 정제되지 않은 채로 비교적 낮은 굴뚝에서 연소되기 때문에 대기 중으로 더 많은 오염 물질을 방출하게 된다. 특히 겨울철에는 도시 거주자들 중 상당수가 기관지염에 시달린다. 여유가 있는 사람들은 아파트 내 공기 정화 장비에 수천 달러를 투자하기도 한다.

차량 소유가 늘어나면서 스모그는 더욱 악화되었다. 중국은 국제 시장에서 값싼 '산성유'를 구매하는데, 이는 가격은 저렴하지만, 황 함량이 훨씬 높아 대기오염의 주요 원인으로 작용한다. 2008년 올림픽 개최를 앞두고 심각한 스모그로 인해 경기가 방해받을 것을 우려한 베이징 당국은 차량 홀짝제 운행을 도입하고, 여러 공장을 일시적으로 폐쇄하기도 했다. 일부 사람들은 끝자리가 다른 추가 번호판을 구매하는 등의 편법으로 규제를 회피하기도 했으나, 이러한 조치는 일정 부분 효과가 있었다. 그러나 이후 상황은 다시 악화되었다. 시카고대학교 에너지정책연구소의 2017년 조사에 따르면, 열악한 대기질로 인해 중국 국민들의 평균 기대수명이 약 3년 반 단축되고 있으며, 중국 환경보호부가 조사한 338개 도시 중 국가 대기질 기준을 충족한 도시는 84곳에 불과했다.

토양침식과 사막화도 심각한 문제로, 이는 토양 비옥도와 농업 생산성의 감소로 이어진다. 상류 지역의 침식으로 발생한 막대한 토사는 결국 하류의 강과 호수에 퇴적되어 홍수 위험을 증가시킨다. 이러한 문제의 중요한 원인 중 하나는 산림 파괴이다. 출처에 따라 차이가 있지만, 현재 중국의 산림 면적은 국토의 12~19%에 불과하며, 이는 미국(33%), 구소련(35%), 인도(26%)에 비해 현저히 낮은 수치다. 땔감용으로 나무를 베고, 많은 공장과 농장이 지하수를 사용하는 과정에서 더 많은 땅이 건조해지고 있다. 사막화 확산을 막기 위해 정부가 추진한 '녹색장성(綠色長城)' 조림사업은 기대만큼 성공적이지 못했다. 자연적으로 나무가 자라지 않는 지역에 심어진 나무들은 대부분 고사했으며, 살아남은 나무들도 본래 토착 식물들이 필요로 하는 지하수를 흡수함으로써 오히려 사막화를 가속화했다. 농부들과 목축업자들은 이러한 조림사업 때문에 땅에서 강제로 쫓겨난 것에 대해 불만을 표출했다.

또한 더 큰 문제로 이어질 가능성이 있는 또 다른 논란의 여지가 많은 사업은 바로 삼협댐 프로젝트이다. 이 거대한 댐은 양쯔강의 가장 경치 좋은 구간에 건설되어 청정 전력 생산, 운송 능력 향상, 가뭄이 심한 북부 지역으로의 물 공급을 목표로 했다. 비평가들은 최대 1조 달러에 이르는 막대한 비용이 다른 분야에 더 유익하게 쓰일 수 있었다고 비판했고, 댐이 양쯔강의 일부 지역에서는 홍수를 완화하더라도 다른 지역에서는 홍수 위험을 증가시킬 것이라고 예측했다. 건설 과정에서는 도시 전체와 수천 개의 마을, 광범위한 농지가 철거되었으며, 이주한 주민들은 제대로 된 보상도 받지 못했다. 이 과정에서 희귀한 동식물도 사라졌다.

산사태도 문제가 되었다. 댐 단지의 대형 저수지 주변은 토양이 무르고, 홍수와 폭우가 자주 발생하기 때문이다. 지하수 수위가 상승하면서 산사태의 발생 빈도와 규모도 증가했다. 다른 지역에서도 나타났듯이, 이와 같은 대규모 저수지의 조성은 지진을 유발할 수 있으며, 실제로 그렇지 않더라도 생태계에 미치는 영향은 치명적일 것이다. 일부 중국 과학자들은 남서부 지역의 지진과 댐 건설 사이의 연관성을 제기했으며, 지방 당국은 삼협댐이 2010년의 극심한 가뭄을 악화시켰다고 주장했다. 그러나 중앙정부는 이러한 사건들과의 인과 관계를 부인했다.

퇴사는 하상(河床)의 높이를 상승시키고 호수의 수량을 감소시킨다. 사막화로 인한 모래폭풍은 더 크고 더 빈번해졌다. 하상이 상승하면 홍수의 가능성이 높아진다. '중국의 슬픔'이라 불리는 황하의 토사 퇴적은 현재도 진행 중이다. 과거에는 수백 년마다 한 번씩 발생했던 황하의 흐름 변화가 최근 몇 세기 동안 더 빈번하게 일어났다. 그러나 1990

년대 후반부터 황허는 점차 말라가기 시작했다. 산업 및 생활용수를 충당하기 위해 지하수 보충 속도의 두 배로 퍼올려졌기 때문이다. 상황을 개선하겠다는 다짐에도 불구하고 문제는 악화되었다. 양쯔강의 반복적인 범람을 피해온 이들에게는 믿기 어려운 일이겠지만, 2020년에는 강물이 1949년 이후 처음으로 대형 불상의 발끝까지 차올랐다. 그러나 이는 일시적 현상에 불과하며, 이 강 또한 결국 마를 것으로 보인다. 일부 지역에서는 홍수의 위험이 증가하는 반면, 다른 지역에서는 사막화가 가속화되고 있다.

환경문제가 통제되지 않은 채 악화되고 있다는 인식이 커지면서 국무원은 1984년에 환경보호사무국 지위를 위원회급으로 격상시켰고, 1988년에는 국가환경보호국이라는 기관으로 만들었으며, 2008년에는 이를 환경보호부로 승격시켰다. 2018년에는 모든 환경 관련 기관을 생태환경부로 통합했다. 3년 후에는 중국의 탄소배출 감축정책을 총괄·조정하는 '탄소배출 정점 및 탄소중립 업무 영도소조'가 만들어졌으며, 시진핑은 2060년까지 탄소중립을 달성하겠다고 약속했다. 2022년 세계은행 보고서에 따르면 이 목표를 달성하기 위해 에너지·교통 부문에 14조 달러의 투자가 필요하다. 또한 세계 소비량의 절반을 차지하는 중국의 석탄 수요를 사실상 0에 수렴하도록 줄여야 한다. 일부 성과는 부인할 수 없다. 중국은 태양광 패널과 풍력 터빈의 선도적인 제조국이 되었으며, 전기차 생산에서도 성공을 거두었다. 그러나 이 과정에서 사용되는 희토류의 채굴 및 정제로 인한 환경 악화문제는 언급되지 않는다. 때로는 선의로 시작한 환경 보호 조치가 예상치 못한 부작용을 일으키기도 한다. 예를 들어, 수력 발전용 터빈은 물고기를 죽일 수 있고, 풍력 터빈은 새들이 부딪혀 죽는 사고를 유발할 수 있다.

공식 통계는 신뢰하기 어려운 경우가 많으며, 국제기구의 통계 역시 신뢰성에 대한 의문이 제기된다. 중국이 남중국해 영유권 강화를 위해 산호초를 파괴했는데도 주요 환경단체들이 침묵했다는 비판에 대해,

해당 단체들은 중국정부의 허가 없이는 중국 내에서 활동할 수 없다고 해명한다. 이들을 더 곤란하게 만드는 것은, 주요 후원자 상당수가 중국에서 사업을 하고 있다는 점이다.

환경부의 수직적 지휘체계와 성·현·향(省·縣·鄉) 단위 정부의 수평적 지휘체계 간의 갈등(條塊)**으로 인해, 현재까지 환경국의 권한 확대와 정부 부처 및 각급 지방정부 간의 책임 분담을 명확히 하려는 시도는 어려움을 겪고 있다. 중앙정부의 규제를 집행해야 하는 지역 환경국은 인력이 부족하며, 감시 대상인 산업과 얽혀 있는 경우가 많다. 최대 오염원 대부분은 국가가 운영하는 산업 및 공장으로, 현실적으로 폐쇄하거나 강력한 처벌을 가하기 어렵다. 지역 관리들은 종종 세수 확보와 일자리 제공의 이유로 오염 유발 산업을 비호한다. 예를 들어, 산시지역은 석탄 광산을 폐쇄하면 수십만 명의 노동자가 일자리를 잃게 되어 지역 경제 전반이 큰 타격을 입게 된다.

일부 공장은 오염 방지 능력을 개선하는 대신 벌금을 생산 비용에 포함시키고 있으며, 다른 곳은 규제 준수가 비용이 많이 들고 적발될 위험이 적다는 이유로 규정을 무시한다. 현재 단기적인 이익과 물질적 혜택에 대한 관심이 환경에 대한 우려를 훨씬 앞서고 있다. 중국이 2060년까지 탄소중립 목표를 발표한 직후, 에너지 부족으로 인해 정부는 석

** 역자 주) 티아오콰이(條塊; 병음: tiáo-kuài; '가지와 덩어리') 시스템은 중국정치체계의 다수성을 강조하기 위한 용어로서, 중화인민공화국의 분절된 당-행정 행정체제를 설명한다. 흔히 '티아오-콰이' 관계를 매트릭스(Matrix)로 비유하기도 한다. 티아오(條)라는 용어는 중앙정부 부처에서 내려오는 다양한 부문에 대한 권한의 '수직적 라인'을 나타낸다. 이는 '영도관계'에서 우선권을 둔다. 그래서 수직적 관료조직들은 티아오라고 명명한다. 반면 콰이(塊)는 지방 또는 지역 수준에서 지방정부의 '수평적 권한 수준', 또는 다양한 층위의 수평적인 조정체를 나타낸다. 이는 '직무관계'에 우선권을 둔다. 가령 매트릭스처럼 "전자 티아오는 기능(예: 환경)에 따라 좌표를 이룬다. 후자는 그것이 통치하는 지역의 필요에 따라 조정된다." 따라서 지역 환경 보호국은 중앙정부의 국가 환경 보호국과 해당 기관이 위치한 지역 도시의 시장 모두에게 보고 책임을 질 수 있다. 이 티아오-콰이 체제 때문에 중국정치체제를 '분절된 권위주의'로 이해하기도 한다.

탄 광산을 재가동했으며, 이는 목표 달성 가능성에 대한 기존의 의구심을 더욱 키웠다.

환경 규제가 집행될 경우 비극적인 결과가 발생하기도 한다. 수년간 황화수소 가스를 배출하는 공장에 대해 주민들이 항의한 끝에 결국 공장이 폐쇄되었지만, 실직한 공장 노동자들이 화가 나서 인근 주민들을 무차별적으로 공격해 두 명을 잔혹하게 살해하고 여러 명을 다치게 한 사건이 발생했다. 또 다른 지역에서는 제지 공장의 오염으로 농작물이 피해를 입었다며 항의한 농민들이 공공질서 방해 혐의로 체포되었다. 쓰촨에서는 환경 시위 도중 경찰관이 사망한 사건과 관련해, 한 남성이 비공개 재판을 거쳐 변호인도 통지받지 못한 채 처형되었다. 환경 당국이 공장을 폐쇄했지만 며칠 후 다시 가동되는 사례도 있었다. 2017년, 중국정부는 해외에서 재활용을 위해 보내진 폐컴퓨터와 휴대전화 같은 수백만 톤의 '전자 폐기물' 중 24종의 수입을 금지했으나, 이 금지 조치의 실효성에 대해서는 의문이 제기되고 있다.

중국은 전 세계에서 광대한 영토와 인구를 차지하고 있기 때문에 중국의 환경문제는 지구 환경의 안정에도 중요한 영향을 미친다. 중국이 환경 파괴 국가로 남을 경우, 그 여파는 전 세계에 심각한 영향을 미칠 수 있다. 이러한 이유로 국제 환경 운동 지도자들은 중국이 다자간 환경 협약에 서명하도록 설득하기 위해 노력해왔다. 이러한 노력의 결과, 중국은 2002년 온실가스 배출 규제를 위한 교토의정서를 비준했고, 이후 수자원 보호법을 제정하고 오염·에너지 사용·재활용에 관한 규제도 도입했다. 그럼에도 불구하고, 중국은 결국 세계 최대의 온실가스 배출국이 되었다. 중국 지도부는 임박한 생태학적 재앙을 인식하고 있지만, 과도한 배출 규제가 중국의 경제 성장률에 부정적인 영향을 미칠 것을 우려하고 있다. 지도부는 선진국들이 산업화를 거치며 많은 오염을 유발한 뒤에야 환경 보호에 관심을 갖게 되었던 점을 근거로, 개발도상국도 마찬가지로 산업화를 추진할 권리가 있다고 주장한다.

부패문제도 심각하다. 예를 들어, 물을 많이 강도를 낮춘 콘크리트로 만든 두부공사(豆腐工程)식 제방은 쉽게 무너져 홍수로 이어지기도 한다. 또한 중앙정부와 지방정부 간의 협조 부족으로 인해 수자원 관리가 훨씬 더 어려워지고 있다. 이러한 조율 실패는 수위 상승이 재앙적인 홍수로 이어지는 상황을 악화시키는 원인으로 지목되어 왔다. 일부 공무원들은 기업 경영자들이 규제 당국과 일종의 '게릴라전'을 벌이며, 오염 사실을 은폐하고 책임 회피에만 몰두한다고 비판한다. 지방 관리들은 여전히 경제성장을 최우선으로 여기는 지방 당국에 지시를 받는 구조에 놓여 있다.

정부의 홍보 덕분에 환경문제에 대한 대중의 관심이 높아졌다. 여러 도시는 오염을 줄이기 위한 조치를 취했으며, 일본, 미국, 싱가포르를 비롯한 여러 외국이 지원을 제공하고 있다. 외국인 투자를 지속적으로 유치하려는 계획에서 깨끗한 환경이 중요하다는 점을 잘 인식하고 있는 상하이의 지도부는 환경 개선을 위한 진지한 노력을 기울였다. 베이징은 현재 연간 최대 100일의 맑은 하늘을 기록하고 있으며, 광저우도 눈에 띄는 진전을 이루었다. 다른 도시들도 다양한 수준의 대응을 보이고 있다. 그러나 대부분의 도시는 상하이나 광저우보다 훨씬 열악하기 때문에 환경에 투입할 수 있는 자원이 부족하다.

환경문제가 민주화운동으로 이어질 수 있다는 지도부의 우려에도 불구하고, 중국의 '녹색'운동은 빠르게 확산되고 있다. 댐 건설에 대한 불신도 환경운동을 더욱 촉진하고 있다. 중국의 전문가들은 여러 댐이 부실하게 건설되어 자연재해 시 붕괴 위험이 높다고 지적하고 있다. 또한 강제 이주된 사람들이 약속된 주택이나 보상을 제대로 받지 못하는 사례가 많다는 사실을 인식하면서 대중의 반발도 거세지고 있다. 전문가들은 기존의 목표 기반 정책수단에 시장 유인 요소를 추가하는 등 전례 없는 제도적 변화가 있어야만 탄소중립으로 나아가는 진전을 이룰 수 있다고 주장한다.

결론

더 나은 의료 서비스와 장기간의 평화는 이미 많은 중국 인구의 급격한 증가를 초래했다. 중국 시민들에게 가족계획의 필요성을 설득하려는 노력은 상당한 성과를 거두었으나, 동시에 부정적인 영향도 초래했으며 최근의 변화로는 이를 되돌릴 수 없었다. 엄격한 산아 제한정책이 시행되기 전 급격히 증가하는 인구의 생활 수준을 개선하기 위한 노력은 기존 자원의 과도한 착취와 환경 악화를 초래했다. 이는 경제성장뿐만 아니라 국민의 전반적인 건강에도 부정적인 영향을 미쳤다. 당과 정부 지도부는 건강, 인구, 환경, 경제 간의 문제가 정교하게 얽혀 있다는 점을 인식하고 있다. 이러한 문제들 간의 균형을 맞추는 것은 어려운 일이며, 여론 측면에서도 잠재적으로 폭발적인 결과를 초래할 수 있다. 이 문제들을 해결하는 과업의 방대함과 중앙정부가 하위 기관 및 국민들로부터 순응을 이끌어내는 능력이 점차 약화되고 있다는 점을 고려할 때, 이러한 삶의 질 문제들이 쉽게 또는 조만간 해결될 수 있을 것이라고 기대하기는 어렵다.

추가 읽을거리

Michael Davidson, "China Has a Climate Plan, But Implementation Challenges Will Remain After the 20th Party Congress," *The Party Remakes China*, School of Global Policy and Strategy, University of California San Diego, September 2022.

Yanzhong Huang, *Toxic Politics: China's Environmental Health Crisis and Its Challenge to the Chinese State*. (Cambridge: Cambridge University Press, 2020).

Lauren A. Johnston, "Getting Old Before Getting Rich Origins and Policy Responses in China," *China: An International Journal*, Vol. 19, No. 3 (August 2021), pp. 91–111.

World Bank, *China Country Climate and Development Report 2022* (New York: World Bank, 2022).

Fuxian Yi, "Leaked Data Show China's Population Is Shrinking Fast," *Project Syndicate*, July 27, 2022.

12장

순응과 저항: 예술, 미디어, 사회적 통제

중국의 예술가와 사회

예술가와 사회의 관계는 현대 중국에서 어려운 문제로 남아 있다. 대부분의 다른 문명과 마찬가지로, 순수 예술을 지향하는 철학을 옹호하는 이들과 예술을 사회 비판의 도구로 보는 이들 사이에는 긴장이 존재한다. 또한 오락을 위한 예술과 관객의 정신과 영혼을 계몽하기 위한 예술 사이에서도 익숙한 갈등이 존재해 왔다. 중국에서 특히 중요한 쟁점은 외국의 것과 전통 중국의 것을 아우르는 과거의 문학 및 예술 작품들을 어떻게 평가하고 수용할 것인가였다.

'진지한' 작가들과 예술가들은 주로 오락을 목적으로 한 작품들에 대해 상당히 비판적이었다. 예를 들어, 그들은 20세기 초 수십 년 동안 유행했던 대중소설을 경멸적으로 '원앙나비파'라고 불렀다. 특히 5·4운동 이후, 예술가들과 작가들은 중국이 서양에 대해 참담한 열세에 처하게 된 원인과 이를 어떻게 극복할 수 있을지를 고민하기 시작했다. 그들은 대개 중국 문명 자체에서 쇠퇴의 뿌리를 찾았다.

이는 중국의 가장 위대한 현대 작가로 여겨지는 루쉰(魯迅)의 작품에서 반복적으로 나타나는 주제이다. 루쉰의 단편 소설들은 당시 사회를 직설적으로 비판하며, 독자들에게 더 나은 중국을 위해 투쟁할 것을 촉구했다. 1919년에 발표된 『광인일기(狂人日記)』에서 루쉰은 인(仁)과 의(義)를 외쳐 온 중국문화가 실은 식인적 속성을 지니고 있음을 암시한다. 이야기의 끝에서 광인은 아직 사람을 먹는 자가 되지 않은 아이들이 존재하는지를 묻는다. 그는 그런 아이들이 있다면 반드시 구해야 한다고 간절히 호소한다. 루쉰의 가장 유명한 작품인 『아Q정전(阿Q正傳)』의 주인공 아Q는 반복되는 괴롭힘과 굴욕을 당하면서도 스스로 정신적 승리를 이룬 것처럼 가장하며 살아간다. 아Q는 자신보다 약한 사람들을 괴롭히지만, 주변 사람들 대부분이 자신보다 강하기 때문에 결국 자기기만의 세계에 머물게 된다. 그는 아무리 위험한 상황에서도 스스로를 위로하며, 분명한 패배 속에서도 마치 우월한 존재인 양 행동한다. 물론 아Q는 루쉰이 바라본 당시 중국의 모습을 상징적으로 보여준다.

또 다른 잘 알려진 작가는 자신의 필명인 바진(巴金)을 러시아 아나키스트 바쿠닌(Bakunin)의 첫 음절과 크로포트킨(Kropotkin)의 마지막 음절을 중국어로 음역하여 만든 이름에서 따왔다. 그의 소설 『가(家)』는 유교적 친족제도와 그것이 개인과 사회에 미치는 해악에 대한 신랄한 고발이다. 많은 지식인들도 이에 목소리를 보탰다. 유교적 정통성의 잔재들에 대해 매우 비판적이었지만, 그 구조는 1930년대에 이미 상당 부분 붕괴된 상태였다. 다만 유교의 대안이 무엇인지에 대해서는 합의에 이르지 못했다. 공산당은 유교가 실패한 지점에서 마르크스주의 정통성이 중국을 강화할 수 있다고 믿었으며, 이러한 작가들과 예술가들을 끌어들이기 위해 노력했다.

당, 예술, 사회적 저항

공산당은 대중에게 메시지를 전달하기 위해 여러 예술 활동을 후원했다. 훗날 마오쩌둥과 결혼하게 되는 장칭(江青)은 좌익 성향의 메시지를 담은 게릴라 연극과 영화에 출연했다. 많은 작가와 예술가들이 이러한 시도에 재능을 보탰으며, 이들 중에는 공산주의자도 있었고 그렇지 않은 이들도 있었다. 1930년에는 좌익작가연맹(中國左翼作家聯盟)이 창설되었는데, 이는 공산당의 직접적인 통제를 희석하기 위해 의도적으로 선택된 이름이었다. 당은 회원들의 작품에 엄격한 이념적 기준을 강요하는 데 큰 노력을 기울이지 않았다. 그렇게 할 경우 많은 작가들이 소외될 수 있었기 때문이다. 루쉰(魯迅)은 선전용 작품이 문학적 가치를 가질 수 있다는 생각을 명확히 거부했다. 그는 공산당에 가입하지 않았으며, 1936년에 사망했기 때문에 공산주의 통치하에서 살아본 적도 없다. 그의 글을 보면, 중국공산당이 사후에 그에게 수여한 여러 영예에도 불구하고 루쉰이 1949년 이후의 중국에서 살아 있었다면 상당히 불편함을 느꼈을 것임을 알 수 있다.

1936년 12월 시안사건 이후, 많은 좌익 성향의 작가들과 예술가들이 옌안으로 모여들었고, 당은 그들의 재능을 활용하여 대중을 혁명화하고 선전하는 데 만족했다. 1938년 5월에는 루쉰예술학원이 설립되어 이러한 재능을 교육하고 육성했다. 옌안에서는 〈황허대합창(黃河大合唱)〉이 작곡되었으며, 황허는 중국 자체를 상징하는 존재로 여겨진다. 훗날 수립될 중화인민공화국(PRC)은 이 시기에 국가(國歌)인 〈의용군진행곡(義勇軍進行曲)〉을 비롯하여, 사회주의 대의를 고취하고 사기를 북돋우기 위한 수많은 혁명가를 갖추게 되었다. 열정적인 혁명가인 〈동방홍(東方紅)〉도 옌안의 산물이었다. 마오쩌둥 숭배의 초기 표현인 이 노래에서는 그가 하늘의 태양에 비유된다. 문학, 예술, 음악 등 대중을 위한 다양한 예술 활동도 장려되었다.

혁명 가극의 첫 작품인 〈백모녀(白毛女)〉 또한 옌안에서 작곡되었다. 이는 중국 전통 가극이라기보다 러시아 발레에 더 가까운 형태로, 지주의 성폭행으로 인해 머리가 하얗게 변한 한 젊은 여성의 이야기를 담고 있다. 그녀는 이 참혹한 경험 후 산으로 도망친다. 이후 홍군(紅軍)이 이 지역을 해방시키고 지주를 재판에 회부한다. 이 오페라의 클라이맥스는 젊은 여성이 범죄자를 규탄하는 장면이며, 이어서 대중들이 그에게 복수하는 장면으로 마무리된다.

수많은 정치적으로 올바른 작품들이 제작되었음에도 불구하고, 예술가들이 옌안 정부의 결점을 비판하기 시작하면서 예술과 정치 간의 긴장이 발생했다. 그 예로 1941년에 페미니스트 작가 딩링(丁玲)이 발표한 단편 소설 『병원에서(在醫院中)』가 있다. 이 소설의 주인공은 상하이 출신의 젊은 여성으로, 병원을 운영할 줄 모르고 환자와 직원들의 필요에 무관심한 무능한 늙은 간부들로 구성된 운영진을 묘사한다. 그녀는 이러한 문제를 바로잡으려 하지만, 그 결과 중상모략과 비난을 받게 된다. 결국 좌절한 주인공은 병원을 떠난다. 대부분의 독자들은 딩링이 병원을 옌안 정부의 상징으로 설정했으며, 주인공이 겪는 일들은 선의를 지닌 개인조차 체제의 문제를 바로잡을 수 없는 현실을 보여준다고 이해했다.

예술가들은 자신의 비판이 체제의 결함을 바로잡으려는 건설적인 시도라고 여겼다. 그러나 당 지도부는 이러한 비판적 작품들을 대중의 당과 그 무오류성에 대한 신뢰를 약화시킬 수 있는 파괴적인 요소로 간주했다. 딩링과 같은 작가들은 정풍운동(整風運動), 즉 사상 개조 운동 중에 자기 비판을 강요받았다. 1942년 5월, 마오쩌둥은 '옌안 문예 좌담회에서의 연설(在延安文藝座談會上的講話)'을 통해 이후 반세기 동안 지속될 문학, 예술, 언론에 대한 지침을 제시했다. 이 지침에 대한 해석은 엄격할 수도 있고 느슨할 수도 있었다. 그는 예술을 위한 예술이라는 개념은 존재하지 않으며, 예술은 오락이나 즐거움을 위한 것이 아니라 정치적 목적을 위해 존재한다고 명확히 밝혔다. 더불어 그는 모든 예술은 계급적 성격을 지닌다고 주장했다.

1949년 이후의 통제기제

이러한 지침에 편안함을 느끼는 예술가는 거의 없었지만, 옌안의 가혹한 기후와 전시 상황에서 생존을 위한 일상적인 과제들은 당과 문예 노동자들 간의 긴장을 어느 정도 완화시켰다. 그러나 1949년 이후에는 더 이상 그런 완화가 이루어지지 않았다. 많은 지식인들은 당에 충성스럽게 봉사한다고 진심으로 느꼈지만, 작품의 주제를 선택할 때 당의 지침보다는 자신의 이상을 따르기를 원했다. 그 결과, 지식인들은 지도부와 관료들에 의해 공격을 받고 점차 주변으로 밀려났다.

당은 예술에 대한 통제를 신속하게 강화했다. 1949년 여름, 중국문학예술계연합회(中華全國文學藝術界聯合會)가 설립되었는데, 이는 가장 규모가 큰 대중 조직 중 하나로서 주요 예술 분야를 대표하는 9개의 전국 단체를 감독하는 우산형 구조였다. 이 단체에는 중국작가협회, 중국미술가협회, 중국음악가협회, 중국영화인협회, 중국무용가협회, 중국극작가협회, 중국설창(說唱)예술가협회, 중국민간문예협회, 중국곡예협회가 포함되었다.

이들 단체는 주기적으로 회의를 열어 당과 정부의 문건을 회원들에게 전달했다. 회의에서는 문건과 회원들의 직업적 관심사와 관련된 주제들에 대한 토론이 이루어졌다. 각 협회들은 잡지도 발행했으며, 최소한 1979년 이전까지는 각 분야에서 가장 권위 있는 간행물로 여겨졌다. 당의 노선에 따르지 않는 사람들은 이러한 잡지에 작품을 발표하기가 매우 어려웠다. 또한 이 협회들은 작가와 예술가들의 명성에 중요한 역할을 하는 각종 상들을 협회가 주관했다.

소수의 기성 원로 작가 및 예술가들은 이러한 전문 기관들로부터 직접 급여를 받았다. 그러나 대다수는 자신이 소속된 극단, 영화사, 또는 잡지사를 소속 단위로 삼았다. 이러한 단위들은 급여를 지급하고, 주택을 배정하며, 인사이동을 통제하고, 정치 학습 모임을 개최하는 등 다른 작업 단위들과 매우 유사한 기능을 수행했다. 극단, 회사, 잡지사들은 관련 전문 협회에 종속되었고, 궁극적으로는 중국 문학예술계연합회에 종속되었다. 당 노선에 순응하기를 거부하는 사람들은 소속 단위에서 추방될 수 있었으며, 이는 급여, 주택, 그리고 자신의 전문 분야에서 일할 기회를 상실하는 것을 의미했다. 이러한 요소들은 정치적으로 문제없는 작품을 생산하도록 강력한 동기를 부여했다.

정부는 이보다 덜 극단적인 수단들도 활용할 수 있었다. 예를 들어, 영화 제작을 진행하기 위해서는 자금을 확보해야 했다. 영화 대본은 스튜디오내 당 간부들의 검토를 시작으로, 지방 문화국과 지방 당 위원회 선전부를 거치며, 중앙급 영화사의 경우에는 문화부와 선전부의 직접적인 승인을 받아야 했다. 영화 촬영이 완료된 후에도 다시 한 번 검열을 거쳐야 했으며, 이 과정에서 영화는 아예 상영이 거부되거나 무기한 보류될 수 있었다. 심지어 상영 후에도 철회될 수 있었고, 지금도 그러한 일이 가능하다.

기존의 정통 노선에서 벗어날 위험을 감수하면서까지 누가 감히 그런 일을 하려 드는지 의문이 들 수 있다. 첫째, 많은 작가와 예술가들은 지식인으로서 사회적 불의에 항의하는 것이 자신의 책임이라고 생각한다. 둘째, 허용가능한 표현의 경계가 항상 명확하지 않기 때문에 많은 이들이 그 경계를 시험해 보고 싶어 한다. 셋째, 당의 노선은 상대적으로 다양한 관점을 허용하는 시기에서부터 엄격한 이념적 정통성을 강조하는 시기까지 자주 변화해 왔다. 한때 비판받은 작품이 나중에는 용인되기를 기대할 수 있으며, 때로는 그 용기로 인해 칭찬을 받기도 한다.

당 지도부는 문학과 예술에서 사회주의 리얼리즘을 선호했으며, 그들은 '흔들리는 중간노선'을 명확히 거부했다. 이는 영웅이 완전히 영웅적이어야 한다는 것을 의미했다. 영웅들은 자신이 선택한 행동이 옳다는 것에 의심이 없어야 했으며, 그것이 자신과 가족에게 불리한 결과를 가져오더라도 흔들려서는 안 되었다. 반대로, 악당은 완전히 비난받을 만한 인물로 묘사되어야 했다. 일본군이나 국민당 관리가 농민이나 자신의 가족의 운명을 걱정하는 모습으로 그려진 작품은 강한 비판을 받았다.

예술가들은 노동자와 농민이 어떤 상황에서도 행복한 모습으로 묘사해야 했다. 이러한 터무니없는 사례 중 하나로, 얼음 폭풍 속에서 불안정하게 흔들리는 전신주 위에서 작업하는 여성 전기 수리공들을 그린 그림이 있었다. 화가는 그 위험한 상황 속에서도 진지한 집중이나 불안한 표정 대신, 얼굴 가득한 미소와 불그스름한 뺨으로 표현했다. 이 메시지가 얼마나 비현실적이든 간에, 이 여성들이 대중과 국가를 위해 전선 수리에 기여하고 있다는 사실에 기뻐하고 있다는 것이었다. 또 다른 단편소설에서는 목동이 양들에게 공산주의 통치하에서 살게 된 것이 얼마나 운이 좋은 일인지 노래하며, 이제 양들이 지주의 소유가 아닌 인민의 소유가 되었음을 기뻐했다. 그러나 양 입장에서는 지주에게 먹히든 인민에게 먹히든 별 차이가 없다는 사실은 굳이 복잡한 사고 없이도 알 수 있는 일이었다.

일반적으로 이러한 작품들은 대중에게 좋은 반응을 얻지 못했으며, 작가들과 예술가들 역시 이런 작품을 만들고 싶어 하지 않았다. 작가 후펑(胡風)은 1954년과 1955년에 걸쳐 벌어진 대중적인 비판 운동의 표적이 되었다. 그는 문학에서 '기계주의(mechanicalism)'라 불리는 경향에 반대하며, 마르크스주의가 리얼리즘을 대체하게 된다면 예술적 시도는 봉쇄되고 예술 자체가 파괴될 것이라고 경고했다. 그는 마오쩌둥의 옌안 문예 좌담회 연설을 창의성을 억압하는 것으로 평가절하했으며, 문학에 토착 민속 양식을 사용하는 것도 꺼렸다. 그는 중국문화를 모욕하고, 서양의 부르주아 이데올로기를 숭배하며, 마르크스-레닌주의를 왜곡했다는 비판을 받았다.

억압과 반발

일부 작가들은 당의 노선에 철저히 부합하는 작품을 제작함으로써 대응했으며, 다른 이들은 아예 글쓰기를 중단했다. 당 지도부는 문학의 질적·양적 하락을 인지하고 있었으며, 이에 불만을 가졌다. 1956년에 시작된 백화제방(百花齊放)운동 당시, 작가들과 예술가들은 불만을 자유롭게 표출하도록 권장되었고, 초기의 주저함을 지나 점차 목소리를 내기 시작했다. 예상대로 그들은 하급 관료들의 속물 근성을 비판하며, 사회주의 리얼리즘 외의 다양한 양식으로 글을 쓰고 그림을 그릴 수 있는 자유를 요구했다. 작가들은 독립적인 출판사를 요청했고, 음악가들은 더 많은 서양 음악을 연주하고 실험적인 작곡을 하고 싶다는 뜻을 밝혔다. 더 나은 급여와 근무 환경에 대한 요구도 있었다.

작가들과 예술가들은 당의 감독을 속 좁은 관료주의적 간섭으로 여겼지만, 당과 정부 관리들은 문학·예술 종사자들을 버릇없고 오만한 존재로 간주하며, 창의성을 마치 신비주의처럼 숭배한다고 여겼다. 많은 관료들은 문학과 예술 작품의 가치를 쉽게 이해하지 못했다. 그들의 산출물은 쌀 한 가마니나 새 트랙터처럼 실질적인 가치로 측정할 수 없었기 때문이다. 백화제방운동의 쇠퇴 이후 이어진 반우파운동과 대약진운동 속에서, 이들에 대한 보복이 시작되었다. 예술가, 작가, 음악가들의 원고료와 수입은 때때로 50%까지 대폭 삭감되었다. 이는 이들을 포함한 지식인들의 소득 수준을 일반 노동자들과 비슷하게 맞추려는 의도였다. 수천 명의 지식인들이 농촌으로 보내져 농민들의 삶을 직접 체험하도록 강요받았고, 이는 향후 작품에서 농촌 생활을 더 현실적으로 묘사하기 위한 것이었다. 단순한 관찰에 그치는 것이 아니라 실제 노동을 통해 이루어져야 했다. 지식인들은 돼지 먹이 주기, 거름 치우기, 화장실 청소 같은 일을 배정받았다. 이러한 경험이 음악가들에게 농민의 민속 음악을 더 잘 이해하거나, 예술가들이 농촌 풍경을 더 정확하게 묘사하거나, 작가들이 농민의 방언을 생생하게 담아내는 데 도움을 줄 수도 있었겠지만, 대부분의 지식인들은 자신들이 농촌으로 보내진 진짜 이유가 당에 반대 목소리를 냈던 것에 대한 처벌이라고 믿었다.

전문가에 대한 경시와 아마추어에 대한 찬양은 대약진운동의 중요한 측면 중 하나였다. 작가, 음악가, 예술가들이 농민들에게 배우도록 강요받는 동안, 농민들 또한 글을 쓰고, 그림을 그리고, 작곡하도록 독려되었다. 산업과 농업 농업에서와 마찬가지로, 이 할당량은 반복적으로 상향 조정되었다. 언론 발표는 오직 초과 달성 사례만을 보도했다. 수천 곡의 노래가 만들어졌으며, 그 제목은 대개 "비료 지고 언덕 오르기" 또는 "몽골 양치기들의 춤" 같은 구호적인 내용이었다. 정부는 선호하는 곡들을 음반과 카세트로 제작하여 국내뿐만 아니라 해외로도 수출했다. 대개 고된 노동의 기쁨이나 일본 제국주의와 국민당 침략자에 맞선 용감한 투쟁을 찬양하는 단편소설들 역시 국내에 보급되었을 뿐만 아니라, 번역되어 해외로 전해졌다. 예술은 리얼리즘의 경직된 양식에 갇혔으며, 전지(剪紙)와 같은 민속 양식이 두드러지게 강조되었다.

대약진운동은 민속 양식, 예술의 프롤레타리아화, 옌안 정신을 강조했음에도 불구하고, 뒤이은 문화대혁명에 비해서는 이른바 부르주아 문화나 중국의 타락한 봉건 과거에 대해 훨씬 덜 적대적이었다. 집단주의를 중시했던 대약진운동 기간 동안, 대규모 합창단이 서양 합창곡을 연주하고, 거대한 오케스트라가 베토벤의 9번 교향곡을 연주했다. 또한 고대 중국 악기를 활용한 연주회도 열렸다.

대약진운동의 참담한 실패는 사회적 책임감을 지닌 지식인들에게 비판의 좋은 소재를 제공했다. 공개적으로 발언하는 것이 여전히 위험했기 때문에, 간접적인 비판과 은유가 주된 무기가 되었다. 표면적으로는 과거를 다루는 듯한 단편소설이나 학술지 기사 형식을 빌려 비판을 숨기는 것이 유행했다. 이러한 방식으로 과거를 통해 현재를 풍자한 사례들이 4장에 소개된다. 이 시기의 가장 논란이 많았던 연극 중 하나인 〈해서파관(海瑞罷官)〉이 그 대표적인 예이다. 실존 인물인 해서는 명나라 시대에 감찰관이자 지방 관리로 활동했다. 그는 열정적인 관리로서, 소주지역의 지주들이 세금을 회피해 농민들의 삶을 황폐하게 만든다는 사실을 황제에게 직언했다. 그러나 소주 지주들은 조정 내에 자신들의 파벌을 형성하고 있었고, 해서를 모함하기 위해 음모를 꾸몄다. 결국 황제는 이들의 모략에 넘어가 해서를 해임했다.

연극 〈해서파관〉에서 주인공은 민중을 착취한 자들을 법의 심판에 세우고, 관리들이 빼앗은 땅을 농민들에게 돌려준 뒤 황제에 의해 파직되는 인물로 묘사된다. 연극 속 해서의 대사에서는 현대적인 어조가 느껴지기도 한다. 예를 들어, 해서는 지방 관리들이 민중의 토지를 강제로 빼앗아 농사를 어렵게 만든 상황을 자주 언급한다. 그는 또한 '억울한 판결'이 대량으로 존재하며 이를 바로잡아야 한다고 말하고, 이러한 문제들이 해결되어야만 평화와 번영이 돌아올 수 있다고 황제를 경고한다.

극작가 우한(吳晗)은 명나라 전문 역사학자였기 때문에, 실제 인물과 극 중 인물 간의 차이는 단순한 착오로 보기 어렵다. 세심한 독자들은 이 작품이 1959년 펑더화이(彭德怀) 국방부장이 대약진운동의 공산화 정책, 즉 농민들의 토지를 당이 수탈한 것에 대해 마오쩌둥에게 항의한 후 해임된 사건을 비판하고 있다는 점을 알아차렸다. 우한과 같은 인물들은 당의 실수를 지적함으로써 당에 도움을 주고 있다고 진심으로 믿었을지 모르지만, 대다수의 당 지도자들은 이를 달가워하지 않았다.

또 다른 우회적인 비판 방식은 은유의 활용이었다. 예를 들어, 당의 공식적인 선전에서는 마오쩌둥을 태양에 비유했기 때문에, 누군가는 겉으로는 농작물의 생장을 돕는 태양에 대한 시를 쓰면서도 태양에도 흠이 있다는 구절을 추가할 수 있었다. 예술 또한 하나의 무기가 될 수 있었다. 1964년 12월, 공산주의청년단의 공식 잡지 뒤표지에는 언뜻 보기엔 전형적인 사회주의 리얼리즘 작품처럼 보이는 한 장의 그림이 실렸다. 농민들이 곡식을 수확하는 장면이었다. 그러나 자세히 들여다보면, 그림의 전경에 그려진 그루터기 배열이 중국어로 "마오쩌둥을 죽여라"와 "장제스 만세"라는 글자를 형성하고 있었다. 배경에는 당시의 구호였던 "3대 붉은 기" 중 하나가 땅에 떨어져 있었다. 농민들은 기쁘게 앞으로 나아가고 있었지만, 그 행렬의 맨 앞에 있는 그림자 같은 우울한 인물의 뒤를 따르지는 않고 있었다. 당국은 당황한 나머지 해당 잡지를 회수하려 했지만, 그 시도는 부분적으로만 성공했다.

문화와 문화대혁명

이러한 형태의 저항은 널리 퍼져 있었지만, 어디까지나 예외적인 사례였다. 실제로는 1962년에 시작된 마오쩌둥 개인숭배의 열풍 속에서 저항의 목소리는 거의 눈에 띄지 않을 정도였다. 이름만 다를 뿐, 〈동방홍〉은 사실상 〈의용군진행곡〉을 대신하여 중국의 실질적인 국가로 자리 잡았다. 이 곡은 또한 1964년 10월 1일 중화인민공화국 건국 15주년을 기념하기 위해 제작된, 화려한 의상과 안무로 구성된 혁명 가극의 제목이기도 했다. 문화대혁명은 이러한 개인숭배를 극단적인 수준으로 끌어올렸다. 마오쩌둥의 저작 외에는 모두 금서나 다름없었다. 고전 중국 문학은 지배 계급의 관점을 옹호하고 '귀신과 미인'을 묘사했다는 이유로 비판받았다. 전통적인 산수화를 그리는 예술가들은 혁명을 묘사하지 않았다는 이유로 비난을 받았다.

외국 작품들도 별반 다르지 않았다. 셰익스피어의 작품들은 지배 계급의 이데올로기를 대표한다고 비난받았으며, 그 교묘한 독소가 퍼지지 않도록 금지해야 한다는 주장도 뒤따랐다. 톨스토이의 『안나 카레니나』는 '수정주의적 관점'을 가졌다고 평가되었고, 발자크의 사상은 "우스꽝스럽고 허황되다"며 폄하되었다. 클래식 음악은 "혁명적 결의를 마비시킨다"고 비판받았다. 항의 문학과 예술의 창작자들은 박해를 받았으며, 종종 사형에 처해지기도 했다. 홍위병들은 음악가들의 손가락을 부러뜨리겠다고 위협하기도 했다. 서양뿐 아니라 중국의 전근대 문학, 예술, 음악 모두 공격의 대상이 되었다.

때때로 이는 딜레마를 낳았다. 예를 들어, 서양 악기와 고대 중국 악기가 모두 금지된다면, 새로운 혁명 가극은 어떻게 공연될 수 있었을까? 피아노를 "부르주아 계급의 뼈처럼 음표가 덜거덕거리는 관"이라고 비난한 급진주의자들은 문화대혁명의 핵심 인물이며 혁명 가극의 후원자였던 마오쩌둥의 부인 장칭이 이 악기를 좋아한다는 사실을 알지 못했다. 이러한 모순에 대한 질문을 받았을 때, 그녀는 "우리는 피아노를 해방시켰다"고 대답했다고 전해진다. 이 발언은 조롱의 대상이 되기 쉽지만, 그 이면에는 중요한 의미가 담겨 있다. 즉, 서즉, 문화대혁명이 내린 하나의 해답은, 서양의 기술과 지식을 중국의 가치를 훼손하지 않고 받아들이기 위해 그것들을 원래의 문화적 맥락에서 분리하는 것이었다.

피아노가 예외로 인정받았음에도 불구하고, 문화대혁명 시기의 문화생활은 매우 제한적이었다. 공연단은 똑같은 8개의 혁명 오페라를 반복해서 공연했고, 책을 쓸 수 있는 유일한 저자는 마오쩌둥뿐이었다. 베이징 라디오는 약 15분마다 새로운 방송을 시작할 때마다 〈동방홍〉의 힘찬 합창으로 문을 열었고, 그 뒤에는 주석의 고무적인 인용문이 이어졌다. 화가들은 유화, 석고, 옥, 장미석 등 다양한 재료로 마오쩌둥이 세계의 숭배하는 대중을 맞이하거나, 소수민족 아이들을 만나는 모습, 또는 단순히 '마오쩌둥' 그 자체를 묘사한 작품들을 제작했다. 유행가의 제목은 〈주석은 우리 마음속 붉고 붉은 태양〉이나 〈주석이 우리 마을을 방문하셨다〉 등과 같았다.

일부 사람들에게는 지루함보다 위험을 감수하는 편이 더 나았다. 한 고전 대나무 피리 제작자는 피리에 당나라 형식으로 쓴 항의시를 악기에 새겨 넣었고, 이 피리는 반혁명적 행위가 발각되기 전에 서방으로 수출되었다. 아마추어 작가들은 손으로 직접 자신의 작품을 만들어냈다. 이들은 자신의 직장이나 타인의 직장에서 몰래 종이를 가져온 후, 손전등 불빛 아래 이불을 뒤집어쓰고 몰래 글을 썼다. 이러한 방식은 작품의 길이를 다소 제한했으며, 때로는 8명 이상이 나눠서 필사 작업을 하기도 했다. 완성된 원고는 조용히 친구들 사이에서 돌려 읽혔다. 공식적으로 승인된 주제 외의 작품을 창작하거나 읽는 것은 심각한 처벌을 받을 위험이 있었지만, 이들은 전형적인 반체제 인사는 아니었다. 이들 작품의 살아남은 사본들은 사랑 이야기, 탐정 및 첩보 스릴러, 협객 소설, 그리고 포르노그래피가 인기 있는 주제였음을 보여준다. 이러한 작품 속 가치관은 청나라 및 공화국 초기의 대중 문학과 놀라울 정도로 유사했다.

문화대혁명의 극심한 혼란이 진정되자 문화 활동도 이전보다 조금 더 자유로워졌다. 중국 사회 내부에서도 변화의 움직임이 일기 시작했다. 헌법이 보장하는 권리와 자유의 이행을 요구하고 당과 마오쩌둥을 우회적으로 비판하는 내용의 시위 벽보들이 등장하기 시작했다. 이러한 벽보들은 대개 밤의 어둠 속에서 은밀히 붙여졌으며, '황금원숭이'나 '리이저' 같은 가명을 사용하여 서명되었다. 황금원숭이는 끝내 잡히지 않았으나, 실제로 세 명의 학생 이름에서 따온 약자인 리이저는 자신의 권리를 행사하려 한 죄로 장기 징역형을 선고받았다.

특정 정파의 시각을 전달하는 일부 정기간행물도 있었다. 예를 들어, 『학습과 비판』이라는 잡지는 상하이 기반의 급진 세력을 대표했다. 문학과 언론은 이제 지도부 내 권력 투쟁의 도구로 활용되었다. 1970년대 초에는 반유교운동이 여러 혼란스러운 형태로 전개되었다. 장칭이 이끄는 상하이 급진파는 이 운동을 저우언라이(周恩來)를 겨냥한 것으로 만들고자 했는데, 이는 그가 실용주의적 태도와 조화를 중시하는 성향 등 공자 사상과 유사한 면모를 보였기 때문이다. 이에 맞서 저우 언라이와 그의 측근들은 공자 비판의 형식을 빌려, 공자와 대척점에 있던 법가(法家)를 긍정적으로 평가하는 논리를 통해 린뱌오(林彪)의 추종자들과 4인방을 공격하는 논설과 수필로 반격에 나섰다. 그들은 법가가 보편적 법과 통일을 중시했다는 점을 들어, 자의적 처벌과 계급투쟁에 의존하던 급진파의 노선이 오히려 무질서한 폭력 통치임을 부각시켰다.

1975년에는 또 다른 비판 운동이 시작되었는데, 이번에는 마오쩌둥이 어린 시절 좋아했던 소설 『수호전(水滸傳)』이 그 표적이었다. 반유교운동과 마찬가지로, 이 운동의 실제 표적 역시 저우언라이였다. 4인방은 『수호전』의 로빈 후드식 줄거리를 일부 수정하면서, 왕(마오쩌둥)이 즉각적인 강경 조치를 취하지 않으면 반동 세력과 그 추종자들(저우언라이와 덩샤오핑)이 왕의 사후에 혁명 장군들(4인방)을 억압할 것이라고 주장했다. 아이러니하게도, 몇 가지 세부만 수정하면 4인방은 결과적으로 자신들의 패배를 정확히 예언한 셈이 되었다.

덩샤오핑 시대의 예술

억제된 반대

덩샤오핑의 집권과 함께 사회통제가 전반적으로 완화되면서 예술과 언론 역시 이러한 변화에 동참했다. 8대 혁명 가극은 '일시적으로' 철수되었는데, 그 이유는 사람들이 지겨워할 만큼 너무 자주 공연되었기 때문이라는 설명이 붙었다. 공식 언론은 예술가와 작가들에게 삶을 현실적으로 묘사할 것을 촉구하며, '성공, 밝음, 축제의 꽃, 어린이들의 웃는 얼굴'뿐만 아니라 '과거의 찌꺼기, 먹구름, 평범한 사람들의 눈물과 슬픔'도 함께 그려야 한다고 강조했다. 예술가들은 마오쩌둥이 1957년 발표한 백화제방 연설인 "인민 내부의 모순을 올바르게 처리하는 문제에 관하여"에서 제시한 기준의 틀 안에서 창작의 자유를 누릴 수 있었다. 이러한 기준에는 사회주의 건설에 해롭기보다는 유익해야 하며, 중국공산당의 지도력을 약화시키기보다는 강화해야 한다는 원칙이 포함되어 있었다. 다시 말해, 이러한 기준은 해석의 여지가 커서 사람마다 다르게 받아들일 수 있었다.

새로운 경계가 설정된 만큼, 그 한계를 시험하려는 움직임이 일어났다. 가장 먼저 반응한 것은 만화가들이었으며, 이들은 장칭과 그녀의 지지자들을 신랄하고 때로는 노골적으로 풍자하는 만화를 제작했다. 스탠드업 코미디언들은 오랫동안 '은밀하게 유지되어왔던 유머'를 활용하여 4인방을 조롱하는 개그를 선보였다. 곧이어 상흔문학이라 불리게 된 새로운 형태의 글쓰기가 등장했는데, 이는 1978년에 발표된 단편소설 『상흔(傷痕)』의 제목에서 유래한 용어이다. 이 작품의 주인공은 문화대혁명 기간 동안 부모가 반혁명분자로 누명을 쓰자, 어쩔 수 없이 부모를 부정해야만 했다. 이후 그녀가 사랑하는 청년 역시 그녀의 부모에게 찍힌 낙인을 알게 된 후 관계를 단절할 수밖에 없었다. 결국 그녀의 인생은 정치적·이념적 권력 투쟁에 의해 망가져버렸다.

이 작품의 출판은 많은 사람들이 자신의 가족 비극을 글로 풀어내는 계기가 되었다. 상흔문학은 새로운 지도부에게도 수용가능했는데, 이는 그들 대부분이 문화대혁명 기간 동안 심각한 고통을 겪었던 사람들이었기 때문이다. 또한 이 문학은 마오쩌둥식 급진주의를 부정하려는 그들의 의도에도 부합했다. 상흔문학은 대중들로부터 긍정적인 반응을 얻었지만, 시종일관 우울한 분위기와 예술적으로 흥미롭지 못하다는 평가를 받기도 했다.

저항의 확산

일부 예술가들은 지도부가 받아들이기 어려울 만큼 더 대담해졌다. 1980년, 〈짝사랑〉이라는 연극이 등장했고, 이후 〈태양과 인간(太陽和人)〉이라는 영화로 제작되었다. 이 작품은 서양에서 성공한 한 중국 예술가가 혁명 이후 조국을 돕기 위해 중국으로 돌아오는 이야기다. 처음에는 모든 일이 순조롭게 진행되지만, 그의 '부르주아'적 배경과 서방 체류 경력 때문에 그는 박해를 받는다. 문화대혁명 동안 그는 직장과 가족을 잃고, 결국 추운 황량한 평원으로 도망쳐 목숨을 부지하기 위해 음식을 훔쳐야 한다. 이 영화는 "당신은 조국을 사랑한다. 그러나 조국은 당신을 사랑하는가?"라는 질문을 던진다. 이야기가 전개되는 동안, 주인공은 눈밭을 무작위로 비틀거리며 걷는 것처럼 보인다. 그러나 카메라가 위로 올라가면 그의 발자국이 물음표 모양을 그리고 있었음을 알 수 있다. 그는 결국 얼어 죽고, 그의 시신 위로는 마오쩌둥을 상징하는 태양이 빛난다. 마지막 장면에서는 새 떼가 하늘을 날아가는데, 이는 뒤집힌 V자 형태로, 인간을 의미하는 한자(人)의 모양과 닮아 있다.

〈태양과 인간〉은 단순한 문화대혁명 비판을 넘어, 조국을 위해 모든 것을 바친 사람들까지 포함한 당과 인민의 근본적 관계 자체에 대담하게 의문을 제기했다. 이는 덩샤오핑 시대 예술의 두 번째 진화 단계를 대표한다. 이 영화는 사회의 악과 일탈이 문화대혁명 이전부터 존재했음을 시사함으로써, 사회주의체제 자체의 근본적인 결함을 암시했다. 1981년 공식 언론은 이 영화를 강하게 비판했고, 작가는 자기 비판을 강요당했다. 그러나 이러한 탄압은 영화가 이미 널리 상영된 뒤에야 이루어졌다.

비슷한 주제를 다룬 연극 〈버스 정류장(車站)〉은 10년 동안 오지 않는 버스를 기다리는 사람들의 이야기를 다룬다. 이 역시 비유적인 플롯으로, 이들은 중국을 상징하고, 버스는 그들의 문제를 해결해 줄 것이라 약속받아 온 사회적 변화를 의미한다. 이 연극은 베이징에서 짧게 공연된 후 중단되었고, 심한 비판을 받았다. 그러나 당국의 당혹스러움 속에서, 이 작품의 작가 가오싱젠(高行健)은 중국인 최초로 2000년 노벨문학상을 수상하는 영예를 안았다.

지도부는 조형예술 분야에서도 문제를 겪었다. 1979년, 스스로를 별들(星星畫會)이라 부른 30명의 전위 예술가 집단이 베이징 공원에서 현대미술 전시회를 조직했다. 이들은 공식적인 베이징 미술가 협회의 회원이 아니었기에 전시회 허가를 받는 데 어려움을 겪었다. 이 전시회에는 이전까지 금지되었던 서양 현대 미술 양식들이 포함되었는데, 프랑스 인상주의, 추상주의 그리고 누드화 등이 그것이다. 이 전시회가 열릴 수 있었다는 사실 자체가 당시 예술에 대한 통제가 완화되고 있었음을 보여준다.

전시 작품 중에는 전직 홍위병 출신의 젊은 예술가 왕커핑(王克平)의 목조 조각이 있었다. 가장 눈길을 끈 작품은 전통적인 불상의 모습에 붉은 별이 박힌 모자를 씌운 조각이었다. 전통적인 불상은 두 눈을 감고 있지만, 그의 작품은 마오쩌둥을 놀라울 만큼 닮았으며, 한쪽 눈을 살짝 뜨고 있다. 작가는, 이는 자신을 숭배하는 사람이 누구인지를 보기 위함이라고 설명했다. 그의 작품은 일관되게, 사람들과 괴리된 채 억압과 무감각한 관료주의를 비판하는 주제를 담고 있다.

마오쩌둥 시절의 엄격한 문학과 언론 통제와는 달리, 소규모 잡지와 신문들이 우후죽순처럼 생겨났다. 이들의 기고자들은 지도부를 도발하는 것을 즐기는 듯 보였다. 예를 들어, 지도부는 외화를 확보하기 위해 '우의상점(友誼商店)'을 설치했는데, 일반 시민들이 그 상점에 들어가려 하면, 경비원들에 의해 무례하게 쫓겨났다. 한 잡지는 이것이 혁명 이전 상하이 조계지 공원에 붙어 있었다고 전해지는 "개와 중국인은 출입 금지"라는 표지판과 무엇이 다르냐고 물었다.

이 잡지는 폐간 명령을 받았고, 편집자는 투옥되었다. 이는 일시적으로 불법 출판물을 줄였지만, 완전히 막을 수는 없었다. 반체제 인사들이 당 내부에서 예상보다 많은 지지를 받고 있다는 점이 지도부로서는 특히 심각한 문제였다. 1980년 1월, 인민대회당에서 1만 명의 당 간부들을 대상으로 한 중요한 연설에서 덩샤오핑은 '일부 비밀 출판물들'이 어째서 그렇게까지 정교하게 인쇄되었는지 물었다. 그는 저자들이 인쇄 시설을 소유하고 있을 리 없다고 지적하며, 이러한 출판물은 당원들의 지원, 특히 간부들의 지원이 있었기 때문이라고 결론지었다.

지도부의 관점에서 또 다른 우려스러운 변화는 새로운 음악, 영화, 연극, 소설에 등장하는 '불건전한' 로맨스의 침투였다. 이러한 이야기들은 정치적 항의의 뉘앙스를 동반하기도, 그렇지 않기도 했다. 그럼에도 불구하고, 이러한 이야기들은 대중에게 매우 인기가 있었는데, 이는 수년 동안 오직 마오쩌둥 주석만을 사랑했던 젊은 병사 레이펑(9장 참조)이 주요한 감정적 역할 모델이었기 때문이다. 정부는 사람들이 로맨스에 지나치게 많은 관심을 쏟음으로써 중국경제를 건설하는 더 중요한 목표에서 관심이 분산될까 봐 걱정했다. 그러나 이러한 흐름을 막을 수 있는 방법은 거의 없었다. 국내 작품에 대한 억압 시도는 오히려 홍콩에서 밀수된 포르노 비디오카세트나 각국의 사랑 노래 테이프의 인기를 오히려 더 부추겼을 뿐이었다. 대만 출신의 젊은 여성 가수인 덩리쥔(鄧麗君)의 음악은 중국 대륙에서 엄청난 인기를 끌었으며, 이는 "낮은 덩샤오핑의 것이지만, 밤은 덩리쥔의 것이다"라는 유행어를 낳기도 했다.

지도부의 관점에서 가치가 의심스러운 또 다른 장르는 공상 과학 소설이었다. 이론적으로 이 문학 형태는 과학과 기술을 촉진하기 때문에 가치가 있었는데, 이는 집단적으로 '4개 현대화' 중 하나였다. 그러나 실제로 쓰여진 공상 과학 소설의 내용은 종종 전혀 다른 의미를 내포하고 있었다. 외계 행성의 삶에 대한 묘사는 종종 의도적으로 중국의 상황과 대조되도록 쓰였다. 예를 들어, 관리들은 우주선에서 내린 외계인들이 즉시 사회주의를 비난하기 시작하는, 노골적인 이야기를 발견하기도 했다.

예술 분야에서의 자본주의 실험

덩샤오핑의 개혁 초기 단계에서, 당은 문학과 예술에 자본주의 원칙을 적용하려 했다. 그러나 유료 관객을 끌어들이기 위한 필요성은 당과 정부 관리들이 불쾌해할 현상들을 초래했다. 공연자들은 관객들이 '불건전한' 연애 주제로 하고, 배우들이 정부의 시각에서 도발적으로 여겨지는 의상을 입고 무대 위를 요염하게 움직이는 연극이나 음악 공연을 좋아한다는 것을 빠르게 알아차렸다. 이와 마찬가지로, 작가들은 정치적으로 올바른 주제를 다룬 작품보다 추리소설, 첩보소설, 그리고 자극적인 연애소설이 더 잘 팔린다는 사실을 발견했다.

정신 오염 반대운동

개인과 그들의 문제가 된 작품들은 마오쩌둥 사후의 자유화 초기부터 간헐적으로 탄압을 받았다. 일반적으로 이는 실제 작품이나 창작자에 대한 분노라기보다는 당 내부 구성원 간의 수용 가능한 기준에 대한 이견을 반영한 것이었다. 지도부 내에서는 이념적 강경파와 개혁파가 대립했으며, 이는 작가와 예술가들에게 위험 요소가 되었다. 이는 "코끼리들이 싸우면 풀밭이 짓밟힌다"는 중국의 전통적인 속담을 떠올리게 했다. 1980년, 중국의 가장 유명한 영화배우는 자신이 불치병인 암에 걸렸다는 사실을 알고, 공개적으로 목소리를 내기로 결심했다. 그는 "비전문가들의 간섭"을 비판하며, 중국의 예술가와 작가들이 정치체제에 통제당할 것이 아니라, 오히려 그 체제를 통제해야 한다고 주장했다. 흥미롭게도 이 기사는 벽보나 비공식 잡지가 아닌, 당 중앙위원회의 공식 신문인 『인민일보』에 실렸다.

　1983년 말, 이념적 강경파가 주도권을 장악하며, 작가와 예술가들에게 부정적인 영향을 미친 '정신 오염' 반대 전면적 운동을 시작했다. 『인민일보』의 몇몇 편집자들은 신문이 너무 독립적인 입장을 취하고 '좌파의 실책을 과도하게 파헤친다'는 이유로 해임되었다. 전위 예술가 집단인 별들(星星)은 자진 해산되었으며, 많은 회원들이 결국 해외로 떠났다. 자신들의 작업에 영감을 주던 감정적 세계와 분리된 예술가들은 큰 영향력을 잃게 되었다. 그러나 정신 오염 반대운동은 오래가지 않았고, 예술은 다시 번영하기 시작했다. 과거에 문제가 되던 것들이 이제는 마지못해, 그리고 신중하게 표현되는 한 허용되기 시작했다. 예를 들어, 예술가들이 누드 모델을 사용할 권리가 그러한 사례였다. 문학은 계속해서 지도부를 간접적으로 비판했고, 이는 때때로 지도부의 분노를 사기도 했다. 덩샤오핑이 고령의 당·정부 관리들의 사임을 강요하며 지도부의 세대 교체를 추진하던 시기에는, 심지어 선전(深圳)의 한 청년 신문이 덩샤오핑 본인도 모범을 보여 사임해야 한다고 제안했다가 폐간되는 일도 있었다.

다가오는 대립

다른 작가들은 중국이 서양과 대등한 국가가 되기 위해 노력한 지 100년이 넘었음에도 왜 중국이 여전히 국제적으로는 열세에 놓여 있고, 경제적으로는 빈곤한 상태에 머물러 있는가라는 질문에 주목했다. 이들 작가의 대답은 루쉰의 의견과 유사했다. 그 결함은 중국인들의 성격 자체에서 찾을 수 있다는 것이었다. 한 작가는 중국이 과도한 민족적 자부심을 고쳐야 한다고 주장하면서, 중국을 상징하는 황하를 오줌줄기에 비유하기도 했다. 또 다른 작가인 대륙 출신 대만 작가 보양(柏楊)은 대만에 기반을 두었지만 중국 본토에서도 널리 알려진 인물로, 『추악한 중국인(丑陋的中國人)』이라는 책을 썼다. 그는 중국인들이 지나치게 순응적이고, 시끄럽고, 잔인하며, 무례하고, 무엇보다 불의에 대해 너무 관대하다고 비판했다. 이러한 비판가들은 명시적이든 암시적이든 더 높은 수준의 서구화를 주장했다. 이들의 해결책은 한 세기 앞서 유사한 주장을 했던 이들이 내놓은 과학과 민주주의의 해법과 매우 유사하다.

1986년 12월과 1987년 초의 학생 시위는 정부가 서구적 가치로 간주한 것들에 대해 일련의 반응을 촉발시켰다. 여러 언론인이 해고되었고, 가장 유명한 언론인 중 한 명인 류빈옌(劉賓雁)과 대담한 반체제 천체물리학자인 팡리즈(方勵之)는 중국공산당에서 제명되었다. 학생들에게 동정적이었던 상하이의 신문『세계경제도보(世界經濟導報)』는 거의 폐간될 뻔했다. 또한 불법 출판물을 근절하려는 시도가 다시 이루어졌다. 하지만 중국의 작가들과 예술가들은 잠시 위축되었을 뿐, 곧 다시 기존 질서에 도전하는 주제로 돌아왔다. 1988년에는 한 텔레비전 드라마가 사회 내부적으로 상당한 불안을 야기했다. 해외에서는 〈하상(河殤)〉 알려진 이 작품의 중국어 제목을 직역하면 〈강의 요절(夭折)〉이다. 이 드라마에서 황허강은 중국 문명을 상징하며, 그것이 일찍 죽었다는 암시를 담고 있다. 〈하상〉의 메시지는 황허강이 서양을 상징하는 태평양의 푸른 바다와 합쳐질 필요성이 있다는 것이다. 실제로 황허강은 결국 태평양으로 흘러든다.『세계경제도보』는 여전히 정부에 대한 간접적인 비판을 계속했다. 1989년 1월, 이 신문의 편집장은 자신의 언론관을 탁구 게임에 비유했다. "공을 쳤는데 탁구대 끝을 넘으면 지는 거죠. 반대로 너무 가까운 쪽으로 치면 너무 쉽습니다. 그래서 우리는 딱 테이블 끝을 스치듯 맞히는 것이 목표입니다. 그게 우리의 방침입니다."

톈안먼시위와 그 여파

1989년 4월, 중국공산당은 『세계경제도보』의 공이 탁자 끝을 넘었다고 판단해, 그 해 봄 중국 여러 도시에서 벌어지던 학생 시위를 지지했다는 이유로 이 신문을 금지시켰다. 시위가 진압된 후, 예상된 탄압이 시작되었다. 이전의 탄압 시기에는 예술가와 작가들에 대한 강도 높은 비난이 이어졌던 것과 달리, 1989년 시위 진압 이후의 탄압은 마치 서서히 질식시키는 것과 비슷했다. 신문의 수가 줄어들었고, 추가적인 발행 허가는 없을 것이라는 발표가 나왔다. 미술 전시회를 위한 새로운 지침이 발표되었으며, 영화 제작사는 대폭적인 예산 삭감을 겪었다. 1960년대 초 처음 제작된 뒤 오랫동안 무대에 오르지 않았던 정치적으로 올바른 오페라인 〈강자매(江姐)〉가 다시 무대에 올랐다. 이타적인 영웅 레이펑의 일기도 재출간되었다. 연극과 영화에서는 다시 마오쩌둥을 주제로 한 작품들이 등장했고, 인민해방군은 1989년 한 해 동안 제작된 150편의 중국 영화 전체 제작비를 훨씬 웃도는 2,130만 달러를 들여 3부작 대서사 영화 〈대결전(大決戰)〉의 제작을 계획했다. 이와 동시에, 중국에서 가장 유명한 몇몇 감독들의 최신 작품은 조용히 금지되었다.

당 지도부는 모두에게 사나이는 사나이다웠고 예술은 곧 정치였던 옌안의 교훈을 배우라고 촉구했다. 새로 임명된 중국작가협회 회장은 문학을 식료품에 비유하면서, 정부는 영양가 있는 것은 장려하고, 유해한 것은 금지해야 한다고 말했다. 이에 한 냉소적인 인사는, 그래서 사회주의체제에서는 가장 좋은 문학과 식료품이 암시장에서나 구할 수 있게 된 것이라고 지적했다.

당의 새로운 정책에 대한 저항도 상당했다. 예를 들어, 3부작 〈대결전〉의 1부에는 용맹한 공산당군이 국민당군에 의해 전멸할 위기에 처하는 장면이 나오는데, 관객들은 그 장면에서 환호성을 질렀다. 톈안먼사건 1주기였던 6월 4일, 시위를 방지하기 위해 공안 병력이 대학 캠퍼스에 배치되었다. 학생들은 덩샤오핑에 대한 불만을 상징하기 위해 창밖으로 작은 병을 던졌는데, 중국어로 작은 병은 샤오핑(xiaoping)이라 불리며 이는 덩샤오핑(小平)의 이름과 발음이 같다. 참고로 그의 이름은 문자 그대로 해석하면 '작은 평화'라는 뜻이다. 그들은 또한 "너의 모든 움직임, 너의 모든 숨결, 내가 지켜보고 있어"라는 가사가 담긴 서구의 록 음악을 틀었는데, 모든 학생들은 알고 있듯이, 이 노래를 부른 그룹의 이름은 다름 아닌 더 폴리스(The Police)였다. 하지만 공안은 이를 눈치채지 못했다.

한편, 베이징 필하모닉의 전직 트럼펫 연주자이자 조선족 출신인 최건(崔健)은 중국 록의 슈퍼스타로 떠올랐다. 그의 가사는 매우 전복적인 성향을 띠고 있었다. 예를 들어, 〈관료의 연회가〉라는 곡은 관료주의에 대한 최건의 시각을 드러낸다. 이 노래에서 한 고위 간부는 자주 찾는 여러 식당들을 자랑하듯 늘어놓고, "어차피 내 돈도 아닌데 먹고 마시고 즐기자"는 말로 마무리한다. 또 다른 공연에서는 붉은 머리끈으로 눈을 가리며, 공산당의 선전으로 현실을 보지 못하게 된 대중을 상징했다. 최건이 체포되지 않고 계속 공연할 수 있었던 이유가 그가 너무 유명했기 때문인지, 아니면 당 지도부가 그의 가사에 전혀 관심을 기울이지 않았기 때문인지는 여전히 논란거리로 남아 있다.

이전과 마찬가지로, 상대적으로 자유로운 시기와 억압적인 정책이 시행되는 시기가 번갈아 나타났다. 그러나 억압은 마오쩌둥 시기만큼 가혹하지는 않았다. 앞서 언급했듯이, 톈안먼시위 진압 이후 정치적으로 올바른 예술과 저널리즘을 추구하려는 시도는 상당한 저항에 직면했다. 덩샤오핑이 1992년 선전 경제특구를 방문했을 때 좌파를 비판하면서 지식인들은 용기를 얻었다. 예를 들어, 1992년 가을에 공연된 부조리극 작가 뒤렌마트(Friedrich Dürrenmatt)의 〈위대한 로물루스(*Romulus the Great*)〉 각색극은 덩샤오핑과 그의 개혁의 영향을 풍자

했다. 이 작품은 서양(야만인들)이 수도(베이징)의 문을 두드리던 고대 로마를 배경으로, 로물루스 황제(덩샤오핑)가 제국(공산주의)을 무너뜨림으로써 그것을 구하겠다고 선언하는 내용을 담고 있다. 그는 제국을 살릴 수 있는 유일한 방법은 야만인 자본가들과 사업 파트너십을 맺는 것이라며, 선택지는 재앙적인 자본주의와 자본의 재앙 사이에서 선택해야 한다고 말한다. 한 관객은 이제 자신의 나라가 부조리극이 오히려 현실을 있는 그대로 묘사하는 지경에 이르렀다며 씁쓸하게 평했다. 이 연극은 잠시 중단되었으나 검열 때문은 아니었고, 대부분의 지도부가 거주하는 중난하이 관저에서 특별 공연을 요청했기 때문이었다.

표현, 억압, 사회통제

1990년대 중반에는 새로운 억압의 시기가 찾아왔다. 1995년 가을, 국유경제의 재중앙집권화를 촉구하는 신좌파의 1만 자로 된 상소문이란 뜻의 '만언서(萬言書)'가 발표되었다.** 신좌파들은 중앙 당과 정부 권력의 재강화를 정당화하기 위해 마르크스-레닌주의를 인용했다. 선전부장은 예술이 사회주의에 봉사해야 한다고 주장했다. 여러 신간 도서들의 출판이 '정치적·이념적으로 심각한 문제'가 있다는 이유로 당의 선전부에 의해 금지되었다. 컴퓨터 네트워크는 정부에 등록해야 했으며, 정치적 혹은 음란한 내용을 포함한 사이트는 불법으로 규정되었다. 몇 달 후, 당국은 수백 개의 웹사이트에 대한 접근을 차단했다.

이 시기에 움직임이 두드러졌던 또 다른 이념적 진영은 신보수주의자들이었다. 신좌파와 마찬가지로 이들은 강력한 국가 권력을 주장했으나, 신좌파와 달리 이념적 이유가 아니라 실용적 이유에서였다. 신보

....

** 역자 주) 중국 신좌파는 정부 주도의 경제 개입을 중시하며, 기업 민영화와 선부론이 초래한 격차문제를 비판한다. 도시-농촌 간 불평등 해소와 공공 부문에 대한 국가 투자의 확대를 통해 사회주의적 좌파 경제 모델의 재강화를 주장한다.

수주의자들은 안정성을 확보하기 위해 강력한 국가가 필요하다고 믿었다. 대안은 혼란뿐이라는 입장이었다. 세 번째 사조인 신전통주의 또는 신유학은 근대화가 곧 서구화는 아니다라고 주장했다. 공자의 사상을 포함한 중국 전통은 중국 고유의 근대화 형태를 뒷받침하는 기반을 제공한다고 보았다. 신전통주의자들은 아시아의 다른 지역에서 주장하는 '아시아적 가치'의 지지자들과 많은 공통점을 가졌다. 이러한 집단 모두에게 민족주의는 인기가 있었다. 어느 정도는 서구에 대한 기대가 무너진 데서 비롯된 것이었다. 이들 중 다수는 해외 유학 경험이 있었으며, 그곳에서 본 일부 혹은 많은 것들에 실망했던 것이다. 『노(NO)라고 말할 수 있는 중국(中国可以说上)』과 같은 저작에 드러난 민족주의는 일본 및 미국과의 관계를 해칠 위협이 되기 전까지는 당과 정부의 입장과도 잘 맞아떨어졌다. 이 시점에서 당국은 민족주의자들을 제어하기 위해 개입했다.

세계화의 결과에 대한 두려움 또한 이러한 여러 집단에 영향을 미친 요인이었을 가능성이 있다. 신전통주의자들은 한 세기 전의 선배들처럼, 외부 세계가 자신들이 중국 전통의 핵심 가치로 여기는 것에 미치는 영향에 대해 특히 우려했다. 다른 이들은 외래 사상이 사회주의 가치를 약화시킬 것을 걱정했다. 한편, 계속 목소리를 내던 자유주의자들은 신전통주의자들이 사실상 중국 전통이나 공자에 대해 아무것도 모른다고 반박했다. 그들은 마르크스주의 체제하에서 교육을 받았으며, 단지 자신들의 목적에 유용한 과거를 지어내고 있을 뿐이라는 것이다. 자유주의자들은 또한 신좌파에 반박하려 했다. 『교봉(交鋒)』이라는 책은 지속적인 개혁의 필요성을 강력히 주장하며, 중화인민공화국이 서구 자본주의 국가들과 교류하는 것에 반대한 신좌파의 '만언서'를 비판했다. 신좌파는 마오쩌둥 시대에는 상상하기 어려웠을 방식으로 대응했다. 『교봉』의 저자들이 허가 없이 『만언서』를 인용하고 그 내용을 왜곡했다고 주장하며 소송을 제기한 것이다. 요컨대, 1990년대 후반에는 다양한 사상이 경쟁했고, 지도부는 이를 비교적 관용적으로 받아들였다.

장쩌민 집권 시기에는 덩샤오핑 시기보다 통제가 더 강화되었지만, 마오쩌둥 시대와 달리 보복에 대한 큰 두려움 없이 사적으로 지도자들과 그들의 정책을 비판할 수 있었다. 학술지 또한 주요 관료들을 지나치게 직접적으로 겨누지 않는 한 비판적인 글을 게재할 수 있었다. 예를 들어, 특정 정책의 실효성에 대해 이견을 표명하는 것은 대체로 허용되었으나, 정치국 상무위원들을 어리석은 정책을 제안한 바보라고 부르는 것은 용납되지 않았다. 저자들은 흔히, 체제와 충돌할 수 있는 사상이나 비판적 견해를 글의 중심부에 배치하고, 그 앞뒤를 이념적으로 올바른 내용으로 감싸는 방식을 활용했다. 독자가 비교적 제한적인 학술지는 공식 검열관들의 면밀한 감시를 받지 않는 경우가 많았다.

1990년대까지 대중이 선호하는 저속한 프로그램을 매체에서 제거하려는 노력은 중단되었다. 현재 중국의 텔레비전에는 소비자 지향 사회에서 흔히 볼 수 있는 게임 쇼와 버라이어티 프로그램이 방영되고 있다. 비평가들이 저속하다고 여기는 프로그램들은 대중의 관심을 사회의 더 심각한 문제들로부터 돌리는 역할을 한다. 이러한 전략은 의도적으로 계획된 것이라기보다는 우연히 발견된 것으로 보이지만, 매우 효과적인 것으로 입증되었다.

그럼에도 불구하고, 1997년에는 신문의 10% 이상과 수백 종의 저널이 폐간되었다. 당국은 이러한 결정이 중복을 피하고 품질을 향상시키기 위한 것이라고 설명했다. 살아남은 출판물들은 출판 효율성을 극대화하고 비용을 절감하기 위해 대형 미디어 그룹이나 언론 연합체 형식으로 통합되었다. 당국은 언론 윤리에 대해 정당한 우려를 가지고 있었는데, 실제로 기자들이 보도를 대가로 취재 대상자나 기업으로부터 금품을 요구한 사례가 문서로 확인된 바 있었다. 게다가 일부 예술가들은 실제로 대중의 가장 낮은 수준의 취향에 영합하는 듯한 모습을 보였다.

그러나 자유주의자들은 언론과 저널의 폐간이 당과 정부정책에 비판적인 매체에 불균형적으로 집중되었다고 주장했다. 그들은 탐사 보도가 기자들의 신변에 위협이 될 수 있다는 점을 지적했다. 예를 들어, 공안 요원들이 권력 남용 장면이 담긴 비디오 테이프를 넘기도록 기자들을 협박한 사례가 있었다. 또한 비판적인 작품을 제작한 예술가와 기자들은 소송에 휘말리기도 했다. 자유주의자들은 언론 연합체 설립의 진정한 목적이 비용 절감이나 언론 윤리 개선이 아닌, 정부의 통제 강화를 위한 것이라고 의심했다. 언론 연합체는 인쇄 매체만 운영할 수 있으며, 텔레비전이나 라디오 방송국을 소유할 수 없고 성(省) 경계를 넘어 활동하는 것도 금지되어 있다. 이러한 조치는 마오쩌둥 이후의 중국이 시민사회라기 보다는 공산주의적 신전통주의 모델에 더 가까울 것이라는 가설을 뒷받침한다.

후진타오와 시진핑이 전임자들보다 더 관대한 태도를 보일 것이라고 기대했던 사람들은 실망했다. 비평가들은 후진타오의 조화로운 사회건설운동이 사회가 조화롭지 않다는 인상을 줄 수 있는 어떤 정보든 억압하기 위한 구실에 불과하다고 비판했다. 동유럽의 색깔 혁명이 중국으로 확산될 수 있다는 두려움은, 후진타오로 하여금 반대 의견 표현을 더 면밀히 감시하도록 했을 가능성도 있다. 2004년 10월, 당국은 언론에 공무원들이 농민의 토지를 강제로 수용한 사건을 보도하지 말라고 지시했으며, 이미 취재 중이던 관련 사건들도 더 이상 보도하지 말라고 했다. 정부가 이전에 농민의 토지 권리를 보호하겠다고 약속했기 때문에, 이러한 보도 금지의 이유는 관련 보도가 반정부 시위나 더 극단적인 행동을 촉발할 것을 우려한 것으로 추정된다. 2005년에는 수십 종의 신문이 금지되었고, 등록되지 않았거나 등록 요건을 충족하지 못한 간행물 약 100만 부가 압수되었다. 이듬해에는 베이징의 여러 미술관에 정치적으로 해석될 수 있는 주제의 그림들을 철거하라는 명령이 내려졌다. 문제로 지적된 작품 중 하나는 마오쩌둥의 유명한 수영 장면을 묘사했는데, 양쯔강이 붉은 피로 물든 모습이었다. 또 다른 작품은 탱크가 보이는 톈안먼광장을 그린 것이었다.

2007년에 도입된 새로운 규정은 폭력, 음란물, 허위 정보 등을 금지함으로써 건전한 환경을 조성한다는 명목이었지만, 이러한 범주와 무관한 주제들에 대한 접근을 제한하는 데 사용되었다. 또한 사람들로 하여금 스스로 검열하게 만드는 보다 미묘한 형태의 강압도 존재한다. 경찰이 체포한 사람들에게 적용하는 혐의는 대개 모호하며, 종종 "당신이 한 일은 당신 스스로가 가장 잘 알 것이다"라고 말하며 충분한 증거를 가지고 있다는 암시를 준다. 피의자에게는 즉시 자백하고 관대한 처벌을 구하라는 조언이 주어진다. 규칙이 무엇인지 모르는 대부분의 사람들은 신중한 태도를 취하고, 자발적으로 자기 검열을 한다. 중국 문학 전문가 링크(Perry Link)는 이러한 상황을 샹들리에 위의 보아뱀에 비유했다. 보아뱀이 거의 움직이지 않더라도, 그 아래에 있는 사람들은 그 존재를 인식하고 조심스럽게 행동한다. 왜냐하면 어떤 행동이 그 뱀을 자극할지 알 수 없기 때문이다.

몇몇 작가들은 불과 몇 년 전만 해도 금지되었을 법한 책들을 출간할 수 있었다. 베스트셀러 소설인『늑대 토템(狼图腾)』의 작가 장룽(姜戎, 본명 뤼자민[呂嘉民])은 이 작품이 한족의 양떼 같은 순응적 사고방식을 비판하는 은유적 비판이라고 설명한다. 그러나 양지성(楊繼繩)의『묘비(墓碑)』는 중국 내에서 판매될 수 없다. 이 책은 65년 전 대약진운동의 무모한 정책으로 인해 발생한 기근이라는 여전히 금기시되는 주제를 다루고 있기 때문이다. 마젠(馬建)의『베이징 코마(北京植物人)』또한 판매가 금지되어 있는데, 이 작품은 1989년 톈안먼사건으로 좌절된 민주화 운동을 소설적으로 재구성한 작품이다. 2008년 가을, 과거를 이용해 현재를 비판한다는 문화대혁명 시절의 비난이 섬뜩하게 되살아났다. 한 잡지는 광서제(3장 참조)의 머리카락을 법의학적으로 분석한 결과, 그가 독살되었다는 오랜 의혹을 확인했다는 평범한 기사로 인해 검열을 받았다. 그러나 면밀히 들여다보면, 이 기사는 광서제와

마찬가지로 체제개혁을 시도했으나 권력자들에 의해 좌절된 전 당 총
서기 자오쯔양에 대한 찬사로도 읽힐 수 있었다. 광서제는 서태후에 의
해, 자오쯔양은 덩샤오핑에 의해 실각했다는 공통점이 있다.

연예인 관련 인터뷰나 버라이어티 쇼와 달리 뉴스는 오랫동안 엄격
한 검열을 받아왔다. 중국 지도자들에 대한 비판이나 추측 같은 주제는
항상 금지 대상이다. 그 밖의 사안들에 대한 태도는 상황에 따라 변하
기도 한다. 국영 방송 기자들은 매일 컴퓨터에 접속하면서 특정 사안을
어떻게 다뤄야 하는지에 대한 지침을 받는다. 언론은 중국 내 학교에서
발생한 폭력 사건, 주요 정치 행사 기간 중 발생할 수 있는 '사건들', 부
동산 거품 위험성 등의 주제를 보도하지 말라는 경고를 받는다. 비평가
들은 이러한 지침을 '진리부(眞理部)의 지령'이라고 부른다. 진리부는
조지 오웰의 소설 『1984』에 등장하는, 정보를 통제하고 조작하는 가상
의 정부 기관이다. 한 언론학 교수에 따르면, 국가 통신사는 뉴스의 세
가지 버전을 제작한다. 첫 번째는 정부 관리들을 위한 직설적이고 사실
적인 버전이다. 두 번째는 대중을 위한 정제된 버전이며, 세 번째는 외
국인 독자를 대상으로 한 버전으로, 두 번째 버전보다 더 상세하고 사
실적으로 사건을 다룸으로써, 중국 언론의 개방성을 가장하는 효과를
노린다.

인터넷의 등장은 풀뿌리 시민운동의 성장과 이를 억제하려는 당국의
노력이 동시에 이루어지는 계기가 되었다. 블로그, 트위터 등 인터넷을
활용하는 사람들은 기자들보다 통제하기 어려워, 이에 대한 강력한 규
제가 시도되었다. 이러한 노력 중 하나로, 당과 정부의 정책을 지지하
는 글을 올리는 대가로 소액을 받는 사람들이 있는데, 반체제 인사들은
친정부적인 댓글을 하나 쓸 때마다 0.5위안 정도를 받기 때문에 이들을
'우마오당(五毛黨)'이라고 경멸적으로 부른다. 이들의 수는 약 200만
명으로 추산된다. 이와 달리 돈을 받지 않음에도 당과 정부의 정책을
열렬히 지지하는 강경한 민족주의자 집단인 '샤오펀훙(小粉红)'도 존재

한다. 또 다른 규제 방안은 실명 등록제도의 도입이다. 2012년부터 인터넷 사용자는 가명으로 게시글을 올릴 수 있지만, 당국에 주민등록번호나 휴대전화 번호와 연결된 실명을 등록해야 했다. 등록하지 않은 사람은 웨이보를 볼 수는 있지만, 공유하거나 게시할 수는 없다.

시진핑 집권 이후 이러한 규제는 더욱 강화되었다. 그는 집권 초기 '7가지 언급 금지 사항'을 발표했다 (6장 참조). 2013년에는 소셜 미디어에서 500회 이상 공유되거나 5,000회 이상 조회된 루머를 게시할 경우 최대 3년의 징역형을 선고할 수 있는 법이 제정되었다. 루머의 정의는 명확하지 않으며, 단순히 당국이 불쾌하게 여기는 내용일 수도 있다. 심지어 사실인 루머로도 징역형을 받을 수 있다. 정부는 처음에는 주요 인터넷 기업의 지분을 매입하여 기업 의사결정에 영향력을 행사하려 했지만, 2021년 국가발전개혁위원회는 국가의 직접적인 재정 지원을 받지 않는 모든 언론사의 운영을 금지하는 법을 도입했다. 같은 해에 당 지도부에 대한 비판, 국가 영웅의 명예 훼손, 전통 중국문화의 폄하 등이 포함된 200만 건의 유해 콘텐츠가 삭제되었다. 이듬해에는 농촌의 어려운 삶을 사실적으로 묘사한 영화 〈먼지로 돌아가다(隱入塵煙)〉가 중국을 부정적으로 묘사했다는 이유로 스트리밍 서비스에서 삭제되었다.

그럼에도 불구하고 통제를 피하려는 노력은 계속되고 있다. 한 잡지 편집자는 자신의 기법을 딱따구리에 비유했다. 나무를 파괴하기 위해서가 아니라 더 잘 자라도록 돕기 위해 끊임없이 나무를 쪼는 것과 같다는 것이다. 소설가들이 당국이 허용하는 표현의 한계를 시험하기 위해 사용하는 또 다른 기법은 신화와 현실의 경계가 모호한 디스토피아 세계를 배경으로 삼는 것이다. 『하늘의 아이(天子)』는 중국 황제를 전통적으로 지칭하는 명칭이기도 한데, 이 작품의 배경은 사디스트적인 지도자가 지배하는 수용소로, 자신이 왜 갇혔는지, 언제 풀려날지 알지 못한다. 이는 명백히 당 국가와 그 통치를 은유한 것이다. 또 다른 작품인 『태양이 사라진 날(日熄)』에서는 마을 사람들이 어둠 속 몽유병과 같은 전염병에 빠져든다. 세 번째 작품인 『제7일(第七天)』에서는 한 남자가 자신의 과거를 잃은 채 묻히지 못한 수많은 영혼들과 함께 도시를 떠돌아다닌다. 독자들은 이러한 기억 상실이 시진핑체제의 역사적 허무주의를 상징한다고 이해하는데, 이는 당의 해석과 모순되는 사실들이 단순히 삭제되어 버리는 현실을 비판하는 것이다.

또한 시진핑체제 하에서 디지털 플랫폼은 대중교통 인프라와 통합되어, 당국이 사람들이 어느 지하철역에서 탑승하고 하차하는지, 얼마나 자주 이용하는지를 추적할 수 있게 되었다. 안면 인식 기술을 통해 즉각적인 신원 확인도 가능하다. 고화질 감시 카메라는 어디에나 존재한다. 검열 인력이 아무리 많아도, 검열 작업은 쉽지 않다. 예를 들어, 예를 들어, 한 어린이 합창단이 부른 노래는 악당 민물게(河蟹)와 싸우는 진흙말(草泥馬) 이야기를 담고 있었지만, 실제로는 외설적인 행위를 암호화한 풍자였으며, 당국이 그 의미를 알아차리기 전까지 널리 퍼졌다. 진흙말의 발음 차오니마는 음란한 욕설과 발음이 같고, 민물게의 발음 허시에는 당시 후진타오의 조화사회를 풍자한 동음이의어다. 익명의 만화가들은 인터넷에 날카로운 비판을 정기적으로 게시한다. 대부분 곧 삭제되지만, 이미 수천 명이 보고 공유한 뒤인 경우가 많다. 중국은 세계에서 인터넷 검열 기술이 가장 발달한 국가로 여겨지며, 이 검열의 상당 부분은 표현의 자유를 자랑하는 서방 국가의 기업들에서 구입한 장비로 이루어진다.

결론

1949년 이후 중국은 억압의 시기와 상대적인 관용의 시기가 번갈아 나타났으나, 어느 시점에서도 자유주의적이라고 묘사될 수는 없었다. 전반적으로 1989년 톈안먼시위 이후 더욱 억압적인 방향으로 나아갔으며, 시진핑 시대에 이르러서는 그 정도는 극단적인 수준에 도달했다.

2008년 이후 중국은 세계에서 인터넷 이용자 수가 가장 많은 국가가 되었고, 2022년 보고서에 따르면 10억 명 이상의 사람들이 인터넷을 사용하고 있다. 비판적인 목소리를 내는 사람들은 인터넷 검열을 우회하기 위한 방법을 고안해왔다. 예를 들어 시진핑을 '11호 동지(十一號同志)'라고 부르기도 하는데, 이는 XI가 로마 숫자에서 11을 의미하는 동시에, 시진핑의 성씨인 Xi와 동일한 철자이기 때문이다. 또한 검열된 문자와 다른 의미를 가진 새로운 문자를 만들기 위해 중국 문자를 자르고 결합하는 이른바 '화성어(火星文)'를 사용하는 방식이 있다. 최근에는 영상과 소셜 미디어 게시물이 대체 불가능한 토큰(NFT)으로 변환되어 블록체인에 보존되기도 한다. 더 일반적인 방법으로는 해외의 프록시 서버를 이용하는 방법이 있지만, 정부는 이를 다시 차단하기 위한 대응 조치를 취하고 있다. 파룬궁 신자들은 간혹 정부 웹사이트에 자신들의 메시지를 삽입하거나 위성 신호를 탈취하는 데 성공하기도 했다.

예술가와 언론인들은 여전히 정부의 인내심의 한계를 시험하고 있다. 자기검열에 대한 압박은 많은 잠재적 비판자들을 위축시키지만, 자신의 의견을 표현하고자 하는 용기 있는 개인과 출판물은 계속해서 등장하고 있다. 2022년 중국공산당 제20차 전국대표대회가 개막했을 당시, 엄격한 감시에도 불구하고 한 시민이 베이징 고가도로에 시진핑과 그의 코로나19 봉쇄 조치를 강하게 비판하는 현수막을 내거는 일이 있었다. 모든 활동가가 민주주의 지지자인 것은 아니라는 점도 기억해야 한다. 일부는 마오이즘이나 전통적인 중국 가치를 복원하려는 사람들이며, 또 다른 이들은 정부가 국제적으로 더 강경한 입장을 취할 것을 촉구하기도 한다.

당은 국민들이 정부의 세계관을 내면화하고 수용하도록 하기 위해 많은 노력을 기울여왔다. 시진핑 사상이 담긴 저서가 출판된 후, 중국 전역의 서점에서는 해당 서적을 눈에 띄게 진열했고, 대학에는 이를 연구하는 센터가 개설되었다. 그러나 이러한 노력들이 사람들이 새로운 이념을 얼마나 충실히 받아들이고 따르게 할 수 있을지는 보장할 수 없다. 정부는 교통 법규 위반부터 전복 활동에 이르기까지 다양한 문제를 신고하는 시민에게 보상을 제공하는 애플리케이션을 운영하고 있지만, 보상을 받으려면 신원과 위치를 공개해야 하기 때문에 큰 성과를 거두지 못했다.

공식 선전의 영향력이나 이에 저항하는 이들의 영향력이든, 어느 쪽도 과장해서는 안 된다. 대부분의 소셜 미디어 사용자들은 반체제 인사나 강한 비판자가 아니라, 단순히 오락을 즐기기를 원한다. 문학 전문가 월시(Megan Walsh)는 온라인에서 양산되는 판타지 소설을 "틱톡 시대의 디킨스식 연재"라고 표현하며, 틀에 박힌 소설을 대량 생산하는 공장에 비유한다. 그녀는 당국이 사회주의 핵심 가치를 내세우지만, 주류 문화는 시장의 이익 중심적이고 비도덕적인 본능에 의해 지배되고 있다고 결론 내린다.

시민사회이론이 예측한 것처럼 증가하는 시민 활동이 체제에 근본적인 변화를 가져올 수 있을지, 아니면 공산주의 신전통주의이론 지지자들의 예상처럼 체제에 의해 흡수되고 변형될지는 아직 불확실하다. 현재로서는 시민사회의 발전 전망은 암울해 보인다. 그러나 시진핑이 당, 정부, 군대를 거의 완벽하게 장악하고 있는 것처럼 보이지만, 이들 조직은 결코 단일하지 않으며, 지도부는 중국 지식인층과 대중의 불만을 일정 부분 수용하는 것이 사회 안정에 중요하다는 점을 인식하고 있다.

당과 정부는 부패를 적발하는 등 특정 목표를 달성하기 위해 언론을 활용하려 하지만, 이 과정에서 자신들의 정당성이 훼손되는 것은 원치 않는다. 많은 부패가 당과 정부 관료들과 관련되어 있기 때문에, 이는 관여하는 사람들은 곤란한 입장에 처하게 한다. 중국 전역에서 들을 수 있는 유명한 구호는 이와 같은 딜레마를 잘 보여준다. "부패를 뿌리 뽑지 않으면 나라가 망하고, 뿌리를 뽑으면 당이 망한다." 시진핑의 강력한 반부패 운동으로 수백만 명의 혐의자가 적발되었지만, 냉소적인 시각에서는 이 운동이 반대 세력을 겨냥한 도구일 뿐, 그의 지지자와 그 가족의 유사한 행위는 전혀 손대지 않고 있다고 지적한다. 국제 평가 기관들은 중국의 언론 자유에 낮은 점수를 주고 있다. 2022년, 파리에 본부를 둔 비정부 기구인 국경 없는 기자회는 언론 자유 지수에서 중국을 180개국 중 175위로 평가했다. 북한이 최하위를, 북유럽 국가들이 상위권을 차지했다.

추가 읽을거리

2021 Human Rights Report: China (Washington, DC: United States Department of State, March 2022).

Gary King, Jennifer Pan, and Margaret Roberts, "How the Chinese Government Fabricates Social Media Posts for Strategic Distraction, Not Engaged Argument," *American Political Science Review*, Vol. 111, No. 3 (2017), pp. 484–501.

Dominik Mierzejewski, "The Zhejiang Model: Old-New Tools for Managing Contradictions and Creating Win-Win Outcomes in Center-Local Governance," *China Brief*, Vol. 22, Issue 19 (October 19, 2022).

Megan Walsh, *The Subplot: What China Is Reading and Why It Matters* (New York: Columbia Global Reports, 2022).

Ying Zhu, *Hollywood in China* (New York: The New Press, 2022).

13장

소수민족과 국가통합

중국의 소수민족

1949년 공산정부가 처음 집권했을 당시, 중국의 소수민족은 전체 인구의 6%에도 미치지 않았던 것으로 추정된다. 이후 수년간 정부가 한족(漢族) 다수에게는 가족계획을 실천하도록 강하게 압박하면서도 소수민족에게는 훨씬 느슨한 제한을 적용했음에도 불구하고, 현재 소수민족은 중화인민공화국 인구의 8%를 조금 넘는 수준이다. 또한 중국에는 공식적으로 인정된 55개의 소수민족이 있으며, 이들의 규모에는 큰 차이가 있지만, 어느 한 민족이 특별히 큰 비율을 차지하는 것은 아니다 (표 13.1 참조).

이처럼 상대적으로 적은 소수민족 인구에도 불구하고, 중국공산당과 정부는 소수민족과 그들이 거주하는 지역에 많은 시간과 노력을 쏟아왔으며, 상당한 재정적 투자를 해왔다. 그 이유는 다섯 가지로 설명할 수 있다. 첫 번째 이유는 전략적인 측면이다. 대부분의 소수민족은 중국의 국경지역 또는 그 인근에 거주하고 있다 (지도 13.1 참조). 종종 국경은

표 13.1 민족별 중국 인구 센서스 통계, 1953~2010년

민족	어족	1953	%	1964	%	1982	%	1990	%	2000	%	2010	%
한족(漢族)	중국어	547,283,057	93.94	651,296,368	94.22	936,703,824	93.30	1,039,187,548	91.92	1,137,386,112	91.53	1,220,844,520	91.60
소수민족		35,320,360	6.06	39,883,909	5.78	67,233,254	6.67	90,570,743	8.01	105,225,173	8.47	111,966,349	8.40
쫭족(壯族)	타이-까다이계	6,611,455	1.13	8,386,140	1.21	13,441,900	1.32	15,555,820	1.38	16,178,811	1.28	16,926,381	1.27
후이족(回族)	중국어	3,559,350	0.61	4,473,147	0.64	7,207,780	0.71	8,612,001	0.76	9,816,802	0.78	10,586,087	0.79
만주족(满族)	퉁구스계	2,418,931	0.42	2,695,675	0.39	4,299,950	0.43	9,846,776	0.87	10,682,263	0.84	10,387,958	0.78
위구르족(维吾尔族)	알타이계(튀르크)	3,640,125	0.62	3,996,311	0.58	5,917,030	0.59	7,207,024	0.64	8,399,393	0.66	10,069,346	0.76
먀오족(苗族)	먀오-야오계/흥먀오어	2,511,339	0.43	2,782,088	0.40	5,017,260	0.50	7,383,622	0.65	8,940,116	0.71	9,426,007	0.71
이족(彝族)	티베트-버만계	3,254,269	0.56	3,380,960	0.49	5,492,330	0.54	6,578,524	0.58	7,762,286	0.61	8,714,393	0.65
투지아(土家族)	티베트-버만계	284,900	0.03	5,725,049	0.51	8,028,133	0.63	8,353,912	0.63				
티베트족(藏族)	티베트-버만계	2,775,622	0.48	2,501,174	0.36	3,821,950	0.38	4,593,072	0.41	5,416,021	0.43	6,282,187	0.47

민족	어족	1953	%	1964	%	1982	%	1990	%	2000	%	2010	%
몽골족(蒙古族)	몽골어(몽골어파, 알타이계)	1,462,956	0.25	1,965,766	0.28	3,402,200	0.34	4,802,407	0.42	5,813,947	0.46	5,981,840	0.45
부이족(布依族)	타이-까다이계	1,247,883	0.21	1,348,055	0.19	2,103,150	0.21	2,548,294	0.22	2,971,460	0.23	2,870,034	0.22
조선족	한국어	1,120,405	0.19	1,339,569	0.19	1,783,150	0.18	1,923,361	0.17	1,923,842	0.15	1,830,929	0.14
동족(侗族)	타이-까다이계					1,446,190	0.14	2,508,624	0.22	2,960,293	0.24	2,879,974	0.22
야오족(瑶族)	야오어(흥먀오어)					1,414,870	0.14	2,137,033	0.19	2,637,421	0.21	2,796,003	0.21
바이족(白族)	중국어-티베트어					1,147,360	0.11	1,598,052	0.14	1,858,063	0.15	1,933,510	0.15
하니족(哈尼族)	티베트-버만계					1,063,300	0.11	1,254,800	0.11	1,439,673	0.12	1,660,932	0.12
카자흐족(哈萨克族)	알타이(튀르크계)					878,570	0.09	1,110,758	0.10	1,250,458	0.10	1,462,588	0.11
리족(黎族)	타이-까다이계					882,030	0.09	1,112,498	0.10	1,247,814	0.10	1,463,064	0.11
다이족(傣族)	타이-까다이계					864,340	0.09	1,025,402	0.09	1,158,989	0.09	1,261,311	0.09
쉐족(畲族)	먀오-야오계/흥먀오어					379,080	0.04	634,700	0.06	709,592	0.06	708,651	0.05
리수족(傈僳族)	티베트-버만계					466,760	0.05	574,589	0.05	634,912	0.05	702,839	0.05
겔라오족(仡佬族)	타이-까다이계					59,810	0.01	438,192	0.04	579,357	0.05	550,746	0.04
동샹족(东乡族)	알타이(몽골계)					–	–	373,669	0.03	513,805	0.04	621,500	0.05
가오산족(高山族)	오스트로네시아계					1,750	0.00	2,877	0.00	4,461	0.00	4,009	0.00
라후족(拉祜族)	티베트-버만계					320,350	0.03	411,545	0.04	453,705	0.04	485,966	0.04
수이족(水族)	타이-까다이계					300,690	0.03	347,116	0.03	406,902	0.03	411,847	0.03

표 13.1 계속

민족	어족	1953	%	1964	%	1982	%	1990	%	2000	%	2010	%
와족(佤族)	몽-크메르					271,050	0.03	351,980	0.03	396,610	0.03	429,709	0.03
나시족(纳西族)	티베트-버만계					48,650	0.02	277,750	0.02	308,839	0.02	326,295	0.02
창족(羌族)	티베트-버만계					109,760	0.01	198,303	0.02	306,072	0.02	309,576	0.02
투족(土族)	알타이(몽골계)					148,760	0.01	192,568	0.02	241,198	0.02	289,565	0.02
물라오족(仏佬族)	타이-까다이계					91,790	0.01	160,648	0.01	207,352	0.02	216,257	0.02
시버족(錫伯族)	퉁구스계					77,560	0.01	172,932	0.02	188,824	0.02	190,481	0.01
키르기즈족(柯尔克孜族)	알타이(튀르크계)					108,790	0.01	143,537	0.01	160,823	0.01	186,708	0.01
다우르족(达斡尔族)	알타이(몽골어파)					–	–	121,463	0.01	132,143	0.01	131,992	0.01
징포족(景颇族)	티베트-버만계					100,180	0.01	119,276	0.01	132,143	0.01	147,828	0.01
마오난족(毛南族)	타이-까다이계					37,450	0.00	72,370	0.01	107,106	0.01	101,192	0.01
살라르족(撒拉族)	알타이(튀르크계)					68,030	0.01	82,398	0.01	104,503	0.01	130,607	0.01
부랑족(布朗族)	몽-크메르					–	–	87,546	0.01	91,882	0.01	119,639	0.01
타지크족(塔吉克族)	인도유럽어족(이란계)					27,430	0.00	33,223	0.00	41,028	0.00	51,069	0.00
아창족(阿昌族)	티베트-버만계					31,490	0.00	27,718	0.00	33,936	0.00	39,555	0.00
프미족(普米族)	티베트-버만계					18,860	0.00	29,721	0.00	33,600	0.00	42,861	0.00
에윈크족(鄂温克族)	퉁구스계					19,440	0.00	26,379	0.00	30,505	0.00	30,875	0.00
누족(怒族)	티베트-버만계					25,980	0.00	27,190	0.00	28,759	0.00	37,523	0.00

민족	어족	1953	%	1964	%	1982	%	1990	%	2000	%	2010	%
징족(京族)	베트남계 / 몽-크메르					12,140	0.00	18,749	0.00	22,517	0.00	28,199	0.00
진노족(基诺族)	티베트-버만계					11,260	0.00	18,022	0.00	20,899	0.00	23,143	0.00
더앙족(德昂族)	몽-크메르					–	–	15,461	0.00	17,935	0.00	20,556	0.00
바오안족(保安族)	알타이(몽골계)					6,620	0.00	11,683	0.00	16,505	0.00	20,074	0.00
러시안족	인도 유럽어족(슬라브어)					2,830	0.00	13,500	0.00	15,609	0.00	15,393	0.00
유구족(裕固族)	알타이(튀르크계)					7,670	0.00	12,293	0.00	13,719	0.00	14,378	0.00
우즈베트족(乌孜別克族)	알타이(튀르크계)					13,810	0.00	14,763	0.00	13,370	0.00	10,569	0.00
먼바족(門巴族)	티베트-버만계					1,040	0.00	7,498	0.00	8,923	0.00	10,561	0.00
어룬춘족(鄂伦春族)	퉁구스계					2,280	0.00	7,004	0.00	8,196	0.00	8,659	0.00
두룽족(独龙族)	티베트-버만계					4,250	0.00	5,825	0.00	7,426	0.00	6,930	0.00
타타르족(塔塔尔族)	타타르 알타이(튀르크계)					7,510	0.00	5,064	0.00	4,890	0.00	3,556	0.00
허저족(赫哲族)	퉁구스계					670	0.00	4,254	0.00	4,640	0.00	5,354	0.00
뤄바(珞巴族)	티베트-버만계					1,030	0.00	2,322	0.00	2,965	0.00	3,682	0.00
미확인						3,370,880	0.33	3,498	0.00	734,379	0.06	640,101	0.05
미지						4,720	0.00	752,347	0.07	735,379	0.06	–	–
외국인						–	–	–	–	941	0.00	1,448	0.00
중국 본토 총합		582,603,417		694,581,759		1,008,175,288		1,133,682,501		1,242,612,226		1,332,810,869	

출처: Chinese census data, 2010.

하나의 민족 집단을 임의로 나누는 역할을 하기도 한다. 예를 들어, 카자흐족은 중국과 과거 소련에 속했던 카자흐스탄 양쪽에 거주하며, 먀오족은 중국뿐만 아니라 태국, 베트남, 라오스, 미얀마에도 거주하고 있다. 몽골족 역시 중국과 몽골 모두에 걸쳐 분포해 있다. 적대적인 외국 세력이 중국 내 소수민족을 이용해 중국에 침투하거나 문제를 일으키려 할 가능성이 있다. 또한 영토 회복주의도 고려해야 한다. 예를 들어, 몽골이 중국 내 몽골족 거주 지역을 자국 영토로 주장할 수도 있고, 카자흐스탄이 중국 내 카자흐족을 자국의 일부로 편입하려 할 수도 있다. 따라서 중국정부는 소수민족들이 중화인민공화국 내에서의 삶에 만족할 수 있도록 하는 것이 현명한 전략이라고 판단해왔다.

두 번째 이유는 인구 분포와 관련이 있다. 소수민족이 거주하는 지역은 한족이 밀집해 있는 지역에 비해 인구 밀도가 낮다. 따라서 인구 과밀 지역으로부터 이주민을 수용할 수 있는 잠재력을 지닌다. 현재 소수

지도 13.1 중국의 소수민족

민족 지역은 중화인민공화국 전체 영토의 60% 이상을 차지하고 있다. 세 번째 이유는 경제적 자원이다. 여러 소수민족 지역은 풍부한 천연자원을 보유하고 있다. 석유, 석탄, 금, 기타 광물이 소수민족이 거주하는 여러 지역에 분포해 있다. 또한 중국의 육류, 유제품, 양모 공급을 위한 가축의 80%가 이들 지역에 분포해 있다. 이러한 자원의 적절한 개발은 소수민족 지역의 생활 수준 향상뿐만 아니라 국가 전체의 경제발전에도 중요한 역할을 한다.

네 번째 이유는 선전 효과다. 마오쩌둥 시기 동안, 중국공산당은 자국의 사회주의 모델이 한족 중심의 중국뿐만 아니라 개발도상국에도 적용 가능하다고 주장했다. 따라서 중국정부는 소수민족들이 번영하고 만족스럽게 생활하는 모습을 보여줌으로써, 중국식 사회주의 모델이 비한족에게도 성공할 수 있음을 증명하고자 했다. 반대로, 불만을 품고 반항적인 민족 집단의 존재는 중국정부에 불편한 요소이자 부담이 되어 왔다. 민족적 불만은 중국의 전략적 문제를 더욱 악화시킬 수도 있다. 반체제적인 소수민족 집단은 외국 세력의 전복 시도나 이념적 침투에 더 쉽게 노출될 가능성이 크기 때문이다.

다섯 번째 이유는 비교적 최근의 일로, 바로 관광 산업이다. 마오쩌둥 사후 중국은 세계와의 교류를 확대하고 경제발전을 위한 야심찬 계획을 추진해 왔다. 소수민족들은 정교하게 만들어진 화려한 전통 의상을 입으며, 풍부한 예술적 전통을 보유하고 있다. 또한 일부 소수민족은 경치가 아름다운 지역에 거주하고 있다. 지역 방문은 관광객들 사이에서 인기를 끌었고, 단조로운 중국 주요 도시들과는 대조적으로 신선한 인상을 주었다. 이러한 관광은 중국정부에 중요한 외화 획득 수단이 되었다.

마지막으로, 소수민족은 전체 인구의 8.4%에 불과하더라도, 이는 약 1억 1,200만 명에 해당한다. 이는 프랑스, 독일, 영국을 포함한 세계 대부분의 국가 인구보다 많은 수치다. 따라서 중국 전체 인구에서

차지하는 비율이 낮더라도, 중국정부는 '소수민족문제'를 중요한 정책
과제로 삼아 왔다. 본질적으로, 소수민족문제의 핵심은 통합이다. 국
방, 경제적·사회적 안정, 국가적 자긍심을 고려할 때, 중국공산당 지도
부는 소수민족에 대한 통치권과 충성심 확보를 중요한 과제로 여겨왔
다. 이 장에서는 당과 정부가 소수민족 통합을 위해 취한 조치들을 살
펴보고, 그 성과를 평가하고자 한다.

행정적 지배력을 확립하고 소수민족의 충성심을 재조정하기 위한 이
루는 방법에는 여러 가지가 있다. 이러한 방법들은 동화(同化)에서 다
원주의에 이르는 연속선으로 개념화할 수 있다. 동화란 소수집단이 지
배 집단에 흡수되는 과정을 의미하며, 이 과정에서 소수집단은 자신들
의 언어와 기타 고유한 특성을 잃고 본질적으로 다수 집단과 구별할 수
없는 상태가 된다. 반면, 다원주의적 체제에서는 소수집단이 자신들의
언어와 문화, 전통적인 생활방식을 상당 부분 유지하면서도 지배 집단
의 행정적 권위를 수용하고 심지어 이에 참여하기도 한다. 그러나 그들
은 여전히 다수 집단과 구별되는 정체성을 유지한다. 1949년 이후 중
국의 소수민족정책은 다원주의와 강제 동화 사이에서 오락가락해왔다.
마오쩌둥 시대에는 이러한 변화가 급격하고 폭력적으로 이루어졌으
며, 덩샤오핑 시대 이후에는 소수민족의 자유에 대한 제한이 강화되거
나 완화되는 움직임이 반복되었다. 일정 수준의 다원주의는 수용되었
으나, 궁극적으로 당과 정부의 엄격한 통제 아래 있어야 한다는 원칙이
유지되었다.

중국의 역대 정부들은 이러한 극단적인 정책들을 번갈아 시행해왔
다. 중국의 오랜 역사 속에는 시대에 따라 지배 세력이 바뀌었고, 심지
어 비한족 왕조도 존재했다. 그러나 전통 중국의 지배적 경향은 기본적
으로 다원주의적이었다. 다만, 이 다원주의적 태도는 상당히 선민의식
을 띠고 있었다. 명나라의 철학자이자 정치가였던 왕양명(王陽明)은 오
랑캐를 다스리는 것을 야생의 사슴에 비유하며, 집안으로 초대하면 조

상의 위패를 파괴할 것이고, 내버려 두면 농작물을 짓밟을 것이라고 말했다. 즉, 그는 소수민족을 감독하고 통제해야 하며, 이들에게 한족처럼 행동하도록 강요하는 것은 오히려 역효과를 낳을 것이라고 주장했다.

공산주의 이념 속의 민족문제

초기 중국공산당의 소수민족정책을 결정짓는 가장 중요한 요소는 이념이었다. 칼 마르크스는 민족성이나 국민적 특성처럼 보이는 것들이 실상 부르주아-자본주의 사회 단계에서 나타나는 현상에 불과하다고 보았다. 따라서 프롤레타리아 독재가 확립되면 이러한 부르주아적 사회의 특징들은 자연스럽게 사라지고, 동질적인 프롤레타리아 문화가 형성될 것이라고 예상했다.

이러한 동질적인 사회를 만들기 위해 강제적인 조치는 필요하지 않았다. 다만 구체제의 완고한 잔재 세력이 저항하더라도 사소한 문제로 여겨졌고, 필요하면 강제력으로 제압할 수 있다고 판단되었다. 사회주의와 공산주의가 발전하면서 동질적 사회는 자연히 실현될 것으로 전망되었다. 이 과정에서 각 민족의 관습과 문화 중에서 가장 우수한 요소들이 조화롭게 융합될 것으로 보았다. 이러한 이념적 낙관론에 따라 중국공산당은 소수민족의 문화와 민족적 정체성을 일정 부분 관대하게 수용하는 정책을 도입했다. 새로운 공산주의 정부가 완고한 구세력들을 제거한 이후에는, 시간이 지나면서 경제와 사회의 공산화가 진행됨에 따라 자연스럽게 소수민족문제도 해결될 것으로 기대되었다.

소수민족정책의 실제 적용

초기 시기: 1949~1957년

1949년 중국공산당이 처한 현실적 상황은 이념적 입장을 더욱 강화시키는 요인으로 작용했다. 당시 소수민족과 한족 간에는 상당한 적대감이 존재했다. 중국공산당은 군사적 승리 또는 저항이 무의미하다고 본 소수민족 지도자들의 판단에 힘입어 대부분의 소수민족 지역을 장악했다. 그러나 당 지도부는 여전히 대부분의 소수민족들의 신뢰와 지지를 얻지 못하고 있다는 사실을 잘 알고 있었다.

공산당은 소수민족 출신 공산주의자들로 이루어진 소수의 간부를 양성했지만, 이들이 소수민족 지역에서 필요한 행정 업무 등을 수행하기에는 역부족이었다. 지도부는 다양한 소수민족에 대한 이해가 부족하여 그들을 어떻게 다루어야 할지 이해하지 못하고 있음을 인식하고 있었다. 특정 민족의 관습을 모르는 것은 심각한 모욕이 될 수도 있었으며, 예를 들어 손님이 주인의 모닥불 오른쪽에 앉아야 하는지 왼쪽에 앉아야 하는지조차 중요할 수 있었다. 의도하지 않은 예절 위반은 당의 이미지에 지속적인 손상을 줄 수 있으며, 통합 과정에도 복잡한 문제를 초래할 수 있었다. 따라서 소수민족에 대한 이해 부족은 그들의 문제를 파악하는 데 어려움을 주었으며, 반대로 이를 충분히 이해한다면 효과적인 해결책을 제시할 수 있는 기반이 마련될 수 있었다.

소수민족 대중의 신뢰를 얻는 동시에 당의 대표자인 간부들에게 통찰력을 제공할 수 있는 가장 적합한 사람들은 대개 1949년 이전 소수민족 지역의 전통적 지도층이었다. 특히 소규모이거나 비교적 원시적인 생활을 영위하던 소수민족의 경우, 족장들은 외부 세계와의 중개자 역할을 했으며, 종종 그들 중 유일하게 중국어를 구사할 수 있는 사람이기도 했다. 한족 지역에서처럼 '피억압 대중'을 직접 접촉하는 방식은 오히려 혼란과 거부감을 유발할 가능성이 높았다. 따라서 공산당이 1949년 이전의 전통적 지도층과 협력해야 한다는 사실은 자연스럽게 차이점에 대한 포용과 수용의 정책으로 이어졌다.

이러한 배경 속에서 중국공산당은 다원적 통합 모델과 유사한 소수민족정책을 수립했다. 이 정책의 많은 요소들은 소련에서 차용되었으며, 여러 소련 민족학자들이 중국정부의 고문으로 참여하여 소수민족 지역의 연구 및 자료 수집을 지원했다. 그러나 중국과 소련의 상황에는 중요한 차이점이 존재했다. 소련의 경우, 전체 인구의 거의 절반이 비러시아계 민족이었고, 소수민족의 교육 수준과 경제적 발전 수준이 러시아인과 동등하거나 더 높은 경우가 많았다.

소련의 원칙을 따른 결과, 소수민족에게는 이른바 자치구역이 부여되었다. 소수민족의 인구 집중도에 따라 이들 자치 지역은 성(省), 주(州), 현(縣), 향(鄕) 등 다양한 행정 단위에서 설정될 수 있었다. 이들 지역에서는 해당 민족의 관습을 존중하는 조치가 마련되었으며, 공직 선발에서도 우대 조치를 받을 수 있었다. 또한 소수민족들은 자신들의 언어, 즉 구어와 문자를 사용할 권리를 보장받았으며, 문자가 없는 소수민족들에게는 당이 문자 개발을 지원하겠다고 약속했다. 소수민족들은 전통적인 복식과 관습을 유지할 권리를 가졌으나, 생산 활동에 방해가 되지 않는 한에 한정되었다. 대부분의 경우, 사회주의에 적극 반대하지 않는 한 전통적 지도자의 유임이 허용되었다. 이러한 정책은 초기 중국공산당이 '애국적' 부르주아 상층부와 협력하는 통일전선 전략과도 잘 맞아떨어졌다.

소수민족 업무와 가장 밀접하게 연관된 당 조직은 줄곧 당 중앙위원회의 통일전선공작부(이하 통일전선부)였다. 통일전선부는 원래 1944년 옌안에서 설립되었으며, 당 노선에 따라 소수민족 지역의 정책 전반을 기획하고 조율하는 역할을 맡아왔다. 또한 마오쩌둥이 '신민주주의'에서 사회주의로 이행하는 과도기 동안 중국에 적합하다고 간주한 인

민민주주의 독재의 실행과 관련된 기타 통일전선 업무를 담당하고 있
다. 통일전선부는 성 단위에서도 당 조직의 하위 부서로 존재하며, 더
낮은 행정 수준에서는 통일전선부가 없는 경우 지역 당 조직의 농촌공
작부가 소수민족에 대한 정치적 지도 역할을 대신 수행할 수도 있다.

중앙정부 차원에서는, 통일전선부로부터 전달된 소수민족정책의 기
본 지침이 국무원 산하 국가민족사무위원회(이하 국가민위)로 전달되
며, 해당 위원회는 이를 집행할 책임을 진다. 주요 소수민족 관련 주요
방침은 국가민위가 초안을 마련하고 국무원이 승인하고 공포하며, 다
시 국가민위가 집행을 담당한다. 비록 통일전선부의 지휘를 받지만, 국
가민위는 상시 회의를 운영하며 정규 부처로 운영되며 상당한 권한을
보유하고 있다. 국가민위는 소수민족이 다수 거주하는 지역에서는 성,
주, 현 단위에도 존재한다 (도표 13.1 참조). 반면, 소수민족 인구가 적
고 문제가 비교적 단순하다고 간주되는 경우, 해당 행정 수준에서 민정
부의 한 부서가 이를 담당하며, 담당 사무소나 간부가 책임자로 지정될
수도 있다.

전국인민대표대회(이하 전인대)에는 민족위원회가 존재한다. 이 위
원회는 전인대 내 모든 소수민족 대표로 구성되지만, 실질적인 권한은
없으며, 다른 기관에서 결정된 조치를 논의하고 승인하는 역할에 국한
된다. 그러나 대표들의 연설은 소수민족 지역의 문제에 대한 중요한 정
보를 포함할 수 있으며, 비록 그들이 직접 해결책을 제시할 능력은 부
족할지라도 이러한 논의는 의미를 가진다. 또한 전인대 대표로 선출된
다는 것은 해당 대표가 속한 지역에서 당이 그의 위상을 어떻게 평가하
는지를 보여주는 지표가 될 수 있다.

초기에는 소수민족들에게 사회주의개혁이 그들 스스로 원할 때까지
도입되지 않을 것이라는 보장이 주어졌다. 또한 한족에게 부과된 일부
규제에서 예외를 적용받기도 했다. 예를 들어, 의식적 희생과 관련하여
도살된 동물은 도살세가 면제되었다. 일부다처제가 포함된 이슬람 소

수민족의 관습이나, 다부제가 존재하는 티베트 문화는 계속 유지될 수 있었다. 조혼이 전통인 경우 이를 허용했으며, 이족(彝族)은 여전히 노예를 소유할 수도 있었다.

한편, 당은 사회주의로의 전환을 가속화하고 프롤레타리아 문화의 동질화를 추진하기 위해 다양한 노력을 기울였다. 당의 소수민족 지역 사업을 수행할 인력을 양성하기 위해, 소수민족 및 일부 한족을 교육하는 민족학원 체계가 구축되었다. 이들은 교사, 행정 간부, 수의사, 그리고 연예인 등으로 훈련받았으며, 심지어 연예 분야를 포함한 모든 교육 과정은 공산주의 이념을 담고 있었다. 또한 인류학자와 언어학자를 포함한 연구팀이 소수민족과 함께 생활하며 그들의 언어와 관습을 배우도록 파견되었다. 의료팀과 인민해방군 소속이 대부분이었던 작업팀도 소수민족 지역을 방문했다. 이러한 방문은 단순한 기능적인 목적뿐만 아니라 선전 활동의 의미도 내포하고 있었다. 의사와 의료 보조원들은 중국공산당과 마오쩌둥이 보낸 선물이라며 약과 연고를 나눠 주었고, 작업팀은 관개용 도랑을 파거나 황무지를 개간하면서 같은 메시지를 전달했다. 이들은 단결과 애국심을 강조하며 당과 사회주의의 긍정적인 이미지를 구축하려 했다. 그러나 이념적 선전이나 급진적인 사회·경제개혁을 직접적으로 강조하지는 않았다.

이러한 초기 사회 동원 노력이 성과를 거두자, 당은 다음 단계로 소수민족 지역에 이른바 인민정부를 설립하는 작업을 추진했다. 이 정부들은 1950년대 초반에 각 소수민족 지역의 수용 가능성에 따라 시차를 두고 설립되었다. 이러한 정부에는 전통적인 소수민족 지도자들이 일정 부분 포함되었으며, 티베트와 몽골 지역에서는 라마 승려들이, 남서부 지역에서는 부족장들이 참여했다.

또한 당이 양성한 소수민족 출신 활동가들도 포함되었다. 이들 중 일부는 당이 피착취 계층으로 간주한 농노나 노예의 자녀로, 총명하고 사교적이며 당의 메시지를 빠르게 받아들인 인물들이었다. 그러나 상당

수는 기존 전통적 엘리트 계층 출신으로, 협력이 생존을 보장하는 최선의 방법이라고 판단한 이들이었다. 예를 들어, 티베트의 귀족이자 대표적인 협력자였던 응아뽀 응아왕 짐미(Ngapo Ngawang Jigme)의 자녀들은 베이징의 중앙민족학원에서 교육을 받은 후, 졸업 후 다양한 책임 있는 직위를 부여받았다. 새로운 인민정부의 세 번째 구성원은 한족 행정가들이었으며, 이들은 거의 모두 공산당원이었고 때로는 인민해방군 출신이기도 했다. 그들이 최고 직위를 차지했든 아니든 간에, 실제 정책결정에서 결정적인 역할을 수행했다.

당은 전통적인 소수민족 엘리트 중 협조적인 인물들을 새로운 인민정부에 포함시키는 방식으로, 기존의 전통적 통치 구조를 공식적으로 폐지하지 않으면서도 점진적으로 해체할 수 있는 방법을 모색했다. 전통 지도자 다수는 여전히 직위와 위신을 유지했다. 당은 저항을 최소화하면서, 전통 권력 구조를 점진적으로 수정하려 했던 것으로 보인다. 이러한 상징 조작의 또 다른 예는 몽골어로 영웅을 뜻하는 '바토르(Bator)'라는 칭호를 부여하는 것이었다. 이 칭호는 원래 몽골인뿐만 아니라 위구르인과 카자흐인들도 전장에서 용맹을 떨친 영웅들에게 사용하던 것이었으나, 이제부터는 사회주의 노동 영웅들에게 수여되었다.

당은 또한 소수민족의 감정을 배려하는 몇 가지 조치를 취했다. 예를 들어, 많은 소수민족 명칭이 한자 표기 시 개(犬) 부수를 포함하고 있었는데, 이는 해당 민족을 모욕하는 의도가 담긴 것이었다. 또한 일부 민족은 스스로 부르는 이름이 아닌 경멸적인 명칭으로 불리기도 했다. 예를 들어, 스스로를 이(彝)족이라 불렀던 이들은, 과거 알몸 혹은 벌거숭이를 뜻하는 루오루오(倮倮)라는 멸칭으로 불리기도 했다. 당은 이러한 명칭 사용을 금지하도록 명령했지만, 오래된 인식을 바꾸는 것은 더 어려운 과제였다. 또한 모욕적인 지명을 변경하는 조치도 취해졌다. 이러한 지명은 대개 한족이 이른바 야만 지역을 정복하거나 반란을 진압한 것을 기념하기 위해 명명된 것이었다. 예를 들어, 신장 위구르 자치구의 수도였던 디화(迪化)는 계몽의 의미를 담은 이름으로, 이후 본래의 위구르식 명칭인 우루무치로 변경되었다.

사회주의개혁을 도입하려는 목표는 잊힌 것이 아니었다. 단지 사전 준비 작업이 완료될 때까지 연기되었을 뿐이었다. 소수민족 지역에서의 토지개혁은 한족 지역에서 거의 완료된 뒤인 1952~1953년경에야 시작되었다. 연구를 통해 특정 지역의 발전 수준이 개혁도입에 적합한지 여부를 결정했다. 대상 지역을 시험 사례로 선정한 후, 해당 지역에서 개혁이 성공적으로 이루어졌다고 판단될 때에만 주변 지역으로 확

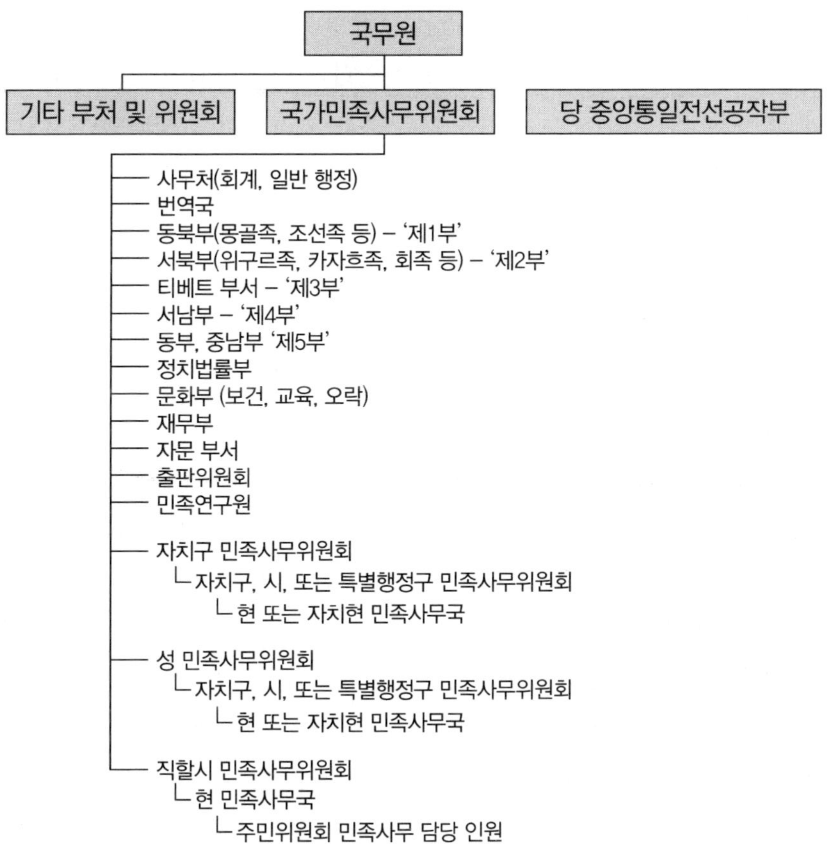

도표 13.1 중국 국가민족사무위원회

대 적용되었다. 그 결과, 개혁과정은 비교적 유연하게 진행되었으며, 소수민족 간의 차이뿐만 아니라 같은 민족 내에서도 차이를 고려하였다. 예를 들어, 주로 정착 농업에 종사하는 몽골족은 '정착 몽골족'으로 분류되어 개혁대상이 되었지만, 유목 생활을 하는 몽골족, 즉 '유목 몽골족'은 개혁대상에서 제외되었다. 윈난성(云南)의 이족(彝族)은 노예를 해방하도록 명령받았으나, 쓰촨성의 이족은 '문화적으로 덜 발전된' 즉 한족화(漢化)가 덜 이루어진 집단으로 간주되어 같은 조치를 강요받지 않았다. 진사강 동쪽의 티베트지역에서는 1954년에 토지개혁이 시행되었지만, 서쪽 지역에서는 개혁이 시도조차 되지 않았다.

1956년, 한족 지역에서 1955년 중반에 이루어진 농업 집단화와 유사한 속도로 소수민족 지역에서도 집단화가 가속화되었다. 그러나 이 과정 또한 각 민족이 수용 가능한 수준을 고려하여 진행되었다. 이미 토지개혁을 거친 민족은 생산호조조(互助组), 즉 생산호조제, 그리고 이미 이 호조제 단계에 있던 집단은 초급 합작사, 즉 하급 협동조합 단계로, 그리고 그 이상의 단계로 점진적으로 발전하도록 유도되었다. 다시 말해, 1956년의 집단화는 한족 지역과 비한족 지역 간의 차이를 없앤 것이 아니라, 그 차이를 사회주의 체계 내의 더 높은 단계로 끌어올린 것에 불과했다.

그러나 이러한 유연한 체제에 대한 불만이 1956년과 1957년에 걸쳐 커지기 시작했다. 이는 소수민족정책에 대한 정기적인 조사와 더불어 백화제방운동(4장 참조)의 일환으로 소수민족들에게 당과 정부에 대한 의견을 표현할 기회를 주었기 때문이었다. 그런데 그들이 한 말은 충격적이었다. 일부는 중국에서 독립하고 싶다고 했고, 다른 이들은 당의 정책이 속이 훤히 보이는 동화정책에 불과하다고 주장했다. 또 다른 집단은 당이 스스로 약속했던 소수민족의 특수성을 고려한 정책유예를 위반하고 있다고 지적했다. 그들은 집단화와 사회주의 자체가 자신들의 관습과 종교와 양립할 수 없다고 주장했다. 소수민족 자치정책은 허울뿐인 것이며, "바구니에 달린 귀처럼 무용지물"이라고 비판했다. 또한 비판자들은 당에 가입하거나 간부가 된 소수민족 출신 인사들을 동족의 배신자로 여기며, "한족을 위해 봉사하는 승냥이"라고 비난했다.

이에 대한 당의 반응은 백화제방운동을 통해 솔직한 의견을 내놓은 한족들에게 취한 대응과 유사했다. 소수민족의 불만 사항 중 일부는 해결하려는 시도가 있었다. 예를 들어, 한족 간부들이 오만하게 행동했다는 불만이 제기된 지역에서는 시정 조치가 취해졌으며, 소수민족 언어가 억압되었다는 증거가 있는 곳에서는 이를 바로잡으려 했다. 그러나 한족 지역과 마찬가지로, 소수민족 지역에서도 반우파운동이 전개되었다. 여기서 주요 목표는 '지역 민족주의'였으며, 이는 반사회주의와 동일시되었다. 주요 희생자는 당이 개혁추진의 걸림돌로 간주한 전통적인 지도자들이었다. 이들 중 상당수가 당이 양성한 젊은 소수민족 활동가들로 대체되었다. 그러나 지방 민족주의에 대한 탄압은 철저한 숙청으로까지 이어지지는 않았다. 통일전선정책은 이론적으로나 실질적으로 계속 유지되었다.

대약진운동과 그 여파: 1959~1965년

1956년과 1957년에 걸쳐 분출된 불만들은 당 지도부로 하여금 소수민족의 특성을 존중하는 관용정책이 결국 그 특성의 자연스러운 소멸로 이어질 것이라는 기존의 생각이 잘못되었음을 깨닫게 했다. 이러한 재평가는 중국이 다른 분야에서도 기대만큼 빠르게 발전하지 못한다는 조급함으로 이어졌고, 결국 대규모 사회·경제적 격변인 대약진운동으로 이어졌다. 대약진운동은 생산 증가, 행정 간소화, 관료주의와 형식주의의 제거, 그리고 순수한 공산주의 실현을 목표로 삼았으며, 소수민족 지역에서 당이 취해온 여러 특별 조치들은 이러한 목표 달성에 방해가 되는 것으로 보였다. 집단화의 여러 단계가 존재하고, 개혁도입 시기의 문제, 전통적 지배층과의 협력정책, 소수민족의 특성을 존중하는 정책, 그리고 지역 언어 장려정책 등이 이제는 모두 중국의 발전을 가로막는 장애물로 간주되었다.

이에 따라 1958년과 1959년에 걸쳐, 사회주의개혁의 수준이 서로 다른 지역들을 서둘러 인민공사체제로 조직했다. 종종 서로 다른 경제 수준과 문화를 가진 여러 민족들이 하나의 인민공사로 통합되었다. '특수성'이라는 단어를 언급하는 것조차 위험해졌으며, 이는 곧 사회주의에 대한 반대로 간주되었다. 마찬가지로, 소수민족 언어를 허용하고 장려하던 정책도 변화하였으며, 갑자기 중국어 학습에 대한 열정이 높아졌다는 주장이 등장했다.

당이 이전까지 용인했던 다양한 관습들도 이제 '퇴폐적'인 것으로 간주되었다. 언론은 생산에 해가 되지 않는 한, 전통을 유지할 수 있다고 했던 약속을 지적했으나, 이제 명절조차 노동을 방해하는 요소로 규정되었다. 또한 가축을 의식적으로 도살하는 전통 역시 식량 공급을 감소시키는 행위로 간주되었다. 전통적인 터번(turban)도 비생산적이라며 비판받았다. 터번은 천을 낭비할 뿐만 아니라, 무거운 터번은 힘든 육체노동을 할 때 두통을 유발할 가능성이 있다고 지적되었다. 따라서 천 모자나 짚으로 만든 모자가 더 나은 대안으로 제시되었다. 또한 화려한 허리띠 역시 생산성을 저해한다고 비판받았다. 터번처럼 허리띠도 천을 낭비할 뿐만 아니라, 복잡한 자수를 새기는 과정이 불필요한 시간 낭비라고 여겨졌다. 더욱이, 허리띠를 두르면 밭에서 일할 때 허리를 자유롭게 굽히는 것이 어렵다는 이유로 비판받았다. 대신, 단순한 허리띠가 바지를 고정하는 데 더 저렴하고 실용적이라고 주장되었다.

소수민족의 언어, 역사, 문화에 대한 연구 프로젝트들도 중단되었다. 이러한 연구들은 '부르주아적 과학적 객관주의'로 낙인찍혔으며, 생산량 증가에 집중해야 하는 시기에 시간과 자원을 낭비하는 것으로 간주되었다. 예를 들어, 5만 개의 단어를 수집한 사전 편찬 프로젝트는 조롱받았으며, 실제로 필요한 것은 주로 생산과 관련된 몇 백 개의 단어뿐이라는 주장이 나왔다. 생산을 늘리려는 열정 속에서, 관리들은 유목민들에게 목초지로 할당되었던 땅을 경작지로 재분류했다. 해당 변화로 영향을 받은 이들은 매우 만족하고 있다고 보고되었다. 심지어 이슬람교를 믿는 회족들조차도 공동 식당에 적극적으로 참여하고 있으며, 그곳에서 돼지고기가 포함된 요리가 제공되었음에도 불구하고 환영한다는 보도가 나왔다.

대약진운동은 한족 지역에서와 마찬가지로 소수민족 지역에서도 큰 실패를 초래했지만, 한 가지 중요한 차이점이 있었다. 한족과 달리 소수민족들은 대약진운동을 외부 세력이 자신들에게 강제로 부과한 정책으로 받아들였으며, 이는 그들의 문화와 생활방식을 파괴하려는 시도로 인식되었다. 공산당의 갑작스러운 동화정책으로의 전환은 개혁이 소수민족 대중의 의사에 따라, 그리고 소수민족들에 의해 실행될 것이라는 기존의 약속과 정면으로 배치되었다. 또한 소수민족 문화를 보호하는 것이 자신들의 역할이라는 당의 기존 입장과도 모순되었다.

1959년 초부터 공식 출판물들은 당의 약속과 실제 정책 간의 괴리로 인해 "대중의 신뢰를 잃었으며, 생산도 어느 정도 피해를 입었다"는 사실을 인정하기 시작했다. 소수민족들의 반감과 저항은 다양한 형태로 나타났으며, 소극적 저항과 소규모 파괴 행위부터 공개적인 반란까지 이르렀다. 공개적인 반란은 티베트, 신장뿐만 아니라 회족과 이족 사이에서도 발생했다. 특히 티베트와 신장의 반란에서는 많은 난민들이 국경을 넘어 각각 인도와 소련으로 피신했다. 이로 인해 중국은 두 개의 국경에서 적대적인 해외 망명 소수민족 공동체와 마주하게 되었으며, 이들은 중국의 소수민족정책을 강제 동화로 규정하고 강하게 비난했다.

중국과 국경분쟁으로 인해 관계가 악화된 인도는 난민들에게 저자세를 유지하도록 설득하려 했다. 반면, 소련은 난민들이 자신들의 경험을 적극적으로 알리도록 장려했으며, 난민들을 위한 모국어 라디오 방송을 확대하고 별도의 신문까지 발행했다. 이 신문은 아랍 문자로 출판되었는데, 이는 소련이 자국 내 같은 민족에게는 키릴 문자를 강제했던 것과 대조적이었다.

대약진운동이 추진한 언어, 복장, 생활 방식의 획일화를 통한 단결은 역효과를 불러일으켰다. 소수민족들은 한족과 자신들의 차이를 더욱 분명하게 인식하게 되었으며, 많은 이들이 자신의 정체성을 지키려는 완강한 의지를 가지게 되었다. 1959년 당시 중국은 대약진운동의 여파로 심각한 위기에 빠져 있었고, 정부는 단순히 국민들이 생존할 수 있도록 하는 데 초점을 맞춰야 했다. 한족과 소수민족 지역 모두에서 정부의 정책은 대약진운동이 초래한 피해를 복구하는 데 집중되었으며, 이념은 적어도 일시적으로는, 후순위로 밀려났다. 유목민들에게서 몰수한 토지는 다시 반환되었는데, 이는 1958년 대약진운동이 시작될 당시 지역 주민들이 이미 경작에 부적합하다고 경고했던 땅이었다. 그러나 안타깝게도, 이 땅을 방목할 가축은 훨씬 줄어든 상태였다. 많은 유목민들이 가축을 인민공사에 넘기느니 차라리 도살해버리는 선택을 했기 때문이다.

소수민족 지역에 설치된 인민공사는 한족 지역과 마찬가지로 명목상 유지되었을 뿐, 사실상 해체되었다. 그러나 일부 지역에서는 인민공사가 너무 심각한 문제를 초래한 탓에 그 명칭조차 완전히 폐기되었다. 이러한 지역에는 다이족(타이족), 이족, 리수족, 그리고 티베트 자치구 외곽 지역의 티베트인들이 포함되었다. 한편, 티베트 자치구 내에 거주하는 티베트인들에게는 인민공사가 강요되지 않았다. 하지만 대약진운동 기간 동안 다른 티베트지역에서 시행된 가혹한 정책들이 조만간 티베트 자치구에도 적용될 것이라는 소문이 퍼졌고, 이는 1959년 3월 티베트 반란의 중요한 원인 중 하나였다.

여러 소수민족이 포함된 인민공사의 경우, 재조직 과정에서 상대적으로 부유한 민족에게는 공사 가입 전 수준의 소득을 보장하도록 규정되었다. 그러나 농업 기술이 더 뛰어난 소수민족이 그렇지 못한 민족과 한데 묶여 소득이 평균화되면서 상당한 불만이 발생했다. 또한 회족들은 더 이상 돼지고기를 제공하는 공동식당에서 식사를 강요받지 않게 되었다.

대약진운동 이후 이루어진 또 다른 조정 조치는 반우파운동 당시 숙청된 전통 지배층 인사 일부의 복권이었다. 또한 대약진운동 초기 중단되었던 연구 프로젝트들이 다시 진행되기 시작했다. 언론은 이를 "세밀한 연구와 조사가 '항상' 마르크스-레닌주의의 기본 방법이었다"라고 설명했다. 아울러, 소수민족의 특수성을 존중하는 개념도 공식적으로 다시 인정되었다.

대약진운동 시기에 만연했던 경직된 이데올로기적 입장에서 후퇴하는 흐름은 한족 지역에서도 나타났지만, 소수민족 지역에서 그 정도가 더 심했다. 1959년과 1960년에는 1949년부터 1957년까지의 시기를 특징짓던 다원주의적 정책으로의 회귀가 이루어졌다. 1962년부터 1965년까지 진행된 사회주의 교육운동 기간 동안 한족 지역에서는 이러한 완화된 정책의 일부를 강화하려는 시도가 있었지만, 소수민족 지역에는 큰 영향을 미치지 않았다.

문화대혁명: 1966~1971년

문화대혁명의 공식적인 기간은 1966년부터 1976년까지이지만, 소수민족정책에 있어서는 이 시기가 잘 들어맞지 않는다. 소수민족정책의 주요 변화는 1966년부터 중국 전역에서 시작되었지만, 1971년에 상당한 수정이 이루어졌다. 따라서, 소수민족정책과 관련된 문화대혁명의 적절한 시기는 1966년부터 1971년까지를 잡는 것이 더 정확하다. 5장에서 살펴본 바와 같이, 대약진운동의 실패로 인해 느슨해진 이념을 바로잡고 정통성을 회복하기 위한 대규모 노력으로 문화대혁명이 시작되었다. 소수민족 지역에서는 이것이 급진적인 동화정책의 재도입을 의미했다.

급진파들은 점진주의와 다원주의를 지지했던 많은 행정 관리들을 숙청할 것을 요구했고, 결과적으로 숙청이 단행되었다. 한족 출신의 한당 지도자는 소수민족의 인민공사를 해체하려 했다는 이유로 비판받았고, 또 다른 한족 지도자는 소수민족 상류층에 '굴복했다'는 이유로 숙청되었다. "해방 17년이 지난 후에도 여전히 소수민족의 지배층과 노예 소유자들이 농민들을 탄압하고 있다"는 사실이 충격적으로 받아들여졌다. 내몽골의 당 지도자였던 울란푸(烏蘭夫)는 1920년대부터 중국 공산당에 참여한 몽골족 인물이었다. 그는 몽골어와 몽골 문화의 학습을 장려했다는 이유로 '민족 분열주의'를 조장하고 모든 민족의 단결을 저해한 혐의를 받았다. 그러나 그가 이러한 범죄를 저질렀을 당시에는 소수민족의 언어와 문화를 장려하는 것이 당의 공식정책이었다는 점은 주목할 만하다.

울란푸에게 제기된 혐의 중 일부는 터무니없었다. 예를 들어, 그는 독립된 통일 몽골 국가의 황제가 되려는 음모를 꾸몄다는 비난을 받았다. 하지만 몽골인민공화국은 훨씬 강력한 소련의 보호 아래 있었으며, 더구나 중국 내 몽골족과의 재통합에 전혀 관심을 보이지 않았다. 따라서 아무리 상상력이 풍부한 음모론자라 하더라도 실제로 이를 실행하려 했다고 보기 어렵다.

급진적 동화주의자들은 홍위병의 지원을 받아 마오쩌둥이 소수민족 문제에 대해 했던 "민족문제는 본질적으로 계급문제"라는 발언을 자신들의 구호로 삼고 이를 극단적으로 해석했다. 그들은 민족문제가 계급문제라면, 계급 차이가 사라져야 하는 것처럼 민족 차이도 사라져야 한다고 주장했다. 이 논리에 따라 홍위병들은 소수민족 지역에서 '4구(四舊)' 즉, '구사상, 구문화, 구풍속, 구습관'을 공격했다. 그들은 통일전선을 '계급적 투항주의'로 간주하고 해체를 주장했으며, 소수민족의 특성을 고려한 모든 정책을 폐기할 것을 요구했다. 그들은 계급투쟁이 소수민족 지역에서도 이루어져야 하며, 궁극적으로 자치구 자체가 폐지되어야 한다고 주장했다.

급진적 동화주의자들은 문화대혁명 기간 동안 일부 성공을 거두었다. 예를 들어, 이전까지 존재하지 않았던 티베트자치구에 인민공사가 설립되었고, 이미 해체된 일부 소수민족 지역들에는 다시 도입되었다. 또한 급진파들이 '기득권 세력'이라고 부른 소수민족 지역의 여러 관료들이 해임되었다. 그러나 문화대혁명의 최종 결과는 급진파의 기대에 미치지 못했다. 소수민족 지역에서는 여전히 전통적 권위를 가진 인물들, 즉 귀족, 촌장, 그리고 '살아 있는 부처'로 불리는 종교 지도자들이 여전히 자리를 지켰다. 소수민족의 일부 특성도 계속 유지되었으며, 자치구는 끝내 폐지되지 않았다. 또한 소수민족 출신의 인사들은 여전히 언론에서도 여전히 소수민족으로 언급되었다.

이들 동화주의 목표를 달성하지 못한 이유 중 하나는 소수민족을 지나치게 강하게 압박하면 국경 방어에 위험을 초래할 것이라는 두려움 때문이었다. 또 다른 이유는 애초에 그 목표 자체가 실현 불가능한 것이었기 때문이다. 급진적인 감시가 강했던 지역에서는 민족적 감정이 지하로 숨었다. 예를 들어, 신화통신은 티베트의 수도 라싸에서 가정 내에서 달라이 라마 대신 마오쩌둥의 초상이 걸려 있다고 자랑스럽게 보도했다. 그러나 마오쩌둥이 주민들의 존경 속에서 달라이 라마를 대체한 것은 아니었다. 압박이 사라지자마자 마오쩌둥의 초상화는 벽에서 내려지고, 다시 달라이 라마의 초상화가 걸렸다. 급진적인 감시가 산발적이거나 아예 존재하지 않았던 지역에서는 지시된 변화가 무시될 수 있었고, 실제로 무시되었다. 이런 상황은 자주 발생했는데, 이는 여러 소수민족이 접근이 어려운 외딴 지역에 거주하고 있었기 때문이다.

그러나 1968년부터 1971년 중반까지 소수민족은 중화인민공화국에서 눈에 띄지 않는 존재였다. 그들이 대중 매체에서 언급되는 일은 드물었으며, 언급되더라도 단순히 다른 이름을 가진 한족으로 취급되었다. 이름만 봐도 소수민족 출신임이 분명한 사람들조차 당시 당 노선을 찬양하는 목소리에 포함되었다. 생계나 생산문제를 해결하기 위한 권장 방안은 마오쩌둥의 저서를 공부하는 것이었다.

다원주의로의 회귀: 1971~1977년

이 상황은 1971년 중반 이후 급격히 변화하였다. 인과관계를 입증하는 것은 불가능하지만, 다원주의로의 회귀는 마오쩌둥의 후계자로 여겨지던 린뱌오와 그의 제4야전군 주요 인물들의 권력 쇠퇴와 밀접하게 맞물려 있었다. 1971년 5월부터 11월 사이, 여러 지역 방송국들이 1966~1967년경 중단되었던 소수민족 언어 방송을 재개했다. 또한 언론 매체는 소수민족과 한족 모두에게 소수민족 언어를 배우도록 장려하기 시작했다.

소수민족 언어로 된 책들도 다시 인쇄되기 시작했다. 당 선전물은 이러한 책들이 한족어로 된 같은 책보다 저렴하게 판매되었다고 홍보했는데, 이는 당이 비용을 보조했기 때문이었다. 또한 당은 몽골어를 소멸의 위기에서 구해냈다고 주장했다. 그러나 이는 아이러니한 일이었다. 문화대혁명 당시 내몽골 당 서기가 몽골어 학습을 장려했다는 등의 이유로 숙청되었기 때문이다. 얼마 지나지 않아 울란푸는 복권되었고, 심지어 그가 스스로 황제가 되려 했다는 혐의를 포함한 모든 죄목에 대해 무죄 판결을 받았다. 언론에서는 정부가 소수민족을 위해 특별 소비재를 제공하고 있으며, 종교 활동에 대한 규제가 완화되고 있다고 발표했다.

그러나 이 시기에도 일부 소수민족과 관련된 문제가 있었다. 예를 들어, 1975년 무슬림에게 성스러운 날인 금요일에 노동을 강제하는 명령이 내려지면서, 신장부터 윈난까지 무슬림 지역에서 폭동이 발생했다. 한족과 소수민족 간의 마찰은 계속되었고, 사소한 사건이 폭력 사태로 비화하기도 했다. 하지만 1971년 중반 이후 기본적으로 다원주의정책이 다시 시행되었으며, 소수민족과 한족 간의 관계는 개선되기 시작했다.

마오쩌둥 사후 소수민족정책

덩샤오핑은 이러한 포용정책을 지속했으며, 일부 새로운 정책을 도입하여 소수민족 지역에 심대한 영향을 미쳤다. 이는 의도적인 설계라기보다 간접적인 결과였다. 7장에서 보았듯이, 덩샤오핑은 번영을 이루는 최선의 방법이 자본을 가장 높은 승수 효과를 발휘할 수 있는 곳에 투자하는 것이라고 믿었다. 일반적으로 이는 상하이와 광저우 같은 연해 도시나 우한 같은 주요 강 항구에 투자하는 것을 의미했다. 특정 지역, 예를 들어 선전과 주하이 등에는 외국 자본을 유치하기 위한 세제 혜택과 각종 특전이 제공되었다. 그러나 이러한 지역은 소수민족 거주지역이 아니었으며, 소수민족들은 시장경제에 적응해야 한다는 통보를 받았다. 기존의 보조금은 대출로 대체되었고, 한족 농촌지역과 마찬가지로 소수민족들도 자유 시장에서 자신의 상품을 판매할 권리를 부여받았다.

소수민족문제는 계급문제라는 정책이 공식적으로 폐기되었으며, 마오쩌둥의 의도가 "잘못 해석되었다"는 설명이 뒤따랐다. 소수민족과 한족 간의 차이는 이제 두 집단 간의 소득 불균형으로 해석되었으며, 생활수준이 평등해지면 갈등이 사라질 것이라는 입장이 제시되었다. 언어, 의복, 풍습과 같은 소수민족과 한족 간의 뚜렷한 차이는 가까운 시일 내에, 혹은 아예 사라지지 않을 수도 있다고 여겨졌다. 이는 마오쩌둥 시대의 정책보다 한 걸음 더 나아가, 소수민족의 특성을 일시적으로 수용하는 수준이 아니라 장기적으로 존중하는 다원주의적 모델로 나아가는 것이었다. 한족과 소수민족 간의 갈등을 완화하기 위해, 소수민족들에게는 한족에게 강제된 한 자녀정책이 일정 부분 면제되었다. 또한 소수민족 자녀들은 고등교육에 더 쉽게 접근할 수 있는 혜택을 받았다.

개혁이 초래한 문제

새로운 문제들이 발생했다. 한족들은 소수민족에 대한 특별 대우가 불공평하다고 불평했다. 일부 사람들은 추가 출산의 권리와 대학 입학 시 우대 혜택을 받기 위해 소수민족으로 다시 등록하는 방법을 선택했다. 처음에 정부는 소수민족 인구 증가를 계몽된 정책의 결과라고 설명했지만, 곧 그 이유를 깨닫고 재등록 과정을 억제하려 했다. 그러나 2010년 인구 조사에서는 중국의 전체 인구 대비 소수민족 비율이 오히려 감소한 것으로 나타났다 (표 13.1 참조). 이에 대한 공식적인 설명은 제공되지 않았다.

경제정책으로 인해 다른 문제들도 발생했다. 중국에서 가장 생산성이 높은 지역들을 우선적으로 지원하는 정책으로 인해 국내외 자본이 특정 경제 특구로 몰리면서, 이미 상대적으로 부유했던 지역은 더욱 부유해진 반면, 소수민족 지역은 뒤처졌다. 새로운 농촌정책으로 인해 소수민족 지역의 식량 공급은 증가했지만, 동시에 중국공산당이 집권 당시 폐지를 약속했던 계급 불평등이 다시 나타났다. 개혁으로 인해 불이익을 받은 사람들은 당이 대중과의 신뢰를 저버렸다고 느꼈다. 티베트 유목민을 대상으로 한 연구에서는, 개혁 이후 부유해진 가구들이 공산주의 이전 체제에서도 이미 부유했던 집안들이었다는 사실이 밝혀졌다. 또한 정부가 기존의 보조금('수혈')을 폐지하고, 자부담을 조건으로 하는 지역 주도형 발전 지원('조혈')정책으로 전환하자, 이 조치는 또 다른 이유로 불리하게 작용했다. 전체 소수민족 지역의 3분의 2는 너무 가난하여 필수 자금을 조달할 수 없었다.

뿐만 아니라, 연해지역에서 생산량 증가와 함께 발생한 인플레이션은 소수민족 지역에 더욱 큰 타격을 주었다. 전통적으로 이들 지역은 원자재를 연해 제조업 지역에 공급하는 역할을 해왔고, 제조된 제품은 부가가치가 추가된 가격으로 소수민족들에게 다시 판매되었다. 이러한 가격이 급등하자, 소수민족들은 한족들에게 착취당하고 있다는 오랜 불만을 더욱 강하게 느끼게 되었다. 실제로 신장 위구르 자치구는 비누, 자전거, 컬러 텔레비전 등을 포함한 48가지 제품의 유입을 금지하기도 했다.

신장지역에서는 소요가 발생했고, 티베트에서는 기근이 들었다. 정부정책으로 인해 전통적인 보리가 아닌 밀을 재배하도록 강요받았으나, 토양이 맞지 않아 작물이 실패한 것이다. 이에 정부는 수송기를 동원해 한족 주민들을 대피시켰다. 한편, 신장에서는 한족 간부들이 조용히 기층 행정 조직에서 철수했는데, 이는 1998년 5월 말에서야 밝혀졌고, 그 철수는 그 지역에서 증가하고 있던 전복적인 종교 활동과 관련이 있는 것으로 드러났다. 윈난에서는 토지와 수자원 권리를 둘러싼 갈등이 발생했다. 일부 소수민족들의 토지와 고무나무가 불법적으로 수용되어 농장이 조성되었기 때문이다.

이러한 문제를 해결하기 위한 노력이 이루어졌다. 후야오방(胡耀邦)은 직접 윈난과 티베트를 방문하여 문제를 완화하려 했다. 티베트인들은 다시 보리를 재배할 수 있도록 허용받았고, 국가 보조금도 증가했다. 또한 티베트는 특정 세금에서 면제되었다. 국경 지역의 소수민족들은 이웃 국가들과의 무역을 통해 경제를 발전시키도록 장려되었다. 그결과, 티베트인들은 네팔과 인도, 윈난 소수민족들은 라오스·미얀마·태국, 신장의 소수민족들은 당시 소련, 내몽골인들은 몽골 인민공화국과 구소련과 각각 무역을 시작했다. 또한 정부는 소수민족 지역의 관광을 장려했으며, 외국 자본 유치를 환영한다고 발표했다. 비록 이들 지역의 투자 잠재력이 연해지역만큼 크지는 않았지만, 정부는 외국인들이 순수한 경제적 이유가 아닌 다른 이유로 투자하기를 기대했다. 예를 들어, 부유한 사우디아라비아인이나 말레이시아인들이 중국 내 같은 종교를 믿는 소수민족을 돕기 위해 투자할 가능성을 염두에 두었다.

이러한 조치들의 의도는 좋았지만, 심각한 부작용을 초래했다. 국경이 더 느슨해졌고, 소수민족 지역에서 무역, 관광, 외국인 투자 확대 요구는 이슬람 세계에서 근본주의 정서가 고조되는 시기와 겹쳤다. 잠재적인 무슬림 투자자들은 동료 무슬림들이 어떻게 대우받는지에 관심을 가졌으며, 종종 모스크나 종교 학교를 방문하고 싶어 했다. 간첩들은 사업가나 관광객으로 위장할 수도 있었다. 소수민족 지역의 한족 행정관들 중 현지 언어를 배운 사람이 거의 없었기 때문에, 외국 방문객들은 안내인들이 무슨 말을 하는지 모르는 상태에서 자유롭게 소수민족들과 대화할 수 있었다. 반체제 문서, 무기, 폭발물이 밀반입될 수 있었으며, 학대나 잔혹 행위를 주장하거나 이를 기록한 편지와 녹음 테이프가 밀반출될 수도 있었다. 윈난의 국경무역에는 황금 삼각지대의 대표적 수출품인 아편 거래가 급증했다.

다이족 소수민족들은 관광객으로 윈난을 방문한 태국인들의 여유로운 생활 방식에 깊은 인상을 받았다. 태국 국영 항공사가 치앙마이와 시솽반나(西雙版納) 다이족 자치주의 수도 징훙 간 직항 노선을 개설하겠다고 제안했지만 당국은 처음에는 이를 거부했다. 마찬가지로, 한국에서 온 방문객들은 중국 내 조선족들에게 큰 인상을 주었다. 당국이 철저한 감시를 시작하기 전까지, 중국 조선족 '관광객'들은 서울 호텔에 체크인한 후 그대로 사라져 한국에서 일자리를 찾았다. 일부 조선족들은 밀입국 선박을 통해 한국으로 들어가려 했다. 또한 한국 경찰은 고령의 한국 남성과 젊은 중국 조선족 여성들 간의 위장 결혼 시장이 활성화되고 있음을 발견했다.

게다가, 소수민족 지역의 경제발전을 위해 도입된 정책들이 주로 해당 지역에 거주하는 한족들에게 혜택을 주고 있다는 불만도 제기되었다. 특히 티베트에서는 세금 감면정책이 한족 이주를 촉진시켜, 대규모 유입으로 이어졌다. 라싸의 관광지에서 장사를 하는 상인들 대부분은 쓰촨 출신의 한족이었다. 라싸 홀리데이 인 호텔에서 서구인 손님들이 전통 티베트 복장을 한 종업원들에게 티베트어로 말을 걸었을 때, 이 젊은 여성들이 사실 한족이라는 사실을 알게 되었다. 더욱이, 정부 주도로 티베트로 파견된 노동자들은 전통 양탄자 제작 같은 일을 하면서도, 같은 일을 하는 티베트인들보다 더 높은 임금을 받았다. 당국은 이러한 숙련 노동자들이 높은 임금이 아니었다면 혹독한 티베트의 기후 속에서 일하려 하지 않았을 것이며, 결국 이는 모두에게 경제적 이익을 가져다준다고 주장했다. 그러나 티베트인들은 자신들이 자기 고향에서 2등 시민 취급을 받고 있으며, 한족 이주민들이 티베트인들의 일자리를 빼앗고 있다고 느꼈다.

징훙에서 관광객들을 위해 유사 다이족 양식의 건물을 짓고 있는 건설 노동자들은 한족 이주노동자들이었다. 중국 서북부 지역에서는 위구르족과 카자흐족이 '자신들의' 유전과 기타 산업에서 한족들이 더 나은 일자리를 차지한다고 불평했다. 중앙정부조차 한족 이주민들이 신장에서 무분별한 토지 이용으로 생태적 피해를 초래했다고 인정했다. 한족들이 토지 오용으로 인한 환경 파괴는 내몽골의 몽골족들 사이에서도 지속적인 불만 사항이었다. 이러한 문제는 최소한 대약진운동 시기까지 거슬러 올라간다. 환경문제에 대한 전반적인 관심이 커지면서, 소수민족들의 불만도 증가했다.

이러한 경제정책의 실질적 수혜자가 누구인지와는 별개로, 소수민족 지역과 한족 지역 간의 소득 격차는 계속해서 벌어졌다. 1989년까지 소수민족 지역의 평균 산업 및 농업 생산량은 국가 평균의 47.9% 수준으로 감소했다. 그 후 20년이 넘는 기간 동안 수많은 정책이 시행되었지만, 공식 자료는 이 격차가 여전히 확대되고 있음을 인정했다. 단 하나의 예외는 광시 좡족 자치구였다. 좡족은 1949년 이전부터 한족 문화에 잘 적응해왔으며, 또한 광시가 급속히 성장하는 광둥성과 국경을 맞대고 있는 지리적 이점도 있었다. 그 외 네 개 자치구(티베트,

닝샤, 신장, 내몽골)와 소수민족 인구가 많은 세 개 성(간쑤, 구이저우, 칭하이)은 여전히 크게 뒤처져 있었다. 티베트 당국은 극빈층을 빈곤에서 벗어나게 한 후에도, 이들이 다시 빈곤층으로 전락하는 것을 막기 어렵다고 호소했다. 일부 지역에서는 소수민족들의 교육 수준이 오히려 하락하기도 했다.

어떤 경우든, 그리고 당정책의 가정과는 달리, 소수민족과 한족 간의 소득 및 교육 격차를 좁힌다고 해서 반드시 민족 간 긴장이 해소되는 것은 아니다. 생존에 대한 절박함이 줄어든 사람들은 반정부 감정을 표현할 여유가 더 생길 수 있으며, 무기를 구입할 자금을 마련할 가능성도 높아진다. 교육 수준의 향상은 자신의 고유한 문화에 대한 관심을 자극하고, 이에 대한 학습 능력을 향상시킬 수도 있다. 분리주의 혐의로 체포된 내몽골 출신의 반체제 인사들 중 상당수는 당이 운영하는 소수민족 교육기관 출신으로, 이들은 공식적으로 승인된 몽골 문화의 틀을 넘어서는 데 관심을 갖게 되었다. 일부 소수민족 지역에서 긴장이 존재하는 것은 사실이지만, 최근 몇 년간 심각한 소요 사태가 보고된 곳은 신장, 티베트, 그리고 비교적 약한 수준에서는 내몽골뿐이다.

외부 요인

관광의 영향에 관해서는, 일부 소수민족 구성원들이 외부인의 방문으로 이익을 얻고 이를 환영한 반면, 다른 이들은 중앙정부가 외화를 벌기 위해 자신들을 착취하고 있다고 여겼다. 즉, 소수민족이 이국적인 대상으로 상품화되고 있다는 것이다. 또한 정부가 소수민족 문화를 왜곡하고 희화화하고 있다는 불만도 있다. 소수민족이 제작한 것으로 판매되는 수공예품 중 상당수가 실제로는 전통적인 양식이 아니거나, 소수민족이 만든 것이 아닌 경우가 많다. 외국 방문객들에게 여러 소수민족의 생활상을 보여주는 이른바 '소수민족 마을'은, 외부인들에게는 실제 소수민족의 삶을 보여주는 것이 아니라 마치 인간 동물원처럼 보인다는 지적도 있다.

서구 사회에서 소수민족에 대한 시각은 1980년대부터 인권문제에 대한 관심이 높아지면서 영향을 받았다. 특히 티베트는 많은 사람들의 관심을 끌었다. 불교는 서구에서 가장 빠르게 성장하는 종교가 되었으며, 그 중에서도 티베트 불교는 저명한 학자와 유명 연예인을 포함한 폭넓은 지지층을 형성했다. 할리우드는 티베트의 입장을 지지하는 여러 영화를 제작했고, 한 미국 국회의원은 관광객으로 위장하여 티베트에 잠입한 후, 현지 문화가 체계적으로 파괴되고 있다고 주장했다. 일부 관광객들은 티베트인들의 요청에 따라 달라이 라마의 사진을 보내주었는데, 이 사진을 소지하는 일은 간헐적으로 금지되곤 한다. 또한 중국정부의 단속 대상이 되는 학대 관련 문서를 외부로 반출해 달라는 요청에도 기꺼이 응했다.

이러한 문제들은 소련 붕괴와 이슬람 근본주의의 부상으로 더욱 복잡해졌다. 중국 내에 동족을 둔 그중에서도 이슬람이 주류인 국가들이 중국 국경을 따라 새롭게 등장했다. '대몽골'에 대한 열망을 억제해왔던 몽골인민공화국은 비공산주의 공화국으로 대체되었으며, 그로 인해 이러한 민족적 감정을 억누르기가 더 어려워졌다. 공산주의 이전에 대부분의 몽골인이 신봉했던 티베트 불교가 부흥했으며, 이에 따라 티베트어를 배우려는 관심도 급증했다. 중국정부의 항의에도 불구하고, 달라이 라마는 몽골에 초청되어 열렬한 환영을 받았다.

탄압의 강화

1988년부터 1990년까지, 외부에서 이러한 사건들이 전개되는 동안 중국정부와 가장 저항적인 소수민족들 간의 관계는 특히 어려운 시기를 겪었다. 1988년 6월, 달라이 라마는 프랑스 스트라스부르에서 열린 유럼 의회에서 연설했다. 그 자리에서 그는 중국정부에 하나의 타협안을 제시했는데, 이 안에 따르면 중화인민공화국이 티베트의 외교정책을 담당하는 대신, 티베트 자치구는 대중에 의해 선출된 입법부와 자체적인 법률 체계를 갖도록 하는 것이었다. 그러나 베이징은 이를 거부하며, 유럽 사회가 달라이 라마를 초청한 것에 대해 강하게 반발했고, 달라이 라마가 국내 문제를 국제화하려 한다고 비난했다.

이 시점에서 중국 중앙정부는 1979년 이후 경제개발을 통해 소수민족문제를 해결하려던 당근정책에 더해, 더욱 강경한 탄압이라는 채찍을 추가하기로 결정했다. 티베트 자치구 내 경찰과 군 병력이 외부에서 추가로 파견되었으며, 사원에 대한 수색이 이루어졌고, 달라이 라마에 동조하는 것으로 의심되는 인사들이 체포되었다. 1988년 12월에는 반정부 시위가 발생했다. 1989년 1월, 비교적 온건한 입장을 취해오던 판첸 라마는 공개적으로 공산당이 티베트에서 어느 정도 발전을 이루긴 했지만, 그 대가가 너무나 컸다고 발언했다. 그로부터 나흘 후, 51세의 그가 건강한 상태였음에도 불구하고 심장마비로 사망했다는 소식이 전해졌다. 많은 사람들이 그가 자신의 발언 때문에 살해되었다고 의심했고, 이에 따라 추가적인 시위가 발생했다. 결국, 1989년 봄 라싸에 계엄령이 선포되었으며, 이는 1년 이상 지속되었다. 이 시기, 달라이 라마는 노벨 평화상을 수상하면서 티베트문제가 국제적으로 확산되었음이 드러났다.

1989년 같은 해 봄, 신장지역의 위구르족과 카자흐족은 우루무치에서 공산당 청사를 향해 돌과 쇠막대기를 던지며 공격했다. 이 시위의 직접적인 원인은 상하이에서 출판된 한 책에 이슬람을 모독하는 내용이 포함되어 있었기 때문이었지만, 그동안 누적된 불만도 표출되었다. 동시에, 무슬림인 회족도 간쑤성과 칭하이성에서 이슬람과 관련된 다른 문제들로 갈등을 일으키고 있었다. 이들은 철도 노선을 공격하여 열차 운행이 중단되는 사태를 초래하기도 했다. 정부 조사 결과, 여러 지역의 이슬람 단체들이 서로 연계되어 있었으며, 외국으로부터 지원을 받고 있다는 증거가 발견되었다. 또한 신장지역에서는 중국정부가 구소련과의 국경 지대에 한족 이주민들을 이주시켜 소수민족의 이동을 차단하려 했던 정책이 새로운 갈등 요소가 되었다. 이와 더불어, 내몽골에서도 대규모 시위가 발생했는데, 이는 인접한 몽골에서 반공 정서가 확산되었던 것과 무관하지 않았다.

1989년 톈안먼사건과 소련의 붕괴 이후, 이들 모든 지역에서 강도 높은 탄압이 벌어졌다. 내몽골에서는 지도부가 재편되었으며, 티베트 지역의 사원과 이슬람 지역의 모스크 및 종교학교에 대한 조사가 진행되었다. 이 과정에서 다수의 사람들이 체포되었으며, 몇 년 전만 해도 사소한 문제로 여겨졌을 사안들까지 반정부 활동으로 간주되었다. 예를 들어, 몽골 문화 연구를 촉진하기 위해 합법적으로 등록을 시도했던 두 단체의 구성원들은 체제 전복 및 분리주의 혐의로 기소되었다.

1990년대 중반부터 시작된 '강력 단속' 범죄소탕운동은 소수민족 지역에서 분리주의를 목표로 한 탄압 수단으로 활용되었다. 인권 운동가들은 중국정부가 정책에 대한 어떠한 형태의 이견 표현도 분리주의로 간주하며 탄압을 정당화하고 있다고 비판했다. 2001년 9월 11일 미국에서 발생한 테러 공격 이후, 신장지역에서의 탄압은 더욱 강화되었다. 중국정부는 탈레반 훈련을 받은 위구르인 1,000여 명이 국내 이슬람 사회에 침투하여 근본주의와 테러 선동을 하고 있다고 주장했다. 반면, 외국 전문가들은 그 수를 4명에서 13명 사이로 추정했으며, 일부는 1930년대 신장을 떠나 파키스탄에서 망명 생활을 하던 위구르인 출신들이었다.

공식 선전은 소수 불만 세력이 다른 사람들을 선동해 문제를 일으킨다고 주장한다. 대다수의 사람들은 만족하며, 당과 정부가 이전의 '낙후된' 지역에 가져다준 다양한 혜택을 감사히 여긴다는 것이다. 한족과 소수민족은 상호 의존적인 관계이며, 모두 중화인민공화국이라는 하나

의 가족의 일원이라고 주장한다. 국가 전체의 이익을 위해서는 서로 도
와야 한다. 중앙정부가 소수민족 지역에서 자원을 채취하기는 하지만,
이에 대해 공정한 가격을 하고 있다는 입장이다. 또한 많은 소수민족
지역의 경제를 상당한 수준으로 보조하고, 그들의 문화 발전을 장려하
고 있다고 한다.

　당과 정부는 소수민족 언어, 문화, 전통의 발전을 장려한다고 공공
연히 밝힌다. 그러나 이를 실제로 어떻게 해석하고 실현할 것인지에 대
해서는 소수민족 구성원들과 의견 차이를 보인다. 어느 선까지가 문화
발전이고, 어느 선부터가 국가통합을 해치는 분리주의 활동인지를 두
고 견해가 갈린다. 이러한 논쟁에 참여하는 대부분의 당사자들은 언어
나 문화가 고정된 것이 아니라, 시대의 변화와 적절성에 대한 인식 변
화에 따라 적응해 간다는 점은 인지하고 있다. 쟁점은 이러한 변화의
판단 권한을 중앙 지도부가 독점적으로 갖고 있다는 데 있다. 실제로,
당과 정부가 소수민족을 '대신해' 추진하는 문화 발전은 허용되는 반
면, 소수민족이 '자발적으로' 추진하는 문화 발전은 허용되지 않는 경
향이 있다. 당과 정부의 직접적인 통제 아래 있는 소수민족 문화는 찬
양받지만, 그 외의 문화적 표현은 강한 의심을 받는다.

　통제문제는 정부가 지역 사회가 알코올 중독, 헤로인, 그리고 마약
사용과 연관된 HIV/AIDS문제를 해결하려는 노력에 대해 보이는 태도
에서도 명확하게 드러난다. 1997년, 신장 위구르 자치구의 비교적 세
속적인 지역인 이리(伊犁)에서 위구르 학생들이 술 소비를 줄이도록 장
려하는 운동을 조직하고, 술에 의존하는 사람들에게 술 판매를 제한하
도록 가게에 요청했다. 그러나 정부는 이 운동이 술을 금지하는 이슬람
근본주의의 영향을 받은 것이라고 간주하고 이를 탄압했다. 이에 반발
하여 약 5,000명의 학생들이 시위를 벌였고, 경찰이 시위대를 진압하
는 과정에서 약 300명의 위구르인이 사망한 것으로 추정된다. 1년 전
에는 성공한 위구르 사업가 카디르(Rebiya Kadeer)가 전복 활동 혐의

로 체포되었다. 그녀는 여성 인권과 에이즈 교육을 위한 활동을 했으며, 헤로인 사용 반대 운동을 벌였다. 레비야는 2005년 국제 사회의 압력으로 석방되었지만, 이후 그녀의 두 자녀가 탈세 혐의로, 또 다른 자녀가 '국가 분열 시도' 혐의로 기소되었다. 현재 미국에 거주 중인 그녀는 중국정부가 각국에 그녀의 입국을 허용하지 말라고 경고하면서 다른 국가로 이동하거나 활동하는 데 어려움을 겪고 있다.

초기에는 다원주의정책과 동화정책 사이에서 정책방향이 뚜렷하게 바뀌었지만, 현재의 정책은 형식적으로는 다원주의를 표방하면서도 실제로는 동화를 목표로 하고 있다. 예를 들어, 베이징에서 티베트 문학 관련 회의가 준비되고, 당이 라마교의 의식무(儀式舞)를 멸종 위기에서 구했다고 선전하는 동안, 라싸 중심부의 마지막 전통 티베트 주거 지역은 철거되고 있었다. 방문객들은 이제 라싸에서 한족 지역과 구별되는 유일한 요소가 포탈라궁뿐이라고 지적했다. 또 다른 사례로, 2008년 올림픽 행사에서 선보인 이른바 티베트 오페라는 사실상 티베트 의상을 입은 중국 오페라에 불과했으며, 중국 공주가 티베트 지도자와 결혼하는 이야기를 다루면서, 중국이 오래전부터 티베트를 통제해왔다는 잘못된 인상을 주었다. 같은 올림픽 개막식에서는 각 민족 전통 의상을 입은 어린이들이 대형 오성홍기를 들고 입장한 장면은, 중국 내 민족 단결을 상징하려는 것이었다. 그러나 이 아이들이 모두 한족이라는 사실은, 비판자들로 하여금 오히려 그 반대의 메시지를 읽어내게 했다.

내몽골에서는 중앙정부가 칭기즈 칸의 영묘를 보수하고 있다고 자랑스럽게 발표했지만, 불과 몇 주 전에는 문화 단체에서 활동한 몽골인들이 선고받은 형량에 대한 항소를 기각했다. 1998년, 신장의 한족 당 서기는 "헌법에서 모든 민족이 자신들의 언어를 사용할 자유가 있다고 하지만, 이것이 그들의 언어 사용을 장려해야 한다는 의미는 아니다"라고 말했다. 그는 소수민족 언어로 많은 개념을 적절히 번역하는 것이 불가능하다고 주장하며, 따라서 소수민족 간부들이 중국어를 잘 구사하는 것이 시급하다고 강조했다. 같은 시기, 신장대학교는 위구르어 교육을 점진적으로 폐지하기 시작했다. 2000년에는 쓰촨성의 한족 출신 당 서기가 소수민족들에게 그들의 언어로 교육을 제공해야 하는 것에 대해 불만을 표하며, "전 세계가 영어를 배우고 있는데, 왜 이렇게 신경을 써야 하느냐?"라고 말했다.

물론, 문화 조직들은 겉보기보다 더 전복적인 의도를 가질 수도 있다. 중국정부가 분리주의적 의도라고 부를 만한 것들을 언어 수업, 춤 강습, 또는 결혼식과 같은 활동으로 감출 수도 있다는 것이다. 중국정부는 티베트 사찰이 무기 은닉 장소로 활용되었으며, 이슬람 학교가 근본주의적 메시지를 설교하는 장소로 사용되었고, 위구르 축제가 전복적인 세력들의 회합 장소로 이용되었다고 주장한다. 확실한 증거가 없는 상황에서는 결국 판단의 문제가 된다. 예를 들어, 한 위구르 전설에서 감금된 채로 사느니 차라리 자살을 선택하는 비둘기 왕의 이야기는 과연 중국공산당에 맞서라는 뜻으로 해석될 수 있을까? 소중한 새가 날아가 버린 것을 그리워하는 티베트 노래는 달라이 라마의 귀환을 암시하는 암호화된 메시지일까? 전자의 작가는 체포되었지만, 후자의 가수는 그렇지 않았다.

소수민족들은 또한 위장 전술을 사용할 수도 있다. 윈난성의 소수민족들을 연구한 결과, 그들은 공식적으로 승인된 문화 서사에 표면적으로 순응하면서도, 조용히 자신들의 언어와 전통 및 대중음악을 발전시키고, 자신들만의 방식으로 고대 서사시와 현대 문학을 출판하는 디지털 프로젝트를 진행하고 있었다.

1996년, 베이징정부는 종교가 사회주의에 적응해야 하며, 그 반대는 불가하다고 선언했다. 이러한 방침을 더욱 확고히 하기 위해 중국정부는 달라이 라마가 선정한 판첸 라마의 환생 후보를 거부했다. 이 아이는 갑자기 사라졌고, 베이징이 승인한 후보로 대체되었다. 또한 정부는 국가가 통제하는 영역에서 종교가 개입해서는 안 된다고 명확히 했으며, 이러한 영역에는 교육, 가족계획, 장례 절차, 그리고 법체계가 포함되었다.

중앙정부는 반체제 활동을 억제하는 데 국경을 접한 국가들의 협조를 얻고자 했다. 이는 1996년 4월 장쩌민 주최로 열린 첫 번째 상하이 협력기구(SCO) 창설의 주요 동기 중 하나였다. 회원국들은 국가 분리주의와 종교적 극단주의에 맞서 상호 협력을 약속했다. 미얀마정부는 중국의 요구에 따라 위구르인들을 중국으로 송환했으며, 네팔정부도 티베트인들을 중국에 넘겨왔지만, 네팔 국경 경비대는 종종 피난민들에게 뇌물을 받고 눈감아 주거나, 그들이 경비를 피해 도망치는 경우도 있었다. 2007년, 중국 국경 경비대는 무장하지 않은 난민 그룹을 향해 발포하여 최소 한 명이 사망했다. 이 사건은 서양의 등반가들에 의해 촬영되었고, 이를 통해 중국정부의 공식 발표가 거짓임이 드러났다.

정부의 탄압이 심해질수록 반체제 세력들은 이에 대한 대응책을 발전시켰다. 예를 들어, 정부는 농촌지역에 작업팀을 파견하여 '공동 방어조직'을 만들어 공공 질서를 유지하도록 했다. 이 팀들은 반체제 인사뿐만 아니라 이들을 숨겨주는 사람들까지 체포해야 했으며, 양쪽 모두 처벌 대상이었다. 이에 반체제 세력들은 공동 방어조직에 참여한 사람들뿐만 아니라 그들의 가족들까지 암살하는 방식으로 반격했다. 정부의 감시를 용인하는 듯한 종교 지도자들도 암살의 대상이 되었고, 그들의 가족들 또한 표적이 되었다.

당과 정부는 하위 조직들이 중앙의 정책에 무관심한 태도를 보이고 있다고 우려했다. 1차 조직들이 "정치적 민감성이 부족"하며 "민족 분리주의와 불법 종교 활동에 대한 투쟁에 충분히 노력하지 않았다"는 불만이 반복적으로 제기되었다. 더 나아가 일부 관리들은 반체제 세력과 직접적으로 협력하기도 했다. 당원들은 무신론자여야 한다는 정책과 달리, 일부 관리들은 공개적으로 종교적 신앙을 실천했다. 티베트인 관리들은 집에 화려한 제단을 마련하고, 달라이 라마의 사진을 눈에 띄는 곳에 두었다. 달라이 라마가 운영하는 인도의 학교에 자녀를 보낸 일부 간부들은 자녀를 데려오라는 당의 지시를 거부하기도 했다.

무슬림 지역의 관리들 또한 마찬가지로 완강한 태도를 보였다. 1996년 중반, 신장 지역 당위원회는 다음과 같은 조치를 요구했다.

> 반복적인 교육에도 불구고 종교적 신앙을 고수하는 당원 및 간부들, 특히 핵심 간부들에 대해 엄정히 조치할 것;
> 청소년에게 분리주의 사상과 종교 교리를 주입하는 행위에 대한 처벌;
> 역사를 왜곡해 출판하는 행위;
> 분리주의나 불법 종교 사상을 옹호하는 서적이나 잡지를 발간하는 행위;
> 그러한 사상을 선전하는 오디오·비디오 매체를 제작·유포하는 행위.

중국정부는 9·11 테러 이후 단속을 더욱 강화했지만, 사건은 계속 발생했다. 이러한 사건들은 한족과 소수민족 간의 교통사고 같은 지역적 분쟁에서 시작된 것처럼 보이지만, 실제로는 취업 차별이나 노동 대가 미지급에 대한 구조적 불만이 그 밑바탕에 깔려 있었다. 이에 대한 쌍방의 과도한 대응은 민족 간에 근본적인 적대감이 존재함을 보여준다. 예를 들어, 내몽골에서는 칭기즈 칸의 영묘를 한족 기업에 매각하려는 계획에 항의하는 전단을 배포한 사람들이 대거 체포되었다. 해당 기업은 더 많은 관광객을 유치하기 위해 묘소를 보다 큰 건물로 대체하려 했다. 이에 따라 내몽골 내 대학가에는 통행금지령이 내려졌고, 한 지역 웹사이트 운영자는 폐쇄 명령을 받았다.

2008년 3월과 2010년 10월, 티베트 여러 지역에서 시위가 발생했으며, 2008년 시위에서는 약 1,000명이, 2010년 시위에서는 수백 명이 체포되었다. 같은 해 신장에서도 시위가 발생했으며, 그해 8월에는 네 건의 테러 공격이 발생해 30명 이상이 사망했다. 이듬해 신장에서 다시 폭력이 발생했는데, 이는 광둥성의 한 공장에서 위구르 노동자들이 한족 여성을 성폭행했다는 소문으로 인해 한족들이 위구르족을 공격하면서 촉발되었다. 이 소문은 이후 거짓으로 밝혀졌다. 수백 명이 사망했으며, 공식 통계와 지역 소식통의 보고 사이에는 큰 차이가 있었다. 부상자는 사망자의 10배에 달했다.

신장의 일자리가 한족에게 돌아가는 가운데, 위구르인들이 남중국으로 보내지는 현실에 모순을 느끼고 있다. 일부 위구르인들은 가족 구성원 중 한 명을 광둥으로 보내도록 강요받았다고 증언했으며, 한족 공장 관리자들은 새로 온 위구르 노동자들이 경찰과 동행한 사실에 놀랐다고 전했다. 정부는 이를 통합이라고 설명하지만, 일부는 이것이 사실상 동화정책이라고 본다. 예를 들어, 젊은 위구르 여성들이 한족 속에서 생활하게 되면 우정을 쌓고 한족 문화를 받아들이며, 베일 착용 같은 전통적 종교 관습에서 멀어질 것이라는 기대가 있었다. 그러나 폭동 이후, 양측 노동자들은 기숙사와 작업라인에서 분리되었다. 이는 민족 간 충돌 가능성을 줄이기는 했지만, 애초에 이들을 남중국으로 보낸 목적을 무색하게 만들었다. 티베트와 신장의 봉기 이후, 정부는 해당 지역에 대규모 지원금을 배정하고, 2020년까지 국민 평균 수준으로 소득을 끌어올리겠다고 약속했다. 파견된 중앙정부 고위 인사의 급을 볼 때, 정부는 티베트보다 신장을 더 중대하게 인식하고 있었던 것으로 보인다. 당국은 신장에서 오랫동안 권력을 쥐고 있던 당 서기를 해임하기도 했다. 그는 신장 정치를 장악한 부패한 산둥파의 수장으로, 소수민족뿐만 아니라 외지에서 이주해온 한족들까지도 배제한 인물이었다.

하지만 중국정부는 동시에 강압적 정책을 유지할 뜻도 분명히 했다. 시위에 연루된 혐의를 받은 사람들은 처형되거나 장기 징역형을 선고받았다. 경찰은 가가호호 방문하여 거주 등록증을 점검하고, 의심스러운 행동이 발견되면 즉각 단속했다. 신장의 인터넷 접속은 10개월간 차단되었다. 이는 활동가들이 서로 연락하는 것을 방해하는 목적이었으나, 동시에 지역 경제 활동에도 심각한 타격을 입혔다. 실크로드의 중요한 거점이자 문화적으로도 가치가 높은 카슈가르지역은 철거되었다. 정부는 노후 주택을 보다 현대적인 건물로 교체하기 위한 조치라고 설명했지만, 실상은 위구르 문화를 지우기 위한 처벌의 일환이라는 해석이 지배적이었다. 100명 이상의 티베트인들이 자신들의 삶의 방식에 대한 억압에 항의하여 공개적으로 분신자살했다. 몽골인들 또한 강제 정착 정책과 자신들의 문화 및 유목 생활 방식에 대한 반복적인 모욕에 항의해 시위를 벌였다. 정부는 새로운 '농촌안정 유지체계를 도입해, 거주 지역을 격자형으로 세분화하여 통제했다. 또한 '편의 경찰 초소'가 설치되었다. 표면적으로는 주민들을 위한 응급 처치 및 기타 편의시설을 제공하기 위한 것이었지만, 실제로는 감시 카메라와 진압 장비를 갖춘 감시 초소였다. 신장에서 처음 시험된 첨단 인공지능 감시 기술은 이제 다른 지역으로 확산되고 있다. 기차역과 도로에는 신분증 스캐너가 배치되었고, 호텔, 쇼핑몰, 은행을 드나드는 사람은 안면 인식 장비로 추적된다. 경찰은 휴대용 기기로 시민들의 스마트폰을 검사해, 암호화된 채팅 앱이나 정치적 메시지가 담긴 영상을 찾아낸다. 신장에서는 부엌칼 하나를 사기 위해서도 허가가 필요하며, 자동차에 연료를 주유하려면 운전자가 신분증을 스캔한 후 사진 촬영을 거쳐야 한다. 티베트에서는 분신 자살을 방지하기 위해 주유소의 감시 수준이 특히 강화되었다.

소수민족의 의미 있는 정치적 의사결정 참여는 매우 제한적이다. 대부분의 소수민족 공무원들은 정부의 하위 계층에서 활동하며, 중간 계층에서는 드물고, 정부보다 더 중요한 당직에서는 거의 찾아볼 수 없다. 2014년에는 다섯 개 소수민족 자치구의 주석은 모두 해당 민족 출신이었지만, 이들 지역의 실질적인 권한을 가진 당 서기 중 소수민족 출신은 단 한 명도 없었다. 또한 티베트, 내몽골, 신장지역의 공안국장들 역시 모두 한족이었다. 전인대에서 소수민족의 대표 비율은 14% 이상으로, 중국 전체 인구에서 차지하는 소수민족의 비율을 넘어서지만, 전인대는 실질적인 권한이 거의 없다. 2017년 제19차 당 대회에서는 16명의 소수민족 대표가 당 중앙위원회 위원으로 선출되어 전체의

7.8%를 차지했으며, 이는 5년 전인 제18차 전당대회에서 10명(4%)이었던 것보다 증가한 수치이다.** 그러나 7명의 정치국 상무위원회(중국 공산당의 최고 지도부)에는 소수민족이 단 한 명도 없으며, 25명의 정치국 위원 중에도 소수민족 출신은 없다.***

정치적 결정 과정에 배제된 소수민족들은 자신들의 지역에 영향을 미치는 사업들에 대한 우려를 전달하기 어려운 상황이다. 한 몽골족 주민은, 1950년대 중반부터 환경 파괴정책에 항의해 왔으나, 21세기 초 거대한 황사가 베이징을 위협한 후에야 중앙정부가 관심을 보이기 시작했다고 불만을 토로했다. 티베트인들 또한 황사 증가에 대해 우려를 표해 왔으며, 신장 주민들은 대규모 면화 재배를 위해 지하수 자원이 고갈되고 있는 것에 대해 경고해 왔다. 과거의 개발 사업들은 심각한 환경적 대가를 초래했다. 댐 건설로 인해 남서부 지역의 여러 소수민족이 강제 이주당했으며, 칭하이지역의 초원이 훼손되었다. 새로운 대규모 개발 사업들은 더욱 심각한 영향을 미칠 가능성이 크다.

실질적 자치라는 해결책

자치구에 진정한 자치권을 부여하는 것, 즉 현행 법률을 단순히 이행하는 것만으로도 분리주의자들의 호소력을 약화시킬 수 있다는 주장이 제기되었다. 달라이 라마는 종종 이러한 수준의 자치권만 보장되어도 그가 티베트로 돌아가는 데 충분하다고 밝혀왔으며, 몇몇 내몽골의 반체제 인사들도 같은 의견을 표명했다. 억압적인 정책이 적대감의 근본적인 원인을 해결하지 않는다면 단지 더 큰 적대감을 불러올 뿐이라

** 역자 주) 2022년 제20차 전당대회에서 선출된 소수민족 출신 중앙위원은 8명으로 대폭 절반으로 줄어들었다. 10명(18기) – 16명(19기) – 8명(20기).

*** 역자 주) 2022년 제20차 전당대회에서 선출된 정치국위원은 25명에서 24명으로 1명 줄어들었다.

고 지적하면서, 소수민족에 공감하는 한 한족은 중앙정부의 상황을 곡예사의 의자 쌓기에 비유했다. 즉, 의자를 계속 쌓을수록 곡예사의 균형은 점점 불안해지고, 결국 붕괴는 피할 수 없다는 것이다. 그는 독립이 아니라 단순히 자치구에 진정한 자치를 부여하자고 주장했을 뿐이지만, 정기적으로 숨어 지내야 했다.

또한 당원인 한 위구르 교수도 유사한 주장을 펼쳤다. 법률상으로는 소수민족 언어를 장려해야 함에도 불구하고, 이를 단계적으로 폐지하는 것은 불법일 뿐만 아니라 비효율적이라는 것이다. 또한 중국공산당이 소수민족에게 계몽을 제공하겠다는 목표를 표방하면서도 이들의 인터넷 접근을 차단하는 현실에는 명백한 모순이 존재한다. 이 교수는 여러 차례 체포된 바 있다.

1984년 덩샤오핑개혁의 일환으로 「민족구역자치법」이 제정되었다. 1979년부터 이에 대한 논의가 시작되었을 때, 일부 공산당원들로부터 "일부 공산당원들은 소수민족문제에 관해 마르크스주의자처럼 말하지 않는다"는 불만이 즉각적으로 제기되었다. 이 법은 자치구의 행정 수장은 해당 지역에서 자치를 시행하는 민족 또는 여러 민족 출신이어야 한다고 규정하고 있으며, 자치구가 지역 재정을 관리할 권한을 부여받았다. 그러나 훨씬 더 강력한 권한을 지닌 당 조직 내 지도직에 소수민족을 임명하는 문제에 대해서는 언급하지 않았다. 또한 많은 소수민족 지역의 경제는 국가 보조금에 의존하고 있으며, 이는 국무원의 관할 하에 있기 때문에, 이들이 재정적으로 자율적인 운영을 하는 데에도 제약이 존재한다.

법이 제정된 지 3년 후에도 여전히 한족 중심주의가 자치법의 시행을 가로막고 있으며, 지도자들이 실제로 자치를 부여할 의지가 없다는 불만이 제기되었다. 소수민족들은 통제할 수 없는 한족 이주민들로 인해 지역이 잠식될 것을 우려했다. 자치법이 시행되지 않거나 부분적으로만 시행되는 상황이 '상당히 심각'하다는 평가가 내려졌으며, '일부 간부들'은 해당 법률을 읽어본 적조차 없다는 비판도 나왔다. 분리주의 요구를 약화시키기 위해서는 보다 소수민족 친화적이고 철저히 시행되는 자치법이 필요하다는 의견이 대두되었다.

2001년 「민족구역자치법」은 서부 대개발정책과 일치하도록 개정되었다. 정부 당국은 이번 개정이 1984년 자치법 보다 정책·인프라·재정 측면에서 소수민족 지역에 대한 지원을 강화한 것이라고 설명했다. 그러나 비판론자들은 개정안이 오히려 모든 분야에서 중앙정부의 개입을 강화했으며, 개발 프로그램이 지역 사회의 필요나 이익보다 중국 시장 전체의 요구에 기반을 두고 있다고 주장했다. 이들은 지역 주민들의 뜻에 반하는 개발이 과연 진정한 개발이라 할 수있는지 의문을 제기했다.

이러한 불만이 쌓이는 가운데, 자치 실행을 위한 보다 명확한 법적 지침을 마련하려던 계획은 일부 소수민족 지역에서 불안이 고조되면서 연기되었다. 자치구 수준으로의 권한 이양은 거의 이루어지지 않았다. 자치구의 자치권 행사에 관한 법률조차도 중앙정부의 심사를 받아야 하며, 다섯 개의 자치구 중 어느 곳도 자체 규정을 시행하지 못하고 있다. 이는 전인대 상무위원회가 이들이 제출한 법안 초안을 승인하지 않았기 때문이다. 예를 들어, 분리주의 활동이 발생한 적 없는 광시 좡족 자치구조차 상무위원회에 18개의 초안을 제출했지만, 모두 지역 인민 대표대회로 반려되었다. 일반 성들은 전인대에 단순히 보고만 하면 되기 때문에, 역설적으로 적어도 입법적인 측면에서는 자치구보다 더 많은 자율권을 가지고 있다. 정부와 당 지도부는 자치를 확대할 경우 더 많은 요구가 제기될 것을 우려하고 있다. 이들은 의사결정 권한을 이양하라는 요구가 합리적으로 보일지라도, 이는 점진적으로 정부의 모든 통제를 약화시키고 궁극적으로는 사실상의 독립으로 이어지는 미끄러운 경사길이 될 가능성이 있다고 판단한다. 따라서 자유화의 위험이 오히려 지속적인 억압의 위험보다 더 크다고 보고 있다.

티베트가 빈약한 자원, 혹독한 기후, 그리고 중앙정부에 반감을 가진 주민들을 가진 지역인 만큼 외교문제를 제외하고 독자적으로 운영되도록 허용하는 것이 중앙정부의 재정 부담을 크게 줄이고 인권문제를 해결할 것이라는 주장이 제기된 바 있다. 이는 달라이 라마가 이미 제안한 타협안이기도 하다. 그러나 베이징의 관점에서 이는 어리석은 결정이다. 티베트는 전략적으로 매우 중요한 지역이며, 특히 인도와의 관계가 간헐적으로 악화되는 상황에서 그 중요성이 더욱 부각된다. 또한 티베트는 아시아 주요 강들의 발원지로, 물 공급을 둘러싼 경쟁이 심화되는 가운데 점점 더 중요한 역할을 하게 되고 있다. 서양의 티베트에 대한 동정적인 태도에도 불구하고, 베이징이 티베트에서 취한 행동으로 인해 실제로 큰 불이익을 받은 적은 거의 없다. 국제 사회의 지속적인 관심도 기대하기 어렵다. 시간이 지나면 다른 이슈들이 더 주목받게 될 것이다. 2008년 가을, 달라이 라마 측 대표들과의 협상에서 베이징은 강경한 태도를 유지했으며, 결국 협상은 결렬되었다. 달라이 라마는 이제 거의 90세에 이르렀으며, 그가 사망하면 베이징은 판첸 라마의 사례처럼 후계자를 직접 지명하고 중국정부의 가치관을 철저히 주입할 것이다.

게다가 티베트에 실질적인 자치를 허용하는 것은 다른 지역에서도 유사한 요구를 촉진할 가능성이 높다. 신장은 중요한 천연자원을 보유하고 있을 뿐만 아니라 전략적 위치를 갖추고 있으며, 강경한 반체제 인사들은 완전한 독립 외에는 어떤 타협도 받아들이려 하지 않는다. 동튀르키스탄 공화국 설립 요구는 과거 청나라와 중국 공화국 시기에 잠시 존재했던 동튀르키스탄의 역사와 연결되며, 현재의 반체제 인사들이 사라진다고 해서 이러한 요구가 없어질 가능성은 낮다. 일부 내몽골 반체제 인사들은 현재로서는 자치권을 수용할 의사가 있다고 밝혔으나, 장기적으로 그것만으로 만족하지 않을 수도 있다고 말했다.

베이징은 또한 소수민족 지역이 실질적인 자치를 얻게 될 경우 그 지역에 거주하는 한족을 어떻게 처리할 것인지라는 문제에 직면하게 될 것이다. 이는 티베트 자치구 내부에서는 큰 문제가 되지 않을 수도 있다. 그러나 티베트 자치구는 상당한 티베트 인구가 거주하는 다른 성의 자치 지역들에 둘러싸여 있다. 티베트 반체제 인사들은 이 지역들 역시 티베트의 일부로 주장하지만, 현재는 많은 한족이 거주하고 있다. 신장에서는 한족이 최소한 인구의 절반을 차지하며, 내몽골에서는 한족 비율이 82%를 넘는다. 안정 유지와 경제개발을 위해 한족 이주가 지속적으로 이루어지고 있는 상황이다. 소수민족들은 이러한 정책이 사실상 민족적 침식이며, 한족을 재배치하여 소수민족의 목소리를 희석시키는 것이라고 주장한다. 비판자들은 조화사회를 추구한다는 후진타오의 정책 역시, 신장 위구르 지역을 겨냥한 테러와의 전쟁처럼 실질적 자치 요구를 억압하기 위한 명분에 불과했다고 보고 있다.

현행 체제 폐지라는 해결 방안

최근의 소요 사태를 계기로 일부 중국 학자들은 소수민족에 대한 특별한 제도를 폐지하는 것이 오히려 안정성을 보장하는 길이라고 주장해 왔다. 즉, 자치권 확대가 아닌 축소가 바람직하다는 것이다. 그들은 소련의 민족정책이 결국 소련 붕괴로 이어졌으며, 중국이 이러한 정책을 지속하면 같은 운명을 맞이할 것이라고 주장하면서, 소련의 실패한 정책과 미국의 용광로(melting pot) 모델**을 대비시킨다. 그러나 이러한 주장에는 문제가 있다. 소련의 경우 전체 인구의 절반이 소수민족이었으나, 중국의 소수민족 인구 비율은 8.4%에 불과하다. 또한 소련의 많

....

**   역자 주) 용광로 모델에 접근한 미국의 다민족정책은 다양한 문화를 용광로에 철물을 녹여내듯 하나의 새로운 정체성을 만들어 사회를 유지하고자 하는 것이다. 반면에 샐러드 볼 이론에 접근한 정책은 다양한 문화의 정체성을 보장하면서 다른 문화와 조화를 이루려는 것이다. 오늘날 다양한 문화가 공존하는 사회에서 문화적 차이를 극복하고 통합을 이루고 평화롭게 공동 번영하는 정책이 요구된다.

은 소수민족은 경제적, 교육적으로 러시아인과 동등하거나 오히려 높은 수준에 있었던 반면, 중국의 소수민족들은 그렇지 않다. 게다가 소련의 붕괴에는 약한 경제력 같은 다른 요인들도 있었으며, 이는 현재 중국에는 적용되지 않는다. 또한 미국은 여전히 적극적인 소수자 우대 정책(affirmative action)을 시행하고 있다. 이러한 논리적 허점에도 불구하고, 일부 학자들은 소수민족의 집단적 권리를 폐지하고 모든 시민을 동등하게 대우해야 한다고 주장한다. 국가 지원은 민족이 아니라 필요에 따라 배분되어야 하며, 공식 문서에서 민족 구분을 없애야 한다고도 주장한다.

아마도 이러한 분위기의 반영으로, 중국 국가통계국은 최근 몇 년간 연례 통계 연보에서 소수민족 인구를 따로 발표하지 않았다. 따라서 도표 13.1에 나오는 수치도 업데이트되지 않았다. 당국은 지난 5년간 중국의 가장 가난한 8개 성에서 1,560만 명을 빈곤에서 구제했다고 선전하며, 이를 통해 소수민족에 대한 혜택을 강조한다. 그러나 이 1,560만 명 중 소수민족이 몇 명인지에 대한 언급은 없다. 이러한 경계 흐리기의 목적은 단일한 국민 정체성과 문화를 형성하려는 것이다. 이에 따라 소수민족과 한족 간의 경제적 교류를 강화하고, 민족 간 혼인을 장려하는 정책이 추진되고 있다. '소수민족 우대제도'를 통해 이익을 얻고 있는 한족과 소수민족 모두의 반발도 적지 않으며, 이러한 조치는 오히려 갈등을 심화시킬 수 있다는 지적도 나온다.

시진핑은 이전 두 지도자들이 정책들의 추진 속도를 더욱 가속화하고 있다. 여러 지역에서 모스크가 철거되거나, 돔과 미나렛 같은 이슬람 건축 요소가 중국식 전통 양식으로 교체되었다. 신장에서는 100만 명 이상의 위구르족과 기타 무슬림 소수민족이 강제 수용소 형태의 '직업교육 학교'에 수감되었으며, 이곳에서 고문이 자행되고 있다는 보고가 외부로 전해지고 있다. 2020년, 내몽골 당국은 기존의 몽골어 교육을 대폭 축소하고 표준 중국어(보통화) 교육을 확대한다고 발표했다.

이에 대한 항의 시위와 등교 거부 운동이 벌어졌고, 당국은 시위자들을 체포하고, 폭력을 행사하며, 소셜미디어에 '지명 수배'를 게시하고, 학부모 가정을 방문하여 강제로 학교에 아이들을 보내겠다는 서약을 받았다.

다른 지역에서도 민족 정체성을 약화하는 정책이 지속되었다. 소수민족 인구가 40%에 달하는 구이저우성은 대학입학시험에서 소수민족 학생들에게 주던 가산점을 폐지하기로 했으며, 랴오닝성과 푸젠성도 2026년까지 이러한 우대정책을 철회할 계획이다. 닝샤에서 소수민족 화합을 촉진하기 위해 개최된 바둑 대회에서는 전통 복장을 권장했으나, 일부 여성 참가자가 히잡을 착용한 것이 논란이 되었다.

중앙정부 차원에서 한족이 국가민족사무위원회 수장에 임명된 것은, 1954년 위원회 설립 이후 비소수민족 인사가 이 직위를 맡은 첫 사례였다. 2021년, 민족정책을 논의하는 정부 회의에서 이러한 변화가 공식적으로 처음 인정되었으며, 시진핑은 민족 간 갈등의 잠재성을 줄이기 위해서는 '중화민족 공동체 의식'을 형성해야 한다는 입장을 밝혔다. 한 학자는 이 과정을 소수민족의 기억과 정체성을 서서히 그리고 지속적으로 벗겨내는 과정이라고 묘사했다. 2022년 중국공산당 제20차 중앙위원회에서는 소수민족 출신 위원이 단 8명만 선출되었으며, 이는 제19차 중앙위원회의 16명에서 절반으로 줄어든 수치였다.

결론

현재 중앙정부가 경제발전을 장려하는 동시에 민족적 차이를 점차 약화하는 기존 정책에서 벗어날 가능성은 낮아 보인다. 긴장은 세 가지 상호 연관된 요소를 중심으로 형성되고 있다. 첫째, 소수민족이 중국 권력구조에 제한적이고 비효율적으로 참여하고 있다는 점, 둘째, 개발이 불공정하고 차별적으로 이루어지고 있다는 점, 셋째, 문화적 정체성이 충분히 보호되지 못하고 있다는 점이다. 소수민족 지역과 한족 지역, 특히 연해지역 한족과의 소득 격차는 계속해서 커지고 있다. 티베트와 신장 지역의 경제 성장률은 상대적으로 높은 것으로 보고되지만, 이는 외부에서 대규모 자본이 유입된 결과일 뿐이며, 실질적으로 그곳에 거주하는 소수민족들이 이러한 우대정책의 혜택을 받았다는 합의된 의견은 없다.

차별이 존재한다는 것은 기정사실이다. 많은 소수민족에게 종교는 민족 정체성의 핵심 요소지만, 공산당과 정부는 종교 및 기타 비한족적 정체성의 표현을 분리주의의 온상으로 간주하는 경향이 있다. 중앙정부 입장에서 보면 딜레마에 처해 있는 것도 사실이다. 해당 지역을 방치하면 한족 지역과의 생활 수준 격차가 더욱 벌어질 위험이 있는 반면, 개발을 진행하면 자원의 착취와 지역 문화의 파괴라는 비판에 직면하게 된다. 그럼에도 불구하고, 정부가 진행한 많은 개발 프로젝트는 지역 주민들의 감정을 충분히 고려하지 않은 채 시행된 것으로 보인다. 정치적 제도는 중앙정부나 하급 정부 차원에서 소수민족이 정책결정 과정에 영향을 미칠 기회를 거의 제공하지 않는다. 하지만 현대화 프로젝트는 직접적인 영향을 받는 주민들의 우려를 반영하지 않는다면 실패할 가능성이 크다. 공식적인 정책목표는 '발전과 안정'이지만, 실제 개발 방식은 오히려 불안을 조성했으며, 반대 의견을 억누르려는 시도는 오히려 더 큰 불안을 초래하고 있다.

반정부 성향을 가진 소수민족 집단은 정부를 강제하여 분리 독립이나 진정한 자치를 받아들이게 할 만큼의 힘을 가지고 있지 않다. 그들은 계속해서 항의와 시위를 통해 요구를 제기할 수는 있겠지만, 농민, 노동자, 지식인과 같은 한족 다수 계층의 압력이 수반되지 않는 한, 현 체제에서 근본적인 변화가 일어날 가능성은 낮다. 따라서 소수민족의 불만이 중앙정부로부터 단순한 형식적 양보 이상의 것을 얻어내기는 어려울 것으로 보인다.

추가 읽을거리

"Growing Constraints on Language and Identity in Today's China," Hearing of Congressional-Executive Commission on China, April 5, 2022.

Ben Hillman and Gray Tuttle, eds, *Ethnic Conflict and Protest in Tibet and Xinjiang: Unrest in China's West* (New York: Weatherhead Institute/Columbia University Press, 2016).

John Powers, *The Buddha Party: How the People's Republic of China Works to Define and Control Tibetan Buddhism* (New York: Oxford University Press, 2017).

Gerald Roche and James Leibold, "State Racism and Surveillance in Xinjiang," *The Political Quarterly*, Vol. 93, No. 3 (July/September 2022), pp. 442–450.

Yan Sun, *From Empire to Nation State: Ethnic Politics in China* (Cambridge: Cambridge University Press, 2019).

"The Uyghur Genocide: An Examination of China's Breaches of the 1948 Genocide Convention," (Washington, DC: Newlines Institute for Strategy and Policy, March 2021).

14장

외교정책

외교정책의 결정 요인

중국도 다른 국가들과 마찬가지로 여러 요인이 상호 작용하여 외교정책에 영향을 미친다. 중국 지도부는 전통, 이념, 그리고 자국의 역량에 대한 인식을 외교정책결정의 핵심 요소로 간주하고 있다.

전통

1장에서 언급했듯이, 전통적인 중국 세계관에시는 중국을 세계의 중심이자 문명의 중심지로 간주했다. 주권 국가들이 이론적으로 동등한 자격으로 상호 작용하는 국가체제의 개념은 존재하지 않았다. 문화적으로 열등한 지역의 통치자나 사절들은 중국 수도를 방문해 황제에게 예를 표하는 고두례(叩頭禮)를 행하고 조공을 바치는 것이 요구되었다. 조공은 칠기, 향, 또는 그 지역의 이국적인 동물과 같은 값비싼 토산품으로 구성되었다. 이에 대한 대가로 중국 황제는 그들의 지배 권한을 승인하고 정교한 수공예품을 하사했다. 이와 같은 세계관을 반영하여, 중국 황실은 다른 국가들을 열등한 존재로 보았기 때문에 외교부와 같은 기관이 존재하지 않았다. 대신 예부(禮部)나 이번원(理藩院)를 통해 비중화 집단과 접촉했다.** 중국인들은 도덕적, 물질적, 미적 측면 모두에서 자국 문화가 우월하며 보편적인 타당성을 갖는다고 믿었다.

이러한 전통적 관점은 1949년 이후의 중국에서도 일정 부분 공명(共鳴)을 일으켰다. 특히 1950~1960년대에 마오쩌둥에 대한 숭배는 황제에게 바쳐진 경의와 유사하다는 점에서 서구 관찰자들의 주목을 받았다. 그가 베이징을 중심으로 세계 공산주의 운동을 이끌며 자신과 측근들이 진정한 마르크스주의를 정의하고, 수정주의를 저지른 자들을 단죄한 것도 이러한 사례 중 하나였다. 또한 마오쩌둥의 추종자들이 마르크스-레닌주의 사상을 한층 높은 수준으로 발전시켰으며, 그것이 제3세계 국가들에게도 적용될 수 있다고 주장한 것도 이에 해당한다. 1972년 2월 닉슨(Richard Nixon) 미국 대통령이 베이징을 방문했을 때, 마오쩌둥은 공식 국빈 접견을 통해 그를 맞이하고 판다 한 쌍을 선물했다. 이를 본 일부 서구 관찰자들은 마치 전통적인 조공체제에서 외국 사절이 황제에게 예를 갖추는 장면을 연상시킨다고 평가했다. 최근에도 중국정부가 특정 인물을 초청하지 말라고 요구하거나, 특정 무기 체계를 도입하지 말라고 지시할 때 반발한 국가들은 중국이 여전히 고두 외교를 고수하고 있다고 비판하기도 한다.

그러나 전통과의 차이점도 이러한 유사성만큼이나 중요하다. 설령 중국이 가장 정통적인 공산주의 노선을 따르던 시기에도, 가장 열렬한 친마오주의자조차 마오쩌둥이 정점에 서 있는 그 보편적 이념 체계가 중국에서 기원한 것이 아님을 인정해야 했다. 마르크스도, 레닌도 중국인이 아니었기 때문이다. 또한 중국이 다른 국가들과 상호주의적 외교관계

***

** 역자 주) 이번원은 청나라의 특징적인 중앙정치제도로, 티베트·몽골·러시아 등과의 관계 및 관련 관리 업무를 담당한 기구이다.

를 구축하려는 노력이나, 유엔 및 기타 국제기구에 참여하려는 움직임은 다국적 국가체제를 어느 정도 수용했음을 시사한다. 중국외교정책의 지속적인 주제 중 하나는 내부 분열과 외세의 침략 속에서 빼앗긴 영토를 되찾는 것이었다. 이러한 관점에서 보면, 현대 중국의 외교정책에서 나타나는 전통주의적 요소는 과거 중화 중심의 보편적 질서를 재현하려 하기보다는 다국적 국제질서 '속에서' 중국을 존중받는 국가로 자리매김하려는 것이라고 할 수 있다. 이는 지난 세기 동안 중국의 굴욕과 열세를 되돌리려는 시도로 해석될 수 있다.

더욱이 중국은 주권적 권리 개념의 열렬한 옹호자가 되었으며, 이는 다국가체제의 중요한 기반이 된다. 아이러니하게도, 이는 그 체제를 창시한 많은 국가들이 국가 주권 절대주의적 시각에서 점차 벗어나던 시점에 발생했다. 1980년대 중반, 중국은 홍콩에 대한 자국 주권에 일정한 제한을 수용하며 절대 주권 원칙에서 한걸음 물러섰다. 그러나 중국은 톈안먼시위, 소련 해체, 그리고 1991년 걸프전 이후 다시 절대적 주권을 강조하는 입장으로 돌아섰다. 중국은 미국이 이라크를 상대로 한 행동을 강대국이 약소국을 괴롭히는 행위로 보았다. 미국이 이라크에 대해 쿠웨이트 침공을 철회하도록 강제한 것은 중국이 대만에 대해 주장하는 영유권과도 유사한 면이 있었다. 이는 중국 당국이 받아들이기 불편한 선례였다. 1999년 미국이 유고슬라비아정부에 대해 코소보에서의 인종 청소정책을 중단하도록 압박했을 때, 중국은 더욱 불편함을 느꼈다. 당시 미국은 유엔을 우회하고 북대서양조약기구(NATO)를 통해 개입했다. 더욱이, 코소보는 쿠웨이트와 달리 주권 국가조차 아니었다. 중국 분석가들은 미국이 유고슬라비아 사례에서 사용한 논리, 즉 인권문제가 주권보다 우선한다는 논리를 이용해 중국 내 소수민족 지역에 개입할 가능성을 우려했다. 또한 중국이 대만을 무력으로 점령하려 할 경우, 대만문제를 두 개의 주권 국가 간의 분쟁이 아니라 내정문제로 간주하는 중국의 입장과 배치될 수 있었다. 이런 우려는 2003년 미국과 영국이 유엔 안전보장이사회 승인 없이 이라크를 침공해 정권 교체를 시도했을 때 더욱 증폭되었다.

1992년 초, 중국 전국인민대표대회는 일방적으로 자국이 영유권을 주장하는 여러 지역과 일부 인접국 영토에 대한 주권을 선언하는 법을 통과시켰고, 인민해방군이 이를 집행할 것임을 명시했다. 또한 중국 언론은 자국의 인권정책에 대한 외국의 비판을 한층 더 강경하게 반박하며, 이를 주권 국가의 내정에 대한 부당한 간섭이라고 주장했다.

주권에 대한 중국의 강경한 입장과 완화된 입장은 상황에 따라 달라진 것으로 볼 수 있다. 중국이 주권 제한을 받아들였던 이유 중 하나는 미국 자본 시장에 진입하고, 대만과의 통일 가능성을 높이려는 의도가 강하게 작용했기 때문이다. 1990년대 초, 중국의 즉각적인 관심사는 외국의 간섭으로부터 자국을 보호하는 것이었다. 그리고 다른 국가들의 인권정책을 거부하면서도, 중국은 다른 나라들의 인권문제에 대해서는 비판적인 태도를 보였다.

최근 중국은 동아시아 및 동남아시아에서 영유권을 주장하는 지역에 대해 강경한 태도를 보이고, 자국 주도의 국제 경제질서를 구축하려는 움직임을 보이고 있다. 시진핑은 표면적으로는 다국가체제를 존중하는 듯하면서도, 실질적으로는 자신을 천하의 통치자로서 현대판 조공체제를 구축하려 한다는 관측이 제기되고 있다. 2022년 중국공산당 제20차 전당대회에서 시진핑은 글로벌 안보구상(Global Security Initiative)을 제안하며, 지속적인 번영과 안보는 모든 국가가 공동 이익을 추구하고 조화를 이루며 상호 협력을 통해 가능하다고 주장했다.[**] 중국 언론은 이를 인류의 안보문제에 대한 중국식 해법으로 찬양

....

[**] 역자 주) 중국은 2021년 이래 주요 국제회의를 계기로 ▲글로벌 발전구상(2021년 9월), ▲글로벌 안보구상(2022년 4월), ▲글로벌 문명구상(2023년 3월) 등을 연달아 제창해왔다. 이러한 3대 글로벌 구상은 국제사회의 평화와 안정, 발전을 염원하는 중국의 인식과 이를 이행하기 위한 구체적인 계획들로 구성되어 있다.

했으나, 실제로 각국이 안보문제를 어떻게 대응해야 하는지는 불분명했다. 이에 대해 회의론자들은 중국식 해법은 결국 시진핑의 결정에 따라 좌우될 것이라고 지적했다.

이데올로기

마르크스와 레닌의 저서에서 발견되는 국제정치 분석은 중국 지도부가 세계 정세를 바라보는 해석의 틀 역할을 해왔다. 마르크스-레닌주의적 시각에서, 탐욕스러운 자본주의-제국주의 국가들이 다른 나라를 식민지로 만들어 자원과 노동자를 착취했다는 관점은 중국공산당 창립자들에게 깊은 공감을 불러일으켰다. 그들은 중국이 바로 그와 같은 처지에 있다고 보았다. 마오쩌둥의 세계관은 국제 공산주의 운동을 진전시키고자 하는 강한 열망에 의해 크게 영향을 받았으며, 이는 한국전쟁과 같이 중국의 경제 재건이나 대만 수복과 같은 즉각적인 국익을 해치는 경우에도 예외가 아니었다. 1950년대 후반, 소련이 혁명적 대의를 포기한 듯한 태도를 보이자, 마오쩌둥은 중국이 국제 공산주의 운동을 이끌 권리가 있다고 주장했다. 그러나 그는 마르크스-레닌주의적 틀에 얽매이는 인물은 아니었다. 1970년, 그는 전형적인 세력균형 논리에 따라, 사회주의 소련이 중화인민공화국을 위협한다고 판단했을 때 자본주의 국가인 미국과의 관계개선을 선택했다. 이후 마오쩌둥 사후의 지도자들은 이념에 기반한 외교정책보다는 실용적인 외교 노선을 따랐다.

　공산주의 이데올로기의 중요성은 크게 감소했지만 완전히 사라진 것은 아니다. 마르크스-레닌주의적 사고 방식은 여전히 남아 있으나, 공산주의 이념은 이제 정책을 수립하는 지침이라기보다는, 다른 기준에 따라 이미 결정된 행동을 사후적으로 정당화하는 도구로 활용되는 경우가 더 많아졌다. 공산주의 이데올로기의 영향력이 줄어들면서 민족주의가 전면에 등장했다. 중국공산당과 정부는 톈안먼시위 진압과 10

년간의 비사회주의적 경제개혁 이후 약화된 정통성을 보완하기 위해 의도적으로 민족주의를 조장했을 가능성이 크다. 민족주의는 국민을 당과 정부의 권위 아래 단결시키는 데 유용했으며, 내부의 분열적 문제보다는 외부의 위협에 초점을 맞추도록 유도하는 역할을 했다. 지도부의 의도가 무엇이든 간에, 민족주의는 많은 중국인들에게 강한 공감을 불러일으켰다. 물론, 민족주의는 이데올로기와 양립 불가능한 것은 아니다. 2022년 중국공산당 제20차 전당대회 연설에서 시진핑은 마르크스주의와 중국 전통문화를 통합하는 것이 중요하다고 강조했으며, 이는 그가 직접 이러한 통합 과정을 감독하겠다는 전제를 내포하고 있다.

역량

중화인민공화국은 세계에서 가장 큰 군사력을 보유하고 있으며, 그보다 더 큰 예비군 및 민병대 조직의 지원을 받고 있다. 또한 세계에서 가장 많은 인구를 보유하고 있어 다른 어떤 국가보다도 많은 병력을 동원할 수 있는 능력을 갖추고 있다. 중국 해군은 원양 작전 능력을 발전시켜 왔으며, 이는 영유권 분쟁을 겪고 있는 주변국들에 우려를 불러일으키고 있다. 새롭게 개발된 미사일은 항공모함을 포함한 함정을 먼 거리에서 공격할 수 있는 능력을 제공한다. 현재 중국은 항공모함 3척과 스텔스 전투기를 보유하고 있으며, 군사 및 민군 겸용 기술 분야에서 단순한 추격 단계를 넘어 선도적인 수준으로 도약하고 있다. 그러나 군수체계는 여전히 취약한 부분이며, 최근 실전 경험이 없어 전투에서 검증되지 않은 상태다. 또한 중국경제는 대규모 군사 충돌이 발생할 경우 심각한 부담을 받을 것으로 예상된다.

중국의 국내 식량 생산은 주로 세 개의 큰 강 유역에서 이루어지기 때문에, 해당 지역에 대한 핵 공격이 발생하면 단기적으로뿐만 아니라 장기적으로도 자국의 식량 자급 능력에 치명적인 영향을 미칠 수 있다.

하지만 현재로서는 그러한 공격을 감행할 의도를 가진 국가는 없기 때문에 이는 현실적인 위협이 아니다. 중국 군대는 주변국과 그 동맹국들에게 상당한 혼란과 불안을 야기할 수 있는 능력을 보유하고 있다. 군사 역량은 빠르게 향상되고 있으며, 다른 국가의 보안 기관을 대상으로 한 사이버 해킹의 빈도와 정교함도 증가하고 있다. 보다 자세한 내용은 9장에서 다루고 있다.

군사력만큼 두드러지지는 않지만, 외교 및 정보 활동 또한 중국의 외교정책에서 중요한 요소다. 중국의 외교력은 비교적 효과적인 것으로 평가받고 있다. 반면, 정보 기관은 그다지 높은 평가를 받지 못한다. 한 외국 정보 요원은 중국의 정보 활동이 비효율적이며, 관료적 절차에 얽매여 있고, 기밀 유지가 어렵다고 평가했다. 그러나 몇 가지 성공 사례도 존재하며, 일부는 매우 충격적이었다. 예를 들어, 1981년에 체포된 미 중앙정보국(CIA) 소속 중국계 직원은 1944년부터 중국공산당에 기밀 정보를 넘겨온 것으로 밝혀졌다. 또 다른 사례로, 프랑스 외교관이 베이징 오페라 배우와 사랑에 빠진 후 15년 이상 중국에 기밀 정보를 제공했다. 결국 그는 연인과 결혼을 허락받았고, 아이를 갖게 되었지만, 프랑스 방첩 기관에 의해 체포된 후에야 자신이 속았다는 사실을 알게 되었다. 그의 '아내'는 사실 남성이었으며, 아이도 그의 친자가 아니었다. 이 기묘한 사건은 이후 브로드웨이 연극 〈*M. Butterfly*〉, 할리우드 영화, 그리고 베스트셀러 책의 소재가 되었다.

중국의 정보 활동의 성공 요인 중 하나는 표적으로 삼는 분야들의 보안이 허술하다는 점이다. 외국 전문가들은 중국 정보기관이 질적인 우수성보다는 단순한 수적 우세를 통해 일정 부분 성과를 거두고 있다고 평가한다. 즉, 이는 대상국의 방첩 및 치안 기관이 물량에 압도돼 제대로 대응하지 못하기 때문이다. 또한 중국의 정보 수집 활동은 주로 중간 수준의 기술을 목표로 하고 있기 때문에, 외국 정부들이 심각한 위협으로 간주하지 않는 경우가 많다.

목표

중국의 외교정책은 국제 및 국내 요인에 따라 전술적 변화를 겪었지만, 기본적으로 지속성을 유지해 왔다. 이러한 목표는 다음과 같이 요약할 수 있다.

- 중국의 영토적 통합 유지
- 중국의 일부로 간주되는 빼앗긴 영토의 회복
- 중화인민공화국이 중국의 유일한 합법적 정부로 인정받는 것
- 중국의 국제적 위상 강화

외교정책의 수립

중화인민공화국의 다른 고위급 의사결정 과정과 마찬가지로, 외교정책이 구체적으로 어떻게 수립되는지는 명확하게 알려져 있지 않다. 중동에서 발생한 최신 위기에 대한 대응 방안을 놓고 신문이 찬반 논의를 벌이는 일은 없다. 또한 한 국가를 침공할 것인지 또는 다른 국가와 외교적 관계를 수립할 것인지에 대한 지도부 내부의 논쟁도 공개되지 않는다. 중국 지도부가 외교정책 수립 과정의 구체적인 내용을 공개하지 않는 데에는 여러 가지 이유가 있다. 그러나 가장 중요한 이유는 아마도 가장 자명한 것일 것이다. 즉, 반드시 공개할 필요가 없는 정보를 잠재적 국제 경쟁자들에게 굳이 공개할 이유가 없다는 점이다. 또한 외교정책결정 과정에서 지도부가 단결된 모습을 보이는 것은 유용한 전략으로 간주된다. 이는 실제와 다소 괴리가 있더라도 통일된 국가와 지도부의 이미지를 유지하려는 전략적 의도와 맞닿아 있다.

그러나 일부 정보는 알려져 있다. 궁극적으로 외교정책결정의 책임은 최고 지도자에게 있다. 마오쩌둥 시대에는 당 중앙정치국과 정치국 상무위원회가 외교정책 수립의 주요 기관이었다. 그러나 1980년대에는 당

서기처와 국무원이 그 역할을 대신하게 되었다. 1987년 후반부터 다시 정치국 상무위원회가 전면에 나섰으며, 합의에 기반한 의사결정 방식이 발전하는 듯했다. 하지만 시진핑 주석은 이러한 과정을 되돌리고 사실상 의사결정 권한을 자신에게 집중시켰다. 이러한 변화는 정책결정의 최고 수준에서 중요한 것은 기관 자체보다는 개인이라는 점을 시사한다.

이러한 인물들은 상대적으로 소수이며, 동시에 여러 분야에서 막대한 책임을 지고 있다. 대부분의 외교정책결정은 광범위한 전문 정보를 참조하지 않고는 합리적으로 내릴 수 없다. 예를 들어, 무역 흐름 통계, 다른 국가의 권력구조에 대한 지식, 잠재적 적국 또는 동맹국의 군사 역량에 대한 정보 등이 필수적이다. 따라서 지도자들은 다른 개인과 조직의 정보 및 조언에 의존해야 한다.

이를 위해 다양한 지원 그룹이 존재한다. 중요한 사안이 발생하면, 고위 당 및 정부 지도자들로 구성된 '영도소조(領導小組)'가 형성되어 다양한 정책대안을 검토하고 마련한다. 이러한 소조들은 시진핑 시대에 급증했으며, 그 자신이 직접 이끄는 경우가 많다. 당 조직 내에서는 당 중앙위원회의 대외연락부가 외국 공산당들에 대한 정보를 수집·제공하는 역할을 한다. 정부 조직 측면에서 외교정책을 담당하는 가장 중요한 기관은 국무원 산하의 외교부이다. 외교부는 세계의 특정 지역을 연구·분석하는 부서들로 구성되어 있으며, 영사 업무, 외신 정보, 국제기구, 조약 등과 같은 전문 분야를 담당하는 부서들도 포함하고 있다 (도표 14.1 참조). 이론적으로는, 대외연락부가 중국공산당과 다른 공산당 간의 관계를 담당하고, 외교부가 국가 간의 외교관계를 맡는 것으로 구분되어 있다. 그러나 실질적으로는 이 둘 사이에 상당한 업무 중첩이 존재했다. 따라서 두 기관 간에는 종종 마찰이 발생하기도 했다.

대외적으로도, 공산당 간 채널 사용과 관련된 긴장도 존재했다. 중국이 비공산 국가와 외교 관계를 맺은 경우, 해당 국가는 중국이 자국 내 전복 세력을 지원할 가능성을 우려했다. 그러나 1980년대에 베이징

외교부 산하 부서

- 외사 판공청
- 아시아국
- 아프리카국
- 유럽국
- 라틴아메리카국
- 군비통제국
- 정보국
- 영사국
- 통역·번역국
- 외교안보국
- 퇴직인사국
- 재무국
- 감독부
- 정책기획부
- 서아시아·북아프리카국
- 유럽·중앙아시아국
- 북미·오세아니아국
- 국제기구·회의국
- 조약·법률국
- 의정서국
- 홍콩·마카오·대만국
- 외교관리국
- 인사국
- 행정국
- 문서보관국
- 재외공관국
- 외교부 국내 및 해외사무소 서비스부

도표 14.1 외교부 조직

출처: 중국 외교부 도표를 참고하여 작성.

이 해외 공산주의 반정부 세력에 대한 지원을 대폭 축소하면서 이러한 긴장은 완화되었다. 해외에서 공산주의가 붕괴한 이후, 중국공산당의 대외연락부는 이념적 성향과 관계없이 각국 정당 대표단을 초청하기 시작했다. 예를 들어, 영국 노동당이나 일본 자민당의 구성원이 방문하는 것을 후원할 수도 있었다. 정당 간 채널은 특히 중국과 특정 국가 간 관계가 악화되었을 때 유용하게 활용된다. 중국은 해당 국가의 야당 인사들을 베이징으로 초청하여 관계를 형성하고, 이들이 집권하면 중국의 입장에 보다 우호적일 것이라는 기대를 갖는다.

국무원 산하의 다른 조직들도 외교문제에 다양한 방식으로 관여하고 있다. 국방부, 재정부, 인민해방군, 인민은행 등이 이에 해당한다. 또한 준공식 외교 채널인 '민간외교'를 담당하는 대중 단체로 중국인민대외우호협회가 있다. 민간외교는 스포츠 팀은 물론 외과의사, 고고학자,

핵물리학자, 기업인 등 전문 그룹 간 교류를 포함한다. 이론적으로 이러한 활동은 비정부 단체 간에 이루어지지만, 실질적으로는 중국정부의 철저한 감시를 받으며, 경우에 따라 상대국 정부도 이를 감독한다. 민간외교의 목표는 중국에 대한 우호적 여론을 조성하고, 상대국의 국내 여론에 영향을 미치는 것이다.

의사결정자들은 외교정책수립에 필요한 정보를 다양한 경로를 통해 얻는다. 해외에 주재하는 중국 관영 통신사인 신화통신의 인력이 그러한 정보 제공자의 한 축을 담당한다. 또한 정보기관 요원들은 때때로 대사관이나 신화통신 소속으로 위장하여 활동하기도 한다. 해외에서 유학하거나 여행 중이거나, 외국과 지속적으로 접촉하는 중국인들도 정보 제공원이 될 수 있다. 여러 연구기관도 사실 분석과 정책조언을 위해 활용된다. 대표적으로 중국사회과학원(CASS), 상하이국제문제연구소(SIIS), 중국현대국제관계연구원(CICIR) 등이 있다. 이러한 기관의 연구원들은 일반적으로 전문성이 높고 정책결정자들에게 솔직한 의견을 개진할 수 있다. 그러나 다른 정부와 마찬가지로, 정책결정자들이 반드시 이들의 조언을 따르는 것은 아니며, 연구원들 간에도 의견이 일치하는 것은 아니다. 이들이 외교정책결정 과정에 미치는 정확한 영향은 명확하지 않지만, 최소한 중국이 목표를 달성하기 위해 활용하는 다양한 전략을 분석하는 것은 가능하다.

중국의 대외관계: 개관

'대소일변도' 정책: 1949~1954년

1949년, 중국 지도자들이 열망했던 국제적 변화는 여전히 요원해 보였다. 두 차례의 세계대전 동안 19세기 서구 열강이 중국에 강요했던 이른바 불평등 조약 중 일부는 폐기되었지만, 여전히 남아 있는 조항들도 있었다. 홍콩은 여전히 영국이 지배하고 있었으며, 마카오는 포르투갈의 통치 아래 있었다. 소련은 중국의 민족주의자들이 자국 영토라고 여기는 수천 킬로미터의 땅을 차지하고 있었고, 1911년부터 사실상 독립 상태였던 몽골은 1947년 국민투표를 통해 국제적 승인을 받았다. 또한 티베트는 사실상의 독립을 유지하고 있었으며, 대만은 장제스가 이끄는 패망한 국민당 정부의 통치하에 있었다.

중국 지도자들은 한정된 자원 속에서 국가의 위상을 회복하기 위한 작업을 시작했다. 20년 가까운 전쟁으로 피폐해진 데다 여러 적대적 세력에 둘러싸인 중국은 모험적인 외교정책을 펼칠 여력이 없었다. 중국은 몽골에 대한 영유권 주장을 포기하지 않았으나, 몽골인민공화국이 소련의 위성국이었기 때문에 이 문제는 뒤로 미룰 수밖에 없었다. 티베트는 1년간의 신중한 준비 끝에 침공되었으며, 이후 티베트에 상당한 수준의 자치를 보장하는 합의가 이루어졌다.

중국공산당은 처음에는 다른 국가들과 정상적인 외교관계를 맺으려 했지만, 그 조건으로 해당 국가들이 국민당 정부와 단절할 것을 요구했다. 예상대로 모든 공산권 국가들은 즉시 중화인민공화국을 승인했다. 영국은 홍콩 식민지에 대한 중국의 영유권 제기에 선제적으로 대응하기 위해 베이징정부를 신속히 승인했고, 북유럽 국가들, 스위스 그리고 당시에는 상호 수교가 이뤄지지 않았던 이스라엘도 이를 따랐으며, 그리고 인도, 파키스탄, 스리랑카, 아프가니스탄, 버마, 인도네시아 등 여섯 개의 아시아 국가도 중화인민공화국을 인정했다.

1950년 2월, 미국이 국공내전에 대해 '먼지가 가라앉기를 기다리는' 관망적 입장을 취하면서, 중화인민공화국이 곧 대만을 접수할 것으로 예상하던 가운데, 베이징은 소련과 중소 우호·동맹·상호원조 조약을 체결했다. 이 조약이 체결되기까지 마오쩌둥은 두 달 동안 모스크바에 머물렀는데, 이는 마오쩌둥과 소련 지도자 스탈린 사이에 치열한 협상이 벌어졌음을 시사한다. 스탈린이 협상에서 우위를 점했고, 그 결과 중국은 소련의 재정 및 기술 지원을 대가로 상당한 양보를 해야 했다. 이로 인해 소련은 중국정부에 대한 상당한 영향력을 행사할 수 있었다. 이후 한국전쟁의 전개는 중국의 소련 의존도를 더욱 심화시켰다.

1950년 1월, 국무장관 애치슨(Dean Acheson)은 미국의 방위선을 설정하면서, 이른바 애치슨 라인이라 불리는 그 선에서 한국을 제외하였다. 이로 인해 북한의 김일성은 미국이 남한의 점령을 막기 위해 적극적으로 개입하지 않을 것이라고 확신하게 되었고, 스탈린으로부터 남침에 대한 지원을 이끌어냈다. 하지만 이는 오판이었다. 트루먼 행정부의 중국정책을 비판하던 미국 내 반공주의자들은 한국전쟁을 중국 본토가 공산주의 진영에 흡수된 것과 같은 무분별한 팽창주의의 새로운 증거로 삼으며 즉각적인 대응을 요구했다. 결국 미국은 유엔을 통해 한국전에 개입하게 되었으며, 이로 인해 미국의 '먼지가 가라앉기를 기다리는' 정책은 폐기되고 대만 방어정책이 추진되었다. 중국공산당이 대만을 점령하면 한국전쟁에서 미군의 군수 지원이 더욱 어려워질 것이었기에, 트루먼 대통령은 미 해군 제7함대에 대만해협을 '중립화'할 것을 명령하며 중국공산당의 대만 침공을 차단했다. 중국 측 연구에 따르면, 스탈린은 마오쩌둥이 대만을 침공할 능력을 약화시키기 위해 한국전에 개입하도록 유도한 것으로 나타났다. 스탈린은 공산군이 김일성 휘하에서 한반도를 통일하면 북한이 소련의 위성국이 될 것이지만, 만약 중국이 대만을 흡수한다면 중국이 공산주의 세계에서 소련과 경쟁할 가능성이 있다고 판단했다. 마오쩌둥은 한국전 개입이 결국 장제스를 완전히 몰락시키려던 자신의 계획을 좌절시킬 것이라는 점을 예상하지 못했을 것이다.

한국전쟁은 중국의 주요 외교 목표 중 하나였던 대만 접수를 미국이 차단했을 뿐만 아니라, 미중 간의 대립 구도를 더욱 심화시켰다. 1950년 10월, 중국 '인민지원군'이 북한으로 진입하여 미군 및 유엔군과 직접 교전하면서 전쟁은 교착 상태에 빠졌다. 미국은 이 전쟁을 수행하면서 대만의 장제스정부에 대한 지원을 확대했다. 1954년, 중국이 대만 인근 진먼도(金門島)에 포격을 가하는 등 대만을 점령하려는 공세를 강화하자, 미국의 대만 방어 의지는 더욱 강경해졌다. 결국 1954년 말, 아이젠하워 행정부는 장제스정부와 상호방위조약을 체결하여 마오쩌둥의 대만 점령 계획을 무기한 지연시켰다.

미국과 중국이 외교관계를 수립할 수 있을 만큼 충분한 공통 기반을 마련하지 못하면서, 중국의 소련 의존도는 더욱 심화되었다. 이는 앞서 언급한 국제 정세의 흐름 때문이기도 했지만, 동시에 스탈린의 성격적 요인에서도 기인했다. 나이가 들수록 더욱 편집증적으로 변한 스탈린은 추종자들에게 절대적 충성을 강요하며 "우리 편이 아니면 적이다"라고 선언했다. 대체로, 소련의 동맹국들은 이에 따라 외교정책을 수행했다.

이 시기 중국의 무역 및 대외관계는 압도적으로 공산권 국가들에 집중되었다. 한국전쟁에서 중국군이 보여준 군사력은 국제사회에서 중국의 위상을 높였지만, 그것이 곧바로 외교적 승인으로 이어지지는 않았다. 미국은 중국이 한국전에서 유엔군과 전투를 벌였다는 점을 들어 중국이 국민당 정부를 대신해 유엔에 가입하는 것을 차단했다. 국가 간 관계에서도 대부분의 나라들은 여전히 장제스의 대만정부를 중국의 합법적인 대표로 인정했다.

한국전쟁에 개입한 것 외에도, 중화인민공화국은 인도차이나에서 프랑스에 맞서 싸운 호치민의 투쟁을 강력히 지원하며 무기와 보급품을 베트민에게 보냈다. 서방에서 그의 정책이 한쪽으로 치우쳤다는 비판을 받았을 때, 다음과 같이 답했다. "바로 그렇다! … 모든 중국인은 예외 없이 제국주의 편에 설 것인지, 사회주의 편에 설 것인지 결정해야 한다. 중립적인 태도를 유지하는 것은 불가능하며, 제3의 길도 없다."

반둥 정신: 1954~1957년

여러 사건이 소련 '일변도'정책을 완화시키는 방향으로 작용했다. 첫째, 1953년 스탈린이 사망하면서 외부 세계에 대항하는 단일 공산주의 진영을 유지하려 했던 주요 세력이 사라졌다. 스탈린의 후계자들은 국제 정세를 덜 대립적으로 바라보았으며, 공산주의 진영 내부와 비공산주의 국가들과의 긴장을 완화하는 방향을 선호했다.

둘째, 스탈린 사망 이후 몇 가지 갈등 요인들이 해결 국면에 접어드는 듯한 조짐을 보였다. 1953년 7월 한국에서 정전협정이 체결되어 동북아시아의 정세가 안정되었고, 1954년에는 인도차이나문제를 논의하기 위한 제네바 회담이 열렸다. 이 회담에서 저우언라이 총리가 이끄는 중국 외교진은 휴전안 마련에 핵심적 역할을 했고, 그 결과 베트남은 분단되어 북부는 공산권에 편입되었다.

셋째, 제2차 세계대전 이후 여러 식민지들이 독립하거나 독립을 보장받았다. 이로 인해 제국주의는 이전보다 덜 위협적으로 인식되기 시작했다. 새롭게 독립한 국가들은 어느 진영에도 얽히지 않겠다는 입장을 밝히며 중립 외교정책을 추구했다. 이러한 상황에서 진영에 속하지 않는 국가들을 무시하거나 적대시하는 대신, 보다 유연한 접근이 필요했다.

이러한 보다 개방적인 외교정책을 추진하면서 중국은 특히 아시아 이웃 국가들에 주목했다. 중립 외교를 표방하는 아시아 국가들 가운데 가장 큰 아시아 국가인 인도는 중국이 즉각적인 관심을 보인 대상이었다. 1954년 6월, 저우언라이는 인도의 네루(Jawaharlal Nehru) 총리와 만나 양국관계의 기반을 마련했다. 이 회담에서 판차실라(Pancha Sheela, 오대 원칙)가 탄생했으며, 이는 1954~1957년 동안 중국 외교정책의 초석이 되었고, 현재까지도 중국정부의 공식 외교원칙으로 자주 언급된다. 이 다섯 가지 원칙은 다음과 같다.

- 서로의 영토 보전에 대한 상호 존중
- 상호 간 불침략
- 내정 불간섭
- 평등과 상호 이익
- 평화공존

이 시기 중국과 인도의 관계는 국경분쟁과 티베트 점령에 대한 인도 내 반감에도 불구하고 비교적 원만했다. 영토분쟁이 있었던 버마(현 미얀마)와의 관계도 개선되었으며, 곧 중국-버마 국경협정이 체결되었다.

인도와 버마는 냉전에서 중립을 유지하고 중국과 우호적인 관계를 맺기로 합의했다. 그 대가로, 중국은 인도와 버마 국경에서 군사적 공격을 자제하고 협상을 통해 문제를 해결하기로 했다. 이들 국가는 국경지역에 거주하는 분리독립 성향의 소수민족문제를 안고 있었으며, 해외 거주 화교(華僑)문제라는 민감한 사안에 대해서도 협의하기로 했다. 동남아시아 국가들에는 다수의 화교들이 거주하며, 그들은 현지 원주민보다 높은 소득 수준을 가지거나 경제적으로 중요한 역할을 하는 경우가 많았다. 이들은 대체로 폐쇄적이고 결속력 강한 집단적 성향을 보이며, 중국어 학교에서 자녀를 교육시키고, 사업 수익의 상당 부분을 중국으로 송금하는 경향이 있다. 이 때문에 화교들은 현지인들에게 반감을 사는 경우가 많았다.

판차실라 정신과 중국의 대외관계 개선 노력은 1955년 인도네시아 반둥에서 열린 아시아-아프리카 회의 개최로 이어졌다. 이 자리에서 중국 대표단은 아시아 국가들과의 관계를 강화했으며, 막 독립을 앞둔 아프리카 국가들의 대표들과도 접촉했다. 특히, 저우언라이는 이집트의 나세르(Gamal Abdel Nasser) 대통령과 장시간 회담을 가졌고, 이는 후일 양국 간 협력의 기초가 되었다. 이외에도 향후 외교에 도움이 될 다양한 국가들과 접촉이 이뤄졌다.

반둥 회의는 아시아와 아프리카 국가들이 공동의 사회·경제적 문제를 해결하기 위해 협력해야 한다는 정치적 비전을 상징했다. 판차실라 원칙과 상호 존중, 반식민주의 정신을 바탕으로 서로 다른 사회 체제를 가진 '저개발국'들이 평화롭게 공존하며 번영할 수 있다는 개념이 확립되었다. 이후 중국은 이 구상을 라틴아메리카와 중동 국가들까지 확대하였다. 중국은 자원이 부족한 상황에서도 국제적 연대와 공동 번영을 촉진하기 위한 소규모 대외 원조 프로그램을 시작했다.

중국의 유화적인 태도는 미국과의 미해결 중요 문제에 대한 논의 의사 표명으로까지 이어졌다. 이 시기 동안 중국은 국제사회로부터 상당한 호감을 얻었으며, 여러 나라가 대만정부와의 관계를 단절하고 중국 본토 정권을 인정했다. 베이징은 제3세계의 지지를 유도하기 위해 반둥 정신을 자주 언급했다. 그러나 이러한 고상한 원칙들은 실질적 조정이나 효과적인 제도로 이어지지 않았고, 실제로 해결된 사례도 거의 없었다. 그럼에도 불구하고, 반둥 정신은 긴장이 완화된 분위기 속에서 제3세계 국가들 간의 단결을 추구하는 상징으로 자리 잡았다. 따라서 이는 중국 외교정책발전의 중요한 시기를 구분 짓는 요소로 볼 수 있다.

민족주의의 재부상과 고립: 1957~1969년

중국은 제3세계 국가들과의 평화공존을 강조하면서도 혁명적 메시지를 포기한 것이 아니라 다소 완화한 것뿐이었다. 1957년, 중국 지도부는 국제정세에 대한 관점을 재평가하고, 다시금 혁명 세력에게 유리한 상황이 조성되었다고 판단했다. 이러한 재평가를 촉진한 요인으로는 소련의 주요 과학 및 기술 혁신이 있었다. 1957년 8월, 소련이 대륙간 탄도미사일(ICBM) 시험을 성공적으로 마쳤고, 같은 해 10월에는 세계 최초의 인공위성인 스푸트니크를 발사했다.

1957년 11월, 마오쩌둥은 이러한 세계관 변화를 상징하는 유명한

연설을 했다. 그는 국제적 전환점이 도래했다고 주장하며 다음과 같이
경고했다.

> 중국에는 이런 속담이 있다. "동풍이 서풍을 제압하지 않으면, 서풍이
> 동풍을 제압한다." 나는 현재 정세의 특징이 사회주의의 힘이 제국주
> 의의 힘을 능가하고 있다는 점, 곧 동풍이 서풍을 제압하는 데 있다고
> 본다.

그의 은유적인 표현은 소련을 보다 강경한 태도로 유도하기 위한 것이
었다. 공산주의 국가들이 소련의 지도 아래 자본주의 세계보다 우세한
흐름을 타고 있으며, 이를 적극 활용해 보다 공격적인 혁명정책을 추
진해야 한다는 의미였다. 그러나 그의 노력은 성공하지 못했다. 스탈
린 사후 소련 지도부를 이끈 흐루쇼프(Nikita Khrushchev)는 소비에
트 국민들이 더 나은 생활 수준을 요구하고 있다는 점을 고려해야 했
다. 보다 공격적인 대외정책은 소비재 생산 자원을 군사 부문으로 돌려
야 했기에 내부적으로 부담이 될 수 있었다. 또한 스탈린 사후 소련 지
도부는 중국보다 자본주의 국가들과의 충돌 가능성을 더욱 경계했다.
중국이 제3세계 국가들과의 평화공존을 모색하는 동안, 흐루쇼프는 한
발 더 나아가 자본주의 국가들과의 평화적 공존을 강조했다.

소련이 혁명적 우위를 활용하지 않으려는 태도에 불만을 느낀 중국
은 독자적으로 더욱 강경한 입장을 취하기 시작했다. 특히 소련이 중국
의 공격적인 태도를 지지하지 않자, 중국의 불만은 분노로 바뀌었다.
예를 들어, 1958년과 1959년 중국은 대만문제에 대해 강경한 노선을
채택하고, 진먼도를 다시 포격하기 시작했다. 또 다른 분쟁지역인 마쭈
(馬祖)섬에도 포격을 가했다. 베이징을 방문한 흐루쇼프는 이에 대한
반응으로 자신만의 은유적인 표현을 사용했다. 그는 모험주의를 비판
하는 연설에서 브레스트-리토프스크(Brest-Litovsk)를 언급했는데, 이
는 러시아 혁명 직후 신생 소련이 독일과 체결한 브레스트-리토프스크

조약을 가리킨 것이다. 이 조약에 따라 당시 약한 처지에 있던 소련은 과거 러시아제국의 영토 일부를 독일에 할양했다. 이 표현은 공간을 내주고 시간을 번다는 전략과 동일시되게 되었다. 즉 흐루쇼프는 중국이 대만문제에 있어 서두르지 말고 인내해야 한다고 시사한 것이다. 이에 마오쩌둥은 격노했다고 전해진다.

또 다른 사례로, 중국은 인도와의 복잡한 국경 분쟁을 해결하기 위해 인도를 압박하기로 결정했다. 그러나 소련은 이를 지지하지 않았을 뿐만 아니라, 오히려 네루정부와의 관계개선을 공개적으로 추진했다. 특히, 국경이 명확히 확정되지 않았다는 중국의 주장에는 상당한 근거가 있었음에도, 소련이 인도의 입장을 옹호하는 태도를 보이자 중국은 더욱 불쾌감을 느꼈다.

이러한 문제들과 기타 누적된 의견 차이로 인해 중화인민공화국과 소련 사이의 갈등은 결국 공개적인 결별로 이어졌으며, 공산주의는 더 이상 하나의 단일한 체제로 간주될 수 없게 되었다. 중소분쟁에는 여러 가지 원인이 있었다. 첫째, 차르 시대의 러시아는 중국이 자국 영토라고 주장하는 넓은 지역을 차지하고, 그곳에 도시, 철도, 항구를 건설했다. 소련은 이전 정부가 체결한 불평등 조약을 폐기하겠다고 약속했지만, 이 영토를 중국에 반환하지 않았다.

둘째, 소련정부는 초기 중국 공산주의 운동과 관련하여 많은 당원들이 부적절하다고 여긴 정책을 강요했다. 그 결과 마오쩌둥의 아내와 두 자녀를 포함한 많은 동지들이 희생되었다.

셋째, 스탈린은 마오쩌둥이 당 지도자로 올라가는 과정에서 지속적으로 마오쩌둥이 아닌 다른 공산당 인사들을 지지했다. 또한 그는 마오쩌둥의 혁명을 단순한 농지개혁이라고 비판했다. 그는 중국 공산당을 겉모습만 공산주의자라고 조롱하며, '마가린 공산주의자' 또는 겉은 붉지만 속은 하얀 '순무 공산주의자'라고 불렀다.

넷째, 제2차 세계대전 후 소련이 중국 동북부를 점령했을 당시, 막대한 물자를 반출해 갔다. 중국은 이를 동맹국의 약탈 행위로 여겼다. 또한 소련은 국민당의 패배가 확실해진 후에도 장제스와 계속 협상하며 신장 및 기타 지역에서의 이권을 대가로 무기를 판매하려 했다.

1950년 체결된 중소우호동맹조약은 당시 외부로부터 지원을 기대할 수 없었던 중국에 원조를 제공했다. 하지만 국제적 기준으로 볼 때 결코 후한 조건은 아니었으며, 신장, 다롄(뤼순), 그리고 중국 동부철도에 대한 소련의 이권이 포함되어 있었다. 이들 이권은 1954년 흐루쇼프에 의해 철회되었지만, 이미 중국의 자존심은 손상된 상태였다. 중국 지도부는 한국전쟁을 수행하는 데 사용된 소련제 무기의 공급 조건에 불만을 가졌다. 자신들이 사회주의 진영과 소련을 대신해 싸우고 있다고 여겼지만, 소련은 노후한 무기를 제공하고 그 비용까지 요구했다.

1956년 소련 공산당 제20차 전당대회에서 흐루쇼프가 스탈린을 신랄하게 비판하자 중국은 충격을 받았다. 흐루쇼프는 중국과 사전 협의 없이 연설을 진행했으며, 당시 중국 대표단이 스탈린을 찬양하는 연설을 막 마친 상황이라 중국 지도부는 곤란한 입장에 처했다. 중국 지도부는 흐루쇼프가 경솔하게 행동했다고 생각했다. 스탈린에 대해 불만을 가질 만한 이유는 충분했지만, 공산주의 진영의 단결을 상징하는 인물을 공개적으로 비판하는 것은 전체 공산주의 진영의 균열을 초래할 수 있다고 우려했다. 또한 마오쩌둥은 흐루쇼프의 반스탈린주의가 훗날 자신의 우상화에 제동을 거는 데 쓰일까 우려했을 것이다.

이러한 불만이 쌓이는 가운데, 중국 지도부는 소련의 발전 모델이 자국의 필요를 충족시키지 못한다고 점점 더 확신하게 되었다. 이에 따라 중국은 대약진운동이라는 급진적인 발전 방식을 채택했지만, 흐루쇼프는 이를 공개적으로 조롱했다. 초기에는 중소 간의 차이가 비교적 완곡하게 표현되었으나, 1960년 초부터 중국 언론은 흐루쇼프가 마르크스-레닌주의의 근본 원칙을 배신했으며, 따라서 이제 중국이 공산주의 세계의 주도권을 맡아야 한다고 주장하기 시작했다. 이로써 공산주의의 단일성은 이론적으로나 실질적으로나 완전히 붕괴되었다.

그러나 이러한 선언의 즉각적인 결과는 중국에 불리하게 작용했다. 소련은 중국의 핵무기 개발 지원을 약속하고도 이를 철회했으며, 기술자와 상당한 규모의 원조를 갑작스럽게 철수시켜 중국의 경제발전에 타격을 주었다. 대부분의 공산주의 국가들은 소련의 편을 들었다. 공산당이 존재하지만 집권하지 못한 국가들에서는 중소분쟁을 둘러싸고 공산주의 세력이 내부적으로 분열되는 일이 잦아졌고, 이는 공산당의 집권 가능성을 가능성을 더욱 약화시켰다. 일반적으로, 이렇게 분열된 세력 중 다수는 소련을 지지했고, 소수만이 중국을 지지했다. 1964년 10월 흐루쇼프가 실각하면서 중소 간 공개 논쟁은 잦아들었으나, 이념적 차이와 양국 간의 근본적인 갈등은 여전히 남아 있었다.

비공산권 세계에서 중국은 위협적으로 보였다. 이는 중국이 평화공존에 대한 비난을 퍼붓고, 제국주의가 존재하는 한 전쟁은 불가피하다고 주장하며, 평화적인 경로를 통한 공산주의 이행 가능성을 부정했기 때문이다. 중국의 행동은 각국의 우려를 한층 증대시켰다. 1962년, 중국은 인도와의 국경분쟁과 관련하여 군사력을 사용했다. 중국의 결정적인 승리는 세계 여론에서 찬사보다는 두려움을 불러일으킨 것으로 보였다.

그러나 중국의 다른 외교정책은 덜 성공적이었다. 명확한 증거는 없지만, 1965년 인도네시아 공산당(PKI)의 쿠데타 시도에 중국이 개입했을 가능성이 높다. 이 쿠데타는 인도네시아 군부 연합에 의해 진압되었고, 이후 공산당원뿐만 아니라 수천 명의 비공산계 화교들까지 학살당하는 유혈 사태가 벌어졌다. 수천 명의 인도네시아 화교들이 구금 수용소에 수용된 후 결국 중국으로 추방되었다. 기존의 친중국 성향이었던 인도네시아정부는 중국에 냉담한 태도를 보이는 정권으로 교체되었고, 양국 간 외교관계는 단절되었다.

중동에서는 중국이 팔레스타인 해방기구(PLO)의 활동을 지원하면서 이집트정부를 불쾌하게 만들었다. 또한 중국이 이집트를 소련과의 동맹에서 떼어놓으려는 시도를 하면서 양국 간 긴장이 고조되었다. 케냐에서는 국민적 지도자 케냐타(Jomo Kenyatta)가 중국이 자신의 반대 정당을 지원하는 것에 분개하며, "동방에서 제국주의가 올 위험이 없다고 생각하는 것은 순진한 발상이다. 이것이 우리가 공산주의를 거부하는 이유다"라고 선언했다. 라틴아메리카에서는 쿠바의 카스트로(Fidel Castro)가 중국이 쿠바 내부 문제에 간섭한다고 불평하며, 자신이 미국의 제국주의로부터 나라를 해방시킨 것은 중국으로부터 비슷한 대우를 받기 위해서가 아니라고 주장했다.

1965년, 중국은 예정된 아프리카-아시아 회의에서 소련을 배제하려 했으나 실패했다. 이에 대해 중국은 자국의 의견을 무시한 회의에는 참석하지 않겠다고 선언했고, 결국 회의는 무기한 연기되었다. 중국 소식통들은 이러한 일련의 실패를 세계 혁명 과정에서 있을 수 있는 '일시적인 좌절'로 평가하며, 중국이 비록 현재 미국과 그 동맹국이라는 제국주의 세력에 의해 수적으로 열세에 놓여 있지만, 결국 승리할 것이라고 주장했다.

중국의 외교적 고립은 1966년부터 1969년까지의 문화대혁명 기간 동안 극단에 이르렀다. 이 시기 동안 급진적 좌파들은 중국의 외교정책이 세계 혁명에 충분한 비중을 두지 않았다고 비판했다. 이에 따라 중국은 여러 나라에서 전복 운동을 더욱 적극적으로 지원했으며, 중국의 급진주의자들, 특히 당시 해외에 나가 있던 학생들이 몇몇 나라들에서 소란을 일으켰다. 그 결과, 30개국 이상의 외교관계가 타격을 입었다. 또한 중국의 외교정책결정 기구는 외국인들과 교류하는 과정에서 전복적인 부르주아의 영향에 물들었다는 이유로 급진파들의 공격을 받았다. 홍위병들은 외국 대사관을 습격하여 외교관들을 위협하고 최소 한 명을 사망하게 했다. 심지어 중국 외교부까지 공격했다. 의사결정 기구가 거의 마비 상태에 빠지면서, 중국은 카이로 주재 대사를 제외한 모든 자국 대사들을 본국으로 소환했다. 이집트만 예외로 남겨진 것은 중국이 중동, 특히 이집트의 전략적 중요성을 인식했기 때문으로 보인다. 이는 이 시기의 극단적인 이념적 주장 속에서도 일정 부분 현실주의가 남아 있었음을 시사한다.

중국 좌파들의 반소련 감정은 특히 강렬했다. 급진적 극단주의자들은 소련의 '수정주의'와 자본주의적인 이질적 요소들에 대한 관용이 중국을 오염시킬 위험이 있다고 믿었다. 따라서 소련 외교관들은 극단주의자들의 주요 공격 대상이 되었고, 소련정부를 향한 비판적 논쟁도 더욱 격화되었다. 소련 언론은 중국 내부의 혼란을 중국공산당 지도부의 광기로 비난했다. 1964년 10월 흐루쇼프의 실각 이후 잠잠했던 중소 분쟁은 더욱 격렬해졌다. 1968년 중국은 소련의 체코슬로바키아 침공을 '극악무도한 범죄'라고 규탄했으며, 소련이 신장에 있는 중국의 유일한 핵시설에 대한 선제공격을 계획하고 있다는 소문도 돌았다.

1968년과 1969년 초 내내 양측 국경 수비대와 민간인 간 소규모 충돌이 이어지며 긴장이 점차 고조되었다. 1969년 3월, 두 나라 간 영토 분쟁 지역 중 하나인 우수리강의 작은 섬(중국명 전바오다오, 소련명 다만스키 섬)에서 중국군이 소련 순찰대를 향해 발포했고, 이에 소련이 보복했다. 이후 훨씬 서쪽에 위치한 중국 신장과 소련 카자흐스탄 접경 지역에서도 추가 충돌이 발생했다. 이 시점에서 중국은 국제 사회에서 사실상 완전히 고립되었으며, 심지어 영토 보전마저 위태로워 보였다.

글로벌 강대국 정치: 1969년~현재

미·중·소 전략적 삼각외교: 1969~1989년

우수리 사건에서 중국의 행동은 많은 외국 관측통들에게 의문을 자아냈다. 국내적으로 취약한 시기에 대부분 잠겨 있는 무가치한 작은 섬을 둘러싼 오랜 영토 주장 때문에 강대국 이웃을 자극하는 것은 터무니 없어 보였다. 설령 중국정부의 주장대로 "굴욕을 당하지 않겠다"는 의도를 보여주기 위한 것이었다 해도, 그 전략은 타당하지 않았다. 소련군은 훈련이 잘 되어 있었고, 중국 인민해방군에 충분히 대응할 능력을 갖추고 있었다. 마지막으로, 중국공산당 제9차 전당대회가 열리기 불과 몇 주 전의 시점에서 굳이 중대한 외교적 위기를 유발하는 것은 무의미해 보였다.

일부 서방 분석가들은 이 충돌이 문화대혁명의 과격한 외교정책이 초래한 자연스러운 결과라고 보았다. 또 다른 견해는 현지 지휘관이 단순히 명령을 초과 수행했을 가능성을 제기했다. 세 번째 해석은, 당의 최고 지도부 내 한 파벌이 소련군을 공격하도록 인민해방군에 명령을 내려, 중국 외교정책의 급격한 변화를 강요하려 했다는 것이다. 즉, 미국과의 관계개선을 추진하기 위한 압박의 계기로 삼으려 했다는 것이다.

이러한 시나리오에서 마오쩌둥과 저우언라이는 소련의 체코슬로바키아 침공과 이후 발표된 브레즈네프 독트린을 중국 안보에 대한 위협으로 해석했다. 브레즈네프 독트린은 일부 사회주의 국가의 내부 사태가 사회주의 공동체 전체를 위협할 경우, 다른 사회주의 국가에 개입할 수 있다는 주권제한의 원칙이었다. 동시에, 미국은 점점 덜 위협적으로 보이기 시작했다. 베트남전쟁과 관련한 파리 평화 회담이 시작되었으며, 리처드 닉슨이 미국 대통령으로 선출되었다. 닉슨은 선거 과정에서 아시아에서의 미국의 존재를 줄이겠다는 이른바 '닉슨 독트린'을 공약으로 내세웠다. 소련은 미국보다 중국에 훨씬 더 위협적인 존재였고, 미국은 소련과 적대적인 관계에 있으면서 군사적으로 대등한 위치에 있었기 때문에, 미국과의 관계개선이 바람직하다고 판단되었다.

그러나 이 분석에 따르면, 마오쩌둥과 저우언라이 진영은 국방부장 린뱌오가 이끄는 문화대혁명 급진파의 반대로 인해 미국과의 관계개선을 추진하는 데 어려움을 겪었다. 린뱌오 측은 많은 문제점에도 불구하고 소련이 자본주의 국가보다는 나은 상대라고 판단하며, 관계 개선을 선호했다. 또한 린뱌오는 자신의 주요 경쟁자인 저우언라이가 제안한 정책대안을 수용하기를 원치 않았다.

이러한 해석에 따르면, 우수리 충돌은 중국 내에서 소련과의 관계 개선을 지지하는 세력의 입지를 약화시키고, 미국과의 관계개선을 추진하기 위한 의도적인 전략이었다. 중국 언론은 물론 이 충돌이 소련의 도발로 인해 발생했다고 보도했다. 1971년 린뱌오가 소련으로 도주하려다 사망한 사건과 같은 해 미국과의 관계개선이 이루어진 점은 이러한 시나리오를 뒷받침하는 근거로 제시되었다. 이 가설의 진위 여부와 관계없이, 중국은 여전히 미국과 소련 모두를 비난했지만, 1971년 이후 지도부의 주류 세력은 소련을 더 큰 위협으로 인식한 것으로 보인다. 다만, 미국의 대만 지원문제는 여전히 해결되지 않은 상태로 남아있어, 미중 관계개선을 저해하는 요소로 작용했다.

중국은 닉슨 대통령이 미중 간의 무역 및 여행 제한을 완화한 조치를 긍정적으로 평가했고, 1971년 4월 마오쩌둥은 미국 탁구 대표팀을 중국으로 초청했다. 워싱턴의 적극적인 지지 속에서 대표팀은 초청을 받아들였다. 이들의 방문은 중국 고위 관리들과의 만남을 포함해 널리 보도되었으며, 이후 '핑퐁 외교'로 불리게 되었다. 이는 1972년 닉슨 대통령의 베이징 방문으로 이어지는 계기가 되었다.

닉슨의 방문은 양국 간 관계개선에 있어 또 다른 진전을 가져왔다. 1972년 2월 양국은 외교관계 정상화에 대한 상호 의지를 확인하는 '상하이 코뮈니케(Shanghai Communiqué)'를 발표했다. 이 성명은 대만문제에 대해 "대만해협 양안의 모든 중국인은 오직 하나의 중국이 존재하며, 대만은 그 일부라고 주장한다. 미국정부는 이 입장을 부정하지 않는다"고 명시함으로써, 이 민감한 사안을 절묘하게 우회했다. 그러나 미국은 이 입장에 '동의'한다고까지는 밝히지 않았다. 미국은 윤리적·법적문제도 고려해야 했다. 대만과의 오랜 동맹을 단절하는 것은 미국이 다른 동맹국들에게 보장한 약속의 신뢰성을 훼손할 위험이 있었다. 또한 미국과 대만 간 '상호방위조약'의 처리문제도 존재했다. 더욱이, 대만 내에서 태어난 많은 원주민들은 대만이 중국 영토의 일부라고 생각하지 '않았으며', 자신들을 한족으로 인식하지도 않았다. 이들은 중국 본토와의 통일에 대해 강한 반감을 가지고 있었고, 이념적으로나 정서적으로 아무런 유대감을 느끼지 않았다.

대만문제를 일시적으로 보류하고 상하이 코뮈니케를 기반으로 하여 미국과 중국 간의 관계는 개선되었다. 정식 외교 대표부를 두는 대신, 양국은 서로의 수도에 연락사무소를 설치했다. 양국 간의 무역이 증가했으며, 과학기술, 스포츠, 문화 등 여러 분야에서 접촉과 교류가 이루어졌다. 마침내 1979년 1월 1일, 베이징과 워싱턴은 공식적인 외교관계를 수립했다. 미국은 대만의 중화민국과의 공식관계를 종료하기로 합의했다. 이후 미국은 대만을 더 이상 중화민국 아닌 대만으로만 지칭하고, 문화·상업·기타 비공식적 관계는 계속 유지하겠다는 입장을 밝혔다. 1954년 체결된 방위조약은 1년 전에 통보하면 종료할 수 있다는 조항에 따라 폐기되었다. 이에 따라 미국 의회는 미국정부와 별도로 1979년 4월 대만관계법을 따로 제정하여, 대만해협의 세력균형을 유지하는 데 필요하다고 판단되는 방위 무기를 대만정부에 제공하겠다고 명시했다.

마오쩌둥이 미국과의 관계개선을 모색하기 시작한 동시에, 중국은 소련을 제외한 다른 국가들에 대해서도 훨씬 더 유화적인 태도를 보였다. 1970년부터 각국 주재 중국 대사들이 다시 부임하기 시작했으며, 중국정부는 문화대혁명 기간 동안 베이징에서 외국 대사관에 가해진 피해에 대해 공식적으로 사과하고 배상을 약속했다. 이러한 보다 온건한 자세 덕분에 중국은 문화대혁명 기간 동안 단절되었던 외교관계를 회복할 수 있었으며, 새로운 지지자들을 얻을 수 있었다. 중국이 국제사회에서 정당한 구성원으로 인정받았다는 사실은 1971년 10월 공식적으로 확인되었으며, 이때 중국은 유엔에 가입하고 유엔 안전보장이 사회(UNSC)의 상임이사국으로 자리하게 되었다.

그러나 중국의 유엔 가입에 대한 합의는 만장일치로 이루어진 것이 아니었다. 반대자들은 문화대혁명 기간 동안의 무책임한 행태와 중국의 급진적인 선전을 인용하며, 중국이 유엔의 기능을 방해할 것이라고 예측했다. 그러나 이러한 우려는 기우로 판명되었다. 관찰자들은 중국이 유엔의 주요 기구와 전문 기관에서 책임 있는 회원국으로 활동해 왔다고 평가한다. 베이징은 유엔 회원국으로서 다국적 기업 규제, 선진국으로부터의 기술 이전에 대한 통제 강화, 외채 상환 조건 개선 등 개발도상국들에게 중요한 사안들을 지지하는 데 적극적인 입장을 취했다. 그러나 중국은 비동맹 그룹에 가입하지 않았고, 한때 석유 수출국이었음에도 석유수출국기구(OPEC)에도 가입하지 않았다. 중국은 개발도상국들이 추진한 신국제경제질서에 대해 수사적 지지를 표명하면서도, 세계은행, 국제통화기금(IMF), 세계무역기구(WTO) 등 기존 국제경제질서를 대표하는 기관에 가입했다. 중국은 방대한 영토, 풍부한 천연자원, 비교적 높은 교육 수준을 갖춘 인구 덕분에 여타 개발도상국들과는 다른 독특한 입지를 차지하고 있다. 중국은 종종 저개발 국가들과의 연대를 선언했지만, 유엔 등에서의 투표에서는 철저히 자국의 이익을 우선하며, 종종 제3세계 국가들의 입장과 충돌했다. 한 관찰자는 중국의 유엔 내 투표 성향을 '1인 갱(Gang of One)'이라고 표현하기도 했다.

마오쩌둥 사후의 외교정책

1976년 마오쩌둥이 사망한 후, 중국의 외교정책은 이론적으로는 더욱 노골적으로 현실주의적인 성격을 띠게 되었으며, 그 결과 중국은 외교적으로 상당한 성과를 거두었다. 이로 인해 중국은 여러 가지 중요한 이점을 얻었다. 국제법에서 일반적으로 인정되는 몇 가지 규범을 수용함으로써 중국은 대출을 받거나 외국 투자를 유치하는 것이 보다 쉬워졌다. 여러 갈등 유발 요소들이 존재했음에도 불구하고, 중국은 일본으로부터 자국의 경제개발계획을 뒷받침할 수 있는 상당한 도움을 얻을 수 있었다. 1972년 중일 국교정상화 공동선언 이후 1978년에는 '중일평화우호조약'이 비준되었다. 또한 중국은 이슬람 소수민족을 활용하여 부유한 이슬람 국가들이 중국에 투자하도록 설득하기 시작했다. 영국과의 협상을 통해 1997년 홍콩 반환을, 포르투갈과의 협상을 통해 1999년 마카오 반환을 합의했다. 이러한 협상 과정에서 베이징의 과격한 수사가 완화된 점과, 홍콩과 마카오의 독특한 역사 및 발전 상황을 고려하여 이들 지역에 준자치적 지위를 부여하겠다는 중국정부의 태도가 도움이 되었다. 1982년 개정된 중국 헌법에는 홍콩과 마카오를 위한 특별행정구(SAR) 개념이 도입되었으며, 이 지역들은 일정한 자치권을 갖되 외교 및 국방은 중국 중앙정부가 관할하도록 규정되었다. 특별행정구제도는 대만을 중국에 편입시키는 수단으로도 고려되었다.

중국의 소련 견제 전략은 베트남과의 관계에서 큰 타격을 입었다. 베트남이 공산주의정부 아래 통일된 후 소련과 가까워지는 방향을 선택하면서, 중국과 베트남 간의 역사적 반목이 다시 부각되었다. 특히, 베트남정부가 자국 내 부유층을 대상으로 자산을 몰수하는 정책을 펼쳤을 때, 피해자의 상당수가 화교였기 때문에 중국은 이를 인종차별이라고 비난했다. 이에 대해 베트남은 자신들이 공산주의 국가로서 당연히 자본주의를 해체하는 조치를 취한 것이라고 반박했다. 결정적으로, 1978년 12월 베트남이 중국의 동맹국이었던 캄보디아를 침공하면서 중국과 베트남의 관계는 파국을 맞았다. 이에 대한 보복으로, 1979년 2월 중국 인민해방군은 양국의 국경을 넘어 베트남을 공격했다. 중국은 이 전쟁을 통해 베트남이 캄보디아에서 철수하도록 만들고 "본때를 보여주겠다"고 선언했지만, 두 가지 목표 모두 달성하지 못했다. 중국군은 상당한 사상자를 냈고, 이로 인해 중국의 현대화 계획이 일시적으로 지연되었다.

덩샤오핑은 소련이 베트남을 지원할 가능성을 염두에 두고 이에 대비했으나, 소련의 군사 개입은 이루어지지 않았다. 다만, 소련은 베트남에 대한 물질적 지원과 외교적 지지를 제공했다. 중국정부는 대외 선전을 통해 소련이 개입하지 않은 점을 강조하며, 중국이 "호랑이 꼬리를 건드리고도 무사했다"고 자평했다. 하지만 베트남은 소련에 대한 보답으로 전략적으로 중요한 깜라인만(Cam Ranh Bay)에 소련 해군 기지를 허용했고, 이는 중국에게 또 다른 위협이 되었다.

베트남 침공 직후, 중국은 1950년 체결된 '중소우호동맹조약'을 공식 폐기했다. 중국은 해당 조약이 오랫동안 무의미한 문서에 불과했으며, 조약이 체결될 당시 중국이 열등한 위치에 놓여 있었던 점이 모욕적이고 현실에도 맞지 않는다고 주장했다. 이후 중국은 동등한 입장에서 새로운 조약을 체결할 용의가 있음을 밝혔으나, 신뢰와 우호가 부족한 분위기 속에서 시작된 협상은 1979년 소련의 아프가니스탄 침공으로 인해 중단되었다. 중국은 향후 협상 재개를 위해 소련에 다음과 같은 조건을 제시했다.

1. 소련군이 아프가니스탄에서 철수할 것
2. 소련군이 중소 국경 및 몽골에서 철수할 것
3. 소련이 베트남의 캄보디아 점령을 지원하는 행위를 중단할 것

그러나 당시 소련의 행동이나 지도부의 태도로 볼 때, 이러한 조건이 받아들여질 가능성은 희박했다. 중소관계가 개선될 전망은 밝지 않았다. 그러나 1981년 말이 되면서 중국은 전략을 재검토하기 시작했다. 미국과의 관계에서 몇 가지 불만이 쌓였기 때문이다. 대표적인 예로, 중국산 섬유 제품의 대미 수출을 제한한 점, 미국의 기술 이전 속도가 더디다는 점, 중국 테니스 선수의 망명문제를 처리하는 방식, 대만에 대한 지속적인 미국의 군사 지원 등이 있었다. 1982년, 중국은 미국을 압박하여 대만에 대한 무기 판매를 점진적으로 축소하겠다는 합의를 이끌어냈

다. 그러나 이 공동성명에서는 대만에 대한 군사 기술 이전을 중단한다
는 내용이 포함되지 않았기 때문에, 미국은 이 허점을 이용해 대만이 자
체적으로 고성능 전투기와 군함을 설계·건조할 수 있도록 지원했다.

중국 지도부는 최소한 중소관계 개선 가능성을 미국에 대한 지렛대
로 활용할 수 있다고 판단했다. 이에 따라, 중국은 공식적으로 중소 관
계개선을 위한 전제 조건을 유지하면서도, '인민 외교'를 활용하여 스
포츠 및 전문가 대표단을 소련과 교환하고, 1960년 이후 거의 중단되
었던 국경 무역을 빠르게 활성화시켰다. 고르바초프가 소련 지도자로
집권한 후, 그는 중국이 요구했던 조건들을 모두 수용했고, 양국 간 무
역도 계속 성장했다. 1989년 5월, 고르바초프는 30년 만에 처음으로
중국을 방문한 소련의 국가 원수가 되었다. 이 방문은 중소분쟁의 상징
적 종결을 의미했으나, 당시 톈안먼사건으로 인해 미디어의 관심을 상
당 부분 빼앗겼다.

그러나 중국이 미소 간의 갈등을 이용해 양국을 견제하는 전략은 점
차 힘을 잃었다. 고르바초프의 정책은 중국에 대한 유화적 태도뿐만 아
니라 미국과의 관계개선을 적극적으로 추진했다. 이로 인해 미소관계
가 크게 호전되었다. 반면, 중국은 톈안먼사건에서 비무장 시위대에 대
한 무력 진압으로 인해 국제적 비난을 받았다. 이 사건 이후, 미국 내에
서는 중국에 대한 호감도가 낮아지고, 소련이 오히려 덜 위협적이고 지
원할 가치가 있는 국가로 보이기 시작했다. 덩샤오핑의 중국은 이전보
다 덜 우호적인 이미지로 비춰졌으며, 미국의 적극적인 지지를 기대하
기 어려운 상황이 되었다.

유일한 초강대국에 대한 견제

소련이 15개의 후계 국가들로 해체되면서 중국은 전략적 삼각 외교를
펼치기가 훨씬 어려워졌고, 미국이라는 단일 초강대국과 맞서야 하는

상황에 직면했다. 특히 톈안먼사건 이후, 미국이 인권과 대의 민주주의의 필요성을 강하게 설파하는 상황은 중국 지도부에게 불편한 현실이었다. 중국 측은 소련 붕괴로 인해 권력 재편이 이루어지면서 결국 다극적인 국제질서가 형성될 것이라고 예상했고, 이에 대한 대비책을 마련하기 시작했다. 중국 지도자들은 미국의 힘이 점차 쇠퇴하고, 일본, 점점 통합되는 유럽연합(EU), 인도, 러시아, 그리고 중국 자신이 이를 견제하는 구도를 구상했다. 이에 따라 중국 외교는 일본과 미국 사이의 거리감을 확대하려 했고, 유럽 국가들이 미국과 이견을 보이는 쟁점들을 부각시켰으며, 중동, 아프리카, 라틴아메리카, 중앙아시아 국가들과 우호적인 관계를 맺으려 했다.

중국경제가 급성장하고 군사비 지출이 증가하는 상황에서, 미국의 패권에 대항하는 다자간 연대를 형성하려는 시도는 다양한 결과를 낳았다. 일부 이웃 국가의 정책결정자들은 중국을 막을 수 없는 거대 세력으로 보고, 대립보다는 유화정책이 더 효과적일 것이라고 판단했다. 그러나 이러한 태도가 반드시 중국 팽창에 대한 저항이나 중국에 맞서 자체적인 연대를 형성하는 시도를 배제하는 것은 아니었다. 유화정책에는 다양한 수준의 중요성을 지닌 관료들의 정기적인 상호 방문, 문화 교류, 상업 조약 체결 등이 포함되었다. 동남아시아국가연합(ASEAN)은 중국에 일본 및 한국과 함께 대화 상대국 지위를 부여하기로 했으며, 베이징은 ASEAN과 자유무역협정(FTA) 체결 가능성을 모색하기 시작했다. 또한 중국은 러시아와 긴밀한 관계를 구축했으며, 러시아는 곧 중국의 주요 첨단 무기 공급국이자 중요한 무역 파트너가 되었다.

중국은 미국의 패권을 견제하려 했지만, 노골적으로 적대적인 태도를 취하지는 않았다. 미국의 대중정책은 세계무역체제에 편입되어 번영하는 중국은 평화로운 국가가 되어 적어도 지역적 안정에 기여할 것이라는 전제에 기반한 것으로 보였다.

중국의 공격적 움직임을 견제하려는 이웃 국가들의 움직임에는 1996

년 인도네시아가 4년 만에 최대 규모의 육·해·공 합동 군사훈련을 실시한 사례가 포함된다. 이 훈련은 상징적으로 인도네시아의 나투나제도에서 진행되었는데, 이 지역은 최근 중국 지도에서 중국의 배타적 경제수역으로 표기된 곳이었다. 인도네시아는 외국 무관들을 초청했으나, 중국 측 무관은 참석을 거부했다. 다른 동남아시아 국가들도 유사한 조치를 취했다. 그러나 중국에 대한 견제 시도 중 일부는 아시아 외환위기로 인해 무산되었고, 특히 인도네시아의 내부 혼란으로 인해 더욱 약화되었다.

일본의 반응은 중국 지도자들에게 더 큰 우려를 불러일으켰으며, 베이징은 도쿄의 불안을 인식하지 못했거나, 이해하려 하지 않았다. 1995~1996년, 미국이 대만의 총통 리덩후이(李登輝)에게 모교에서 상을 받도록 비자를 발급한 것에 대응하여, 중국 인민해방군은 약 1년 동안 대만해협에서 군사훈련과 미사일 실험을 지속했다. 대만은 제2차 세계대전이 끝날 때까지 50년 동안 일본의 식민지였으며, 일본 기업들은 여전히 대만에 광범위한 투자를 하고 있었다. 중국이 대만을 장악할 경우, 일본이 자국 영해로 간주하는 해역에 대한 중국 해군의 순찰은 더욱 침투적인 양상을 띠게 될 가능성이 높았다. 이에 도쿄는 미국과 안보관계를 강화하기 위해 접근했고, 양국은 '일본의 평화와 안보에 중요한 영향을 미치는 일본 주변 지역 상황에 대한 협력'을 약속하는 협정에 서명했다. 베이징은 일본정부에 '일본 주변 지역'이라는 표현이 대만을 포함하지 않는다는 보장을 요구했으나, 일본 외교관들은 그 정의가 지리적 개념이 아닌 상황적 개념이므로, 그런 확약은 할 수 없다고 답변했다.

이와 더불어, 일본이 미국의 전역미사일방어체제(TMD) 구축 노력에 동참하기로 한 결정은 베이징이 미일동맹에 대한 입장을 재검토하도록 만들었다. 이전까지 중국은 미국이 일본을 군사 보호 아래 두는 방식으로 일본 군국주의의 부활을 억제한다고 보았으나, 이번 사태 이후 미국이 오히려 일본을 부추겨 군국주의를 되살리려 한다고 인식했다.

미국이 세계를 장악하려 한다는 인식은 미국 주도의 NATO 연합군이 유고슬라비아 공습을 개시하면서 더욱 강화되었다. 이는 유고슬라비아정부가 소수민족을 학살하는 것을 막기 위한 조치였으나, 폭탄 중 하나가 베오그라드 주재 중국 대사관을 강타하자, 우발적인 사고라는 미국의 해명을 받아들이지 않았다. 분노한 군중들은 베이징 주재 미국 대사관에 돌을 던졌고, 중국정부는 미국과의 전략적 동반자관계 구상을 공식적으로 부인했다.

미일 동맹강화를 위한 협정이 체결된 지 불과 몇 주 후, 장쩌민(江澤民)은 러시아 및 중앙아시아 3개국 지도자들을 상하이에 초청하여 이에 맞서는 조직을 결성했다. 이 조직은 처음에는 상하이 파이브(Shanghai Five)로 불렸으나, 이후 또 다른 중앙아시아 국가가 가입하면서 상하이 협력기구(SCO)로 개명되었다. 이 회담에서는 국경 획정, 국경 안보, 그리고 '장기적인 전략적 목표의 수렴'이 논의되었으며, 이는 과도한 미국 영향력에 대한 견제를 의미하는 것으로 해석되었다. 중국은 러시아를 지속적으로 전략적 동반자로 언급했고, 2002년 7월에는 양국이 마오쩌둥과 스탈린 간의 1950년 협정 이후 재차 안보조약을 체결했다. 다른 잠재적 동맹국들도 배제되지 않았다. 중국과 러시아의 협력관계를 이란이나 심지어 인도까지 확대하는 방안이 제기되었지만, 실행되지는 않았다. 또한 중국은 유엔의 이라크 제재 해제를 주장하며 바그다드의 방공체계 개선을 지원했다.

9·11 이후의 전개

2001년 9월 11일, 이슬람 근본주의자들의 세계무역센터와 펜타곤 공격으로 촉발된 사건들은 또 다른 권력 재편을 초래했으며, 이는 중국이 자국의 이익에 반하는 방향으로 인식하는 것이었다. 중국정부는 테러리스트문제를 해결하려는 미국의 노력에 협력할 것을 약속했지만, 미국이 이를 국제적 연대가 아닌 패권 확대의 수단으로 삼고 있다는 인식이 중국 내에서 확산되었다. 상하이협력기구 회원국 중 일부가 미국에 군사 기지 사용권 등을 제공하자, 중국은 미국의 중앙아시아 주둔이 장기화되어 자국의 이익을 해칠 수 있다는 우려를 갖게 되었다. 더욱이, 러시아의 푸틴 대통령은 미국과의 관계를 더욱 강화하는 방향으로 움직였다. 2002년, 미국과 러시아는 군비 감축 조약을 체결하고 새로운 전략적 관계를 구축하기 위한 공동 선언문을 발표했다. 중국의 반대에도 불구하고 푸틴은 탄도미사일방어조약(ABM)의 폐기를 수용했다. 또한 러시아는, 비록 정식 회원국은 아니지만, 원래는 소련을 견제하기 위해 창설된 NATO에 참여하게 되었다. 중국의 분석가들은 이를 "러시아가 완전히 미국의 영향권에 들어간 것"으로 평가했다. 이는 세계적인 패권 세력과 반패권 세력 간의 균형을 흔드는 요소로 작용했다. 또한 중국은 미국이 후세인(Saddam Hussein)을 제거하려는 계획을 또 다른 지역에 자유민주주의를 강요하려는 시도로 보았으며, 동시에 이라크의 유전을 장악해 경제적 이득을 취하려는 의도로 해석했다.

부시 대통령이 테러리스트들과 그들을 지원하는 국가를 추적하겠다고 선언한 후, 동남아시아 여러 국가에 군사 고문단을 파견하자 중국의 불쾌감은 더욱 커졌다. 또한 1998년 인도의 핵실험 이후 악화되었던 미국과 인도의 관계가 회복되기 시작하면서 중국의 우려는 더욱 증폭되었다. 당시 인도 국방부 장관은 핵무기 개발 결정의 배경에 중국에 대한 두려움이 있었다고 밝힌 바 있다. 미국은 핵확산 방지정책에 따라 인도에 제재를 가했지만, 2002년 초에는 미국과 인도가 공동 군사훈련을 실시하기로 합의했고, 인도 대통령은 미국 의회에서 두 나라가 자연스러운 동맹이라고 선언했다.

미국이 대량살상무기를 찾겠다는 명분으로 이라크를 침공하기로 결정하면서 국제사회의 반발이 커졌고, 이는 중국이 외교적으로 상황을 반전시킬 기회가 되었다. 중국은 EU와의 관계를 강화하며, 1989년 톈안먼사건 이후 부과된 무기금수조치를 해제하도록 강력히 로비를 벌였다. 또한 ASEAN 국가들과 자유무역협정을 체결했다. 인도와의 관계도 여전히 신중한 태도를 유지했지만, 인도의 뛰어난 소프트웨어 산업과 중국의 컴퓨터 하드웨어 산업 간 협력을 통해 상호 이익을 도모하는 방향으로 개선되었다.

중국의 급속한 경제성장을 뒷받침할 원유와 원자재를 확보하기 위한 노력은 21세기 초반 더욱 확대되었다. 일부 국가들은 중국을 새로운 고객으로 환영했지만, 환경문제를 우려하는 목소리도 커졌다. 동남아시아의 열대우림은 중국의 목재 수요 증가로 인해 급속히 파괴되고 있었다. 야생동물 역시 큰 피해를 입었는데, 국제보전기구들에 따르면, 중국을 중심으로 한 상아 수요가 지속될 경우 세계 코끼리 개체군이 멸종할 위험이 있다고 경고했다.

중국 기업과 고위 지도자들은 중남미와 아프리카를 방문하여 급속한 경제성장을 유지하는 데 필요한 자원의 안정적인 공급망을 확보하려 했다. 중국이 당시 베네수엘라 대통령 차베스(Hugo Chavez)와 석유 공급 계약을 체결하면서, 에너지와 지정학적 이해가 맞물렸다. 차베스는 인권 탄압문제로 미국으로부터 비판을 받고 있었기 때문에 원유의 새로운 구매자를 반겼고, 중국 역시 미국의 '뒷마당'에서 우군을 확보한 데 만족했다. 그러나 중국의 원유 수요는 더욱 심각한 인권 탄압으로 비난받던 수단정부를 지원하는 결과를 낳기도 했다.

일본과의 경제적 관계는 활발했지만, 정치적 갈등은 지속되었다. 일본은 중국과의 무역이 자국의 경제성장에 중요한 역할을 했다는 점을 인정했지만, 양국 간에는 다양한 사안을 둘러싸고 긴장이 존재했다. 영토 분쟁, 제2차 세계대전 당시 일본의 중국 내 행위, 중국의 급증하는 군비 지출, 그리고 양국이 서로를 대하는 태도 등이 주요 갈등 요소였다. 이러한 긴장은 2005년 4월 중국의 여러 도시에서 반일 폭력사태로 폭발했다. 이후 잠시 진정되었지만, 2010년 일본정부가 일본 해안경비대 선박 두 척을 들이받은 중국 어선 선장을 체포한 사건으로 인해 또다시 반일 시위가 촉발되었다.

대만과 관련하여, 베이징은 반통일 성향의 당시 재임 중이던 총통이 보다 협조적인 인물로 교체되기를 기대하며 그를 무시하는 전략을 택했다. 그러나 2004년 3월, 그들이 원하지 않던 총통이 재선되면서 이 전략은 좌절을 겪었다. 그에 따라 중국 전국인민대표대회는 경고의 의미로 추정되는 반분열국가법(ASL)을 제정했다. 하지만 대만의 주요 정당들은 이미 대만이 독립된 주권 국가이기 때문에 별도로 독립을 선언할 필요가 없다는 데 동의하고 있어, 반국가분열법의 제정은 불필요해 보였다. 그럼에도 불구하고 이 법은 국제적으로 상당한 불안을 야기하여, EU는 톈안먼사건 이후 시행된 중국에 대한 군사 무기 판매 금지 조치를 해제하려던 계획을 보류하게 되었다.

2008년 대만 총통선거에서 베이징이 선호하던 국민당의 마잉주(馬英九) 후보가 승리하면서 양안관계는 보다 우호적인 국면으로 접어들었다. 마잉주는 궁극적인 통일을 반대하지 않는다고 밝혔으나, 중국이 먼저 민주주의 국가로 변해야 한다는 조건을 달았다. 그의 행정부 하에서 대만과 중국 간의 상업 및 교통 연계가 증가하면서 베이징의 경제적 영향력이 강화되었고, 이는 많은 대만인들의 반감을 샀다. 마잉주가 의회를 통해 논란이 되는 협정을 강행하기 위해 비정상적인 절차를 사용하자, 이에 대한 분노는 평화적이었지만 대규모였던 시위 운동으로 번졌다. 2016년 선거에서 국민당은 참패했고, 신임 총통 차이잉원(蔡英文)은 베이징에 대해 신중한 태도를 취하면서도 새로운 무역 및 투자 파트너를 모색했다.

중국경제의 급속한 성장은 선진국과 개발도상국 모두에게 자국 경제가 중국의 거대한 경제력에 삼켜질 수 있다는 우려를 불러일으켰다. 많은 경우, 중국산 제품이 자국산보다 저렴하게 시장에 공급되면서, 각국의 핵심 산업에서 일자리 감소를 초래했다. 처음에 베이징은 중국이 "평화적으로 부상하고 있다"고 해명했지만, 이 구호가 급증하는 중국의 국방 예산과 결합되면서 위협적으로 들릴 수 있다는 사실을 깨달았다. 결국 '평화적 부상'이라는 표현은 '평화적 발전'으로 대체되었다. 중국 측 대변인들은 "밀물은 모든 배를 띄운다"는 논리를 내세우며, 중국과 협력하면 번영할 것이고, 그렇지 않으면 불이익을 감수해야 한다고 강조한다.

이와 함께 중국은 선린외교정책을 펼쳤다. 그 일환으로 소프트파워를 적극 활용하려 했는데, 대표적인 예가 공자학원이다. 세계 여러 나라에 설립된 공자학원은 중국어 교육을 지원하고, 중국에 대한 호감을 조성하며, 공자와 중국 문화를 널리 알리는 역할을 했다. 특히, 공자의 대동(大同) 사상은 세계 평화와 연결될 수 있는 개념으로 강조되었다. 또한 중국 지도자들은 여러 가지 우호적 제스처를 보였는데, 일부 아프리카 국가에 대한 대외 원조를 확대하고 부채를 탕감해주는 조치도 포함되었다.

1990년까지 유엔 평화유지군(PKO) 활동에 반대 입장을 철회한 이후, 중국은 2021년까지 4만 명 이상의 병력을 파병하여 안보리 상임이사국 중 가장 많은 병력을 제공하는 국가가 되었다. 또한 평화유지군 예산의 두 번째로 큰 기여국이 되었다. 그러나 전 세계 여러 국가들과 경제적으로 얽히면서 중국은 불과 몇십 년 전까지만 해도 자본주의 국가들을 향해 비판했던 것과 유사한 비판을 받게 되었다. 남아프리카공화국의 한 지도자는 중국을 매력적인 기회이자 동시에 두려운 위협으로 표현했으며, 이는 많은 국가들의 시각을 함축적으로 대변했다. 잠비아에서는 중국의 영향력에 대한 반발이 일어나고 있다. 이는 중국이 운영하는 구리 및 철광산에서의 열악한 노동 환경과 저임금문제, 그리고 중국 상인들이 소매 의류 시장에 대거 진출한 데 따른 반감에서 비롯되었다. 나이지리아에서는 중국인 노동자들이 납치되는 사건이 발생하기도 했다. 라틴아메리카에서도 비슷한 우려가 제기되었는데, 특히 1992

년 중국이 페루의 히에로 철광석 단지를 인수한 이후, 임금 수준이 낮고 노동자들에게 한 약속이 지켜지지 않았다는 이유로 파업이 발생했다. 또한 아프리카 및 라틴아메리카 국가들은 중국 기업들이 현지인보다는 자국 노동자를 선호하며, 중국이 건설하는 공장과 인프라 프로젝트가 환경을 고려하지 않는다는 점을 비판하고 있다.

2010년 3월 북한이 한국 해군 함정을 어뢰로 공격하고, 같은 해 11월 북한군이 한국의 섬을 포격했을 때 중국은 난처한 입장에 놓였다. 중국은 양측을 동시에 달래는 데 실패했다. 마찬가지로, 중국이 유엔 안전보장이사회에서 이란에 대한 완화된 제재에 동의하자, 이는 테헤란 당국을 불쾌하게 만들었으며, 동시에 미국과 유럽이 기대했던 수준에도 미치지 못했다.

최근 동향

중국이 경제적·군사적으로 강해짐에 따라, 중국 지도부는 "국제정세를 차분히 지켜보고 실력을 감추며 때를 기다리라"는 덩샤오핑의 원칙을 넘어설 시기가 왔다고 판단한 듯하다. 21세기의 두 번째 10년이 시작될 무렵, 베이징의 보다 공세적인 태도는 분명해졌다. 중국은 남중국해의 여러 분쟁지역을 포함하는 이른바 구단선에 대한 자국의 주권을 강력히 주장했고, 동중국해에서도 별도의 영유권을 주장했다. 베이징은 특정 지역을 '핵심이익'으로 지정했으며, 이는 도전받을 경우 중국이 이를 지키기 위해 싸울 것임을 암시하는 것으로 보인다. 2010년, 미국 국무장관이 ASEAN 외교장관 회의에서 영유권 분쟁을 평화적인 협상을 통해 해결할 것을 제안하자, 중국 외교부 장관은 격앙된 반응을 보였다. 그는 싱가포르 대표를 노려보며 중국은 큰 나라이고, 다른 나라들은 자신들이 작은 나라라는 것을 이해해야 한다고 말했다. 2012년, 중국은 남중국해 영유권 주장을 강화하기 위해 신설 행정구역인 싼

사(三沙)시를 설치했다. 베트남과 필리핀이 중국과의 영유권 분쟁을 ASEAN에서 논의하려 하자, 중국은 개최국인 캄보디아에 압력을 가해 해당 안건이 의제에 포함되지 않도록 했다.

일본과의 관계에서도 중국은 강경한 태도를 보였다. 일본이 중국 어선 선장을 구금하자, 중국은 경제제재를 가해 일본이 결국 선장을 석방하도록 만들었다. 이후 중국은 분쟁 지역인 센카쿠(중국명 댜오위다오) 인근 해역에 자국 함정을 파견하겠다고 발표하고 이를 실행했다. 이에 대응해 민족주의 성향의 도쿄 도지사는 개인 소유의 이 섬들을 도쿄도가 매입하겠다고 선언했다. 일본정부는 외교적 위기를 막기 위해 국가 차원에서 섬을 사들이기로 결정했지만, 중국은 여전히 강하게 반발했다. 중국 여러 도시에서 격렬한 시위가 발생했으며, 중국은 해당 해역에 대한 순찰을 더욱 강화했다. 2013년, 중국은 일본과 한국이 영유권 분쟁지역을 포함한 방공식별구역(ADIZ)을 선포하면서 양국과의 긴장이 더욱 고조되었다.

인도는 히말라야 지역에서의 인민해방군 국경 침범과 인도양에서의 심해 채굴 등 중국 해군 활동의 증가에 우려를 표하고 있다. 중국과 영토 분쟁이 없는 유럽에서는 극심한 재정난을 겪고 있던 EU 국가들이 중국의 투자를 환영했다. 중국 기업들은 그리스의 피레우스 항구, 아일랜드 애슬론의 무역 허브 건설, 스페인 국채 매입, 포르투갈에 본사를 둔 유럽 주요 전력회사의 지분을 인수하는 등 일련의 계약을 체결했다. 이러한 투자가 유럽 내 중국의 영향력에 어떤 영향을 미칠지는 아직 불확실하다. 그러나 중국과의 무역 불균형에 대한 불만과 인권문제는 여전히 민감한 쟁점으로 남아 있다.

비협조적인 국가들은 경제적 보복을 당할 수도 있다. 예를 들어, 노르웨이정부가 중국의 반체제 인사 류샤오보(劉曉波)에게 노벨 평화상을 수여한 위원회의 결정을 지지하자, 중국은 노르웨이산 연어 수입을 금지했다. 일본이 중국 어선 선장을 석방하기 전까지, 중국은 일본 자동차 산업에 필수적인 희토류 수출 금지로 위협했다. 필리핀이 남중국해에서의 중국의 행동에 항의하자, 중국은 필리핀산 과일 수입을 중단했다. 또한 아르헨티나가 WTO에서 반덤핑 조치를 제기하자, 중국은 아르헨티나산 대두 수입을 차단했다. 그러나 모든 국가는 중국과의 협력이 다른 갈등 요인을 뛰어넘을 만큼 중요하다는 점을 인식하고 있다.

심지어 중국의 소프트파워도 날이 선 면모를 띠고 있다. 중국시장이 헐리우드 영화 수익에서 차지하는 비중이 점점 커짐에 따라, 중국을 부정적으로 묘사한 영화는 검열 대상이 되거나 개봉 자체가 불가능할 수도 있다. 이에 따라 영화 제작 과정에서 중국의 요구를 반영하는 경우가 늘어나고 있다. 또한 중국은 서구의 오랜 역사를 가진 학술 저널들에 특정 논문을 웹사이트에서 삭제하도록 요구했으며, 이에 대한 반응은 엇갈리고 있다.

최근에는 늑대 전사를 뜻하는 전랑(戰狼)에서 비롯된 전랑외교(戰狼外交)라는 표현이 사용되고 있다. 이는 2015년 개봉한 중국의 애국주의 영화에서 유래한 용어로, 영화 속에서 중국군이 세계의 억압받는 사람들을 위해 싸운다는 설정에서 비롯되었다. 이 외교 전략은 중국 외교관들의 의도적으로 무례한 행동으로 특징지어지며, 많은 국가들을 자극해왔다. 예를 들어, 국제적으로 중립적인 관찰자로 평가받고 있으며, 시민들이 쉽게 분노하지 않는 스웨덴에서 중국 대사와 그의 직원들은 현지 언론과 공직자들을 지속적으로 비판하여 스웨덴 외교부로부터 2년 동안 40번 이상 소환당했다. 특히 "우리는 친구에겐 좋은 와인을 대접하지만, 적에겐 엽총을 준비한다"는 대사의 발언은 순식간에 악명 높은 표현으로 퍼졌다. 이후 해당 발언에 대한 질문을 받자, 그는 엽총을 언급하긴 했지만, 스웨덴은 "위협할 만큼 중요한 나라는 아니다"라고 덧붙여, 논란을 더 키웠다. 프랑스 주재 중국 대사는 스스로를 늑대 전사라 부르며, 중국을 공격하는 '미친개'들에 맞서 굳건히 싸울 것이라고 다짐했다. 2022년 영국에서는 중국 영사관 관계자들이 영사관 밖으로 나와 민주화 시위 현수막을 찢었다. 한 시위자는 영사관 안으로 끌려가 심하게 구타당했다. 당시 총영사는 시위자의 머리채를 잡아당기는 모습이 영상으로 기록되었으며, 그는 자신의 행동을 시위자가 중국과 중국 지도자를 모욕했기 때문이라고 정당화했다. 이러한 강경한 외교적 태도로 인해 선진국에서 중국에 대한 여론이 급격히 악화되었다. 그러나 중국 외교부가 지적했듯이, 개발도상국은 여전히 세계 인구의 대다수를 차지한다.

그럼에도 불구하고, 중국의 행동에 대한 반발이 일어나고 있다. 대표적인 사례로는 준공식 협의체인 쿼드(Quad)에 속한 4개국 간의 군사협력이다. 쿼드는 호주, 인도, 일본, 미국으로 구성되어 있으며, 이들 국가는 남중국해의 분쟁 지역과 대만해협을 항해하며 중국을 견제하고 있다. 또한 호주, 영국, 미국 간의 안보 협정인 오커스(AUKUS)는 호주에 핵추진 잠수함을 제공하는 것을 목표로 하고 있다. 남태평양 지역에서는 미국이 주도 하에 여섯 개국이 참여한 블루 퍼시픽 연합(PBP)이 중국의 외교 및 군사적 확장을 견제하고 있다. 중국의 무분별한 대출로 어려움을 겪는 국가들의 부채 조정을 위해 여러 나라들이 해당 국가들과 양자 간 협력을 추진하고 있다. 또한 보안문제로 인해 여러 국가들은 중국 통신 기업의 장비 판매를 제한하고 있으며, 중국의 영향력을 확산하는 도구로 의심받는 공자학원들도 다수 폐쇄되었다.

결론

중국의 주요 외교정책 목표 달성 여부를 평가하면, 몇 가지 성공과 일부 실패가 혼재되어 있다. 우선, 중국 영토는 외국의 공격을 받지 않았으며, 과거 외세에 의해 강요되었던 굴욕적인 조약들은 폐기되었다. 중국의 국제적 위상은 회복되었으며, 유엔 회원국이자 유엔 안전보장이사회 상임이사국으로 자리 잡았다. 또한 국제통화기금, 세계은행, 세계

무역기구 등 주요 국제금융기구에서도 활발히 활동하고 있다. ASEAN 과 북극이사회(Arctic Council)에서는 옵서버 자격을 보유하고 있으며, 중국은 세계 2위의 경제 대국이 되었다.

현재 교황청을 포함한 12개국을 제외한 전 세계 대부분의 국가가 중국공산당을 합법적인 정부로 인정하고 있으며, 이들조차도 중국을 국제 정치에서 중요한 세력으로 간주한다. 중국은 더 이상 스스로를 제3세계 국가로 규정하지 않지만, 개발도상국들에게 자국의 권위주의적 통치 모델을 제시하는 입장이다. 1949년 이전 100년 동안 중국은 극심한 쇠퇴를 겪었지만, 현재는 세계에서 가장 중요한 강대국 중 하나로 인정받고 있다. 특히, 최근까지 중국의 군사력이 비교적 제한적이었다는 점을 감안하면 이는 상당한 성과라고 볼 수 있다.

그러나 영토문제에 있어 성과는 고르지 못한 편이다. 중국은 티베트, 홍콩, 마카오를 회복했으며, 미얀마와 네팔을 포함한 여러 국가들과 국경 협정을 체결했다. 또한 인도 및 베트남과의 국경 분쟁 지역 중 상당 부분에 대해 사실상의 통제권을 확보했다. 중국과 러시아 간 국경 분쟁도 평화적으로 해결되었다.

하지만 대만문제는 여전히 해결되지 않았다. 대만은 독립 상태를 유지하고 있으며, 여론조사에 따르면 대다수 대만 주민들은 중국의 일부가 되기를 원하지 않는다. '일국양제(一國兩制)'를 포함한 여러 통일 방식이 제안되었으나, 대만 내에서는 받아들여지지 않았다. 중국은 연방제 또는 연합제와 같은 대안도 배제한 상태다. 대만 국민들은 특별행정구(SAR) 지위를 거부하는데, 이는 홍콩의 경험을 통해 중국정부의 약속을 신뢰할 수 없다고 판단했기 때문이다. 또한 대만은 아시아에서 가장 높은 생활 수준을 자랑하며, 1인당 소득도 중국 본토보다 훨씬 높다. 게다가 민주주의 정치체제와 자유 언론을 유지하고 있다. 몽골의 재통합 가능성도 낮다. 몽골의 자유로운 사상 환경은 전통 라마 불교의 부흥을 이끌고 있다. 라마 불교는 티베트의 주류 신앙이기도 하기에,

몽골인들이 중국에 맞서 싸우는 티베트인들에게 공감할 가능성이 크다. 또한 몽골인들 사이에서는 중국이 경제적으로 자국을 식민지화할 수 있다는 우려가 커지고 있다.

최근 중국이 미국의 영향력을 막기 위해 추진하는 다극적 세계질서의 구축이라는 최근의 목표 역시 실현되기 어려워 보인다. NATO는 여전히 강력한 연대를 유지하고 있다. 영국이 유럽연합에서 탈퇴하고, 다수의 회원국들이 코로나19 이후 회복이 더디게 진행되고 있다. 또한 유럽은 민주적 가치 면에서 중국보다는 미국과 더 많은 공통점을 지니고 있어, 현재로서는 독립된 하나의 극(極)을 형성할 역량이 부족해 보인다. 일본은 미국, 인도, 호주와의 협력(Quad)을 강화하는 것뿐만 아니라, 영국과도 준안보 동맹을 체결했다.

러시아와의 관계는 여전히 유지되고 있으며, 일부 서방 인사들은 과거 중소동맹을 대체할 '권위주의 국제연대'의 부상을 우려할 정도다. 그럼에도 불구하고 양국 간에는 입장 차가 존재한다. 시진핑과 푸틴이 2022년에 양국의 우정에는 한계가 없다고 선언했지만, 중국은 러시아의 우크라이나 침공에 대해 비판도 지지도 하지 않았다. 러시아는 중국의 일대일로 구상이 중앙아시아에서 자국의 영향력을 잠식할 것을 우려하고 있다. 중국이 대러 제재로 인한 반사이익을 얻는 가운데, 모스크바는 중국에 대한 의존도가 불편할 정도로 심화된 데 대해 불만을 품고 있다.

1949년 이후 중국의 외교정책 변화는 1949년부터 1970년대 초까지 세계질서를 '교란자(shaker)'에서, 1980~1990년대에는 질서의 원칙에 적응하는 '수용자(taker)', 21세기에 들어서는 보다 적극적인 국제 규범의 '형성자(shaper)'이자 나아가 '창조자(maker)'로까지 변화해온 것으로 묘사된다. 중국의 외교정책 결정자들은 국제 환경의 변화에 대한 인식에 따라 전략을 비교적 원활하게 전환하는 데 있어 상당한 능숙함과 유연성을 보여왔다.

중국이 세계질서를 중국식 모델에 맞게 재편할 수 있을지는 지속적인 번영 여부에 달려 있다. 일부 학자들은 중국이 이미 정점을 찍었고 쇠퇴하기 시작했다고 주장하지만, 이러한 상황이 오히려 중국을 더욱 위험한 존재로 만들 수 있다고 경고한다. 정부가 추가적인 약화를 막기 위해 대외적으로 공격적인 행동에 나설 가능성이 있기 때문이다.

그러나 종종 전투적이고 혁명 지향적인 수사(修辭)와는 달리, 중국의 국제적 행동은 대체로 신중한 경향을 보여왔으며, 이는 상대국의 역량과 국제여론에 대한 면밀한 사전 고찰과 치밀한 계산이 있었음을 보여준다. 예외는 대약진운동과 문화대혁명 시기, 그리고 1978~1979년 베트남과의 분쟁의 일부 국면에서 나타났다. 중화인민공화국이 수립된 지 75년이 지난 지금, 중국은 초기 목표 중 상당수를 달성해 왔다. 이 과정에서 외교정책은 진화해 왔으며, 중국의 국제적 대응은 '중국적 특색을 지닌 실용주의'로 묘사될 수 있다.

추가 읽을거리

Elizabeth Economy, *The World According to China* (Cambridge, MA: Polity, 2022).

Hong Liu, *The Political Economy of Transnational Governance: China and Southeast Asia in the 21st Century* (New York: Routledge, 2021).

Robert G. Sutter, *Chinese Foreign Relations: Power and Policy of an Emerging Global Force*, 5th edition (Lanham, MD: Rowman & Littlefield, 2021).

Suisheng Zhao, *The Dragon Roars Back: Transformational Leaders and Dynamics of Chinese Foreign Policy* (Stanford, CA: Stanford University Press, 2022).

결론

중국 공산주의 정치체제가 얼마나 성공적이었는지 평가하는 것은 다양한 성공 기준에 어떤 가중치를 부여할 것인지에 대한 문제를 제기한다. 정부가 평화를 유지하는 능력이나 시민들의 최소한의 생존 요구를 충족시키는 능력을 중요하게 여기는 사람들은, 인권이나 언론의 자유와 같은 문제를 최우선으로 여기는 사람들과는 매우 다른 판단을 내릴 것이다. 또한 모든 정치체제에는 지지자와 반대자가 존재하기 때문에, 중국인들 스스로 이 체제가 얼마나 성공적이라고 느끼는지에 대한 의견을 참고하는 것이 일반적일 것이다. 신중하게 분석된 여론조사는 시간이 지나면서 시민들의 정부에 대한 인식이 어떻게 변화했는지를 알려줄 수 있다. 그러나 중국정부가 여론조사를 실시하기 시작한 것은 겨우 지난 30년 정도에 불과하며, 지역적 표본을 기반으로 한 결론에는 한계가 있다. 응답자들의 익명성에 대한 신뢰가 증가했음에도 불구하고, 연구자들은 여론조사 응답이 종종 정부의 공식 정책을 고려해 응답자들이 '정답'이라고 여기는 내용을 반영하는 경향이 있다는 점을 발견했다. 더욱이, 과거에 대한 데이터를 확보할 수 없기 때문에, 우리뿐만 아니라 중국 지도자들조차 이러한 데이터가 제공할 수 있는 통찰을 얻을 수 없는 상황이다.

중국공산당과 정부는 전 세계 경작지의 7%밖에 되지 않는 땅에서 세계 인구의 거의 4분의 1에 해당하는 사람들의 의식주를 책임지고 있다. 평균 기대수명은 78.2세로, 중국을 선진국 수준에 위치하게 하며, 많은 개발도상국을 크게 앞서 있다. 중국정부가 주장하는 문해율 90% 이상이라는 수치를 의심할 수도 있지만, 1949년 이전과 비교했을 때 문해율이 크게 높아진 것은 분명하다. 수천 킬로미터에 달하는 철도와 고속도로가 건설되었으며, 산업 기반도 크게 확장되었다. 중국은 핵 억지력을 보유하고 있으며, 제3세계 국가들에 다양한 군사 장비를 판매하고 있다. 국제 사회에서 중요한 행위자로 인정받고 있으며, 유엔의 존경받는 회원국이자 안전보장이사회 상임이사국이기도 하다.

이 모든 것은 중요한 성과이다. 그러나 1950년대에 중국, 일본, 한국, 대만, 그리고 동남아시아 국가들의 경제 상황은 비교적 비슷했다. 하지만 그 이후로 이들 국가 중 많은 곳의 생활 수준이 중국을 앞지르게 되었다. 또한 대부분의 이웃 국가들과 비교했을 때, 중국인의 표현의 자유는 여전히 크게 제약을 받고 있다. 원하는 사람과 어울릴 자유, 불만을 표현할 자유, 종교를 실천할 자유 또한 헌법상의 보장에도 불구하고 여러 방식으로 제한되어 있다. 공정한 재판을 받을 권리 역시 마찬가지다.

중국공산당은 사회의 평등과 번영이라는 분명한 목표를 가지고 권력을 잡았다. 한동안 공산당은 자신들이 대변한다고 주장하는 국민들로부터 비교적 확고한 지지를 받았다. 중국공산당이 주장한 목표를 달성하는 최선의 길이 미리 정해진 것은 아니었기 때문에, 사회적·경제적 실험이 활발히 이루어졌다. 당과 마르크스-레닌주의, 그리고 마오쩌둥식 마르크스-레닌주의 해석에 대한 충성이 단순히 장려된 것이 아니라 요구되었다. 이러한 충성은 궁극적으로 최고 지도자 개인에 대한 절대적이고 흔들림 없는 충성을 요구하는 형태로 흡수되는 경향이 있었다. 마오쩌둥의 개인숭배가 확대된 데는 그의 개인적인 권력욕도 한몫했지만, 동시에 산업화와 현대화 과정에서 발생하는 긴장을 완화하는 수단이기도 했다. 당시에는 당면한 어려움에도 불구하고, 결국 무계급 사회가 등장할 것이며, 공산주의 대의는 최종적으로 승리할 것이라는 신념이 있었던 것으로 보인다. 한편, 농민과 노동자는 가장 가치 있는 계층으로 간주되었으며, 마오쩌둥 개인과 공산주의 이념에 대한 충성은 엄격하게 강요되었다.

마오쩌둥을 중심으로 형성된 개인숭배와 그의 통치 방식은 독일의 저명한 사회학자 베버(Max Weber)가 설명한 카리스마적 지배 유형에 부합하는 것으로 보인다. 베버에 따르면, 기존의 전통을 거부하고 자신의 규칙을 만드는 지도자 아래에서 형성된 규범과 관행은 점차적으로 일반적인 행동 및 의사결정 방식으로 자리 잡게 된다. 따라서 카리스마적 지도력 이후의 정부 단계는 제도화로의 이행이라 불린다. 베버의 이론에 따르면, 이러한 규범을 시행하고 제도들을 운영하기 위해 관료제가 성장하게 된다. 마지막 단계에서는 이른바 카리스마의 일상화가 이루어지면서 합리적인 지배 정당성이 확립되고 현대적인 관료 국가가 탄생하게 된다.

대다수 사회과학자들은 중국이 근대화를 이루는 과정에서 베버가 제시한 이러한 경로를 따를 것으로 예상했다. 그러나 마오쩌둥은 자신의 혁명이 관료화되고 일상화되는 것에 강력히 저항했다. 그는 어린 시절 경험했던 전통 중국식 관료제에 대한 반감을 갖고 있었으며, 사회가 고정된 규칙과 관행에 안주하는 것을 경계했다.

그러한 것들은 그가 평생을 바쳐 만들고자 한 사회를 향한 진보에 걸림돌이 될 수 있다고 본 것이다. 이를 방지하는 최선의 방법은, 마오쩌둥 자신의 표현에 따르면, 무계급 사회가 도래할 때까지 국가를 영구혁명 상태에 두는 것이었다. 이를 위해 그는 대약진운동과 문화대혁명과 같은 주기적인 경제·사회적 격변을 주도했다.

안타깝게도, 이러한 대규모 사회·경제적 혼란은 오히려 중국 국민들로 하여금 공산당이 자신들을 제대로 통치하고 생활 수준을 향상시킬 능력이 있는지 의구심을 갖게 만들었다. 마오쩌둥 사후, 베버의 이론에서 예측된 카리스마의 일상화가 뒤따른 것이 아니라, 오히려 과도기적 위기체제라고 불리는 국면이 전개되었다. 이러한 체제에서는 갈등이 공개적으로 드러나지 않더라도 엘리트 간의 용어 차이, 지도자의 해임, 당에서의 제명, 때때로 당 내부의 공개적인 균열 등을 통해 감지될 수 있다. 덩샤오핑이 사실상 지도자로 자리 잡았던 시기는 공산주의를 실용적으로 재구성한 시기였다. 그는 '중국특색의 사회주의'를 내세우며 근대화와 생활 수준 향상을 핵심 목표로 설정하고, 법과 규정을 통해 사회를 운영할 필요성을 인정했다. 이러한 개혁이 시작된 후 몇 년 동안 중국의 생활 수준은 상당히 향상되었고, 중국은 베버가 말한 합리적 지배의 정당화 단계로 순조롭게 나아가는 듯 보였다.

그러나 이러한 변화는 개인 간, 지역 간 부의 격차를 급격히 심화시키는 결과를 낳았다. 덩샤오핑의 개혁이 일부 개인과 지역을 부유하게 만든 반면, 상대적으로 더 가난해진 계층도 존재했다. 그는 생산에 대한 열의를 불러일으켜 산업화를 달성하기 위해 복지국가를 해체했다. 불안정, 불평등, 불확실성으로부터 보호받을 수 있다는 기대감은 일반 대중이 공산당을 지지하는 중요한 요인이었으나, 덩샤오핑은 이러한 안정성과 평등, 확실성의 희생을 더 나은 물질적 삶으로 보상할 수 있을 것이라 기대했다. 그러나 현재까지 이러한 보상은 충분히 이루어지지 않았으며, 당과 정부에 대한 신뢰도 또한 약화되었다. 급속한 인플레이션, 부패, 지도부 내 갈등, 개혁의 향방에 대한 불확실성은 사회의 안정성을 훼손하고, 정부와 지도부에 대한 국민들의 신뢰를 더욱 약화시켰다. 가장 최근에는 정부의 팬데믹 대응 방식으로 인해 이러한 불신이 다시 증폭되었다. 결과적으로, 중국은 여전히 전환기적 위기체제의 모습을 보이고 있다.

인민공사의 폐지와 경제적 의사결정의 분권화는 생산력 증대에는 긍정적인 영향을 미쳤지만, 중앙정부 기관의 역량을 약화시켰다. 전반적으로, 중앙 기관이 제공했던 중요한 서비스를 보완할 수 있는 대안적 체계는 마련되지 않았다. 체제는 문제를 해결하는 능력을 키우기보다는 오히려 줄어들어 보였다. 여러 분야에서 정치 발전이 정치적 퇴보로 대체되었다. 전통적인 권위 형태와 패턴이 다시 부활했고, 이러한 재전통화 과정에서는 씨족, 종교 지도자, 비밀 결사 조직의 권력이 다시 강화되었으며, 마을 지도자들 또한 정당이 아닌 마을 내부의 합의를 통해 선출되는 형태로 복원되었다. 여성의 지위 또한 악화되었다. 마오쩌둥이 "하늘의 절반을 떠받치고 있다"고 표현했던 여성들은 여러 측면에서 불이익을 겪었다. 예를 들어, 경제개혁이 진행되면서 여성 노동자들은 가장 먼저 해고되는 경우가 많았다. 지역 및 지방 차원의 보호주의적 경향은 경제뿐만 아니라 사법체계에까지도 나타나, 중앙정부가 주도하는 전국적 시장의 발전을 저해하는 문제를 일으켰다. 분권화와 시장개혁은 특히 소수민족 지역에서 이탈적인 움직임을 강화하는 결과를 낳았다.

개인, 집단, 지역 사회는 점점 더 당과 중앙정부에 대해 자율성을 주장하기 시작했다. 때로는 세금 부과나 정년제도와 같은 사안에서 광범위한 협상이 이루어졌고, 이는 정책의 상당한 변화를 초래했다. 경우에 따라서는 상당수의 국민이 중앙정부의 지시를 소극적으로 저항하거나 완전히 무시하는 경우도 있었다. 가장 대표적인 사례가 한 자녀정책으로, 많은 사람들이 다양한 방법으로 이를 회피했고, 결국 이 정책은 두 자녀, 세 자녀정책으로 점진적으로 변경되었다. 당과 정부가 정책을 강제할 수 없는 대표적인 사례는 약 2억 5,000만 명에 달하는 유동 인구 문제에서도 확인할 수 있다.

덩샤오핑은 여러 차례 정부와 당의 최고위직 후계자를 직접 결정하려 했지만, 처음 선택한 두 인물은 결국 자리를 유지하지 못했다. 그는 여러 고위 관료들을 강제 퇴임시키기도 했지만, 정작 그들 중 상당수는 덩샤오핑 자신처럼 공식 직책 없이도 막강한 영향력을 행사할 수 있었다. 결과적으로 권력은 책임으로부터 분리되었다. 계급 없는 사회로의 발전은 더 이상 필연적인 것으로 여겨지지 않았으며, 오히려 그 목표는 점점 더 요원해 보였다. 일부 소수를 제외하면, 대다수의 국민에게 더 나은 삶의 가능성은 점점 줄어들었다. 덩샤오핑 시대가 진행될수록 많은 사람들은 마오쩌둥 시절과 비교했을 때 새로운 체제가 본질적으로 더 나은 방식으로 평등과 번영을 실현할 수 있는가에 대해 회의감을 품게 되었다.

1980년대 중반까지, 기존 체제에 대한 광범위한 불만이 사회 여러 계층으로 확산되었다. 농민, 노동자, 전문가, 학생, 군인 등이 각기 다른 방식으로 자신들의 불만을 표출하기 시작했다. 특히 학생들과 지식인들은 정치 참여 확대를 요구했으며, 엘리트의 후견적 통치가 더 이상 적절하지 않다고 인식하게 되었다. 이 상황은 미국 정치학자 헌팅턴(Samuel Huntington)이 정의한 프레토리안 사회(praetorian society)**의 특징과 유사했다. 프레토리안 사회란 군부뿐만 아니라 학생, 관료, 노동자, 농민 등 다양한 사회 세력이 정치적 행위자로 등장하는 사회를 뜻한다. 이 사회에서는 정치적 제도가 효과적으로 기능하지 않으며, 권력은 분산되어 있고, 갈등을 해결하는 정당한 절차에 대한

** 역자 주) 'Praetorian'은 원래 고대 로마의 황제 친위대(Praetorian Guard)를 가리키는 단어. 이들은 황제의 보호 임무를 맡은 정예병력으로 막강한 정치적 영향력을 행사하기도 했다. 현대에 이르러 이 용어가 강력한 군대 또는 엘리트 집단이 정치에 깊이 개입하거나 국가의 핵심 권력을 장악하고 있는 상황을 비유적으로 설명할 때 사용된다. 중국정치체제 맥락에서 'praetorian'이 중국 인민해방군 혹은 공산당 핵심 기구들이 정치적 의사결정에 과도하게 관여하거나 체제 유지를 위한 버팀목으로서 기능할 때 사용, 즉 이 단어는 특히 군사와 권력의 결합, 또는 정치적 안정에 있어 군사적 충성의 중요성을 분석할 때 사용된다. 러시아의 경우 소수의 정치-경제 엘리트 공생 정치를 지칭한다.

합의가 부족하다. 반면, 제도화된 정치체제에서는 대다수의 정치 행위
자들이 권력분배 및 정책결정과 같은 정치적 분쟁을 해결하기 위한 절
차를 인정한다. 예를 들어, 공직 임명 방식은 선거, 세습, 시험, 추첨,
또는 이들의 조합에 의해 결정될 수 있다. 정책결정 과정은 위계적 절
차, 청원, 공청회, 항소, 다수결 투표, 합의 등의 방법을 통해 이루어질
수 있다. 가장 중요한 요소는 첫째, 이러한 절차들에 대한 일반적인 합
의가 존재하는가, 둘째, 정치적 과정에 참여하는 집단들이 이를 준수할
의무를 인정하는가 하는 점이다.

프레토리안 사회에서는 각 집단이 자신이 가진 수단을 동원하여 행
동한다. 돈이 충분한 사람들은 뇌물을 사용하고, 학생들은 폭동을 일으
키며, 군중은 시위를 하고, 군대는 무력을 사용한다. 공식적으로 인정
된 절차가 부재한 상황에서, 이러한 모든 형태의 직접 행동이 프레토리
안 사회의 정치적 장면에서 나타난다. 헌팅턴에 따르면, '급진적' 프레
토리안주의는 도시와 농촌 간의 격차에서 그 사회적 뿌리를 찾을 수 있
다. 정치적 행동의 중심이 농촌에서 도시로 이동하면서 도시가 정치적
불안의 지속적인 원천이 된다. 도시가 사회의 정치적 삶에 미치는 영향
이 커질수록 정치적 혼란도 심화된다. 급진적 프레토리안 사회에서는
도시가 정부의 안정적 기반이 될 수 없으며, 도시의 불안정성은 정부가
농촌을 활용해 도시를 억제하고 안정화시킬 능력과 의지를 갖추고 있
는지에 달려 있다. 정부가 농촌과의 유대를 형성하고 그 지지를 동원할
수 있다면, 도시의 불안정성을 억제하고 이를 극복해 나갈 수 있다.

이러한 특징은 1989년 시위 당시의 중국을 정확히 묘사하는 것처럼
보인다. 그러나 농촌이 정부를 적극적으로 지지한 것이 아니라, 단순히
소극적 태도를 유지하면서 지도부가 전국적인 시위를 버틸 수 있는 여
지를 제공했을 뿐이었다. 그 이후 중국의 급속한 산업화로 인해 도시에
거주하는 인구가 농촌 인구를 초과하게 되었다. 더욱이, 농촌도 자체적
인 문제를 안고 있어, 향후 대립 상황에서 여전히 수동적인 태도를 유

지할 것이라고 단정할 수 없다. 덩샤오핑의 교육개혁은 대도시에 집중되었으며, 농촌은 인구를 먹여 살릴 만큼의 식량을 생산하고 정부의 현대화 계획을 뒷받침할 수 있는 한 사실상 방치되었다. 그 결과, 농촌의 준문맹자와 학교 중퇴자가 증가했다. 덩샤오핑의 개혁정책의 혜택이 주로 연해 도시로 집중되면서 농촌지역의 불만도 커졌다.

경제 구조를 재편하고 합리화하려는 노력의 결과, 노동자들의 처지도 농민들과 크게 다르지 않았다. 공산당과 신흥 자본가 계층 간의 연대는 장쩌민의 삼개대표(三個代表)로 상징되며, 21세기 중국공산당이 더 이상 노동자와 농민을 당 창립 당시와 같은 수준으로 존중하지 않음을 보여준다. 정부 지도부는 이에 동의하지 않겠지만, 많은 중국인들은 현대화와 산업화를 추진하는 과정에서, 공산당이 그들을 권력의 원천으로 만들어준 노동자와 농민의 이익을 배신했다고 느끼고 있다.

소규모 시위가 다수 발생했음에도 불구하고, 1989년 톈안먼사건 이후 20년 동안 대규모 반정부 시위는 발생하지 않았다. 이로 인해 현재의 중국은 더 이상 프레토리안 사회로 보이지 않는다. 장쩌민이 톈안먼사건이라는 정치적 격변의 결과로 정식 절차를 거치지 않고 권력을 잡은 것은 과도기적 위기 체제의 한 사례다. 그러나 덩샤오핑 사망 이후의 권력 승계, 즉 장쩌민에서 후진타오로, 다시 후진타오에서 시진핑으로의 권력이양 과정은 정치권력의 일상화가 이루어지고 있음을 보여주는 듯했다. 다만, 그 과정에서 상당한 정치적 암투가 있었으며, 장쩌민이 퇴임 이후에도 오랫동안 군 권력을 장악했던 점, 장쩌민과 후진타오가 각각 퇴임을 앞두고 정치국 상무위원회에 자신의 측근을 심으려 했다는 점에서 권력 이양이 완전히 안정적이었다고 보기는 어렵다. 그럼에도 불구하고, 1949년 이후의 제4세대와 제5세대 지도부로의 질서 있는 권력 이양이 중국이 앞으로 어떤 방향으로 나아갈지에 대한 지도부 내부의 합의가 있었다는 뜻은 아니었다. 2012년 제18차 당 대회를 앞두고 발생한 혼란, 2017년 제19차 당대회에서 시진핑체제로의 권력

집중, 그리고 2022년 제20차 당 대회에서 시진핑이 전례를 깨고 세 번째 임기를 시작한 것은 마오쩌둥 시대의 권위주의로 회귀하는 것이라는 해석을 낳았다.

중국문제 전문가인 페이민신(裵敏欣)은 중국이 또 다른 과도기적 문제에 빠져 있다고 분석한다. 덩샤오핑이 국가 통제형 경제에서 시장 주도형 경제로 점진적으로 전환하는 방식을 선택한 결과, 중국은 부분 개혁균형 상태에 갇혀 있다. 즉, 부분적으로 개혁된 경제 및 정치제도는 소수 지배 엘리트의 이익에 주로 봉사하는 혼합적 신권위주의 체제를 뒷받침하고 있다. 국가는 발전이라는 더 넓은 목표를 추구하기보다는 지배 엘리트의 특권을 보호하는 데 권력을 사용하며, 이를 위협하는 사회적 도전을 억누르는 데 집중하고 있다. 이 소수 엘리트 집단은 자신의 특권을 침해할 가능성이 있기 때문에 추가개혁을 추진하지 않으며, 결과적으로 중국은 부분 개혁균형의 함정에 빠진 상태를 벗어나지 못하고 있다.

오늘 중국이 직면한 딜레마는 청나라 말기의 상황과 유사하다는 평가를 받고 있다. 현재 중국에서는 100년 전과 비슷한 가치 체계의 위기가 발생하고 있으며, 차이점은 당시에는 유교적 정통성이 무너졌다면, 지금은 마르크스주의 정통성이 붕괴했다는 점이다. 이로 인해 사회 질서가 위협받고 있으며, 경제적·정치적·문화적 문제들이 서구와의 접촉을 통해 더욱 악화되고 있다. 또한 과거와 마찬가지로, 이러한 위기감은 급진적이고 극단적인 변화를 요구하는 즉흥적 해법들을 낳고 있다. 이러한 방안들은 현실적인 고려 없이 추진되는 경우가 많아 성공 가능성이 낮다. 아이러니하게도, 중국 지도부는 현재 자신들의 기득권을 뒷받침할 수 있도록 조심스럽게 변형된 형태의 유교에 다시 의지하고 있다.

중국처럼 크고 다양한 나라에서 사회의 모든 수준에서 변화가 일어나고 있는 상황에서는 변화가 일직선의 흐름인지 순환적인 움직임인지, 추세인지 역추세인지 구분하는 것이 어렵다. 사람들은 자신의 희망이나 편견에 따라 어떤 결론이든 뒷받침할 증거를 찾을 수 있다. 흔히 들리는 시나리오는 다음과 같다.

- 당과 정부가 다시 베이징의 통제를 사회 전반에 걸쳐 재확립할 것이다.
- 현 정부가 전복되고 대중이 선출한 개혁적인 정권으로 교체될 것이다.
- 보다 자유롭고 시장 지향적이며 다양한 정치적 견해를 허용하는 보다 자유주의적인 체제로 점진적으로 발전할 것이다.
- 권력이 지방과 지역으로 계속 분산되면서 당과 정부가 일종의 마비 상태에 빠질 것이며, 각 지역은 서로 다른 방식으로 변화하게 될 것이다.

역사적 예측은 항상 어렵고 오류가 많다. 40년 전, 베를린 장벽의 붕괴와 소련 제국의 몰락을 예측한 사람은 순진한 이상주의자로 여겨졌을 것이다. 중국은, 중국정부가 자주 강조하듯이, 소련이나 유럽과 매우 다르며, 이들 국가의 발전 양상을 그대로 답습할 것이라고 가정할 수 없다. 그럼에도 불구하고, 더 개연성 있는 전개 방향은 분명 존재한다.

첫 번째 시나리오는 중국 언론이 1988년경부터 홍보하기 시작한 신권위주의 패러다임과 유사하다. 당과 국가가 다시 확고하게 통제력을 갖게 되면, 덩샤오핑개혁 도입 이후 상실된 기능들을 대체할 수 있는 제도적 장치들이 구축될 것이다. 헌팅턴의 용어를 빌리면, 체제의 부패는 멈추게 된다. 신권위주의론을 지지하는 사람들은 경제발전에는 강력한 지도력이 필요하며, 시장개혁은 인플레이션이나 자원 배분의 왜곡 같은 부작용을 막기 위해 점진적으로 시행되어야 하며, 중앙정부가 이를 면밀히 감독해야 한다. 이러한 방식의 경제발전, 나아가 국가 전체는 혼란스러운 시위나 다원적 의사결정 요구로 인해 해를 입을 수 있기 때문에, 정치적 자유화 요구는 단호히 거부되어야 한다는 것이 이들의 입장이다.

신권위주의 패러다임을 뒷받침하는 증거도 일부 존재했다. 톈안먼사건 이후 중국의 지배 엘리트는 불안정하고 정치적으로 과거 회귀적이며 국제적으로 고립된 듯 보였지만, 덩샤오핑이 선택한 지도자인 장쩌민은 최고 지도자 자리를 덩샤오핑 사후에도 유지하는 데 성공했다. 중국경제는 빠르게 성장했고, 국가는 신속하게 세계질서에 재편입되었다. 이 시나리오를 지지하는 분석가들은 당과 정부가 정당성을 회복했다는 또 다른 증거로 다음과 같은 요소를 제시한다.

- 지도부 승계의 정례화
- 능력에 따른 사회 이동 기준의 강화
- 부유한 기업가 및 지식인 계층의 당 내 포섭
- 기구의 기능별 전문화로 책임 수행 능력 향상
- 마을 선거 등 기층 단위의 정치 참여 확대를 통한 당의 대중적 호소력 강화

요컨대, 이들은 국가 역량이 회복세에 들어섰다고 믿는다. 당과 정부 지도부는 마오쩌둥 시대의 전능한 국가로 돌아가려 하지 않으며, 개혁의 필요성을 인식하고 있다. 다당제 민주주의와 권력 분립을 거부하는 동시에, 당내 민주주의 확대와 정부 운영의 투명성을 강화함으로써 국가-사회 관계를 개선하고 국민의 요구에 보다 적극적으로 대응하려고 한다. 그들이 구상하는 체제는 협의적 레닌주의라고 부를 수 있으며, 그 주요 특징은 다음과 같다.

- 권력 유지에 대한 강한 집중
- 민주주의에 대한 대중의 요구를 완화하기 위한 지속적인 거버넌스 개혁
- 사회적 불안정을 방지하기 위한 여론 파악 및 통제 노력
- 실용적인 경제 관리
- 민족주의의 고취

이와 같은 분석에서, 당의 통치 정당성을 뒷받침하는 기준은 이념에서 성과로 대체되었다. 당의 통치를 지속하는 것 외에도 가장 중요한 목표는 경제발전이 지속될 수 있도록 안정성을 유지하는 것이다. 중국공산당은 지도부 내 견제와 균형을 제도화할 것이며, 이는 자유 민주주의가 아닌 당내 민주주의 형태가 될 것이다. 정부 기관의 효율성을 높이기 위한 노력이 진행 중이며, 재정 및 조세 시스템 개편을 통해 중앙정부의 재정 기반이 강화되었다. 규제 기관이 개선되고 있으며, 관료적 권력 남용을 억제하려는 시도도 이루어지고 있다. 중앙정부가 관료를 임명하고 순환 배치할 수 있는 능력을 신중하게 활용한다면, 사적 권력화를 방지할 수도 있을 것이다.

다른 학자들은 이러한 평가는 실제 상황을 과장하는 것이라고 본다. 태자당 출신들이 그들의 숫자에 비해 높은 직위를 차지하고 있으며, 이는 능력주의에 따른 승진이라는 주장과 배치된다. 또한 장쩌민이 국가 주석과 당 총서기직에서 물러난 후에도 한동안 군권을 유지할 수 있었던 점은, 지도부 승계의 정례화와 승진에 있어 능력주의 기준 적용의 한계를 시사한다. 마찬가지로, 시진핑이 권력을 독점하고, 헌법을 개정하여 무기한 집권할 수 있도록 했으며, 최고위직을 자신에게 충성하는 인물들로만 채운 것도 이러한 한계를 보여준다. 이 같은 일탈 현상은 결코 예외적인 현상이 아니라는 것이 학자들의 지적이다.

더욱이, 이념은 사라지지 않았다. 시진핑은 전통 중국의 강점과 마르크스주의의 강점을 결합하겠다고 선언하며 이념을 다시 정당화했고, 자신이 그 통합의 최종 결정권자가 될 것임을 분명히 하고 있다. 이는 중국특색의 사회주의의 새로운 형태로 자리 잡을 것이다.

또한 관료제의 기능별 전문화가 반드시 더 나은 통치를 의미하는 것은 아니다. '강력 단속' 및 반부패운동 과정에서 발생한 사법적 오판 사례가 이를 입증한다. 당내 견제와 균형에 참여하는 집단들이 사회의 전반적인 안정을 유지하기 위해 협력할 것이라는 보장은 없다. 이들은 비리를 은폐하기 위해 결탁할 수도 있고, 반대로 파벌 싸움을 벌이며 안정을 해칠 수도 있다. 게다가, 공정하고 예측가능한 법체계가 안정 유지에 중요하다는 것은 인정되지만, 지도부는 당이 법의 지배를 받아야 한다는 원칙을 받아들이지 않는다. 시진핑은 개인 권력을 중앙집권화하는 한편, 대규모 숙청을 단행했으며, 이는 명목상으로는 부패 척결을 위한 것이었지만 실제로는 그의 반대파에게 가장 큰 타격을 입혔다. 이는 당내 민주주의와는 거리가 멀다.

마지막으로, 마을 단위의 선거가 농촌지역의 통치를 개선하는 데 기여한 측면이 있음에도 불구하고, 당은 자당의 정책을 위반하는 어떠한 행동도 용납하지 않는다. 당국은 당의 권위를 위협할 것으로 판단되는 후보자의 당선 결과를 무효화하고, 다양한 수단을 동원해 통제를 유지하거나 다시 강화해왔다. 당과 정부의 근본적인 가치에는 변화가 없으며, 억압은 완화되지 않고 더욱 정교해져 국제 감시 기구의 눈을 피해 작동할 수 있게 되었다. 또는 12장에서 언급된 '샹들리에 위의 보아뱀'이라는 은유처럼, 개인들이 자율적으로 자기 검열을 하도록 유도하고 있다. 청원인, 08헌장 서명자, 지진 피해자 권리를 옹호한 이들이 체포되고 처벌된 사례에서 볼 수 있듯, 자가 검열이 작동하지 않으면, 당과 정부는 즉시 더 강경한 조치에 나선다. 이러한 상황은 권위주의적 안정성이라고 불릴 수 있으며, 지도부는 권력을 유지하기 위해 필요하다고 판단되는 조정만을 할 것이다. 중국은 앞으로 20년 동안 경제적으로는 더 번영할 수 있겠지만, 그 정치체제는 더 자유로워지지 않을 것이다. 인공지능(AI)은 마오쩌둥조차 상상하지 못했던 방식으로 인구를 감시하는 데 활용되고 있다.

두 번째 시나리오는 현재 정부가 전복될 것이라는 전망이다. 이는 점점 축적되는 문제들이 현재 체제에 대한 분노를 폭발시키고 결국 정부를 무너뜨릴 것이라고 믿는 이들이 주장하는 시나리오이다. 이들은 권위주의정부가 안정적이라는 첫 번째 시나리오 지지자들의 의견에 동의

하지 않는다. 농민과 소외된 노동자들의 시위는 격화될 것이며, 대규모 은행 예금 인출 사태가 취약한 경제시스템을 붕괴시킬 것이다. 민주주의는 뒤따를 것이다. 그러나 이 시나리오를 주장하는 사람들에게 불리한 점은, 당과 국가 지도부가 대중이 대안적인 정부 형태를 조직적으로 제시할 수 있는 가능성을 효과적으로 차단했다는 것이다. 즉, 정부가 전복될 가능성은 있지만, 이를 대체할 새로운 사회 구조를 구축할 세력이 등장할 가능성은 훨씬 더 희박하다. 물론, 동유럽, 소련, 중동의 사례처럼 보다 민주적인 의제를 가진 집단이 권력을 장악할 가능성이 없는 것은 아니다. 그러나 이들 국가의 지도자들은 경제적 혼란과 정치적 무질서 속에서 다원적 의사결정을 유지하려 애쓰는 한편, 권위주의적 경향과 균형을 맞추느라 어려움을 겪고 있다. 이러한 문제는 인구가 훨씬 많고, 일부 지역에서는 놀라운 수준의 부를 누리고 있지만 여전히 빈곤한 중국에서 더욱 심각하게 나타날 것이다.

중국의 저명한 경제학자 허칭롄(何淸漣)은 현재 중국의 상황을 화산(火山) 같은 안정성이라고 표현했다. 노동 분쟁, 강제 이주된 농민, 그리고 급속히 악화되는 환경문제로 인해 지하에서 불길이 위험하게 타오르고 있으며, 이는 언제든지 폭발하여 통제 불능 상태로 번질 수 있다. 거의 모든 중국인이 이러한 위기를 감지하고 있지만, 그중에서도 가장 예민한 것은 엘리트 계층이다. 이들은 이러한 위기가 자신의 특권적 지위를 위협한다고 느끼고 있으며, 현 상태를 억압을 통해 유지하는 것이 최선의 대응이라고 믿고 있다. 그러나 결국 지도부의 이러한 소방수 전략은 한계를 드러낼 것이고, 그 결과 중국공산당의 통치는 거대한 불길 속에서 사라질 것이라는 게 그녀의 전망이다. 다만, 허칭롄은 이불의 정화 과정이 반드시 민주주의로 이어질 것이라고는 보지 않는다.

세 번째 시나리오, 즉 보다 자유로운 체제로의 진화를 상정하는 것으로, 매우 매력적인 전망이다. 이 관점에서는 시장개혁이 촉진한 경제적 다원주의가 정치적 다원주의에 대한 압력을 생성하고, 궁극적으로 자유민주주의로 이어질 것이라고 본다. 이러한 진화 과정이 진행 중이라고 기대하는 분석가들은 중국에서 시민사회가 발전하고 있다는 징후를 지적한다. 1장에서 언급했듯이, 시민사회란 국가 및 당의 구조 외부에서 독립적으로 활동하는 영역을 의미한다. 마르크스-레닌주의 체제는 사회에 대한 전면적 통제를 지향하며, 경제, 정치, 사회생활의 모든 측면을 포괄적으로 지배하려 한다. 노동조합, 청년단체, 의료협회 등의 단체들은 당과 국가에 의해 통제되고 그 아래로 편입되어야 한다. 반면 시민사회에서는 이러한 단체들이 당과 국가의 목표와는 다른 자체적인 의제를 가지고 있으며, 그 의제는 당이나 국가의 입장과 다를 수 있다. 그리고 자신들의 제안을 실현하기 위해 정당과 정부에 영향을 미칠 수 있다.

지난 20년 동안 새로운 형태의 결사체가 급격히 증가했으며, 당국은 이를 포섭하려 하거나 일부를 불법으로 규정했다. 중국의 수십만 개의 비정부기구는 철저히 감시를 받고 있으며 자율성은 거의 없거나 전무하다. 일부 제한적인 타협은 존재한다. 이러한 조직들은 중국식 국가조합주의로 묘사될 수 있으며, 시민사회라기보다는, 월더(Andrew G. Walder)가 말한 공산주의적 신전통주의에 더 가깝다. 이들에 대한 국가의 통제가 점차 약화될 수도 있지만, 현재로서는 오히려 반대의 흐름이 나타나고 있다. 비정부기구에 대한 통제는 더욱 강화되었으며, 국가의 경제 통제력이 증가하고, 기업가들의 행동 자유는 제한되거나 심지어 자산이 몰수되기도 한다.

부유층과 빈곤층 간의 소득 격차가 확대되는 가운데 중산층이 형성되었으며, 시간이 지나면서 이들이 시민적 자유 확대를 요구할 가능성이 있다. 그러나 가까운 미래에는 이러한 변화 과정이 상당한 경제적·사회적 혼란을 수반할 것이며, 이는 집권 엘리트들에게 큰 불안감을 야기할 것이다. 따라서 그들은 이를 탄압하려는 강한 유혹을 받을 것이다.

설령 정부의 억압에도 불구하고 시민사회로의 발전이 이루어진다고 해도, 그 결과가 반드시 자유민주주의가 될 것이라고 보장할 수는 없다. 불법적 자율 단체들조차 정치개혁에 대한 입장에서 분열되어 있다. 일부는 자유민주주의를 원하지만, 일부는 마오주의적 정치로의 회귀를 희망하거나 강경한 민족주의적 의제를 지지한다. 민족 분리주의자들은 현 정치체제의 해체를 주장할 수도 있지만, 그들 지역 내에서조차 민주주의를 요구하는 것은 아닐 수 있다. 이들 집단 내에서도 다양한 입장이 존재하며, 상호 간의 논의는 거의 이루어지지 않는다.

현재 공산당 지도부에 도전할 가능성이 있는 일부 핵심 반엘리트, 특히 신흥 민간기업가 계층은 시진핑 집권 이전부터도 의미 있는 정치 변화를 요구하는 데 큰 관심을 보이지 않았다. 이들의 이익은 권위주의 정부가 주도하는 시장개혁의 안정성과 밀접하게 연결되어 있기 때문이다. 민주화 운동가들은 정치 및 경제 엘리트 두 집단이 농민과 노동자들을 착취하고 억압하는 공통된 이해관계를 가지고 있다고 주장한다. 중국에서 시장경제는 사회의 해방이 아니라 사회의 포섭을 향해 나아갔다. 이에 따르면, 경제적 자유가 정치적 자유로 이어지지 않는 것은 단순히 당과 정부의 억압 때문만이 아니라, 중국에서 발전한 자본주의의 유형 자체가 자유 요구를 촉진하는 데 적합하지 않기 때문이다. 중국은 제도적 보호가 아닌 권력자들과의 특수 관계인 '꽌시(關係)'를 통해 기업가들의 이익이 보호되는 관계 기반 자본주의를 발전시켜 왔다. 시진핑이 분명히 밝혔듯이, 중국 기업가들은 지도자의 호의에 의존하고 있다. 따라서 기업가들은 자율성을 요구하지 않을 뿐만 아니라, 오히려 두려워할 수도 있다. 왜냐하면 자신들의 신변과 사업 활동이 더 이상 보호받지 못할 것이기 때문이다.

그 결과, 중국의 이른바 라틴아메리카화 가능성이 제기된다. 이러한 주장을 펼치는 사람들은 중국과 라틴아메리카가 다르다는 점을 인식하고 있다. 라틴아메리카에서는 군대와 교회가 전통적으로 중국보다 훨씬 더 강한 영향력을 행사해 왔다. 하지만 이들은 특히 지방 차원에서 사업과 정치 엘리트들 간의 유착 관계가 형성되고 있으며, 이는 노동자와 농민들의 희생을 바탕으로 자신들의 번영을 창출하는 구조로 이어지고 있다고 본다. 이러한 유착 관계는 계급 갈등을 촉진할 가능성이 있으며, 결국에는 빈곤층과 특권층인 기업·관료 엘리트 간의 장기적이고 경제적으로 큰 비용을 초래하는 저강도 분쟁을 초래할 수 있다. 이러한 유형의 분쟁은 라틴아메리카 정치의 주요 특징 중 하나다.

네 번째 시나리오, 즉 중앙정부의 마비와 권력의 하부 이양을 주장하는 사람들은 국가 역량이 계속해서 악화될 것이라고 본다. 덩샤오핑부터 시진핑에 이르기까지의 지도자들은 지속적인 개혁을 강력히 지지해 왔으며, 이를 실현하기 위한 야심찬 계획들을 발표했다. 그러나 그들의 개혁관은 상대적으로 협소하며 본질적으로 도구적이다. 즉, 정치개혁은 경제 현대화에 기여해야 하며 동시에 공산당의 권력 유지를 보장해야 한다. 덩샤오핑이 시작한 점진적인 공산주의 탈피 과정은 오히려 당-국가체제를 공고히 하였고, 이는 시장개혁을 심화하고 민주주의로의 전환을 용이하게 하려는 노력을 가로막고 있다. 집단지도체제가 점점 더 뚜렷해질수록 과감한 개혁시도가 이루어질 가능성은 더욱 낮아진다. 왜냐하면 집단적 의사결정 체제에서는 합의를 도출해야 하므로 과감한 개혁추진이 어렵기 때문이다. 점진주의는 집권 엘리트들에게 중앙 계획 경제에서 선택적으로 철수할 기회를 제공하며, 그들은 가장 수익성이 높은 임대 이익 부문을 장악하는 방식으로 통제력을 유지한다. 이러한 고수익 부문의 통제는 정치개혁엔 관심 없는 기득권 연합의 형성을 쉽게 만든다. 지배 엘리트들은 자신들의 통제를 활용해 새롭게 떠오르는 사회 엘리트들을 임대 이익을 공유하는 담합적 네트워크로 편입시킴으로써 정치적 도전을 사전에 차단한다. 초기 개혁조치는 체제의 생명 연장을 가능하게 하지만, 높은 경제 성장률이 취약한 정치제도를 영원히 보완해 줄 수는 없다. 너무 많은 집단 사이에서 지대추구 행위가 확산됨에 따라 당과 정부의 정책수행 능력은 점점 더 약화된다. 따라서 개혁의 각 단계는 신중하게 협상되어야 하며, 이는 결국 지역 보호주의 유지와 기존 경제 비효율성의 확대를 허용하는 절충안을 수반하게 된다. 궁극적으로, 이러한 요인들은 경제 성장률에 부정적인 영향을 미치게 될 것이다.

권위주의적 권력은 이미 분열된 상태이며, 앞으로 더욱 분산될 것이다. 이러한 입장을 지지하는 사람들은 중국이 거버넌스 위기에 처해 있다고 주장하며, 개입적인 국가가 반드시 효과적인 국가인 것은 아니라고 지적한다. 그 근거로 다음과 같은 문제를 제시한다.

- 기층 당 조직이 현저하게 쇠퇴하고 있다.
- 폭력 범죄를 포함한 법질서의 붕괴가 증가하고 있다.
- 특히 지방정부 차원의 공공 재정이 혼란에 빠져 있다.
- 중앙정부의 규제 역량이 부족하다.
- 여전히 해결되지 않은 일부 소수민족 지역의 정체성 문제는 영토 통합을 위협한다.

지방 세력은 점점 더 힘을 얻고 있으며, 중앙정부를 직접적으로 위협하지 않는 한 중앙 당국에 의해 제지를 받는 일은 드물다. 현재로서는, 공산당이 구축한 제도적 틀에서 비롯된 후견주의적 네트워크(clientelist network)가 국가와 사회를 묶어 두는 역할을 하고 있다.** 다만 이는 당 지도부가 원래 의도했던 방식과는 다르다. 이러한 분석에 따르면, 중국은 지속 불가능한 과도기 상태에 갇혀 있다.

그러나 중앙에서 지방으로의 권한 이양을 강조하는 가설은 당과 국가가 지방 분열을 막기 위한 중앙집권적 구심적 경향을 잘 인식하고 있

....

** 역자 주) Clientelist는 정치학에서 연고주의 또는 후견주의로 번역되며, 권력자가 자원을 제공하고 그 대가로 충성을 요구하는 비공식적이고 상호 의존적인 관계를 의미한다. 이는 중국정치체제에서 충성 중심의 정치문화와 연고 기반 자원 분배를 설명하는 개념으로, 정책의 효율성과 공정성을 저해할 수 있다.

으며, 이를 강화하기 위한 조치를 취해왔다는 점을 인정하지 않는 듯하다. 예를 들면, 관료들이 지방 권력 구조에 흡수될 가능성을 줄이기 위해 타 지역으로 전보시키거나, 정년을 의무화하고, 재정을 중앙 집중화하는 등의 정책을 시행하고 있다.

미래

앞으로 몇 년 동안 이러한 상황이 어떤 의미를 가질지는 논쟁적이다. 대체로 현재의 권위주의정부가 스스로 개혁할 수 있다고 믿는 사람들 — 즉, 독재 체제가 회복력이 있다고 보는 입장(탄력적 권위주의 체제 옹호) — 과 부분적 개혁으로 인해 생긴 압력을 견디지 못하고 민주화하거나 붕괴할 수밖에 없다고 보는 입장이 맞서고 있다. 다시 말해, 중국은 현재의 신전통주의적 패러다임을 유지할 것인가, 아니면 지속적인 현대화를 위해 시민사회의 등장이 필수적인가?

신전통주의적 패러다임이 중국의 이익에 가장 부합한다고 믿는 사람들은 중국이 심각한 문제를 안고 있다는 점을 인정하면서도, 당과 정부가 개혁 역량을 갖추고 있음을 강조한다. 관료 승진에서 능력주의가 중요한 기준이 되었고, 수백만 명이 빈곤에서 벗어났다. 지방 차원에서 정책실험이 지속되며, 경험을 바탕으로 수정되거나 적절한 경우 전국적으로 확대된다. 이러한 진화와 혁신은 현재의 구조 내에서 계속될 것이다.

그러나 시진핑체제하에서는 집단지도체제로 나아가던 흐름이 뒤집혔다. 당-국가의 역량이 강화되었고, 권력은 더욱 집중되었다. 여론조사에 따르면 국민들은 당과 정부의 정당성을 받아들이고 있다. 민주주의 국가들도 부패와 환경오염문제를 겪으며, 오히려 권위주의정부가 이러한 문제를 더 효과적으로 해결할 수 있다는 주장도 있다. 체제를 전복하려는 소수에 대한 탄압은 필요하며, 현재의 경제 둔화는 구조적인 것이 아니라 경기 순환적인 현상이라는 인식이 존재한다. 지도부는 일당체제를 공고히 하며, 서구 민주주의 패러다임에 맞서는 포스트-민주주의 모델을 제시할 것이다.

반면, 중국의 문제를 해결할 수 있는 유일한 해법이 민주주의라고 믿는 사람들은, 중국공산당의 통치 정당성을 인정하는 여론조사 결과를 조롱한다. 표현의 자유가 없는 나라에서 여론조사는 곧 단 하나의 정답만 있는 시험과 다름없다는 것이다. 또한 민주화 요구는 극소수 불만세력에 국한된 것이 아니라, 탄압에도 불구하고 지속적으로 확산되고 있다. 중국은 능력주의 국가가 아니라, 승진의 핵심 기준이 실력보다는 인맥과 후견관계이기 때문이다. 물론 일부 유능한 인사들이 체제 내에서 출세하는 경우도 있지만, 마찬가지로 민주주의 국가에서도 연줄이나 태자당식 배경 덕분에 무능한 이들이 권력을 잡는 경우도 있다. 그러나 두 체제 모두에서 그것은 예외적인 사례일 뿐, 일반적인 현상은 아니다. 예를 들어, 보시라이(薄熙來) 같은 인물이 서구에서는 그만큼 출세할 수 없었을 것이다.

현재 체제의 혁신 능력을 과소평가해서는 안 되며, 이는 중국의 정치 체제가 지금까지 붕괴하지 않은 이유 중 하나다. 그러나 유망한 개혁들은 기득권을 지키려는 관료들과 상부 눈치를 보는 분위기 속에서 좌초됐다. 공산당은 눈부신 경제성장을 이끌었지만, 그 성과를 공정하게 분배하거나 경제성장에 걸맞은 사회 서비스를 제공하는 데는 실패했다. 동시에 중국은 외부의 뚜렷한 적이 없음에도 불구하고, 막대한 예산을 군사력에 투입하고 있다. 국내 치안 예산은 범죄 대응보다는, 국민을 경계하는 당과 정부의 불안에서 비롯된 것이다. 이러한 분석에 따르면, 민주주의 체제의 중국은 과거 수십 년 동안의 경제 성장률을 유지하지 못할 수도 있지만, 성장의 혜택은 현재처럼 관료나 소수의 유착 자본가가 아니라 대다수 국민에게 돌아갈 것이라는 기대가 있다. 1989년 이후 공산당은 실질적인 정치개혁을 전혀 추진하지 않았으며, 높은 경제

성장률이 대중의 불만을 완화하는 완충 역할을 해왔다. 하지만 세계은
행은 이러한 성장률이 근본적인 제도개혁 없이는 지속될 수 없다고 지
적한 바 있다. 만약 이러한 개혁이 이루어지지 않는다면, 기존의 불만
들은 더욱 커질 것이다. 지금까지의 경제 성과는 이러한 개혁을 시행할
완충 장치 역할을 해왔으며, 당과 정부는 이 자유화를 추진할 수 있는
기회를 놓쳐서는 안 된다.

옥스퍼드 대학의 링언(Stein Ringen)은 중국을 '통제체제'라고 규정
한다. 인공지능과 같은 기술을 활용한 감시 시스템은 마오쩌둥 시대에
는 상상도 할 수 없던 수준에 도달했다. 일부 반체제 인사들은 여전히
자유화개혁을 주장하지만, 저항은 위험할 뿐만 아니라 무의미하다. 당
국이 개인의 움직임이나 말과 글을 모두 추적할 수 있음을 알기에, 대
부분의 사람들은 감히 저항하려 하지 않는다. 이 정권의 정당성은 이념
이나 충성심이 아니라 통제에 기반하고 있으며, 그 통제가 무너지면 통
치의 정당성도 함께 무너진다. 링언에 따르면, 중국은 유화된 전체주의
국가가 아니라, 오히려 더 정교한 전체주의 국가로 변화하고 있다는 것
이다.

이러한 분석에 따라 링언은 시진핑의 반부패 운동을 중앙의 통제를
벗어난 '특권 세력'과의 전쟁으로 해석해야 한다고 본다. 이들은 최고
지도자의 명령을 실행하는 데 필수적인 인물들이지만, 강력한 지위를
이용해 사실상 경제적 군벌로 성장하고 있다. 이들은 국고에서 자금을
빼돌려 자신과 가족의 재산을 불리는 동시에, 결과적으로 지도부의 권
력을 약화시키는 저항 세력으로 변모한다. 따라서 시진핑의 반부패 운
동은 당-국가의 역량을 강화하고, 효율적인 체제로 만들기 위한 전략이
다. 그러나 동시에, 행정에 필수적인 인사들을 소외시키며 국가 역량을
약화시키는 결과를 초래한다. 여기에 경제 성장률 둔화가 겹치면서 문
제는 더욱 심화되고 있다.

현재까지 중국은 텐안먼사건 이후 비교적 평화로운 방식으로 급속히

발전해 왔으며, 2008~2009년 글로벌 경제위기에서도 신속한 회복을 보였다. 이러한 점은 권위주의정부가 국가를 가장 효과적으로 이끌 수 있다는 중국 지도부의 주장을 더욱 강화시켰다. 민주주의의 경제적 효율성에 대해서는 상당한 회의론이 존재한다. 현재 중국은 신흥 시민사회 모델보다는 공산주의적 신전통주의 모델에 더 가까운 모습을 보이고 있다. 중국이 직면한 문제들에 대한 광범위한 공감대가 형성되어 있다. 하지만 분석가들이 의견을 달리하는 핵심 쟁점은 여기에서 언급된 개혁들이 사회적 긴장을 완화하는 데 충분할 것인가, 혹은 너무 미미하고 늦은 조치가 될 것인가 하는 점이다. 중국체제는 강한 관성을 지니고 있으며, 당과 정부는 여러 도전에 직면하면서도 끈질긴 회복 탄력성을 보여왔다. 중국공산당은 여러 차례 붕괴될 것이라는 예측을 이겨 내고 살아남았으며, 또다시 어떻게든 헤쳐 나갈 가능성이 있다.

지금까지 지도부는 체제에 대한 소폭의 조정을 가하면서, 통치의 대안은 곧 혼란이라는 식으로 국민을 설득하고, 자신들을 중국 민족주의의 수호자로 내세워 왔다. 이는 당이 권력을 유지할 만큼 충분히 국민들에게 설득력을 발휘해 왔다. 그러나 경제성장 둔화의 시대에도 이러한 전략이 지속될 수 있을지는 불확실한 요소로 남아 있다. 제한적인 시장개혁을 통해 일당 지배체제를 유지하는 전략이 지속 가능하다는 것이 입증된다면, 중국은 중국특색의 현대성이라 부를 수 있는 새로운 발전 모델을 만들어 낸 것으로 볼 수 있을 것이다. 그러나 이것이 확정된 결론은 아니다. 마오쩌둥 사망 당시, 이후 일어날 중대한 변화들을 예측할 수 없었듯이, 시진핑이 최고 지도부 내에서 권력을 다시 중앙집권화하는 정도 역시 예상치 못한 일이었다. 앞으로도 전례 없는 사건이 발생할 가능성을 배제할 수 없다. 중국에서도, 그리고 세계 어디에서든, 미래는 예측 불가능하다.

추가 읽을거리

Hal Brands and Michael Beckley, *Danger Zone: The Coming Conflict with China* (New York: W. W. Norton, 2022).
Aaron L. Friedberg, *Getting China Wrong* (Medford, MA: Polity, 2022).
Stein Ringen, *The Perfect Dictatorship: China in the 21st Century* (Hong Kong: Hong Kong University Press, 2016).
Susan Shirk, *Overreach: How China Derailed Its Peaceful Rise* (Oxford: Oxford University Press, 2022).
Steve Tsang, "Consultative Leninism," *Journal of Contemporary China*, Vol. 18, No. 62 (November 2009), pp. 865–880.

찾아보기

1

1989년 톈안먼시위 10, 19-20, 169, 184,
    187-189, 191, 195, 207, 287, 331,
    338, 374, 440-441, 446, 449, 485,
    504, 506, 531-532, 535, 537, 553,
    555, 566

3

3불(三不) 원칙 226

4

4개 현대화 164, 169, 245, 335, 401, 436
4인방 157, 159, 161, 168-170, 245, 289,
    291, 294, 432-433

5

5·4운동 87, 94, 121, 183, 355, 419

ㄱ

가도 위원회 295-296
가오카오(高考) 362, 379
경제특구 200, 253, 256, 258, 290, 441

고두 외교 503
공산주의적 신전통주의 445, 560, 567
공산주의청년단(공청단) 129, 169, 180,
    203-205, 210, 212-213, 221, 227,
    279, 333, 429
공자학원 538, 542
과거제도 52-53, 63, 81-82
관다오 253
관료정치 학파 30
광서제(光緒帝) 80-81, 83, 446-447
구단선 348, 539
국가민족사무위원회 464, 467, 499
국공내전 234, 318, 334, 387, 513
국진민퇴(國進民退) 268-269
궁정정치 학파 30
글로벌 안보구상 505

ㄴ

남순강화 189
네 가지 기본원칙 167, 194
네이쥐안 382
노동교양 298-299
    노동교화소 298, 306
노동조합법 280

녹색장성 412

농업생산고급합작사(고급합작사) 237-239

농업생산초급합작사(초급합작사) 235-239

농업생산호조조(호조조) 235-236

닉슨(Richard Nixon) 503, 525-526

닉슨 독트린 525

ㄷ

다원주의 7, 32-34, 161, 229, 312, 460, 473-474, 476-477, 487, 559

당내 민주주의 556-558

당안 279, 303

당 중앙군사위원회 186, 202, 206, 326, 331

대동(大同) 23, 55, 538

대만관계법 527

대약진운동 6-7, 134-138, 140-143, 149, 154, 187, 206, 238-239, 241, 283-284, 324-325, 327, 356-357, 390, 400, 409, 426-428, 446, 469, 471-473, 481, 521, 545, 548

대외연락부 510-511

대장정 101-104, 117

덩샤오핑이론 194, 203

도가 43-44

동남아시아국가연합(ASEAN) 532, 536, 539-540, 543

동맹회 84

동방홍 147, 183, 421, 429-430

동치중흥(同治中興) 74-76, 78

동화(同化) 460, 468, 471, 474-475, 487, 491

ㄹ

레닌주의 5, 88, 108-109, 150, 165, 167, 189, 202, 222, 259, 425, 442, 473, 503, 506, 521, 547, 556, 560

레이펑(雷鋒) 189, 326, 339, 436, 440

루쉰(魯迅) 420-421, 438

류사오치(劉少奇) 129, 136-137, 140-141, 149-151, 153, 166

리다자오(李大釗) 95

리덩후이(李登輝) 533

리커창(李克强) 205, 209, 211-213, 223-224, 227

리펑(李鵬) 13, 18, 179, 182-186, 188, 190, 376

린뱌오(林彪) 26-27, 29-31, 142, 147, 151-156, 325-330, 362, 432, 476, 525-526

ㅁ

마가린 공산주의자 100, 520

마르크스주의 4-5, 11, 29, 60-61, 69, 90, 93-95, 111, 118, 120, 135-136, 150, 167, 179, 181, 227, 342, 374, 382, 400, 420, 425, 443, 494, 503, 507, 554, 557

마오쩌둥 사상 29, 141, 146, 167, 203, 353, 358

마잉주(馬英九) 537

만언서(萬言書) 442-443

무술변법 81, 84

묵가 43

문화대혁명 6-7, 15, 24-27, 29, 141, 146, 151, 153-157, 161, 165-166, 169, 187, 206, 210, 225, 231, 240-242, 246, 284- 286, 32-330, 357-360, 362, 364-365, 390-391, 401, 427,

429, 430-431, 433-434, 446, 473, 475-476, 523, 525, 527-528, 545, 548

　문화대혁명소조 150-151

민족구역자치법 494-495

ㅂ

바이란 382

바진(巴金) 420

반둥 정신 516, 518

반부패정책 210

반분열국가법 537

반우파운동 139, 165, 206, 283, 324, 356-357, 426, 469, 473

반접근/지역거부(A2/AD) 전략 348

반혁명분자처벌법 280

백화제방-백가쟁명 42, 131

법가 44, 313, 432

법률적 모델 278-279, 284, 287

베르사유조약 87

보시라이(薄熙來) 31, 205, 209-210, 220, 225, 565

보통화 121, 199, 354, 383, 498

부패처벌법 280

분절된 권위주의 34, 415

불교 10, 45-46, 63, 195, 483, 543

브레즈네프 독트린 525

ㅅ

사드(THAAD) 226-227

사회적 모델 278-279, 283-284

사회주의 시장경제 189, 259

삼각외교 524

삼개대표 194, 202-203, 222, 553

삼민주의(三民主義) 3, 89-90, 109

삼반-오반운동 122, 280

삼전(三戰) 345

상하이방(上海帮) 32, 203-205, 212

상하이 코뮈니케 526-527

상하이협력기구(SCO) 489, 534-535

상흔문학 433

생산대 129, 141, 239-241, 246-248, 360-361, 363

생산대대 141, 239-240

서부 대개발 265, 495

서태후 78-83, 85, 156, 447

세대론 학파 16

세력균형 26, 506, 527

센카쿠(댜오위다오) 540

셔취(社區) 296

소황제 403

수력사회 62

스탈린(Joseph Stalin) 5, 96-97, 100, 131, 513-516, 519-521, 534

스탈린주의 5, 521

스푸트니크 136, 518

시안사건 105, 107, 421

시장-레닌주의 189

시진핑 사상 연구센터 225, 382

신권위주의 10, 181, 183, 312, 554-555

신민주주의론 118

신방(信访) 297-298

신사군 107-108, 113-114

신전통주의 33-34, 161, 312, 443, 445, 451, 560, 564, 567

신창타이 215

신해혁명 84, 86, 109

실사구시 7, 162

쑨-요페 선언 88, 96

쑨원(孫文) 3, 83-85, 88-90, 92, 100, 109, 120, 130

ㅇ

아시아인프라투자은행 215, 270
애국 공중보건운동 388
양개범시 159, 162
양무운동 74-75, 77
양상쿤(楊尙昆) 177, 182, 184, 186, 188, 190, 335, 339-340
영구혁명 278, 548
영도소조 510
옌안 정신 112, 427
옌푸(嚴復) 80, 175
오커스(AUKUS) 542
용광로 모델 497
원시적 사회주의 축적 248
위안스카이(袁世凱) 81, 84-85, 88
유교 3, 10, 22-23, 35, 42-43, 46-47, 49-52, 55, 57, 59-60, 63-65, 67, 70, 74, 76, 78-79, 81-82, 87, 90, 92-94, 184, 244, 278, 316, 320, 397, 420, 431-432, 554
음양이론 45
의용군진행곡 421, 429
의화단 49, 82
이주노동자 303, 370, 372, 395, 481
인민공사 138, 140-141, 144-145, 166, 198, 238-240, 247, 360, 392, 470, 472, 474-475, 550
인민민주주의 독재 118, 463
인민전쟁 99, 318, 325, 331-332, 334
인민지원군 321, 514
일국양제 543
일대일로 215, 221, 270, 408, 544

일변도정책 512, 516

ㅈ

자오쯔양(趙紫陽) 13, 32, 162, 169, 178, 181-184, 186, 188-190, 447
장시 소비에트 98-100, 102, 105, 108
장제스(蔣介石) 3, 89-93, 96, 100-103, 106-108, 113-115, 201, 429, 513-515, 521
장쩌민(江澤民) 11, 19, 23, 32, 188-195, 201-204, 207, 209-211, 213, 222, 232, 340-342, 444, 489, 534, 553, 556-557
장칭(江靑) 7, 23, 150-152, 155-156, 159, 168, 421, 430-431, 433
저우언라이(周恩来) 18, 31, 86, 89, 152-153, 155-157, 162, 169, 179, 245, 331, 431-432, 516-517, 525-526
적족의사 391-392
전국인민대표대회 124, 127-129, 177, 182, 190, 193, 198, 205, 211-212, 215-217, 228, 265, 280-281, 285, 289, 291, 308, 312, 399, 406, 410, 464, 492, 495, 505, 537
전랑외교 21, 541
전략적 상호작용 학파 19, 21
전략지원부대 346
전체주의체제 33
정치국 상무위원회 128, 178, 181-182, 190, 192-193, 203, 209, 212, 217-218, 222-225, 227, 333-334, 340, 350, 493, 509-510, 553
정치문화 학파 28-29
정풍운동 111-112, 422
제1차 국공합작 88, 96, 107
제2차 국공합작 107

제3세대 지도부 192

제4세대 지도부 202

제8로군 107-108

제11기 3중전회 164, 169

제18차 당대회 206, 209, 211

제19차 당대회 221, 225, 382, 553

제20차 당대회 223, 227

조공체제 503, 505

조대방소(抓大放小) 268

조화사회 449, 497

좌익작가연맹 421

중국공산당 전국대표대회 127

중국교육 현대화 2035 385

중국몽(中國夢) 213-216, 345

중국식 국가조합주의 560

중국 예외주의 35

중국인민정치협상회의 117-119, 128, 132, 166, 265, 279

중국특색의 사회주의 8, 29, 167, 223, 225, 308, 310, 549, 557

중소분쟁 186, 520, 522, 524, 531

중소우호동맹조약 521, 530

중앙고문위원회 176, 181, 188-189

중앙영도소조 213

중앙-지역 학파 25-27

중일평화우호조약 529

중점학교 357, 365, 367, 371, 378

중체서용(中體西用) 3, 10, 75

지니 계수 264-265

집단지도체제 128, 141, 205, 229, 562, 564

쭌이회의 104

ㅊ

차이잉원(蔡英文) 537

천두슈(陳獨秀) 95

천윈(陳雲) 178-179, 181, 249

철밥통 9, 165, 207, 250-252

청관(城管) 298

청일전쟁 79, 83, 91

최고인민법원 281, 291, 300, 307-308, 311

칠상팔하(七上八下) 원칙 202, 222-223

ㅋ

캉유웨이(康有為) 80-82

코민테른 88-89, 96-97, 99-100

쿼드(Quad) 542, 544

ㅌ

탄력적 권위주의 564

탕핑 382

태자당 172, 176, 179, 203-205, 209-212, 253, 557, 565

토지개혁법 280

통일전선공작부 463-464, 467

특별행정구 106, 127, 467, 529, 543

ㅍ

파벌주의 25, 333, 340

파산법 251

펑더화이(彭德懷) 142, 321-322, 325, 328, 428

평화적 발전 538

평화적 부상 538

포스트-민주주의 565

푸이 83, 101

프레토리안 사회 551-553

펑퐁 외교 526

ㅎ

한족 중심주의 494

항미원조 120

해서파관 328, 428

핵심이익 539

향피제 51, 55

협의적 레닌주의 556

혼인법 280

혼합적 신권위주의 554

홍군 98, 100, 103, 106–107, 110, 315–
318, 320, 334, 422

홍-전논쟁 316, 384

화궈펑(華國鋒) 31, 129, 157–159, 161–
162, 164, 168–170, 177, 245

환경보호국 414

후견주의 34, 563

후견주의적 네트워크 563

후스(胡適) 87

후야오방(胡耀邦) 31, 169, 177–178, 180–
182, 184, 204, 479

흐루쇼프(Nikita Khrushchev) 150, 519–
522, 524

흥중회 83

저자소개

준 토이펠 드레이어(June Teufel Dreyer)

하버드대 정치학 박사

현 마이애미대학교 정치학과 교수
　　외교정책연구소(IFPR) 선임 연구원

미 의회도서관 극동지역 전문 연구원
미 해군 작전참모총장 아시아정책 고문
미중 경제안보검토위원회(USCC) 위원 역임

주요 연구분야
중국정치체제, 중국 소수민족, 중일관계, 중국-대만관계

주요 논저
Middle Kingdom and Empire of the Rising Sun: Sino-Japanese Relations, Past and Present (Oxford University Press)
Taiwan in the Era of Tsai Ing-wen (Routledge)
"China's Changing Political Warfare: The Case of Japan" (*Orbis*)
"The Rise of China and the Geopolitics of East Asia" (*Orbis*) 외 다수

역자소개

김재관 (jkkim543@gmail.com)

서강대 철학과 졸업
서강대 철학 석사
북경대 정치학 박사

현 전남대 정치외교학과 교수

전국 국공립대학교 교수회연합회 사무총장
외교부 정책기획 자문위원
통일부 정책기획 자문위원
한국유라시아 학회 회장
전남대 사회과학연구소 소장, 교수평의회 의장 역임

주요 논저

『신한반도체제 실현을 위한 미·중·러의 세계전략 연구』(공저, 대외경제정책
　　연구원).
『미중 전략경쟁시대 한국의 대외전략 51문답』(공저, 차이나하우스).
"시진핑-푸틴 집권기 중러관계의 신추세에 관한 연구: 경제 및 군사안보협력을
　　중심으로" (중소연구)
"바이든 정부의 對 중국 외교정책에 대한 분석과 전망 – 미중 간 전략경쟁을 중
　　심으로" (글로벌정치연구)
"An Inquiry into Dynamics of Global Power Politics in the changing world
　　order after the war in Ukraine" (*Analyses & Alternatives*) 외 다수

명인문화사 정치학 관련 서적

정치학 분야

정치학의 이해 Roskin 외 지음 / 김계동 옮김

정치학개론: 권력과 선택, 15판 Shively 지음 /
김계동, 민병오, 윤진표, 이유진, 최동주 옮김

비교정부와 정치, 제12판 McCormick & Hague &
Harrop 지음 / 김계동, 민병오, 서재권, 이유진, 이준한 옮김

정치학방법론 Burnham 외 지음 / 김계동 외 옮김

정치이론 Heywood 지음 / 권만학 옮김

정치이데올로기: 이론과 실제 Baradat 지음 / 권만학 옮김

국가: 이론과 쟁점 Hay & Lister 외 엮음 / 양승함 옮김

민주주의국가이론 Dryzek 외 지음 / 김욱 옮김

사회주의 Lamb 지음 / 김유원 옮김

자본주의 Coates 지음 / 심양섭 옮김

신자유주의 Cahill & Konings 지음 / 최영미 옮김

정치사회학 Clemens 지음 / 박기덕 옮김

정치철학 Larmore 지음 / 장동진 옮김

문화정책 Bell & Oakl 지음 / 조동준, 박선 옮김

시민사회, 제3판 Edwards 지음 / 서유경 옮김

복지국가: 이론, 사례, 정책 정진화 지음

포커스그룹: 응용조사 실행방법
Krueger & Casey 지음 / 민병오, 조대현 옮김

거버넌스의 정치학: 한국정치의 새로운 패러다임 모색
김의영 지음

한국현대사의 재조명 한국전쟁학회 편

여성, 권력과 정치 Stevens 지음 / 김영신 옮김

국제관계 분야

국제관계와 글로벌정치, 3판 Heywood, Whitham 지음 /
김계동 옮김

국제정치사 Kocs 지음 / 이유진 옮김

국제개발: 사회경제이론, 유산, 전략
Lanoszka 지음 / 김태균, 문경연, 송영훈 외 옮김

국제관계이론 Daddow 지음 / 이상현 옮김

국제기구의 이해: 글로벌 거버넌스의 정치와 과정, 제4판
Karns & Stiles & Johnson 지음 / 김계동, 이상현 외 옮김

국제정치경제 Balaam & Dillman 지음 / 민병오,
김치욱, 서재권, 이병재 옮김

글로벌연구: 이슈와 쟁점
McCormick 지음 / 김계동, 김동성, 김현경 옮김

글로벌 거버넌스: 도전과 과제
Weiss & Wilkinson 편저 / 이유진 옮김

현대외교정책론, 제4판 김계동, 김태환, 김태효, 김 현,
마상윤, 서정건, 신범식, 유진석, 윤진표, 이기범 외 지음

한반도 핵무기정치: 군사적 자산 또는 외교적 부담
김계동 편저 / 이상현, 전봉근, 김보미, 함형필 외 공저

외교: 원리와 실제 Berridge 지음 / 심양섭 옮김

공공외교의 이해 김병호, 마영삼, 손선홍 외 지음

세계화와 글로벌 이슈, 제6판 Snarr 외 지음 /
김계동, 민병오, 박영호, 차재권, 최영미 옮김

세계화의 논쟁: 국제관계 접근에서의 찬성과 반대논리, 제2판
Haas & Hird 엮음 / 이상현 옮김

세계무역기구: 법, 경제, 정치
Hoekman 외 지음 / 김치욱 옮김

미국과 중국: 글로벌경제 리더십의 경쟁과 협력
Bergsten 지음 / 전종규 옮김

현대 한미관계의 이해 김계동, 김준형, 박태균 외 지음

현대 북러관계의 이해 박종수 지음

중국의 외교정책과 대외관계
Shambaugh 편저 / 김지용, 서윤정 옮김

한국의 외교정책과 대외관계
김계동, 김태균, 김태환, 김 현, 김현욱, 박영준 외 지음

글로벌 환경정치와 정책
Chasek & Downie & Brown 지음 / 이유진 옮김

지구환경정치: 형성, 변화, 도전 신상범 지음

기후변화와 도시: 감축과 적응 이태동 지음

핵무기의 정치 Futter 지음 / 고봉준 옮김

비핵화의 정치 전봉근 지음

비정부기구(NGO)의 이해, 제2판
Lewis & Kanji & Themudo 지음 / 이유진 옮김

한국의 중견국 외교 손열, 김상배, 이승주 외 지음

신국제질서와 한국외교전략
김상배, 김흥규, 박재적, 배기찬, 부형욱, 신범식 외 지음

갈등과 공존의 인도·태평양: 각국의 인태전략
황재호 편

지역정치 분야

동아시아 국제관계 McDougall 지음 / 박기덕 옮김

동북아 정치: 변화와 지속 Lim 지음 / 김계동 옮김

일본정치론 이가라시 아키오 지음 / 김두승 옮김

현대 중국의 이해, 제3판 Brown 지음 / 김흥규 옮김

현대 미국의 이해
Duncan & Goddard 지음 / 민병오 옮김

현대 러시아의 이해 Bacan 지음 / 김진영 외 옮김

현대 일본의 이해 McCargo 지음 / 이승주, 한의석 옮김

현대 북한의 이해 Buzo 엮음 / 박영호 옮김

현대 유럽의 이해 Outhwaite 지음 / 김계동 옮김

현대 동남아의 이해, 제2판 윤진표 지음

현대 아프리카의 이해 Graham 지음 / 김성수 옮김

현대 동북아의 이해 Holroyd 지음 / 김석동 옮김

현대동아시아의 이해
Kaup 편 / 민병오, 김영신, 이상율, 차재권 옮김

미국외교는 도덕적인가: 루스벨트부터 트럼프까지
Nye 지음 / 황재호 옮김

미국정치정부론: 정치발전과 제도의 변화
Jillson 지음 / 민병오 옮김

미국정치와 정부
Bowles, McMahon 지음 / 김욱 옮김

한국정치와 정부
김계동, 김욱, 박명호, 박재욱 외 지음

미국외교정책: 강대국의 패러독스
Hook 지음 / 이상현 옮김

대변동의 미국정치, 한국정치: 비유와 투영
정진민, 임성호, 이현우, 서정건 편

세계질서의 미래 Acharya 지음 / 마상윤 옮김

알자지라 효과 Seib 지음 / 서정민 옮김

일대일로의 국제정치 이승주 편

중일관계 Pugliese & Insisa 지음 / 최은봉 옮김

북한, 남북한 관계 분야

북한의 외교정책과 대외관계: 협상과 도전의 전략적 선택
김계동 지음

북한의 체제와 정책: 김정은시대의 변화와 지속
체제통합연구회 편

북한의 통치체제: 지배구조와 사회통제 안희창 지음

북한행정사 홍승원 지음

남북한 체제통합론: 이론·역사·경험·정책, 제2판
김계동 지음

남북한 국가관계 구상: 대북정책의 뉴 패러다임
김계동 지음

분단시대 탈경계의 동학: 탈북민의 이주와 정착
신효숙 지음

북핵위기 30년: 북핵외교의 기록과 교훈 전봉근 지음

용서와 화해에 대한 성찰 전우택, 박명규, 김회권,
이해완, 심혜영, 박종운, 조정현, 김경숙 지음

한반도 평화: 분단과 통일의 현실 이해 김학성 지음

한국전쟁, 불가피한 선택이었나 김계동 지음

한반도 분단, 누구의 책임인가? 김계동 지음

한류, 통일의 바람 강동완, 박정란 지음

한국사회 공동체성에 대한 현재와 미래 장혜경,
김선욱, 오준근, 이기홍, 박치현, 백소영, 정재훈 외 지음

안보, 정보 분야

한국안보의 이해 김계동, 김재관, 박영준, 유인태 외 지음

국가정보학개론: 제도, 활동, 분석
Acuff 외 지음 / 김계동 옮김

국제안보의 이해: 이론과 실제 Hough & Malik &
Moran & Pilbeam 지음 / 고봉준, 김지용 옮김

전쟁과 평화 Barash, Webel 지음 / 송승종, 유재현 옮김

국제안보: 쟁점과 해결 Morgan 지음 / 민병오 옮김

사이버안보: 사이버공간에서의 정치, 거버넌스, 분쟁
Puyvelde & Brantly 지음 / 이상현, 신소현, 심상민 옮김

국제분쟁관리
Greig & Owsiak & Diehl 지음 / 김용민, 김지용 옮김

전쟁: 목적과 수단
Codevilla 외 지음 / 김양명 옮김

국가정보: 비밀에서 정책까지
Lowenthal 지음 / 김계동 옮김

국가정보의 이해: 소리없는 전쟁
Shulsky, Schmitt 지음 / 신유섭 옮김

테러리즘: 개념과 쟁점
Martin 지음 / 김계동 외 옮김